숨겨진 극장

식민지 흥행장의 치안과 통속

이승희(李承姬, Lee, Seung-hee)

한국 근/현대연극사 연구자. 성균관대학교에서「한국 사실주의 희곡 연구」로 박사학위를 받은 후, 현전하는 자료를 객관화할 연구 방법의 필요성을 인식하고 검열 및 극장 연구를 시작으로 식민지시기 대중적인 예술 양식과 공연문화 제도의 관계를 탐색해 왔다. 최근에는 그 연장선에서 해방 8년을 거쳐 한국전쟁 이후 검열제도를 둘러싼 문화정치 과정에서 빚어진 연극사적 결과에 관심을 가지고 연구하는 중이다. 현재 성균관대학교 동아시아학술원 연구교수로 재직하고 있으며, 논저로는『한국 사실주의 희곡, 그 욕망의 식민성』,『병자삼인(외)』(편저),『식민지시대 대중예술인 사전』(공저),『한국영화와 민주주의』(공저),『월경하는 극장들』(공저),『전쟁과 극장』(공저),『멜로드라마적 상상력』(공역),『원본 없는 판타지』(공저),「'공연법'에 이르는 길」,「'신파-연극'의 소멸로 본 문화변동」,「'예륜'의 역사적 추이와 제도적 임계」 등이 있다.

숨겨진 극장 식민지 흥행장의 치안과 통속

초판 1쇄 발행 2021년 2월 10일
초판 2쇄 발행 2021년 10월 15일
지은이 이승희 **펴낸이** 박성모 **펴낸곳** 소명출판 **출판등록** 제13-522호
주소 06643 서울시 서초구 서초중앙로6길 15, 2층
전화 02-585-7840 **팩스** 02-585-7848 **전자우편** somyungbooks@daum.net **홈페이지** www.somyong.co.kr

값 39,000원 ⓒ이승희, 2021
ISBN 979-11-5905-579-9 93680

한국연구원
동 아 시 아
심 포 지 아
9
EAS 009

숨겨진 극장

식민지 흥행장의 치안과 풍속

이승희

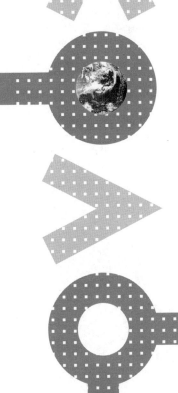

Veiled Theatre : Security and Popularity of Entertainment Field in Colonial Korea.

언젠가부터 선명해지기 시작했다. 굵직하게 때로는 가느다랗게 무언가를 흘려놓은 시간의 부스러기를 찾아, 조각을 맞춰 보는 것이 내 일이라는 것을. 그것이 제대로 된 그림인지 알 도리도 없지만, 아마도 그 퍼즐은 끝내 완성되지 못할 것이다. 띄엄띄엄 비어 있는 자료의 공백 때문만은 아니다. 온갖 정보로 넘쳐나는 이 시대가 더 어렵게 느껴지는 걸 보면, 되려 자료의 소략함이 고마울 때도 있다. 때로는 단호한 어조로 고집을 피우지만, 뒤돌아서서는 금방 피로를 느낀다.

가끔 극장 꿈을 꾼다. 그림 간판이 걸린 변두리 극장가를 서성일 때도 있지만 대체로 꿈의 패턴은 정해져 있다. 그때마다 힘들게 입구를 찾아 헤매지만, 결국 문을 여는 데 성공한다. 어떤 때는 예배당을 연상시키는 웅장한 대극장이, 어떤 때는 깊은 동굴의 축축함과 지하의 퀴퀴함이 앞서는 소극장이 나타난다. 대극장에서는 빈자리를 찾아 앉는 관객이 되고, 소극장에서는 한창 연습 중인 옛 동료를 방문한 지인이 된다. 애써 찾아간 곳이지만, 막상 흥도 설렘도 일지 않는다. 이게 끝일지 모른다는 불안-꿈. 나의 피로는 그 끝에 아무것도 없을지 모른다는 공허감이다.

〈안개 속의 풍경〉을 차마 다시 보지 못할 만큼 마음은 좀처럼 나이를 먹지 않지만, 일상은 나름 성실하며 종종 뜨거울 때도 있다. 끝을 생각하지 않을 때다. 아니, 끝을 생각할 겨를이 없다는 것이 맞겠다. 2006년 가을과 겨울이 그랬다. 12월, '검열연구회'에서 기획한 학술대회 발표를 앞두고 처음으로 진지하게 '검열'을 고민하기 시작했다. 박사 논문을 쓰면서 고민한 적도 있으나 그것은 희곡사와 결합하지 못한 의례에 불과했다. 가진 게 하나도 없는 막막함, 역설적으로 그 깜깜한 상태가 나를 자극했다. 연극 검열에 관한 부스러기를 모으고, 조각을 맞추고, 질서를 부여하는 일이 꽤 재미있었지만, 이 결과에 대한 확신은 없었다. 나 스스로 무엇이 무겁고 가벼운지 알지 못했고, 연극사와 관련한 인식도 초보 수준이었다. 다행히 발표는 무사히 마칠 수 있었고, 검열 연구를 더 해봐도 괜찮겠다는 씨앗을 품었다. 정근식 선생님의 격려는 아직도 잊을 수 없다. 그때 발표한 논문이 「식민지 시대 연극의 검열과 통속의 정치」다. 이 책에서는 조각난 채 여기저기로 흩어질 만큼 모자람이 있지만, 이 논문은 이 책의 출발점이었다.

그때야 비로소 내 갈증을 알아차렸고, 어떻게 해야 할지 가늠하기 시작했다. 빙산의 일각을 우주로 착각한 게 아닌가 하는, 무언가 귀중한 것을 놓친 듯한 찜찜함을 붙잡기로 했다. 비대해진 '유치진(또는 극연)'을 과소화하면서 그에 가려진 무명 희곡들을 불러낸 연극사 인식(박사 논문)은 보완되어야 했고, 신파에 대한 오래된 관심은 출구를 찾지 못한 채 잠시 중단된 상태였다. 현전하는 텍스트와 알려진 사건만으로는 이 문제들을 풀 수 없었다. 그동안 진행해온 연구대상이나 연구주제는 흥행문화에 작용하는 여러 수준의 계기적 요인들의 질서와 체계 안에서 재배치되고 해석될 필요가 있었다. '검열'이 그 시작인 셈이다. 처음부터 의식적이었다고는 할 수 없으나 꼬리에 꼬리를 물어가면서 점차 갈래가 생겨났고, 이 책을 만들면서 이를 일단락지은 셈이다.

제1부 '제도의 방향'은 흥행문화에 심층적인 작용을 가한 정치경제학적 조건을 들여다보면서 제도가 흥행문화를 유인해간 방향을 살피

고, 제2부 '공간의 정치'는 극장을 매개로 그러한 제도의 압력과 힘을 겨루거나 그 틈새를 전유하면서 분투한 정치적 실천 그리고 그것이 남겼을 유산을 다룬다. 마지막으로 제3부 '텍스트의 시간'은 그 두 가지 모두와 관계하면서 지극히 세속적인 방식으로 식민지검열의 심층을 드러내는 장소로서의 텍스트에 주목한다. 굳이 말하자면, 이 마지막 주제를 위해 앞서거니 뒤서거니 하며 연구해온 것이다. 베일에 가려진 극장의 조각들을 맞춰 보고, 그곳에 기원을 둔 증거들이 역사가 되는 궤적을 발견하고 싶었다. 끝을 상상하지만 않는다면, 얼마간 화는 나겠지만 그렇게 쓸쓸하지는 않을 터이다. 시간은 내게 숨이고 여지이기 때문이다. 성글게 짜인 그림이지만 이를 보완하는 대신, 식민지 시대가 남긴 부스러기를 따라 냉전의 시대로 흘러갔던 연유를 이제야 깨닫는다.

이 책을 준비하면서 자연스레 많은 얼굴이 떠올랐고 함께한 순간이 그리웠다. 그들과 함께하지 않았더라면 부족하나마 이 정도의 연구조차 가능하지 않았을 터이다. 2006년 겨울, 검열 연구에 발을 내딛도록 안내해준 한기형·박헌호 형은 그때도 지금도 변함없는 믿음으로써 나를 지켜주는 분들이다. '근대지식으로서의 사회주의'를 식민지 문화사의 주요 변수로 읽어내기 시작한 것도 그즈음이다. 박헌호·이혜령·천정환 선생과 함께한 2년이 없었다면 후속 연구는 어려웠을 것이다. 직후에 배선애·이호걸 선생과 기획한 '근대 미디어로서의 극장'은 미답의 영토를 개척하는 멋진 모험이었다. 이 여정을 함께해준 황병주·홍선영·이순진·위경혜 선생 덕분에 더욱 풍성해질 수 있었다. 특히 이순진 선생과는 '흥행'을 매개로 공감의 언어를 나눌 수 있어 연구자로서 외로움을 느끼던 내게 많은 위로가 되었다. 이 연구가 마무리될 무렵, 고려대 민족문화연구원의 기획연구팀 '근대극장의 문화정치학과 동아시아'에서 이상우 선생님의 배려로 연구를 지속한 것도 행운이다. 전공이 서로 다른 연구자들과의 대화는 내 마지막 조각들을 찾아낸 귀한 시간이었다. 이 책에 담긴 연구 이력을 따라가다 보니, 정말 혼자 해낼 수 없는 일이었음을 새삼 깨닫는다. 이 모든 분께 진심으로 감사를 드린다. 그리고 이 여정에 화룡점정을 찍어준 이혜령 선생을 다시 한번 언급하지 않을 수 없다. 비록 전공이 달라도 내가 몰두해온 바를 모르지 않던 그는 이 책에 '숨겨진 극장 – 흥행장의 치안과 통속'이라는 멋진 제목을 달아주었다. 내 고단한 시기에도 따뜻한 마음으로 살펴준 소중한 벗에게 고마운 마음뿐이다.

그간의 연구를 정리하는 일이 부질없게만 느껴져 차일피일 미루던 내게, 한국연구원 동아시아 심포지아 총서의 하나로 책의 출간을 제안해준 박진영 선생께 감사드린다. 덕분에 내 지난 시간에 함께한 이들 앞에서 겸손해지고, 내 공허를 다스릴 방도도 어렴풋이 느낀다. 뜨거움이 식어버린 내게 검열 연구의 끈을 놓지 않도록 붙잡아준 상암동 세미나 팀원들, 특히 이봉범 형과 이화진·조준형 선생께 감사의 마음을 전한다. 지금은 그때와 모든 게 사뭇 달라져 있으나, 나 자신을 믿어보기로 한다.

마지막으로 내 어머니, 김문임 씨. 식민지시기 오사카에서 태어나신 당신은 딸이 이 책에서 다룬 것들을 거의 모르신다. 조선으로 돌아오신 때가 해방 직전이라서 그렇기도 하지만, 서울로 시집오실 때까지도 사정은 마찬가지였던 듯하다. 소수의 엘리트 혹은 상층 문화에서 더 멀리 달아나려 했던 것이 이 책이건만, 아직도 '어머니'에게 닿을 수 없음에 부끄러워진다. 아직도 내가 '통속의 세계'를 떠나지 못하는 이유이기도 하다. 사랑과 존경의 마음을 달리 표현할 길이 없다. 다가올 봄에 어머니와 꼭 꽃바람을 쐬어야겠다.

2020년 12월 눈이 내리는 새벽
이승희

일러두기

이 책은 제도·공간·텍스트의 체계에 따라 논문을 선별·배치하고 수정 보완한 것이다. 더하고 빼고 섞는 과정에서, 검열에 관한 첫 논문 「식민지시대 연극의 검열과 통속의 정치」(『대동문화연구』 59, 성균관대 대동문화연구원, 2007)는 이 책 곳곳에 흩어져 딱히 어디에 둘지 모르는 상태가 되었다. 논문 일부만 참조한 경우는 각주에서 밝혀두었다. 이를 제외하면 총 14편이 각 부의 뼈대를 이루는 터라 여기에 그 출처를 밝혀둔다.

제1부

「무단통치기 흥행/장 통제의 기술」, 『한국극예술연구』 39, 한국극예술학회, 2013.
「식민지시대 흥행(장) 「취체규칙」의 문화전략과 역사적 추이」, 『상허학보』 29, 상허학회, 2010.
「세금으로 본 흥행시장의 동태론」, 『한국문학연구』 41, 동국대 한국문학연구소, 2011.
「전시체제기 연극통제시스템의 동원정치와 효과」, 『상허학보』 41, 상허학회, 2014.

제2부

「프로-소인극, 정치적 수행성과 그 기억」, 『대동문화연구』 64, 성균관대 대동문화연구원, 2008.
「공공 미디어로서의 극장과 조선민간자본의 문화정치」, 『대동문화연구』 69, 성균관대 대동문화연구원, 2010.
「조선극장의 스캔들과 극장의 정치경제학」, 『대동문화연구』 72, 성균관대 대동문화연구원, 2010.
「배우 신불출, 웃음의 정치」, 『한국극예술연구』 33, 한국극예술학회, 2011.
「동아시아 근대극장의 식민성과 정치성」, 『민족문화연구』 58, 고려대 민족문화연구원, 2013.

제3부

「1920년대 신문만평의 사회주의 정치와 문화적 효과」, 『상허학보』 22, 상허학회, 2008.
「사실주의극의 성립 : 사회주의의 번역과 검열의 역학」, 『한국극예술연구』 29, 한국극예술학회, 2009.
「식민지조선 흥행시장의 병리학과 검열체제」, 『상허학보』 35, 상허학회, 2012.
「국민연극의 단층과 임선규의 전략」, 『상허학보』 25, 상허학회, 2008.
「조선연극의 감상주의와 박영호의 국민연극」, 『한국극예술연구』 51, 한국극예술학회, 2016.

제2부 ———— 공간의 정치 - 주체, 자본, 극장

제1부

제도의 방향 — 법, 시장, 시스템

제1장
만세 전, 통제의 기술

---

1. 최소한의 법적 규정

흥행/장 취체取締의 시작은 통감부 시기부터다. 경기도는 경시청, 각 지방은 경무국에서 관할했다. 처음엔 별도규정이 없어 「보안법」과 「위생경찰규칙」 등을 동원했고 관련 법률에 따른 경찰의 시찰과 단속이 주요 통제 방법이었다. 그러다가 간단한 정도의 법적 근거를 마련하는데, 도시발달 정도가 높고 일본 거류민의 흥행문화가 비교적 발달한 곳, 즉 이사청理事廳이 설치된 도시에서 관련 법령이 제정·시행되었고 해당 지방에서는 이를 준용했다. 이는 이제 널리 알려진 사실이지만, 간과된 부분이 남아 있다. 흥행/장이 '영업'의 일종이라는 사실이다. 지금까지 현전하는 가장 오래된 법령으로 꼽아온 부산 이사청령(1910.4.1) 제1호 「극장요세[寄席]취체규칙」[1]과 제2호 「흥행취체규칙」은 흥행에 관한 법령으로서 여전히 매력적이지만, 이 분야의 법적 이력은 더 거슬러 올라가야 할 듯하다. 그 한 사례가 원산 이사청령 제1호(1908) 「영업원계營業顯屆에 관한 규정」이다.[2] 여기에는 수다한 영업의 하나로 흥행/장이 포함되어 있고, 그 구체적 내용은 병합 이후 함경남도 경무부령 제6호로 승계된 「제영업에 관한 원계수속급취체규정顯屆手續及取締規程」(1912)에서 짐작해볼 수 있다. 극장·요세의 건설과 영업 및 여러 종류의 흥행을 위한 허가, 그리고 풍속·공안·위생상 해가 있을 때 영업을 제한하거나 정지 또는 허가취소 처분이 가능하다는 내용이다. 이는 부산 이사청령 「취체규칙」[3]의 내용과 다르지 않다. 그렇다면 「영업원계에 관한 규정」도 대동소이하지 않았을까. 즉 흥행/장은 별도의 독립된 법령이 아니어도 일찍부터 일정한 법적 근거 아래 있었다.

물론 그 원본은 일본에서 온 것이다. 이미 일본에서는 매우 정교한 조목들로 구성된 흥행/장 「취체규칙」이 시행되고 있었다. 도쿄에서는 1882년 2월 「극장취체규칙」이 고시되었고, 이후 경시청령으로 「관물장취체규칙」(1891), 「연극취체규칙」(1900), 「요세취체규칙」(1901), 「활동사진흥행취체규칙」(1917) 등이 공포·시행되었다. 그리고 오사카와 같은 대단위 행정구역은 각기 독자적으로 「취체규칙」을 시행했다.[4] 바로 이 법령들이 통감부 시기 흥행/장 취체의 법적 근거로 삼아졌으며,[5] 이사청령

---

1   이 법령은 우수진이 발굴하여 소개한 바 있다. 전문은 우수진의 『한국 근대연극의 형성』(푸른사상, 2011) 347~349쪽을 참조하라.
2   이 「규정」의 전문은 확인하지 못했으나, 이 법령의 존재는 함남 경무부령 제6호 「제영업에 관한 顯屆手續及取締規程」(1911.12.11. 공포, 1912.2.1. 시행)의 부칙에서 확인된다.
3   흥행/장 취체 법령의 명칭이 통일되어 있지 않으나 이 책에서는 그 집합적 성격을 지닌 대상을 지시할 때는 「취체규칙」으로 통칭한다.
4   일본의 법령은 한국영상자료원 편, 『식민지시대의 영화검열—1910~1934』(현실문화연구, 2009)를 참조하라.
5   부산 이사청령 제2호 「흥행취체규칙」 부칙은 다음과 같다. "제11조 메이지 28년 7월에 붙인 제16호 「제흥행취체규칙」은 본령 시행일부터 폐지한다."

「취체규칙」도 그 주요 조목을 간추린 것이다. 이를테면 흥행물 취체의 경우, 세부내용을 적시하는 대신 "풍속을 문란케 하거나 공안을 해친다고 인정될 때"(부산 이사청령 제2호 제9조)가 모든 취체 조항을 대표한다.[6]

통감부 시기의 「취체규칙」이 최소한의 요식만 갖춘, 다분히 형식적인 규정인 것은 다음과 같이 해석될 수 있다. 먼저, 근대적인 흥행문화가 일찌감치 발달한 일본과 달리 조선에서는 아직 이를 적극적으로 단속할 만한 수준에 있지 않았기 때문이다. 1900년대에 극장이 근대적 공간으로 출현했다고는 하나 그 수효는 적었고, 그 대다수는 일본인이 주로 출입하는 배타적 공간이었다. 더욱이 조선인을 상대로 한 공연예술은—극장의 풍기문란 문제가 없진 않았지만—공안 풍속상 우려될 만한 소지가 많지 않았고, 그럴 가능성도 봉쇄된 상태였다. 이때의 「취체규칙」은 일본인 흥행/장을 염두에 둔 최소한의 법적 규정으로 기능한 셈이다. 이는 곧 흥행/장 통제의 가장 유력하고 유일한 힘이 「취체규칙」에 있지 않았음을 의미한다.

흥행/장 취체의 이런 법적 테두리는 한동안 유지되었다. 병합 직전에 극장세, 연희원료 검열, 창부 단속, 공연요건 최소 관객 수 규정 등 좀더 구체적인 법규 마련에 부심하고[7] 중부경찰서의 '연극장' 취체규칙 기안도 그 일환이었던 듯하지만,[8] 이는 실현되지 않았다. 병합 이후에도 크게 달라지지 않았다. 함경남도의 경우, 재빠르게 원산 이사청령

---

6   원산 이사청령 제1호 「규정」은 "공안을 해치고 풍속을 문란케 하거나 위생상 해가 있다고 인정될 때"(제11조)라고 밝혀 놓고 있다.

7   「연극변경」, 『대한매일신보』, 1909.6.8; 「연극장에서 세금」, 『대한매일신보』, 1909.6.19; 「연희각본취조」, 『대한민보』, 1909.7.9; 「연희규칙제정」, 『대한매일신보』, 1909.7.13; 『황성신문』, 1909.8.1.

8   「연극단속」, 『대한매일신보』, 1910.3.3.

「규정」을 폐지하고 이를 대체하는 신법을 제정했다고는 하나, 그 내용은 부산 이사청령 「취체규칙」과 다르지 않았다. 경기도의 경우는, 1916년 경무부가 흥행취체규칙을 기안한 바 있으나[9] 법으로 제정되지 않았다. 후일 도서과 사무관으로 재직한 고우 야스히코高安彦에 의하면, 1913년에 처음으로 흥행물의 내용을 조사한 후에 허가·불허를 결정하는 취체에 관한 통첩이 내려졌고, 1917년에 6가지 취체 표준을 세웠다고 하는데,[10] 그 사실 여부는 아직 확인되지 않고 있다.[11] 1916년의 한 기사를 보도록 하자.

요사이 경성 내 연극장 활동사진관의 상황을 보면 폐회되는 일이 많이 있다고도 할 만한 바 연극을 흥행할 때에 참혹한 것이나 또는 외설한 행동을 하여 관객의 악감정을 일으키는 일과 또 관객이 변사 기타 배우실에 출입하는 일과 또는 배우나 변사가 함부로 관람석으로 출입하는 등 풍속을 해케 하는 일과 또는 남녀석 간에 혼란한 일이라든지 동석하는 일과 활동사진 변사로 풍속을 해케 하는 설명하는 등이 있으면 자금으로 소관 경찰서에서는 엄중히 취체하여 풍기를 숙정할 계획이라더라.

　　　　　　　　　　　　　　　　— 「극장의 풍기취체」, 『매일신보』, 1916.4.1

지금으로선 경성 이사청령 「취체규칙」 존재도, 고우 야스히코가 말

9　「三취체규칙 기안」, 『매일신보』, 1916.7.7.
10　高安彦, 「フィルム檢閱雜感」, 『朝鮮』 152, 1928.1, 95~96쪽.
11　고우 야스히코의 언급을 처음 소개한 이화진은 1917년 6가지 취체 표준으로 흥행물의 내용을 단속했어도 매우 제한적이었으리라 추정한다. 이화진, 「식민지기 영화검열의 전개와 지향」, 『한국문화연구』 35, 동국대 한국문학연구소, 2008, 421~424쪽.

한 통첩도 확인할 수 없다. 다만, 여기에는 원산·부산 이사청령 「취체규칙」에는 없지만, 당시 일본 법령에는 빠짐없이 등장하고, 이후 1920년대에 제정된 신법에도 어김없이 포함된 내용이 있다. 풍속을 문란케 하는 세부내용, 남녀 좌석의 분리, 그리고 변사의 설명 등이다. 표본이 적어 속단할 수 없지만, 고우 야스히코의 진술대로 경기도 당국이 흥행/장의 취체를 강화한 것은 사실인 듯하다. 그도 그럴 것이, 병합 이전과 달리 활동사진 흥행의 점유율이 높아지고 신파극과 구극舊劇 등 다변화된 흥행문화의 진작이 뚜렷했기 때문이다.

그런데도—경기도가 1922년 신법을 제정하기까지 이사청 시대의 구법을 준용했던 것처럼[12]—이사청령 「취체규칙」이 정한 최소한의 규정은 대체로 준용되었다. 다만, 흥행 취체의 소관 기관은 바뀌었다. 합방 직전 「통감부경찰관서관제」에 따라 경무총감부가 설치되고(1910.6.29), 그 밑에 서무과·고등경찰과·경무과·보안과·위생과가 마련되었다. 조직 체계상 경무총감부의 보안과가 취체의 상급기관이지만, 실질적으로는 각도의 경무부가 업무를 담당했다. 그래서 흥행 취체는 전염병 유행·연말 등 시의성 통첩을 제외하고는 거의 전적으로 관할 경찰서나 경찰사무를 취급하는 관서에서 수시로 이뤄졌다. 당시 흥행/장 취체의 실태를 간단하게 정리하면 다음과 같다.

먼저, 흥행장 취체는 주로 공안위생과 소방안전에 집중되었다. 부산 이사청령 제1호에도 적시되었듯, 흥행장을 신축하고자 할 때는 반드시

---

12 "조선에는 종래부터 연극 기타 일반 흥행물을 취체하는 규정이 없고 다만 이전에 불완전하게 이사청 시대에 제정한 것을 적용할 수밖에 없으므로 실지에 불편이 적지 아니 하던 바 경기도 보안과에서는 이에 대한 취체규정을 연구하는 중이며" 「흥행물과 전차의 취체규칙」, 『동아일보』, 1922.1.21.

그 정원을 밝히도록 했는데 이 역시 위생과 안전에 관계된 사항이었다.
취체 당국은 문제가 있다고 판단하면 사안에 따라 주의 · 개보수 · 영업
금지 · 폐관 등의 명령을 내렸다.[13] 사실, 위생과 안전 문제는 식민지 시
기 내내 해결되지 않았다. 이 시기 일본의 「취체규칙」들 혹은 1920년
대 식민지 조선의 것을 참고하면, 흥행장 신축 규정은 안전과 위생을
위해 매우 까다로운 편이었지만, 신축 당시 매우 훌륭한 극장이었을지
라도 꾸준히 개보수하지 않으면 이내 곧 낙후된 시설로 전락했다. 게다
가 극장의 제한된 수효 또한 문제였다. 흥행의 인기가 점점 높아져도
극장 신설이 쉽지 않았기 때문에[14] 인원 초과는 다반사였다. 이 밖에 예
인과 관객의 준수사항도 단속대상이었다.

다음으로, 흥행하려면 서류를 구비해[15] 관할 경찰기관의 인가를 받아
야 했다.[16] 이때 검열도 받았는데 검열처가 전국적으로 통일되어 있지는
않았다. 필름검열의 경우 경성은 경무총감부가, 여타 지역에서는 각도
경무부가 담당했으며,[17] 공연예술검열은 관할 경찰서나 주재소와 같은

---

13 이와 관련된 『매일신보』 기사들은 다음과 같다. 「원각사의 연극 금지」, 1912.10.2; 「연극
상 악폐」, 1910.10.22, 「연극장와 위생」, 1912.6.1; 「영루내들 수리」, 1912.11.12; 「우미
관에 加一棒」, 1913.5.3; 「단성사 불청결과 嚴諭」, 1914.1.30; 「연흥사 허가 작소」, 『매일
신보』, 1914.11.7.
14 1916년 현재, "이미 베푼 활동사진관 외에 다른 곳에 신설을 허가치 않음"을 알 수 있다.
「경성풍기취체-활동사진의 단속」, 『매일신보』, 1916.1.14. 한상언은 1913년 이후 활
동사진관의 신설이 불허했다고 단정했는데, 이후 새로운 극장이 신축되지 않은 점을
고려하면 이는 당국의 방침으로 해석될 수도 있을 것이다. 한상언, 「1910년대 경성의
일본영화인 연구」, 『영화연구』 40, 한국영화학회, 2009, 250쪽.
15 부산이사청령 「흥행취체규칙」에 의하면, ① 흥행주의 성명, 주소, ② 흥행의 종류, 연극
은 그 줄거리, ③ 예인의 족적(族籍), 성명, 연령, 예명, ④ 흥행장소, 기간 및 개폐시각,
가설흥행장은 그 구조사양서, ⑤ 입장료, 좌석료, 기타요금 등이다.
16 「以和團의 困難」, 『매일신보』, 1912.9.22; 「연예계」, 『매일신보』, 1912.9.25. 이화단이
흥행허가신청을 했으나 수개월 동안 소식이 없다가 비로소 허가가 나왔다는 기사이다.
17 1920년에 가면 검열처가 경무국 보안과로 이전된다. 「활동영화의 검열은 경무국 보안

하급기관에서 이뤄졌다. 검열 절차나 방식도 체계적이지 않았다. "내지 도처에서 금지된 그림을 이입하여 불의한 이익을 탐하는 자"가 있고, "서양 그림과 연극 그림에는 풍속을 문란케 할 염려가 많으므로" 취체를 엄중히 행하며, "신파연극의 각본도 이후에는 자세히 검열"[18]하겠다고 했으나, 이후로도 검열제도는 정비되지 않았다. 이를테면 필름검열은 상영 예정 당일 오전에 받고 바로 그날 주야간 흥행을 하는 식이었으며,[19] 각본 검열은 줄거리에 해당하는 스지가키筋書, すじがき로 했다.

이때까지만 해도 조선총독부는 흥행 취체를 위한 제도의 정비를 시급하게 여기지 않았다. 검열단계의 느슨함은 현장취체로 '충분히' 보완될 수 있었고, 관할 경찰서는 수시로 흥행주무자들을 불러들여 주의와 훈시를 내렸다.[20] 이 느슨함은 흥행시장의 미발달 상태를 지시하는데, 그만큼 흥행/장이 치안 유지에 있어 위협적이지 않았음을 말해주는 것이기도 하다. 그리하여 현장취체는 주로 위생이나 안전 그리고 풍속에 집중되었다. 경찰서나 당직 경찰은 극장에서 벌어지는 여러 소란을 통제하고,[21] 풍속 문란을 최소화하기 위한 방책으로 학생의 극장 출입을 금지하거나[22] 객석의 남녀구분을 요구하는[23] 등의 수준에서 업무를 수행했

과에서 검열한다」, 『매일신보』, 1920.2.3.

18 「연예계의 嚴締」, 『매일신보』, 1913.3.19.

19 「〈가비리아〉 호평」, 『매일신보』, 1917.4.8.

20 「김씨 被捉」, 『매일신보』, 1911.4.26; 「단성사 엄중 단속」, 『매일신보』, 1911.4.29; 「각 연극장과 주의 건」, 『매일신보』, 1911.7.18.

21 우미관에서 절도사건이 발생하자, 형사들이 관객들의 신체를 검사하여 물의를 일으킨 적도 있었다. 「우미관의 소동, 기생아비 금시계를 일어, 형사가 관객의 몸을 뒤져」, 『매일신보』, 1919.11.14.

22 「연극과 여학생」, 『매일신보』, 1911.4.9.

23 「활동사진관의 취체」, 『매일신보』, 1915.9.3; 「극장풍기 취체」, 『매일신보』, 1915.9.9.

다. 그렇다고 해서 이 시기 흥행/장 취체가 가벼웠다고 볼 수 없다. 풍속통제를 매개로 하여, 법령제정이나 검열기구 설치와 같은 제도화보다 더 긴요해 보이는 흥행/장 규범의 질서를 구축하고 있었기 때문이다.

2. 풍속통제의 근대성과 식민성

현장취체를 보도한 『매일신보』를 신뢰한다면, 1910년대 흥행/장 취체는 무대의 예인이나 객석의 관객 할 것 없이 무질서와 상풍패속傷風敗俗의 주범인 그들을 건전한 근대인으로 길러내기 위해 불가피한 필요악처럼 보인다. 1910년대 기록에서 묘사된, 이때의 극장은 그야말로 음부탕자淫婦蕩子의 세계이다. 객석을 채우고 있는 불순한 기류도 그렇거니와, 무대도 상풍패속의 연행演行이며, 그 연행자들은 추문의 주인공이다. "사회에 대하여 천백 가지의 폐해는 있을망정 일호반점의 이익은 없"[24]는 그곳이 바로 극장이었다.

논설류는 말할 것도 없고, 실명까지 거론하며 '사실임'을 강박적으로 웅변하는 사건의 기록은 대단히 문학적이기까지 한데, 그렇다고 해서 이를 조작된 것이라고 볼 수도 없다. 표상의 의심스러운 구석을 짚어낼 수는 있어도 표상의 원천을 지울 수는 없으며, 독자의 소리로 전달된 증언은 식민권력의 해석과 별로 달라 보이지 않기 때문이다. 물론 극장은 "중세적 억압 내지는 인습적 속박으로부터 일시적으로나마 벗어날 수

---

24 「연극장을 야학교로 아는가」, 『매일신보』, 1914.2.27.

있는, 자유로운 감정 표출이 허용된 공간"이었으며, 관객은 이곳에서 "감각적 쾌락의 충족을 기대"[25]했다. 아마도 『매일신보』 독자란에 글을 투고한 이들의 극장 출입 동기도 그로부터 멀지 않은 곳에 있었을 테지만, 부정한 행위를 단속해달라고 요구한 것 또한 사실인바, 극장에서 맛보는 해방감이란 사적인 내밀함 속에서 느끼는 것이지 공개적으로 지지할 대상이 아니었던 셈이다. 표상의 진원지가 『매일신보』인 점을 접어둘 수는 없지만, 식민권력의 그러한 해석이 헤게모니를 가진 것은 사실인 듯하다.[26]

극장 안/밖에서 벌어지는 상풍패속의 증거는 충분했다. 스캔들의 주인공은 흥행관계자와 관객 모두를 포함했는데, 이들은 성적性的으로 불순한 의도를 갖고 극장으로 꼬여 드는 불량자로 묘사되었다. '밤'에 무리를 지어 극장을 출입하는 '불량 협잡배'는 흥행 자체에는 별 관심이 없는 것 같았다. '첩'이나 '매음녀'로 표상된 여성관객은 극장의 퇴폐적이고 부도덕한 지수를 높이는 존재였다. 경찰 당국이 부랑자 단속을 할 때도 극장을 '제1착'으로 삼았다.[27] 이 '상풍패속의 현장'에 대한 『매일신보』의 시선은 장안사·광무대·단성사·우미관 등 조선인극장에 집중되었는데, 우미관은 영업상의 문제까지 겹쳐 영업허가가 취소되기도 했다.[28]

---

25 정충권, 「1900~1910년대 극장무대 전통공연물의 공연 양상 연구」, 『판소리연구』 16, 판소리학회, 2003, 271쪽.

26 윤상길은 '식민지 공공 영역(colonial public sphere)'이란 개념에 의거하여 1910년대 언론상황을 헤게모니적인 측면에서 분석했다. 그에 의하면 식민지 공공 영역은 식민지사회 내에서 여러 담론이 공존 대립하는 가운데 식민지배에 의해 피식민자의 문화적 가치가 폐기·굴절·부정되는, 여론 형성의 물리적/상징적 공간으로 요약될 수 있다. 윤상길, 「'식민지 공공 영역'으로서의 1910년대 『매일신보』」, 『한국언론학보』 55-2, 한국언론학회, 2011.

27 「부랑자 대구금」, 『매일신보』, 1914.11.7; 「황금정 分署에서도 부랑자 대청결」, 『매일신보』, 1914.11.18.

실제로 상풍패속의 정도는 심각했던 것 같다. '부랑자제'들이 여성 관객을 희롱하는 것이 가장 흔한 경우이지만, 극장을 거점으로 모종의 성적 거래도 이뤄졌다. 극장이 일종의 '성적性的 시장市場'임을 보여주는 사례는 이해조의 신소설『산천초목』에도 잘 나타나 있지만,[29] 더 특징적인 것은 극장 관계자가 성적 거래를 조장하여 호객한 사실이다. 극장은 밀매음을 중개했으며, 극장 사무원의 능력은 바로 '행음녀行淫女 중개' 여하에 달려 있었다.[30] 문간 사무원은 "뚜쟁이 영업하는 잡류"[31]로 표현되었다. 단성사가 '비패한 연극'으로 풍속을 괴란하며, 그 사무원들이 '매음녀'에게 입장권을 무료로 나눠주고 '탕자요부'를 유인할 뿐만 아니라 흥행이 끝난 이후에는 이들과 요리점과 '기타 비밀한 처소'로 가서 부정한 행위를 했다는 풍문이 돌았다.[32] 아니면 극장 전속 창부倡夫들이 "남북촌 모모 대관의 별실別室과 기타 밀매음녀"를 무료입장케 하고 "부정한 행위"를 일삼았다는[33] 식의 풍문이 단속적으로 전해졌다.

그러니, 당시 극장의 풍속개량 논의와 경찰 통제를 "공공극장이 근대적인 사회기관의 하나로 제도화되는 과정에서 필연적으로 수반되었던 일부"로 해석할 여지가 없진 않은 셈이다.[34] 주지하듯 협률사에서 시

---

28 「우미관의 三日觀」,『매일신보』, 1913.4.23; 「우미관에 加一棒」,『매일신보』, 1913.5.3; 「우미관의 復활동」,『매일신보』, 1913.5.4.

29 실제로 그런 경우가 기사화되기도 했다. 「극장 색마의 실패」,『매일신보』, 1913.9.5.

30 「장안사 풍파」,『매일신보』, 1910.9.30; 「장안사 淫風 調察」,『매일신보』, 1910.10.4. 매음의 장소가 극장이었을 수도 있다. "2층 변소에서 어떤 짐승과 같은 남녀가 무슨 비루한 행동을 행하다가 일반 관람자에게 발견" 「우미관에 加一棒」,『매일신보』, 1913.5.3.

31 「風化를 괴란케 ᄒᆞᄂᆞᆫ 경성의 제극장」,『조선일보』, 1920.7.22.

32 「단성사의 풍속괴란」,『매일신보』, 1911.4.7; 「단성사 尤甚」,『매일신보』, 1911.4.9; 「박씨 無關」,『매일신보』, 1911.4.11.

33 「倡夫 단속 內議」,『매일신보』, 1911.4.22.

34 우수진, 「연극장 풍속개량론과 경찰 통제의 극장화─한일합병 전후를 중심으로」,『한

작된 근대극장은 "대한제국을 구성할 건전한 국민, 문명화된 국민과 대치되는 표상", 즉 "'야만'적 존재"로 표상되었다.[35] 일본 메이지 정부의 사례를 모방한 이인직 등 친일인사들이나 신채호·박은식 등 민족주의 및 자강운동 계열 인사들, 그 모두는 연극개량의 필요성에서만큼은 일치된 견해를 보여주었으니,[36] 이는 바로 새롭게 등장한 이 공간이 하나의 공공 영역일 수 있음을 보았기 때문일 것이다. 물론 통감부 시기 흥행의 향방은 아직 모호한 상태였는데, 이를테면 〈은세계〉의 공연은—양 진영의 요구 '사이'에서—연극개량론의 상징적이고도 실질적인 중심이기는 하였으되 그 정체를 충분히 드러낸 상황이 아니었다. 그러나 흥행/장 개량의 향방은 정책적 결정권을 가진 통감부에 의해 진행되었고, 한일병합 이후 이를 조선총독부가 이어받았다.[37] 그리고 마치 1900년대 후반 정치적 입장이 상이함에도 식자층이 흥행/장 개량의 필요성에는 의견의 일치를 보인 것처럼, 병합 이후에도 『매일신보』와

국극예술연구』 32, 한국극예술학회, 2010.

35 문경연, 「한국 근대연극 형성 과정의 풍속통제와 오락담론 고찰―근대 초기 공공오락기관으로서의 '극장'을 중심으로」, 『국어국문학』 151, 국어국문학회, 2009, 344쪽.

36 1900년대 연극개량 논의에 있어서 대별되는 두 계열의 성격에 대해서는 다음을 참조하라. 이상우, 「근대계몽기의 연극개량론과 서사문학에 나타난 국민국가 인식」, 『어문논집』 54, 민족어문학회, 2006.

37 통감정치기와 1910년대, 일본의 정책적 의도는 김재석의 연구를 통해 확인할 수 있다. 김재석, 「한일 신파극의 형성과 특성에 대한 비교연극학적 연구」, 『어문학』 67, 한국어문학회, 1999; 「근대극 전환기 한일 신파극의 근대성에 대한 비교연극학적 연구」, 『한국극예술연구』 17, 한국극예술학회, 2003; 「한국 신파극의 형성과 川上音二郎의 관계 연구」, 『어문학』 88, 한국어문학회, 2005. 김재석의 연구는 일본 신파극의 창시자라고도 하는 가와카미 오토지로(川上音二郎)를 중심으로, 메이지정부의 국민-국가화 정책간의 관계, 통감으로 있던 이토 히로부미가 한국에서 연극개량을 추진하기 위해 가와카미 오토지로를 지목했음을 논증했다. 물론 이토 히로부미가 1909년에, 가와카미 오토지로가 1911년에 사망하여 이들의 계획은 성사되지 못했다. 이들의 기획은 이응수의 「가와카미(川上) 신파극의 성립과 한국」(『일본학보』 39, 한국일본학회, 1997)에서 살필 수 있다.

익명의 독자들이 일치된 견해를 보이고 있었다. 극장문화가 이전에는 없던 전연 새로운 양식이라는 점에서, 이로부터 빚어진 '혼란들'은 식민권력에는 통제의 명분이 되었으며 독자-관객에게는 오래된 공통 감각과 충돌하는 상풍패속이 되었다.

다만, 흥행/장에 대한 풍속통제의 근대성을 지적하는 것만으로는 충분치 않다. 이 시기 풍속통제를 단지 근대화 과정에서 야기되는 국가권력의 개입으로만 파악한다면, 이 전환에 개입된 규율권력을 자연적인 것으로 만들고 그 주체였던 '제국'의 이해관계를 은폐하는 결과를 초래한다. 풍속 문제가 "명백하게 일상에 대한 국가 관리 및 엘리트층의 비엘리트문화에 대한 계몽과 지배의 방식과 관련"[38]되어 있지만, 바로 이 속성이 풍속통제의 식민성을 덮어쓸 수 있음을 경계해야 한다.

당시 일본에서는 하층계급이 향유하는 오락의 유용성을 긍정하면서도 이를 개량하여 극장 및 요세와 같은 공간을 '통속교육'의 장으로 삼자는 주장이 제기되고 있었다.[39] 또한, 같은 맥락에서 그때까지 서민예술로 존재했던 가부키를 상류층이 함께 아우르는 고상한 예술로 개량하고자 했다.[40] 이 쌍방향적인 개량론의 목표는 일본의 근대국민국가로의 성공적인 전환에 있었으며, '제국' 일본이 식민지에 대해 취해야 할 방향과도 결부되어 있었다. 그런데 조선총독부가 식민지 조선에서 취한 것은 전자의 경우로 제한되었다. 즉 식민지의 수준을 자국의 하층계급

---

38 권명아, 「풍속 통제와 일상에 대한 국가 관리-풍속 통제와 검열의 관계를 중심으로」, 『민족문학사연구』 33, 민족문학사학회, 2007, 375쪽.
39 홍선영, 「'통속'에 관한 異說-메이지 대중문화와 신파의 위상」, 『일본문화연구』 29, 동아시아일본학회, 2009, 238~242쪽 참조.
40 이상우, 앞의 글, 418~422쪽 참조.

과 비슷한 정도로 상정하여 피식민 주민을 훈육 혹은 통속교육의 대상으로 삼았다.[41] 따라서 통감부 시기부터 진행된 풍속통제는 재조 일본인 사회와 조선인사회를 동시에 겨냥했다. 특히 재조 일본인사회에 대한 취체 당국의 입장이 흥미로운데, 한편으로는 "'재한일본인'의 바람직한 조선 이주와 정착, 건전한 풍기 향상을 도우려는 목적하에 일상적인 차원에서의 취미오락보급이 추진"되었고, 다른 한편으로는 "본국의 하층계급에 속했던 재한일본인들이 쉽게 요보화되거나" 이들을 보고 '미개'한 조선인들이 일본의 권위를 무시하게 되는 상황을 차단하기 위해 노력했다. 말하자면 재조 일본인사회에 "근대적인 공공기관을 설치해야 한다는 주장은 미개와 야만의 상태로 인식된 식민지 조선을 문명화시키고 조선인의 인심을 선화시키겠다는 목적을 담보한 것이었다."[42]

더욱이 병합 이후의 상황은 통감부 시기와 달랐다. 그것은 식민권력 발發 담론과 긴장을 이룰 담론의 주체가 공공 영역에서 사라지고, '무단통치'로 요약되는 정책수행의 일방성과 폭력성이 본격화했다는 점이다. 각종의 경찰제도가 그 근간이었음은 물론이지만, 여기에는 다양한 식민통치기술이 따랐다. 조선총독부는 여러 문화기획을 통해서 피식민자를 새로운 주체로 호명하는 데 게으르지 않았으며, 유일한 조선어신문인 『매일신보』를 통해 "조선인들의 생활세계에 광범위하고 깊숙이 침투하여 조선인들을 규율하던 행정, 경찰기구를 연장하는 네트워크"[43]

---

41 홍선영은 통속오락론이 곧 '대중예술'의 출현을 대망하는 것으로서 일본뿐만 아니라 식민지에도 파급력이 있는 예술이 절실하다는 차원에서 전개되었다고 보았으며(앞의 글, 240 ~241쪽), 문경연 역시 홍선영의 견해를 이어받아 통감부 경무국장 나가노[中野]의 발언을 통해 그 논리가 그대로 적용되었다고 보았다. 문경연, 앞의 글, 356~360쪽 참조.
42 문경연, 위의 글, 351~356쪽 참조.
43 김현주, 「1910년대 초 『매일신보』의 사회담론과 공공성」, 『현대문학의연구』 39, 한국문

로 삼아 식민통치의 효율성을 높이고자 했다.

다만, '강점'의 상황에서 전면적일 수 없었던 저항은 "발원지를 알 수 없는 갖가지 소문과 풍설"[44]로 표현되고, 그러한 소문은 "기층 피식민지인들의 식민지배 상황에 대한 집합적 해석의 노력으로서 이들의 저항적 의지의 발로이자 억압된 커뮤니케이션 욕구가 분출된 '저항적 공론장'"[45]이 되었다. 식민권력의 전일적 지배를 투과한 소문의 존재는 무단통치 스스로 초래한 돌연변이였다. 1910년대 극장 안에서도 그런 소문을 은밀히 주고받았는지 모른다. 극장은 비공식적인 채널이 가능한 집합공간이자, 문자화될 수 없는 구술문화가 매개되던 공간이며, 수행성이 중심이 되는 공간이기 때문이다. 지금으로서는 극장에 흘러 다니는 소문과 풍설의 실체를 증명할 방법도, 그 부재의 현존이 1910년대 피식민의 문화사와 어떤 관계에 있었는지 그 경로를 찾기도 난망하다.

무단통치란, 말하자면 국제법상 무효일 수 있는 강제적인 합병[46]을 폭력적으로 실정화하는 동시에, 일본제국의 한 지방으로서 '식민지 조선'을 '구성'하기 위한 최적의 통치방식으로 채택된 것이다. 문명화·근대화라는 명분하에 군정軍政의 강력한 효과를 거둘 수 있는 국가권력의 행사가 경찰권에 바탕을 둔 이유가 바로 여기에 있다.[47] 흥행/장의 제도화

학연구학회, 2009, 263쪽.

44 권보드래, 『1910년대, 풍문의 시대를 읽다』, 동국대 출판부, 2008, 15쪽. 소문의 스펙트럼은 매우 다양하다. 이를 엿볼 수 있는 자료는 같은 책 21~44쪽을 참조하라.

45 윤상길, 「'식민지 공공 영역'으로서의 1910년대 『매일신보』」, 『한국언론학보』 55-2, 한국언론학회, 2011, 66쪽.

46 김창록, 「1900년대 초 한일 간 조약들의 '불법성'」, 『법과사회』 20, 법과사회이론학회, 2001.

47 3·1운동 이후 이른바 '문화통치'로 전환했어도 군정의 성격은 변화하지 않았다. 대만과 달리, 조선은 식민지 시기 내내 문관 출신이 총독으로 임명된 적이 단 한 번도 없다.

역시 경찰권을 중심으로 강제되었다. 거듭 말하지만, 흥행/장 취체는 경찰업무에 속했다. 1910년 말, 사카이 요시아키의 『조선경찰실무요소』는 경찰을 보안경찰·행정경찰·사법경찰·섭외경찰로 나누고, 행정경찰을 다시 종교·위생·풍속·영업·하항河港·도로·건축·전야田野·어렵漁獵 경찰로 세분했다.[48] 이에 따르면, 흥행/장 취체는 주로 행정경찰의 업무였으며, 그 가운데 위생·풍속·영업·도로·건축 경찰이 그에 관여했다. 1912년 「경찰범처벌규칙」(총독부령 제40호)의 공포는 "'사회'의 질서는 예의가 아니라 법률과 그 에이전트인 경찰에 의해서만 유지될 수 있다는 것"[49]을 분명히 보여준 사례일 것이다. 경찰제도는 흥행/장 취체의 알파와 오메가였다.

사정이 이렇다면, 무단통치기에 흥행/장에 대한 조선총독부 혹은 그 메가폰인 『매일신보』의 주된 표적이 풍속 영역인 것은 다르게 이해되어야 한다. 근대로의 전환이 일본제국에 의해 폭력적으로 강제되고, 그 방향이 제국의 이해 즉 식민통치의 본원적 목적과 결부된 이상, 흥행/장을 둘러싼 풍속통제는 근대성을 초과하는 식민성의 개입을 포함할 수밖에 없다. 풍속통제의 식민성이란, 일찍부터 흥행문화가 발달한 내지의 경험을 전례로 하여 조선이라는 지방에 그것이 '이식'됐다는 사실 그 자체라기보다는, 그 '이식'이 제국의 특정한 목적에 연루된 채 종족적 차별을 수반한 폭력이었다는 것에 그 본질이 있다.

조선의 '제령'과 대만의 '율령' 간의 비교를 통해서 식민통치성의 차이를 밝힌 것은 다음을 참조할 수 있다. 김창록, 「제령에 관한 연구」, 『법사학연구』 26, 한국법사학회, 2002.

48 정근식, 「식민지 위생경찰의 형성과 변화, 그리고 유산―식민지 통치성의 시각에서」, 『사회와역사』 90, 한국사회사학회, 2011, 238쪽.

49 김현주, 앞의 글, 258쪽.

아마도 그 시작은 흥행 장소를 '극장'으로 제한한 점일 것이다. 1906년 「가로街路관리규칙」(경무청령 제2호) 제3조, 그리고 1907년 「보안법」(법률 제2호) 제4조에 의거하면, 흥행 혹은 연예는 대중을 군집시켜 안녕질서를 문란케 할 염려가 있기에 이후로는 '거리'에서 할 수 없었다. 이 원칙이 일본으로부터 건너왔음은 물론이다. 「가로관리규칙」은 1872년 동경에서부터 시행된 「위식괘위조례違式詿違條例」에 근거를 두었으며, 이 법령은 1913년 「도로취체규칙」(조선총독부령 제53호)으로 계승되었다.[50] 이런 전환이 얼마만큼 순조로웠는지는 확실치 않다. 다만, 병합 이후 이 규정의 준수가 더욱 엄격히 요구된 것으로 보인다. 1911년 7월 『매일신보』에 전문(전12조)이 실린 경성 북부경찰서장 명의의 훈시에도 이 내용이 포함되었는데, 제10조에서는 다음과 같이 밝히고 있다―"노상에서 연설, 기타 연극 등을 행하며 다인의 취집聚集하는 등을 금할지며."[51]

옥내극장의 출현이 여러 차원에서 예술사의 변동을 가져왔음은 주지의 사실이지만, 지금까지 이를 하나의 '결과'로만 받아들인 감이 없지 않다. 허가된 장소에서만 흥행할 수 있고 공중을 대상으로 하는 모든 연행이 허가대상이 된 것이 과연 자연스러운 전환일 수 있었을까. 물론 그럴 수 없다. 그 규범은 근대 이전의 관행과 충돌하는 전연 새로운 것이었다. 그런 만큼 법적으로 강제하는 연행 풍속의 폭력적 전환은 많은 혼란을 초래할 수밖에 없는데, 극장의 상풍패속도 말하자면 그 전환 과정의 부산물이었다. 그런데도 취체 당국은 이를 '미개'의 무질서로 규정하면서 공권력

---

50 이종민, 「1910년대 경성 주민들의 '죄'와 '벌' ―경범죄통제를 중심으로」, 『서울학연구』 17-1, 서울시립대 서울학연구소, 2001, 102~103쪽.
51 「북부서장의 훈시」, 『매일신보』, 1911.7.20.

의 투입을 불가피한 것으로 만들었다. '무료입장'이 문제가 되자,[52] 취체
당국이 직접 입장권 검사에까지 관여한 것도 그 단적인 예다.[53]

흥행/장에 대한 규범은 근대적인 것이 분명하되, 이 근대성은 서양적
근대문화와 대등한 위치에서 식민지 경영을 한다는 명분으로 흥행문화
를 식민권력의 관리 체계로 편입시켜 통치의 효율성을 높이고자 한 식민
성의 다른 얼굴이기도 하다. 이렇게 보면 병합 이후 흥행/장에 관한 신법
이 제정되지 않은 것, 즉 이사청 시대의 최소한의 법적 규정만으로도 충
분하다는 것은 무단통치의 효율성을 높일 수 있는 통치의 '자율성'을 의
미한다. 강제적 전환에 의한 무질서와 혼란은 다른 법령들, 이를테면
「가로관리규칙」(「도로취체규칙」)이나 「보안법」, 혹은 「경찰범처벌규칙」
이나 기타 위생 관련 법을 통해 단속할 수 있었다.

이런 근대적 법령이 지니는 억압적 성격은 자명하다. "기존에는 권
력의 관심 밖에 있었거나, 공적으로 처벌받지 않았던 행위들이 '문명'
에 상응하는 규율화의 일환으로 처벌의 대상이 되기 시작"[54]했으며, 흥
행/장과 직간접적으로 연루된 ─ 그 대부분이 경범죄에 해당하는 ─ 행
위가 바로 그러한 법령에 따라 처벌되었다.[55] 『매일신보』 사회면 기사
는 바로 '죄상'을 공개하는 데 민첩함을 보여주었고, 독자는 자연스럽
게 "공권력의 눈으로 하위문화에 속한 사람들, 즉 사기범, 방화범, 강

52 「演社풍파」, 『매일신보』, 1910.9.20; 「演社의 風靜無日」, 『매일신보』, 1912.5.4; 「극장과
    가칭 기자」, 『매일신보』, 1913.9.18.
53 「장안사 把守」, 『매일신보』, 1910.9.29; 「무료관극단속」, 『매일신보』, 1911.1.20; 「입장
    권 유무 조사」, 『매일신보』, 1912.1.23; 「南部의 극장취체」, 『매일신보』, 1913.8.19.
54 이종민, 앞의 글, 103쪽.
55 이를테면 변사에 대한 불만으로 '숯불덩이'를 무대로 던진 문해광이 「경찰범처벌규칙」에
    따라 구류를 언도받았다. 「변사에게 불덩이, 설명을 잘 못 한다고」, 『매일신보』, 1919.1.18.

도, 강간범, 무녀, 기생, 매음녀, 도적, 살인자들이 문제를 일으키는 문란한 세계를 목격하며 질서를 회복하기 위해 범법자들을 응징하거나 법 집행의 체계를 효율화할 것을 요구"[56]했다.

이때, 일본의 법령을 모법母法으로 할지라도 식민지 조선의 '특수성'에 따라 항목이 새롭게 추가되기도 했는데, 그 '죄상'에 대한 법의 집행은 평등하지 않았다. 같은 위반행위임에도 불구하고, 종족 여하(조선인/일본인)에 따라 처벌의 강도는 달랐다.[57] 가장 특징적인 것은 "조선인에 한하여 적용"[58]하는 태형 처분이 있었고 태형이 병합 이후 한동안 과료·벌금과 같은 재산형을 초과할 정도로 많았다는 점이다.[59] 태형은 재산형을 이행할 수 없는 극빈자에 대한 처분으로서, 재래의 습속이 범죄가 되는 제도적 강제가 하층계급을 중심으로[60] 신체적 모욕감과 구속을 수반한 규율이었음을 단적으로 드러낸다. 이런 식의 인종주의적 차별은 대체로 은폐된 채 진행되었으며, 치안 유지와 풍속개량을 위한 근대적 규범의 형식으로 포장되고 있었다. 이것이 바로 일본 내지의 경험이 유전遺傳된 '문명화'의 본질이었다.

---

56 김현주, 앞의 글, 261쪽.
57 이종민, 앞의 글 참조.
58 「조선태형령」(조선총독부제령 제13호, 1912년 4월부터 시행) 제13조. 그러나 이미 그 이전에도 태형은 가해졌다. 단성사 안에서 화투를 한 임용구 등이 50대의 태형 처분을 받은 기록이 있다. 「연극 후 화투」, 『매일신보』, 1912.1.23; 「賭花者 處笞」, 『매일신보』, 1912.1.24.
59 이종민, 앞의 글, 120쪽.
60 태형은 16세 이상 60세 이하의 남성에게만 부과되었다.(제5조)

3. 기생, 통제의 표적 혹은 재원財源

그런 점에서 주목해야 할 대상이 바로 기생 취체다. 풍속통제의 식민성을 은폐하는 젠더 정치가 규범의 근대성과 결합하는 장면이기 때문이다.

『매일신보』는 1910년대 초반 상풍패속의 풍문을 실어 나르기에 바빴고, 관할 경찰서는 진위를 조사해 그에 대해 조치했다. 사건관계자 개개인에 대한 사후 처벌은 유사 범죄를 예방하는 효과를 낳을 수 있겠지만, 사실 관객은 집단화될 수 없는 임의적 존재로서 이들을 대상으로 삼는 단속 위주의 행정은 한계가 있기 마련이다. 그러나 무대에 오르는 예인藝人은 다르다. 예인은 동일성을 기반으로 집단화될 수 있으며, 공중에게 공개된 존재라는 점에서 이들에 대한 취체 효과는 일반 관객에 대한 그것과 비교할 수 없다. 그런 점에서 예인의 조직화는 매우 바람직했다. 극장을 거점화하여 흥행문화를 국가의 관리 체계 안으로 편입시켰듯, 예인의 민간조직도 중앙집중적인 관리를 용이하게 했기 때문이다.

그 으뜸이 바로 기생집단이다. 일본이 기생집단을 조직하고자 한 것은 1908년으로 거슬러 올라간다. 「융희 2년 기생급창기에 관한 서류철」(경무갑종 기록 28호),[61] 그리고 「기생단속령」(경시청령 제5호, 1908.9.25)과 「창기단속령」(경시청령 제6호, 1908.9.25)이 시행되었고, 얼마 지나지 않아 최초의 기생조합이 조직되었다. 당시는 관기가 공식적으로 해체되는 동시에 삼패 기생이 성장하던 시기였다. 삼패 대장 김명완이 조중응과 손을 잡고 일본인 모려덕위毛呂德衛와 함께 삼패 기생을 조직했는데, 그것이 바

---

[61] 김영희, 「일제시대 기생조합의 춤에 대한 연구—1910년대를 중심으로」, 『무용예술학연구』 3, 한국무용예술학회, 1999, 53쪽.

로 한성유녀조합이다.[62] 통감부 시기에 더 이상의 기생조합은 출현하지 않았지만,[63] 합병 이후 민간주도의 기생조합이 속속들이 설립되었고, 1918년 경성의 기생조합은 '조합'을 일본식 명칭인 '권번'으로 바꿨다.[64]

다른 사례도 있기는 하다. "기생조합의 활기에 밀리고 있다는 데 위기의식을 느낀 남자배우들",[65] 즉 광무대와 연흥사 배우들이 중심이 되어 1915년 경성구파배우조합이 조직되었다.[66] 이 조합은 이익집단으로서의 성격이 강했고, 이들 개개인의 자질이나 행실이 논란이 될 수는 있어도 집단의 정체성이 문제 되지는 않았다. 그러나 기생의 경우는 달랐다. 기생에게 조합은 배우조합과 마찬가지로 이익단체로서 가치가 있었겠지만, 취체 당국 입장에서 기생조합은 여러모로 활용 가치가 있었다.

관기의 해체와 삼패기생 집단의 부상이라는 국면에서 기생은 상반된 시선에 의해 틀이 지어졌다. 활동사진 인기는 날이 갈수록 높아졌고 신파극이라는 새로운 무대공연이 관객의 호기심을 크게 자극했지만, 기생의 공연예술은 또 다른 매력으로 고정 관객을 확보했다. 기생에 대한 성적 호기심과 매혹도 만만치 않은 요인이었겠지만, 기생은 기예의 전문성을 확보한 가운데 관기의 전통종목(가곡·가사·궁중정재 등)과 삼패집단의 좌창 레퍼토리(가사·잡가 등)를 비롯한 새로운 조류까지를 흡

---

62 권도희, 「20세기 기생의 음악사회사적 연구」, 『한국음악연구』 29, 한국국악학회, 2001, 325쪽.
63 조합설립 시도가 없지는 않았으나 허가를 받지 못하거나 자금문제로 설립되지 못했다고 한다. 오현화, 「〈藝壇일백인〉을 통해 본 1910년대 기생집단의 성격」, 『어문논집』 49, 민족어문학회, 2004, 325쪽.
64 「조합을 권번으로, 한성, 경화, 대정」, 『매일신보』, 1918.1.27.
65 백현미, 『한국창극사 연구』, 태학사, 1997, 109쪽.
66 「광대의 조합 설립」, 『매일신보』, 1915.4.1.

수하여 대중화를 꾀했던[67] 근대 초기의 스타였다. 광무대·장안사·단성사 등은 바로 기생의 이런 상업적 가치를 고려하여 이들을 전속으로 두었다. 『매일신보』는 기획기사 「예단藝壇일백인」에서 8명을 제외한 나머지를 기생으로 채워, 이 계층에 대한 과도한 관심을 표했다. 반면, 기생은 사회적 약자였다. 이들 대부분이 호구지책을 위해 기생이 되었으며,[68] 10대 중반에서 20대 초반 연령대의 여성이었다. 더욱이 기생 신분이 요리점 등에서 손님을 접대하는 것이었던 만큼, 이들을 따라다니는 패속敗俗의 혐의는 사실관계와 상관없이 이들을 부덕한 여성으로 만들었다. 기생은 대중 연예의 스타였지만, 동시에 분리되어야 할 천격賤格의 음부淫婦였다. 예인이면서 성 산업 종사자라는 기생의 지위, 이것이 바로 위생·풍속통제의 상징적 중심이 된 이유다.

확실히 흥행/장 취체에서 기생은 특별했다. 흥행/장이나 여타 예인에 대한 취체 법령이 제정되지 않은 당시, 유독 기생에 대해서만 종전의 규칙을 폐지하고 신법을 제정·시행했다. 병합 직후인 1911~12년에 걸쳐 거의 모든 지역에서 경무부령으로 「취체규칙」이 공포되었다. 일부 지역에서는 '예기藝妓'만을 대상으로 했지만, 대체로 '작부'까지 포함했다.[69] 기생 스스로는 창기나 작부와 구별됨을 애써 증명하고자

---

67 1910년대 기생의 공연 활동에 대해서는 오현화, 앞의 글, 336~345쪽을 참조하라.
68 위의 글, 329쪽.
69 지금까지 7개 지역의 「취체규칙」만 확인한 상황이다.(괄호 안은 공포 일자) 경상북도 경무부령 제2호, 「예기영업취체규칙」(1911.3.25); 함경북도 경무부령 제7호, 「예기작부취체규칙」(1911.4.23); 평안남도 경무부령 제4호, 「예기취체규칙」(1912.2.5); 평안북도 경무부령 제9호, 「예기급작부취체규칙」(1912.6.24); 강원도 경무부령 제5호, 「예기급작부취체규칙」(1912.8.26); 황해도 경무부장령 제1호, 「예기작부취체규칙」(1912.8.21); 충청북도 경무부장령 제4호, 「예기급작부취체규칙」(1912.9.27).

했지만, 취체 당국의 관점에서 이들은 동일한 정체성을 지닌 통제대상이었을 뿐이다. 이들은 "취체상 필요하다고 인정될 때"에는 '건강진단'을 받아야 하고, 풍속을 문란케 할 만한 행동을 해서는 안 되었다.[70] 공안풍속과 위생상 해롭다고 인정되면 영업을 정지당하거나 허가가 취소될 수 있었다. 기생 취체는 공중위생과 건전한 풍속을 위한 명분으로 '전시'되었다. 뿐만이 아니라 예기와 작부의 허가 연령을 일본인보다 낮추어 종족적 차별을 드러냈다.[71] 전통연행을 계승하는 동시에 새로운 조류를 이어받아 대중화를 꾀했던 시도에도 불구하고, 기생집단은 법의 특별 관리를 받아야 하는 풍속통제의 표적이었다.

기생 취체의 또 다른 실질적인 이유도 있다. 1910년대 초반 기생의 수효는 그렇게 많지 않았다. 경성만 하더라도 1백 명 내외에 지나지 않았으나, 1910년대 후반에 이르면 5배로 늘어나 동기童妓까지 포함하여 5백여 명으로 급증했다.[72] 기생수효의 급증은 기생과 작부의 경계가 불투명해진 이유도 있지만[73] 이 현상의 근본 원인은 유흥시장의 확대에 있었다. 가령, 1917년 한 해 동안 경성에서 가장 수입이 많았던 기생은

---

70 이를테면, 야간 1시 이후 가무음곡을 행하지 말 것 / 어떠한 방법을 막론하고 손님을 유인하지 말 것 / 외출할 때에는 사람의 시선을 집중시키는 분장을 하지 말 것 / 사람의 시선을 집중시키는 장소에서 분장, 좌열(座列) 또는 배회하지 말 것 등. 그리고 풍속상 필요하다고 인정되면 거주지가 제한되거나 거주지를 이전해야 했다.

71 황해도 경무부장령 제1호 「예기작부취체규칙」 제2조에 의하면, 내지인은 18세 미만인 자, 조선인은 16세 미만인 자에게는 예기 및 작부를 허가하지 않는다고 명시하고 있다.

72 「(부랑자를 여하히 할까(5)) 오백 명의 기생이 무엇을 먹고 입고 사는지 아느냐」, 『매일신보』, 1918.6.2.

73 "안성경찰서에서는 관내의 예기들을 엄절 취체한다는데 그 원인은 소위 기생이라는 것이 각 지방으로부터 모여들어 그 수가 점점 많아지는 동시에 가무기예도 없이 예기되기를 청원하는 일이 많은 즉 공연히 풍속에만 방해된다 하여 가무기예의 없는 자는 작부영업으로 허가하여 주고 풍속에 관계되는 일은 엄절히 금지한다더라. (안성)" 「歌舞가 없으면 기생은 못 된다, 안성 경찰의 취체」, 『매일신보』, 1917.9.24.

다동조합의 학선鶴仙으로 총 2,280원을 벌어들였고, 경성의 네 조합의 기생들이 벌어들인 총수입은 104,545원이며, 그중에 1/10이 조합비용으로 지출되었다.[74] 이는 요리점으로부터 얻은 수입일 뿐 비공식적인 수입은 누락되었으니, 시장 규모는 더 크다고 하겠다. 이와 같은 유흥시장의 확대는 비정상적인 감이 없지 않다. 『매일신보』는 그 주범의 하나로 기생(또는 요리점)을 꼽았다.

> 못된 물은 사복간천으로만 몰리고 못된 바람은 오간수구멍으로만 들어온다던가. **조선팔도의 부랑자가 경성으로만 모여들어서 어떤 놈이 속하게 패가망신을 하는가.** 우승기 타려고 자행거 경주하듯 서로 달음질을 하여 화류장으로 들이 달리는 바람에 **남의 망하는 덕을 투철히 보는 것은 기생요리점.**
> ―「(부랑자를 여하히 할까(5)) 오백 명의 기생이 무엇을 먹고 입고 사는지 아느냐」,
> 『매일신보』, 1918.6.2

조선총독부는 이미 식민지 도시의 예기·작부 취체의 경제적 효과에 대한 데이터를 갖고 있었다. 주지하듯 일본의 점령지에는 일본군 주둔지와 일본인 거류지를 중심으로 유곽이 번성했다. 중국 봉천의 경우 1906년 하반기 일본거류민회의 수입 금액 6,000원 가운데 예기·작부 부과금으로 거둬들인 금액이 3,600원으로, 수입의 반 이상을 차지했는데,[75] 이는 매매춘 혹은 유흥시장이 중요한 재원처財源處라는 것을 말해준다. 조선

---

74 「舞袖에 落하는 10만금, 네 조합 기생의 수입은 얼마씩 되는가」, 『매일신보』, 1918.2.15.
75 이종민, 「1910년대 경성 주민들의 '죄'와 '벌' ─경범죄통제를 중심으로」, 『서울학연구』 17-1, 서울시립대 서울학연구소, 2001, 108쪽.

총독부가 "풍기 또는 위생 취체 명목을 앞세우면서도" 매매춘업이나 유흥시장을 억제하기보다는 "일정한 장소에서 일정한 규칙하에 집중 관리"[76]한 데에는, 이 시장이 바로 국가재정을 충당하는 원천으로서 가치가 있었기 때문이다. 비록 그 초기에는 시장 규모가 그리 크지 않았을지라도 이내 곧 유흥시장이 비정상적으로 비대해지리라는 것을 조선총독부는 알고 있었다. 수탈을 본원적 목적으로 하는 식민지 경영은 이미 1910년대에 박차를 가하고 있었고, 이 틈새에서 유동자금이 유흥비로 탕진될 수 있었던, 이른바 '부랑자제'들의 출현이 시작되었기 때문이다. 그리하여 1910년대 후반에 들어서면서 확실히 시장 규모는 매우 커졌고, 이로부터 상당한 정도의 세수 확보가 가능해졌다. 이 경제적 가치는 정치적으로 매우 불편한 진실을 담고 있다. 기생집단의 성장은 한편으로는 조선사회의 무능과 타락을 전시하는 증거인 동시에, 다른 한편으로는 식민권력에 식민통치의 비용을 제공하는 경상수입의 확대이기 때문이다.

지금으로서는 1910년대 유흥시장에 부과된 세금의 종류나 세액을 정확히 알 수 없으나, 1920년대 이후의 기록을 참고하면 대략의 윤곽을 짐작할 수 있다. 1920년대 초반, 세수 증대를 위한 조세세도 개정방안이 구상되고 있었는데, 그중 가장 많이 논의된 하나가 바로 유흥과 관련된 세금이었다.[77] 물론 지방세로 징수되던 세금이었던 만큼, 각 지역에 따라 세금의 종류와 세액은 달랐지만, 잡종세에 해당하던 이 세금들이 증액분의 상당수를 차지했다. 1910년대에는 조세의 종류가 그렇게까지 세분되어 있었을 것 같지는 않으나, 일단 크게 보면 두 가지로 나

---

76 위의 글, 109쪽.
77 1920년대 흥행/장에 부과되던 세금은 이 책의 1부 3장 '흥행시장의 세금'을 참조하라.

눌 수 있다. 하나는 기생(예기)·작부·창기가 매월 일정액을 내는 세금이다. 세액은 대략 1~2원 50전 정도였던 것으로 보이는데, 과세액은 기생이 가장 높았다. 다른 하나는 요리점·예기치옥·대좌부貸座敷 등 기생·작부·창기가 영업하는 장소에서 해당 영업자가 내는 세금이다. 따라서 기생의 수효 증가는 예기세 세수의 증가만이 아니라 이와 관련된 영업에서 거둬들인 세수의 증가를 의미한다.

이렇게 본다면, 기생 취체는 경제적인 이유에서도 긴요한 일이 아닐 수 없었을 듯하다. 광대·행려배우·유예사장遊藝師匠(연예를 가르치는 자) 등에도 잡종세를 부과했지만, 기생집단만큼 확실하고 지속적인 세수의 원천은 없었다. 그런 의미에서 「취체규칙」의 엄격한 시행과 기생조합의 활동 보장은, 취체의 용이함과 효율성을 높이는 방책이 될 수 있었다. 예기(작부) 「취체규칙」을 통해서 기생에게 허가증, 즉 '영업장營業狀'을 발부하고 이들의 육체적 구속을 확실히 할 수 있었으며, 기생조합을 통해서는 이들을 조직적으로 관리할 수 있었다.

요컨대 『매일신보』에서는 극장이 상풍패속의 장이라는 표상화가, 흥행 현장에서는 극장 제도의 강제적 전환을 이뤄내기 위한 단속 위주의 행정이 진행되었으며, 예인 특히 기생(예기)에 대해서는 집중적인 관리를 통해 위생·풍속통제라는 명분과 재원 확보라는 실리를 취하고 있었다. 다소 정도 차이는 있지만, 이런 통제 기술은 1910년대 내내 유지되었다. 조선총독부는 흥행/장 취체에 관해 뚜렷한 정책을 가시화한 바 없거니와, 극장을 채우고 있던 관객이나 예인, 혹은 흥행물에도 커다란 변화라 할 만한 것이 별로 없었다. 다만, 취체 당국의 입장에 미묘하지만 중요한 변화가 1910년대 중반 즈음에 있었음을 일러둘 필요는 있다.

4. 신/구 흥행의 정치와 1915년

상풍패속의 혐의는 공연물에도 씌워졌다. 그것은 거의 '구舊연극'으로 묶인 전통 연행물을 겨냥했고, 이와 구별해 '신新연극'의 명예를 얻은 신파극은 『매일신보』의 노골적인 선전과 지원 속에서 당국의 보호를 받았다. 이는 사실임이 분명했다. 특히 구연극에 대한 비난은 일일이 거론할 수 없을 정도다. "소위 춘향이 타령이니 잡가니 하는 것"은 "음담패설"이며,[78] "무당놀이는 탕음한 가조와 풍속상 문란한 거동이 망유기극"[79]하고, 어떤 독자는 "열 모에 한 모 쓸데없는 구연극"[80]이라고 딱 잘라 말했다. 기생 공연에 대해서는 구체적으로 그 해악을 조목조목 열거하기도 했다.[81] 핵심은 구연극이 "풍속을 괴손하고 질서를 문란케 하는 폐단이 많은즉 아무쪼록 개량"[82]해야 한다는 것이다. 그러나 그 비난을 가만히 들여다보면, 구연극이 풍속괴란의 폐단이 많다고 하지만 무엇 때문에 그런지는 침묵하기 일쑤이며 고작 몇 마디의 설명도 요령부득하기만 하다. 즉 '구연극은 풍속을 괴란한다'는, 증거불충분의 명제만을 반복한 채, 예인의 스캔들과 이를 보러 간 불량한 관객을 물증으로 제시할 뿐이다.

---

78 「협률사의 풍속괴란」, 『매일신보』, 1913.10.9.

79 「장안사에 무당금지」, 『매일신보』, 1913.10.29.

80 「독자기별」, 『매일신보』, 1914.8.6.

81 이를 정리하면 다음과 같다. ① 절후 가리는 해독 : 사람 마음이 공연히 들뜰 때 하여 화류계에 반하는 일이 많음, ② 보조금 강청하는 해독 : 기생을 사랑하는 남자가 보조금 걷어줄 돈을 변통하려고 쩔쩔거리면 돌아다님, ③ 부녀에 대한 해독 : 양가 부인들이 기생을 본뜨려는 허영심 때문에 불미한 일이 생김, ④ 내지인과 다른 사정 : 재조선 일본인 기생의 연주회는 화류계를 번창케 하여 식민을 번창케 한다는 유익한 점이 있으나, 조선기생연주회는 사정이 다름, ⑤ 자선연주회라는 것 : 자선심이 있어서도 아니고 보조금도 매우 소략함. 「기생연주회와 사회의 풍기―기생연주회에 대하야」, 『매일신보』, 1914.10.16.

82 「연예계 정황」, 『매일신보』, 1912.4.2.

<表 1> 1912년 4월 현재, 1일 극장수입

극장 명	관객 인원	수입액	비고
단성사	535인	52원 30전	강선루일행
광무대	678인	46원 50전	
연홍사	357인	38원 40전	혁신단

출처 : 「연예계」, 『매일신보』, 1912.5.3

구연극에 대한 이러한 담론 정치가 성공했다고 보기는 어렵다. '혁신단'이 출현하고 곧이어 '혁신선미단'과 '문수성'이 활동을 시작한 이후인 1912년 4월 말경, 『매일신보』에 보도된 1일 관객 인원과 수입액을 보면(<표 1>), 구연극의 흥행성적은 만만한 것이 아니었음을 알 수 있다. 상풍패속의 비난에도 인기는 여전했고, 1913~1914년은 전통공연물의 전성시대라고 할 만큼 활황이었다.[83] 비록 판소리 광대들이 협률사를 조직해 지방 순회공연으로 떠돌아다니기는 했어도, 그것이 곧 전통연행의 위축이라고 말할 수는 없다. 오히려 순회공연은 비동시성의 동시성을 강화하는 시간 지체의 효과를 낳아 구연극의 장구한 생명력을 보존하는 계기가 되었다.

다른 한편, 『매일신보』는 '혁신단'이 등장하자 구연극과는 상반되는 담론 정치를 시작했다. 이는 "『매일신보』 연극개량론에서 요구한 신연극이 신파극임을 공식화한 것"이며, 호객의 한 방책으로 "신파극 공연장이 그동안 『매일신보』가 풍기문란의 부도덕한 공간으로 몰아갔던 고전극류의 종합적 연행물 공연장과는 다른 수준의 공연장임을 강조하여 여성을 신파극의 관객으로" 끌어들이고자 했다.[84] 흥미로운 하나의 사실은

---

83 정충권, 「1900~1910년대 극장무대 전통공연물의 공연 양상 연구」, 『판소리연구』 16, 판소리학회, 2003, 271쪽.
84 김재석, 「1910년대 한국 신파연극계의 위기의식과 연쇄극의 등장」, 『어문학』 102, 한국어

'혁신단'에 기대를 표하고 이 극단의 '공익'에 대해 치하했던[85]『매일신보』가 한 달여 지나 다음과 같은 기사를 게재한 것이다.

> 중부 사동 연흥사 혁신단 연극은 치안방해와 풍속괴란에 관한 재료로써 흥행하며 우매한 남녀의 심지를 맹동케 한다는 소문이 종종 임럼이 되는고로 당국에서는 엄밀히 조사도 할 뿐 아니라 소관경찰서로 지휘하여 특별히 취체하라 하였으므로 북부경찰서에서는 일전에 그 연극장 배우 임성구를 호출하여 엄중히 설유하고 만일 우매한 인민으로 하여금 심지를 요동케 하는 구어가 있다 하면 연극 정지의 처분을 집행하겠다 하였다더라.
>
> ―「革團의 엄중취체」,『매일신보』, 1912.5.4

치안방해와 풍속괴란, 1910년대에 이처럼 두 가지가 함께 저촉되는 일은 없었다. 이 역시 소문에 의해 문제가 된 경우라 할 텐데, 그 구체적인 혐의사실을 언급하지 않은 이상 더 이상의 추정은 어렵다. '혁신단'이 1912년 초부터 5월 초까지 공연한 레퍼토리[86]가 그 이후로도 여러 차례 무대에 올라갔으니, 레퍼토리를 특정하기도 쉽지 않다. 다만, 그 레퍼토리들이 주로 군인이나 경찰 등 남성 주인공의 서사라는 점에서, 피식민자의 것이 분명한 "맹동萌動"의 가능성을 고려해볼 수 있다. '누구'를 위해, 전쟁터에서 싸우고 범인을 잡는가, 라는 자문자답이 두 개

문학회, 2008, 323, 325쪽.

85 「혁신단의 의무」,『매일신보』, 1912.4.6.

86 〈육혈포강도〉, 〈군인의 기질〉, 〈親仇義兄殺害〉, 〈兵士反罪〉, 〈청년입지고아소위〉, 〈무사적교육〉, 〈一女兩婿〉, 〈少尉輝善捨子親罪〉, 〈貞婦鑑〉, 〈형사고심〉, 〈無錢代金〉, 〈군인의 仇鬪〉, 〈有情無情遊女意志〉 등.

의 국가를 불러왔을지 모르는 일이다. 그것이 바로 "심지를 요동케 하는 구어"로서 일정한 정치적 수행성을 띠었을 수도 있다. 만약 이것이 경고의 이유였다면, 신파극은 안전한 방향으로 조율될 필요가 있었을 것이다. 이때가 마침 '문수성'이 〈불여귀〉로 활동을 시작한 이후라는 점도 다소 공교롭다. 이는 신파극의 레퍼토리가 군사극과 탐정극에서 가정비극으로 이동하기 시작한 때와 겹쳐지기 때문이다. '혁신단'에 대한 취체 당국의 경고 하나가 신파극의 방향을 바꿨다고 할 수는 없어도, 적어도 여성수난서사가 안착하는 데 일정한 작용을 했으리라 짐작되는 대목이다.

아이러니한 일은 상풍패속으로 비난받은 구연극의 세계가 '혁신단' 초기 신파극과는 뚜렷이 구별되지만 여성수난서사 신파극과는 오히려 친연성을 띤다는 점이다.[87] 이 사실은 구연극에 대한 맹비난이 식민통치 초기 단계에서 이뤄진 조선적인 것의 구축이었을 따름이라는 것을, 또한 취체 당국의 정책적 판단에 따라 구연극에 대한 입장이 재조정될 수 있음을 시사한다. 그런 점에서 1910년대 중반 전후를 주목할 필요가 있다. 『매일신보』의 기록만 놓고 본다면 이때 다소의 변화가 일고 있었다. 첫째, 신파극의 성장세가 현저히 둔화했으며, 둘째, 구연극의 공연도 줄어들었고, 셋째, 활동사진 취체의 필요성이 대두되었다.

먼저, 신파극의 성장세가 둔화한 것은 사실이다. 신파극의 명맥은 임

---

87 이는 아마도 신파극의 레퍼토리가 고전소설의 정서를 다분히 계승하고 있는 것과도 상관이 있을 것이다. 신파극과 전통연희의 관계에 대해서는 다음을 참조할 수 있다. 양승국, 「1910년대 신파극과 전통 연희의 관련 양상」, 『한국극예술연구』 9, 한국극예술학회, 1999. 한편, 1910년대 신파극의 여성수난서사에 관한 나의 논의는 「여성수난 서사와 가부장제 이데올로기」(『상허학보』 10, 상허학회, 2003)에 기초한 것임을 일러둔다.

성구의 '혁신단'이 이어가고 있었지만, 신파극단의 지속적인 활동은 어려웠다. 레퍼토리 문제도 있지만, 더 근본적인 것은 재정난이었다. 확실한 전주錢主가 없다면, '유일단'이 그랬던 것처럼 '눈물겨운' 사기 행각[88]을 벌일 수밖에 없는 형편이었다. 여기에 미심쩍은 기부문화[89]에 합류하다 보니 자승자박의 형국이 보태졌다. 게다가 이 시점에 이르면 신파극이 보여줄 수 있는 패는 거의 다 보여준 상태였다. '신파극의 위기'는 신파극=신연극 구도의 균열이었고, 이는 1915년 시마무라 호게츠의 '예술좌' 공연이 미친 여파로서 '예성좌'의 출현으로 그 징후를 드러냈지만 이조차 이내 이전의 신파극으로 복귀했다.[90] 신파극 초기의 후원과 지지만큼은 아니더라도 이를 정책적으로 배제하지는 않았던 만큼, 『매일신보』의 정보량을 얼마만큼은 믿어도 좋을 듯하다.

다음, 구연극의 경우는 사정이 다르다. 구연극은 『매일신보』의 비난에도 불구하고 그 이후로도 꾸준한 활동을 전개했다. 기생조합이 일정한 궤도에 올라서면서 조합연주회 활동이 매우 활발했고,[91] 게다가 이 시

---

88 "지나간 4월부터 진주에서 흥행하던 신파연극 유일단 일행은 진주에서 손해를 다수히 보고 겨우 여비를 순비하여 二千浦로 가고 일행 중 柳正弼 金永根 두 명은 晉州에 있이 따로 진주 신파연극단을 조직한다 하고 여러 청년을 꾀여 한 사람 앞에 공부하는 값으로 돈 15원씩을 내라 한 사실이 발각되어 당국에서 자세히 조사한즉 전연히 여러 배우들의 여비를 얻기 위하여 행한 수단이므로 그 두 명을 불러다가 엄중히 설유한 후 진주에 다시 있지 못하게 하였다더라." 「유일단의 惡俳優」, 『매일신보』, 1914.5.22.
89 이 시기의 기부문화를 "미심쩍은" 것으로 표현한 것은, 표면에 드러난 행위의 결과를 액면 그대로 받아들이기에는 흥행이라는 물적 조건과의 갈등을 고려하지 않을 수 없기 때문이다. 그리고 여기에 개재되어 있을 흥행이라는 문화적 행위가 좀더 근본적인 역사성의 문제를 환기한다는 점에서, 이 글에서는 중요한 화제로 삼지는 못하였다. 이에 관해서는 좀더 숙고의 과정을 거칠 필요가 있음을 인정한다.
90 김재석은 여기에 더하여 이광수의 「문학이란 하오」가 신파연극인이 누리고 있던 연극에 대한 독점적 지위를 흔들었다고 지적한다. 김재석, 「1910년대 한국 신파연극계의 위기의식과 연쇄극의 등장」, 『어문학』 102, 한국어문학회, 2008, 333~338쪽.
91 기생조합연주회에 대해서는 다음을 참조하라. 백현미, 『한국창극사 연구』, 태학사, 1997,

기에 신파극이 주춤해진 까닭에 오히려 경성구파배우조합(1915.3 조직)의 비중이 커진 측면이 없지 않았다. '혁신단' 배우와 합동으로 흥행을 하더니, 나중에는 조합 내에 (신파/신구극/신구파) '개량단'을 두고 「장화홍련전」을 신파로 꾸미는 등 활발한 순회를 벌였다. 광무대에서의 흥행도 여전했으며, '심정순일행'의 공연도 1910년대 중반까지 지속했다. 무엇보다도 눈길을 끄는 것은 조선총독부가 시정 5년을 기념하여 개최한 조선물산공진회(1915.9.11~10.30)에 상풍패속의 주범으로 비난받던 구연극이 참여한 점이다. 기생의 노래와 춤, 그리고 김창환·이동백의 입창이 공식적으로 마련된 공연장에서 행해졌다.[92] 조선이 진보하고 있다는 전시효과를 노린 공진회의 선택은 구연극이었다. 더욱이 공진회 이후로 『매일신보』는 구연극의 풍속 문제를 비평하는 대신,[93] 짧막하나마 구연극에 대한 호의적인 기사를 게재하기 시작했다.

마지막으로, 공연의 광고와 예고 기사가 대폭 줄어든 반면, 활동사진 취체의 필요를 역설하는 글이 부쩍 증가한다. 사실, 전반기 활동사진에 대한 『매일신보』의 무정견한 입장은 구연극에 대한 비난과 짝을 이룬다. 관객의 종족적인 감정을 일으킬 만한 것도 없었으려니와, 이미 초창기부터 일본민간인에 의해 조선의 영화산업이 일본영화산업의 일부로 편입된 상황이었던 만큼,[94] 활동사진은 뉴미디어의 보급과 확산이라는 전략적

110~114쪽.

92 「극장과 관람물 – 공진회의 여흥장, 각 연희장의 성황」, 『매일신보』, 1915.9.16.

93 물론 어떤 독자는 엉덩이를 전후좌우로 흔드는 문란함을 단속해달라는 글을 투고하기도 하지만, 이런 비평은 전반기와 비교할 때 거의 사라졌다고 해도 과언이 아니다. 독자의 소리는 「독자기별」, 『매일신보』, 1916.1.20~21 참조.

94 1910년대에 이미 경성의 영화시장을 장악하고 있던 일본영화인에 대해서는 한상언, 「1910년대 경성의 일본영화인 연구」, 『영화연구』 40, 한국영화학회, 2009를 참조하라.

차원에서 배치되었다. 그런데 1910년대 중반으로 접어들어 약 2~3년 동안, 마치 과거에 구연극의 공연장을 비난한 것처럼, 활동사진관을 풍기 문란한 장소로 언급하고 취체의 중요성을 역설했다. 치안방해와 풍속괴 란이 될 만한 것은 필름검열을 통해 절제削除되기 때문에, 관객에게 공개되 는 활동사진은 대체로 '안전'했다. 따라서 활동사진관 풍기 문제는 그만 큼 활동사진에 대한 수요가 증가하고 있음을 의미했다. 이때부터 관객은 외화를 선호했으며,[95] 일본인 상설관이 조선인 관객을 끌기 위해 조선인 변사를 고용해 낮에 서양영화를 상영하는 사례가 생겨났다.[96]

상황을 이렇게 이해하면, 1910년대 중반은 흥행/장에 작지만 의미 있는 변화가 일어난 시기라 할 수 있다. 이 추이는 1915년을 전후로 한 조선총독 부의 통치전략 변화와 맞물려 있다. 1914년에는 도道 경계의 변경, 부제府制 의 시행, 군과 면의 통폐합을 골자로 하는 지방행정구역의 개편 등 행정적 차원의 통치기반을 정비했고, 그 이듬해인 1915년 시정 5년을 기념하는 조선물산공진회를 성대하게 개최함으로써 식민통치 제1기의 성공을 자축 했다. 조선총독부가 얼마간의 자신감을 가지게 된 시점이 바로 1915년 무렵이고, 흥행/장에 대한 정책적 입장도 수정될 수 있었다. 극장 공간의 취체는 변함없었지만, 달라진 것은 취체의 표적이 구연극(장)에서 활동사 진(관)으로 이동해간 사실이다. 이는 '조선적인 것'을 표적으로 삼아야 할 필요성의 감소를 의미한다. 애초에 구연극에 대한 통제가 위생과 풍속 그리고 문화통제의 명분으로 선택된 제물이었던 만큼, 식민통치에 대한

---

95 "우미관에서는 그 일본사진은 조선인의 취미에 맞지 못하니까 빼이고 나머지 서양 것만 갖다가 흥행하니까" 「조선인 관객을 독점한 우미관과 衆口」, 『매일신보』, 1915.4.24.

96 「정초와 구경거리」, 『매일신보』, 1916.2.5.

자신감이 확보된 1910년대 중반에 이르러서는 치안방해와 풍속괴란에도 별로 저촉되지 않을 구연극에 대해 신경을 곤두세울 필요가 없었다. 취체 당국의 이러한 입장 선회는 광무대가 화재로 소실될 때까지 전통 연행물의 공간으로 자리를 지킬 수 있었던 배경이기도 했다.[97]

5. 만세 전前

　1910년대 흥행/장에 대한 통제 기술은 기본적으로 '무단통치기'라는 이 시대의 본질과 결부되어 있다. 흥행/장은 한일병합과 동시에 조선총독부의 통치전략에 따라 강제적인 전환 대상이 되었고, 그로부터 빚어진 부작용은 극장을 상풍패속의 장으로 표상화하면서 경찰권의 개입을 합리화하는 명분이 되었다. 예인, 특히 기생은 그런 점에서 중요한 통제대상이었는데, 한편으로는 위생·풍속통제라는 명분을, 다른 한편으로는 재원 확보라는 실리를 충족시켜 줄 수 있었기 때문이다. 신/구흥행에 대한 해석의 정치가 풍속통제와 결부된 것도 같은 맥락이라 할 수 있겠지만, 1915년을 전후로 하여 일정한 추이를 보여주듯이 풍속통제는 엄밀히 말하자면 다른 무언가를 통제하기 위한 보형물과도 같았다. 이는 구연극에 대한 담론이 달라지는 데서 단적으로 드러난다.

　그러나 흥행/장에 대한 통제가 그 의도에 상응하는 결과만 낳은 것은 아니다. 풍속통제의 표적이었던 구연극의 대중적 소구력이 감소하

97　광무대의 역사에 대해서는 다음을 참조할 수 있다. 이주영, 「광무대 연구—제국의 시선으로부터 비껴간 근대 극장」, 『한국연극학』 48, 한국연극학회, 2012.

지 않은 것도 그 방증이려니와, 1910년대 후반에 이르러 기생들에게서 식민권력의 통제범위를 초과하는 움직임이 나타난 것도 흥미로운 일이다. 이를테면 예기(작부) 「취체규칙」에 따라 건강진단을 필수적으로 받아온 기생들이 이를 문제시하기 시작한 것이다.[98] 취체 당국은 이를 용인하지 않았지만 이를 집단 차원에서 표현해낸 것은 작지 않은 변화다. 한편, 세금 납부를 하지 않기 위해 아예 영업장 없이 기생 노릇을 하거나 동기童妓들이 영업하는 사례가 발생했으며,[99] 기생의 시간대時間代[100] 규정을 조정하고자 하는 청원이 시작된 것도 그즈음에서였다.[101]

비록 기생의 정체성이 극장보다 요리점에 있었다고는 하지만, 이들이 이 시기 흥행의 주요 인력임을 고려하면 이 변화를 가볍게 볼 수만은 없다. 이전이라면 엄격히 통제되었을 법한 행위가 『매일신보』 지상에 공개되고 있었기 때문이다. 그런 움직임이 그때 비로소 시작되었는지, 아니면 그 이전부터였는지 알 수는 없지만, 그런 행위가 『매일신보』에 가시화될 수 있었다는 점은 그 자체로 매우 유의미한 변화다. 기생집단에서 유독 규칙의 위반이나 문제의 제기가 가능했다는 것은 아

---

98 「기생의 等狀, 검사를 폐지하여주오」, 『매일신보』, 1918.1.3; 「부산서는 예기가 동맹휴업, 예기의 동맹휴업은 좀 진기한 일이다」, 『매일신보』, 1918.9.18; 「예기의 건강진단 개시, 이번은 위통만 본다」, 『매일신보』, 1918.11.19. 부산 예기의 파업은 일본인의 사례이고 자신들을 창기와 동급으로 취급하는 것에 대한 불만에서 비롯된 경우이다. 이는 기생 취체가 종족문제를 넘어서는 젠더와 계급 문제임을 드러낸다.

99 「營業狀 없는 기생, 잡히어 처벌되었다」, 『매일신보』, 1918.9.24; 「경성의 童妓 삼백여 명이다」, 『매일신보』, 1918.11.22.

100 시간대란 요리점에서 손님이 시간마다 지불하는 요금을 말한다. 1918년 현재, 경성의 경우 첫 시간에는 1원 50전, 둘째 시간에 1원, 셋째 시간부터는 50전으로 규정되어 있었다.

101 「기생의 時間代, 셋째 시간부터 사십 전씩을 올려달라 청원 중」, 『매일신보』, 1918.12.12; 「기생의 時間代, 일월부터 칠십 전씩을 받게 되었다」, 『매일신보』, 1919.1.5; 「독자구락부」, 『매일신보』, 1920.1.10; 「기생 時間費 騰貴, 한 시간 평균 1원 30전」, 『동아일보』, 1920.6.9; 「시간비를 내리고자, 기생이 신청」, 『동아일보』, 1920.6.16.

이러니하다. 세수 확보의 대상이자 유흥시장 확대의 책임이 전가된 바로 그 조직에서, 이들은 이익집단으로서 경제적인 자율성을 주장할 수 있는 정도로 성장하고 있었다. 기생 개개인은 여전히 무력한 소수자였겠지만, 조합 혹은 권번으로 조직된 이들의 집단은 동일성을 기반으로 하나의 세력이 될 수 있었다. 그러나 이들의 동태가 『매일신보』에 개재될 수 있다는 것은 또 다른 문제다. 『매일신보』의 변화 또한 중요한 변수였다. 1915년을 전후로 하여 장지연·최남선·이광수 등 조선인 외부 필진이 『매일신보』에 참여하고 이들에 의해 '사회의 관점'에 의한 비평이 시작되었다. 이를 통해 '사회'가 "조선인들의 공동가치가 만들어지고 저장되는 장소이며 공적 발화의 숨겨진 주체이자 행위자인 것처럼 나타나게" 된 것이다.[102] 흥행/장에 대한 해석의 정치나 정보 내용이 달라졌던 것도 이와 무관하지 않다.

물론 그때까지도 기생집단의 동태 외에 흥행장에서 식민권력의 통제와 긴장을 형성할 만한 움직임은 달리 발견되지 않는다. 흥행장의 주요 인력이자 경제적 독립성을 갖춘 거의 유일한 집단이었으나 점차 흥행/장의 외곽으로 밀려 나간 기생집단의 행로가 말해주듯이, 흥행장 내부에서 변화의 동력을 끌어내기란 거의 불가능했다. 병합 이후 줄곧 유지되던 흥행 취체의 정책적 기조가 크게 달라지지 않은 이유이기도 하다. 그러나 3·1운동 이후 상황은 급변한다. 취체 당국은 흥행/장 「취체규칙」을 제정함으로써 새로운 정책적 변화를 꾀하는데, 이 변화는 곧 무단통치의 효율성이 의심되는 상황이 도래했음을 가리키고 있었다.

---

102 김현주, 「식민지에서 '사회'와 '사회적' 공공성의 궤적－1910년대 『매일신보』에서 이광수의 사회 담론의 의미」, 『한국문학연구』 38, 동국대 한국문학연구소, 2010, 254쪽.

제2장
흥행/장 취체의 법령

─────

1. 「취체규칙」의 제정

병합 직후 〈춘향가〉가 상풍패속의 이유로 공연을 중지당한 일도 있지만, 정작 상풍패속이 극심해 보이는— 이를테면 무법천지를 방불케 하는 혈투나 혈육 간의 살해와 같은— 신파극의 소재는 취체를 비껴갔다. 1910년대 공연은 결코 치안상 위험하지 않았다. 오히려 신파극은 통감정치기에 시작된 조선총독부의 연극개량책에 부합하는 것으로 보였으며,[1] 더 나아가 일본의 식민화 전략과 공모한다고도 볼 수 있을 정도였다.[2] 신파극의 번성은 조선총독부의 정책과 무관치 않았지만, 그렇다고 해서 검열의 작용을 논할 만한 상황이었다고 보기는 어렵다. 당시

─────

1 「연극모범」, 『대한매일신보』, 1909.5.15; 「연극변경」, 『대한매일신보』, 1909.6.8. 조선총독부의 정책적 의도는 1부 1장의 각주 37에 소개된 선행연구를 참조하라.
2 이승희, 「멜로드라마의 근대적 상상력」, 『한국극예술연구』 15, 한국극예술학회, 2002, 113~123쪽.

조선의 연극은 재래 양식과는 구별되는 '새로운 연극'을 '근대'와 접속해가던, 초기 단계에 있었다.

검열이 공연예술사에 질적인 개입을 했다면 그것은 1920년대 들어와서이다. 이 변화는 각 지방청이 흥행/장 취체 법령을 제정하는 데서 시작되었다. 함경남도는 합병 직후 이사청 시대의 법령을 재빠르게 폐지했듯이 가장 이른 시기인 1921년 6월에 종전의 경무부령 제6호를 폐지하고 「제영업취체령」을 공포했다. 이 역시 흥행/장을 별도로 취급하지는 않았지만, 종전의 것에 비해 영업의 종류가 축소되고 '극장, 요세, 활동사진관'과 그 흥행에 관한 규정의 비중을 늘렸다. 분명하고도 중요한 변화였다. 곧이어 1922년 2월 평안남도를 필두로 각 지방청에서는 흥행/장에 한정한 「취체규칙」을 도령道令으로 제정하였다.

〈표 2〉 흥행/장 「취체규칙」(지방청별) 제정의 개요

지역	구분	명칭	공포일자	시행일자
함경남도	제정	함경남도령 제9호 「諸영업취체령」(총15조)	1921.05.28.	1921.06.01.
평안남도	제정	평안남도령 제2호, 「흥행취체규칙」(총44조)	1922.02.25.	좌동
	개정	평안남도령 제15호	1923.08.09.	좌동
경기도	제정	경기도령 제2호, 「흥행장及흥행취체규칙」(총38조)[3]	1922.04.04.	1922.05.01.
	개정	경기도령 제5호 경기도령 제9호	1923.04.17. 1927.05.06.	1923.06.01. *未記載
충청북도	제정	충청북도령 제12호, 「흥행취체규칙」(총18조)	1922.08.25.	1922.09.15.
	개정	충청북도령 제22호 충청북도령 제11호	1931.11.20. 1937.05.21.	좌동 좌동
함경북도	제정	함경북도령 제4호, 「흥행취체규칙」(총46조)	1924.02.06.	좌동
	개정	함경북도령 제1호	1930.01.08.	좌동
충청남도	제정	충청남도령 제1호, 「흥행竝흥행장취체규칙」(총40조)	1927.02.01.	1927.03.01.
경상남도	제정	경상남도령, 「흥행장竝흥행취체규칙」	미상	미상

이 가운데 경기도령 제2호 「흥행장급흥행취체규칙」(1922), 경상남도령 「흥행장병흥행취체규칙」, 그리고 평안북도의 경우는 방계자료만 남아 있을 뿐 전문은 전하지 않는다.[4] 이 밖에, 경북의 경우 '흥행취체규칙'을 입안 중이라는 기사(1927)가 남아 있을 뿐이고,[5] 황해도·전라남도·전라북도·경상북도의 「취체규칙」은 확인되지 않지만, 이 지역들 역시 「취체규칙」이 제정되었을 가능성이 있다. 당시 신문에 보도된 흥행 취체 혹은 검열 사례는 각도에서 일정한 법적 준거에 따라 운용되었음을 말해준다.

통일된 법령이 아닐뿐더러 제정·시행 시기도 제각각이지만, 흥행/장 취체의 제도적 정비는 종전의 취체 전략을 수정해야 할 필요가 생겨났음을 의미한다. 이전까지의 상황이 이사청 시대의 법령을 그대로 사용하거나 — 함남 사례와 같이 — 신법이라도 흥행/장 취체 비중이 작아도 괜찮은 수준이었다면, 이제는 그로써 충분치 않게 되었다는 혹은 충분치 않게 될 것이라는 정책적 판단이 내려진 것이다.

먼저, 1920년대 초 일본에서 진행된 법령 정비와의 연관성을 고려해 볼 수 있다. 일본 도쿄지역을 관할하던 경시청은 그때까지의 관련 법령을 폐지하고 「흥행장급흥행취체규칙」(경시청령 제15호)을 1921년 7월에

---

3   「흥행취체규칙」, 『동아일보』, 1922.3.29; 「38조의 흥행취체규칙」, 『동아일보』, 1922.4.5.
4   경기도의 경우는 「흥행장급흥행취체규칙 취급심득」(경기도 훈령 제11호, 1922.4.25), 「흥행장급흥행취체규칙 시행심득」(경기도 훈령 제8호, 1927.5.6), 두 차례의 개정안이 남아 있다. 한편, 도서과 검열관이었던 오카 시케마쓰[岡稠松]가 경남과 평북이 경기도보다 약 반년에서 1년 늦게 검열을 시작했다고 언급한 것으로 미루어 적어도 두 지역의 「취체규칙」이 1922년 혹은 1923년에는 제정되었으리라 추정된다. 경남의 경우는 「흥행장병흥행취체규칙 취급수속 개정」(경상남도 훈령 제3호, 1932.1.18)이 남아 있다. 오카 시케마쓰의 언급은 「映畵を巡るナンセンス」, 『朝鮮及滿洲』 308, 1933.7, 66쪽.
5   「경상북도 흥행취체규칙」, 『조선일보』, 1927.2.5.

공포했다. 신법의 제정은 흥행문화의 발달, 특히 영화시장이 확대되는 추세에 대한 대응으로서 일정한 표준적 성격을 띠었다. 식민지 조선에서 「취체규칙」이 제정된 것도 제국의 표준을 식민지에도 정립하려는 정책적 의도일 수 있다. 제정 시기는 달라도 「취체규칙」들 간에 유사성이 높다는 것은 '원본'의 표준성과 이식성을 시사한다. 다만 그 동기가 전부였다면 통일된 법제를 마련하고 이를 중앙정부가 주도하면 되었을 일인데, 그렇게 하지 않은 것은 제국의 표준을 이식하되 식민지의 사정을 반영할 필요가 있었음을 의미한다. 그 사정이란 결국 식민통치의 효과와 관련된 것으로, 각 지방청에 취체의 자율성을 부여하여 흥행/장 통제의 효율성을 높이고자 한 데 있다. 그리고 이 기대효과는 구체적인 동기 두 가지에서 비롯한 것이다.

먼저, 외화 이수입 통제의 필요다. 1910년대 중반 이후 흥행 취체의 표적이 활동사진으로 이동한 데서 확인되듯이 흥행시장에서 영화의 성장세는 뚜렷하여 문화통제에서 가장 중요한 영역으로 부상하고 있었던 데다가, 3·1운동 이후 식민통치 전략의 변화에 따라 외화 이수입에 대한 강도 높은 통제 방안이 요구되고 있었다. 외화는 "생산·제작 과정에 대한 통제"가 불가능해서 "수입량, 검열을 통한 내용 제한, 흥행통제, 소비국면에 대한 개입"[6]이 필요한 대상이었던 만큼, 그에 대한 검열은 문화정치로의 이행 국면에서 절실하지 않을 수 없었다. 때마침 최초의 연쇄극 〈의리적 구토義理的仇討〉(1919.10.27)가 단성사에서 대성공을

---

6 유선영, 「황색 식민지의 서양영화 관람과 소비실천, 1934~1942」, 『언론과사회』 13-2, 사단법인 언론과사회, 2005, 9쪽. 인용 대목은 전시하 외화 통제정책의 현실적 필요성을 언급한 맥락에 놓여 있지만, 외화의 이런 존재적 특성은 오히려 이 시기에 더 중요하게 보인다.

거두면서 신파극단들의 연쇄극 제작이 활기를 띠기 시작했다. 연쇄극의 성황은 조선의 영화제작을 목전에 두고 있는 징후였던바, 취체의 강화는 외화검열을 통해 향후 제작될 조선영화의 방향을 통제하는 효과까지 얻을 수 있었다.

또 다른 이유는 소인극의 전국적인 발흥이다. 당시 전문극단의 활동은 극히 부진한 상황이었는데, 신파극계의 거두 김도산金陶山, 임성구林聖九가 1921년 7월과 11월에 차례로 타계하고 김소랑金小浪의 '취성좌聚星座'가 그 명맥을 이어가고 있었다. 이들과 계보를 달리한다고 주장해 온 윤백남尹白南과 이기세李基世는 일본과 우호적인 관계를 유지하고 있었다.[7] 연극계는 이런 상태였기에 크게 우려할 만한 것이 없었지만, 들불처럼 번지던 소인극은 달랐다. 3·1운동 이후 조직된 각종 단체와 기관은 강연회·토론회·야학강습회 등과 같은 대중적인 소통방식을 취하면서 민족적 소명의식의 윤리, 근대적 주체의 형성에 필요한 최소한의 교양과 상식을 제공하는 데 주력했다. 소인극의 대두는 바로 그러한 조선사회의 활력을 나타내는 신호였고, 취체 당국은 이 동태를 주시하지 않을 수 없었다.[8]

요컨대, 「취체규칙」의 제정은 제국의 표준을 식민지에 법적으로 강제하는 것이자 조선사회의 변동에 대응하여 그 동태를 감찰하기 위해 이뤄진 것이다. 「취체규칙」은 흥행/장에 관한 일체의 법률적 규정으로서 흥행문화에 대한 식민권력의 구상을 가장 직접 드러내는 제도이다. 이때

---

[7] 당시 윤백남은 『매일신보』와 『시사신문』에 재직했고, 이기세는 『시사신문』 창간 시 입사하여 민원식이 피살되어 폐간될 때까지 재직했다. 두 사람은 1921년 민대식·박승빈과 함께 '예술협회'를 창립하고 2회 공연을 기록했다.

[8] 1920년대 소인극의 문제성은 2부 1장 '소인극의 불온한 군중'에서 자세히 다루므로 여기에서는 「취체규칙」이 제정된 동기의 하나인 것만 언급해두기로 한다.

식민지 조선의 「취체규칙」이 제국의 표준에 따른다고 해도, 그 실질적 수행 맥락이 같다고 가정할 수는 없다. 식민지에 대한 특수한 통치전략은 표준화된 「취체규칙」의 법적 영역을 종종 초과하기 때문이다. 흥행장은 외견상 다양한 볼거리를 제공하는 장소에 지나지 않았지만, 이곳은 3·1운동 이후 조선사회의 다양한 수준의 요구를 집적해낼 수 있는 공간이자 잠재적인 불온함을 내재한 정치적 공간이었다. 거기에는 당국의 통제범위를 매우 종종 일탈하는 변사가 있었고, '위장된' 혹은 '잠재적' 집회로 생각해도 될 만한 종류의 흥행이 점차 증가하고 있었다. 흥행문화에 대한 식민권력의 통제는 일차적으로 법적 규범을 통해서 그 근간을 마련하고, 이와 함께 매우 탄력적인 유권 해석으로 완성되어야 할 성격을 띤다. 따라서 「취체규칙」을 통한 조선총독부의 문화전략은 바로 이를 초과하는 수행적 상황에 대한 고려하에 그 법률상의 궁극적 목표와 그 한계를 명확히 하는 것으로 파악될 수 있다.

2. 제국의 표준과 식민지의 공간

비록 「취체규칙」의 전모는 알 수 없지만, 다행히 함남·함북·평남·충남·충북의 「취체규칙」 전문이 남아 있어 당시 흥행/장 취체의 윤곽을 이해하는 데 도움이 된다.[9] 이 「취체규칙」들은 대체로 그 첫머리에 '흥행

---

9 「취체규칙」들의 전문은 『조선총독부 관보』에 실려 있다. 참고로, 함남의 「제영업취체령」은 『동아일보』 1921년 6월 25일 자에 번역문이 실려 있고, 충남의 것을 제외한 나머지는 『식민지시대의 영화검열－1910～1934』(한국영상자료원 편, 현실문화연구, 2009)에 수록된 번역문을 참조할 수 있다.

장'과 '흥행'을 정의한다. 법령에 따라서 예시의 정도는 대동소이하다. 흥행장은 극장·활동사진관·요세寄席 혹은 관물장 등을 말하며, 흥행은 연극·활동사진·기예·나니와부시浪花節·강담·곡예·조루리淨瑠璃·교겐狂言·음곡音曲·연주·씨름·동물연극·볼거리 등을 공중에게 제공하는 것을 말한다. 그리고 그 이하의 조목은 흥행장·흥행·벌칙·부칙 등으로 구성된다.

「취체규칙」그 자체만 보면 식민지적 특수성을 발견하기는 어렵다. 가설흥행장 규정 정도가 일본의 경우와 다른데, 식민지 조선에는 흥행장이 많지 않고 그 상당수가 일본인이 출입하는 곳이라 가설흥행장 관련 조목이 마련된 것으로 보인다. 가설흥행장 규정이 일본 경시청령의 「흥행장급흥행취체규칙」에 와서는 사라졌지만,[10] 식민지 조선의 「취체규칙」이 이를 포함한 것은 바로 이런 이유에서다. 흥행기간은 대체로 1개월 동안 20일 이내로 제한되었으며,[11] 경찰서장의 인가를 받으면 이 기간을 연장할 수 있다. 그러나 이 규정 자체가 식민지적 특수성을 뜻하지 않는다. 이는 흥행장의 수적 확보와 관련된 시간적 소요의 문제이고, 규정 여부와 상관없이 당국이 탄력적으로 운용할 수 있는 사안이다. 재차 말하지만, 「취체규칙」은 식민지적 특수성이 반영된 것이라기보다 일본

---

10 제50조 "흥행장 이외의 장소에서 흥행을 하려고 할 때"의 그 장소란 제54조에 의하면 다른 용도로 쓰이는 건축물을 가리킨다.

11 평남과 함북은 20일로 명시하고 있으며, 경기도의 경우 「흥행장급흥행취체규칙취급심득」(경기도 훈령 제11호, 1922.4.25)에서 "규칙 제14조 제9호의 흥행을 할 장소는 1개월 동안에 20일 이상 흥행을 위해 사용할 수 없다. 단, 특별한 사정이 있는 경우는 사용기간의 연장을 허가할 수 있다."(제6조)라고 쓰여 있는데, 문맥상 가설흥행장에 대한 언급으로 추정된다. 다만, 경남의 경우는 10일 이내로 제한하고 있다.(「흥행장병흥행취체규칙취급수속 개정」, 경상남도 훈령 제3호, 1932.1.18)

제국의 한 지방이 따라야 하는 표준적 성격을 띤다. 여기서 주목할 것은 제국의 법적 표준이 흥행문화에 질적으로 개입하는 변인變因이다.

먼저, 흥행에 관한 일체 행위가 일정한 행정적 절차를 거쳐야 한다는 점이다. 「취체규칙」의 상당 부분이 이에 할애하고 있다.

흥행장과 관련해서는,[12] 흥행장의 신축·증축·개축·대보수 등의 신청(신청서[13] 및 극장설계 관련 첨부 서류), 흥행장 건설의 불허 사항, 흥행장 건설 과정에 있는 중요사안의 신고, 흥행장 관련 주요 사항 변경 시의 신고, 흥행장의 수시검사, 흥행장의 허가취소 및 사용금지 등에 관한 내용이 포함되어 있다. 이런 행정절차가 공안위생과 소방안전을 위한 예방적 성격을 띠는 것은 사실이다. 흥행장의 종류에 따른 특별언급도 이런 이유에서이다. 「취체규칙」은 극장·활동사진관·요세(혹은 연예장) 등을 구분하고 그에 따른 흥행의 종류를 제한한다. 함북의 경우, ① 극장에서는 활동사진을 흥행할 수 없고, ② 활동사진관에서는 활동사진 이 외의 흥행을 할 수 없으며(단, 연쇄극은 이 제한을 받지 않는다), ③ 요세에서는 연극 및 활동사진 흥행을 할 수 없다. 그러나 "경찰서장은 토지의 상황에 따라 필요한 설비를 하게 하여 전항의 제한에 구애받지 않고 흥행 허가"를 할 수 있도록 하는 예외규정을 둔다. 이때의 "필요한 설비"란 주로 극장과 요세를 일시적으로 활동사진 흥행장으로 사용할 때 요구되는, 이를테면 영사실의 천정·바닥·주위 등을 불연물질로

---

12 흥행장 관련 규정은 전체의 1/3을 상회할 정도로 높은 비중을 차지하고 있다. 평남은 제2~15조, 충북은 제2~6조, 함북은 제9~23조, 충남은 제13~28조에 해당한다.
13 기입하는 내용은 다음과 같다. ① 본적, 주소, 성명, 생년월일(법인은 그 명칭, 사무소 소재지, 대표자의 성명과 정관 사본), ② 흥행장의 명칭, ③ 흥행장의 종류, ④ 흥행장의 위치, ⑤ 부지 및 건물의 평수, ⑥ 객석의 종류, 평수 및 정원, ⑦ 등화의 종류, ⑧ 환기 채광 소방 및 변소의 설비, ⑨ 낙성 기일 등.

피복하는 것을 말한다.[14] 화재 사고가 빈번했던 당시 사정을 생각하면 이러한 조치는 당연하다.

흥행할 때에도 마찬가지다. 흥행 관련 조목은 흥행허가신청, 검열, 흥행시간규정, 흥행관계자 및 관객의 준칙, 흥행의 허가취소와 정지·제한 규정 등으로 구성되며,[15] 흥행하기 위해서는 서류를 갖춰[16] 관할 경찰서의 허가를 받아야 한다. 흥행이 종료된 이후에도 흥행 횟수, 입장 인원, 수입 정도 등을 보고해야 한다.[17] 이는 공안위생과 소방안전을 위한 흥행장 관련 규정보다 「취체규칙」의 지배 의도를 조금 더 분명히 드러낸다. 흥행의 알파와 오메가에 일정한 행정절차를 거치도록 한 것은 흥행문화 전반에 대한 장악, 곧 흥행문화에 대한 국가의 관리·감시 체계 구축을 의미한다. 국가는 행정절차를 통해 흥행/장에 관한 모든 정보를 수집하는 동시에 흥행문화가 국가의 이익에 따르도록 조율해가는, 취체 당국의 최고심급에 위치한다. 그리고 이 모든 취체의 중심에 경찰이 있다. 허가·신고 사항이 있을 때 그 대부분 관할 경찰서가 주

---

14 일반흥행장에서는 1개월에 11일 이상, 가설흥행장은 4일 이상 활동사진 흥행을 할 수 없었다.(평남 제31조)

15 「취체규칙」에 따라 흥행 관련 조목이 조금씩 다르다. 이를테면 총 6개의 장으로 구분하고 있는 함북의 경우에는 '예인 및 고용인'(제4장), '관객 수칙 및 장내 제한'(제5장)은 별도로 독립되어 있다.

16 구비해야 할 항목들은 다음과 같다. ① 흥행자의 주소, 성명, 생년월일, ② 흥행 장소, ③ 흥행의 종류, 예제, 각본이나 줄거리 또는 설명서(활동사진 흥행의 경우 필름 검열증 사본 및 필름설명서), ④ 흥행기간 및 개폐장 시간, ⑤ 유료, 무료의 구별. 단, 유료의 경우는 그 요금 액수와 종류, ⑥ 흥행에 화약류, 기타 폭발물품을 사용할 때 그 저장과 사용방법, ⑦ 흥행에 전기 이외의 등화를 사용할 때는 그 종류 및 개수, ⑧ 자선금이나 구제금 모금을 위한 흥행인 경우, 그 취지, 목적, 모금방법, 모금 처분방법 및 수지 결산서, ⑨ 예인의 인적사항, 예명이 있을 경우는 예명, 기예 감찰 사본 등.

17 이에 대한 명시는 충남의 「취체규칙」 제10조에서만 드러나지만, 이런 종류의 통계가 종종 기사화되는 것에 비추어 볼 때 흥행 사후의 보고는 일반적이었던 것으로 보인다.

무 기관이고, 그렇지 않더라도 이곳을 반드시 경유하도록 하며, 흥행의 현장에는 임석臨席경관이 있다.

뿐만이 아니다. 흥행이란 반드시 특정한 장소의 공중에게 공개되는 성격을 지니는 것이기에 취체 당국은 이 공중성公衆性을 특별히 취급할 필요가 있다. 일차적으로 이는 근대적 규범의 훈육과 관계된다. 흥행 공간의 '안전'을 위해서라도 근대적 규범을 훈육할 필요가 있지만, 더 나아가 흥행장은 국가의 이해관계를 소실점으로 하는 규범화된 존재를 양성할 수 있는 공간이기도 하다. 흥행장 내 준칙이 강조된 것도 바로 이런 맥락이다.

흥행관계자의 준수사항은 다음 몇 가지로 분류된다. 첫째는 풍속의 문란이나 불의의 사고를 사전에 방지하기 위한 것들이다. 이를테면 관객의 용모를 알아볼 수 있는 조도照度의 유지, 남/여·가족석의 구별, 관객/예인 구역의 분리, 장내의 위생과 소방안전 조치, 정원 초과 입장 금지 등이다. 둘째는 흥행 윤리에 해당하는 것으로, 관객 유인의 부적절한 방법(사행射倖, 예명·예제의 사기) 금지, 휴식 시간 외 상품(음식물·팸플릿·줄거리) 판매 및 경품과 광고지 배포 금지 등이 이에 속한다. 셋째는 관객의 준수사항, 입장료·좌석료 등의 요금, 객석 등급에 따른 정원 등을 관객이 보기 쉬운 장소에 게시해두어야 한다는 점이다. 관객의 준수사항 게시는 「취체규칙」의 자세한 내용을 알지 못하는 공중에게 이를 주지시키기 위한 것으로, 다음과 같은 것들이다. 남녀 및 가족석의 구별을 범하지 말아야 하며, 무대·분장실 등 예인의 구역에 들어가 거나 공연 중에 하나미치花道를 배회하지 않아야 한다. 또한 방담放談, 고화高話 또는 훤조喧噪, 일어나 자주 드나들거나 모자를 쓰는 등 타인에게

방해가 되는 행위를 하지 말아야 한다. 이 밖에 정도가 심한 전염성 질환이 있는 환자, 기타 타인에게 혐오감을 주는 사람, 공안을 해치거나 풍속을 어지럽힐 염려가 있을 때 그 행동을 제한하거나 퇴장을 명령할 수 있도록 하고 있다.

즉 준칙의 핵심은 공안풍속의 규범화이며, 이는 근대에 새롭게 조성된 극장문화에 대한 훈육의 성격을 띤다. 이는 교육기관의 그것과 비견될 만하다. 교육기관이 제한된 연령대를 대상으로 좀더 광범위한 인원을 포괄하는 기초교육의 근간을 담당한다면, 극장은 교육기관이 포괄하지 못하는 대상까지를 포함한, 즉 공중 일반을 상대로 한 규범 교육을 담당하는 셈이다.

그런데 과연 그것이 전부일까. 분명, 「취체규칙」의 기본 기능은 법적 규정을 통해 일본제국의 표준에 근거한 흥행문화를 조성하는 데 있다. 달리 말하자면, 그것은 국가의 관리 체계에 편입시키는 흥행문화의 제도화다. 적어도 법률 내용에서 일본과 조선 간에 근본적인 차이는 없다. 내지연장주의를 표방한 당국의 입장에서 이는 당연한 결과다. 그러나 여기에 두 가지의 방증을 연계해 읽으면 식민지 조선에서 근대적 규범의 수행성이란 곧 식민성임을 알게 된다.

하나는 「취체규칙」에서 극장 입장 연령 제한 규정을 두지 않은 점이다. 이는 일본에서도 마찬가지였지만, 이 개방성의 내용은 전연 다르다. 일본이 「활동사진흥행취체규칙」(1917)에서부터 필름의 종류를 갑종(15세 이상)과 을종(일반 공중)으로 구분하여 입장자의 연령을 제한했고, 식민지 조선은 1940년 「조선영화령시행규칙」에 와서야 그런 구분이 생겨났다. 이 차이는 식민지 조선의 흥행장과 흥행이 연속적인 궤도에서 취체 기준이 결정되었음을 말해준다. 이것이 의미하는 바는 명확하다. 홍행장에 모든 연령대가 입장할 수 있다는 것은 바로 그 수준에서 조율된 홍행만이 가능했음을 의미한다. 「취체규칙」은 하향 평준화된 제국의 신민을 길러내는 훈육 지침서인 셈이다.

다른 하나는 부산 이사청령 「취체규칙」이 일본의 것을 간소화한 것이었듯, 1920년대 「취체규칙」도 상당히 정교해졌음에도 마찬가지로 그 상세함의 밀도가 떨어진다는 사실이다.[18] 이 간소함은 홍행/장에 상당한 자율성을 허용한다는 의미가 아니라, 오히려 그 반대로 법령에 대한 자의적인 해석의 폭을 넓혀 홍행의 자율성을 제한하겠다는 의도를 드러낸다. 경찰 권력에 전적으로 의존한 데서 어느 정도 벗어나기는 했으나, 홍행/장 취체의 기술은 근본적으로 달라지지 않았다. 그것은 곧 종족적 차이와 관계된 취체 전략이며, 이는 홍행 공간의 내셔널리티에서 비롯된다.

다음 인용문은 극장이 근대 초기부터 공간의 배타적 점유가 뚜렷했던 곳임을 알려준다. 이 현상은 일본/조선의 이원적 경계가 불가피하면서도 능동적으로 선택되었음을 보여준다. 적어도 이곳은 민족주의적 '보이콧boycott'이 이뤄진 곳이다.

> 원래 조선영화계에는 옛날부터 묘한 풍습이 있어서 상설관은 내지인의 것
> 과 조선인의 것이 뚜렷이 구분되어 있었다. 내지인 상설관에 일본영화를 상
> 연하는 것은 당연하고 조선인 상설관에는 서양물과 순조선물 이외에 상영된

---

18 예를 들면, 일본의 「홍행장급홍행취체규칙」은 총 100조와 부칙으로 구성되어 있다.

적이 없다. 최근에는 완전히 일본영화를 **보이콧**하고 있다. 그런데 순조선물 영화는 1년에 한 편이나 두 편 정도밖에 없으므로 결국 2천만 조선대중은 외국영화만 접한다는 것을 조사를 통해 알 수 있다.[19]

극장은 근대적 규범이 훈육되는 공간이었지만, 동시에 식민지 군중이 운집할 수 있는 종족공간ethnic space이었다.[20] 물론 조선인이 출입하는 극장의 수효가 희소한 상황에서 1920년대를 맞이했고, 이때만 해도 극장이 종족공간으로서 상징적 가치를 띠는 곳은 얼마 되지 않았다. 그러나 3·1운동 이후 조선사회의 새로운 기운은 '새로운 공간'을 절실히 요청했고, 고유의 공간을 조성하고자 하는 일련의 운동이 일어났다. 조선민간자본에 의해 설립된 '공회당 겸 극장'도 조선사회의 내셔널리티를 정치적·문화적으로 표현해낼 수 있는 장場에 대한 기대에서 비롯했다. 말하자면 이 극장들은 대안적 공공 영역이었다.[21] 비단 이런 경우가 아니라고 해도 식민지 군중이 운집한 극장은 오락장에 지나지 않아도 특정한 계기에서 돌연 위험해질 수 있는 종족공간이었다.[22] 서로 '연루'되어 있다는 공포와 불안이 돌연 분기憤氣를 일으키는 순간, '위험한'

---

19 岡稠松, 「映畫檢閱雜感」, 『朝鮮及滿洲』 305, 1933.4, 78쪽.

20 극장을 훈육공간과 종족공간으로 정식화한 용법은 유선영의 연구에서 이뤄졌으며, 이 글에서 사용한 '종족공간'도 거기에서 빌려왔음을 밝혀둔다. 종족공간에 대해서는 유선영의 「극장구경과 활동사진 보기-충격의 근대 그리고 즐거움의 훈육」, 『역사비평』 64, 역사문제연구소, 2003, 371~373쪽 참조.

21 이 책의 2부 2장 '공공 미디어로서의 극장'에서 다뤄진다.

22 이혜령은 염상섭의 『광분』을 통해 식민지에서의 군중의 형성이 "언제나 식민지 체제에 내재해 있는 종족적 배제와 행정적 폭력의 계기가 실현되어 식민지인들이 전적으로 익명적인 상황 속에서도 서로의 운명이 근본적으로 연루되어 있음을 목도하게 될 때 이루어진다는 것"을 지적한 바 있다. 이혜령, 「식민지 군중과 개인-염상섭의 『광분』을 통해서 본 시론」, 『대동문화연구』 69, 성균관대 대동문화연구원, 2010, 522쪽.

식민지 군중은 형성된다.

요컨대 「취체규칙」은 일본제국의 표준으로서 인종주의적 취체를 은폐하면서도 이를 탄력적으로 수행케 할 최소한의 법적 규정이었다. 종족적 차이를 염두에 둔 흥행/장 취체는 법령의 최소규정을 무한대로 확장하는 수행성이 필요할 수밖에 없다. 「취체규칙」의 지시내용이 모호하고 간단할수록, 취체의 수행은 더욱 '자유롭게' 이뤄질 수 있다. 그런 점에서 보자면, 흥행 취체의 주요 근거였던 '공안풍속'의 기준과 흥행/장 취체의 주체로서 경찰국가의 대리자였던 '임석경관'의 존재는, 「취체규칙」이 은폐하고 있으나 정치적으로는 매우 중요한 핵심규정인 셈이다. '공안풍속'이라는 프로크루스테스Procrustes의 침대는 취체 당국의 매우 자의적인 법 해석을 가능케 하고, 흥행이 이뤄지는 현장에 '임석경관'을 배치함으로써 취체 권능을 과시할 수 있기 때문이다. 그리하여 한편으로는 제국의 표준을 전시하여 근대적 흥행문화의 규범을 제도화하고, 다른 한편으로는 최소한의 법적 규정으로 법령을 초과하는 취체를 수행할 수 있었다.

실제로, 「취체규칙」이 은폐했던 인종주의적 취체는 분명했다. 「취체규칙」은 집회 등의 용도로 흥행장을 사용하는 것도 허용했는데, 이런 경우 그 목적과 일시를 기술하여 관계자의 연서를 받아 관할 경찰서의 허가를 받도록 했다. 동시에 가설흥행장이나 흥행장 이외의 건물에서도 흥행할 수도 있었다. 그러나 취체 당국은 조선사회의 정치적·사회적·문화적 실천의 분출을 일정하게 허용하는 다른 한편으로 이 종족 공간에 행해지는 동태를 주시하면서 취체의 고삐를 늦추지 않았다. 불허·중지·해산과 같은 취체 조치는 매우 빈번했고, 사회 각계에 동정을 호소하는 아마추어의 흥행조차 종종 불허했다. 그 대부분이 교육기관의 유지·건축, 기근·이재민의 구제, 무산아동의 문맹퇴치 등을 위한 기금마련이 목적이었지만, 이 명분들은 얼마든지 식민지 혹은 자본주의사회라는 현실을 소환할 가능성이 농후했기 때문이다. 한편, 불온한 사건의 도화선이 될 만한 시국, 즉 동경 대진재를 비롯해 순종의 인산^{因山}, 박람회기, 한일합방기념일, 3월 1일 등을 전후로 해서도 흥행을 불허했다. "조선인이 다수히 집회 되면 불온한 행동이 일어날까 하여"[23] 혹은 "결국은 불미한 사실이 발생하는 것이니"[24] 허가할 수 없다는 취체 당국의 표명은, 이 종족공간이 돌연 정치적 집회 장소로 전화^{轉化}할 가능성을 우려한 것이다.

3. 사전검열과 현장취체

취체 당국의 장소에 대한 민감함이 공간의 종족성에 있었던 만큼, 바로 그곳에서 관객이 직접 마주하는 흥행 텍스트는 엄격히 단속되어야 했다. 평남과 함북의 「취체규칙」은 제정 당시부터 연극 각본과 필름 및 필름설명서의 경우 반드시 검열을 거친 것만 흥행할 수 있도록 명시했으나, 경기도는 1923년 개정안에서 각본의 사전검열을 명문화했다.[25] 충북의 경우는 검열 조목이 없으며, 충남의 「취체규칙」은 「활동사진필름

23 「노동소인극을 금지」, 『조선일보』, 1923.9.29.
24 「소인극도 금지, 보령군 경찰」, 『동아일보』, 1926.8.31.
25 「흥행장급흥행취체규칙개정」, 『조선일보』, 1923.4.18; 「각본검열도 실시, 흥행시간도 단축한 흥행취체규칙」, 『매일신보』, 1923.4.18; 「흥행물은 전부 검열」, 『동아일보』, 1923.4.18.

취체규칙」 시행 이후에 제정된 것이라 필름검열에 대해서만 간단히 언급하고 있다. 자료만 놓고 본다면 검열 시행 여부와 검열대상이 지역마다 달랐던 것으로 보이지만, 실제는 그렇지 않다. 가령, 충남의 것은 필름검열 규정만 언급하고 있으나, 그「취급수속」(1927.2.8) 문건 제1조에는 연극 각본의 검열을 포함한다. 즉「취체규칙」에 적시되어 있지 않아도「취급심득」·「시행심득」·「취급수속」 등의 훈령을 통해 사전검열이 시행된 것이다.

일단, 현전하는「취체규칙」을 토대로 검열 규정을 종합해보도록 하자. 검열을 신청할 때 필요한 항목은 다음과 같다.

① 신청자의 주소와 성명

② 연극 또는 필름의 제목(외국물인 경우 원제와 번역 제목)

③ 저작자(각색자) 또는 제작소 명칭

④ 각본은 책 수 및 각 책의 매수, 필름은 길이와 권수

⑤ 각본 또는 필름설명서(正副 2~3통)

여기에 연쇄극에 대한 언급이 빠져 있지만,[26] 연극과 영화의 검열처가 관할 경찰서로 동일했기 때문에 검열 수속에는 별문제가 없었을 것이다. 각본과 필름의 검열처가 달라지는「활동사진필름검열규칙」의 시행(1926.8) 이후에는 각본과 필름의 검열이 따로 이뤄졌다.

이러한 수속 과정을 거쳐 검열에 통과되면, 필름에 대해서는 검열증을

---

26 일본의 경우「오사카관물장유람소취체규칙」,「활동사진흥행취체규칙」,「흥행장급흥행취체규칙」 등에서는 연쇄극에 사용하는 필름을 별도로 검열하도록 규정하고 있다.

〈그림 1〉 경기도 검열증인(1922)

교부하고, 각본 및 필름설명서에 대해서는 정본에 검인하여 돌려주고 부본은 일반적으로 상급관청에 상신한다. 필름 검열증의 유효기간은 1년이며, 각본의 경우 그 초기에는 명시하지 않았는데 경기도 1927년 개정안에서는 1년, 함북 1930년 개정안에서는 3년으로 규정했다. 한편, 검열을 받은 각본이나 필름은 해당 도道 내에서는 유효한 것으로 인정했다.[27]

그러나 실제로 1920년대 중반까지는 사전검열의 절차가 엄격하게 이뤄지지 않은 듯하다. 각본검열은 줄거리로 대체하는 사례가 많았고, 소인극이 압도적으로 우세했던 1920년대에 흥행 허가 여부는 각본검열 여하에 달려 있다기보다 주로 흥행의 성격에 따라 좌우되었다. 앞서 언급했듯이, 흥행장의 성격이 현저하게 종족적일 것이 예상되는 경우 좀처럼 허가를 내주지 않았다. 활동사진의 경우, 필름검열은 영사기가 비치된 경찰서에서만 이뤄졌을 뿐 그렇지 못한 곳에서는 해당 흥행장에 가서 하든가 필름설명서의 사열査閱로만 허가 여부를 결정했다.[28] 게다가 연극이든 영화든, 다른 도道로 옮겨 흥행할 때에는 다시 검열 수속을 받아야 하는 절차상의 번거로움이 있었는데, 검열 기준이나 결과도 일관되지 못했다. 특히 활동사진의 비중이 크게 증대되는 상황이어서 이에 대한 대책이 필요했다. 그리하여 필름검열의 통일성을 기하기 위해 1924년 9월 각 지방기관 간에 협정이 맺어졌는데, 지리·이입계통·검

---

27 함경북도 훈령 제14호, 「흥행취체규칙 취급수속」(1924.4.16) 제7조 참조.
28 검열관 오카 시케마스는 당시 검열을 하지 않는 도(道)가 더 많았다고 회고한 바 있다. 岡稠松, 「映畵を巡るナンセンス」, 『朝鮮及滿洲』 308, 1933.7, 66쪽.

열의 편의 등을 고려하여 경기도·경상남도·평안북도 등 3개의 도에서 검열한 것은 전 지역에서 그 효력을 인정하도록 했다.[29] 영화에서 본격적인 검열은 「활동사진필름검열규칙」이 시행되고 난 이후였다.

한편 앞서 언급했듯이 「취체규칙」에서 사전검열의 비중이 그리 높은 편은 아니었으나, 이를 점차 강화한 방증도 발견된다. 「활동사진필름검열규칙」 시행 이후, 별도의 법령이 없던 각본검열에 대한 보완이 이루어졌다. 경기도 1927년 개정안과 함북 1930년 개정안은 각본검열의 유효기간을 명시했고, 검열 소관처를 도청道廳으로 변경해 도지사의 허가를 받도록 했다. 이 변경은 사전검열의 중요성이 증대되어 흥행 허가를 까다롭게 한다는 것을 의미한다.

그렇다 하더라도 「취체규칙」에서 사전검열의 비중은 높지 않다. 각본검열이 보완된 개정안도 검열행정에 관한 것뿐이다. 정작 검열에 저촉될 만한 내용은 "공안을 해치거나 풍속을 문란케 할 우려가 있다고 인정될 때"라고만 제시된다. 취체 당국의 입장에서 이러한 최소 법적 규정은 포괄적이고 모호해서 매우 유용했을 것이다. 검열 텍스트의 성격 여하와 상관없이도, 그 규정은 흥행시기·흥행장소·흥행신청자 여하에 따른 정치적인 이유에서 불통과不通過 판정을 가능케 했기 때문이다. 군이 세세하게 검열 저촉사항을 명시하는 것은 도리어 취체 당국의 발목을 잡는 일이 될 수 있으므로, 그 같은 간명한 표현은 최선의 기준인 셈이다. 그러나 일선에서 검열을 담당하는 경찰에게는 훈령을 통해 일정한 기준이 제시되었다.

---

29 당시 검열의 실제는 「활동사진필름취체규칙」이 제정된 배경이기도 하다. 이에 대해서는 조선총독부 경무국, 『活動寫眞フィルム檢閱槪要』(1926.8~1927.7), 1931, 1~3쪽 참조.

<표 3> 충청남도 훈령 제4호, 「흥행竝흥행장취체규칙 취급수속」(1927.2.8)

제1조 경찰서장은 「흥행병흥행장취체규칙」(이하 간단하게 「규칙」이라고 칭함) 제4조 및 제29조의 신청서를 수리했을 경우, 각본, 줄거리, 또는 필름이나 설명대본 중 다음 각 호에 해당된다고 인정될 때에는 허가를 내주지 않는다.

1. 황실의 존엄을 모독하는 것.

2. 법규[朝憲]문란 등 불온한 사상을 고취하거나 풍자하고 혐오하는 것.

3. 국교상 친선에 해로운 것.

4. 시사를 풍자하고 공안상 해로운 것.

5. 국가나 관공리의 위신을 손상하는 것.

6. 교육가, 종교가 등 사회적 지도에 종사하는 지위에 있는 자의 부덕을 골자로 하여 구성한 것.

7. 구상이 저열하여 선악 관념을 혼란스럽게 하는 것.

8. 도의에 어긋나고 권선징악의 취지에 반하는 것.

9. 도적, 도박사, 반역하는 신하, 불충불효자[賊子] 등의 사적(事蹟)을 구성하여 이를 흠모하는 마음을 야기하여 넌지시 칭찬하는 것.

10. 위인이나 옛 성현의 위신을 실추하게 할 우려가 있는 것.

11. 현존 인물, 가정의 내정(內情) 등을 적발하거나 풍자하고 혐오하는 것.

12. 형용 동작이 천박하고 저열하여 공중에게 악감을 일으키는 것.

13. 범죄사항을 구성하여 범죄의 수단을 보이거나 범죄나 범인의 종적은폐의 방법을 보임으로써 모방심을 야기할 우려가 있는 것.

14. 참혹하거나 추하고 더러움에 이르는 것.

15. 연애에 관한 사항을 구성함으로써 그 내용이 저열에 이르는 것.

16. 음란하여 추잡한 징욕을 도발할 우려가 있는 것.

17. 간통 등 불륜의 사항을 골자로 하여 구성한 것.

18. 건실한 직업을 업신여기거나 품성을 조야하고 부박하게 하려는 경향이 있는 것.

19. 소아의 못된 장난을 유발 조성하는 것.

20. 학교교육상 장해가 되는 것과 같은 것.

21. 군사상 기밀에 속한다고 인정되는 것.

22. 군대에 악영향을 미칠 우려가 있는 것.

23. 계급투쟁의 의식을 유발 고취할 우려가 있는 것.

24. 필름의 훼손 또는 마멸이나 진동이 심한 것.

25. 전 각호 외 공안, 풍속, 위생을 해칠 우려가 있는 것.

충남의 사례(⟨표 3⟩)에서 보듯이 검열 기준이 이러하다면 사실상 표현될 수 있는 소재는 극히 제한될 수밖에 없다. 당시 격화되어가던 계급 갈등이나 일본의 식민통치에 대한 비판을 우회적으로 드러내는 지독한 생활난, 그리고 현실 사회주의를 향한 동경은, 식민지 군중이 집단으로 공유하면 안 되는 금기였다.[30]

게다가 검열 시행기간을 통해서도 흥행 의지에 압력을 가할 수 있었다. 검열의 신청기일은 지역에 따라 다른데, 평북의 경우 신규는 흥행 5일 전, 기타는 2일 전에 신청해야 하며, 필름은 흥행 전날까지 검열을 받을 수 있도록 하고 있다. 함북의 경우, 신규 여부와는 상관없이 상설은 흥행 3일 전, 기타는 전날까지 신청해야 하며, 필름은 평북과 동일하다.(이력서나 면허증 사본은 제외) 검열기간은 '서류 계출 일자로부터 흥행 개시 일자 사이'가 되는 셈인데, 문제는 흥행 개시가 임박한 상황에서 검열 결과가 불허·수정이 되면 흥행을 포기할 수밖에 없는 상황이 발생한다는 점이다. 이는 일본 경시청령의 「흥행장급흥행취체규칙」과 미묘한 차이를 보인다. 경시청령의 「취체규칙」은 "흥행 첫날로부터 10일 전까지"(각본검열, 제68조) 그리고 "흥행 첫날로부터 3일 전까지"(필름검열, 제69조) 검열을 받도록 규정하고 있다. 즉 검열은 흥행 10일 전, 혹은 3일 전에 '완료'되는 셈이다. 이럴 경우, 대체 흥행물을 물색하거나 수정할 시간이 다소나마 마련되기 때문에, 흥행 계획이 돌연 수포가 되거나 경제적 손해를 입는 경우의 수를 줄일 수 있게 된다. 그러나 식민지 조선의 경우, 예정된 흥행 개시 일자 이전까지 검열행정이 진행되는

---

30 지면에 발표되는 희곡은 조건이 좀 나은 편이었는데, 그 덕분에 1920년대 중반부터 1930년대 초반까지 하층계급의 절대빈곤과 계급 문제가 희곡의 주요 주제가 될 수 있었다.

상황이며, 일단 검열 결과가 부정적으로 나오는 경우 대부분 꼼짝없이 흥행을 일단 포기할 수밖에 없다.[31]

사전검열의 목표는 취체 당국의 우려하는 바가 공중에게 공개되지 않도록 비가시화하는 것이다. 삭제・절제・대체 등의 흔적이 최소화되어 검열 이전의 상태를 상상할 수 없도록 하는 것이다. 피검열자는 검열을 통해 "공안을 해치거나 풍속을 문란케 할 우려"가 무엇인지 체득해가며 스스로 검열을 수행함으로써 피동적인 존재로 위치된다. 검열이 "식민지사회에서 '합법성'에 대한 감각을 가장 직접적으로 가르치는 시스템"[32]인 연유도 여기에 있다.

그러나 흥행문화의 성격상 검열본과는 다른 텍스트의 생성은 언제나 잠재적인 것으로 남아 있다. 복제예술인 영화는 마치 인쇄 미디어에서의 복자伏字와 마찬가지로 편집상의 부자연함으로 검열의 흔적을 드러낼 수 있다. 그리고 무엇보다 반/검열 효과는 다름 아닌 변사의 존재에서 비롯한다. 무성영화 시대의 변사는 단순히 영상을 설명하는 기능적인 존재가 아니었다. 변사는 "서사 전반을 관장하는 권위적 서술자"이자 "창작자"로서[33] 그 역시 검열 텍스트를 위반할 수 있는 공연자였다. 발성영화 시대에도 마찬가지인 것이, 일본어 자막을 해득하지 못한 관객들을 위해 변사는 여전히 필요했기 때문이다. 따라서 당국은 사전

31　특히 극단의 흥행은 거의 모두 무산되며, 영화의 경우는 조금 나은 편이다. 영화흥행 신청자가 대부분 극장주였던 당시, 며칠간의 교섭을 통해 타협점을 마련하기도 하지만 그 며칠간 극장은 휴면상태가 되고 그에 따른 경제적 손실은 불가피했다.

32　박헌호, 「'문화정치'기 신문의 위상과 反-검열의 내적 논리」, 『대동문화연구』 50, 성균관대 대동문화연구원, 2005, 225쪽.

33　이순진, 「조선 무성영화의 활극성과 공연성에 대한 연구」, 중앙대 박사논문, 2009, 150~152쪽 참조.

검열을 통해 일차적으로 불온한 것을 걸러냄에도 불구하고 흥행 현장에서 발생할 수 있는 변수를 고려하지 않을 수 없었다. 「취체규칙」이 현장취체를 중시한 이유, 그리고 임석경관이 필요했던 이유다. 임석경관은 흥행내용이 「취체규칙」을 위배하는지 판단하며, 이에 따라 흥행에 대한 '주의' 혹은 '중지'를 명령할 수 있고 관계자를 검속할 수 있다. 흥행 허가의 취소, 혹은 흥행의 정지·제한에 해당하는 사항을 정리하면 다음과 같은데, 이것들은 「취급수속」에 나와 있는 검열 기준을 간소하게 간추린 것으로 그 기본성격은 동일하다.

- 권선징악의 취지에 반하거나 범죄방법, 수단을 유치(誘致) 조성할 우려가 있는 것
- 외설 또는 참혹하거나 풍교를 해할 염려가 있는 것
- 함부로 시사를 풍자하거나 사람의 명예신용을 해치고, 정담(政談)이 분분한 것
- 민심의 융화를 저해할 우려가 있는 것.
- 위생상 유해하다고 인정되는 것.
- 기타, 공안이나 풍속을 해칠 염려가 있는 것.[34]

당시 사전검열과 관련된 현장의 취체 사례는 대략 두 가지로 나뉜다. 검열본과 실제 흥행이 불일치한 경우, 그리고 양자가 일치하더라도 임석경관의 직권에 따른 경우다. 담당 부서 간의 행정적 판단이 엇갈리는

---

34 이렇게 성문화된 것 외에도 금기시된 것들이 있다. 검열관 오카 시케마스[岡稠松]에 의하면, 당시 연극에서 군인·경찰관의 복장은 실제와 동일한 제복을 입고 출연할 수 없었다고 한다. 岡稠松, 「映畵を巡るナンセンス」, 『朝鮮及滿洲』 308, 1933.7, 66쪽.

후자는 대개 상급기관이 해당 경찰서에 주의를 내리는 것으로 마무리되곤 했다. 이런 현상은 사전검열에서는 좀처럼 파악되지 않는 효과가 '현장'에서 드러나기 때문인데, 불온하거나 풍기상 문제가 있다고 판단하거나 각본에 없는 불온한 대사가 돌연 첨가될 때, 임석경관은 지체하지 않고 흥행을 중지시켰다.[35] 그 대부분 공연자의 행위보다는 대사 때문에, 그리고 풍속상의 문제보다는 치안상의 이유에서 단속되었다. 결국「취체규칙」이 텍스트에 대한 사전검열과 현장취체라는 이중 취체를 법제화한 것은 '정치적 담론'의 삭제를 목표로 한 것이며, 이는 식민지 군중에 대한 경계였다.

4. 독립변수의 제어

법령은 이를 위반했을 시 벌칙을 가함으로써 그 법적 구속력을 증명하고, 그 누적을 통해 규범을 일상적인 것으로 만든다.「취체규칙」에서도 관계자가 규정을 위반했을 경우 구류나 벌금 처분을 내린다. 근대적

35「활동사진 설명 중 변사 돌연 검속」,『조선일보』, 1926.3.13;「출연 중에 금지」,『조선일보』, 1926.11.10;「東民劇團 흥행, 경찰 돌연 금지」,『조선일보』, 1927.5.18;「불온하다고 극단까지 해산」,『조선일보』, 1928.3.7;「亞星劇團 흥행 중 금지, 불온하다고」,『조선일보』, 1929.2.23;「상연한 연극이 유무산 대립이라고 연극 중에 중지, 해산」,『조선일보』, 1929.7.31;「각본과 틀린다고 토월회원 검거」,『조선일보』, 1930.1.24;「'아'협회 연극, 공연중 돌연 중지」,『조선일보』, 1930.3.28;「각본이 불온타고 배우 10여 명 취조」,『조선일보』, 1930.11.19;「영화변사의 舌禍」,『조선일보』, 1931.9.19;「신무대원 검거, 상연중의 연극이 문제되야」,『조선일보』, 1933.6.16;「현성완 일행, 경찰이 검속」,『동아일보』, 1932.6.11;「흥행중 배우 引致코 취조」,『동아일보』, 1933.8.23;「단성사 순업대의 변사를 검거-불온한 언사가 잇다고」,『조선일보』, 1933.10.13;「희락좌 배우를 개성서 인치」,『동아일보』, 1935.6.11;「극단 소녀좌 일행 십여 명을 취조」,『동아일보』, 1935.6.21.

합리성에 근거한 어떤 조목은 충분히 동의할 만한 것이기도 하고 그 강제력의 효과 또한 가볍지 않기 때문에, 흥행문화의 규범화는 얼마만큼은 성공적일 수 있다. 그러나 규범의 제도화가 반드시 그에 상응하는 내면화를 동반하는 것은 아니다. 규범의 내면화는 그것을 준수해야 하는 명분에 동의하는 자발성이 있을 때라야 효과적일 수 있다. 이를테면 위생과 소방안전을 위한 제도적 마련은 「취체규칙」을 준수해야 하는 당자에게도 그 이해관계가 분명하기에, 또한 그렇게 하지 않으면 처벌받기에 이내 그러한 규범을 자연스러운 것으로 받아들일 수 있다. 반면, 빈번히 반복되는 "공안을 해치거나 풍속을 문란케 할 우려"는 처벌의 두려움에 앞서 취체 근거에 대한 불신을 불러일으키는 그 자의성 때문에 규범의 내면화를 방해한다.

그래서 「취체규칙」은 그 제도적 구속력을 높이기 위해 독립변수의 관리를 필요로 한다. 독립변수의 핵심은 다름 아닌 '사람'이다. 종종 명백한 이유 없이 검열과 흥행의 신청 결과가 불허로 통지되거나 그 결과조차도 통보되지 않는 경우, 문제의 원천이 텍스트가 아닌 개인(혹은 단체)이었다고 짐작해도 거의 틀리지 않을 것이다. 흥행/장과 관련된 모든 '사람'에 대한 관리도 공안풍속을 기준으로 한다. 흥행장 건설자, 흥행장의 전속 고용인(예인·활동사진 설명업자·흥행장 관리자·기타), 흥행 신청인, 관객 등은 공안풍속에 저촉될 때 흥행장 건설 인가의 불허, 흥행업의 취소, 흥행의 불허 및 허가취소, 취업의 정지 및 해고 등뿐만 아니라 구류나 벌금형을 받도록 규정하고 있다.

일정한 자격심사 절차가 바로 그 독립변수 관리에 해당한다. 흥행장 건설 신청자의 경우, '적당/부적당'의 여부 혹은 '경력자산'의 조사 과정을 거쳐 인가를 받도록 하는데, 이 절차 자체가 까다로웠을 것으로 생각하진 않는다. 거액의 자본이 드는 흥행장 신축 신청자의 상당수가 일본인이고 흥행장이 별로 많지 않으니 당국이 신축을 꺼릴 이유가 없었기 때문이다.[36] 그래서 사실 「취체규칙」이 흥행장 건설자를 주시했을 가능성은 매우 적다. 다만, 흥행장 건설자(혹은 소유주)가 자신의 지휘 아래 일어난 일이 아닐지라도 그 대리인·고용인 등이 「취체규칙」을 위반한다면 그 처벌을 면할 수 없게 하는 책임구조를 명시함으로써 감시자의 역할을 부여했다.

그러나 흥행장 전속 고용인에 대한 경우는 다르다. 흥행장 건설자 혹은 소유주가 예인藝人, 활동사진 설명업자(변사), 기타 종업원을 고용할 때에는 이들의 인적사항(본적·주소·성명·생년월일) 그리고 예인의 경우 예명이 있을 때는 그 예명과 이력서, 활동사진 설명업자는 면허증 사본을 첨부하여 관할 경찰서에 신고해야 한다. 이들의 해고, 소재 불명 및 사망의 경우도 동일하다.(이력서나 면허증 사본은 제외)

예인이 전속이 아닌 경우 흥행을 신청할 때는 "예인 감찰鑑札" 혹은 "기예 감찰" 사본을 제출하도록 하는데, 이때의 예인이란 주로 예기 혹은 전통연희자를 지칭한 것으로 추정된다. 예인의 기예감찰은 구체적으로 적시되지 않아 확인하기는 어렵지만 1910년대 이후 각도에서 시행해 온 예기 「취체규칙」을 참조해볼 수는 있다. 이것에 의하면, 예기가 영업을 하려면 관할 경찰서에서 허가를 받아야 하며, 영업허가증에는 본적·주

---

36 그러나 조선인의 흥행장 건설은 일본인의 경우와 같지는 않았던 듯하다. 오락장에 거대한 자본을 투여할 개인은 많지 않았으며, 당국의 허가도 까다로웠던 것으로 보인다. 이에 대해서는 충분치는 않지만, 이 책의 2부 2장 '공공 미디어로서의 극장', 2부 3장 '조선극장의 스캔들'을 참조할 수 있다.

소·예명·연령 등과 같은 인적사항과 영업 연한이 기재된다. 1920년
대 「취체규칙」에 언급된 '기예 감찰'은 이처럼 기예 능력 여하를 증명한
다기보다 기예를 직업으로 한다는 것을 허가한다는 증표다.

「취체규칙」이 주시한 존재는 활동사진 설명업자, 즉 변사다. 활동사
진 설명을 직업으로 하려는 자는 본적·주소·성명·생년월일 그리고
예명이 있는 자는 예명과 이력서를 구비해서 관할 경찰서를 경유하여
해당 도청에 신청, 면허를 취득하도록 규정하고 있다. 만약 "공안을 해
치거나 풍속을 문란케 하거나 기타 취업상 부적당하다고 인정될 때"에
는 면허를 내주지 않을 수 있으며, 이미 면허를 받은 자라고 해도 문제
가 되면 설명업을 정지하거나 면허를 취소할 수 있도록 한다. 그리고
폐업하거나 다른 도道로 거주지를 옮길 때는 면허증을 반납하고, 면허
증 기재사항에 변동이 발생했거나 훼손·분실되었을 때에는 개서改書
하거나 재교부를 받아야 한다.

「취체규칙」에는 더 이상의 내용이 없지만, 경기도 훈령 제11호 「흥행
장급흥행취체규칙 취급심득」(1922.4.25), 함북 훈령 제14호 「흥행취체
규칙 취급수속」(1924.4.16), 충남 훈령 제4호 「흥행병흥행장취체규칙 취
급수속」(1927.2.8)에는 설명업자의 신원에 관한 구체적인 심사사항이
명시되어 있다. '성격, 소행과 경력, 전과와 범죄 유무, 자산과 신용 정도,
주의 및 사상, 취업정지 또는 면허취소의 처분을 받은 일의 유무, 공안을
해치고 풍속을 문란케 할 우려가 있는지의 여부, 기타 참고사항' 등이
다.[37] 이어서 신청자에 대해 경찰부는 시험을 실시해 합격자에게는 면허

---

37 경기도 「취급심득」 제9조, 함북 「취급수속」 제8조, 충남 「취급수속」 제10조.

증을 교부하는데, 이력에 비추어 그럴 필요가 없다고 인정되면 생략할 수 있다고 단서를 붙이고 있다.[38]

「취체규칙」의 시행을 위한 이 훈령들은 변사의 품행과 사상이 면허증 교부 여부를 판단하는 중요사항이었음을 보여준다. 당시 변사는 흥행시장에서 높은 비중을 차지하는 영화 상영의 핵심 인력이었고, 흥행장에 전속으로 고용된 경우가 많아 비교적 활동을 오랫동안 지속했다. 그리고 무엇보다 그는 관객과 직접 대면하여 그들의 마음을 쥐락펴락하는 영향력 있는 공연자였다. 말하자면, 변사는 그 자체로 '살아 움직이는' 검열 텍스트였다.

변사의 자격시험은 그 첫 단계인 셈이다. 경기도 경찰부는 1922년 6월 27일 제1회 변사 자격시험을 시행했다.[39] 신청자는 총 54명, 이 가운데 여자가 4명이고 조선인이 13명이었다. 시험과목은 상식과 품행이며 구술로 치러졌다. 이후 변사 자격시험은 지원자의 수가 적당한 선에 이르면 그때마다 시행되었고, 구술시험과 필기시험을 병행했다.[40] 필기시험 문제에는 '흥행장 내 준수사항'의 기술이라든가 사상 취체를 겨냥한 '공산당', '프롤레타리아' 등의 용어설명도 포함되었다.[41] 그러나 이러한 절차를 밟아 면허를 취득했어도, 변사의 '일탈'은 종종 일어났다. 변사는 종종 '창의적인' 설명으로 임석경관에게 검속되곤 했는데, 대부분 사회 문제의 언급과 함께 불온한 언사를 했다는 것이 이유였다. 때로는 부

38 경기도 「취급심득」 제10조, 함북 「취급수속」 제9조, 충남 「취급수속」 제11조.
39 「활동변사의 상식시험─제1회는 호성적, 여자도 네 명 참가」, 『동아일보』, 1922.6.28.
40 「오페라백은 과상한 覆面=활동사진 변사시험문제에 대한 답안의 일절」, 『동아일보』, 1927.3.1.
41 「활동변사시험에 珍想天外 답안─그긔괴괴한 답안 가지가지」, 『동아일보』, 1929.4.3; 「변사시험에 진기한 답안」, 『조선일보』, 1929.7.24.

도덕한 사생활이 문제가 되기도 했다.

정리하자면 「취체규칙」의 기예감찰 및 면허증 규정은 텍스트의 사전 검열에 상응하는 조치로서, 당자가 만약 흥행 현장에서 불미스러운 일을 일으키면 언제든 그 자격을 박탈할 수 있음을 경고한 것이었다. 「취체규칙」이 더욱 정교해진다고 해도, '사람'이라는 변수는 불확정적인 채로 남기 때문에, 흥행/장 통제의 추이는 변사의 면허증과 같은 제도적 구속을 강화하는 방향으로 이행할 수밖에 없다. 1930년대 중반, 「취체규칙」을 보완하려는 당국의 방안 가운데 '배우'가 중요 대상으로 떠오른 것도 바로 이런 맥락이다.

5. 「취체규칙」을 보완하는 구상들

여기서는 검열 당국이 1930년대 중반, 만주사변에서 중일전쟁 발발 직전에 구상한 몇몇 사례를 살펴보고자 한다. 이 시점에 이르면 이미 정치적으로 위험한 단체와 공연예술이 일차적으로 정리되었지만, 「취체규칙」을 보완하고 정교화하기 위한 당국의 노력이 계속되고 있음을 확인할 수 있다. 비록 법제화되지는 않았지만, 이 구상들은 만주사변 이후 전시체제를 구축해가는 과정에서 식민권력이 필요로 한 게 무엇이었는지 시사한다.

첫째는, 배우의 통제안이다. 조선총독부는 「활동사진영화취체규칙」(조선총독부령 제82호, 1934.8.7. 공포)을 1934년 9월 1일 자로 시행하는데, 이는 1926년 「활동사진필름검열규칙」이나 여러 흥행/장 「취체규칙」으로는 충분치 않은 상황의 도래를 의미한다.[42] 이 법령의 제정은 만주사변을 일으키면서 전시체제로 돌입한 일본의 문화통제 방향을 나타내는데, 그 핵심은 외화 점유율이 매우 높은 식민지 조선에서 외화를 단계적으로 제한 하는 데 있었다. 그리고 '활동사진영화 흥행자' 취체에 역점을 두어 1926 년 「검열규칙」만으로는 통제가 어려운 변수를 제어하고자 하였다.[43] 이 '영화통제안'이 시행되자, 조선극장·단성사·우미관 등 경성의 주요 극 장을 관할하던 종로서는 "대중오락의 쌍벽"이라고 할 연극단체와 배우를 통제하는 '연극통제안'을 기안한다.[44] 그 동기는 "지금까지 연극단체의 통제의 불비로 흥행 중 배우의 이동 및 상연 중 배우의 언동의 무질서 등으로부터 오는 폐해"[45]를 시정하기 위함이고,[46] 그 골자는 '감찰제도鑑札制 度'의 시행이다. 배우는 소속극단의 이름과 함께 그 이름을 관할 경찰서에 등록해 감찰을 교부받아야 하며, 감찰이 없는 배우는 연극에 출연치 못하 고 극단을 옮길 때도 신고해야 한다는, 일종의 배우 단속법이다. 이후 별다

---

42 유선영은 '영화취체규칙'의 필요성을 일깨운 직접적 동기가 1933년 세계연맹(The League of Nations)이 일본의 만주침공을 비난하고 미국의 뉴스영화에서 일본군의 상하이 공습 등이 묘사되면서 국제사회에서 일고 있던 반일 무드에 있었다고 지적한다. 이에 대응하기 위해 영화통제위원회를 설치하는 등 '문화선전' 구축에 돌입하고, 식민지 조선에도 법령을 제정하기에 이른 것이다. 유선영, 「황색 식민지의 서양영화 관람과 소비 실천, 1934~1942」, 『언론과사회』 13-2, 사단법인 언론과사회, 2005, 8~9쪽 참조.

43 박혜영, 「해제 : 1926년 '활동사진필름검열규칙'-1934년 '활동사진영화취체규칙'을 중심으로」, 한국영상자료원 편, 『식민지시대의 영화검열-1910~1934』, 현실문화연 구, 2009, 121쪽.

44 「배우를 등록하야 극단 통제를 기도」, 『조선일보』, 1934.9.2; 「연극배우통제안」, 『매일신 보』, 1934.9.2.

45 「배우를 등록하야 극단 통제를 기도」, 『조선일보』, 1934.9.2.

46 1935년 2월, 김춘광이 창립한 극단 '예원좌(藝苑座)'는 극단의 조직구성이 덜 된 상태 여서 배우 확보에 부심하던 중 이보다 앞서 창립해 활동하고 있던 성광현의 '황금좌(黃 金座)'의 간부급 배우 6명을 빼내려 하여 말썽을 빚은 사건이 있었다. 이런 호소가 적지 않아 소관 경찰서는 골치를 썩은 모양이다. 「봄 만난 梨園에 격렬한 배우쟁탈시비」, 『조 선일보』, 1935.3.8.

른 후속 조치가 없이 1935년 6월, '감찰제도'와 유사해 보이는 '배우 면허 제도'가 경기도 보안과에서 입안된다. 이는 "연극과 영화를 통하여 선전되는 사상 또는 사회교화의 품행과 사상 여하를 주로 조사하여 취업 면허증을 교부하는 제도"[47]로 사상통제의 한 방편으로 고안된 것이다.

'감찰제도'는, 마치 행정상 필요한 관리제도의 성격을 띠는 것처럼 보이지만, 배우 통제의 기반구축으로서 배우의 일거수일투족 모두를 파악 가능한 대상으로 만드는 것이다. 그보다 한 걸음 더 나아간 '배우 면허제도'는 그런 제도의 본질이 사상통제에 있음을 명확히 드러낸다. 연극 또한—의료, 교육, 철도운수, 무역업 등과 같이—공식적인 자격을 가진 자만이 할 수 있는 대상으로 규정되며, 이 자격의 준거는 '기술력'이 아닌 '사상성'에 있는 것이다.

그러나 이는 법제화되지 않았다. 현실적으로 이 방안들은 연극계의 현실과 상충될 뿐 효율적이지 못했다. 극단의 이합집산과 배우의 잦은 이동 등의 불안정성은, 그 제도가 시행되었을 경우 업무량과 경제적 비용만 높일 뿐 비효율적인 방법이 될 공산이 컸다. 또한 '우리동무사원 사건'[48]과 '영화부대사원 사건'[49] 그리고 '신건설사 사건'으로 이어진

---

47 「극장의 배우에도 면허제 채용」, 『동아일보』, 1935.6.5.

48 1932년 8월, 신고송(申鼓松)과 이찬(李燦) 등 2인이 일본프롤레타리아문화연맹(코프) 조선위원회에 가입하여 활동하던 중에 그 기관지 『우리동무』를 조선에 배포한 혐의로 구속되어 실형을 받은 사건.

49 1933년 2월, 치안유지법과 출판법 위반 혐의로 강호・이상춘・김태진・나웅・김필룡・김대균・추적양 등이 구속되는데, 결국 강호・김태진 두 사람만이 실형을 받은 사건이다. 이들의 죄목은 동방키네마를 창설하여 기관지 『영화부대』를 발행하고, 일본프롤레타리아영화동맹으로부터 발매금지 중이었던 기관지 1932년 12월 5일부 『영화구락부』 40부를 비밀히 들여와 연희전문학교 연예부, 중앙불교전문학교 연극부에 배포하여 공산화를 꾀한 점이다.

대대적인 탄압 과정에서 좌파연극에 대한 충분한 위협이 있었으며, 극장에는 이미 '흥미, 난센스'로 가득 채워지고 있었다. 이 정황을 고려해 보면 사상성을 준거로 하는 '배우 면허제도' 입안의 기사화는 실제로는 흥행계에 대한 경고의 의미가 더 컸을 수도 있다. 물론 이 기획은 얼마 지나지 않아 '시국'의 필요에 따라 비약적인 수준에서 체계적인 방식으로 실현될 것이었다.

둘째는, 흥행취체규칙의 일원화다. 1935년, 경무국에서는 각도 경찰부에 위임되어 있던 「취체규칙」을 통일화하는 작업에 들어가기 시작했다.[50] 그 내용은 주로 영화상설관과 극장의 취체로 영화설명자(변사)의 시험제도, 극장의 위생설비, 연극대본·영화 검열 등 상당히 광범위한 세부 규정으로 준비되었고 1936년 2월 공포하고 4월부터 시행할 예정이었다.[51] 그러나 법령의 제정은 계속 지연되었다. 1937년 2월에는 안동현 극장 대화재로 관객 7백 명이 소사(燒死)하는 참사가 일어나자 이에 자극을 받아 4월에는 시행할 수 있도록 서둘렀으나,[52] 취체령의 시행까지 상당한 시간이 필요하니 우선 각 도지사에게 흥행취체에 만전을 기하라고 지시했다.[53] 그해 6월에는 "조선에서 흥행취체규칙은 전 조선 각도의 구구한 취체를 통제하여 점차 경무국 원안의 작성을 보기에 이르렀는데" 더 나아가 "공공영조물, '데파트' 등에서의 흥행 혹은 야구, 럭비, 권투, 기타 스포츠 방면"에도 적용할 수 있는 규정 마련 논의가

---

50 「흥행취체규칙 단일법령제정」, 『조선일보』, 1935.9.22.
51 「흥행일반에 대한 통일 취체령 기안」, 『조선일보』, 1935.11.17 *1936년 2월 중에 공포 예정; 「각종 영업의 취체를 전면적으로 정리통일」, 『동아일보』, 1935.11.20 *1936년 4월 실시를 목표로 입안 중.
52 「조선흥행취체규칙, 來 4월경에는 공포 실시?」, 『조선일보』, 1937.2.16.
53 「시급한 흥행취체령」, 『조선일보』, 1937.2.19.

대두해 재검토 단계로 들어갔다고 보고했다.[54]

통일된 법령의 필요는 두 가지 차원에서 해석할 수 있다. 먼저, 이제는 그렇게 해도 '지장이 없을 만한 시점'이라는 판단이다.[55] 1920년대 「취체규칙」 제정 당시에는 제국의 표준을 식민지에 법적으로 강제하면서 조선사회의 변동에 대응하여 그 동태를 감찰하는 것이 필요했다. 특히 '위장된' 혹은 '잠재적' 집회로서의 소인극을 통제해야 했던 상황 그리고 공연검열의 중요성을 고려해 각도 경찰부 보안과가 자율적인 판단을 내려야 했지만, 시간의 축적은 흥행취체에 대한 노하우를 가져다주었다. 즉 그동안 달라진 흥행 환경을 반영하는 동시에 종전의 「취체규칙」이 야기한 문제점까지를 보완하는 통합적 통제안이 요구된 것이다. 그러나 더 중요한 점은 그러한 단일법령 제정의 필요가 전시 총동원체제로의 전환을 목전에 두고 기획되었다는 점에 있다. 그것은 곧 흥행통제 시스템 구축의 일환일 가능성이다. 「활동사진영화취체규칙」이 시사하듯 조선총독부는 만주사변 이후 전시체제를 구축하기 시작했고 배우 통제안 역시 같은 맥락에서 이해될 수 있는바, 전시체제기 역사적 과정을 고려하면 그러한 구상들은 전초전의 성격을 띤다.

그러나 단일법령의 제정은 좀처럼 성사되지 않았다. 당시 기록을 보면 그 사유는 각도에 흩어져 있는 사례들을 모아 정리하는 과정에서 비롯되었다. 더욱이 그 대상이 스포츠 방면에까지 확장되자 순조롭게 진행되지 못했다. 각도 「취체규칙」의 총화와 정리를 방침으로 하는 경무

---

54 「흥행취체규칙 적용범위 확대」, 『동아일보』, 1937.6.11.
55 「각종 영업의 취체령을 일률로 정리통제」, 『조선중앙일보』, 1935.11.20; 「각종 영업의 취체를 전면적으로 정리통일」, 『동아일보』, 1935.11.20.

국의 야심은 일의 진행을 더디게 만든 셈인데, 이 와중에 경기도에서
「취체규칙」 개정안을 준비한 것도 단일법령 제정의 지연과 관계가 있
어 보인다. 경기도 보안과는 그간 "영화는 물론 각종 흥행물의 발달"이
괄목할 만한 변화를 가져왔기 때문에 1922년 4월에 제정한 「흥행장급
흥행취체규칙」을 전반적으로 개정하기로 결정한다. 전 4장 50여 조문
으로 구성된 이 개정안에는 극단취체, 변사면허제도 폐지, 극장의 환기
장치, 끽연실, 넓은 좌석의 설비 등 새로운 내용이 포함되었고, 도지사
의 결재를 거쳐 1937년 4월 시행을 목표로 했다.[56] 그러나 그해 8월에
도 여전히 입안 중임을 알 수 있다.[57]

　　셋째는, 「조선영화령」에 상응하는 연극 통제안이다. 1940년 초, 조선총
독부는 당국과 민간을 망라한 연극위원회를 설치해 연극통제 법령을 가을
경에 공포할 예정이며 그 주요 내용으로 극단·배우의 공인제도, 우수한
연극에 대한 장려, 상연내용의 규정 등이 포함된다고 발표했다.[58] 이는
일본에서 이미 시작된 것으로, 1939년 12월 칙령 제846호에 의해 '연극·
영화·음악 개선위원회'가 문부성에 설치되었고, 바로 이곳에서 전시체제
기의 문화통제 입법을 추진했다. 연극의 경우 그 내용에 흥행자와 극단의
허가제도, 연기자·연출자 등의 등록제도, 강제상연·지정상연, 고전연
극의 시정是正, 연극의 영화적 보존 등이 포함되었다.[59] 식민지 조선에서도
입법이 착수된바, 먼저 「조선영화령」이 제정되었고 연극 관련 법령도 곧

---

56 「영화, 연극 등 흥행장 취체규칙 대개정」, 『조선일보』, 1937.2.13.
57 「영화관, 극장 등 오락장 취체규칙을 초안」, 『동아일보』, 1937.8.11.
58 「예술부문의 통제를 강화, 극단을 공인코 배우는 등록」, 『동아일보』, 1940.1.22.
59 「구체화되는 연극법안」, 『조선일보』, 1940.5.1. 구체적인 시안내용은 박영정, 「법으로
　본 일제강점기 연극영화 통제정책」, 『문화정책논총』 16, 한국문화관광정책연구원, 2004,
　256~257쪽 참조.

만들어질 예정이었다. 그때까지 연극만을 별도로 독립시킨 법령은 없었고, 연극은 '흥행'이라는 범주에 포괄되어 흥행/장 「취체규칙」을 준거로 한 사전검열과 현장취체를 받고 있었다. 물론 이 또한 제정되지 않았다.

그 이유는 과연 무엇일까. 이에 대해 박영정은 이 법안이 시급한 다른 법안에 밀렸기 때문이며 이러한 사정에 따라 「조선영화령」에 상응하는 「조선연극령」이 나올 수 없었다고 설명한다.[60] 간단하게 생각하면, 이는 식민지 시기 내내 연극만을 대상으로 한 법령이 부재했던 이유와 관계가 있다. 연극이 일회적 현존성을 그 본질로 삼는다는 점에서, 더욱이 대체로 5일 이내의 단기공연으로 제한된다는 점에서, 그 대중적 파급력은 크게 우려할 만한 것이 아니었으며, 더욱이 연극계는 거의 내내 대중극 계열의 우세 속에 있었다. 물론 정치적으로 불온한 대상이 급증했을 때도 사정은 다르지 않았는데, 별도의 법령이 없이도 충분히 통제 가능하다고 판단했기 때문이다. 그러나 연극 통제안이 구상된 시기가 이미 비상시임을 고려하면 신법 제정의 지연은 달리 해석될 필요가 있다. 정확히 말해서 '시급하지 않았던 이유'가 아니라 '서두를 수 없었던 이유'쯤이 되겠는데, 전시 동원체제에서 연극이 지닌 도구적 가치를 충분히 시험하지 않은 상태에서 법제화는 오히려 효용성이 의심되는 것은 물론 거추장스러울 수 있기 때문이다. 전시체제에 상응하는 연극 혹은 문화의 통제는 종래의 「취체규칙」이 지향한 표준성을 초과해야 가능한 일이었다. 전시체제 통제에 관해서는 별도의 논의가 필요한데, 이에 앞서 「취체규칙」과는 다른 차원에서 흥행장을 조율해간 세금 정책을 경유하기로 한다.

---

60 박영정, 위의 글, 258쪽.

제3장

흥행시장의 세금

---

1. '돈'의 흐름

'흥행'은 태생적으로 자본주의적 자양분을 먹고 자라난 문화 형식이지만, 이것이 시장경제의 법칙을 따랐을 것이라고는 좀처럼 상상하지 않는다. 식민권력의 지배력이 압도적이었던 결과를, 너무나 잘 알고 있기 때문이다. 그러나 시장과 정치는 모순되지 않는다. 흥행시장의 구축은 일본제국의 식민지 경영과 동시적으로 진행되었고, 이는 그 운명이 처음부터 식민지 경영의 차원에서 결정되었음을 시사한다. 아마도 지정학적 위치의 중요성이 매우 다른 대만이나, 아니면 흥행문화가 일찍부터 발달해 있다가 일본에 점령당한 상하이와 비교하면, 식민지 조선의 사례가 매우 참담한 지경이라는 것을 분명히 보여줄 것이다. 흥행에 대한 식민권력의 지배력은 압도적이고 흥행시장의 규모와 독자성은 매우 미약한 수준에 묶어두도록 만든, 국가와 시장의 관계는 식민지 조선

흥행의 본질적 조건이었다. 흥행에 관한 정책과 그 시행의 결과는 확실히 식민권력의 규정력이 얼마나 강고한 것이었는지를 보여준다.

물론 흥행시장이 국가의 기획에 붙들려 있었던 것만은 아니다. 불균등하고 비대칭적이었을지라도, 시장의 운행運行은 분명 국가의 기획을 초과하는 그 어떤 국면을 보여주기도 하는데, 흥행시장이란 '돈'의 흐름과 여러 주체의 욕망이 함께 얽혀 있는 장소이기 때문이다. 혹자는 '돈'의 유로流露를 만들어냄으로써 모종의 이득을 얻고자 하고, 혹자는 그 유로를 변경하기 위해 운동한다. 아니면, 혹자는 그 유로 안에서 만족감을 찾되 현실의 결핍에서 발생하는 욕망을 표현함으로써 모종의 기획을 넘어선다. 흥행은 그 불균등한 힘들 간의 결합을 통해서 만들어진 결과라고 할 수 있지 않을까. 따라서 흥행을, '돈'의 흐름을 따라가는 지극히 세속적인 것으로 치부해서는 안 된다. 일단 그 흐름에 새겨진 함의, 즉 정책의 추이로부터 국가가 어떻게 시장을 주조하는지, 그럼으로써 어떤 문화적 결과가 야기되는지 살피는 것이 중요하다. 흥행시장의 구축이 바로 일본제국의 식민지 경영과 동시적으로 진행되었고, 그 정책적 필요에 따라 흥행의 정치적·경제적 가치가 결정되었다는 점은 아무리 강조해도 지나치지 않다. 식민권력에 대한 이해를 높였을 때, 비로소 흥행시장의 윤곽이 객관화될 수 있고 국가 차원에서의 기획을 초과하는 문화적 상상력 혹은 제도적 억압의 생산성도 그 면모를 드러낼 수 있다.

문제의 관건은 다름 아닌 '돈'의 흐름을 증명하는 일이다. 흥행이 시장의 법칙에 관계하는 상품이었던 만큼, '돈'을 거치지 않고서는 이 문제를 제대로 짚어내기 쉽지 않다. 흥행에 관한 지금까지의 정책연구가 식민권력의 기획에 대한 이해를 돕고 있지만, 아직 불충분하다. 그나마

1934년 이후 시행된 외화상영 쿼터 제도, 그리고 이와 맞물려 진행된 일본의 메이저 영화사들의 진출이 영화시장의 지형을 바꾸어 놓은 결정적 계기였음을 확인할 수 있었던 것은 중요한 성과이다.[1] 특히 1934년이 중요한 이유는 "조선의 영화시장에 대한 일본영화의 영향력을 강화함으로써 일본 흥행자본의 이익을 도모"하기 시작하고, 외화의 수입통제를 개시하여 흥행시장의 중심을 흔들어 놓았기 때문이다.[2] '돈'에 매개된 흥행정책을 살피는 것은 이처럼 중요하다.

여기서 흥행에 관한 조세정책에 주목하는 것도 그런 차원에 있다. 지금까지 흥행이 과세 대상이었다는 사실은 의식된 적이 거의 없지만,[3] 조세 문제는 식민지 경영의 방향성을 가장 여과 없이 드러내는 지점이라는 점에서 흥행/장의 정치경제학을 이해하는 데 필수다.

주지하듯, 조선총독은 일본 제국의회나 정부의 간섭으로부터 비교적 자유로웠고 권력 또한 막강했다. 이 점은 법률의 효력을 가지는 '제령'이라는 법 형식에서 잘 드러난다. 제령은 조선총독이 발하는 명령으로서, 일본 제국의회의 관여 없이도 규정될 수 있었고 일본 법률을 의용依用한다고 하더라도 별개의 법령으로 효력을 말하는 법 형식이있다. 일본이 이처럼 조선총독에게 막강한 권력을 부여한 것은 식민지 지배의 효율성을 극대화하고 그만큼 자의성을 최대한 확보하기 위함이었다. 대만의 경우와 달리

---

1 이화진, 「식민지기 영화검열의 전개와 지향」, 『한국문학연구』 35, 동국대 한국문학연구소, 2008; 이호걸, 「1920~30년대 조선에서의 영화배급」, 『영화연구』 41, 한국영화학회, 2009; 이순진, 「1930년대 조선 영화문화의 변동과 조선인 영화상설관의 소멸—단성사의 몰락 과정을 중심으로」, 『대동문화연구』 72, 성균관대 대동문화연구원, 2010.

2 이순진, 위의 글, 190~194쪽 참조.

3 입장세 연구가 예외적인 경우이며 이 또한 오래전 박영정의 연구를 제외하면 후속 논의가 없는 편이다. 박영정, 「1938년의 입장세법」, 『문화예술』, 한국문화예술진흥원, 1997.

한일병합이 '합의'의 형태를 취했기에 식민지 조선에서는 군정을 실시할 수 없었다. 제령은 말하자면 조선총독에게 강력한 지배권을 보장함으로써 군정과 같은 효과를 낼 수 있는 법령이었다. 이런 통치방식은 대만과는 달리 조선이 지정학적으로 중요하고 저항의 강도가 셌기 때문이다.[4]

제령의 대상, 즉 법률을 요하는 사항 가운데에는 조세도 포함되었다. 조선총독부가 실시한 조세제도는 이전과 비교할 때 근대적 세제로 이행하는 성격을 띠었음이 분명하기는 하다. 재정의 일원화, 예산의 수립과 시행, 화폐교환 경제와 맞물려 있는 조세의 금납제, 소득세 중심 세제로의 변화 등 조세제도의 근대적 변화는 현저했다. 그러나 그 실내용은 지극히 제국주의적 이해관계에 충실한 것이어서, 조선총독부의 조세정책은 근본적으로 일본제국 내 식민지 조선의 위상, 즉 그 효용 가치 여하에 따라 운용되었다. 그 결과는 참담했다.

식민지 시기 일본에서 유입된 자금이 60~70억 엔이었던 데 반해 유출된 자금이 최소 300억 엔 이상이 된다는 사실, 더 나아가 이 액수에 환산되지 못한 부분까지 포함하면,[5] 이 기간은 조선사회의 생산력이 고갈되어가는 과정이었다고 해도 과언이 아니다. 그러나 일본의 이해관계에서, 이는 조선 현지의 자산을 기초로 증식된 자본을 투자하여 그보다 훨씬 많은 것을 회수해간 수익성 높은 투자 행위였다.[6] 그리고 바로

---

4 이상 제령에 관한 것은 김창록, 「제령에 관한 연구」, 『법사학연구』 24, 한국법사학회, 2002 참조.

5 이를테면 강제저축, 8·15 이후의 인플레, 관업 경영 적자분 4억여 엔, 세출 분석, 물자 수탈, 문화재 유출, 인적 수탈 등이 고려의 대상이다. 정태헌, 「일제하 자금유출 구조와 조세정책」, 『역사와현실』 18, 한국역사연구회, 1995 참조.

6 정용석에 의하면 그러한 식민지 조선 경영의 본원적 목적은 바로 농업식민지 구축이었다. 정용석, 「일제의 식민지 조선 경영의 본원적 목적과 재정적 방식, 1910~1936」,

그 재정의 원천 상당수가 식민지 조선인의 조세 부담으로부터 나왔다.

이는 조세의 추이를 대략 가늠하더라도 쉽게 이해할 수 있다. 식민지 시기의 조세 구조는 지세 중심 세제에서, 소비세 중심 세제로, 그리고 다시 소득세 중심 세제로 변화해 갔다.[7] 이 과정에서 조선총독부는 꾸준히 조세수입을 증가시켰는데, 그 규모는 그야말로 가공할 만한 것이었다. 1930년대 초반을 지나면서 그 증가세가 가속화되다가 중일전쟁 발발 이후 급격한 팽창세를 보여, 1943년 조세수입은 1911년의 것에 비해 무려 4,000% 이상 증가했고, 1인당 조세 부담은 일본의 5.6배보다 높은 6.9배 증가율을 보였다. 문제는 일본과 식민지 조선의 소득 격차가 점점 벌어지는 데 반해 조세 부담은 더욱 가중되고 있었다는 점인데, 그 비율이 식민지 조선사회의 생산능력 증가율을 크게 상회했다.[8] 한일병합 당시 불과 10개의 세목에 불과하던 국세가 종전終戰 당시 35개로 늘어났다는 것은, 그만큼 식민지 경영이 수탈적이었음을 말해준다.

그렇다면 흥행과 관련된 세금의 경우는 어떠했을까. 기본적으로, 조세정책의 변화가 조선인의 부담을 증가시켜갔지만, 전체적으로 보았을 때 흥행에 부과된 각종 세금은 1938년 '입장세'와 같은 국세를 제외하고는 별로 시선을 끈 적도 없었고 세액의 비중 역시 대체로 약소한 편이었다. 물론 이 사실이 별것이 아님을 의미하지는 않는다.

『사회과학논집』 16, 동아대 사회과학연구소, 1999.

[7] 세제 변화 과정은 다음을 참조할 수 있다. 정덕주, 「일제강점기 세제의 전개 과정에 관한 연구」, 『세무학연구』 23-4, 한국세무학회, 2006; 정태헌, 「한국의 근대 조세 100년사와 국가, 민주화, 조세공평의 과제」, 『역사비평』 94, 역사문제연구소, 2011.

[8] 일본의 1인당 국민소득에 대한 조선의 1인당 국민소득의 비율은 1941년 24.4%에서 1943년에는 18.7%로 감소했고 1인당 조세 부담액의 비율은 동기간 중 17.4%에서 19.1%로 높아졌다. 조세 부담에 관해서는 정덕주, 위의 글, 197~201쪽 참조.

2. 지방세로서의 흥행세

세제에서 '영업세'라는 이름이 공식적으로 확인된 것은 1927년 3월 31일 자로 제정·시행된 「조선영업세령」에서이지만, 그 이전부터 부府와 읍·면에서는 영업행위에 대한 세금을 부과해오고 있었다. 여기에는 영업소를 갖추고 영업하는 경우와 특정 행위로 수입을 얻는 경우 모두 포함되는데, 전자는 대체로 극장업에 대한 세금일 것이고, 후자는 흥행 그 자체에 대한 세금으로서 흥행세에 해당한다. 그러나 전자의 경우는 1927년까지 알려진 바가 거의 없다. 다만, 「조선영업세령」이 시행되기 직전인 1927년 1월 당시, 극장주들이 경성부에 '영업세 인하 청원'을 한 사례가 있어 그 사실이 확인되지만,[9] 그 이후의 사정 또한 명료하지 않다. 이와 달리, 흥행세는 가장 오래되고 안정적으로 유지되어온 징수 세목이었다. 흥행세는 영리적인 흥행을 하는 개인이나 단체에 부과하는 지방세로서, 잡종세의 일종이었다. 과세대상은 연극·영화 등의 흥행이었지만, 각종 회원제도에 의해 운영되는 단체가 회원권 발매 등을 통해 입장수익을 얻으려고 하는 경우도 고려되고 있었다.[10] 이는 주로 스포츠 분야에 대한 과세를 검토하던 일본의 정책을 참조한 것이다.

흥행세는 흥행허가원을 제출할 때 납부하는데,[11] 지역에 따라 다르고 세액 또한 일정치 않았다. 경성의 경우는 1일당 최고 요금에 5명의 입장료를 곱하여 받다가, 1920년 6월 경성부 조례를 개정할 당시 극장 정

---

9 「영화검열료 문제 재연, 영업세 인하 청원」, 『조선일보』, 1927.1.16.

10 「흥업세 연구」, 『조선일보』, 1923.8.28.

11 「사리원 面所의 吏員도 跋扈, 旣定했든 흥행세를 倍나 올리려고」, 『동아일보』, 1925.10.3; 「흥행세 받고 흥행금지, 시각변개하는 마산의 경찰서」, 『조선일보』, 1926.11.9.

원의 6할을 입장인 수로 가정하여 1일당 그 정원 수에 대한 수입액의 100분의 3을 징수했다.[12] 그러나 여타 지역에서도 이 같은 일정한 기준이 마련된 것은 아닌 듯하다. 가령, 자선을 목적으로 하는 경우는 응당 면세 대상인데 세금을 부과했다고 비난을 산 적이 있으며,[13] 세액의 기준 또한 일정치 않아 현장에서 혼선을 빚기도 했다.[14] 이런 사례들은 적어도 1920년대 중반까지 흥행세의 과세가 그 어떤 명문화된 규정에 따른 것이 아니라 실무 담당자의 임의적인 관행에 의존했음을 말해준다.

그러나 1927년 제1차 세제 정리를 통해 「조선영업세령」(조선총독부제령 제6호)이 제정되면서 어느 정도 정비가 이뤄졌다. 이 법령에 따라 종래 지방세로 징수되던 영업세가 국세國稅로 승격되고 그 일부가 '특별영업세'와 '잡종세'로 정리되었다. 이와 보조를 맞추어 경성부는 「부세특별세 조례」를 폐지하고 「경성부 특별영업세 조례」[15]를 제정했다. 이 조례의 골자는 ① 국세영업세의 과세를 받지 않거나 면세점 이하의 영업자에 대한 특별영업세 부과와, ② 잡종세의 정리였다. 이 조례에 바로 흥행 관계 세금이 포함되었다. 그 업종 가운데 '유희장업遊戱場業'이라 하

---

12 「경성부 세금 앙등」, 『동아일보』, 1920.6.3; 「회원제도의 영리, 재무과에서는 흥행세를 등급을 정하여 받는다고」, 『조선일보』, 1923.7.8.

13 "교육을 위하는 일"에는 흥행세를 면제해준 사례가 있음에도 불구하고, 전주면사무소는 자선 소인극(가극대회)에 대해 1일 4원이라는 고율의 흥행세를 부과하여 비난을 샀다. 「교육에 흥행세?, 전주면의 몰지각」, 『동아일보』, 1925.4.26.

14 사리원의 사례는 흥행세 과세가 임의로 이뤄지고 있었음을 보여준다. 극단 광월단(光月團)은 면사무소에 흥행허가원을 제출할 때 1일 1원씩 계산하여 7원을 납부했는데, 마지막 날 면리원들이 자신들이 잘못 계산했으니 2원씩 계산하여 14원을 받겠다고 하여 물의를 일으켰고, 다음날 『시대일보』 독자위안회에 대해 전기료 명목으로 면리원 중 혹자는 50전을, 혹자는 10전을, 혹자는 80전을 내라고 하는 등 혼선을 빚은 것이다. 「사리원 面所의 吏員도 跋扈, 旣定했든 흥행세를 倍나 올리려고」, 『동아일보』, 1925.10.3.

15 「신설되는 영업세」, 『동아일보』, 1927.3.9~10.

여 그 세율은 수입금액의 만분의 5였는데, 포괄적인 이름으로 규정된 이 업종에 극장업이 포함되었을 가능성이 있으나 확실치는 않다. 반면 잡종세의 하나로 '제흥행'에 부과된 세율은 수입금액 100분의 3이었는데 이때 수입금액이란 입장 정원의 6할에 각 등급의 입장료를 곱한 것으로, 이는 1920년 조례 개정 당시의 것과 동일했다. 다만, "구휼자선을 위하는 제흥행"은 과세 대상에서 제외되었고, 이 잡종세는 월세의 형식으로 기월 1일부터 15일까지 납부하도록 했다.

「조선영업세령」의 제정은 경성 이외의 지역에서도 흥행세 과세 기준을 마련하는 계기가 된 듯하다.[16] 1930년대 기록을 참조할 때, 경성부의 세액 기준이 하나의 표준이 된 듯하며, 규정 내용도 엄격해졌다. 이를테면, 세액의 부과 시 흥행 횟수를 고려한 것이 그러한데, 1929년 12월 진남포에서는 부세 조례의 개정 시 1일 2회 이상 흥행할 경우 그 횟수마다 잡종세를 부과한다는 조문을 첨가했고,[17] 1939년쯤에 이르면 「읍면특별세규칙준칙」에 따라 1일 2회 이상 흥행하는 경우 과세표준을 누증할 수 있게 내무국장 이름으로 통첩을 내렸다.[18] 그러나 흥행 관계 영업은 국세가 아닌, 지방세 부과 대상이었기 때문에, 지역에 따라 다소의 편차가 있었다. 실제로, 김해읍은 '연극장업'에 대한 특별영업세와 '흥행세'(잡종세)를 1938년 4월에서야 비로소 실시하였다.[19]

한편, 「조선영업세령」의 개정에 따라 경성부 조례도 1931년 2월에

---

16 「도제」, 「부제」, 「읍·면제」에는 납세의 종류로 '국세 및 도세의 부가세'와 함께 '특별세'를 언급하는데, 경성부와 마찬가지로 흥행 관계 세금이 조례로 규정되었으리라 짐작된다.
17 「府吏員조례와 부세조례 개정」, 『동아일보』, 1929.12.26.
18 「흥행세를 累增, 1일 2회 이상 흥행에」, 『동아일보』, 1939.8.17.
19 「특별잡종세를 김해읍서 실시」, 『동아일보』, 1938.1.20.

개정되는데, 그 핵심은 과세표준액에 미치지 못하는 경우 특별영업세를 과세하지 않는다는 것이다.[20] '유희장업'이 빠진 대신 '유기장업遊技場業'이 포함되었는데, 과세표준액은 1년 수입금액 5백 원이었다. 1931년 조례 개정에 "적용종목의 개정"이 포함되어 있다고 한 점에 비추어, 이 기록이 단순한 착오가 아닐 가능성도 있다. 그러나 1931년이 오락유흥업이 한창 성장하고 있을 무렵이라는 점에서 '유희장업'이 과세대상에서 빠졌으리라고는 생각되지 않는다. 문제는 이 업종에 극장업이 포함되었느냐인데, 김해읍의 사례에서 보듯이 명칭이 여하하든 극장업에 대한 특별영업세 부과는 이뤄진 것으로 짐작해도 무방할 듯하다.

하지만 당시까지만 해도 극장의 수효는 적고 세율도 낮아서, 극장업에 대한 특별영업세 징수가 당국의 재정 확보에서 큰 비중을 차지하지는 못했을 것이다. 반면, 당국의 입장에서는 흥행세 징수를 통해 훨씬 더 안정적인 세수를 확보할 수 있었다. 당대 문헌들이 극장업에 세금을 부과한 사례를 거의 언급하지 않았던 반면, 흥행세 문제를 종종 표면화한 것도 그런 맥락이었을 것이다. 그렇다면 이러한 흥행세 중심의 세제를 어떻게 이해해야 할까. 이 세제가 흥행시장과는 어떤 관계가 있는 것일까.

---

20 「특별영업세=◇조례개정실시」, 『동아일보』, 1931.2.27.

3. 극장업에 대한 특혜

식민지 시기 극장 대부분은 '영화상설관'이었다. 공연단체에 대관하는 경우가 더러 있었지만, '영화상설관'으로 허가를 받은 상태에서 연극과 같은 흥행을 제공할 수 있는 일수는 처음부터 제한되었다. 무엇보다 극장 대관을 통한 수익성은 늘 불확실해서 수익성 높은 영화 상영 대신 애써 공연단체를 유치할 필요가 없었다. 극장업 수익의 원천은 당연히 영화 상영이었다. 그렇다면 극장주가 부담해야 하는 세금은 극장 경영에 부과되는 특별영업세와 영화 상영 등의 흥행에 부과되는 흥행세인 셈인데, 극장주의 조세 부담은 별로 크지 않았다. 즉 흥행세 중심의 세제는 극장업자에게는 오히려 유리했다. 특별영업세는 세율이 별로 높지 않았고, 게다가 동일 업종에는 동일 세율을 부과하는 단순비례 세제의 성격상, 극장을 갖고 흥행을 하든 그렇지 않든 흥행세의 부담은 동일했다.

반면, 극장을 소유하지 못한 흥행업자는 수입 정도와 관계없이 극장주와 동일한 흥행세를 부담하면서, 대관료까지 지불해야 했다. 대관료는 정액제 방식보다 총수입을 대관단체와 극장이 나누는 방식으로 책정되었고, 극장이 과반을 가져가는 경우도 빈번했다.[21] 식민지 시기 내내 연극인들이 극장 소유를 갈망한 것도 바로 이 때문이다. 연극전용극장인 동양극장의 개관(1935)을 연극인들이 환영한 것도 그 때문이지만, 동양극장 직속 단체가 아니라면 대관 조건이 크게 달라질 것이 없다는

---

21 박승희에 의하면 1920년대 당시 극단과 극장의 수입배분은 4:6이었다고 한다. 박승희, 『춘강 박승희 문집』, 서문출판사, 1987, 15쪽.

점에서 그 환영도 심리적 보상이었을 따름이다.

이 사정은 연예 및 유흥 종사자 개개인에게도 마찬가지였다. 경성부가 1920년 6월 조례를 개정할 당시 '조흥세助興稅'가 신설되었는데, 이는 종래 '유흥세'라 하여 요릿집 등과 같은 곳에 드나들던 사람에게서 징수하던 것을, 해당 영업자를 납세의무자로 변경하면서 그 명칭을 바꾼 것이다. 기생 1인에 대하여 1시간에 8전씩으로, 조흥세는 부세府稅 수입의 새로운 재원으로 채택되었다.[22] 경성부는 1922년 또다시 새로운 재원 확보를 위해 고심했는데, 이때 매월 1원씩 징수하던 '창기세'와 마찬가지로 '작부세'도 고려되었다.[23] 흥행문화와 직간접으로 관계된 연예 종사자의 경우도 다르지 않았다. 광대, 행려배우, '유예사장遊藝師匠'(연예를 가르치는 자), 예기, 무기舞妓 등에게 잡종세를 부과해왔고, 이에 대해 때로는 면제 혹은 감면 논의가 있기도 했지만 큰 진전을 보지 못했다.[24] 일본의 경우는 유예사장·유예인·배우·예기 등에 대하여 잡종세를 부과하다가 오히려 1931년 영업세의 일종으로 전환했고,[25] 식민지 조선에서는 1934년 개인소득세 신설 시 이들을 과세대상으로 삼았다.[26] 이들이 영업장에 소속되어 있다면 납세 의무에서 자유롭지 않았을 것이다.

여기서 흥행세 중심의 조세제도가 결과적으로 극장주 대부분을 차

---

22 「각 부세령 심의」, 『동아일보』, 1920.4.25; 「경성부의 조흥세법」, 『동아일보』, 1920.5.6;
　「경성부의 新재원」, 『동아일보』, 1920.6.6; 「조흥세 징수방법」, 『동아일보』, 1920.7.2.
23 「11년도 예산에 窮한 경성부의 재원신책, 흥행세 관람세 작부세를 받아 부족하는 경비
　에 충당할 작정」, 『동아일보』, 1922.2.17.
24 「유산자의 부세 부담, 명년부터 7만 원 격증」, 『동아일보』, 1925.11.14; 「조흥세 감하,
　영업 면세점 인상」, 『동아일보』, 1926.2.4; 「내년에 실시할 新稅戶數割」, 『동아일보』,
　1926.5.13; 「지방세제 개폐, 특히 잡종세에 고려」, 『동아일보』, 1927.7.28.
25 「예기, 배우세도 영업세로 간주」, 『동아일보』, 1931.4.20.
26 金日善, 「개인소득결정 불복에 대하야(1)」, 『동아일보』, 1934.11.11.

지한 일본인에게 매우 유리한 것이었음을 지적해두고자 한다. 조선총독부가 흥행시장에 대해 적극적인 개입보다는 관망의 태도를 보인 것도 극장업 주도 세력이 일본인 사실과 무관하지 않을 것이다. 흥행세 중심의 조세제도도 그러하거니와, 흥행시장에 적지 않은 영향을 미친 입장 요금 등에 대해서 그 어떤 제도적 통제를 가하지 않은 것, 이 모두 극장주에게는 이익이었다.

물론 약간의 제동이 없지는 않았다. 전시수탈의 서막으로 일컬어지는 '개인소득세'의 도입이 1934년 「조선소득세령」(조선총독부제령 제6호)으로 현실화되었기 때문이다. 그때까지 유산자층에 대한 과세는 세제 특혜적 성격을 띤 지세와 1927년에 처음 도입되었지만 조세액의 2%에 불과한 영업세와 자본이자세가 전부였다. 그러나 세출 증가 요인이 두드러지고 소비세 중심의 과세만으로는 재정 확보에 어려움을 겪을 수밖에 없었던 당국은, 고소득층에 대한 소득세 과세를 고려하지 않을 수 없었다.[27] 그리하여 극장 경영에도 개인소득세가 국세로 징수되기 시작했다.[28] 법령에 따르면 800원 미만의 경우는 소득세를 면제했으나 (제32조), 800원 이상부터는 누진세율(제36조)을 적용하여 징세했다.

극장업에 대한 세금을 '국세'로 '공식화'한 이 변화가 실제로 흥행시장에 어떤 영향을 미쳤는지 확실치 않지만, 이즈음에 이르러 충분한 흥행자본을 소유한 일본인 경영주들, 그리고 일본으로부터 유입된 대자본이 이 정도의 과세에 중대한 영향을 받았으리라고는 생각되지 않는

---

27 개인소득세 도입의 배경에 대해서는 정태헌, 「일제하 자금유출 구조와 조세정책」, 『역사와현실』 18, 한국역사연구회, 1995, 199~201쪽 참조.
28 金日善, 「개인소득결정 불복에 대하야(1)」, 『동아일보』, 1934.11.11.

다. 이 변화에서 중요한 것은 지금까지 지방세의 일종으로 선택적이었던 과세대상이 국세로 승격된 일이며, 이는 전시체제의 돌입이라는 정치적 상황에 따른 경제적 요청이었다는 점이다. 태평양전쟁이 한창이었던 1942년 「조선영업세령」의 개정(조선총독부제령 제14호)을 통해서 '연극흥행업'이 국세 영업세의 과세대상으로 새롭게 포함된 것도 같은 맥락에 있다. 물론 그 세액이 수입 금액의 1,000분의 8이라는 단순비례세제를 따랐던 만큼, 역시 치명적이지는 않았다.

조세정책과 관련해 보자면, 조선총독부가 흥행시장에 개입한 정도는—전시체제기 입장세를 제외하면—비교적 낮은 편이다. 그만큼 흥행시장의 규모가 작았음을 의미한다. 그러나 이 자체가 현상의 본질은 아니다. 흥행시장의 규모가 비교적 커지는 1930년대 후반에 이르러서도 사정은 별반 달라지지 않았다. 이는 흥행시장의 중심이 일본인의 극장업에 있었던 것과 상관이 있다. 극장업에 대한 과세 수준도, 개입 정도도 낮은 그 특혜는 일본인 극장업자에게 매우 유력한 권력의 위임을 뜻한다. 그들의 이윤 추구가 조선총독부 당국과 모순되지만 않는다면, 그것은 궁극적으로 제국의 이해관계에 부합하는 일이 된다. 실제로 이 결과는 식민지 주민의 문화적 생산성을 저조하게 만드는 원인이 되었다. 영화의 상영과 배급이 중심을 이루고 공연예술이 주변으로 밀려난 문화적 결과가 바로 그 증거인바, 식민지 조선으로 상품을 팔러오는 이들은 있으나 그 반대의 일은 거의 일어날 수 없는 상태에서 그나마 약소한 흥행 수익조차 피식민 주민의 몫으로 분배되지 않은 것이 흥행시장의 현실이었다.

4. 수수료와 세금의 차이

흥행세 중심의 조세제도가 극장업에 혜택이 돌아가게끔 되어 있었던 점은 여러 곳에서도 확인된다. 세금이 국가와 지방단체가 강제로 징수하는 성격을 띤다고는 하지만 이와 관련해 당국과 심각하게 갈등한 적도 없거니와, 탈세 사건 한번 없었다. 이런 점에서 보자면 1920년대 검열 수수료 인하 운동은 다소 놀라운 일이다. 휴관 단행과 같은 급진적 대응은 '전혀' 없었지만, 흥행시장의 주도 세력이 조선총독부의 시책에 대해 집단적 움직임을 보인 사례는 아마 이 경우가 유일할 것이다. 늘 미온적이고 복종의 태도를 보여 왔던 흥행업자들의 운동은 어떻게 해서 가능했던 것일까. 먼저 약간의 우회를 해본다.

생각해보면 모종의 운동이 가능해진 배경은 1920년대 조선사회의 활력이다. 이 활력은 정치적 자유에의 요구를 포함하는 사회 역량과 관계된 것이지만, 동시에 흥행시장에서도 그와 불가분의 관계를 맺는 여러 변화가 나타났다. 영화의 위세가 다른 흥행을 압도하고 극장업이 전망 좋은 사업으로 부상했던 다른 한편으로, 극장의 공공성을 실현하고자 했던 일련의 경향('공회당 겸 극장')도 공존하고 있었다. 여기에 친목을 위해서든, 아니면 경제적 이익을 도모하기 위해서든, 흥행시장에서 모종의 그룹들이 생겨난 점은 주목할 만한 현상이다. 이는 각종 '회會'로 넘쳐났던 1920년대 조선사회의 활력 덕분이었다.

극장가에 '삼우회三友會'라는 단체가 출현한 것도 바로 이때다. 이 '삼우회'라는 이름은 각종 단체에 두루 붙여졌는데, 이것이 극장가에 처음 등장한 것은 1925년 4월 25일 경성 '영화삼우회'가 조직되면서다.[29]

이 단체는 단성사·조선극장·우미관 등 경성의 조선인극장에 소속된 40여 명의 변사·악사·영사기사 등으로 구성되었다. 이에 비추어 보면 '삼우'란 세 개의 조선인극장, 그리고 극장의 중추를 담당하던 세 직종 간의 연대를 의미한다. 세 극장은 서로 경쟁 관계에 있었지만, 마침 영화삼우회가 발족한 바로 그 해에 "삼관 협조의 실현"을 성사시켰다.[30] 이 연대는 다분히 종족적 성격을 띠었다. 지방으로 내려갈수록 조선인극장의 수효가 훨씬 적었던 만큼 — 광주 영화삼우회,[31] 함흥 영화삼우회[32]의 사례가 보여주듯 — '삼우'는 변사·악사·영사기사 등 세 분야의 조선인 종사자를 뜻하는 의미로 제한된 듯하다.

여기서 영화삼우회가 극장의 피고용인, 즉 실질적으로 극장을 움직이는 종사자로 조직되었다는 점이 중요하다. 이들이 한편으로는 조선인 종사자 간의 연대를, 다른 한편으로는 흥행현장인력의 이해관계를 대변했기 때문이다. 경성의 경우, 단성사·조선극장·우미관 등이 조선인극장이라 해도 건물 소유주는 모두 일본인이고, 결성 당시의 경영 실태를 살펴봐도 단성사를 제외하고는 명실상부한 조선인극장이라 칭하기에는 민망함이 있었다. 이 상황에서 변사·악사·영사기사의 연합은 경영상의 수위에서는 보완되지 않는 상징적 의미가 있었다. 게다가 피고용인의 열세를 상쇄할 수 있는 이익단체 역할도 할 수 있었다. 이 종업원들이 파업한다면 극장의 휴관은 불가피한 일이고, 다른 조선인

---

29 「영화계 종사원, 삼우회 조직=작일 명월관에서」, 『동아일보』, 1925.4.26.
30 이구영, 「영화계 1년」(전3회), 『동아일보』, 1926.1.2~3, 6.
31 광남관, 제국관, 광주좌 등이 주축이었던 것으로 짐작된다.
32 1929년 동명극장, 진사좌, 함흥극장 등 3개의 극장의 종사자들 40여 명으로 조직되었다. 「三劇場員 주최 영화 삼우회 조직」, 『중외일보』, 1929.10.14.

극장 종사자들과 연대하는 상황이라면 그 힘은 배가되는 상황이었다. 실제로, 1925년 7월 우미관에서 봉급을 받지 못한 관원들과 경성 영화 삼우회의 공조체제를 확인할 수 있다.[33]

삼우회는 1920년대 사회역량이 낳은 산물이었다. 종족적 연대의 성격을 띤 영화삼우회는 식민지 시기 통틀어 흥행시장 내 하위계급의 능동적 실천을 보여준 유일한 사례다. 비록 그 주요 활동이 프로그램을 자체적으로 구성하여 ─ 영화 상영, 기생들의 공연, 삼우회 음악부의 연주 등 ─ 단독 흥행을 주관한 것으로 제한되었지만,[34] 이러한 연대의 기초가 흥행시장에서 불리한 조선인 피고용인의 위치에서 그리고 장인匠人으로서의 자부심에서 나왔다는 점은 의미 있게 받아들일 필요가 있다.

그러나 영화삼우회는 더 이상의 수준으로 고양되지 못한 채 사라진다. 경성의 경우 '삼관 협조'는 지속하지 못하고 조직은 1926년 여름 와해되었다. 이후 세 극장 간에는 입장료 인하와 함께 외화 쟁탈전이 벌어졌다.[35] 지방에서는 조금 더 활동을 지속한 듯싶지만, 친목의 수준에 그쳤다. 이런 결과는 당연하다. 피고용자로서 이들의 운명은 자본을 가진 고용주에 의해 좌우될 수밖에 없고, 이들을 대체할 만한 잠재적 예비군은 흥행시장의 활기가 더해질수록 늘어나고 있었다. 무엇보다도 이 단체의

---

33 「우미관원 동요」, 『동아일보』, 1925.7.24.
34 ◆경성─「영화삼우회 연예, 5월 30일 토요, 단성사에서」, 『조선일보』, 1925.5.30; 「제1회 삼우회 출연, 활사, 양악, 기생연구」, 『동아일보』, 1925.5.28; 「영화삼우 연주, 금야 우미관에서」, 『동아일보』, 1925.6.6.
　　◆광주─「광주의 망년영화회」, 『동아일보』, 1927.12.21; 「광주에서 영화대회 개최, 독자는 우대」, 『조선일보』, 1929.2.12; 「광주삼우회 영화대회 종막, 대성황으로」, 『조선일보』, 1929.2.17; 「광주독자우대 발성영화대회」, 『동아일보』, 1934.12.9.
　　◆함흥의 경우는 활동기록이 남아 있지 않다.
35 「各館 反目尤甚, 흥행쟁탈 격렬」, 『동아일보』, 1926.11.24.

제3장/ 흥행시장의 세금　99

생명은 조선인극장의 성쇠와 직접적인 연관이 있었다. 조선인극장의 특수特需가 사라지고 발성영화가 본격화되는 1930년대 중반이 되면, 친목의 차원에서라도 존재했던 영화삼우회의 존재 기반은 사라지고 있었기 때문이다.

영화삼우회 사례는 민간기구가 흥행시장에 깊숙이 개입할 수 있는 조건이 무엇일지 생각하게 만든다. 그것은 아마도 다음 두 가지 조건을 갖췄을 경우이지 않을까 싶다. 즉 초趨-종족적인 경제 논리에 입각해 있으면서, 흥행시장의 역학 구조와 근원적으로 엮여 있을 때다. 영화삼우회는 이 두 가지가 없었다. 아니, 이런 종류의 조직조차 없었다. 신불출이 '흥행조합'의 조직을 제안한 적이 있지만,[36] 일제 말 관제 민간기구들을 제외하면 흥행현장인력(감독·배우·기술자 등) 중심의 민간기구는 아예 존재하지 않았다. 이를 두고―흥행시장의 불합리한 구조를 타개해야만 자신들의 권익을 보호하고 경제적 이익을 조금이라도 도모할 수 있다는― 의식의 자각과 실천력의 부족이라고, 그들에게 그 책임을 물을 수 없다. 흥행시장에 대한 윤리적 요구는 대체로 시장 논리에 의해 패퇴하기 마련이다. 시장 논리를 압도하거나 제어하는 것은 다만 식민권력의 명령뿐이다. 흥행시장이 식민권력과 일본인 흥행자본이라는 양축에 의해 구조화된 식민지 조선에서, 종족적·경제적 하위계급이 영향력을 행사할 수 있었던 여지는 거의 없었다.

따라서 영화배급업과 극장업에서 흥행시장의 주도 세력이 형성된 것은 당연하다. 흥행시장에서 가장 수익성이 높은 것은 영화였고, 조선

---

36 신불출, 「조선흥행계에 항의」, 『조선일보』, 1933.1.21.

영화의 제작 여건이 여의치 않은 상황에서 외화가 그 중심이 되었다. 그렇기에 외화의 배급과 상영은 흥행시장에서 돈의 흐름이 가장 민활하게 움직이는 곳이었고, 이를 중심으로 한 이익단체의 움직임 역시 경제적 이해관계가 첨예한 관심사가 되었을 때 등장하였다. 검열 수수료 인하 운동이 바로 그러한 사례다.

검열 수수료가 처음 언급된 것은 1925년이다. 경기도 경찰부 보안과는 검열 수수료 징수를 위해 검열관檢閱館의 신축이 필요한데 이 비용을 검열 수수료로 충당할 수 있다는, 기묘한 순환 논리의 계획을 밝혔다.[37] 이 구상은 「활동사진필름검열규칙」」(조선총독부령 제58호)이 1926년 7월 5일 자로 공포되면서 현실화되었다. 이 법령 제7조에 의하면 검열 수수료는 3미터당 5전씩, 검열 후 3개월 내 검열을 신청하는 해당 필름의 복본과 유효기간 경과 후 6개월 내 재검열하는 경우에는 3미터당 2전씩, 그리고 도지사와 경찰서장이 검열하는 필름에 대해서는 3미터당 1전씩이었다.

이 법령의 시행을 앞두고, 경성의 극장주이자 영화업자였던 이들은 아연 긴장했다. 그때까지 동경에서 검열 수수료를 냈다면 경성에서도 그냥 상영을 해왔던 터라, 검열 수수료의 징수는 관계자들에게 경제적 손실을 주는 일대 변화가 아닐 수 없었다. 영화업자들은[38] 이미 일본에서 검열을 마친 필름의 복사본을 다시 검열하는 것은 불합리하다며 검열 수수료의 철폐를 주장하고 나섰으나, 곤도近藤 도서과장은 이를 일축

---

37 「활동사진필름 검열세 징수계획」, 『동아일보』, 1925.5.28.
38 이를 위해 활동할 위원으로 선출된 이들은 다음과 같다. 희락관(松田), 대정관(中丸), 중앙관(藤本), 황금관・조선극장(早川), 단성사(박승필), 우미관(脇田), 폭스영화배급소(荒木), 櫻삐−(相澤), 만선활동(宮川) 등. 「영화당국자협의」, 『동아일보』, 1926.7.20.

했다.[39] 이에 검열 수수료 '철폐'에서 '인하'로 그 입장을 선회했으나 이역시 별 소득이 없었다.[40]

영화업자들은 현행 법령을 따를 수밖에 없었다. 1927년 초, 검열 수수료 인하 운동을 재개했으나,[41] 이와는 별도로 검열 수수료 납부로 인한 재정적 손실을 메우고자 대책을 강구했다. 경성의 극장주들은 거리에 걸어놓은 광고지를 없애고, 각종의 할인행사도 하지 않으며, 입장요금의 경우 특별흥행은 위층 1원/아래층 80전을 초과하지 않되 보통흥행은 위층 50전/아래층 30전으로 하기로 협정했다.[42] 그러나 이는 미봉책에 지나지 않았으므로 극장주들은 다시 곤도 도서과장과 아사리(淺利) 경무국장을 차례로 만나, 대만의 경우와 같이 5미터에 5전으로 인하하고 재검열은 무료로 해달라고 진정했다.[43]

역시 받아들여지지 않았다. 다만, 경무국장의 발언, 즉 검열 수수료를 경영자 측에서 부담하는 것은 '무리한 일'이라는 의견에, 또 다른 분쟁의 씨앗이 생겨난 듯하다. 경무국장의 이 말은 극장주가 검열 수수료를 온전히 부담하지 않아도 된다는 해석을 가능케 했다. 사실, 「활동사진필름규칙」은 검열 수수료 납부자를 구체적으로 명시하지 않았다. 다만, 필름의 검열이 "다중의 관람에 제공"하기 위해 사전에 밟아야 하는

---

39 제1차로 진행된 검열 수수료 철폐와 인하 운동에 관한 좀더 자세한 내용은 한상언, 「「활동사진필름검열규칙」의 검열 수수료 문제와 조선영화산업의 변화」, 『현대영화연구』 12, 한양대 현대영화연구소, 2011, 353~356쪽 참조.
40 「영화 검열료 징수, 각 관계자 반대운동」, 『조선일보』, 1926.7.21.
41 「영화검열료 문제 재연, 영업세 인하 청원」, 『조선일보』, 1927.1.16; 「영화검열료 문제 재연과 영업세 부과율 감하운동」, 『동아일보』, 1927.1.19.
42 「측면공격으로 검열료 감하운동」, 『동아일보』, 1927.2.12.
43 「5米突 5전으로, 영화검열료 감하 최후운동」, 『동아일보』, 1927.2.19.

행정적 절차인 만큼 검열과 흥행 행위는 직접 연관되어 있었고, 따라서 배급회사로부터 필름을 대여하여 영화를 상영해 온 극장주가 검열 수수료를 납부해야 한다고 여겨온 것이다. 그런데 경무국장의 그 발언은 적어도 그 일부를 배급업자가 부담해도 된다는 해석을 열어놓았다. 영화 배급업자들은 이에 즉각적으로 반응했다. 극장주의 이해관계와 충돌하자, 1927년 2월 22일 '조선영화배급업자조합'을 따로 조직해 다음과 같이 결의했다.[44]

1. 경성에서 상영되는 검열료를 배급자는 절대로 그를 부담치 않기로 함.
2. 영화 상영 기일과 장소 부정 사용과 임대요금을 지불하지 않거나 체납하는 자에게 대하여는 사건을 해결하기까지 배급을 중지할 것.
3. 빌리고자 할 즈음에 시험 영사하는 일은 절대로 폐지할 터이요 만일 위반하는 자는 사진 요금의 반액을 조합에 제공할 일.

배급업자들이 조직적으로 대응하는 이상, 이들로부터 필름을 공급받는 극장주들은 이를 받아들일 수밖에 없었다. 그러나 검열 수수료를 극장 측이 부담한다고 해도 극장주와 배급업자는 공생의 관계였기 때문에, 이들의 관계는 적대적일 수 없었다. 해를 넘겨 1928년 가을 흥행을 앞두고 이들은 다시 검열 수수료 인하 운동을 전개하기 위해 이번에는 전 조선의 업자들을 망라한 '활동사진업자조합'을 결성했다.[45] 이 조합은 검열 수수료의 감하를 관철하기 위한 조직이었다. 이들이 내건 명

---

44 「검열료의 부담거절, 배급업자조합 결의」, 『동아일보』, 1927.2.25.
45 「영화업자합동 檢料감하운동」, 『동아일보』, 1928.8.23.

분은 두 가지다 — 일본의 상설관은 천여 개에 이르지만, 조선의 경우 20여 개소에 불과하며, 대만도 3미터에 2전씩을 받고 있다는 것.

조선총독부는 드디어 법령을 개정(조선총독부령 제65호)하여 1928년 9월 19일 자로 검열 수수료를 1미터당 1전씩, 3개월 이내 복본과 유효기간 경과 후의 재검열의 경우는 1미터당 5리로 인하했다. 이렇게 해서 「활동사진필름검열규칙」의 시행으로 2년 여 끌어오던 검열 수수료 문제는 일단락되었다. 그러면 당국의 인하조치는 2년 여간 단속적으로 추진해 온 검열 수수료 인하 운동 덕분이었을까. 검열 수수료 인하 시점상 그렇게 볼 수만은 없을 듯하다. 검열 수수료 인하는 일본 내무성의 정책과 연동하여 취해진 조치로 보이기 때문이다. 일본 내의 영화업자 사이에서도 경기불황을 이유로 수수료의 인하를 청원해 온 상황이었고, 이윽고 일본과 대만에서 먼저 검열 수수료 인하를 단행한 것이다 (1928.8.1).[46] 그렇기는 해도 여기에 또 다른 해석을 해볼 수 있다.

만약 영화업자들이 아무런 반발을 하지 않았다면 조선총독부가 수수료를 인하했을까. 일본인 극장주가 상당수였을 청원자들의 끈질긴 산설함은 낭국의 배노 변화를 가서온 직접직인 요인이 아니었을지라도, 당국의 입장에서는 적어도 그러한 집단적 움직임에 대해 어떤 식으로든 응답할 필요가 있었다. 처음에는 경영난과 수수료 부과는 별개의 영역이라고 일축했지만, 지속적인 청원으로 검열 수수료 징수에 대해 손익계산을 해보았음이 틀림없다. 일본 혹은 대만에서의 경과를 참조했겠지만, 정책적 판단을 내리는 데 더 직접적인 것은 손익계산의 결과

---

46 검열 수수료 인하의 맥락에 대해서는 한상언, 앞의 글, 358~359쪽 참조.

였으리라.

먼저, 식민지 조선 흥행시장의 규모나 경제적 수준이 일본과는 비교될 수 없는 상태였는데도 불구하고 동일한 검열 수수료를 책정했다는 점에 유의할 필요가 있다. 1925년 검열 수수료가 처음 언급되었을 당시,[47] 검열 수수료 징수가 먼저인지 검열관의 신축이 먼저인지 혼란스럽게 만드는 논리의 교착상태는, 식민지 경영의 비용을 어떻게 충당하고 사용하는가를 분명히 보여준다. 조선총독부는 검열의 일원화에 따른 업무 증대가 예상되는 상황에서 이에 요구되는 '비용 마련'을 검열 수수료에서 충당하고자 했으며, 그 수수료액은 일본에서와 같은 수준에서 결정된 것이다. 책정된 수수료는 그보다 적거나 많아야 할 '사정'이 전혀 고려되지 않았거나, 검열 비용 마련에 필요한 적정 예산을 고려한 결과였을 것이다. 식민지에서 징수된 자본으로 그 비용을 충당하는 이런 패턴은 조선총독부의 기본적인 재정정책이기도 하다.[48] 실제로 「활동사진필름검열규칙」 시행 초년도의 검열사무 예산과 수수료 수입액을 나란히 놓고 보면, 검열 수수료의 수입으로 검열사무의 예산을 충당했음을 확인할 수 있다.

영화업자들의 끈질긴 설득에는 이를 수긍할 만한 명분이 있었고, 이

---

47 「활동사진필름 검열세 징수계획」, 『동아일보』, 1925.5.28.

48 일본으로부터 자금이 유입되는 통로는 공채, 보증금, 회사자본의 투자 등으로 대별된다. 그런데 공채는 적자재정의 보전재원으로 도입된 것이 아니라 일제의 대륙침략이라는 군사 목적을 위해 충당되었으며 그 이자도 일본보다 훨씬 높게 설정되었다. 보충금의 경우 대부분 재조선 일본인 관리의 수당으로 지급되었고, 1939년부터 유입된 '금자금특별회계' 보충금은 결국 조선의 생산력 고갈로 이어졌다. 이를 통해서 보듯이 식민지경영의 비용을 위해 최소한의 투자도 이루어지지 않은 셈이다. 유입자금의 실체에 관해서는 정태헌, 「일제하 자금유출 구조와 조세정책」, 『역사와현실』 18, 한국역사연구회, 1995, 193~197쪽 참조.

〈표 4〉 검열 수수료 총수입 (1926.8~1927.7)

	요금률	수수료 금액	비고
신검열	3미터당 5전	32,132원 85전	1,926,469m
재검열	3미터당 2전	619원 26전	92,810m
복본 검열	3미터당 2전	17원 92전	2,674m
계		32,770원 03전	2,021,953m

출처 : 한국영상자료원 편, 『식민지 시대의 영화검열－1910～1934』, 2009, 178쪽.

〈표 5〉 검열사무 총예산 (1926.8~1927.7)

경상부	봉급 및 사무비	24,369원
임시부	운영 및 설비비	9,500원

출처 : 한국영상자료원 편, 『식민지 시대의 영화검열－1910～1934』, 2009, 163쪽.

를 무시하고 그대로 진행할 경우 이제 막 활기를 띠기 시작한 흥행시장의 전망은 장담할 수 없다는 이면의 압력도 있었을지 모른다. 그러나 검열 당국의 태도 변화를 가져온 가장 큰 요인은 검열 수수료를 인하해도 무리가 없겠다는 계산이 끝났기 때문이다. 〈표 4〉와 〈표 5〉에서 보듯이 총예산이 33,869원, 수수료 총수입이 32,770원으로 1,099원이 모자라는 상황이지만, 총예산에 검열에 필요한 설비를 갖추기 위해 들어간 초기비용 9,500원이 포함된 점을 감안하면, 향후 수수료 수입만으로 검열사무를 너끈히게 감당할 수 있다는 계산이 나온다. 아마도 수수료 인하 이전인 제2차년도에는 흑자로 돌아섰을 것이다. 수수료를 인하하면 수입액은 당장 감소하겠지만, 1미터당 1전으로 감하하는 특단의 조치를 취한 것은 이를 상쇄할 만큼 필름검열의 총량이 증가하리라는 판단에 근거했을 것이다. 요컨대 검열 수수료의 인하는 검열사무 예산에 비추어 무리 없는 수준에서 결정된 것이다.[49]

---

[49] 브라이언 이시스는 저렴한 검열비가 할리우드영화를 시장으로 몰려들게 하는 상당한 경제적 인센티브로 작용하였다고 말한다. 그의 말대로 검열 수수료의 인하는 외화시장이 활성화되는 계기가 되었음이 분명하다. Brian Yecies, 「식민지 조선에서 좋은 사업이었던

한편, 영화업자들의 운동이 조선총독부의 태도 변화를 가져온 결정적인 이유는 아니지만, 검열 수수료의 인하는 이들에게 명분과 실리에 무게를 실어주는 효과를 가져다주었음이 틀림없다. 이 문제의 해결을 위해 활동사진업자조합이라는 전국적 단위의 기구를 조직했다는 점은 매우 특기할 만하다. 검열 수수료 인하 이후 이 기구의 존재는 흔적 없이 사라졌지만, 그러한 조직의 효용성을 기억하기에는 충분했다. 1930년대 경성흥행협회의 조직은 그러한 경험의 연장선에 놓인다.[50] 조선영화배급업자조합의 결성 또한 그 과정에서 생긴 부산물이었던바, 영화 배급이 시장에서 차지하는 중요성만큼 그러한 조직의 유용성은 체감하고도 남음이 있었다. 1934년 양화 통제에 대한 대응으로 조직된 조선 내외영화배급업조합도 같은 경우라 할 것이다.[51]

다시 환기하자면, 영화업자들의 반발은 상시적인 지출 세목이 새롭게 추가된 데에서 오는 재정적·심리적 부담에서 나온 것이다. 극장주나 배급업자, 혹은 일본인이나 조선인 모두가 연대할 수 있었던 것도 이 사안이 경제적 이해관계가 매우 명확했기 때문이다. 그리고 여기에는 청원의 형식을 통해 당국과 협상할 수도 있다는 흥행업자들의 정세 판단, 즉 1920년대의 정치적 특수도 얼마간은 작용했을 것이다.

영화검열 — 할리우드 제1차 황금기(1926~1936)의 부당이득 취하기」, 『한국문학연구』 30, 동국대 한국문학연구소, 2006. 그러나 영화 검열이 "막대한 이익을 안겨주는 사업"이라고까지 보기는 어렵다.

50 경성의 영화상설관주로 조직된 '경성흥행협회'의 존재가 처음 확인되는 것은 1933년 (「경성 흥행협회. 보국 주간행사」, 『조선일보』, 1933.4.20)이지만, 아마도 검열 수수료 인하 운동이 모태가 되어 발족한 것으로 추정된다.

51 1939년 당시 조합회원은 30개사에 달했다. 「영화배급 독점진출에 조선 내 업자 반대」, 『동아일보』, 1939.1.19.

그런데 만약 이것이 '수수료가' 아니라 '세금'이었다면 이와 같은 연대가 가능했을까. 이 수수료는 어디까지나 검열사무에 대한 보상으로 징수되는, 즉 반대급부라는 점에서 급부와 교환관계에 있다. 이 성격은 검열 수수료의 인하가 충분히 협상 가능한 대상임을 말해주며, 영화업자들의 대응도 그런 차원에서 이해될 수 있다. '검열료'가 '세금'이 아니라 '수수료'이니 인하되어 실시하는 데 그리 오래 걸리지 않을 것이라는,[52] 기신양행 유지영의 낙관은 검열 수수료 인하 운동에 임하던 영화업자들의 기대를 드러낸다.

검열 수수료를 둘러싼 이런 정황은 흥행시장의 주도 세력이 세금에 대해서는 협상 불가능한 대상으로 받아들이고 있었음을 드러낸다. 다음에서 살펴보겠지만 입장세 신설 시, 극장주들은 그 사안이 당국과 함께 협상 테이블에 앉을 만한 것이라고는 생각지 않았다. 세금은 협상이 아니고 납세는 의무라는 인식의 소산일 수도 있겠지만, 그렇게 생각해도 될 정도로 흥행에 부과되던 세금이 약소하다는 뜻이기도 하다. 탈세나 횡령 등과 같은 탈법 행위를 하지 않아도 될 만큼 세금이 흥행시장에 미치는 영향력은 크지 않았다. 흥행세 중심의 소세세노는 극징입에 혜택이 돌아가는 단순비례세제로서 흥행시장을 직접 좌우할 만한 정도가 아닌 것이다. 이렇게 본다면, 조선총독부는 조세제도에 관한 최소한의 개입을 하되, 그 테두리 안에서 그 시장의 경영을 흥행업자에게 위탁하여 흥행시장의 규모와 위상을 조율해 나갔다고 말할 수 있다. 영화업을 중심으로 한 이익집단의 출현은 흥행시장의 자율성을 나타내는

---

52 「제3회로 운동―유지영 씨 담」, 『동아일보』, 1928.8.23.

징후이기는 하나, 그것은 어디까지나 당국이 그려놓은 선 밖으로는 벗어나지 못하는 타율성을 본질로 하고 있었다.[53]

5. 입장세라는 대중과세

1930년대 중반을 넘어서면, 극장의 정원 초과 수용이 사회적 문제가 되어 그때마다 당국의 취체 방침이 발표되곤 했다.[54] 이 현상은 관객의 수효가 절대적 수치 면에서 증가하고 있었음을 말해주는데, 〈표 6〉과 〈표 7〉이 보여주듯 흥행시장의 경기는 날이 갈수록 좋아지고 있었다. 이는 1938년 4월 경성흥행협회가 종래의 '학생권'을 폐지하기로 한 것에서도 단적으로 드러난다. "이제 학생권을 폐지해도 학생 팬이 줄지는 않을 것"이라는 자신감의 발로였다.[55] 흥행시장의 경기 좋음을 역설하는 신문기사가 유독 많이 실린 것도 바로 이때다. 의아스러운 것은 바로 이 시기에 중일전쟁이 발발했음에도 그 증가 추세가 꺾이지 않았다는 점이다. 더욱이 검열 수수료 징수방침이 발표되었을 때와 맞먹는, 아니 그 이상일 수도 있는 입장세의 신설이 발표된 때가 바로 1938년이었다.

---

53 한상언은 검열 수수료의 징수로 시장에 일어난 변화 세 가지를 꼽는다. 즉 관람료 인하를 통한 가격 경쟁, 신작 영화 유치를 위한 영화배급 중심으로의 재편, 그리고 조선영화 제작 등이다.(앞의 글, 359~368쪽) 조선총독부의 시책에 따른 시장의 변화를 추적해내는 일은 매우 중요한 과제라고 할 수 있는데, 이 경우 관람료 인하는 이해할 만한 즉각적인 변화이지만, 나머지 두 가지는 영화상설관 간의 경쟁 문제가 다소 과잉 해석된 측면이 있다.

54 「각 극장 영화상설관에 보조의자를 엄금」, 『매일신보』, 1937.11.28; 「정초 흥행에 通棒, 극장시설 재검사」, 『동아일보』, 1938.1.6; 「정원초과극장, 경찰이 톡톡히 꾸지람」, 『조선일보』, 1939.8.18; 「영화, 극 흥행장에 정원초과를 취체」, 『동아일보』, 1940.3.21.

55 「횡설수설」, 『동아일보』, 1938.4.1.

〈표 6〉 중일전쟁 전후 전 조선의 극장 입장자 수

연도	총 입장자수(명)	영화	연극	기타	출처
1936	12,874,827[56]	8,783,647	1,491,424	1,598,756	조선 1937.01.10
1937	16,713,772	11,959,932	2,909,233	1,844,607	동아 1938.07.23
1938	18,277,302	13,996,700	(13%)	(10%)	동아 1939.08.27

〈표 7〉 경성의 극장 입장자 수

연도	입장자수(명)	비고	출처
1926	1,312,466	연극장 278,221 / 기타 소극장 104,266 / 가설흥행장 47,878	동아 1927.03.17
1933	2,064,681	시내 14개소 : 최다 입장인원 우미관 289,244	동아 1933.04.06
1936	3,514,304	본정서 관내 8개소[57] : 전년도보다 535,779명 증가	조선 1937.05.16
1938	3,456,137	본정서 관내 8개소 : 상설영화관 3,317,508 / 연극장 138,629	동아 1939.01.28

사실, 흥행은 사치재의 성격을 띤 소비재다. 이런 성격은 세액이 약소하다고 할지라도 언제든 조세를 징수할 수 있는 명분을 제공하고, 불특정 다수로부터 징수할 수 있는 대중과세를 용이하게 한다. 1922년 경성부가 새로운 재원을 마련하기 위해 '작부세'와 함께 "구경하는 세금", 즉 '관람세'를 고려한 것도 그런 맥락이다. 물론 "중산계급 이하의 시민"의 위안에 방해가 된다고 하여 반대의견이 만만치 않아 결국 시행되지는 않았다.[58] 그러나 입장세의 도래는 다가오고 있었다. 1931년 일본에서는 유료 스포츠 경기 관람자에게서 1할의 '관람세'를 징수하기로 했고,[59]

---

56 영화, 연극, 기타의 합계는 11,873,827명으로 신문에 기록된 총 입장인원의 수와 약간의 오차가 있다.

57 영화상설관(6개) : 명치좌, 약초극장, 중앙관, 희락관, 황금좌, 부민관 극장(2개) : 조일좌, 경성극장.

58 「11년도 예산에 窮한 경성부의 재원신책, 흥행세 관람세 작부세를 받아 부족하는 경비에 충당할 작정」, 『동아일보』, 1922.2.17.

59 「입장료의 1할을 관람세로 징수」, 『동아일보』, 1931.8.6.

1936년 만주 도문圖們에서는 "치외법권 일부 철폐와 동시에 간도성 내 각 상부지商埠地와 만철부속지내에 종전에 묵인되었던 일반과세를 부과"하면서 잡종세의 하나로 '관람세'를 징수하기 시작했다.[60] 그리고 드디어 식민지 조선에서 1938년 4월 1일부터 입장세를 징수하였다. 「조선지나사변특별세령」(조선총독부제령 제12호)의 제정이 그 시작이다. 이 법령에서 입장세 관련 조목은 제25조~제36조에 해당하는데, 입장세가 부과되는 장소는 모두 2종으로 분류되었고, 흥행 분야는 제1종에 속했다.

제1종　1. 연극·활동사진·연예 또는 관물(스모·야구·권투 및 기타의 경기로 공중의 관람을 목적으로 하는 경기를 포함)을 개최하는 장소

2. 경마장

3. 전2호에 게기한 것을 제외한 일정의 공연물 또는 설비를 하여 공중의 관람 또는 유희에 공여하는 장소로 조선총독이 정한 것

제2종　1. 무도장·마작장·당구장

2. 골프장·스케이트장

제1종의 세율은 입장료의 100분의 5, 과세기준액은 39전(일본은 19전)이었다. 입장 요금이 39전 미만이거나 자선사업, 기타 조선총독이 정하는 목적에 쓰이는 경우는 면제되었다. 이 법령의 시행을 앞두고 극장주들이 가장 우려한 것은 입장자 수의 감소였다. 입장세 부담은 원칙적으

60　「치외법권 일부철폐로 新과세만 19여 종」, 『동아일보』, 1936.7.14.

로 관객의 몫이었지만, 현재의 입장료에서 5푼을 더해 받으면 관객의 수
효가 감소할 것이 분명했기 때문이다. 특히 일류극장의 경우는 과세 영
향을 많이 받을 수밖에 없었다. 과세기준이 39전이라, 그 미만의 입장료
를 받는 이류 이하의 극장은 입장세로 인한 타격이 거의 없었다. 극장주
들은 업계의 부진을 우려해 당분간이라도 이 세금을 극장 측이 부담해야
하는 것이 아닌지 고심했다.[61] 입장세 철폐를 주장할 수 없는 상황에서,
이제 입장 요금은 인상되거나 혹은 39전 미만으로 인하되는 양극화로
치닫게 되었다.

경성의 일류극장은 일단 2할의 입장료 인상을 선택했다. 종전에는 일
류극장의 보통 흥행은 대인 50전/학생·소인 30전이었으나, 이를 인상
할 경우 대인 60전/학생·소인 40전이 되는 것이다.[62] 일류극장은 여기
에서 더 나아가 학생 할인제도를 폐지하고 대인요금을 받기로 하는데,[63]
결국 일류극장은 학생/일반 요금의 구별을 철폐하되 50전으로 균일화
하기로 하고, 이류 이하의 극장은 모두 과세기준 이하로 요금을 받기로
한다.[64] 이는 현행의 입장료를 유지하면서, 입장세로 인한 경제적 타격
을 학생요금제의 폐지로 보상하려는 타협책이었다.

그 즉각적인 결과는 일류극장의 경우 입장객 감소로 나타났지만, 이류

---

61 「입장료 稅의 증징액은 흥행업자가 부담, 조선에 실시 여부가 주목」, 『동아일보』,
1938.2.19; 「입장세 실시되면 부담은 누구에게?」, 『조선일보』, 1938.2.25; 「영화관 입장
세, 관주측이 부담」, 『조선일보』, 1938.4.4. 이와 같은 부담은 물품특별세의 부가 때문에
곤혹스러워했던 음반계도 마찬가지였다.(「레코드 가격인하?」, 『조선일보』, 1938.2.2)
62 「府內 극장, 영화관 입장료 2할 인상」, 『동아일보』, 1938.3.24.
63 「학생의 우대를 폐지, 대인요금으로 통일, 부내 흥행업자의 입장세 대책」, 『조선일보』,
1938.3.31.
64 「호화 '푸로'도 무색, 입장세 영향으로 흥행업자 이중곤경」, 『조선일보』, 1938.4.6.

이하의 극장에서는 학생층이 몰려들어 오히려 입장객 증가로 드러났다.[65] 1938년 통계에 의하면,[66] 활동사진관 〉당구장 〉연예장 〉연극장의 순서로 입장객이 많았고, 제1종의 총인원 수가 18,082,707명에 총 입장료가 5,877,876원이었으며, 이 가운데 활동사진관의 입장료가 2/3에 달했다. 입장세는 모두 167,028원으로 비교적 적은 편이었는데, 이는 면세 입장객이 총인원 수의 과반 정도이고 면세대상의 입장료가 총 입장료의 1/3 수준이었기 때문이다. 결과적으로, 입장세로 인한 세수 확보는 크지 않은 편이었고, 흥행시장의 활기는 여전했다.

그러나 조선총독부는 전비지출이 계속해서 증가하자 세수 확보를 위해 입장세 징수를 위한 법령을 독립시키기에 이른다. 1940년 4월 1일 자로 「조선입장세령」(조선총독부제령 제22호)을 시행하는데, 이 법령의 핵심은 입장료의 등급에 따라 누진세율을 부과하고 과세기준액을 29전으로 낮춤으로써 입장세 징수를 늘리고자 한 것이다. 또한 '입장료'란 "관람료, 좌석료, 중전, 신발보관료, 깔개료, 기타 명의 여하를 불문하고 입장하는 자가 입장을 위하여 지불하여야 하는 금액의 합계액"이라 규정함으로써 세수 증대를 꾀하였다.(「조선입장세령시행규칙」, 조선총독부령 제63호) 대신, "입장세의 과세표준인 입장료를 표준으로 하여 지방세를 부과할 수 없다"(「시행규칙」, 제18조)고 명시함으로써, 기존에 부과되던 흥행세는 폐지했다.

입장세액의 증가와 흥행세의 폐지는 일견 증세 효과가 없는 것으로 보이지만, 실제는 그렇지 않다. 단순비례세제라는 한계로 더 이상의 증수가

---

65 위의 글.
66 「새로 실시된 입장세, 초년도에 16만원」, 『조선일보』, 1939.12.17.

시행일시	법령	세율
1938.4.1.	조선지나사변특별세령 (제령 제12호)	입장료의 5%
1940.4.1.	조선입장세령 (제령 제22호)	· 1원 50전 미만 : 5% · 1원 50전 이상 4원 미만 : 15% · 4원 이상 : 20% · 횟수, 정기, 대절로 입장 계약 : 15%
1940.12.1.	조선입장세령 (제령 제32호)	· 75전 미만 : 15% · 1원 50전 미만 : 25% · 3원 미만 : 35% · 4원 50전 미만 : 45% · 4원 50전 이상 : 60% · 횟수, 정기, 대절로 입장 계약 : 35%
1943.3.1.	조선입장세령 (제령 제3호)	· 75전 미만 : 15% · 1원 50전 미만 : 35% · 3원 미만 : 50% · 5원 미만 : 70% · 5원 이상 : 100% · 횟수, 정기, 대절로 입장 계약—1원 50전 미만 50% / 이상 75%
1944.2.16.	조선입장세령 (제령 제9호)	· 75전 미만 : 25% · 1원 50전 미만 : 55% · 3원 미만 : 85% · 5원 미만 : 120% · 5원 이상 : 170% · 횟수, 정기, 대절로 입장 계약—1원 50전 미만 85% / 이상 125%
1945.4.1.	조선입장세령 (제령 제4호)	· 1원 50전 미만 : 85% · 1원 50전 이상 : 170 · 횟수, 정기, 대절로 입장 계약 : 130%

없는 소액의 흥행세를 징수하기보다는, 입장세라는 무차별적인 대중과 세에 누진세율을 적용하여 세수 증대를 꾀하고, 극장에는 흥행세 폐지를 제공하여 입장세로 인한 심리적·경제적 부담을 완화함으로써 조선총독 부 당국의 충실한 파트너로 삼는 효과를 기대할 수 있었다. 이후 해방이 될 때까지「조선입장세령」은 4차례나 더 개정되었는데, 과세기준액은 계 속해서 29전을 유지하지만, 세율은 점차로 높아졌다. 1945년 4월, 개정 안(조선총독부제령 제4호)에 이르러서는, 1원 50전 미만은 85%, 1원 50전

이상은 170%, 횟수·정기·대절로 입장 계약을 한 경우는 130%라는 가공할 만한 세율을 기록했다.

그런데도 흥행시장에 타격을 준 것 같지는 않다. 1940년 「조선입장세령」의 시행을 앞두고, 이번에도 극장들은 입장료의 인상을 고려하였다. 대표적인 일류극장이었던 명치좌와 약초극장이 '70전'이란 특별요금의 형식으로 흥행을 시도했는데, 관객의 수효는 감소하지 않았고 이에 용기를 얻은 두 극장을 비롯해 황금좌까지 합류하여 입장료를 인상했다.[67] 이류 이하의 극장은 면세점 이하의 입장 요금을 택했을 것이라는 점에서, 결과적으로 흥행시장의 규모는 크게 달라지지 않은 셈이다. 이후에도 마찬가지인 듯하다. 가공할 만한 속도로 입장세가 증가하는데도 불구하고 흥행시장의 경기는 꺾이지 않았다. 비정상적인 조건에서 정상성을 유지한다는 사실은 그 자체로 흥행시장이 기형적임을 드러낸다. 한편으로는 대중과세를 통해 일정한 전비를 마련하는 수탈의 과정이 있고, 다른 한편으로는 그리하여도 별 지장이 없어 보이는 흥행시장이 있는 상태―이를 가능케 한 '숨은 손'이 있다는 의미이기도 하다.

---

67 「비싸지는 사진 구경, 시내 상설관에서 입장료 인상」, 『조선일보』, 1940.3.31.

6. 흥행시장의 숨은 손

1930년대 중반을 지나면서 흥행시장이 활기를 띤 것은 분명하다. 입장세 징수가 시작된 1938년 당시, 5년 전보다 흥행일 수가 32%, 입장자수가 78%, 입장료 수입은 2~3배 증가했다.

먼저, 극장문화가 시작된 지 30여 년 이상이 되었으니 '극장 세대'가 누적됨으로써 발생한 자연증가를 생각해볼 수 있다. 자연증가를 억제할 만한 외부 요인이 없지는 않았지만, 모든 경우에 별 영향을 주지 못했다. 가령, 입장세 징수가 시작된 이후 저가의 입장 요금을 받는 극장이 증가했고, 일류극장의 입장료에 부담을 느끼는 이들은 이류 이하의 극장으로 이동했으며, 입장 요금이 인상되어도 최신식의 설비를 갖춘 개봉관을 선호하는 고정 관객은 여전히 일류극장을 이용했다. 1930년대 중반 이후 신축된 극장들(명치좌, 약초극장 등)이 특히 그러했다. 사실상, 영화상설관은 종족적 경계가 거의 없어진 상태였다. 이 상황에서 훌륭한 시설을 갖춘 극장이 선사하는 감각은 새로운 관객을 만들어내는 듯이 보였다. 더욱이 중일전쟁의 발발은 오히려 '사변 뉴스영화'의 특수를 동반했다.

여기까지 보면, 1930년대 중후반 흥행시장의 호조는 지극히 시장 논리에 충실한 일련의 과정으로 이해할 수 있다. 그러나 여기에는 함정이 있다. 다음의 두 가능성을 고려하는 것이 필요하다.

첫째, 자연증가라는 요인 외에, 극장 입장자의 절대수 증가는 다른 문화적 경험의 반경이 좁아진 반사적 결과를 포함해야 한다는 점이다. 주지하듯, 1920년대의 문화적 활력은 강연회, 토론회, 음악회, 소인극 공연 등을 통해 다차원적인 표현에의 욕구들을 분출했다. 그렇다고 해서

이 활력이 흥행시장의 경기를 좋게 만든 건 아니었다. 흥행시장의 활황이 곧 조선사회의 타락으로까지 인식되었고,[68] 실제로 1925년은 "운동경기, 기타 집회, 흥행 등으로 말미암아 가뜩이나 관객 없는 영화 흥행계는 막대한 타격을 면치 못하였"[69]던 해로 기억되었다. 이를 참조하면, 공교롭게도 조선사회의 역량을 와해시키는 일련의 정치적 압박이 소기의 성과를 거두는 그때부터 흥행시장의 활기가 현저해졌음을 확인할 수 있다. 여기에 하나의 방증을 보탤 수도 있다. 1935년 학생이 주최하는 회합이 현저하게 줄었는데, 이를 두고 당시 신문은 1935년 10월 경기도 보안과가 '특수흥행취체규칙'을 제정한다고 발표함에 따라 그 여파로 중등·전문 등 여러 학교의 주최 행사에까지 취체 범위를 확대하는 까닭이라고 추측했다.[70] 이는 다양한 문화적 경험의 출구가 사실상 봉쇄된다는 것, 그리하여 식민권력이 마련해놓은 일정한 창구로 문화적 경험이 강제된다는 것을 의미한다. 이렇게 본다면 학생의 극장 출입은 자율적인 선택이 아닌, 유인誘引된 결과가 된다.

둘째, 극장 세대의 누적으로 인한 자연증가 혹은 인구수의 팽창을 감안해도 관객의 증가 추세가 비정상적으로 느껴지는 것은, 산술적 수치 너머에 있는 숨은 손의 책략에서 비롯된 것일 수 있다. 그 감각은 '정원

---

68 "이렇게 모두 작년 정초보다는 어림도 없이 감소되었는데 이것이 순전한 금전관계가 아니요 일반의 깨달음이 깊은 까닭이라면 참 반가운 일이라 하겠다더라." 「한산한 연두 景況, 툐리집과 연극장조차 쓸쓸」, 『동아일보』, 1923.1.26.

69 이구영, 「영화계 1년」(2회), 『동아일보』, 1926.1.3.

70 그 취체규칙의 주요 내용은 학생·생도·아동 등이 참가하는 교외 회합이 있을 때 학교 장의 승인서를 첨부하고, 이때 입장료를 받을 때 어떤 경우에든지 5전 이상의 징수는 불허한다는 것이다. 「학생관계 흥행을 입장료 5전 균일」, 『조선일보』, 1935.10.9; 「학 생계 주최물의 적막」, 『동아일보』, 1935.10.15.

초과'라는 현상[71]과 연접되어 있는데, 이는 일차적으로 극장의 공급이 인구수의 팽창 혹은 관객증가로 인한 수요를 충족시키지 못한 데서 오는 현상으로 이해할 수 있다.[72] 말하자면 1930년대 후반 흥행시장의 비정상적인 열기는 공급과 수요의 불균형으로 인한 정원 초과에 따라 증폭된 체감에서 비롯한다. 그런 데에는 극장의 새로운 개관을 껄끄럽게 생각하는 극장주들의 이해관계가 작용했다. 검열 수수료 인하 운동을 전개할 당시 극장주들은 영화상설관의 수효를 제한해달라는 요청을 경무국장에 전달한 바 있다.[73] 극장업이 새로운 문화사업으로 부상하던 상황에서 자신들의 경제적 이익을 배타적으로 점유하기 위해서였다. 실제로, 경성에서 조선인이 극장을 신축하는 일은 쉽지 않았는데, 동양극장이 흥행계의 큰손 와케지마 후지로分島周次郎의 도움이 없었다면 개관할 수 없었다는 사실이 이를 단적으로 말해준다.

극장주의 배타적인 영업권 주장은 1930년대 후반 경성흥행협회의 활동에서 잘 드러난다. 1937년 경성 본정의 권번이 적립금 30만 원으로 극장을 신축하려 했으나, 이것이 무산된 것도 경성흥행협회의 로비가 작용한 결과였다. 협회는 기존의 상설관만으로도 포화싱대리는 명분을 내걸어 이 극장의 출현을 반대하는 성명을 발표했다. 여기에 언론도 30만 원 자본으로는 "극장다운 극장의 건설은 불가능"해서 설사 세워진다고 해도 이류극장의 수준일 것이라는,[74] 하지 않아도 될 걱정까지 보탰다.

---

71 「연극영화 흥행씨즌, 보조의자를 금제」, 『매일신보』, 1937.11.20; 「각 극장 영화상설관에 보조의자를 엄금」, 『매일신보』, 1937.11.28; 「정초 흥행에 通棒, 극장시설 재검사」, 『동아일보』, 1938.1.6; 「정원초과극장, 경찰이 톡톡히 꾸지람」, 『조선일보』, 1939.8.18; 「영화, 극 흥행장에 정원초과를 취체」, 『동아일보』, 1940.3.21.
72 「영화, 극 흥행장에 정원초과를 취체」, 『동아일보』, 1940.3.21.
73 「5米突 5전으로, 영화검열료감하촤후운동」, 『동아일보』, 1927.2.19.

1938년 9월, 영리 흥행을 목적으로 하는 업자가 부민관을 사용치 못하도록 진정한 것도 같은 맥락에 있었다. 이는 부민관에 자신들의 밥그릇을 빼앗기고 있다는 위기의식이었으며, 심지어 흥행 허가 이전에 협회 측에 자문해달라는 요청까지 하였다.[75] 이에 대해 본정서 보안계와 부민관장은 만족스러울 만한 답변을 주지 못했는데, 조선내외영화배급업조합이 해결사로 나서서 부민관에서 하는 영리 흥행에는 필름을 빌려주지 않을 것을 결의함으로써 실질적으로 부민관에서의 영리 흥행은 불가능하게 되었다.[76] 조선내외영화배급업조합의 이 같은 결정은 영화 상영에 제한된 것이지만, 영화 상영을 주영업으로 하고 있던 협회 회원들의 목적은 충분히 달성된 것이다. 배급업계의 이런 개입은 규모가 제한된 흥행시장에서 상생해야 하는 양자의 파트너십을 선명하게 보여준다.[77]

1930년대 경성흥행협회의 이러한 배타성에는 분명한 이유가 있었다. 관객의 수요를 따라가지 못하는 공급 부족 현상에도 불구하고 흥행시장의 파이를 더 키울 수 없었던 비상시국에서, 최대한의 경제적 이득을 취하기 위해서는 최소의 흥행 공급이 최선이었기 때문이다. 흥행시장에서 제작이 차지하는 비중은 약소했던 반면 이수입^{移收入}을 통해 들어온 흥행물의 공급은 과다했으며, 그 수요의 상당 부분을 재조 일본인이 점유했던 반면 조선인의 수요를 창출하는 데는 한계가 있었다. 더욱이 일본의 대륙 진출 상황에서 훨씬 더 큰 시장을 두고 식민지 조선에 골몰할 필요

---

74 「大상설관 출현과 흥행협회의 반대」, 『조선일보』, 1937.9.9.
75 「營利의 흥행자 때문에 극장 못해먹겠소, 부민관 흥행금지진정」, 『동아일보』, 1939.9.19.
76 「부민관 영리흥행에=필름을 대여치 안키로」, 『동아일보』, 1939.9.29.
77 양자의 파트너십은 『키네마순보』 발간 20주년 기념행사를 공동주최하는 데서도 드러난다. 「『키네마순보』 발간 卄주년 기념」, 『동아일보』, 1939.10.28.

가 없었다. 이런 상황에서 조선총독부의 시책도 한몫했다. 1939년 4월 22일부터 「임시자금조정법」 개정을 통해 그다지 시급하지 않은 사업의 경우 3만 원 이상은 조선총독부의 허가를 받도록 하여(종래는 자본금 20만 원 이상), 그 이상 소요되는 극장의 신설이 어려워진 것이다.[78]

이렇게 보면, 입장세라는 대중과세는 흥행시장의 호경기라는 알리바이를 갖는 것처럼 보이지만, 흥행시장의 활황 상당 부분은 거품이었다. 관객 수효의 꾸준한 증가세와 1930년대 후반 흥행시장의 비약적인 호조는 분명했지만, 그것은 어디까지나 식민권력과 흥행업자의 공조가 흥행시장의 규모를 조율하면서 비롯된 결과였다. 이것이 바로 흥행 '시장'에서는 적어도 식민주의의 참담함이 좀처럼 제 모습을 드러내지 않은 비밀이다.

흥행시장의 세금에 대한 이상의 논의는 비교적 단순한 지점에 도달했다. 조선총독부의 조세정책 그 자체가 흥행시장에 미친 직접적인 영향은 별로 크지 않아 보인다. 그렇다고 해서 조세정책과 흥행시장이 무관하다는 것은 아니다. 흥행에 관한 조세정책은 흥행시장의 주도 세력에게 그 경영을 위탁하는 효과가 있었다. 당국이 적극적으로 개입할 만큼 흥행시장의 경제적 가치가 크지 않은 것은 사실이지만, 조선총독부의 정책 방향은 애초부터 문화적 생산성의 제고보다는 이수입물의 소비에 맞춰져 있었다. 더욱이 극장업이 흥행시장의 중심축이자 흥행자본의 출처이고 그 주도 세력의 9할 이상이 일본인이라는 사실은, 흥행시장이 비자립적이고 타율적일 수밖에 없었음을 시사한다. 검열 수수료 인하 운동을 계기로 이익집단의 활동은 현저했으나, 이들은 국가와

---

78 「요리점, 흥행장의 신설, 3만원 이상은 허가제」, 『조선일보』, 1939.4.25.

파트너십을 유지하면서 자신들의 경제적 이익을 배타적으로 점유하기에 애를 썼을 뿐이다. 흥행자본의 상당 부분을 점유한 일본인 흥행업자에게, '국가'란 식민지에서 자본을 축적할 수 있는 특혜를 제공하는 은인이었다. 더욱이 쇼치쿠松竹과 도호東寶와 같은 일본 메이저 회사의 진출이 본격화된 1930년대 후반에 이르면, 문제는 더욱 심각해진다.

요컨대 조선총독부는 흥행시장에 최소한의 개입을 하되, 그 테두리 안에서 시장의 경영을 흥행업자에게 위임하여 흥행시장의 규모와 위상을 조율해나갔다. 이 상생의 관계는 필연적으로 식민지 경영의 대상에게는 적대적인 구조일 수밖에 없었다. '국가'도 '흥행업자'도 일정한 이익을 취하고 있었다면, 조선총독부가 '국가'일 수 없었던 피식민 사회에서 결손이 발생하는 것은 정해진 수순이다. 흥행시장에 대한 식민지 경영의 결과는 모든 면에서 불균형 그 자체였다. 흥행세 중심의 세제와 극장업에 대한 특혜, 그리고 입장세로 무게중심을 옮겨간 조선총독부의 조세정책은, 재조선 일본인과 일본의 흥행자본에 특혜를 부여하면서 궁극적으로는 그 경제적 효과를 전시체제에 돌입한 국가가 회수해가는 추이를 드러낸다. 전비를 충당하는 재원의 유용성, 그것이 입장세의 본질이었으며 여기가 바로 식민지 조선의 흥행시장이 도달해야 했던 곳이다.

제4장
전시의 동원 시스템

---

1. 전시통제의 퇴적물

"채권을 사십시오. 한 장만 더 사십시오. 비행기를 군함을 일선으로 보냅시다."
여름의 태양이 내리쪼이는 거리를 무대로 삼고 남녀배우들이 비지땀을 흘리며 대
사를 외치고 있다. '채권 사는 날'의 하루를 장식하여 정열을 기울여 채권매출
가두선전극에 봉사 출연을 한 조선영화회사와 조선연극문화협회 소속 남녀
배우들의 열연이 25일 경성의 번화한 거리 열한 군데에서 막을 제낀 것이다.
비좁은 무대와 영사막을 튀어나와 밀려가고 밀려오는 사람의 물결 속 감연히
서서 체험하는 연극 아닌 미영 격멸전의 현실 앞에 느낌도 큼인지 종시 긴장
과 열성으로 가두채권극을 진행하여갔다.

　　—「가두에 봉공의 열연―大人氣인 남녀배우 채권보국戰」, 『매일신보』, 1943.6.26

조선흥행계가 채권 팔기에 나선 지는 좀 되었지만,[1] 1943년의 이 장

면은 자못 묘한 거리감을 자아낸다. 『매일신보』 기자는 배우들이 거리를 "무대" 삼아 "열연"하는 "채권매출 가두선전극에 봉사 출연"하고 있다고 묘사한다. 채권을 팔기 위해 '동원'된 배우들의 모습을 '연극'으로 묘사한 것은, '현실'과 '연극'의 경계가 묘연해진 어떤 상태를 무의식적으로 드러낸 것처럼 보인다. 실제는 아니지만, 가짜라고도 할 수 없는 그럴법함의 상태. 이를 단순히 한 기자의 비유적인 표현이라고 일축하지 않고, 전시체제기의 문화통제가 지니는 공통성과 연극통제의 특이성이 만들어낸 어떤 상태로 가정해보면 어떨까.

전시체제기의 정보통제 연구에 의하면, 이 시기는 체제 순응적인 매체만이 존속하고 모든 문화 영역이 국가권력에 의해 조직되었다는 점에서 이전의 '문화통치'와는 다른 유형의 '동원통치' 시대였다. 이 전환은 한반도 역내로 축소될 수 없는 총동원체제의 형성 과정과 연동되어 있고, 통제의 향방은 미디어에 대한 물적 통제와 텍스트를 생산하는 이들에 대한 인적 통제로, 그리고 검열에서 선전으로 혹은 부정적 개입에서 능동적 개입으로 그 무게중심이 이동해갔다고 요약될 수 있다.[2] 연극통제 또한 그와 동궤에 놓이는 뚜렷한 정책적 변화를 보였다.[3]

조선총독부의 연극통제정책은 일본제국의 식민지 경영이라는 큰 그

---

1 「영화관도 채권 봉공! – 입장권과 껴서 판다」, 『매일신보』, 1941.9.3; 「연극영화의 인기예술가 꼬마채권 전사로 가두에 총동원」, 『매일신보』, 1941.9.14.

2 정근식, 「식민지 전시체제하에서의 검열과 선전, 그리고 동원」, 『상허학보』 38, 상허학회, 2013.

3 전시하 연극통제정책 연구는 다음을 참조할 수 있다. 박영정, 「일제하 연극통제정책과 친일연극인」, 『역사비평』, 역사문제연구소, 1993; 박영정, 「1938년의 입장세법」, 『문화예술』, 한국문화예술진흥원, 1997; 박영정, 「일제말 '국민연극'의 형성 과정 연구」, 『건국어문학』 23·24합집, 1999; 김재석, 「국민연극 시기 '조선연극문화협회' 연구」, 『어문논총』 40, 한국문학언어학회, 2004.

림에서 식민지 조선의 지정학적 위치에 따른 효용성 그리고 그 가운데 놓인 흥행문화의 한 부문인 연극의 가치에 따라 결정되어 왔다. 대체로 조선연극은 주된 표적이 아니었다. 당국이 촉각을 세웠던 적은 있으나, 그것은 어디까지나 '위장된' 혹은 '잠재적' 집회 공간의 불온함 때문이 었거나 식민지 군중이 형성되는 조선인극장의 종족적 정체성에서 비롯 된 것이다. 검열을 통해 불온한 것을 걸렀다고 해도, 식민지 군중 '앞'에 있는 인간 미디어의 구술성과 수행성의 유연함은 그 자체로 경계 대상이 되었다. 현장취체가 더욱 중요한 이유가 여기에 있다. 그러나 1930년대 중반경이 되면 극장의 불온한 수행성조차 거의 사라진 상태였고 대체로 행랑살이 처지였던 연극의 오락성은 더욱 완연한 형색이었기 때문에, 당국은 연극통제에 집중력을 보일 필요가 없었다. 중일전쟁 개시 이전 에 이미 전시체제로 돌입한 징후가 복제 미디어에서는 나타났지만,[4] 연 극에 관해서는 촉각을 곤두세울 만한 무언가가 없었다.

그러나 조선사회 전체가 전시체제로 재편되는 과정에서, 이내 연극의 새로운 활용법이 떠올랐다. 후방에서 연극은 기본적으로 '건전한 전시 오락'을 제공하지만, 복제 미디어가 선전기능을 충분히 수행할 수 없는 현장에서 연극이 바로 이를 수행해야 할 몫이 생겨난 것이다. 이를 위해 연극계의 전면적인 재조직이 필요했다. 전시통제의 대상이 '미디어에 대한 물적 통제'와 '인적 통제'라고 할 때, 연극·연예처럼 인간이 주요 미디어인 영역에 대한 통제는 후자가 핵심이 되었다. 따라서 인적 통제

---

4 정근식, 앞의 글, 229~236쪽 참조. 정근식은 그 전환의 계기적 사건을 1936년 8월 손기정의 일장기 말소사건과 이에 따른 『동아일보』의 정간과 『조선중앙일보』의 자진 휴간을 통한 폐간이었다고 지적하고, 그보다 2개월 앞서서도 이미 신문 검열이 능동적 개입으로의 전환을 준비하고 있었다고 밝혔다.

를 수반하는 통제 시스템의 구축은 여느 영역에서보다도 중요한 비중을 차지했다.

연극인들에게, 전시체제로의 전환은 사실 하나의 기회이기도 했다. 별다른 울림을 주지 못한 채 위축되어 있던 '신극'에 있어서나 예술 이하로 멸시를 받아온 '흥행극'에 있어서나, 당국의 전시통제는 조선연극이 B급에서 A급으로 '도약'할 수 있는 계기였다. 전시통제 초기 연극인들의 '자발성'은 그런 이해관계에서 비롯된 결과이기도 하다.[5] 그러나 그 자발성의 유효기간은 매우 짧았다. 근본적으로 그 자발성이란 동원 정치의 방향에서 유인된 결과였고, 이내 자발성을 초과하는 동원의 현실이 강제되었기 때문이다. '가두선전극' 역시 배우들을 취체의 대상에서 선전주체로 전치轉置한 통제 기술의 변화, 즉 동원통치의 결과였다.

다만, 그와는 별개로 전시통제가 그 수신자에게 실제로 여하한 효과를 낳았는지의 문제는 여전히 남아 있다. 연극통제의 재현, 즉 그 자체가 어떠했는가를 묘사하는 일만큼, 그것이 작용했을 지점에 대한 탐색이 필요하다. 이는 한편으로는 통제대상의 자율성이 현저히 축소된 정치적 조건 즉 공동화空洞化된 개인들의 집합적 행위에 대한 분별과 판단을 의미하며, 다른 한편으로는 복제 미디어의 경우와는 다른 조선연극의 존재 조건을 효과의 변수로 읽어낸다는 것을 의미한다. '가두선전극'의 배우로부터 '현실'과 '연극'의 경계가 묘연해진 심연을 읽어낼 수 있다면, 그것은 전시통제가 조선연극의 미디어적 특이성과 조우하면서

---

5   김재석, 「국민연극론의 성격에 대한 소고」, 『문학과 언어』 22, 경북대 문학과 언어연구회, 1990; 양승국, 「1940년대 국민연극론 연구」, 『한국극예술연구』 6, 한국극예술학회, 1996; 박영정, 「일제말 '국민연극'의 형성 과정 연구」, 『건국어문학』 23・24합집, 1999.

초래된 결과일 것이다.

국민연극의 '실패'는 그런 점에서 전시통제의 효과를 의문시하는 강력한 증거이다. 국민연극을 성패의 대상으로 놓아두는 것은 전시 연극통제의 본질과 효과 문제를 다시금 검토하도록 요구한다. 양승국이 '국민연극은 실패한 연극'이라고 단언할 수 있었던 것은, 조선총독부의 강력한 '지도'와 신극인의 적극적인 '자발성'에도 불구하고 국민연극의 이념과 실제가 통일을 이룰 수 없었던 요인, 즉 텍스트의 '외부'(언어상황, 극작가의 전략적 활동, 관객)를 주시한 덕분이다.[6] 국민연극의 구조적 한계로 지적된 '예술성과 대중성의 간극' 혹은 '신극과 신파극의 불온한 동거'도 사실상 거기에서 비롯했다고도 볼 수 있다. 요컨대 국민연극 창작이 "대중극 창작의 자격 유지를 위한 방편적 행위"[7]였다면, 그것은 전시하에 놓인 연극의 조건 즉 장소의 후방성이 전시통제 효과에 있어 중요한 변수였음을 시사한다.

그렇다고 하더라도 전시 연극통제의 효과가 비단 성패 문제로 가늠될 수 없음은 분명하다. 기본적으로 이 시기가 전쟁 와중의 비상시였다는 점, 그래서 이때의 통제가 비상시 삼삭에서 유효한 것이었음을 고려해야 한다. 이를테면 '국민연극의 수립'이 전쟁과 무관하게 앞으로도 수행해야 할 가치로 운위되었어도 당국의 지침이 매우 구체적으로 전쟁과의 지시 관계를 드러냈던 것처럼, 전시통제는 ─ 통제의 주체와 대상 모두에게 있어 ─ 비상시 감각 속에서 시한부의 성격을 띠는 것일

---

6 양승국, 「일제 말기 국민연극의 존재 형식과 공연 구조」, 『한국현대문학연구』 23, 한국현대문학회, 2007.
7 위의 글, 375쪽.

수밖에 없다. 이 비상시의 한시성은 통제의 추이를 염두에 두면서 그 효과의 추이 또한 고려해야 한다는 것을 의미한다.

이런 맥락에서 이화진의 이동연극 연구[8]를 읽을 필요가 있다. 이동연 극은 국민연극의 '전위'로서, 때로는 '진수眞髓'로서 그 가치를 부여받 았지만, 그 실질적인 성과를 불투명하게 만드는 모순을 태생적으로 안 고 있었다. 이화진은 이를 세 갈래에서 접근한 것으로 보이는데, 첫째, 이동연극을 캠페인으로 기획한 당국이 '비속卑俗'을 묵인해야 했던 것, 둘째, 이동연극을 명분상 계몽기획의 구현으로 삼은 연극인들이 심층 에서는 그 수행을 직역봉공의 전시展示수단으로 삼았던 것, 셋째, 이동 연극의 기획/수행 주체의 여하한 기도에도 불구하고 정작 관객들(식민 지 주민)은 그에 통제되지 않는 '단단한 외부'를 만들어가고 있었던 것 등이다. 이 세 가지는 마찬가지로 전시하 연극통제의 효과를 의문시하 는 증거들이지만, 논의 과정에서 잠정적으로 상상된 또 다른 지점 즉 공모와 일탈 사이에 있던 관객이 가졌을 법한 '환상'은 시사적이다.

삼천리 방방곡곡까지 국가가 개인의 일상을 주시하고, 그들을 '총력전의 전사'로 호명하고 있다는 환상, 억압하고 통제하고 고통스러운 충성을 강요 만 하는 국가가 아니라 그 고통을 보살피고 위안하는 국가가 있다는 환상, 비 록 그 고통이 제국이 벌이고 있는 전쟁에서 비롯되었다고 하더라도 기꺼이 인내하고 스스로를 단련함으로써 국가에 보은해야 한다는 환상[9]

---

8 이화진, 「전시기 오락 담론과 이동연극」, 『상허학보』 23, 상허학회, 2008; 이화진, 「일제 말기 이동극단 활동의 전개 양상과 그 한계」, 『한국학연구』 30, 인하대 한국학연구소, 2013.
9 이화진, 「일제 말기 이동극단 활동의 전개 양상과 그 한계」, 167쪽.

이 모든 환상이 "이동극단 캠페인을 지속시키는 동력"이었겠지만, "개개인이 자신과 국가 사이의 연관을 발견하고, 그 동시대의 삶과 지식을 공유하는 듯한 '참여의 환상'을 품을 수도 있었을 것"[10]이라고 지적한다. 이 상상력의 가치는 이동연극의 성패를 가늠하는 데 있는 것이 아니라, 전시통제에서 비롯된 여러 경험이 초래할 효과에 있다. 국민연극의 기획이 정책적으로는 실패했을지라도, 그 경험은 후일 조건이 갖춰지면 언제든 다른 무엇과 절합하거나 교착될 수 있는 부유浮游 상태로 보존될 가능성이 있기 때문이다. 그것이 곧 전시통제의 경험이 연극사에 새롭게 기입하는 항목일 것이다. 이렇게 보자면 전시 연극통제의 효과 문제는, 매끈해 보이는 전시통제선戰時統制線과 그에 균열을 가했던 누수 지점의 병존이 결국 조선연극/인에 어떠한 작용을 했는가를 드러내는 일이 된다. 그것은 곧 '현실'이면서도 '연극'이었던, 식민지의 비상시 통제 경험이 탈식민의 평시에도 보존되는 퇴적물로 전화轉化하는 과정이기도 하다. 그런 의미에서 전시통제의 진정한 효과는 전시기에는 좀처럼 알 수 없거나 징후로만 알아차릴 뿐이어서 탈식민의 상황이 돼야 그 모습을 드러내는 것일 터이다. 그 장면을 목격하기 위해서라도 전시통제의 퇴적물을 추적하는 것이 필요하다.

---

10 위의 글, 167 · 187쪽.

2. 연극통제 시스템의 구축

1930년대 중반, 흥행 취체 효과는 뚜렷해 보였다. 취체 사례는 줄어든 대신 오락적인 흥행문화가 만개했고, 심지어 소인극은 제국의 수하로 재등장했다. 이 변화는 종족공간을 제한적으로 허용하면서까지 주시해 온 시간이 끝나가고 있음을, 즉 '흥행장이 종족공간이어도 되는' 시효가 소멸하고 있음을 의미했다. 물론 극장에서 종족적 경계가 완전히 사라진 것은 아니었다. 강도 높은 검열의 효과와 물리적 폭력을 동원한 현장취체가 일정한 성과를 거둘 수 있었지만, 흥행 공간의 종족성을 원천적으로 제거한다는 것은 여전히 불투명한 일이었다. 이제 남겨진 과제는 이런 게 아닐까. 종족적이지 않으면서 전시체제에 복무하는 공간 만들기.

중일전쟁 발발 직후, 흥행장의 지각변동을 가져올 즉각적인 조치는 없었다. 1938년 4월 1일부터 입장세 징수가 시작되었으나, 애초의 우려와는 달리 흥행시장의 외양은 크게 달라지지 않았으며 오히려 활황을 띠는 것처럼 보였다. 이 아이러니한 상황은 바로 앞장에서 살핀 것처럼 조선총독부 관계 당국과 흥행업자가 흥행시장의 규모를 조율해가면서 합리적인 수익구조를 찾아낸 결과였다. 위생과 안전 문제만이 중요한 듯이 보였다. 그러나 때는 전시였다. 이 비상시국에 상응하는 통제가 필요했고, 「조선영화령」의 공포도 그 결과였다. 마찬가지로 경무국은 연극단체의 공인제도, 배우등록제, 우수연극의 포상, 일정한 상연 내용의 조건화, 관민연극위원회 설치 등을 골자로 하는 '연극통제안'을 구상했다.[11] 사실, 연극의 전시 특수特需는 현저했다. 양화 상영의 제한과 금지, 필름배급 문제, 흥행 시간의 조율 등으로 영화상설관에서도 공연단체가 필요했다. 특히 선전교화를 위한 연극의 가치가 그 어느 때보다 치솟고 있었다. 그렇다고 해서 영화에서와 같은 '조선연극령'은 제정되지 않았으며, 전선全鮮을 일원화하여 마련한 「조선흥행등취체규칙」이 공포된 것도 1944년에 가서였다. 대신, 연극계는 전면적이고 구조적으로 재편되기 시작했다.

먼저, 당국의 취체·지도의 경로가 종래의 '지역별'에서 '업종별'로 전환되었다. 도별로 시행되던 「흥행취체규칙」을 일원화하려 한 것도 같은 맥락이었겠으나, 우선 경성흥행협회에 힘을 실어주는 것으로 시작됐다. 경기도는 1937년 11월 1일 경성흥행협회를 비롯한 각 업종을 대표하는 100개 조합의 대표자를 불러 간담회를 개최했다.[12] 전시체제 이후로 중요성이 증대된 '간담懇談'[13]의 형식을 취하여, 미나미 총독의 '황국국민의 서사'의 취급방법 설명, 조합원의 총후 후원 미담 등을 진행했다. 그 취지는 "교화의 철저를 기할 방침"으로 "지역적으로 시행하여 오던 것을 업능별業能別 단체"로 전환하겠다는 것인데, 이는 각 대표단체에 일정한 권한을 부여해 통제의 효율성을 도모하기 위함이었다.

경성흥행협회의 배타적인 영업권 주장은 1930년대 후반부터 확실히 강화되고 있었다. 경성 본정 권번의 극장설립을 무산시켰고(1937.9), 부민관의 영리 흥행을 저지했으며(1939.9), 경성 극장가를 뜨겁게 달구었던 '주야연속흥행 폐지' 논란에서도 결국 당국의 철회를 이끌어냈다(1940.5). 경성 본정서는 위생 문제를 들어 주야연속흥행 폐지를 통달했으나 주야교

11 「예술부문의 통제를 강화, 극단을 공인코 배우는 등록」, 『동아일보』, 1940.1.22.
12 「조합대표의 시국좌담」, 『동아일보』, 1937.10.30.
13 금지, 경고, 주의와 함께 검열의 주요 수단으로 규정되어 있던 '간담'은 전시체제기에 그 기능이 최대화되었다. 정근식, 앞의 글, 234~235쪽 참조.

대제의 시행으로 흥행 수입이 격감하자 명치좌·약초극장·경성보총극장 등 경성의 주요 극장들이 협회의 무능을 공박하고 나섰고, 결국 본정서는 그 방침을 철회했다.[14] 이 해프닝은 마치 국가에 대한 시장의 압력처럼 보이지만, 사실 양자는 내내 우호적인 파트너십을 유지했다. 국가는 협회의 이익을 보전해주되, 협회는 국가의 전시통제를 매개하는 기관으로서 '직역봉공'을 수행했다. 극장의 '애국일' 준수도 그런 사례다. 경기도 보안과는 1939년 11월부터 '애국일'[15] 휴관 폐지를 경성흥행협회에 통보했고,[16] 국민정신총동원 경기도연맹은 다음과 같은 통첩을 내렸다. 전쟁의 기운이 극장에는 아직 미치지 않았던 그때, 전시통제는 애국일의 이러한 의례에서 시작되고 있었다.

一. 흥행 시간은 오전 10시부터 오후 10시까지

一. 영화상영 직전과 프로그램을 바꿀 때에는 관주가 사회하여 일동이 기립하여 궁성요배, 전몰장병에게 묵도, 황국신민서사 제창의 순서를 맞춘

---

14 「초만원극장에 경고, 주야의 연속흥행은 단호 폐지」,『동아일보』, 1940.5.7; 「시내 각관 주야별 흥행 실시, 본정서 통고에 흥행업자측은 반대」,『조선일보』, 1940.5.8; 「문제 많은 주야별 흥행」,『조선일보』, 1940.5.18; 「흔들리는 흥행협회, 명치좌·약초 중심으로 신단체 결성?」,『조선일보』, 1940.5.22; 「영화상설관 주야계속영사, 25일부터 복구」, 『동아일보』, 1940.5.26.

15 총독부 학무국은 각 학교에 1937년 9월 6일을 '애국일'로 정하여 각종 행사를 진행토록 했는데, 이를 계속해서 존치하기로 결정, 매월 6일을 '애국일'로 지정했으며, 더 나아가 각 관공서 등에도 매월 하루를 애국일로 정하여 시행할 것을 지시했다. 그러다가 1939년 7월 국민정신총동원중앙연맹의 '국민생활개선안'에 따라 '국민생활일'을 결정, 조선연맹에서는 '애국일'을 '국민생활일'로 간주하고 매월 1일에 시행하기로 했다. 그러나 곧 8월 15일 정무총감의 통첩에 따라 9월부터 흥아봉공일(興亞奉公日)과 애국일을 합치기로 결정했다. 「매월 6일은 애국일」,『동아일보』, 1937.9.17; 「국민생활개선안 완성」,『동아일보』, 1939.7.28; 「매월 1일의 애국일, 정무총감명의로 실천사항 통첩」,『동아일보』, 1939.8.23.

16 「1일 '애국일'의 휴관, 내월부터는 중지?」,『동아일보』, 1939.11.6.

다음 상영을 할 것

一. 영화 내용은 외국영화의 상영은 금지, 국내영화로서 뉴스문화영화를 관주가 선정하여 상영하는 데 관청 보관의 영화 2종 이내를 빌려서 상영할 것

一. 요금은 보통요금에서 10전을 인하할 것

— 「매월 애국일에 흥행관을 개관」, 『동아일보』, 1939.11.23

한편, 경성흥행협회는 '최초의 공인단체'가 되어(1941.1.10), 경기도 경찰부장을 명예회장으로, 보안과 및 경무과 과장, 각 서장 등을 고문으로 추대했고, 흥행업에 관한 협회의 권한은 더욱 강화되었다.[17] 이를 시작으로 각지에서 흥행협회가 결성되었고, 이윽고 전국의 흥행업주 90여 명이 모인 자리에서 조선흥행연합회가 조직되었으며(1942.1.8),[18] 다시 하위조직으로 도별 협회가 결성되었다.[19] 이로써 극장의 전국적인 네트워크, 즉 당국의 전시통제선이 형성되었다. 이 단체들은 극장에서 가능한 '익찬운동'에 적극적으로 복무했는데, 이를테면 '저축을 장려하고 유흥과 구매력을 억제한다'는 명분으로 1원짜리 '꼬마채권'을 입장권에 끼워 팔기도 했다.[20]

조선연극협회(1940.12.22, 이하 '연협')와 조선연예협회(1941.1.26, 이하 '연예협')도 조선사회의 재조직화라는 정책 방향에서 창립되었다. 이 단

---

17 「경성흥행협회에서 공인기념총회, 래월 10일, 부민관에서」, 『매일신보』, 1940.12.25; 「흥행협회 공인, 흥행계도 신체제」, 『매일신보』, 1941.1.17.
18 「조선흥행연합 결성, 役員도 결정」, 『매일신보』, 1942.1.9.
19 「경기도 흥행협회 24관 결성」, 『매일신보』, 1942.1.14.
20 「영화관도 채권 봉공! ─ 입장권과 껴서 판다」, 『매일신보』, 1941.9.3.

체들은 1930년대 중반 이후 당국이 구상했던 주요 통제 방침을 고스란히 담아냈다. 배우 통제의 중요성이 증대된 상황에서 이들에 대한 국가의 조직적 관리는 극단을 통하는 방법이 가장 효율적이었기에, 연극·연예의 전시통제는 총독부를 정점으로 하여 통제사항을 확정하고, '연협'과 '연예협'을 매개로 하여 각 단원을 통제하는 수직구조를 갖추게 된 것이다. 따라서 협회 조직 이후, 극단관리가 주요사안으로 떠올랐다. 1941년 3월부터 협회 가맹단체만이 공연할 수 있도록 함에 따라,[21] 인정받지 못한 극단들이 앞다투어 가맹을 서둘렀다. 그리하여 시행 직전인 2월 말에는 16개,[22] 7월에는 23개로 가맹단체 수가 늘어났다.[23] 가맹단체 소속 연극인은 별도의 심사 절차 없이 1941년 4월 1일부터 교부된 '회원증'을 지니고 있으면 무대에 설 수 있도록 했다.[24] 극단 대표의 책임은 그만큼 무거웠으나, 소속 단원은 극단을 정치적 울타리로 삼을 수 있었다.

　흥행협회와의 공조, '연협'과 '연예협'의 가동은 법령의 정비를 실질적으로 대신했다. 전시에 맞는 흥행물로 제한한다는 것을 골자로 한 「흥행취체규칙」의 공포가 또다시 예고되지만,[25] 이번에도 입법화되지 않았

21　「연극협회 이동극단 파견−조선연극협회 가맹은 현재 9개 단체」, 『매일신보』, 1941.1.17.
22　「7극단 또 가맹−조선연극협회 16극단을 망라」, 『매일신보』, 1941.2.28.
23　「演協가맹단체, 경향 23단체」, 『매일신보』, 1941.7.10.
24　「연기증 대신에 회원증을, 연극협회에서 5백 명에 교부」, 『매일신보』, 1941.4.2. '연예협'도 마찬가지였다. 「연예협회 공인과 기예증 교부실시 할 터」, 『매일신보』, 1941.3.7. 한편, 이화진은 고설봉의 기억을 참조해 이때를 최초의 자격심사로 보았지만(이화진, 「일제 말기 이동극단 활동의 전개 양상과 그 한계」, 172쪽), 이는 사실이 아니다. "지금의 극협에서는 대표자만을 심사하고 단원의 자격에는 아직 착목을 접어놓고 있다"고 한 이서구의 발언을 참조해도(「국민예술의 건설, 금후의 국민극(5)」, 『매일신보』, 1941.10.25), 그때까지는 연기자 개인에 대해서는 심사절차를 밟지 않고 있었다. 연기자심사는 1944년에 가서야 비로소 시행되었다. 이는 이 장 뒷부분에서 다시 논의될 예정이다.
25　「영화령의 발동에 기해 흥행취체도 일원화에로」, 『매일신보』, 1941.7.3; 「전시하에 통제를 강화, 흥행계 신체제 봉화−府令으로 취체규칙 불원 공포」, 『매일신보』, 1941.7.4.

다. 그러나 전시통제의 유효한 수단으로 '간담'과 함께 '통첩通牒'이 법령과 방불한 수준에서 그 권력을 행사했다. 태평양전쟁 개시 직후 '연협'은 회원들에게 제597호 통첩 「대對미영개전에 반伴한 통첩 급及 지시에 수隨한 건」(1941.12.9)을 발했는데, 연극인에 대한 '특별지시사항'은 다음과 같았다.

1. 종래 상연하여 오던 각본 중 필승태세에 알맞지 않은 것은 곧 자발적 철수를 단행할 것.
2. 개연 전에는 10분 내외를 기해 전원이 무대에서 애국가요의 제창을 행하여서 사기를 고무할 것.
3. 회원들은 금후 더욱더 자숙 자계(自戒)하여 금주 금연을 결행하고 종연 후는 불필요한 외출을 굳게 계(戒)하여 전시하 국민으로서의 도를 그르치지 말 것.
4. 각 애국반에서는 금주 금연 우(又)는 불급불요한 물자의 구입을 금하고 견적액의 저축을 권행(勸行)할 것.
5. 각 극단에서는 협회와의 연락을 종래보다 더 일층 긴밀히 하고 비상사태에 선처할 것 이상.

― 「연극협회 통첩, 연극보국에 매진하라」, 『매일신보』, 1941.12.11

물론 '연협'이 '간담회'와 '통첩'의 주관단체는 아니다. 태평양전쟁을 전후로 본격화한 연극통제의 주요 기관은 대략 3개 단체로 압축된다.

첫째는 1940년 10월에 발족한 국민총력조선연맹으로, '연협'이 바로 이 기관의 주선으로 탄생했다. 국민총력조선연맹은 대체로 두 가지에 간여했다. 하나는 이동연극 및 이동연예 등 순회 기관을 주선하거나 조직하여 각지에 파견한 것으로, 이 일은 1941년 이후로 해방 때까지 지속했다. 다른 하나는 연맹 산하 문화부가 관계 당국이 되어 '간담', '통첩' 등의 형식으로 연극통제를 수행한 것이다. 태평양전쟁 개시 직후 '연협'의 통첩에 이어, 12월 19일 국민총력조선연맹도 간담회를 개최하여, 이 자리에서 결정된 사항을 '연협' 회원에게 통첩으로 전달했다.[26] 그 내용은 '연협'의 12월 9일 자 통첩을 구체화한 것이면서, 연극이 다뤄야 할 세부주제까지를 지시한 것이다. 이를 정리하면 다음과 같다.

1. 상연작품의 전시화에 관한 건

(가) 미영 배격 강조 작품의 상연, (나) 전시 생활 강화 작품의 상연, (다) 건전한 일본적 작품의 상연, (라) 대동아전쟁 수행 목적 천명 작품의 상연, (마) 미영작품, 미영사상적 작품의 불상연

2. 예능인(회원)의 생활 자숙에 관한 것

지난 12월 8일부 연협 제597호로써 통첩 지시한 「대미영개전에 伴한 통첩 급 지시에 수(隨)한 건」에 의해 자숙자계하여 총후전사로서 직역봉공의 실(實)을 올리고 연극문화인의 금도(襟度)를 견지할 것.

3. 각본지정에 관한 건

금후 극단에서 상연각본할 때 협회의 역(役)직원에게 수시 임관을 얻어 전시하에 상응치 않은 것은 상연을 정지하고 우(又)는 협회에서 선출한 각본을 상연지정할 수도 있다.

---

26 「排米, 英을 강조한 동아적인 작품상연－'연협' 회원에게 통첩」, 『매일신보』, 1941.12.26.

4. 봉사공연에 관한 건

각 극단에서 순연일자의 경우 또는 기타의 사유에 인해 휴연할 경우 등을 이용하여 여하한 장소를 불문하고 기(其)지방의 주민에게 건전오락을 제공하여 총후국민의 사기를 고무하는 의미에서 될 수 있는 한 무료 우(又)는 저렴한 입장료로서 봉사연(奉仕演)을 할 것.

그러나 이런 식의 간여는 이것이 거의 마지막이었는데, 1941년 11월 조선총독부에 정보과가 신설되면서 연극통제에 관한 전반적인 업무를 담당했기 때문이다. 정보과는 '여론의 지도개발', '정보수집 보도 및 선전', '보도 및 계발선전기관의 지도', '내외사정의 조사 및 소개' 등을 전담하는 부서였고 점차 그 비중이 높아졌던 만큼,[27] 흥행에 대한 전시통제의 기본방침이 대체로 바로 이곳에서 나왔다.

태평양전쟁 개시와 관련된, 1942년 1월 전시하 국민오락의 지도방침이 아마도 그 첫 번째인 듯한데, 총 13개 항으로 제시된 이 통첩에는 이동극단·이동연예·순회영화 등 지방순회 기관의 장려와 확충, 시사영화의 상영, 악실 브로커의 배제, 어트랙션에 대한 지도 등이 포함되었다.[28] 특히 악극단은 경조부박輕佻浮薄한 미영문화를 모방하는 불건전한 것으로 지목되었다.[29] 악극단은 그 이전부터 논란의 대상이었는데, 『매일신보』 지상에 우려 섞인 지도비평이 단속적으로 게재된 것은 물론, 경기도청과 총독부 경무과는 계속해서 악극단을 주시했고 통폐합의 필요

---

27 정근식, 앞의 글, 242~247쪽 참조.
28 「非國策的 흥행일소─영화, 연극 등을 적극통제」, 『매일신보』, 1942.1.10.
29 「건전오락을 목표로 악극단에 자숙 강조, 총후에 적합지 않은 것은 단호히 鐵槌」, 『매일신보』, 1942.1.10.

성도 느끼고 있었다.[30] '연예협'에 같이 소속된 창극단이나 만담반, 서커스단에 대해서는 별 언급이 없었으나, 악극단에 대한 특별한 취급요구는 '연협'과 '연예협'이 통합하여 조선연극문화협회(이하 '연문협')가 발족(1942.7.26)한 것과도 무관하지 않은 듯하다. 통합의 명분은 통제의 일원화였으며, 통합을 계기로 '불건전'하거나 '구태舊態의 연합체'로 간주된 단체를 정리할 수 있었고, 통합의 효과로서 통제의 효율성은 물론 건전오락의 전시화戰時化를 기대했다. 통합 단체의 명칭이 '연극연예'가 아닌 '연극문화'였던 것도 우연이 아닌 셈이다. '연협'은 최소 5개, '연예협'은 10여 개 단체가 해체·통합될 것이라 예고된바,[31] 통합 당시 총 44개 단체(연협 19, 연예협 25)였으나 '연문협' 출범 이후인 1942년 말 당시 총 36개 단체(이동극단 2, 극단 13, 악극단 8, 창극단 3, 곡마단 9, 만담반 1)로 축소되었다.[32] 이후 일련의 통제시책들, 즉 1944년에 있었던 연기자 자격심사나 단체 통폐합도 바로 정보과에서 주도한 것이다.

마지막 세 번째는 조선군 보도부다. 신문반에서 보도반으로, 다시 1939년 10월에 보도부로 확대되었는데, 이는 조선인 동원의 필요성에 따라 선전·보도·사상통제 활동의 필요성이 증대되었기 때문이다.[33] 〈그대와 나〉의 제작을 비롯해 영화통제에 깊숙이 간여한 것은 주지의 사실이거니와,[34] 연극의 제작에도 개입했다. '고협'의 〈가두〉(박영호 작, 1941)와 〈동백

---

30 「현존 악극단의 정리 ─ 전부 3개 단체 인정, 질적 향상과 건전성을 강조」, 『매일신보』, 1941.8.31.

31 「연극, 연예협회 해소 ─ 예능의 일원화 도모」, 『매일신보』, 1942.7.22; 「극문화의 새 출발 ─ 연극, 연예의 양단체 합동」, 『매일신보』, 1942.7.27.

32 서항석, 「금년의 극계」, 『춘추』, 1942.12, 99~100쪽.

33 정근식, 「식민지 전시체제하에서의 검열과 선전, 그리고 동원」, 『상허학보』 38, 상허학회, 2013, 247~249쪽 참조.

꽃 피는 마을〉(임선규 작, 1941), 극단 '태양'의 〈그 전날 밤〉(김태진 작, 1943) 등이 그런 경우이고, 국민연극의 이론 지도를 개진하기도 했다.[35]

요컨대 전시체제기 연극통제 시스템의 구축은 조선흥행연합회와 '연 문협'의 조직으로써 일단락되었다. 이전의 단체들이 국가와 개인을 매 개하는 통제수행기관으로서 얼마간의 권한을 지닌 것으로도 보였지만, 이때 이르러서는 국가의 대리자들이 명예회장의 자격으로 실권을 갖는 '직할 체제'[36]의 성격을 띠게 되었다. 그러나 이 단체들은 어디까지나 연 극통제의 매개적 위치에서 국민총력조선연맹 문화부, 조선총독부 정보 과, 조선군 보도부 등과 같은 상급 통제기관의 지휘 아래 있었을 뿐이다. 연극에 관한 별도의 법령이 없어도 '간담'과 '통첩' 혹은 '지도'와 '후원' 의 형식으로 통제 시스템을 가동하는 유연성은, '연극의 전시화戰時化'에 적절한 선택으로 보였다. 인간 미디어의 통제는 곧 수행성의 통제였기 때문이다. 이 세 기관의 통제업무는 서로 보완적이었으며, 때로는 공동 으로 사업에 간여하기도 했다. 『경성일보』 및 『매일신보』와 함께 연극 경연대회의 후원 기관으로 참여한 사례가 후자의 경우이다. 이는 그만 큼 연극경연대회가 중요했음을 시사하지만, 연극통제의 목표가 과연 국 민연극의 수립에 있었을지, 그만한 성과를 거두었을지 자못 회의적이다. 다음은 그에 관한 논의이다.

---

34 한상언, 「조선군 보도부의 영화 활동 연구」, 『영화연구』 41, 한국영화학회, 2009.

35 조선군 보도부 촉탁 高井邦言는 ① 연극과 신체제, ② 건전문화, ③ 건강과 오락, ④ 연극의 힘, ⑤ 국민연극, ⑥ 신극의 문제, ⑦ 진정신파, ⑧ 각본의 문제 등 총 8개의 항목으로 매우 상세하게 조선연극을 진단하는 동시에 그 방향성을 지도하는 이론을 전개했다. 高井邦言, 「국민극의 방향―조선의 연극과 그 지도」(전5회), 『매일신보』, 1942.10.2〜5, 7.

36 김재석, 「국민연극 시기 '조선연극문화협회' 연구」, 『어문논총』 40, 한국문학언어학회, 2004, 114쪽.

3. 국민연극의 표류

'국민연극'이란 용어가 제출된[37] 지 얼마 지나지 않아 '고협'은 〈쾌걸 윙〉(1940.12.23~25, 이서향 연출)을 무대에 올렸다. 연극계의 신체제운동 과 국민연극의 제창 그리고 '연협'이 결성된 직후의 〈쾌걸 윙〉은 시의 적으로 비평상의 곤란함이 있을 수밖에 없었다. 영화로 개봉된 지 오래 됐고 '중앙무대'가 공연한 적이 있으며 동경에서도 한때 꽤 인기가 있 었던 작품이기 때문이다. 그런데 이에 대해 김정혁은 차가운 비난보다 "조선말 연극을 올린다는 일의 고통"에 함께 공감하자고 하면서, 국민 연극의 건설로써 "조선말 연극에 대한 비관론"이 장래에 해소되리라 기대했다. 물론 그는 단서를 달았다. 국민연극 건설은 "굉장한 과도적 연극형태를 경유할 것"이며 "공식주의라든가 소재 편중 또는 기술적 퇴보도 있을 것"이라고 전망했다. 그런 점에서 그가 보기에 〈쾌걸 윙〉 은 엄밀한 의미에서의 국민연극이라 할 수도 없지만, "동양인의 권선증 악勸善憎惡을 말했고 미주의 뒷골목에 퇴영적 생활을 유지하고 있는 화교 의 꼴들을 보이는 것만"으로도 의의가 있다고 평했다.[38] 한편에서는 국 민연극이 제창되고 있었으나 그 정체는 모호했고, 다른 한편에서는 '조 선말 연극'의 비관적 현실이 바로 1940년 말 현주소였다.

이듬해인 1941년은 얼마간의 활발함을 보여주는데, 이 시기는 함대

---

37 나웅, 「국민연극으로 출발—신극운동의 동향」(전2회), 『매일신보』, 1940.11.16 · 18.
국민연극(론)이 개진되는 과정에서 신극과 신파극을 결합한 중간연극 개념으로서의 '신
연극(론)' 그리고 '신체제연극(론)'도 사용되었으나 점차 '국민연극(론)'으로 수렴되어
하나의 규율로 자리를 잡는다. 양승국, 「1940년대 국민연극론 연구」, 『한국극예술연구』
6, 한국극예술학회, 1996 참조.
38 김정혁, 「〈쾌걸 윙〉의 인상」(전2회), 『매일신보』, 1940.12.27~28.

훈에 의하면 '전환기'였다. 그동안 "종래 갖고 있던 자유주의적 색채, 민족주의 사회주의적 색채를 보호색으로 변질시켜 가지고 회색주의의 미로에서 방황하고 있었"지만, 이 1년을 통해 혁신이 시작되었다는 것이다.[39] 실제로 '고협'과 '아랑'의 탈脫신파화, '호화선'의 해산과 '성군'의 창립, 이동극단의 조직과 파견 등이 주목할 만한 변화로 보였다. 그러나 국민연극 제창 이후의 5편에 대한 송영의 촌평은 국민연극이 여전히 만족스럽지 못한 수준이었음을 전달한다. 유치진의 〈흑룡강〉은 전반적으로 예술성을 잃어버린 개념적 작품이고, 임선규의 〈동백꽃 핀 마을〉은 저속한 신파 형식으로 인조적 작품이며, 박영호의 〈가두〉도 주제의 제시를 위해 예술을 희생한 작품이다. 반면, 김태진의 〈백마강〉과 박영호의 〈이차돈〉은 "진충보국, 종교보국, 불면불휴不眠不休, 불요불굴不撓不屈의 건전한 국민정신을 가장 예술적으로 형상화"했으며, 특히 〈이차돈〉이 완전에 이르렀다고 고평했다. 그리고 "먼저 기술적으로 높은 작품"이 되어야 함을 재차 강조했다.[40]

많은 연극인은 조선연극의 고질적인 병폐를 국민연극으로 지양해야 하고 향후 그렇게 될 것이라고 기대했지만, 그것이 일조일석에 이뤄질 수는 없을 것이라고 전제했다. 실제로 국민연극의 수립은 요원해 보였다. 나웅은 "진지한 국민적 의식과 문화적 양심과 기술적 수완을 가진 작가가 우수한 희곡을 발표치 못하는 원인", "그 본질적인 이유는 생활의 실체가 없는 까닭"이라고 진단했다.[41] '국민의 실생활'이 있는 농산

---

39 함대훈, 「국민연극에의 전향─연극 1년의 동태」(전6회), 『매일신보』, 1941.12.8~13.
40 송영, 「국민극의 창작─작가의 입장에서(5)」, 『매일신보』, 1942.1.20.
41 나웅, 「연극협회 이동극장 첫 순회를 앞두고」, 『매일신보』, 1941.8.26.

어촌에서 그 실체를 발견하자는 맥락에서 언급되었지만, 이 진술은 박영호가 "조선의 현대극은 자기의 육체를 만들기 전에 국민극이란 명제에 도달"[42]했다고 말한 것과도 상통한다. 어느 날 갑자기 무조건 수행을 요구하는 정언명령과 마주해 처했을 곤경, 그것은 국민연극이 방황했던 연유이자 그 자체의 딜레마였다.

> 국민극이 제창된 이후 극계는 잠시 동안 종래의 걷던 걸음을 그치고서 새로 내어딛을 새 길을 바라봤다. 단박에 왈칵 내어딛지 못했던 까닭에 '길'이 새 길이매 서투르고 어정쩡하고 또는 걸음가지 새로 걸으려 하매 어떻게 어떤 모양으로 걸어야 할는지를 몰랐던 까닭이다. 그러나 이 같은 **주저**(보다도 **방황**)는 오랜 시간을 잡지 안 했다. 물결이 그치지 않고 흐르매 작은 배가 저 혼자만 떠서 있을 수가 없는 것과 마찬가지의 까닭이다.
>
> ─송영, 「국민극의 창작─작가의 입장에서(1)」, 『매일신보』, 1942.1.15

물론 '작은 배'의 방황은 흐르는 '물결'로 끝이 났다. 그 방황의 종식이 전적으로 타율적이었음을 암시한다. 흥미로운 것은 "방공이나 방첩이나 지원병이나 위문대만으로 주제를 삼아왔던 협의의 국민극으로부터 윤리관계, 도덕 문제, 애정 문제, 가정, 공장, 농토, 학교 교실, 여점원, 애국부인회, 개로皆勞운동 등등이 찬란하게 벌려 있는 광의의 국민극으로 나아가야 할 것"[43]이라고 한 송영의 시야다. 국민연극을 적극적으로 주창하면서도 창작의 자율성을 보전할 수 있는 여지를, 담론 차원에서 마련

---

42 「좌담회 : 필승체제하 연극인 결의─국민극의 제2년(1)」, 『매일신보』, 1942.1.4.
43 송영, 「국민극의 창작─작가의 입장에서(2)」, 『매일신보』, 1942.1.16.

하고 있었다.[44] 송영이 형상화 방법에 주의를 돌린 것은 필연적이다. 광의의 국민연극이라는 탄력성을 바탕으로, 그가 제시한 것은 기술 문제다. "필연성 없는 우연, 성격 없는 인형, 관련성 없는 사실들로써 억지로 눈물을 짜내고 박수를 받고 하는 사이비 희곡"은 국민연극이 될 수 없다는 것, 그리하여 "국민극이란 이념이 새로워지고 높아진 것은 말할 것도 없이 보담 더- 예술적으로 질이 높아진 운동을 가리킴이 된다."[45] 이는 사상과 예술의 상위相違를 언급한 박영호도 마찬가지로 주장한 바이며, 심지어 사상의 여반장如反掌을 함축한 것으로도 읽을 수 있다.

> 한 개의 새로운 사상은 과거의 요소 속에서 새로운 논리만 만들면 자유주의도 되고 삼민주의도 되고 전체주의도 될는지 모른다. 그러나 연극은 개념만으론 되는 것이 아니어서 상당한 시간과 경제와 극장과 노무와 교육이 요구되는 동시에 그 밖에 관객층이란 완고 숙연한 대상이 있지 않은가.
>
> ─박영호, 「극단 '스타일' 문제─중앙극단을 중심하야」, 『매일신보』, 1941.7.5

국민연극의 수립이 일조일석에 이뤄질 수 없다는 것, 그 관건이 예술성 제고에 있다는 식의 논법은 당시 많은 연극인에게서 어렵지 않게 발견할 수 있다. 이는 당국의 입장에서는 불건전하기 짝이 없는 "국민연극의 백년의 대계"[46]를 사유하는 시간 감각이다. 태평양전쟁의 개시와

---

44 "즉, 한편으로는 더욱 철저하게 국민연극의 이념에 충실하려고 노력하는 방법론적 모색이거나, 아니면 이러한 방법론을 뒤에 업고 창작의 자유를 고수하려는 작가적 몸부림이라고도 할 수 있는 것이다." 양승국, 「1940년대 국민연극론 연구」, 『한국극예술연구』 6, 한국극예술학회, 1996, 124쪽.
45 송영, 「국민극의 창작─작가의 입장에서(3)」, 『매일신보』, 1942.1.17.
46 안영일, 「극문화의 신방향─국민연극의 장래(1)」, 『매일신보』, 1942.8.23.

함께 이러저러한 통첩이 내려졌어도, 1942년 신년 좌담회[47]에 모인 연극인들은 정작 예술성 문제에 집중력을 보였으며, 국민연극이란 "국가 이념에 반동되지 않은 내용의 것이라면 예술성을 맘껏 가미하여 제작"(김관수)할 수 있다고 말할 정도였다. 그리하여 논의의 상당 부분을 바로 무대기술의 증진이나[48] 신파극과 신극의 극복 문제, 즉 "예술성과 대중성의 조화를 강조"하는 창작방법론[49]에 할애했다. 그 결과여서일지 1942년에는 어느 정도 궤도에 올라선 듯이 연극인들은 실천면에서 만족감을 드러냈으며, '연문협' 발족 후 첫 사업인 제1회 연극경연대회로 크게 고무된 분위기였다.[50] '성군'·'아랑'·'현대극장'·'고협'·'청춘좌' 등 중앙의 5개 극단 그리고 연극계의 내로라하는 극작가와 연출가가 총출동한 제1회 대회는, 태평양전쟁 개시 이후 더욱 공고해진 전시체제의 긴장이 고스란히 반영된 행사였다.

그러나 국민연극에 대한 연극계의 집중력은 이때가 정점이었고 이후로 하강 곡선을 그렸다. 연극계는 백년대계를 생각하며 예술성 제고에 골몰했지만, 당국이 그리고 있는 그림은 그와는 달랐다. 제1회 대회가 끝난 직후, '연문협'은 국민연극의 주제로서 징병제도와 증산운동을

---

47 「좌담회 : 필승체제하 연극인 결의—국민극의 제2년」, (전2회), 『매일신보』, 1942.1.4, 11. 이 좌담회에 참석한 연극인은 목산서구(이서구), 岸本寬(김관수), 송영, 나웅, 박영호, 안영일 등이다.

48 이를테면 총독부 방호과 및 조선군 보도부 후원으로 공연된 '고협'의 〈가두〉에 대해, 김태진의 비평은 거의 기술적인 앙상블에 대한 것으로 시종일관했다. 김태진, 「소위 앙삼블 무대의 효시—고협의 〈街頭〉를 보고」, 『매일신보』, 1941.10.30.

49 양승국, 「1940년대 국민연극론 연구」, 『한국극예술연구』 6, 한국극예술학회, 1996, 120~127쪽 참조.

50 함대훈, 「연극경연의 성과」, (전3회), 『매일신보』, 1942.12.6~13; 송영, 「문화전의 1년간—극계의 총관」, 『매일신보』, (전5회), 1942.12.16~20.

채택하기로 결정, 그 구체적인 방책을 위해 직능위원회를 개최했다.[51] 그리고 12월 25일 평의원 회의에서는 한 해의 결산 및 신년 사업에 대한 회의를 진행했다. 결의사항은 다음과 같았다.

一. 회원(극단인) 간 국어사용에 관한 것

一. 극의 질적 향상을 위하여 재래의 흥행 중심으로 상연하던 일체의 기업주의적 작품을 청산배격하고 참다운 국민극을 상연하도록 노력할 것

一. 명년도 무대행동(상연물)은 중점을 징병제도, 증산(생산확충)운동에 상응하게 행동하여 따라서 사생활(단체생활)도 군률(軍律)적으로까지 향상시키어 전시하 예술인으로서 면목을 갖출 것

一. 명춘 4월경에 연극문화전람회를 개최하여 또는 연극에 관한 강연회, 혹은 강좌를 개최할 일

一. 명년 성하(盛夏, 8월 초순)경에 전 회원(30여 단체의 전원)을 집합하여 연성회(鍊成會)를 개최할 일

一. 연성도장(연극회관)과 협회 직속 극장을 설립할 일

—「연협평의원회」, 『매일신보』, 1942.12.30

연극인들은 백년대계를 염두에 둔 '고심'과는 무관하게 당국이 강제하는 '국민연극의 길'로 들어서고 있었다. 전람회의 개최나 연극회관·극장의 설립과 같은 사업은 연극인들이 반겼을 테지만—'당근'으로 주어졌을 이 사업계획은 물론 성사되지 않았고—일본어의 상용화나

---

51 「연협의 직능위원회 개최」, 『매일신보』, 1942.12.6.

연성회의 개최는 회원 개개인에 대한 통제가 그 수위를 높여가는 신호였으며, 국민연극의 방향성에 관해서도 전쟁과의 지시 관계를 분명히 드러냈다. 식민권력과 조선연극계의 동상이몽은 점점 분명해지고 있었다. 이런 추세라면, 송영이 말한 광의의 국민연극은 점차 축소되어갈 것이며, 조선어의 특권 영역이기도 했던 무대에 일본어가 강제되기 시작할 것이다.[52]

'조선악극단'이 징병제 취지 보급을 위한 공연을 즉각 올린 데서 확인되듯이,[53] 연극계는 당국의 시책에 응하지 않을 수 없었다. 그러나 징병제도와 증산운동의 주제를 본격적으로 연극화하기 위해서는 약간의 시간이 필요했다. 특히 징병제도는 민감한 주제였다. "아직 아무도 손을 대지 못한 징병제를 취재"[54]한 첫 번째 연극이 '아랑'의 〈조선〉(박영호 작, 안영일 연출)이었고, 이때가 3월 25일이었다. '결의'와 '실천' 사이에 그다지 많은 시간이 소요되진 않았지만, 이 미묘한 간격은 1943년 이후로 국민연극의 '생산'을 위한 집중력이 낮아지는 징후였다. 연극경연대회의 효과로 순회공연에서도 좋은 성과를 거두는 등 연극계가 성황을 이루고 있다고 보았으나,[55] 오정민은 상황이 여의치 않음을 느끼고 있었다.

---

52 황남은 자신이 현대극장의 신입 단원으로서 처음 무대에 섰던 때(〈청춘〉, 1944.3.30)를 회고하면서 당시 연극의 처음 혹은 마지막 막(장)을 일본어로 공연해야 했다고 기억했다. 「황남」, 한국영상자료원 편, 『한국영화를 말한다─1950년대 한국영화』, 이채, 2004, 401쪽 참조.
53 「조선악극단 대공연」, 『매일신보』, 1943.1.8; 「조선악극단 공연, 첫날부터 대인기」, 『매일신보』, 1943.1.9.
54 이해랑, 「〈조선〉을 보고」, 『매일신보』, 1943.4.2.
55 오정민, 「전문기술의 종합화」, 『조광』 90, 1943.4.

요즘 극계가 **각본난**에서 오는 재상연물이 많고 따라서 극단으로서는 예술적인 것보다도 흥행적인 것을 주안으로 하려는 경향이 농후하여, **일껀 경연대회에서 쌓아 올렸던 이념의 탑이 동요되고 끊어져 가고 있음**을 본다. 현재에 있어서 가장 긴요한 문제의 하나는 빈번한 공연과 왕성한 극본소화력에 응해주어야 할 극작가 측에서 창작 방향에 대한 심각한 회의를 느끼고 있는 것이다. 즉 국민연극으로서의 개념은 오랜 모색을 거쳐 작년도 연극경연대회에서 겨우 파악되었다 하나, 이제 새로운 단계를 맞이함에 당하여 종래와는 다른 — 현실의 내면적 심도와 시국이 요망하는 작품의 적극성을 어떻게 결부시켜야 할 것인가 — 하는 혼미(混迷)에 빠지고 있다. 이 문제에 대하여는 다른 기회에 상론하려 하지만 좌우간에 작금의 극계가 표면상으로는 평온한 듯이 보이나 그 실은 지향을 잃은 퇴폐 상태에 있음이 규지(窺知)된다.

— 오정민, 「〈에밀레종〉을 보고」, 『조광』 92, 1943.6

제1회 연극경연대회를 통해 국민연극이 어느 정도 궤도에 올라섰다고 만족했으나 다시 "새로운 단계" 앞에서 각본을 생산치 못하는 극작가들의 "심각한 회의", 이것이 바로 1943년의 현주소였다.[56] 그해 가을 제2회 연극경연대회가 역시 개최되었지만, 국민연극은 이제 연극계의 핵심쟁점이 아니었다. "시국이 요망하는 작품의 적극성"만이 요구되던 터이기에, '토론'은 불필요했다.

사실, 연극인 대부분에게 국민연극은 하나의 '방편'이었다. 국민연극은 담론상 무성해 보여도, 실제로 극장을 장악한 것은 신문 하단의

---

56 오정민은 그로부터 2개월 후에도 흥행적으로는 대단한 호황이면서도 질적으로는 기대 이하인 연극계에 대한 안타까움을 토로했다. 「신연극의 狀貌」, 『조광』 94, 1943.8.

공연 광고나 단신이 전하는 지극히 대중적인 흥행물이었다. 연극경연대회가 진행되는 동안에도 각 극단은 순서에 따라 참가작을 내놓았지만, 해당 공연기간을 제외하고는 극단 레퍼토리를 무대에 올렸다. '연문협' 조직 직후의 긴장감 속에서 혹은 얼마간의 기대감으로 제1회 대회에는 어느 정도의 집중력을 보였지만, 점차로 국책선을 반영하는 주제 선택이 강제되는 상황에서 관객들에게 인기가 없었던 국민연극을 위해 계속해서 응집력을 보이기란 힘들었을 것이다. 더욱이 공연 준비에 드는 시간과 비용을 두고 손익계산을 해야 하는 처지에, 재정 확보 방안도 고려해야 했다. 공연 활동에 매우 불리한 극장 제도를 취체해 달라 요청해도 시정되지 않았으며, 얼마간의 지원이 있었다고는 하지만 활동의 지속성을 보장해줄 정도는 아니었다.[57] 그러니 1944년 9월에 열렸어야 할 제3회 경연대회가 해를 넘기고, 대회의 위상 또한 예전 같지 않았던 것은 당연하다. 이런 추이는, 첫째, 연극경연대회가 연극 통제 전략상 본래 전시적展示的인 것으로 이에 대해 연극인도 전략적으로 대응해왔다는 것, 둘째, 비관적인 전세의 가중으로 그런 전시의 필요성조차 감소하고 있었음을 시사한다.

반면 국민연극이 '방편'일 수 없었던 연극인들, 백년대계의 감각보다는 예술과 정치의 관계를 즉자적으로 밀고 나간 연극인들에게, 국민연극의 고립은 당혹감 그 자체였을 것이다.

비로소 정치와 예술의 굳은 악수가 교환되고, 정치는 예술로 하여금 정치의

---

57 극단원의 기차 운임을 40% 할인해주고 공연 물품을 탁송해주거나 편의를 보아주는 정도였다. 고설봉, 『증언연극사』, 진양, 1990, 92~93쪽 참조.

영역으로 끌어들이고, 예술은 정치를 위하여 예술의 사명을 다할 것을 약속하게 되었다. 앞으로는 예술은 '취체'의 대상에서 벗어나서 정치의 손발이 되어 정치를 위해서 없어서는 안 될 물건이 되지 않으면 안 될 것이다. 즉 예술과 정치는 이신동체(二身同體)가 되어야 할 것이다.

— 유치진, 「국민연극수립에 대한 제언」, 『매일신보』, 1941.1.3

예술은 "정치의 손발"이라고 명제화하고, "정치가 예술을 위하여 기껏 힘을 빌려주는 것이란 예술의 '취체'에 불과하였다"는 유치진의 언급에서는 어떤 섬뜩함마저 느끼게 된다. '노예로서의 자기정위自己定位'라고 해도 지나치지 않을 이러한 존재론, 즉 국민연극의 깃발을 든 전위로서의 '현대극장' — 혹은 국민연극연구소 — 의 비극이 여기에 있을진대,[58] 그들에게 "국민연극은 사활이 걸린 이념적 지반"[59]이었기 때문이다. 국민연극연구소의 부설에 따른 이론적 긴장에 붙들려 있어야 했고, '현대극장' 창립공연(〈흑룡강〉)이 '국민연극 수립의 봉화'[60]가 되어야 했으며, 더욱이 '연문협'에 소속된 어떤 극단도 하지 않았던 일, 즉 독자적으로 이동연극대를 파견해야 했다. 여기서 문제의 핵심은 식민권력의 '필요'다. 합리적이지도 도덕적이지도 않은 부자연한 비약을 강제하는 총후의 전시체제에서, 시간적으로 '지체'된 다수를 효과적으로 동원하기 위해

58 현대극장의 국민연극 실천의 실패에 대해서는 다음을 참조할 수 있다. 이덕기, 「일제하 전시체제기 이동연극 연구─이동연극 제1대와 극단 현대극장을 중심으로」, 『한국극예술연구』 30, 한국극예술학회, 2009; 이덕기, 「일제 말 극단 현대극장의 국민연극 실천과 신극의 딜레마」, 『어문학』 107, 한국어문학회, 2010.

59 양승국, 「일제 말기 국민연극의 존재 형식과 공연 구조」, 『한국현대문학연구』 23, 한국현대문학회, 2007, 386쪽.

60 「국민연극수립의 봉화, 극단 '현대극장' 창립공연」, 『매일신보』, 1941.5.28.

서는 전위의 역할이 요구되었다. '연협'이나 '연문협'이 조선총독부의 전시통제를 매개하는 기관이었다면, '현대극장'과 국민연극연구소는 여타 극단들의 전범이어야 했다.

연극인들이 만족감을 드러낸 제1회 대회도 의아한 구석이 있다. 5개 극단이 불과 3일씩 공연하면서도 대회기간은 2개월이라니, 다소 지나친 감이 있다.[61] 당국 입장에서 그것은 '국민연극경연대회'[62]라는 타이틀로 가급적 오랫동안 선전효과를 누릴 수 있다는 계산에서 나왔을지 모를 일이다. 참가단체가 늘어난 제2회에는 무려 3개월이나 걸렸으며, 조선어극 외에 1막 내외의 일본어극 공연을 공식화했고, 이 무렵부터 일본어 각본 현상모집이 본격화되었다.[63] 이는 연극경연대회의 전시展示 효과뿐만 아니라, 조선어가 허용되는 공적 공간으로서의 극장, 아마도 마지막 보루처럼 여겨졌을 무대에도 일본어가 잠식되고 있었음을 과시한 것이다.

생각해보면 '연협'과 '연예협'이 조직되었을 당시 각각의 직역은 마치

---

61 전년도에 '연극보국주간'이 개최되었을 때 9개 극단이 단 3일 동안 부민관에서 빡빡하게 행사를 치렀던 경험이 반영된 것일 수도 있다. 그러나 그때 하루에 세 극단이 공연을 치를 수 있었던 것은 공연작 모두 단막극이었기에 가능했다. 「연극보국주간─조선연극협회가맹 9개 극단 출연」, 『매일신보』, 1941.10.1. 참가단체는 '국민좌', '황금좌', '아랑', '평화좌', '연극호', '고협', '예원좌', '호화선', '현대극장' 등이며, 김욱의 「연극보국주간 출연 9개 극단 관극평」(『매일신보』, 1941.10.11, 13~14)을 통해 공연의 구체적인 개황을 짐작할 수 있다.

62 제1회 대회 공식 명칭은 '국민연극경연대회'였으며, 간혹 축약하여 '연극경연대회'로 사용하다가 제2회 대회부터는 '국민'이 삭제되었다.

63 1943년부터 국민총력조선연맹, 조선문인보국회, 국민총력황해도연맹, '연문협' 등에서 일어 각본 현상모집을 실시했다. 「決戰 소설과 희곡, 문인보국회서 현상모집」, 『매일신보』, 1943.10.28; 「국어 이동극 각본 당선」, 『매일신보』, 1945.2.8; 「이동연극 각본 현상모집─국민총력황해도연맹에서」, 『매일신보』, 1945.2.8; 「국어극 각본 懸募, 3월 말일까지 연극협회로」, 『매일신보』, 1945.2.13; 「국어극 각본 전형」, 『매일신보』, 1945.6.6.

다른 것처럼 보였다. 국방헌금이나 꼬마채권 가두판매 등 각종 행사에 인적·물적으로 동원되었다는 점에서는 공통적이었으나, '연협'은 국민 연극의 수립, '연예협'은 이동연예라는 각각의 특이점이 있었다. '연문 협' 발족 직후 첫 사업도, 연극부문은 국민연극경연대회 개최였고 연예 부문은 만주국개척촌 위문연예단 파견이었다.[64] 연극인들이 예술성의 제고를 알리바이로 삼았던 것도 그럴 만했다. 그러나 1943년을 경과하 면서 연극/인의 직역봉공은 이들의 '얼굴'이나 재능을 동원하는 각종 행 사에 동원되는 것으로 집중되었고, 무엇보다도 이동연극(혹은 이동연예, 이동영사) 수행의 중요성이 증대되었다.[65] 말하자면 조선총독부는 생산의 효율성 제고를 위한 '전시오락'에의 동원, 이를 수행할 전위가 필요했을 뿐이다. 여타의 연극인들을 견인하기 위한 '현대극장'과 국민연극연구 소의 존립도, 연극경연대회라는 전시도 필요했지만, 이동연극이야말로 예술 분야에서 가장 중요한 임무를 할당받은 전위기관이 되어야 했다. 그러는 동안 이동연극/연예 업무의 중심은 '연문협'이 아닌 조선예능동 원본부로 옮겨갔고, 1945년 5월 당시 이 본부는 이동연극대 25개 단체 를 파견하고 있었다.[00]

---

64 이 위문연예단은 조선이주협회와 만주문화간담회 주최, 조선연극문화협회의 제공으로 1942년 8월 20일부터 9월 11일까지 20여 일의 여정으로 제1대와 제2대 총 30여 명으로 구성되었다.

65 「낮 흥행을 철저 제한—3원 이상의 입장료는 전부 정지」, 『매일신보』, 1944.3.3; 「위문연 예를 강화—근로전사 위해 이동극단 초빙」, 『매일신보』, 1944.5.3; 「오락도 전력이다—이 동연예대를 편성」, 『매일신보』, 1944.5.13. 그리하여 1944년 5월 극단 통폐합 시 김소랑 이 이끌었던 '건설무대'가 이동극단으로 전환되었고, 1945년 3월에도 '연문협'은 조선예 능동원본부와 조선근로동원본부의 후원으로 협회 소속 이동극단인 '문화좌'를 조직하여 송영 작 〈고향에 보내는 편지〉(나웅 연출, 강호 장치)를 창립공연으로 올리기도 했으나, '연문협'의 이동극단 사업은 극히 일부에 지나지 않았다. 「이동극단 '문화좌' 공연」, 『매일 신보』, 1945.3.4.

연극인들에게도 이동연극 활동의 명분은 분명했다. 1941년 8월 처음으로 순회를 마치고 돌아온 전창근은 "적어도 예술이 만민의 공유물이면서 공유물이 못 되어오던 불순한 계제를 떨치고 나온 자, 오직 지금은 이동극 하나뿐"이며, "국민 중의 국민"을 찾아가는 "전위기관요, 실천기관"이라고 역설했다.[67] 이동연극은 문화에서 소외된 문맹 조선인들에 대한 "조선인 엘리트들의 계몽 기획과 생산의 효율성을 높이려는 당국의 이해가 교차하는 지점"에 놓여 있었고, 수행주체에게는 "직역봉공을 다하고 있다는 것을 증명하고 전시"할 수 있는 매우 효과적인 '의무'가 되었다.[68] 이제 공연자는 이동극단 활동을 통해 종래의 '취체대상'에서 적극적인 '선전주체'로 전환되어갔다.[69]

그러나 계몽기획의 명분에도 불구하고 직역봉공의 '전시展示'라는 실리가 함께 작용함으로써 선전주체 혹은 전위로서의 전일성全一性은 애초부터 불가능했다. 더욱이 이동연극의 성과는 매우 불투명한 상태였다. '건전오락의 권장'과 '비속성의 묵인' 사이의 충돌 혹은 긴장은 전시체제기 이동연극의 태생적 한계였으며, 당국도 '비속한 웃음'의 묵인이 불가피하다고 보았다. "생산력 동원이 긴요한 상황일수록 노동의 재생산을 위한 여흥에 주력할 수밖에 없었던"[70] 것, 이것이 바로 전쟁 막바

---

66 「이동연극대의 활약」,『매일신보』, 1945.5.14.

67 전창근, 「이동극장에의 멧세-지-그 제1대의 연출을 마치고」,『매일신보』, 1941.9.2.

68 이화진, 「전시기 오락 담론과 이동연극」,『상허학보』23, 상허학회, 2008, 91・98~103쪽 참조.

69 이화진, 「일제 말기 이동극단 활동의 전개 양상과 그 한계」,『한국학연구』30, 인하대 한국학연구소, 2013, 168~174쪽 참조.

70 이동연극의 '건전'과 '비속', 공모와 일탈에 관한 자세한 논의는 이화진, 「전시기 오락 담론과 이동연극」,『상허학보』23, 상허학회, 2008, 103~110쪽을 참조하라.

지에 이른 당국의 딜레마였다.

　의사擬似전위일 수밖에 없는 사정은 비단 이동연극에만 한한 것은 아닐 것이다. '동원'의 현실이란 일정한 합리화가 필요한 자기기만의 과정을 거치도록 하는 법이다. 연극인은 동원의 명분과 실리가 유착된 채로 의사擬似국가의 호명에 응답하는 의사전위일 수밖에 없었다. 통제 시스템에 배치된 존재로서의 연극인은 엄밀히 말해서 '공동화空洞化된 개인'이며, 바로 이들 각각이 종족공간에서와는 또 다르게 서로에게 그리고 (일본)국가와 연루되어 있다는 공범 의식을 가지도록 한다. 근대적 주체로서의 자율성이 최소화된 그 자리에 국가가 들어선 이 개인에게, 자신의 행위에 대한 내적인 확신은 불투명하고 불확정적일 수밖에 없다. 그러면서도 자신이 고립된 단독자가 아니라는 사실, 즉 동종의 개인'들'이 함께 연루된다는 사실에 안도감을 느끼지만, 동시에 (일본)국가와도 연루된다는 사실에 불안을 느꼈으리라 상상해볼 수 있다.

　확실히, 그간 연극인이 애써 논의해 온 '국민연극-됨'을 증명하기 위한 텍스트성 문제는 시야에서 점점 멀어지고 있었다. 국민연극이란 '일조일석에 이뤄질 수 없는 것'이라는 일종의 단서는 현재의 알리바이가 되고, 국민연극 이념에 일치하는 깃발은 이동극단의 활동 혹은 연극경연대회와 같은 전시적인 의례로써 충족되고 있었다. 그리하여 연극계는 한편으로는 전시展示행정에 적절하게 동원되면서도, 다른 한편으로는 비-국민연극 행위를 지속해 나갈 수 있었다. 이 이원성은 곧 전시통제의 불투명한 효과를 지시하는데, 공교롭게도 이를 알아차린 듯이 일본은 조선의 예술인들에게 '결전'의 스탠스stance를 강제하는 일련의 비상조치를 취한다.

4. 1944년 '결전'의 임계

전시 연극통제 시스템의 구축은 1942년 7월 '연문협'의 조직으로 일단락되었다고 보지만, 1944년에 취해진 일련의 시책을 언급해둘 필요가 있다. 1944년은 확실히 좀더 긴장된 빛이 감돌았다. 전세가 불리하게 흘러가자 일본 내각은 1944년 2월 25일 '결전비상조치' 요강을 결정하고 회의를 거쳐 29일 정식 결의했다. 이때 '고급향락면의 정지', '해운력의 쇄신 증강', '보유 물자의 적극 활용', '관청 휴일 축감 상시 집무의 태세의 확립' 등 4개 항목이 의결되었다. 그리고 다음 날인 3월 1일 식민지 조선에도 '결전비상조치'가 공표되었다.[71] 당연히 흥행/장에도 그 여파가 있었다. 입장 요금 3원 이상의 흥행은 금지되고 검열강화는 물론 "한가한 시간과 꼴 보기 흉한 향락적 풍경"의 일소를 위해 주간흥행을 제한하며, 이동극단과 이동영화를 확충 강화한다는 조치가 취해졌다.[72] 이 맥락에서 조선총독부 정보과는 「연극, 연예 흥행에 관한 비상조치 요강」을 발표하고, 일련의 사업을 추진했다. 우선, 연기자의 자격심사를 위한 시험을 처음으로 시행했다.(〈표 9〉)

심사기준은 대체로 기예 능력보다도 '황국신민서사'의 암기, 전쟁 관련 정보, 시국 인식을 중시했다. 제1차 합격률은 불과 40% 정도에 지나지

---

71 4장의 내용을 처음 발표할 당시(2014), 1944년에 취해진 일련의 시책에는 주목했지만 '결전비상조치'는 미처 다루지 못했다. 이번에 논의를 정리하면서 연기자 시험 및 「조선흥행등취체규칙」 제정 등 1944년의 제도적 변화에 대한 별도의 언급이 필요하다는 판단 아래, 자료를 확인하던 중 함충범의 연구를 확인할 수 있었다. '결전비상조치'에 대한 자세한 내용은 이로부터 참조할 수 있다. 함충범, 「1944년 식민지 조선영화계의 정책적 특수성에 관한 연구」, 『동북아연구』 30-2, 조선대 동북아연구소, 2015, 134~141쪽.
72 「낮 흥행을 철저제한—3원 이상의 입장료는 전부 정지」, 『매일신보』, 1944.3.3.

<표 9> 전시기 연기자 자격심사의 개요

회차	일 자	비 고	출처
제1차	1944.4.6~16.	· 자격 : '연문협' 회원 / 필기, 구두 · 804명 응시 / 합격자 322명, 假합격자 63명	매신 1944.4.20 · 5.10
제2차	1944.5.25.	· 자격 : 회원으로서 정당한 사유로 인해 수험하지 못한다는 계출을 한 사람과 회원이 아닌 사람으로 서 예능에 경험이 있고 새로 입회를 희망하는 사람	매신 1944.5.18
제3차	1944.8.26~28.	· 자격 : 전번 시험에서 실격된 자, 신인 / 필기, 실기, 구두 · 499명 응시 / 합격자 283명(남 144, 여 139)	매신 1944.9.04

않았는데, 필기시험은 문자 해득률의 정도, 구두시험은 시국 인식의 여하
가 관건이었다. 연극 부문보다 연예부문의 탈락률이 높았던 것으로 짐작
되는데,[73] 제1회 심사위원이었던 총독부 정보과 조사관 모루도메諸留의
말을 참고하면, 연극 부문 연기자는 대체로 '총후 연예인'으로서 좋은 편
이고, 구두시험에서 적국이 어디인지도 모르고 '미영'을 한 나라로 알고
있는 자도 있었을 만큼[74] 시국에 대해 '무지'한 이들도 많았다. 물론 탈락
자는 추가시험에서 혹은 특별회원이라는 명목으로 상당수 구제되었다.

1944년에 치러진 이 연기자 시험은 '결전비상조치'에 따른 것이지만,
정부과는 이 자격심사 결과에 근거해 단체의 정비를 단행했다.[75] 각 극단
은 합격자 수가 일정한 정도에 이르러야 극단을 유지할 수 있었다.[76] 그
리하여 정보과는 7개 단체(금희좌, 연극호, 국민좌, 보국연예대, 동아여자악극단,
반도창극단, 조선이동체육단)를 해산시키고, 4개 단체(제일악극단, 라미라가극

---

73 그러나 전경희 · 이종철과 같은 중진급 배우, 김동원 · 이해랑과 같은 일본 유학생 출신도
   1차에서는 탈락했다고 한다. 고설봉, 『증언연극사』, 진양, 1990, 89쪽; 「황남」, 한국영상
   자료원 편, 『한국영화를 말한다-1950년대 한국영화』, 이채, 2004, 402~403쪽.
74 「예능인 교양향상-극단 정비를 종합적으로 실시」, 『매일신보』, 1944.4.20.
75 「통합을 단행-연극, 연예단체 등 정비」, 『매일신보』, 1944.5.11.
76 고설봉은 14명, 황남은 20명이라고 기억했다.

단, 반도가극단, 화랑극단)는 2개로 통폐합했다. '건설무대'와 '조선창극단'은 이동극단으로만 존속하도록 했다. 그리고 이 통폐합 과정에서 탈락한 '우수한 연기자'들을 흡수, 이동연예대로 편성하겠다는 방침을 세워[77] 이동연예의 수요가 높아지는 시점에서 그 실리도 챙겼다.

마지막으로, 드디어 전선全鮮을 일원화한 「조선흥행등취체규칙」(1944.5.8)이 조선총독부령 제197호로 공포된 것이다. 부칙을 포함해 총 46조로 구성된 이 법령은, 이전의 「취체규칙」이 상당 부분 할애했던 흥행장 관련 규정을 1개 조로 대폭 축소하고 흥행장 내 준칙과 같은 근대적 규범의 훈육과 관련된 내용을 삭제했다. 흥행장 관련 규정이 대폭 축소된 것은 흥행장 신설이 불가능해져서 신축과 관계된 내용이 모두 빠졌기 때문이다. 1939년 4월 22일 자로 시행된 「임시자금조정법 시행규칙」 개정안에 따라 "그다지 시급하지 않은 사업에 대하여는 3만 원 이상부터는 조선총독부의 허가를 받도록 그 한도가 대폭적으로 줄어들"어 신설 자체가 어려워진 것이다.[78] 흥행장 내 준수사항의 삭제는 이제 임검 조항(제34조) 하나로도 충분해졌음을 의미한다.

반면, 비록 동원과 선전이 강조된 시기라고 해도 검열 규정은 중요하게 다뤄졌다. 여기에는 몇 가지의 변화가 있었다. 검열을 신청할 때 일본어 번역문을 첨부해야 했는데, 이는 이미 분장실에서조차 일본어를 상용해야 했던 당시 언어 상황에서 보자면 필연적이다. 그리고 검열 소관처가 조선총독부로 변경된 것이다. 한 도내道內에서만 공연하는 경우

---

77 「오락도 전력이다―이동연예대를 편성」, 『매일신보』, 1944.5.13.
78 「요리점, 흥행장의 신설, 3만 원 이상은 허가제」, 『조선일보』, 1939.4.25. 개정 법령 내용은 「법인개인자금도 통제」(『동아일보』, 1939.4.25)에서 확인할 수 있다.

해당 도지사의 검열을 받을 수 있다고 단서를 달았지만, 이 변화는 각 본검열의 강화와 그 통일성을 기한 것으로 해석된다. 유효기간은 2년이며, 도지사의 검열을 받은 것은 1년으로 제한하고 있다.

하지만 무엇보다 눈에 띄는 변화는 인적 통제의 중요성이 확실히 부조되어 있다는 점이다. 흥행자·기예자·연출자, 이들 각각은 흥행을 위해서는 관할 도지사로부터 '증명서'를 교부받아야 하는데, 이것이 바로 1944년 「취체규칙」의 핵심이다. "극단·연예단·관물단의 주재자는 단체의 명칭, 사무소 소재지, 소속 기예자·연출자의 본적·주소·성명"을, "극단·연예단·관물단에 소속하려는 자는 그 단체의 명칭 및 사무소의 소재지"를 기재해야 한다. 즉 허가를 받기 위해 신청해야 하는 항목과 첨부 서류는 서로 참조됨으로써, 이들의 신원身元은 증명된다. 흥행 인력이 종적·횡적으로 얽힌 관리 체계가 매우 치밀해진 것이다. 흥행자·기예자·연출자 조합 항목 역시 같은 맥락에 있는데, 극작가동호회 혹은 조선연극 문화협회와 같은 조직이 여기서 말하는 '조합'의 성격을 띤다고 할 수 있다.

「조선흥행등취체규칙」은 1930년대 중반 흥행/장 환경 변화를 반영하고 정세 변화에 조응하기 위한 정책적 구상의 연상선에 놓이는 것이자, 전시체제로 돌입한 이후 연극통제 시스템을 구축하여 동원정치를 실행해 온 경험의 총화라고 할 수 있다. 이 법령의 제정을 전후로 하여 연기자 시험을 시행하고 단체를 통폐합한 것도 이에 잇닿아 있는 시책인 셈이다. 그리고 바로 이때 조선흥행연합회가 사단법인 조선흥행협회(1944.8.19)로 재편되었다.[79]

---

79 함충범, 「1944년 식민지 조선영화계의 정책적 특수성에 관한 연구」, 『동북아연구』 30-2, 조선대 동북아연구소, 2015, 149쪽.

1944년에 취해진 이러한 일련의 제도적 조치는 조선연극의 존속을 위협하는 어떤 경계에 다다른 것처럼 보인다. 개인에 대한 국가의 직접적 관리 체제로의 돌입, 극단 존폐에 더 적극적으로 개입하는 국가의 권한 행사, 정교해진 법제화를 통한 연극통제 등 그 강도와 압력은 매우 위력적으로 보인다. 그러나 이 조치들이 실제로 그만한 위력을 가졌다고 보기는 어렵다. 오히려 조선총독부의 그러한 '결전決戰'은 비관적인 전세와 패전의 공포에서 취해진 마지막 몸부림, 즉 도미掉尾 현상에 가깝다. 조선의 연극인 또는 예술인 상당수도 그것이 위기의식의 소산임을 알아차렸을 수 있지만, 그렇지 않더라도 조선연극계가 의식적이든 무의식적이든 전시展示의 전경前景과 실리實利의 후경後景이 짝을 이루면서 총후의 일상성을 보유하고 있었다는 감각을 놓치지 않는다면, 조선연극에서 그 비상조치는 '결전'이 아닌 것이 된다. 그리고 무엇보다도 흥행장에 대한 전시통제가 그 기도에 상응하는 만큼 효과적일 수 없는 것은, 조선총독부가 취해 왔던 정책적 방침이 부메랑이 되어 돌아온 결과이면서 단기간의 전시통제가 미칠 수 없었던 영역 때문이다. 조선총독부의 전시통제와 그에 반응했던 의사전위 활동만으로는 포착될 수 없는 것, 그것은 역설적이게도 조선연극의 '지체遲滯' 혹은 주변성이었다.

5. 조선연극의 지체遲滯라는 변수

사실, 식민지 조선에서 연극은 '사글세쟁이'[80] 혹은 '의붓자식'[81]의 처지에서 벗어난 적이 없다. 연극장의 부재는 재정적 선순환을 불가능하게 했고, 이런 상황에서 조선연극의 미래를 낙관하기는 힘들었다. 극단의 영세성은 '다른' 관객을 찾아 순회공연을 떠나야 했던 이유였지만, 조건이 가혹하긴 마찬가지였다. 영화와 마찬가지로 연극의 기업화 논의가 없었던 것은 아니지만,[82] 그것은 거의 불가능했다. 최승일의 표현대로 '자본주의적 지사'가 있으면 모르려니와, 연극의 직업화를 다소 구체화했다고 하는 '고협'조차 자신들의 극장이 없었다. 조선영화주식회사 최남주의 후원으로 '조선무대'가 야심만만하게 출범하여[83] 제2의 '고협', 혹은 연극의 기업화 가능성이 점쳐지고 있었으나, "혹종의 곤경에 함입陷入"[84]되어 창립공연과 북선 순회 이후 자취를 감추었다. 당국이 그 같은 조선민간 흥행사업의 확장을 달가워하지 않았으리라는 것은 짐작되지만, 좀더 직접적인 이유는 영화사에 대한 당국의 움직임과 연관되었으리라 추정된다. 영화사들을 하나로 통합한 사단법인 조선영화주식회사의 출범은 1942년이지만, 그러한 사전정지작업은 이미 1940년부터 시작되었고, '조영'과 최남주의 거취가 바로 '조선무대'의 운명을 결정했

---

80 최승일, 「연극의 기업화」, 『조선일보』, 1935.7.10.
81 유치진, 「금년의 연극(1)」, 『매일신보』, 1940.12.25.
82 최승일, 「연극의 기업화」, 『조선일보』, 1935.6.5; 주영섭, 「續 연극과 영화」(전4회), 『동아일보』, 1937.10.19~22; 서광제, 「勇躍의 朝鮮演藝軍, 企業『에 당당입성」, 『동아일보』, 1938.1.3; 「문화현세의 총검토(3)」, 『동아일보』, 1940.1.3.
83 「'朝映' 최 사장 후원 하에 '조선무대' 결성, 창립공연은 6월 중순」, 『동아일보』, 1940.5.30.
84 이서향, 「연극시감-〈웡〉 연출을 계기로」, 『매일신보』, 1940.12.25.

을 것이기 때문이다.

함대훈이 연극·연예 단체들의 열악한 처지를 호소한 것은 당연했다.[85] 여관비와 교통비의 상승, 고율의 입장세는 말할 것도 없고, 극장이 대관료 외에 각종 명목 — 선전비·간판대·하족대 등 — 으로 돈을 받아내는 상황에서는 지방 순회 수익도 여의치 않았다. 특히 이들 단체는 극장이 사단법인 영화배급주식회사에 내야 할 영화추정료映畵推定料까지 대신 떠안아야 했다. 고설봉에 따르면, 당국은 협회 산하 극단이 지방 흥행 시에 대관이 쉽도록 행정명령을 내려주었고 별도의 대관료 대신 그 시간에 상연할 영화에 대한 세금을 냈는데 이 세금이 바로 영화추정료다.[86] 함대훈은 이런 상황에 강력하게 문제를 제기하면서 당국과 '연문협'에 호소했다.

영화나 연극이나 연예가 모-든 국책수행상에 있으나 그가 건 바 자기의 역량을 총발휘해서 직역봉공을 하는 것인데 연극, 연예는 어찌하여 이런 가혹한 조건하에 공연할 이유가 어디 있는가를 의심하지 않을 수 없다. 연극문화협회는 자기협회 산하에 있는 단체들이 이런 극단으로는 부당 지불이라고 볼 수 있는 악조건을 아-무런 항의도 없이 그대로 수긍하고 있는지 알 수 없는 일이다.

— 함대훈, 「연극과 흥행」, 『매일신보』, 1942.12.29

---

85 함대훈, 「문화시평—연극과 극장문제」, 『매일신보』, 1942.5.7; 「연극과 흥행」, 『매일신보』, 1942.12.29.
86 고설봉, 『증언연극사』, 진양, 1990, 92쪽.

이와 같은 요구가 당국의 시책에 적극적으로 반영되었는지는 확인되지 않는다. 영화추정료를 '부당 지불'이라고 한 함대훈의 주장과, 대관료를 대체하는 당국의 혜택이라고 여긴 고설봉의 주장, 어떤 것이 맞는 것인지 아니면 함대훈의 의견이 받아들여져 이후 시정된 결과를 고설봉이 기억하는 것인지는 불분명하다.

극장 취체 논의가 있기는 했다. 이를테면 「고시 제794호」(1943.7.2)[87]는 「가격등통제령價格等統制令」에 따라 '상설영화흥행장'의 등급을 총 11급으로 나누고 그에 따른 최고 입장 요금의 기준을 정했다. 해당 요금에는 "관람료, 입장세, 좌석료, 중전仲錢,[88] 하족료, 깔개료" 등이 모두 포함되었는데, 그동안 여러 명목으로 관객에게 거둬들인 부당한 관행을 시정하기 위함이었다. 그러나 이 혜택은 연극·연예 종사자들과는 아무런 관계가 없었다.

또한 '연협'의 조직과 함께 지방극단이 거의 고사枯死한 것도 조선연극을 지체시킨 하나의 요인이다. '연협' 출범 시 9개 극단 중, 평양의 '노동좌'와 원산의 '연극호'만이 지방극단이며 이 두 단체는 추후 모두 경성으로 자리를 옮겼다. 이 밖에 1941년 2월 말에 새로 가맹한 /새 극단 중, '연협演協'(평양)과 '예우극단'(통천)이, 그해 7월에는 '청년극장'(평양), '신생좌'(신의주), '만월무대'(강계), '대륙좌'(신천) 등이 합류했으나 대체로 단명했다. 극단의 생존력이 지극히 미약한 가운데, 중앙집중적인 통제 시스템은 경성의 중심화, 지방의 주변화를 가속화했다. 신불출은 1936년 11월 당시 수백의 극단과 2천여 명의 소속연극인이 있다고 했거니와,[89]

---

87 『조선총독부관보』 제4924호, 소화 18년 7월 2일.
88 흥행장에서 심부름하는 이에게 주던 삯. 일종의 팁.

유치진은 1940년 12월 현재 가설무대 활동 단체를 제외하더라도 30~ 40여 개의 극단이 있다고 추정했다.[90] 정확한 수치라고 할 수는 없지만, 각지에 꽤 많은 극단이 존속했다는 감각은 신뢰해도 좋을 것이다. 이렇듯 열악한 조건에서도 적지 않았던 지방극단은 짧은 시간 안에 고사하고 만 것이다.

연극계가 전반적으로 영세했기 때문에 연극인들은 더욱더 당국의 정책적 지원과 보호를 기대했건만, 재정 상태는 호전되지 않았다. 조선 연극이 이 지경에 이른 데에는 기본적으로 극장 예술로서의 산업적 경쟁력이 영화에 뒤떨어지기 때문이지만, 제도적 불리함과 당국의 취체로 인한 기형적 지체를 겪어야 했던 이유도 있었다. 좌/우를 막론하고 신극이 관객대중과 유리될 수밖에 없었던 추이 그리고 대중극이 온갖 부정적인 수사를 한몸에 받으면서도 관객대중의 곁에서 성장해간 이력, 공교롭게도 전시체제기에 접어들어 양자의 접속이 불가피했으나 그들 모두 맞닥뜨려야 했던 경제적 악조건은, 국민연극의 '수행'을 하나의 '방편'으로 삼는 알리바이가 된 것이다.

그것이 가능했던 것은 다름 아닌 '신체제' 연극과는 상당한 거리에 있는 '구체제' 관객 덕분(!)이다. 연극계의 국민연극에 대한 인식은 대체로 세 가지 수준에 모여 있었다. 첫째는 국가이념, 더 정확히 말하면 국책선에 합치되는 주제, 둘째는 예술성, 셋째는 관객 획득이었다. 주제와 내용에 관해서는 광범위한 수준에서 혹은 당국 지침에 따라 다소 모호하게 당위적으로 강조되었던 반면, 연극인이 국민연극 담론에서

89 申孫吉, 「신극과 흥행극, 주로 극연에 향한 주문(1)」, 『조선일보』, 1936.11.6.
90 유치진, 「금년의 연극(3)」, 『매일신보』, 1940.12.27.

역점을 둔 것은 단연 예술성과 관객 획득 문제였다. 물론 양자의 문제는 무관하지 않았다. 국민연극이 "총후민중이요 전장을 앞에 둔 민중"[91]으로서 "광범한 관객층을 대상으로 하는 바에는 과거의 신극과도 달라 오락성도 많이 담아야"[92] 하기에, 예술적이면서도 대중적이어야 하는 국민연극의 수립이란 사실상 '신극'과 '신파극'으로 대별해 온 이원적 간격의 해소를 의미했다.

당연히 난항을 거듭할 수밖에 없었다. 이 간격은 하루아침에 기계적으로 해소될 수 없는 총체적인 것으로서, 여기에는 연극사에 새겨질 수 있는 온갖 요인들이 계기적으로 결합한 결과였기 때문이다. 얼마간이라도 간격을 좁힐 수 있었다면 이는 연극을 총괄적으로 책임지는 연출자의 비중이 높아졌을 때일 것이며, 실제로 일제 말에 두각을 나타낸 안영일·이서향과 같은 연출가의 작업은 일정한 성과를 내기도 했다. 문제는 설사 그 간격을 좁혔다고 해도 관객대중이 외면하면 그뿐이었다는 사실이다. 1941년, 국민연극의 모색이 본격화되었을 때 국민연극은 "구체제 관객들에게 무참히 냉대"[93]를 받았다.

국민연극을 제창한 이래 유치진 작 〈흑룡강〉, 임선규 작 〈인생설계〉, 위등 조선군 보도부원 작, 박영호 각색(〈가두〉), 함세덕 〈남풍〉, 박영호 작 〈가족〉, 김태진 작 〈백마강〉 등이 모두 금년 상연된 국민연극의 **좋은 극본이지만 이 연극들이 관중에 얼마나 감격을 주었느냐에 대하여는 다시 한번 재고할 여지가**

---

91 함대훈, 「국민연극의 첫 봉화─극단 현대극장 창립에 際하야(중)」, 『매일신보』, 1941.4.1.
92 오정민, 「현대극장所演 〈북진대〉 관극평(2)」, 『매일신보』, 1942.4.10.
93 목산서구, 「국민예술의 건설, 금후의 국민극(2)」, 『매일신보』, 1941.10.22.

있는 것이다. 종래 소시민 계급, 유산자의 생활을 그리던 연극이 근로자, 농민, 경방단원들의 생활을 그리게 되고 따라 그들의 생활면에 있어서 건강한 생활감정을 그린 것과 또 일본정신의 발양(發揚)은 특기할 만한 일이다. 그렇지만 우리는 국민연극에서 관중을 얻었느냐 하면 얻었다는 것보다 잃었다는 편이 더 타당하다 할 것이다.

— 함대훈, 「국민연극에의 전향—연극 1년의 동태(6)」, 『매일신보』, 1941.12.13

그도 그럴 것이 극장을 실질적으로 장악한 연극은 '흥행극'이었고, 관객이 하루아침에 그 낯선 국민연극의 팬이 될 리는 만무했다. 당시 연극관객에 대한 구체적인 정보는 별로 없지만,[94] 극장문화가 조성될 수 있었던 도시에서 여가 활동이 가능했던 유한계급과 상인계층이 주류를 이루었다는 것, 여기에 극장이라는 공적 공간에 출입이 상대적으로 자유로웠던 이른바 '화류계' 관객을 추가할 수 있다.[95] 그러나 이런 기본 사항보다도 더 중요해 보이는 인식론적 분별을 당대인들은 가지고 있었다. 첫째, 연극관객과 영화관객의 구별이다. 연극관객이 "『추월색』 독자와 같은 풍"이라면, 영화관객은 좀더 세련되었다고 인식했다. 둘째, 극장(혹은 장소)에 따른 관객 취향의 구별이다. 같은 경성지역이라 하더라도 '고급한' 연극관객은 주로 부민관을 가지만 동양극장에는 좀처럼 가지 않았다는 것이다. 셋째, 경성 관객과 지방 관객의 구별이다.

---

94 영화 관객에 관해서는 1941년 고상(高商)영화연구회가 성별, 연령별, 관람시간별로 조사한 자료가 『매일신보』에 부분적으로 실려 있다. 눈에 띄는 것은 남성이 83.25%, 여성이 16.75%로서, 남성 관객의 비중이 압도적이었음을 보여준다. 「영화관객, 高商映研의 조사」, 『매일신보』, 1941.7.13.

95 이원경에 의하면, 1930년대 경성의 경우 남성 관객은 종로와 무교동의 상인들이었고 여성 관객은 기생들이었다. 이원경, 『공수래공수거』, 늘봄, 2005, 77쪽 참조.

후자가 더 저급하고 통속적이라고 간주했다.[96]

연극관객을 여러 수준에서 분별하고 위계화하는 인식에서, 적어도 두 가지는 분명해진다. 첫째, 연극관객이 영화관객보다 '구식'이라는 인식은 이미 연극을 하급문화로 간주하게 만든다는 점이며, 둘째, 위계화된 구별에도 불구하고 이들을 현재 공통으로 매개하는 '흥행극'의 수준이 곧 연극관객의 수준이 된다는 점이다. 이 두 가지는 모두 조선연극의 영세성에서 비롯된 결과라 할 수 있으니, 특히 제작비라도 회수하기 위해 지방 순회를 해야 했던 극단의 생존방식은 중앙과 지방의 취향을 동일화하는 계기가 되었다. 각 지역의 문화적 거점이었던 극장들의 공공성이 현저히 감퇴하는 것과 맞물려, 순회의 형식은 점차 영세한 대중성을 운반하는 네트워크가 되어갔다. 임화의 '고협'에 대한 판단은 바로 그러한 상태를 잘 드러낸다.

> **오랫동안 지방관객을 상대로 하던 관계로** 거기에는 필연적으로 저속한 취미에 영합이란 신극의 정신과는 양립할 수 없는 극히 위험한 요소가 들어 있다. 미**처 씻지 못하고 혹은 씻으려 해도 부지불식간에 남긴 채 경성부내에 오르는 깃이다.** 이것이 사실이라 할 것 같으면 이러한 방침은 극단운용의 경제적 위험성을 막는 대신 다른 한쪽 문으로 예술성을 낮추는 위험을 맞게 되는 것이다.
>
> ─임화, 「고협 중앙공연을 보고(상)」, 『조선일보』, 1939.12.28

따라서 당국과 연극계 지도부가 국민연극의 수립을 긴요한 과제로

---

96 이상은 1940년 『조선일보』 신년좌담을 참고하여 정리한 것이다. 「종합좌담회─신극은 어디로 갔나? 영화조선의 새 출발」, 『조선일보』, 1940.1.4.

설정한다고 해도, 그것은 "지성 없는 '수일과 순애'적인 비극"[97]을 해야 했던 조선연극의 '지체' 앞에서는 사실상 무력했다. 그 단적인 사례가 어트랙션attraction의 유행일 것이다.

방화의 제작 제한과 상영시간의 제한 등에 의해 흥행장의 상영물 순서 편성은 상당히 **고로(苦勞)**가 요하게 되었을 뿐만 아니라 적정한 양화의 품부족으로 조선에서도 어트랙션 연예물 상연이 유행되어 있는 것이 사실이다. 1개월에 2회 평균의 상연은 각 관에서 보편으로 하는 상태로 되어 있는 터인데 이로 인해 비속 저조한 어트랙션물도 무난히 상연되어 **이 방면의 기업자와 악질 브로커가 상당히 개재**하여 건전오락에는 위반되는 감이 없지 않다. 이리하여 영화령과 병행하여 상설관에서 실연하는 그와 같은 어트랙션의 일정한 제한은 절대 필요할 뿐만 아니라 업자 간에서도 이 저급한 **어트랙션 통제 단체의 필요**가 절규(絶叫)되어 있다.

—「건전오락은 고상화로-저급 '애트랙슌' 순화」, 『매일신보』, 1941.5.29

이처럼 어트랙션의 유행은 전시통제 과정에서 빚어진 것이다. 오정민의 입을 빌면, 어트랙션이라 함은 "이미 연극 영역에서는 청산된 지 오랜 막간 여흥—쇼, 버라이어티, 난센스 또는 기타 낭곡극浪曲劇,[98] 기술奇術 등등—을 긁어모아 그야말로 연예적이고 통속적인 것을 아무런

---

97 박향민, 「신파비극을 배격-우수한 작품을 요망」, 『매일신보』, 1941.5.3.
98 일본의 낭곡(浪曲)과 조선의 고전극을 배합한 것으로, 안영일에 의해 강도 높게 비판된 적이 있다. "낭곡과 조선고전극과의 비과학적인 결합-그것이 곧 내선문화의 교류는 될 수 없다. 그것이야말로 극히 악질적인 편승적 사고이다. 화복(和服)을 입은 낭곡예술가가 핏대를 올리며 외치는 낭곡조에 맞추어 조선의 고전적인 의상을 입힌-우리가 십수 년 전에 볼 수 있었던 신파적인 내용과 연기-바로 그것이 낭곡극이다." 안영일, 「극문화의 신방향-국민연극의 장래(3)」, 『매일신보』, 1942.8.25.

독창(성)도 없이 연출되어 관객의 저급한 기호에 영합함을 주안으로 한" "상품가치 만점의 성황"[99]을 이룬 공연물이었다. 즉 레뷰와 근사한, 그야말로 잡탕적인 공연 형식이었다. 문제가 된 것은 보드빌과 같은 미국적인 '광조狂躁와 외설'이 난무하거나 재즈에 맞춰 어지럽게 춤추는 '경조부박輕佻浮薄'함이었다.

그런데 이 어트랙션은 중일전쟁 이후 활성화된 악극과 연동되어 있었다. 전쟁과 악극의 관계를 주목한 이면상에 의하면, 전시에 있어 "종래의 개인주의적 독백 과장의 유행가, 연주회 형식이 소멸되고 미미하나마 집단적이요 이데올로기를 가진 악극 형식의 출현"은 결코 우연이 아니다.[100] '불건전한 것'을 일소하고 일정한 수준의 예술로 고도화된다면, 악극이야말로 전시체제의 건전한 국민오락이 될 수 있음을 역설했다.[101] 총독부 당국의 시각도 그러한 명분과 논리 속에 있었다.[102] '경조부박한 영미풍英美風'을 경계하면서 악극의 향방을 '건전한 국민오락'으로 견인하는 정책을 시행하면 될 일이었다. 한편으로는 각종 위문공연에 동원되는 것으로 그 정치적 효용성을 증명하는 듯했지만, 다른 한편으로 흥행시장에서는 "가장 비외鄙猥한 재즈 춤의 한 토막, 안이한 눈물, 망측한 희롱"[103]으로 해방 직전까지도 관객의 애호를 얻어냈다.

---

99 오정민, 「가극의 장래(1)」, 『매일신보』, 1942.11.7.
100 이면상, 「극문화의 신방향—악극의 지위(1)」, 『매일신보』, 1942.8.29.
101 이면상, 「극문화의 신방향—악극의 지위」, (전5회), 『매일신보』, 1942.8.29~9.2.
102 「현존 악극단의 정리—전부 3개 단체 인정, 질적 향상과 건전성을 강조」, 『매일신보』, 1941.8.31; 「오락의 임전체제, 矢鍋문화부장 주의 환기」, 『매일신보』, 1941.9.3; 「非國策的 흥행일소—영화, 연극 등을 적극통제」, 『매일신보』, 1942.1.10; 「건전오락을 목표로 악극단에 자숙 강조, 총후에 적합지 안흔 것은 단호히 鐵槌」, 『매일신보』, 1942.1.10.
103 龍天生, 「악극단과 대중」, 『매일신보』, 1945.6.10.

연극은 흥행장 전시통제의 임계가 가장 분명히 드러난 곳이었다. 공연예술의 전쟁 특수는 분명했다. 영화상설관은 어트랙션의 비중을 높여갔고, 경성보총극장이 '아랑'과 제휴를 하여 극장을 제공한 것을 시작으로(1941.7), 점차 영화상설관의 문턱이 낮아졌다.[104] 약초극장은 아예 연극전문극장으로 전환한 경우였다.[105] 1945년 벽두 "최근과 같이 조선극계가 활발한 때가 없는 것 같이 생각"[106]되었듯이, 전쟁 막바지로 갈수록 흥행시장은 활황을 띠었다. 그러나 이 활황의 정체는─직역봉공의 수행을 정치적인 방패막이로 삼아─조선연극의 경제적 저열함과 제도적 불리함을 얼마간이라도 해소하고자 지극히 대중적인 흥행물에서 자구책을 찾은 결과였다. 그것이 가능했던 것은 극장 관객들 덕분이었다. 함대훈과 마찬가지로 연극의 유례없는 호황을 언급한 김자도는 다소 분열적인 문의文意를 노출하면서 전시 연극통제의 귀착점을 다음과 같이 묘사한다. "생경한 주입극에서 사상성을 발견하기에는 국가이상은 너무나 준엄하고 국민의 감정은 너무도 지쳤다. 이곳에서 어찌 결전연극의 사명수행을 기대할 수 있을 것이랴."[107] '국민연극'은 그만큼 멀어져 있었다.

---

104 1945년 5월, '현대극장'은 약초극장과, 극단 '태양'은 중앙극장과 계약을 맺었다. 「현대극장과 약초의 제휴」, 『매일신보』, 1945.5.16; 「중앙극장 태양 전속」, 『매일신보』, 1945.5.26.
105 「若劇 연극전문관으로」, 『매일신보』, 1944.11.21.
106 함대훈, 「〈백야〉 관극 소감(2)」, 『매일신보』, 1945.1.29.
107 金子道, 「연극시감(2)」, 『매일신보』, 1945.2.25.

6. '국가'에 대한 감각

전시의 연극통제는 시스템에 의한 동원정치였다는 점에서 그 이전과는 확연히 구별되었다. 조선총독부는 중일전쟁을 개시한 이후 조선사회의 재조직에 착수함으로써 전시체제로의 전환을 꾀했고, 이 과정에서 연극통제 시스템도 구축되었다. 국민총력조선연맹 문화부, 조선총독부 정보과, 조선군 보도부 등과 같은 상급 통제기관이 통제 방침을 확정하고, '연협'과 '연예협' 혹은 '연문협' 등을 매개로 하여, 산하 단체와 인력을 통제하는 수직구조를 갖추게 된 것이다. 이 시스템의 목표는 '건전한 전시오락'을 제공하는 것을 비롯하여 복제 미디어가 선전기능을 충분히 수행할 수 없는 영역에 연극/인을 동원하는 것이었고, 이는 '간담'과 '통첩' 혹은 '지도'와 '후원'의 형식으로 가동되었다. 이 시스템 안에 위치되지 않고서는 활동할 수 없다는 점에서, 연극인들이 당국의 전시통제선을 벗어나는 것은 거의 불가능해 보였다.

그러나 수직적인 통제 시스템의 안/밖에서 발원하는 요인들로 인해 매끈해 보이는 전시통제선에는 균열이 생기고 있었다. 연극인들 사이에서는 일찍부터 연극의 전시화戰時化를 위한 움직임이 시작되었으나 1941~1942년을 정점으로 하여 '자발성'의 집중력은 점점 감소하기 시작했다. 연극인들은 동원의 명분과 실리가 유착된 채로 의사擬似국가의 호명에 의사擬似전위로서 자신을 위치시켰다. 게다가 통제 시스템이 미칠 수 없었던 조선연극의 '지체' 혹은 주변성은 조선연극이 '국민의 연극'으로 재탄생되기 어려운 근본적인 딜미였거니와, '후방의 피로감'을 극장에서 배설하고자 했던 관객들 덕분에 이 상태는 해방 때까지 계속되었다.

전시展示행정에 적절하게 동원되면서도 비-국민연극 행위를 지속해나간, '경계가 불투명한' 주체의 이원성, 바로 이것이 1944년에 취해진 일련의 제도적 조치가 조선연극의 존속을 위협하는 것처럼 보였어도 그것이 그 기도에 상응하는 만큼 효과적일 수는 없었던 이유이다.

물론 이를 전시기 연극통제의 성패 문제로 정리하고 싶지는 않다. 연극통제의 기획이 정책적으로는 실패했을망정, 전시체제기는 그 이전과는 다른 단층을 만들어내면서 연극사에 새로운 것들을 새겨넣었기 때문이다. 연극통제 시스템과 관련하여 그것은 무엇보다도—식민지 조선인에게 있어 일본은 의사국가였지만—국가를 정점으로 하는 시스템의 직접적인 경험 그 자체였으며, 이로부터 '국가'에 대한 감각이 생성되었다는 점이다. 전시 이전의 검열체제가 '합법성에의 감각'[108]을 규율하는 주체로서 국가를 지각하도록 했다면, 이는 어디까지나 검열 및 취체의 가혹함과 부당함에 대한 인식을 동반한다는 점에서 '연극'과 '국가'는 우연적이고 부정적인 수준에서 관계를 맺었다고 할 수 있다. 그러나 합법성에의 감각이 계속해서 누적되고 있었다는 점 그리고 전시통제라는 획시기적인 경험은, 예술에 대한 국가의 인가권認可權을 자연화했을 뿐만 아니라 국가의 '통제'가 '지도'와 '지원'으로 인식된/되어야 했던 역사적 계기였다는 점에서 '연극'과 '국가'의 관계를 필연적인 것으로 만들었다.

이 필연성은 권력 집행의 효율성에 대한 긍정을 의미했고, 이러한 가치판단은 전적으로 국가권력의 대리자라는 매개적 위치에서 유효했다.

---

108 박헌호에 따르면 "검열은 '금지와 허용'으로 현상하는바, 식민지 사회에서 '합법성'에 대한 감각을 가장 직접적으로 가르치는 시스템"이었다. 박헌호, 「'문화정치'기 신문의 위상과 反-검열의 내적 논리」, 『대동문화연구』 50, 성균관대 대동문화연구원, 2005, 225쪽.

주체 스스로 자신을 일상적으로 국가의 허가대상으로 느낀다는 것은, 국가의 대리자가 되었을 때 누리게 될 특권의 소유를 의미하기 때문이다. 검열 문제가 그러하다. 유치진은 일찍이 '연협'에 '극본감독부'를 설치하여 자체적으로 사전검열을 시행하자고 제안했는데, 당국이 '치안검열'을 담당한다면 극본감독부가 '문화적 혹은 기술적인 검열'을 담당하자는 것이다.[109] 이는 예술적 실천을 심의대상으로 삼는 권위주의적인 관제검열을 자연화하는 것일 뿐만 아니라 모방하는 것이며, 연극의 질적 제고를 위한 '자율적 규제'라는 명분으로 미학적 위계화를 기도하는 것이다.[110] 유치진의 그와 같은 바람은 이뤄지지 않았지만, 누적된 식민지검열에서 유전되고 전시통제의 경험에서 유래된 인식구조는 이후로도 오랫동안 계속되었다.[111]

여기에는 두 단계의 변수가 개재되어 있었다. 첫째는 '동원'된 현실, 그리고 전시통제 시스템의 수직구조 '바깥'에 있었던 조선연극의 '지체' 혹은 주변성에서 비롯하는 주체(연극인)의 이원성이다. 더욱이 일제의 징병과 징용을 피해 시국선전 활동에 참여한 자기 보전까지를 감안하면,[112] 전시체제기 연극인은 선전주체로서의 직역봉공에도 불구하고 이

---

109 유치진, 「신체제하의 연극−조선연극협회에 관련하여」, 『춘추』, 1941.2.

110 문경연은 유치진의 그러한 태도를 "통제라는 제도와 창작 사이에 어떤 식의 틈을 만들려는 작가의 저항적 의지"로도 읽을 수 있다고 했지만, 그로부터 피식민자의 전유 양상을 읽어내는 것은 과잉해석으로 보인다. 문경연, 「1940년대 국민연극과 친일협력의 논리−유치진을 중심으로」, 『드라마연구』 29, 한국드라마학회, 2008, 58~59쪽.

111 이는 다음의 논문에서 논한 바 있다. 식민지검열의 냉전적 전유 과정에서 검열이 자연화되는 맥락은 「『공연법』에 이르는 길−식민지검열에서 냉전검열로의 전환, 1945~1961」(『민족문학사연구』 58, 민족문학사학회, 2015, 339~352쪽)을, 4·19 직후 검열 담론에서 '폐지'와 '필요'의 경합에서 '자율심의'라는 절충지점에 도달하고 5·16 이후 각종 '윤리위원회'의 조직으로 귀결되는 과정에 대한 비판적 논의는 「'예륜'의 역사적 추이와 제도적 임계」(『민족문학사연구』 63, 민족문학사학회, 2017, 288~293쪽)를 참고할 수 있다.

에 전적으로 귀속되지 않았다는 알리바이를 마련하고 있었던 셈이다. 사정이 이러하다면, 동종同種의 개인'들'이 함께 연루되어 있다는 사실에 안도감을 느끼지만, 동시에 (일본)국가와도 연루되어 있다는 불안의 착종—바로 이것이 전시기 상당수 연극인의 내면이자, '국가'라는 시스템을 실용적으로 받아들이는 근거였을 것이다.

둘째는 '해방'으로써 '국가'라는 시스템과 '민족'이라는 이데올로기가 결합함으로써 비로소 '민족국가'에 대한 환상이 형성되기 시작했다는 점이다. 사실 전시체제기 '국가'에 대한 감각은 '민족국가'의 결핍 속에 있던 절반의 경험이었다는 점에서 지극히 실용적인 수준에 있었지만, 해방 이후 금지된 아카이브에 보관되었던 '민족' 담론이 급부상함으로써 양자는 어렵지 않게 '민족국가'로 조합될 수 있었다. 국가의 내셔널리티가 이민족에서 자민족으로 이동했다는 안도감, 바로 그것은 '국가'에 대한 감각이 '민족'이라는 이데올로기로 육화되는 장면이다.

요컨대 오히려 전시통제 효과의 진짜 장면은 전시戰時라는 비상시가 종결되는 시점, 즉 해방되고 나서야 목격되는 것이기도 하다. '국민연극'에서 '국민'이 탈락했어도 남아 있는 전시통제의 흔적, 즉 전시戰時의 소산으로서 전시적展示的인 연극적 실천의 나머지다.

---

112 이화진, 「일제 말기 이동극단 활동의 전개 양상과 그 한계」, 『한국학연구』 30, 인하대 한국학연구소, 2013, 165~166쪽.

제2부

공간의 정치 – 주체, 자본, 극장

제1장
소인극의 불온한 군중

---

1. 소인극의 시대

소인극素人劇은 '아마추어 연극'을 지칭하지만, 식민지 조선에서 이것의 지위는 그런 정의로는 충분치 않다. 근대는 종래의 극예술 양식과는 구별되는 새로운 개념의 '연극'을 요청했고, 이 연극이 상품적 가치뿐만 아니라 공리적 가치도 띠길 요구했다. 20세기 초반은 그런 새 기운이 막 생성하던 때라 당시의 신-연극을 전문성/비전문성으로 나눌 수 있는 상태가 아니었다. 신파극이 한때 선풍을 일으키는 듯했으나, 1910년대 중반부터 정체 현상이 현저했고, 여기에 1921년 신파극의 핵심 인물인 김도산·임성구가 잇따라 타계했다. 모든 수준에서 연극의 전문성은 획득되지 않은 단계였다. 그러나 3·1운동의 효과임이 분명한, 새로운 정치적 요구에 대한 열망이 소인극을 매개로 하여 표현되기 시작했다.

각종 사회단체, 그중에서도 청년단체의 약진은 현저했다. 조선청년회연합회의 발족이 그 대표적인 예다. 그 발족을 앞두고 전국 각지의 600여 단체가 참가를 신청했을 정도로 그 열기는 뜨거웠고, 이 가운데 100여 개를 선별하여 1920년 12월 창립을 보았다.[1] 청년회를 비롯한 각종 단체는 강연회·토론회·야학강습회 등과 같은 대중적인 소통방식을 취하면서 민족적 소명의식의 윤리, 근대적 주체 형성에 필요한 최소한의 교양과 상식을 제공하는 데 주력했다. 소인극의 특별한 지위는 바로 여기서 나온다. 소인극은 단체 행사 프로그램의 하나로 구성되거나 단독으로 공연되었고, 이 공연들은 행사 목적에 부합하거나 적어도 그와 연계된 미적 표현을 지니고 있었다. 물론 소인극의 성격을 한 가지로 설명하기는 어렵다. 주관단체는 매우 다양했다. 청년회를 비롯해 학우회·종교단체·소년회·야학회·구락부·상무회·노조·농조·체육회·학교 연극부 등 사회단체를 망라할 정도로 매우 광범위했다. 또는 지역유지들이 주관하거나 여러 단체가 연합하는 사례도 많았으며, 각 지역의 신문사 지국과 분국이 후원하는 일도 적지 않았다. 그런 만큼 행사 목적도 다양했다. 해당 단체 사업의 하나로, 아니면 풍속개량과 문화선전을 목적으로, 아니면 교육기관의 유지와 건축, 기근·이재민의 구제, 무산아동 문맹퇴치 등에 필요한 기금을 마련하기 위해 소인극을 공연했다.

소인극은 어느새 문화 아이콘이 되었다. 당시 소인극 정보를 실어나른 신문기사만 보아도 이는 능히 짐작된다. 주관단체·일시·장소·공연 목적은 거의 고지되었고, 레퍼토리는 간헐적으로 소개되었다. 공연

---

1 조선청년회연합회에 대해는 안건호, 「1920년대 전반기 조선청년회연합회에 관한 연구」, 숭실대 석사논문, 1993 참조.

사후 기사는 대체로 관객동원 수, 호응도, 의연금 내역 등과 같은 공연 성과를 보고했고 관객들의 반응을 하나같이 '다대한 감흥을 주었다'는 식으로 표현했다.

한편으로 생각하자면 딱히 향유할 만한 대중적인 공연물이 희소한 상황에서 소인극 관람은 '굿 보러' 가는 일에 준하는 놀이문화였는지 모른다. 아니면 소인극의 다양한 주체와 목적만큼 지극히 실용적인 수준에서의 필요였는지 모른다. 그렇다고 해도 소인극은 전연 새로운 문화 형식이었다. 대중 스스로 생산과 소비를 아우르는 문화적 주체의 탄생이었으며, 이들은 소인극 실천을 통해 새로운 세계에 대한 열망을 표현하면서 계속해서 구성되는 존재였다. 소인극은 삶의 현장과 연계하고 사회변동을 집단적인 수위에서 반영하여 연극의 공공성을 전면화했다.

이 경험의 순간은 필연적으로 종족적인 정동의 출렁거림 그 자체였을 것이며, 이는 곧 일정한 물리적 공간을 함께 점유하면서 생성된 식민지 군중으로서의 지각이었을 것이다. 거듭 말하지만, 이는 전적으로 3·1운동의 문화적 효과였다. 아마추어에 지나지 않는 이들의 공연을 일일이 보도하는 신문기사는, 소인극을 예술사적 혹은 미학적 관점에서가 아니라 사회적 관점에서 그 가치를 기대하거나 해석한 사회적 합의였다. 1920년대는 소인극의 시대였다.

2. 집회로서의 연극

1부에서 논했듯이 각 지방기관이 흥행/장 「취체규칙」을 제정한 데에는 외화 통제의 필요성뿐만 아니라 전국적으로 발흥하기 시작한 소인극의 동태가 있었다. 경기도의 경우, 1921년 5월경부터 경찰부 보안과에서 취체규칙 마련에 착수했는데[2] 여기에는 변사의 면허증 제도, 검열의 강화 등이 포함되었다.[3] 법령 제정은 다소 지연되었으나,[4] 마침내 1922년 「흥행장급흥행취체규칙」이 공포되었고, 1923년 4월 개정안을 내놓아 연극검열을 강화했다.[5] 이 개정안에서 가장 중요한 골자는 각본의 사전검열이다. 종전에는 소관 경찰서에 각본을 제출하여 허가를 받았을 뿐이지만, 이제부터는 경기도 경찰부 보안과에서 각본검열의 수속을 거쳐 '검열증인檢閱證印'을 받은 것만이 흥행할 수 있도록 하고 검열증인을 받았을지라도 취체상 필요하다면 흥행을 제한하거나 금지할 수 있도록 했다.

이 제도가 시행되면서 각본검열 시행 첫해의 일부 기록이 남아 있는데, 1923년 10월, 한 달 동안 경기도 내 검열 건수는 총 345건이고, 그중 활동사진은 115건, 연극은 230건이었다.[6] 이 230건에는 재조 일본인 극단의 것도 상당수 포함되었을 테지만, 당시 극단의 수효도, 공연

---

2 「흥행취체방침」, 『조선일보』, 1921.5.18.
3 「활동사진변사의 인물검정실행」, 『조선일보』, 1921.6.2.
4 「흥행물과 전차의 취체규칙」, 『동아일보』, 1922.1.21; 「흥행물 검열」, 『동아일보』, 1922.1.22.
5 「흥행장급흥행취체규칙개정」, 『조선일보』, 1923.4.18; 「각본검열도 실시, 흥행시간도 단축한 흥행취체규칙」, 『매일신보』, 1923.4.18; 「흥행물은 전부 검열」, 『동아일보』, 1923.4.18.
6 「각본과 사진」, 『조선일보』, 1923.11.3.

도 원체 적은 상태인지라 소인극 공연의 상당수가 이 수치에 반영되어 있음은 분명해 보인다. 이 시기만 해도 검열에서 불허된 각본은 많지 않았다. 1923년 10월 당시 공안 풍속의 방해 건으로 금지 처분당한 것은 7, 8건에 불과했다.[7] 공연검열 사례도 별로 없었다. 이는 그때까지만 해도 소인극이 대체로 '안전했음'을 말해준다.[8]

그러나 당국의 취체 방향은 구체화되고 있었다. 일례로 비슷한 시기 울산에서 발생한, 노동야학회 주최 소인극의 금지는 시국과 관련한 특별한 조치였다. "금번 동경진재 이후로 당분간 조선인이 다수히 집회되면 불온한 행동이 일어날까 하여 상부로부터 집회 금지의 공문이 있으므로 허가할 수 없다"[9]는 것이 금지 사유였다. 여기서 주목할 것은 "조선인이 다수히 집회되면 불온한 행동이 일어날까 하여"라는 당국자의 발언이다. 소인극이 단체의 행사 프로그램의 하나로, 혹은 기금마련 등의 목적으로 공연되고 있었지만, 행사주관 단체의 연극에 대한 도구적 인식이 당국의 통제 방향타가 되기 시작한 것이다.

경찰 당국의 입장에서 소인극은 '연극'이라기보다, '집회'였다. 더욱이 1920년대 초반을 지나면서 소인극에서도 사상성을 뚜렷이 보이는 사례가 나타나기 시작했다. 조선노농총동맹과 조선청년총동맹의 창립(1924), 그리고 조선공산당의 결성(1925)이 그러한 시세의 표지이듯이, 전일적이지는 않더라도 소인극의 사회주의적 전회는 뚜렷했다. 어떤

---

7   위의 글.

8   1920~1922년까지 소인극의 주제는 대부분 구사상 타파, 신사상 고취, 풍속개량 등이었다. 정호순, 「연극대중화론과 소인극운동」, 『한국극예술연구』 2, 한국극예술학회, 1992, 187쪽.

9   「노동소인극을 금지」, 『조선일보』, 1923.9.29.

경우 혹은 특정 시기에 이제 소인극은 사회주의의 대중적 선전을 위해 각별히 전유되어야 할 미디어가 되었다. 그러자 지금까지 고삐를 늦추고 있던 당국은 소인극을 '위장된' 혹은 '잠재적인' 집회로 간주하여 사전에 봉쇄하는 정책을 취하였다. 이때가 1925년을 전후로 한 시점이고, 이 시기에 치안유지법(1925.5.12)이 발효되었다.

당시 사전검열에서 공연이 불허된 사유는 몇 가지로 나뉜다. 첫째는 '불온한 사건'의 도화선이 될 만한 시국과 관련해 금지한 경우다. 예를 들면 앞서 말한 동경 대진재를 비롯해 순종의 인산因山, 박람회기, 한일병합 기념일, 3월 1일 등을 전후로 한 시점이다.[10] 이를 표면상 내세우지 않았어도 공안을 방해할 우려나 집회 금지기간을 이유로 금지했다.[11] 그러나 이렇게 정치적인 이유로 명백히 불허방침을 전달한 것보다는 이러저러한 빌미로 금지하는 경우가 다반사였다. 그리하여 그 두 번째는, 소인극 주관단체의 성격과 공연 목적과 관련해 금지한 경우다. 기근 구제 혹은 이재민 구제 사업이 소인극 주관단체의 성격에 부적합하다거나,[12] 기금수혜대상이 인가認可 수속을 마친 기관이 아니라면서 불허하기도 했다.[13] 때로는 청년들이 '분을 바르고' 연극을 하는 행위는

---

10 「노동소인극을 금지」, 『조선일보』, 1923.9.29; 「소인극 금지, 무리한 영흥경찰」, 『시대일보』, 1926.6.27; 「온성 구제회 순회연극도 금지」, 『조선일보』, 1929.10.6; 「광천 소년회 소인극 금지」, 『조선일보』, 1930.9.11; 「소인극은 금지」, 『조선일보』, 1926.3.1; 「소인극 금지」, 『동아일보』, 1931.3.5.

11 「靑山 재외학우회 소인극회 금지」, 『조선일보』, 1929.8.18; 「소인극도 금지」, 『조선일보』, 1929.10.15; 「公靑 소인극 경찰이 금지」, 『조선일보』, 1929.10.17.

12 「救饑 소인극을 개천서가 절대 금지」, 『동아일보』, 1925.1.12; 「경찰의 간섭으로 기근 구제극 중지」, 『조선일보』, 1925.2.23; 「수해구제극 금지」, 『조선일보』, 1930.8.6.

13 「長淵 진명학원 동정순극 금지」, 『조선일보』, 1928.3.31; 「양주에서 동정극 금지」, 『조선일보』, 1929.8.24.

풍기상 좋지 못할뿐더러 '자력갱생'에도 어긋난다는 이유를 댔다.[14] 함경남도에서는, 학생들이 방학에 귀향하여 활동하는 일이 빈번해지자 연구 목적이 아닌 경우에는 모두 불허하겠다고 밝혔다.[15] 이외에도 어떤 설명도 없이 "연극만은 절대로 금지한다"[16]거나 조합행사는 우여곡절 끝에 치러졌으나 기념행사로 준비했던 소인극은 금지된 사례도 있다.[17] 불허 사유가 모호한 경우도 상당하다.[18] 때로는 당초에 허가를 내주겠다고 약속을 해놓고 '돌연 금지' 하는 일도 종종 발생했다.

1920년대 중반 이후 강화된 사전검열은 소인극을 겨냥하고 있었다. 취체 당국은 소인극 공연 장소가 얼마든지 불온한 식민지 군중의 집회로 전화될 수 있음을 경계했다. 물론 불허 처분이 점점 증가했지만, 공연된 소인극도 적지 않았다. 소인극의 사전검열은 특정 기준에 의한 일관된 정책실행이 아니었기 때문에, 어떤 단체에서는 불허된 사유가 다른 단체에서는 허용의 명분으로 인정되기도 했다.[19] 따라서 위장된 또는 잠재적인 집회로 간주한 소인극을 사전에 봉쇄하는 일만큼이나 현장취체가 중요했다. 공연이 중지되거나[20] 사법처분까지 받은 사례[21] 역

---

14 「영주 청맹 소인극을 금지, 이유는 모호」, 『중외일보』, 1929.2.20; 「소인극 준비는 '자력갱생'에 위반」, 『조선일보』, 1933.2.25.
15 「학생연예 취체방침 결정」, 『조선일보』, 1924.9.22.
16 「노조 주최 소인극 금지」, 『중외일보』, 1928.5.25.
17 「양복 技工의 소인극 금지」, 『동아일보』, 1931.3.5.
18 「소인극도 금지, '道令'이라고」, 『동아일보』, 1926.8.29; 「소인극도 금지, 보령군 경찰」, 『동아일보』, 1926.8.31; 「유치원 연극회를 경찰이 돌연 금지」, 『중외일보』, 1926.12.13; 「소인극도 금지」, 『동아일보』, 1927.6.7; 「순회극 금지, 온성 청맹 주최」, 『조선일보』, 1929.8.24; 「준비를 허한 통천 구제극 금지」, 『조선일보』, 1930.8.16; 「현풍 청맹 소인극 금지」, 『중외일보』, 1930.8.23; 「농민위안 소인극도 금지」, 『중외일보』, 1930.8.26; 「대전 소인극 금지」, 『조선일보』, 1930.11.28; 「청년소인극 경찰이 금지」, 『조선일보』, 1933.10.18.
19 「소인극 금지, 무리한 영흥경찰」, 『시대일보』, 1926.6.27; 「무리한 옥천경찰, 소인극 흥행도 금지」, 『조선일보』, 1926.11.30.

시 증가했다.

눈여겨볼 것은 공연검열의 정점이 1920년대 말과 1930년대 초에 집중되어 있다는 사실이다. 이 시기를 거치면서 소인극은 식민체제가 구획한 법제의 안과 밖, 즉 '비합법적' 영역과 '합법적' 영역으로 나뉘어 수렴되어갔다. 아마추어 연극이라는 볌박한 의미가 아닌, 정치적 활동으로서의 성격을 뚜렷이 보여주던 소인극은 확실히 위축되었지만, 제도 내의 소인극은 점차로 정치적 수행성을 띠지 않는 안전한 것으로 채워졌다. 그러다가 1930년대 중반에는 수재민 구제를 위한 소인극조차 금지했고,[22] 1935년 경기도 보안과는 영리 목적의 소인극을 통제한다면서 '소인극 취체규칙'[23]을 준비하는데 그 속내는 다름 아닌 집회 가능성의 봉쇄였다.

여기서 연극검열 소관처가 줄곧 각도 경찰부 보안과였던 연유를 이해할 수 있다. 1926년 4월, 경무국에 도서과가 설치되는데, 그 동기는 각종 출판물의 격증과 통일된 영화검열이었다.[24] 이때 영화검열은 도서과로 이관되지만, 연극검열은 그대로 보안과에 남았다. 도서과와의 업무 연계는 일정하게 이뤄진 것으로 보인다.[25] 1933년 『동아일보』의 한

---

20 「연극도 중지당해」, 『조선일보』, 1930.7.2; 「북청 權支 음악 금지」, 『조선일보』, 1930.11.2; 「경찰부 검열제, 각본을 임석 경관 자의 삭제」, 『조선중앙일보』, 1935.2.9.

21 「維新청년회 순회극단」, 『조선일보』, 1923.12.19; 「성진청맹지부 간부, 7인 검사국송치」, 『조선일보』, 1929.10.18; 「성진 영화사건, 각각 유죄판결」, 『조선일보』, 1929.11.17; 「〈화전민〉이란 예제로 연극코 징역 반년」, 『동아일보』, 1929.11.26; 「연극 불온타고 세 청년 검거」, 『동아일보』, 1931.3.16; 「푸로연극한 단천 소년, 2명은 공판 회부」, 『조선일보』, 1931.7.14.

22 「구제소인극을 안계서는 금지」, 『조선일보』, 1934.8.10; 「소인극 금지」, 『동아일보』, 1934.8.17; 「구제 演奏素劇을 高原署는 불허」, 『조선일보』, 1934.9.1; 「충주 수해이재민 동정 소인극 금지」, 『조선중앙일보』, 1936.8.25.

23 「영리를 목적으로 하는 소인극 적극취체」, 『조선중앙일보』, 1935.10.9.

24 정근식·최경희, 「도서과의 설치와 일제 식민지출판경찰의 체계화, 1926~1929」, 『한국문화연구』 30, 동국대 한국문학연구소, 2006, 106쪽.

기사는, 임석한 정복경관이 있음에도 불구하고 고등계 사복형사가 극장 내에서 월권을 행사한다는 신고를 받고 총독부 도서과 검열계에서 직원이 나와 그 사복형사에게 주의를 준 사건을 기록하고 있고,[26] 영화인 이필우李弼雨도 1930년대 중반 도서과에 재직했던 오가타緒方라는 연극 검열관을 언급한 바 있다.[27]

여하하든 각본검열을 포함하여 연극검열은 경찰부 보안과의 소관이었다. 그래야 할 이유는 도서과 업무량이 너무 많아서일 수도 있다. 그렇다면 이렇게 질문을 바꿀 수 있다. 그래도 되는 이유는 무엇일까. 그것은 연극이 사전검열만큼 현장취체도 중요한 대상이기 때문이다. 이런 데에는 위장된 혹은 잠재적 집회로서의 소인극 통제라는 초기적 상황과도 관련이 있다. 당국은 정치성이 높을 것으로 예견되는 소인극을 일종의 '집회'로 간주했기 때문에 일차적으로는 사전 봉쇄하는 전략을 취했다. 별도의 규칙 없이도 이러저러한 이유를 대서 정치적으로 위험한 공연을 미리 차단하는 요령도 마련되었다.[28] 신파계열의 순회극단이나 극소수의 지역 전문극단은 연극검열의 주요 대상이 아니었다. 이 전략은 얼마간

---

25 일본인 통역관이 도서과와 보안과를 오가면서 검열업무를 지원하거나 업무를 겸하는 사례가 있었다고 한다. 정근식, 「일제하 검열기구와 검열관의 변동」, 『대동문화연구』 51, 성균관대 대동문화연구원, 2005, 27쪽 참조.

26 「사복형사 '월권문제'로 홍행업자 경찰에 탄원」, 『동아일보』, 1933.8.6.

27 한국예술연구소 편, 『이영일의 한국영화사를 위한 증언록-유장산·이경순·이필우·이창근 편』, 소도, 2003, 261쪽. 당시 도서과에는 영화검열관 '오카다 준이치[岡田順一]'가 있었는데, 이필우는 이 책 다른 곳에서 그를 정확하게 언급한 것으로 보아 동일 인물은 아닌 것으로 보인다.

28 각본검열 불통과 사례가 많은 것도 아니었다. 「천여 명의 대관중 '분극의 밤' 성황-우승은 이학년이 획득」, 『동아일보』, 1929.2.2; 「보전학생극 연기, 상연각본 불허가로」, 『조선일보』, 1933.6.21; 「'이화연극의 밤' 일자, 순서 변경」, 『동아일보』, 1933.9.29; 「풍천청년회 연극, 각본문제로 연기」, 『동아일보』, 1934.2.23.

성공적이었지만, 그렇다고 해서 이로써 충분치는 않았다. 각본검열을 통해 '불온한 것들'을 걸러낼 수는 있지만, 공연 현장은 늘 변수에 노출되어 있었다. "극단 사람들이 검열에는 대사만 죽 늘어논 간단한 것을 들여보내고는 정작 상연할 때에는 무대 위에서 마음대로 행동"[29]하는 일이 많을뿐더러, "배우들이 불온사상을 암암리 선전하는 일"[30]이 있어서, 현장취체를 통해 기동성을 발휘할 기관이 필요했다. 그 적임자가 소관 경찰서의 고등계인 것이다. 이런 상황에서 각본검열만 도서과가 담당한다면 혼란만 가중될 것이 뻔하다. 업무를 서로 연계하되, 검열 소관을 경찰로 일원화한 것, 이는 조선의 전 지역을 통괄하는 법령이 굳이 없어도 되는 이유이기도 하다.

결과적으로 소인극의 문화적 활력은 계속되지 못했다. 관객이자 행위자였던 문화적 주체의 부상은 3·1운동 이후 변화된 정세와 조응하면서 특정한 표현에의 열망을 실현한 사례였지만, 사상통제의 일환인 사전검열과 현장취체를 비껴갈 수 없었다. 그리고 머지않아 일본제국에 이로운 관제-소인극으로 변신할 운명이었다. 그러나 소인극의 시대를 이렇게 정리할 수는 없다. 소인극이 전국적으로, 삭세삭층에 까니의 햇볕처럼 번져갈 수 있었던 동력, 즉 이차적 전기轉機에 바로 사회주의 사상의 확산이 있었고, 비합법의 영역에서 알려지지 않은 소인극이 존속하고 있었기 때문이다. 이 두 가지의 사실은 소인극을 '사건'으로서 기술하기보다 제도적 압력과 길항하면서 이뤄낸 문화정치로 독해해야 함을 의미한다.

---

29 「출연 중의 배우 9명, '풍속괴란'의 벌금, 문제의 각본은 상연을 금지명령-'금후로도 엄중단속', 黑沼 고등계주임 談」, 『조선일보』, 1933.6.17.
30 「사복형사 '월권문제'로 흥행업자 경찰에 탄원-흑소 주임 談」, 『동아일보』, 1933.8.6.

3. 프로-소인극

소인극과 사회주의의 접속을 어떻게 읽을 것인가의 문제는 일견 명확해 보인다. 소인극의 부상과 사회주의의 영향 그리고 이후 그 소멸에 이르는 궤적에 대해, 선행연구는 대체로 일치된 서술을 보여 왔다.[31] 프로연극 연구의 본격적인 시작을 알렸던 강영희·이영미는 '프로연극적 소인극'이 '신파연극'과 '예술주의적 신극'과는 구별되는 '내용적 민중성, 양식적 간결성'에 접근했으리라는 점에 주목하고, 그 역사적 위치를 두 가지로 요약한다. 첫째는 준*직업화한 극단들이 출현할 수 있었던 직간접적인 계기였으며, 둘째는 "1930년대 전반에 이동식 소형극장을 지향하면서 활동하고자 했던 각 지역 프로극단들의 인적 토대로 연결되거나 아마도 경험적 전사로서 작용했을 것"이라는 점이다.[32] 그리고 이러한 정황하에 카프가 제2차 방향전환 이후 지방의 프로극단에 대한 조직화(극장동맹 건설)를 시도했다고 설명한다. 정리하자면, '프로연극적 소인극의 반향 → 지방 프로극단 자생적 출현의 원동력 → 카프의 지방 프로극단 역량의 조직화'라는 서사에, '프로연극적 소인극'이 위치하는 셈이다. 이와 같은 시각은 프로연극을 다룬 연구에서도 반복되어 왔다.

'프로연극적 소인극/지방 프로극단/카프'의 삼자가 '프로연극'의 대두라는 현상에서 하나의 카테고리로 묶일 수 있는 관계임이 분명하지만,

---

31 강영희·이영미, 「식민지시대 프로연극의 전개와 역사적 의의」, 역사문제연구소 문학사연구모임, 『카프문학운동연구』, 역사비평사, 1989; 정호순, 「연극대중화론과 소인극운동」, 『한국극예술연구』 2, 한국극예술학회, 1992; 유민영, 『한국근대연극사』, 단국대출판부, 1996; 안광희, 『한국 프롤레타리아 연극운동의 변천 과정』, 역락, 2001.

32 강영희·이영미, 위의 글, 210쪽.

그와 같은 역사적 서술이 온당한지는 되물을 필요가 있어 보인다. 사실, 소인극단의 준직업화 현상을 보여주는 사례로 거론된 것들은 사실과 다르며,[33] '프로연극적 소인극'과 프로극단의 관계를 설명해주는 자료도 거의 없다. 그런데도 기왕의 논의들이 이런 사적 설명에 이른 것에는 세 가지가 결부되어 있다. 첫째, 프로연극을 카프를 중심으로 읽어내는 관점이며, 둘째, 사회주의적 성격의 소인극의 역사적 가치를 부각시키고 싶어도 그 구체성을 확인할 수 있는 자료가 절대적으로 부족하다는 점이다. 셋째, 그러한 소인극의 생명이 길게 잡아도 1930년대 중반이면 종결된 것으로 보이기 때문이다.

과연 사회주의와 조우한 소인극이 카프와의 관계에서만 혹은 연극사와 관계하는 한에서만 서술되어야 할까. 사회주의 문예운동사에서 상징적 중심으로 각인되어온 카프는 중요하게 다뤄질 필요가 있다. 그러나 이런 데에는 카프가 사회주의 문예운동의 '정수精髓'여서가 아니라 '대표代表'가 되어야 했던 맥락이 있었음을 놓쳐서는 안 된다. 게다가 이 사정에 앞선 심층의 문제는, 프로연극이란 — 몇몇 소수집단에 의한 문화적 기획과 실천이 아니라 — 1920년대 중반 이래 광범위하게 파장을 물러일으킨 사회주의 사상이 연극과 만나 이룬 역사적 결과라는 데 있다. 따라서 프로연극은, 카프 중심의 프로연극을 소실점으로 하는 역사적 원근법이 하나의 풍경으로 전락시킨 것 혹은 이 시선의 프레임에서 배제된 것에 대한 적극적인 관심에서 재구성될 필요가 있다. 바로 그 자리에 사

---

33 울산의 동민극단의 역사에 대해서는 알려지지 않았으므로 그런 판단은 섣부른 것이며, 원산관 직속 WS 연예부와 현성완 일행은 처음부터 직업극단으로 출발한 단체다. 더욱이 현성완일행은 프로극단이 아니다.(이승희, 「현성완」, 강옥희·이순진·이승희·이영미 편, 『식민지시대 대중예술인 사전』, 소도, 2006 참조)

회주의의 반항에서 생성된 소인극이 위치한다.

사회주의와 접속한 소인극, 이 '프로-소인극'은 보다 심대한 역사적 지위를 갖는다. 프로-소인극에서 '프로'를 일차적인 것으로 본다면, 이 소인극은 기존의 관점이 그랬듯이 프로문예운동사와의 관계에서 다소 모자람이 있는 조연일 따름이겠지만, 1920년대 조선사회의 활력을 매개한 '소인극'을 일차적인 것으로 본다면, 이 소인극은 사회주의가 특정한 문화적 경험으로 각인될 수 있었던 대중적 기초가 된다. 문화의 변화란 특정한 사회사적 혹은 운동사적 사건과는 다른 속도로 진행되며, 그 향방은 좀처럼 가시화되지 않는 것을 특징으로 한다. 하물며 소인극의 경우는 더 말할 것도 없다. 소인극의 생산과 향유는 남들보다 더 특별한 혹은 뛰어난 개인이나 집단에 의해 이루어지지 않는다. 이 문화 형식은 그저 평범한 대중의 것이며, 여기에는 당대의 지배적인 인식론적 구조와 감정구조가 담겨 있다. 이는 전위적인 문화주체가 수행할 수 있는 '비약'이란 지극히 제한적일 수밖에 없음을 인정하는 것이기도 하다.

그런 점에서 전대의 문화적 자장 안에 어떻게 사회주의가 개입해 들어가는지, 그리고 그 일각을 어떻게 변화시키는지 등의 주제는 프로-소인극이 물러간 이후와도 관계가 있다는 점에서 중요하다. 프로-소인극의 수행성 역시 마찬가지이다. 프로-소인극의 자료가 턱없이 부족하다는 것은, 그럴 수밖에 없는 그 특수한 존재방식과 자기운동성이 이 대상에 대한 가장 중요한 참조점이 되어야 함을 말해줄 뿐이다. 소인극은 1920년대 초반부터 도구적 성격을 본질로 삼았으며, 프로-소인극의 경우 이런 성격이 더욱 현저하다. 그렇기에 프로-소인극은 레퍼토리로 환원되거나 국한될 수 없는 지점, 즉 그 수행의 맥락과 전략 자체가 더 중요하다.

4. 신파의 사회주의적 전유

소인극 공연의 주관단체가 다양하긴 했지만, 공연의 목적은 대략 세 가지 정도로 압축된다. 첫째는 학부모와 독자 혹은 마을주민을 위한 '위안', 둘째는 해당 기관의 유지와 회관 건축 혹은 구제(기근·이재)를 위한 '기금마련', 셋째 각종 회의 취지를 널리 알리기 위한 '홍보' 등이다. 그리고 이런 실질적인 목적과 함께 종종 '풍속개량'과 '문화선전'이라는 행사의 취지를 선전했다. 공연은 극장이나 회관, 또는 마을 광장, 때로는 개인저택의 마당에서 행해졌다.

놀라운 것은 소인극 관람 인원이 대부분 수백에서 천여 명에 이르렀다고 보고된 점이다. 〈그림 2〉에서 보듯이, 작고 소박하게 꾸며진 무대

〈그림 2〉 안암동 고학당의 소인극 공연(『조선일보』, 1924.7.17)

에 그 많은 관객이 입장하는 것은 사실상 불가능하다.[34] 설사 그 많은 관객이 입장했다고 해도, 지금과 같은 음향시설이 없었던 당시에 공연 내용이 제대로 전달되었을 리 만무하다. 그러니 그런 보도를 액면으로 신뢰하기는 어렵다. '다대多大한 감흥을 주었다'는 상투적인 감상과 함께 입장 관객의 엄청난 숫자를 기록하는 과장誇張, 이는 매우 많은 이들이 몰려왔다는 감각의 다른 표현일 수 있겠지만, 이 과잉은 실제를 초과하여 '현실'을 구성하는 이념적 진술이다. 그 공연 혹은 집회가 그럴 만한 가치가 있다는 신념!

얼마간은 저렴한 입장료 덕분일 수도 있다. 입장료는 좌석 등급에 따라 달랐지만 대체로 10~30전이면 관람할 수 있었고, 무료공연도 많았다. 그런 대신, 필요한 기금은 지역유지의 의연금에서 충당했다. 즉 관객에게 소인극 관람은 무료로 혹은 저렴한 가격으로 새로운 문화를 향유할 수 있는 기회였다. 그러나 이것만으로는 소인극이 시대의 유행이 될 수는 없다. 소인극이라는 문화 자체가 형성하고 있던 자장磁場, 즉 '동정'의 커뮤니케이션에 대한 일정한 문화적 합의가 있었기 때문에 가능했다.[35] 기금마련이 소인극 공연의 주된 목적인 데서도 확인되듯이, 공연 주체는 '자기' 혹은 '타인'의 구제를 명분으로 내걸었고, 관객은 관람을 통해

---

34 〈그림 2〉의 공연 장소는 안암동 소재 고학당으로, 협소한 공간이기는 하지만 이밖에 남겨진 몇 장의 사진들에서도 무대 규모의 소박한 사정은 이와 다르지 않다.

35 '동정'이라는 일종의 문화적 합의를 만들어낸 것은 1910년대부터이다. 우수진은 '동정'이 근대 초기의 현실을 '사회'나 '국가'와 같은 하나의 가상적인 공동체로 상상하게 만드는 데 기여하고, 신파극의 '눈물'이 바로 이를 수행한 기제라고 보았다.(우수진, 「근대 연극과 센티멘털리티의 형성」, 연세대 박사논문, 2006, 98~123쪽) 그러나 3・1운동 이후의 '동정'은 여전히 가상의 공동체를 상상하는 기제였지만, 그 층위는 단일하지 않을 뿐만 아니라 그 문화사적 함의 또한 변화하고 있었다는 점에서 구별될 필요가 있다.

서 공감을 표했다. 동정은 일종의 자력갱생을 위한 상호 부조의 형식이
자 윤리였다. 그리고 소인극의 공연공간은 당시 조선사회 개조의 필요
성을 공유하는 문화 자장 내에서 공론장의 기능을 일정하게 수행했다.
〈그림 2〉에 해당하는 고학당 소인극에 대한 다음과 같은 보고는 그때의
분위기를 잘 전달하고 있다.

> 그들의 흥행하는 각본은 〈고성(高聲)〉 2막과 〈황금국(黃金國)〉 2막과 〈우
> 정〉 3막 등인데 그 각본의 내용도 자미있고 출연자의 기술도 소인극으로는 매
> 우 연숙하거니와 각본이 자미있느니 출연자의 기술이 정교하니 하는 것보다도
> **무산자의 자제로 학문을 배우고자 하여 움집생활을 하며 매일 조밥으로 연명을 하여**
> **가는 그들의 사정을 동정하여** 간 곳마다 재작야와 같이 예상 밖에 성황을 이룰
> 것을 가히 예측할 수 있을 뿐 아니라 **그 각본 내용은 현 사회 이면에 잠겨 있는**
> **불합리한 결함을 솔직하게 그리어 내인 것이라** 아무라도 한 번 볼 필요가 있더라.
> ─「고학당 소인극단, 금일 영등포로 출발할 터, 제1회 시험을 성황으로 마치고」,
> 『조선일보』, 1924.7.17

한편, 소인극문화가 사회개조의 필요성에 근거한 동정의 윤리학을
띤다고 해서, 반드시 그에 조응하는 레퍼토리 고유의 세계를 가진 것은
아니다. 연극에 대한 공적인 관점이 투영되기 시작한 20세기 초엽부터
이미 연극은 자선공연과 같은 공연 외적 실천을 통해 그 효용적 가치를
증명하고자 애써왔다. 도구적 성격이 짙었던 소인극 역시 그러한 전통
을 이어받은 셈인데, 레퍼토리에 특별한 공력을 기울이지 않았던/못했
던 다수의 공연이 전대로부터 존속해 온 익숙한 스타일을 선호한 것은

당연할 것이다. 공연작 가운데 제목이 알려진 400여 편을 일별할 때, 제목만 놓고 본다면 1910년대 흔적이 농후하다. 줄거리나 주제를 제목으로 삼은 당시의 작명 패턴을 고려하면, 소인극 레퍼토리는 1910년대 신파극과 더 가까워 보인다.[36]

동요하는 근대의 혼란스러움, 흔들리는 주체의 위치, 불확실한 이념과 전망, 그리고 억압적인 정치적 환경으로부터 1910년대 신파극이 상상한 것은, 한 치의 틀림도 없어 보이는 명료한 도덕의 세계였으며 이 세계는 과거를 향해 있었다. 그리고 여기에는 젠더와 계급에 따른 중층적인 전략이 구사되고 있었으니, 남성 주인공의 경우 군인·경찰·은행가·교사·학생 등 신종신분을 지닌 이들의 입지전적 성공이라는 '신新' 영웅담을, 여성 주인공의 경우에는 계급에 따른 차이의 전략을 구사하면서 이들의 수난서사를 그려냈다.[37]

소인극은 이런 1910년대 신파극과 어느 정도 가까웠던 것일까. 물론 이를 일률적으로 판단할 수는 없다. 소인극의 스펙트럼이 다양했던 만큼, 어떤 것은 매우 가까웠을 것이고 어떤 것은 매우 달랐을 것이다. 다만, 권선징악과 개과천선의 내러티브를 반복하는 도덕주의 경향이 유지되었으리라는 점은 짐작할 수 있다. 그렇다고 해도 소인극이 단순히

---

36 1923년경까지의 레퍼토리 중 신파극의 흔적이 강하게 드러나는 공연 제목을 일부 제시하자면 다음과 같다. 〈我의 母〉, 〈부랑자의 말로〉, 〈권선징악〉, 〈재봉춘〉, 〈보은〉, 〈二友의 의리〉, 〈고진감래〉, 〈귀향의 복수〉, 〈나의 죄〉, 〈형제대의〉, 〈입지는 성공의 母〉, 〈징악보은〉, 〈백세보은〉, 〈선악의 결과〉, 〈악마의 저주〉, 〈원수의 사랑〉, 〈몽중몽〉, 〈미신을 타파하라〉, 〈장한몽〉, 〈여자의 세상〉, 〈천도순환〉, 〈절처봉생〉, 〈본처의 박대〉, 〈부호자의 회개〉, 〈雙娘의 鬪〉 등.

37 1910년대 신파극에 대한 이 같은 접근은 다음 두 편의 논문에서 피력한 바 있다. 「멜로드라마의 근대적 상상력」, 『한국극예술연구』 15, 한국극예술학회, 2002; 「여성수난 서사와 가부장제 이데올로기」, 『상허학보』 10, 상허학회, 2003.

1910년대 신파극의 반복일 수 없다. 소인극은 다분히 1910년대 대중 문화적 토양의 광범위한 영향력 아래 있었지만, 1920년을 전후로 한 새로운 경향과 결합하여 특수한 국면으로 이동하고 있었다.

소인극 레퍼토리 중 기성 연극인들(윤백남·이기세·김영보 등)의 희곡이 포함된 것도 변화의 징후였다.[38] 기성극단 활동이 미미하던 상황에서 이들은 '예술협회'(1921)를 조직해 두 차례 공연을 올린 바 있고, 윤백남과 김영보는 당시로는 매우 드물게 희곡집을 출간한 작가들이었다. 이들 희곡이 레퍼토리로 채택된 데에는 작가의 연고지와 관련이 있기도 했지만, 무엇보다 이들의 희곡이 1910년대와 1920년대 사이 어딘가에 놓이는 어중간한 세계를 그려낸 것과도 상관이 있다. 즉 이전 시대의 윤리와 결별하는 징후를 보이면서도 초기 근대희곡이 보여준 근대적 가치의 역설에는 못 미치는 정도라고나 할까.

그러나 이런 사례보다 더 당대적인 것으로의 변화가 진행되고 있었으니, 자기구제 혹은 계몽의 성격이 짙은 공연일수록 그 현실적 필요에 따라 그에 걸맞은 내용이 마련되고, 이런 경우 새로운 주제가 제시되었다. 가정과 사회의 개조, 빈자의 처지와 부자의 윤리, 교육의 중요성 등이 그러하다. 다분히 1910년대적인 취향이 대세를 이루는 가운데 '개조'라는 목적론적 담론이 얹혀 있던 형국, 이것이 1920년대 초반 소인극의 성격이었다.

이때 3·1운동의 문화적 효과로서 활력을 얻고 사회주의와 접속해간, 프로-소인극이 출현했다. 사회주의 반향의 가장 원심적인 현상은 소인극 공연의 목적과 의의를 역설하면서 동원된 '무산(자)' 혹은 '노동'과 같

---

38 윤백남의 〈운명〉, 〈희무정〉(번안)〈국경〉, 〈영겁의 처〉, 이기세의 〈희망의 눈물〉, 〈눈 오는 밤〉, 김영보의 〈정치삼매〉, 〈시인의 가정〉 등.

은 어휘의 용법일 것이다. 신파의 취향을 가로질러 동정을 구하는 가장 호소력 있는 어휘로써 채택된 이것들은, 사회주의적 전망을 전혀 내포하지 않은 공연에서도 '누구나' 사용할 수 있는 일반명사가 되었다. 당연히 동정을 구하는 상황이란 하층계급의 경제적 빈곤이며, 이 소재는 대체로 고학생이나 야학을 지원하는 경우에 집중되었다. 그러나 이 현상은 사회주의로써 야기된 변화를 설명하는 충분한 근거가 되지 못한다.

프로-소인극의 본격화는 전적으로 사회주의적인 정향定向을 보이는 단체의 등장과 함께 시작되었다. 예를 들어, 경남의 언양彦陽청년회는 3·1운동의 여세로 창립되어, 1921년경부터 순회강연대 및 '신파극 연예단'을 조직해 활동해 온 단체였다.[39] 그러던 이 청년회가 1924년 4월 언양무산자동맹회와 『조선일보』 언양지국의 후원하에 "무산자의 환경과 노농운동의 선전에 필요한" 〈농민의 서광〉과 〈걸인의 재판〉을 올렸다.[40] 이 사례는 사회주의 사상의 대두와 확산으로 야기된 지역 운동의 변화가 프로-소인극의 출현에 결정적인 요인이었음을 보여준다. 이제 이 새로운 소인극은 대중의 취향에 의존하기보다 사회주의적인 기획 속에서 구성되기 시작했다.

그렇다면 여기서 한 가지 질문을 던질 수 있다. 1910년대적 신파 취향과 사회주의의 접속은 과연 어떻게 가능했던 것일까.[41] 민족의 발견

---

39 「언양청년회 巡講隊조직」, 『동아일보』, 1921.8.23; 「언양청년회 藝劇」, 『동아일보』, 1921.12.25.

40 「소인연극흥행」, 『조선일보』, 1924.4.7.

41 여기서 사용하고 있는 '신파'는 1910년대 신파극에서 유래된 것을 가리킨다. 나는 신파를 '기표'로 이해할 것을 주장하고 그것이 특정한 각각의 국면에서 특정한 기의와 결합하여 매우 오랫동안 대중예술의 주요한 자질이 되어 왔음을 논한 바 있다. 이 추이에서 가장 중요한 첫 번째 국면은 3·1운동에서 만주사변에 걸쳐 있으며, 바로 이 시기에 미적 특질로서의 '신파성'이 응축된다고 보고 있다. 「기표로서의 신파, 그 역사성의 지형」, 『한국극예술연구』 23, 한국극예술학회, 2006.

제목	주관	내용	공연사항	출처
희생	경남 마산노동동우회	"현대의 공장주와 노동자 사이에 자연적 일어나는 투쟁경(鬪爭境)과 학대, 무리한 자본주의 심리와 노동계급의 비참한 생활상태"	1923.8.1. 수좌	조선 1923.8.9
미몽	경남 마산노동동우회	"모든 부르주아들이 가장 합리하다고 긍정하는 현 사회의 이면에 빈민계급의 비절비절(悲絶悲絶)한 생활상태를 표현하여 관중에게 부르주아의 옹호 기관인 법률, 도덕, 종교 일체의 현 사회제도가 빈민에게는 아무 혜택을 주지 못함과 도리어 빈민의 생명을 빼앗고 빈민의 자유를 구속하고 빈민으로 타락한 경우에 방황케 한다는"	1923.8.2. 수좌	조선 1923.8.9
그 찰나	인천 제물포청년회	"황금만능의 세력을 가진 그 압박 아래에 무산자의 설움을 부르짖으며 동시에 현대사회의 불평-곧 인천 사회의 불평을 하소연하여 장내의 공기를 일층 긴장케"	1924.4.15. 가부키좌	조선 1924.4.17
제야의 종소리	평북 선천문우회	"돈에만 눈이 빨갛게 된 의사가 죽어가는 환자에게 투약을 거절하는 장면과 임종에 절박한 병석에서 신음하는 모친을 위하여 몸이 팔려 악마의 굴혈 속으로 들어가는 딸과 모친의 병을 치료하고자 약 한 병을 훔친 죄로 법망에 붙잡힌 자식이 최후로 운명을 하는 모친의 곁을 할 수 없이 떠나게 되는 장면에 지(至)하여는 관중들은 분노와 감격의 눈물을 흘리어 극도로 긴장하였으며"	1926.1.8. 선천 公普校 대강당	조선 1926.1.11
서부 싱신	조선, 동아, 시대 의주기구연합	"인기를 집중한 〈서부(西部)청년〉이란 각본은 먼 희망의 종소리를 들으면서 반역자의 깃발 아래로 나가려는 그 광경은 많은 독자로 하여금 ▮▮실▮▮▮ 하니 이에 ▮▮ ▮고 일장(一場)의 위안을 득하였으며"	1926.6.23. 의주 공회당	조선 1926.6.26

과 동시에 그 종차種差를 확인한 역사적 경험과 함께 사회주의적인 관점을 갖게 된 1920년대였다고 해도, 필연적으로 신파의 취향과 사회주의적 기획 간에는 긴장이 야기될 수밖에 없다. 계급적 질서로 구조화된 세계에 대한 인식 없이 낭만적 미래를 약속하는 부르주아적 계몽주의나, 세계에 대한 무력함을 수용할 수밖에 없으면서도 이에 완전히 굴복할 수 없는 딜레마 안에서 자신을 억울한 죄인이라 주장하는 것을, '허

위'라고 강력하게 주장하는 새로운 힘이 바로 사회주의이기 때문이다.

프로-소인극은 바로 신파 취향의 일부를 이루는 도덕적 양극화의 사회주의적인 전유를 통해서 취향과 기획의 갈등을 해소하였다. 선악의 문제는 이제 계급적 관점 속에서 재해석되고, 이는 유산계급의 부도덕성과 무산계급의 불합리한 처지를 대조함으로써 사회주의의 역사적 필연성이 암시되는 것을 의미했다. 따라서 고진감래에 대한 믿음과 '난 할 수 있어!'라는 주술적인 관념성, 혹은 체념적인 자학은 조정되거나 폐기되어야 하는 대상이 되었다.

〈제야의 종소리〉가 생생하게 전달하듯이(〈표 10〉), 프로-소인극의 도덕적 양극화 혹은 이분법은 한편으로는 세계의 계급적 질서를 이해하는 경로이면서, 다른 한편으로는 억울함과 분노 혹은 비장한 한 방울의 눈물을 자아내는 감정의 출처이다. 이는 낭만적 종결과 슬픔의 고양으로 구성된 신파 취향과는 구별된다. 이를테면 〈쌍옥루〉를 보고 흘린 눈물이 지극히 사적인 영역에서 개인적으로 수렴해간 것이었다면, 〈제야의 종소리〉를 보고 난 "분노와 감격의 눈물"이란 비장한 기운이 감도는 한 방울이면 족한, 공적 영역과 사적 영역의 경계가 물렁해지면서 사회적인 것으로 확장되는 성격의 것이다. 프로-소인극은 도덕적 양극화의 사회주의적 전유를 통해 사회주의적 인식론뿐만 아니라 그에 상응하는 감정적 반응까지 성공적으로 자아낼 수 있었다. 이 내러티브 패턴은 1923년경부터 적어도 1930년대 초반까지 지면에 발표된 창작희곡의 한 경향과 놀라울 정도로 일치한다. 이 현상은 사회주의적 인식과 결부된 시대양식의 문제, 즉 작가 개인의 스타일보다는 시대의 보편성을 드러내는 이 시대의 연극을 해명하는 열쇠이기도 하다.[42]

물론 프로-소인극 공연은 창작희곡보다는 훨씬 더 목적 의식적인, 즉 특정한 조직적 기반 아래 수행된 정치적 행위이기도 했다. 충북의 영동永同노농동맹회의 1924년 선전희곡 공모가 그러하다.[43] 영동노농동맹회는 1923년 8월 31일 영동소작인상조회로부터 전환하여 소작인뿐만 아니라 여타의 무산자까지를 포괄하는 노동단체로 재조직된 단체이며, 이어 노동야학을 개설하는 등[44] 의욕적인 활동을 전개했고 선전희곡 공모도 그 일환이었다. 후보後報는 알 수 없지만, 이 공모는 현장의 구체적 필요에서 기획된 것으로 그 결과가 여하하든 그 자체로도 선전효과가 높은 사업이었다.

짐작되듯이, 프로-소인극의 레퍼토리는 야학이나 독서회 혹은 강연회와 같은 학습공간에서 체득한 지식, 즉 근대지식으로서 학습된 사회주의가 실제 무산계급 삶의 현장과 결합하여 구성된 것으로 보인다. 프로-소인극 대다수가 작자 미상이고 현전하는 것도 거의 없지만, 그 내용이 조금이라도 알려진 사례를 참조할 때 그럴 가능성은 충분하다. 지금까지 확인된 레퍼토리 가운데 극작가와 문인의 희곡은 거의 없고[45] 번역된 프로희곡도 1편에 불과하다.[46] 반면 제목은 달라도 단체 간의 레퍼토리 공유를 가정할

---

42 이는 식민지 조선의 사실주의 연극 양식에 관한 것으로 3부 3장 '사실주의 연극의 성립'에서 자세히 논해진다.

43 「선전희곡 모집, 영동노농동맹에서」, 『동아일보』, 1924.1.18. 영동노농동맹회의 선전희곡 공모 사실은 안광희의 연구(앞의 책, 47쪽)로부터 확인한 것임을 밝혀둔다.

44 「영동노농동맹, 소작상조의 확장」, 『동아일보』, 1923.9.6; 「영농야학설립」, 『동아일보』, 1923.9.9.

45 김형용(김송)의 〈지옥〉이 1930년 4월 24~25일 전남 광주 실업구락부의 후원으로 광주좌에서 공연되다가 중지당한 일이 있다. 이때 김형용은 광주에서 머물고 있었는데, 〈지옥〉이 그의 첫 작품인 점을 감안하면 기성작가의 것이라고 보기는 어렵다. 「〈지옥〉이 상연 중 경찰이 금지」, 『조선일보』, 1930.5.1.

46 1929년 평남 평원학우회가 방학을 이용하여 정구대회, 소인극, 강연회 등을 주최했는

수 있는 사례가 있다. 프로-소인극 가운데 〈노동신성〉이라는 제하의 공연
이 4차례나 발견되는데,[47] 이것들이 동일 작품인지 확인할 수 없어도 그
제목은 『독본』에서 학습된 논리를 떠올리기에 충분하다──"일 아니 하고
먹는 자는 사회의 도적이다. 생산의 힘은 오직 노동에 있다. 노동은 가장
신성하다."[48] 즉 이 사례는 프로-소인극의 주요 주제군主題群이 학습공간에
서 체득된 지식을 바탕으로 널리 소통되었을 가능성을 시사한다.

1920년대, 프로-소인극이 대중과 소통할 수 있었다면 그것은 신파
의 사회주의적 전유가 성공적이었기 때문이다. 물론 이 전유는 대중 획
득을 위한 전략이었다기보다 신파가 프로-소인극의 주체에게도 예외
일 수 없는 취향이었다는 사실에서 비롯한다. 이 취향은 이제 계급사회
를 인식하는 하나의 경로이자 감정을 자아내는 도덕률로 가동되었으
며, 취향과 기획은 환상적으로 결합했다. 그러나 프로-소인극의 기획
은 여기에서 만족하지 않았다. 야학이나 독서회, 강연회와 같은 학습공
간에서 체득한 사회주의는 실제 삶의 현장과 결합하여 다양한 이해와
요구를 표현해야 했기 때문이다.

데, 이때 업튼 싱클레어의 〈이층의 사나이〉가 공연되었다.(「평원정구대회 성황으로 종
막, 소인극대회급음악회」, 『조선일보』, 1929.8.22) 프로연극계의 단골 레퍼토리였던
이 작품은 카프 동경지부 연극부의 1927년 공연이 가장 앞서고 다음이 평원학우회의
이 공연이다. 그리고 미나도좌 신극부의 1930년 공연이 뒤를 잇는다.

47 1924년 인천노동총동맹회, 1925년 함남 함흥 노동동무회, 1926년 함남 함흥 상기천
면 오노리청년회, 1927년 울산 동민극단 등의 공연이다.

48 조정봉, 「일제하 야학의 교육적 실천」, 경북대 박사논문, 2000, 122쪽에서 재인용. 조
정봉은 야학교재를 민족주의, 제국주의, 보신주의 등 세 가지 유목으로 분류하고, 이성
환과 용정송실서점본의 『농민독본』은 민족주의 진영으로 분류했다.(97쪽) 여기에 인
용된 것은 용정송실서점본의 『농민독본』(연대미상) 제16과 '노동신성'의 일부이다.

5. 불온한 끼워 팔기

봇물 터지듯 나온 각계의 여망이 '동정'이란 문화적 합의에서 여러 방식으로 소통되었다. 그렇기는 해도 소인극에도 '시즌'이란 게 존재했다. 일반적으로 농한기처럼 관객을 동원할 수 있는 계절이 선택되지만, 설·대보름·단오·추석과 같은 명절이 단골 시즌이었고, 이재罹災가 발생하는 시기에도 집중되었다. 물론 '시즌'과는 상관없이 해당 단체의 창립기념 발회식과 같은 행사에서 선전 역할을 담당하기도 했다.[49] 소인극은 가무歌舞와 강연講演 바로 그 중간쯤에 위치한다. 가무가 표현할 수 없는 지식과 정론의 대중적 표현이라고나 할까. 프로-소인극은 후자로 조금 더 위치를 이동한 경우일 것이다. 프로-소인극은 특정 사안이 있는 경우 매우 기민하게 대응했다. 이를테면 1925년 7월, 진남포의 정미소 공장들이 원료 부족으로 작업을 중단하자 이 때문에 실직자가 대거 양산되었는데,[50] 이때 진남포 프로구락부는 '실직자 위로극' 〈황금세상〉을 공연하여 1천 여 관객을 동원하기도 했다.[51]

의아한 것은 좌파 성향의 단체가 분명한데도 행사 프로그램을 보면 반드시 그렇지 않아 보이는 애매함이 있다는 점이다. 프로-소인극 공연 앞뒤로 춤舞(혹은 '댄스')·음악·웅변·활동사진 등과 같은 것이 적어도 하나 이상 배치되고, 연극 레퍼토리에서도 사회극·연애극·비

---

49 「고창기공 소인극 성황」, 『중외일보』, 1927.6.7; 「부강노동동맹 ○淸 소인극준비」, 『조선일보』, 1927.8.6; 「노조 주최 소인극 금지」, 『중외일보』, 1928.5.25 등 참조.

50 「진남포 정미업 천여 직공이 실직」, 『조선일보』, 1925.7.10; 「진남포 실직자 일천여 기근참상」, 『조선일보』, 1925.7.15.

51 「실직자 위로극」, 『시대일보』, 1925.7.29.

극·희극 등과 같은 장르 안배와 함께 전혀 '프로'답지 않는 공연작이 포함되기도 한다.

예를 들어, 1924년 5월 17~19일 인천노동총동맹회는 회관 건축을 위해 인천 한용·제물포 두 청년회와 4개 신문(동아일보·매일신보·조선일보·시대일보) 지국의 후원으로 '노동연주대회'를 가부키좌에서 개최했다. 이 행사기간에 〈노동신성〉, 〈혈한血汗의 광光〉, 〈누淚의 광光〉, 〈지성의 소리〉, 〈주먹이냐?〉, 〈월급일〉 등이 공연되었고, 여기에 음악과 무도도 함께 프로그램으로 구성되었다.[52] 1927년 12월 3~4일 가부키좌에서 개최된 인천신문배달조합 주최의 '소인극대회'도 마찬가지다. 인천청년동맹·인천노동연맹·4개 신문 인천지국 후원하에 "예술의 민중화를 부르짖을 뿐 아니라 다소라도 수입이 있으면 그 조합 유지비에 충당"하는 것을 목적으로 열린 이 대회에는, 〈신칼맨〉(연애극), 〈선술집〉(사회극), 〈암야〉(인생비극) 등뿐만 아니라, 가극·음악·무도·활동사진 등 십수 종이 포함되었다.

물론 버라이어티 구성은 근대 초기 이후 오래된 관행이었으며, 이는 도시화의 진행 정도에 비례했다. 인적·물적 자원이 갖춰져야 규모가 큰 공연을 기획할 수 있고, 이를 소액이나마 관람료를 기꺼이 낼 수 있는 관객층 역시 있어야 하기 때문이다. 정도 차이는 있을지라도 혼종적인 구성은 흔했다. 가령, 가무는 물론이려니와 〈조혼의 폐〉와 〈계급타파〉[53] 혹은 〈제야의 종소리〉와 〈시인의 가정〉(김영보 작)[54]이 함께 공연될 수 있었다.

52 「노동연주대회, 회관을 짓고자 사흘 동안 개최」, 『동아일보』, 1924.5.7; 「금일이 노동연주대회, 전무후무에 대선전, 필사적 위원의 노력」, 『시대일보』, 1924.5.17.
53 1925년 10월 충남 논산청년회의 공연(「논산청년연극」, 『동아일보』, 1925.10.21)
54 1926년 1월 평북 선천문우회의 공연(「대성황의 선천소극대회」, 『조선일보』, 1926.1.11;

혼종적인 구성은, "문화적 혜택에서 거의 배제되었던 일반대중들에게 유익하고 의미 있는 연희와 놀이를 동시에 제공"[55]하기 위함일 수 있지만, 무엇보다도 여기에는 기금마련이라는 현실적 필요가 있었다. 다양한 욕구를 가진 이들의 취향을 충족시키면서 '흥행'에 성공해야만 입장 수입이나 의연금을 더 많이 확보하기 때문에, 이런 식의 구성은 좋은 방편이었다. 그러나 이를 다른 한편에서 생각하자면 그 기금이란 해당 단체의 창립 취지에 부합하는 활동에 필요한 것이고, 기금마련이 중요하다 해도 주최 측에서 그 행사는 일정하게 자신들의 이념적 기반에서 구성되기 마련이다. 그렇다면 프로그램의 혼종적 구성은 어떤 의미에서는 불온한 의도의 위장으로도 해석할 수 있다. 일종의 '불온한 끼워 팔기'이다. 이 형식은 공연 전후 혹은 그 도중에라도 언제든지 그 불온함을 표출할 수 있는 전략인 셈이다.

마산노농동우회는 1923년 8월 1~2일 수좌壽座에서 이 단체의 "주의主義"를 선전하고 "노동계급의 계급적 의식"의 고양을 위해 '노농연예회'를 개최했다. 공연 첫날, 제1부는 음악, 제2부는 〈희생〉(사회극)으로 구성되었다. 그런데 바로 제2부에 들어가기 선, 위원장 여해呂海는 본회이 창립부터 그때까지의 경과를 소개하면서 "노동계급의 이상理想하는 합리적 신사회가 나변那邊에 재在함을 암시"하였다.[56] 1부의 음악이 어떤 것이었을지 자못 궁금하지만 어쨌든 칸타빌레로 시작한 이 행사는, 잠시의 휴지를 통해 사회주의 선전을 시도한 것이다. 임석경관을 의식해서 에둘러 표현했을

「소인극성황, 선천문우회」, 『동아일보』, 1926.1.12)
55 김경일, 『일제하 노동운동사』, 창작과비평사, 1992, 451쪽.
56 「노농연예회대성황」, 『조선일보』, 1923.8.9.

'나변'이 러시아임은 두말할 필요가 없다. 이 불온한 암시에 이어 진행된 〈희생〉이 공장주와 노동자의 계급적 간격을 무대화한 것임을 고려하자면, 이 프로-소인극의 공연으로써 이 행사의 서사를 완성한 것이다.

이와는 조금 다르게 소인극과 강연회를 결합한 사례도 있다. 이때 가무는 별도로 하더라도, 소인극이 매우 평범하거나 아니면 정반대의 경우에 행사가 성립될 수 있었다. 전자의 경우는 1926년 2월 13∼15일간, 함남 문천군 동명청년회의 행사이다. 강연회는 〈노동자를 위하자〉, 〈청년아 전진하자〉, 〈농촌에 야학 필요〉, 〈프로들아, 단결하자〉, 〈농촌을 돌보자〉, 〈우리의 중한 짐〉, 〈지방을 개량하자〉 등 총 7개 주제로 구성되었으나, 나머지는 '구파' 가무와 '신파' 신식결혼과 구식결혼, 악습 개량, 교풍선전을 내용으로 하는 연극으로 구성되었다. 여기서 소인극은 그저 강연회를 위한 들러리 정도였다.[57] 후자의 경우는 1928년 8월 19일, 경남 울산 적호赤虎소년단이 "농촌 소년의 지식개발과 지방발전"을 위해 개최한 행사이다. 소인극은 〈노동자의 죽음〉이라 하여 프로-소인극의 성격을 취했으나, 강연회는 〈인생의 분기점에 있는 소년을 유의하라〉, 〈자립성을 촉진하라〉, 〈역사의 진화법과 우리의 운동〉 등 다분히 소년운동을 독려하는 일반적인 주제를 내세웠다.[58] 한편 평남 평원학우회는 정구대회·소인극·음악회·강연회 등 4가지로 구성된 행사를 마련했다. 연극에서는 〈연애병 환자〉와 〈이층의 사나이〉를 함께 공연했고, 강연회에서는 4명의 연사 중 2명만 했다고 한다.[59]

---

57 「강연과 소인극, 도처에서 성황」, 『동아일보』, 1926.2.21.
58 「적호소년 주최 소인극강연회」, 『조선일보』, 1926.8.27.
59 「내 고향 위하야 유학생들의 활동」, 『동아일보』, 1929.8.22; 「평원정구대회 성황으로 종막」, 『조선일보』, 1929.8.22.

이 사례들은 소인극과 강연회가 결합할 경우 양자가 상보적인 관계에 놓인다는 것을 의미한다. 양자 모두 정론성을 내세우기보다 둘 중의 하나를 전략적으로 선택한 것이다. 이처럼 '불온한 끼워 팔기'식이 아니라면, 양자 모두가 성공적으로 성사된 경우는 그리 많지 않았다. 강연회와 소인극이 함께 구성되는 사례가 적은 것은, 그 수행성이 달랐기 때문이다. 공적인 장소에서 대중에게 공개된다는 점은 같지만, 프로-소인극은 선전 미디어로서의 성격에도 불구하고 대중의 문화적 욕구에 부응하면서 기금을 마련해주는 수단의 성격이 강했다. 소인극은 강연회보다는 춤·음악·활동사진과 더 친족적이었다.

그럼에도 불구하고 프로-소인극의 정치적 수행성은 경찰 당국의 통제하에 있었음을 지적해두지 않을 수 없다. 프로-소인극은 불온한 군중을 모으는 집회의 빌미일 수 있었던 까닭에 경계의 대상이었다. 검열 당국의 불허 사유는 사실 각본[60]이 문제였던 것이 아니라, 정치적 위험성이 잠재된 집회로서의 소인극 그 자체였다. 기념행사의 프로그램으로 소인극이 마련된 경우, 연극만 허가하거나[61] 아니면 연극만은 절대로 금지한 것도[62] 같은 맥락에 있다. 금지대상은 어떤 것이 더 정치적으로 위험한가가 기준이 된 것으로 보이지만, 경찰 당국의 목적은 이들 집회를 조금이라도 무력화시키는 것이었다.

---

[60] 소인극의 사전검열은 각본의 줄거리에 해당하는 스지가키(すじがき, 筋書)로 이뤄졌을 가능성이 높다.

[61] 「新노조소인극」, 『동아일보』, 1927.5.19. 함남 북청 신창항 新노동조합이 메이데이 기념 집회를 개최하려 했으나 경찰당국은 이를 불허했고, 소인극 공연만 허가했다.

[62] 「노조 주최 소인극 금지」, 『중외일보』, 1928.5.25. 전북의 한 노조 발회식에 공연될 예정이었던 소인극을 금지했다.

6. 부재하는 현존

1920년대 말에서 1930년대 초, 정치적으로 안전한 소인극은 꾸준함을 보였던 반면, 정치적으로 위험한 프로-소인극의 반경은 점차로 좁아졌다. 경찰 당국은 이제 공공연히 주관단체 여하에 따라 공연을 불허하기 시작했다.[63] 이런 상황에서도 프로-소인극은 적어도 1930년대 중반까지 그 명맥을 유지했고, 그 정치적 수행성은 주관단체의 역사적 변전과 운명을 같이 했다. 다음의 사례들은 이 변화를 흥미롭게 보여준다.

먼저, 1929년도 함북 성진청년동맹 학중鶴中지부의 소인극 공연 사건이다. 성진청년동맹 학중지부는 추석을 기해 소인극 공연을 계획하고, 〈갑산화전민〉과 〈무산자의 무리〉 두 편을 준비한다. 그런데 공연 첫날인 9월 18일 〈갑산화전민〉은 무사히 마쳤으나, 이튿날 간부 7인이 검거되고 그중 6인이 "3백여 관중에게 유산계급에 대한 투쟁의식과 현대정치에 대한 반감을 고조하여 공안을 방해"했다는 죄목으로 실형을 선고받는다.[64] 그 6인 가운데 허량복許良福은 다름 아닌 1930년대 전반기 "함북지방 미증유의 대사건"이었던 제1, 2차 성진농조 사건의 '수뇌'였다. 성진농조의 교육 · 출판 · 정치부장으로서 기관지 『빈농』(1932.9~1933.1, 총5회)을 발간 · 배포하는 등 농조의 핵심 분자로서 활동해 온 그는, 결국 치안유지법 위반 혐의로 최고인 4년을 구형받았다.[65]

---

63 「소인극도 청맹명의론 불가, 개인명의라야 허가해」, 『중외일보』, 1929.9.28. (전남 나주청년동맹 영산지부)

64 「성진청맹지부 간부, 7인 검사국 송치」, 『조선일보』, 1929.10.18; 「성진청맹회원 6명에게 체형」, 『동아일보』, 1929.11.13; 「성진 영화사건, 각각 유죄판결」, 『조선일보』, 1929.11.17; 「〈화전민〉이란 예제로 연극코 징역반년」, 『동아일보』, 1929.11.26 참조.

65 여성종(呂成宗) · 허용문(許容文)도 사건 관련자였다. 성진농조사건에 대해서는 다음을

이 사례는 두 가지 점에서 흥미롭다. 첫째는 1929년 사회 문제로 비화한 갑산화전민 사건을 소재로 한다는 점이다. 현전 희곡 중 이를 소재로 한 것으로는 이태준의 〈산사람들〉(1936)이 유일하다. 문단이나 연극계에서 관심을 거의 표명하지 않았던 이 사건에 대한, 성진청년동맹 학중지부의 기민한 의제화는 프로-소인극의 가치를 확인케 한다. 둘째는 1920년대 말 이후의 프로-소인극이 좌파 청년운동으로부터 1930년대의 이른바 혁명노조로 이어지는 네트워크에 존재했음을 말해준다는 점이다. 1930년대 접어들면 프로-소인극의 자취를 찾기가 쉽지 않지만, 이를 프로-소인극의 위축으로 단정할 수 없다고 이 사례는 말한다. 오히려, 1920년대 사회주의 반향 안에서 광범위하게 존재하던 프로-소인극이, 이제는 그 반경이 축소되었을지라도 사회주의적 기획하에 삶의 현장을 투시함으로써 그 정체성을 예각화하고 있었음을 보여준다. 허량복을 비롯한 여성종·허용문 등 사건 당사자들의 이후 행보가 우연만이 아닌 것은, 단천소년동맹 소인극 공연 사건에서 또 다른 증거를 찾을 수 있다.

함남 단천소년동맹원 김덕윤金德潤 등 5인은 1931년 정월 대보름을 기하여 〈자본가 대 노동자〉를 공연했는데, 경찰이 이 사실을 6월 숭순에서야 알게 되어 이들을 "과격 프로연극"을 상연한 혐의로 검거했고, 그중 3인은 석방되고 2인이 공판에 회부되었다.[66] 이 사건은 맹원들이 관할 경찰서의 허가를 받지 않은 채 은밀히 소인극을 공연했다가 문제가 된

참조할 수 있다. 「성진농조원 12명 검거」, 『동아일보』, 1931.9.11; 「농조, 청맹, 소맹원 등 검거인원 80여 명」, 『조선일보』, 1931.9.14; 「여성종 판결」, 『동아일보』, 1932.5.3; 「성진농조사건 중요인물체포」, 『동아일보』, 1933.3.21; 「조직 불과 반년 만에 2천 농민을 획득」, 『조선일보』 1934.10.16; 「제2차 성진농조 대구형공판 詳報」, 『동아일보』, 1935.5.16.
66 「푸로연극한 단천 소년, 2명은 공판 회부」, 『조선일보』, 1931.7.14.

경우다. 공연 사실이 경찰 당국에 알려진 것은 그해 5월 9일부터 검거 선풍이 일어난 단천농조 사건에 의해서다. 이 사건으로 단천농조원, 단천청년동맹원, 단천소년동맹원 등 400여 명이 검거되었고, 취조 과정에서 그 사실이 알려진 것이다. 이후 단천농조 광천남구지부와 북귀동구지부에서도 〈박영식의 가정〉, 〈우리들의 살 길〉, 〈사회××〉, 〈소작인조합〉, 〈산하일우〉, 〈영자의 죽음〉 등을 공연한 사실이 보고되었다.[67] 이 밖에 이와 같은 사례들을 더 거론할 수 있을 것이다.[68]

다른 한편, 청년운동과 적색농조 활동이 활발하지 않은 지역에서는,[69] 야학이 그 역할을 한 것으로 짐작된다. 1934년 전남 진도의 한 야학에서 공연된 곽재술郭在述의 〈지도원의 강연〉(원제 : 농촌행진곡)[70]이 그 경우다. 진도에서는 1934년 4월 17일에서야 "사유재산제도 부인을 전제로 지주계급을 타파하고 농민생활의 안정을 보장하기 위한" 진도농민조합이 결성되었으나, 하부조직과 대중적 조직 기반이 취약했던 관계로 그해 8월 1일 자진 해산했다. 농조 핵심인물이었던 곽재술은 농조 해산 이후에도 야학을 지속했고, 8월 23~24일 이 소인극을 공연했다. 그러나 얼마 지

---

67 「단천농조사건 예심결정서전문(5)」, 『조선중앙일보』, 1933.8.28; 「예심에 나타난 활동의 개요」, 『동아일보』, 1933.9.15.

68 1934년 경주 적색농조 사건(혹은 '적색 독서회' 사건)에서도 소인극이 바로 농조의 사업 중 하나였음을 보여준다. 그러나 공연은 사전에 발각되는 바람에 실현되지 못했다. 이에 대해서는 1935년 1월부터 1936년 말까지 이 사건을 다룬 신문기사를 참조할 수 있다. 또한 안광희(앞의 책, 68~69쪽)가 제시한 적색농조를 비롯해 비밀결사 단체에서 행해진 사례 몇 가지도 좋은 참고가 된다.

69 적색농조의 활성화 정도와 그 구체적인 양상은 다음의 연구에서 확인할 수 있다. 지수걸, 『일제하 농민조합운동 연구』, 역사비평사, 1993.

70 이종범의 「1920, 30년대 진도지방의 농촌사정과 농민조합운동」(『역사학보』 109, 역사학회, 1986)에서 처음 알려졌으며, 이후 김재석이 『민족극과 예술운동』 7(민족극연구회, 1993)에 번역본을 게재했다.

나지 않아 그가 검거되고 진도 적색농조와 이 소인극 공연 사실이 알려졌다.[71] 이 일로 곽재술은 다른 3인과 함께 치안유지법 위반으로 징역 2년 6개월을 언도받았다(1936.3).[72]

〈지도원의 강연〉[73]은 관 주도의 강연회에서 주장된 '농사개량 및 근검저축' 즉 일본의 농촌진흥책에 대한 비판을 담고 있는데,[74] 여기에는 1920년대에 암시적이나마 표현되었던 격화된 갈등과 프로파간다의 면모, 혹은 신파의 사회주의적인 전유 또한 전혀 없다. 줄거리 전체를 관통하는 중심인물이 없이, 당시 농민의 직접적인 이해와 얽혀 있던 일제의 농촌진흥책에 대한 반박을 통해 인식의 전환을 촉구하는 냉정함만이 있을 뿐이다. 이는 얼마만큼은 곽재술이 자신의 분신임이 분명한 등장인물 '청년(경성사람 윤창호)'을 등장시킨 것과도 상관이 있다. 그러나 지금 남아 있는 대본이 취조 과정에서 작성된 것인 만큼, 그 대본은 제한적으로 이해될 필요가 있다. 요컨대 이 사례는 농민의 이해를 대변할 만한 조직이 부재한 상황에서 야학이 이를 대체하는 준準조직이었음을 시사한다. 경찰도 이해했듯이 이 소인극의 주제는 매우 명확했다 ―"농사지도원이 제창하는 농사개량·근검저축은 기아선상에서 신음하는 조신 민중을 더욱 노동하게 하고 더욱 기아 상태로 몰아넣는 결과를 가져온다."

---

71 이종범, 위의 글, 80~86쪽.
72 「진도농조 사명 복심서도 체형판결」, 『동아일보』, 1936.3.3.
73 원본은 일본어로 구술된 것이며, 번역본은 김재석의 것(『민족극과 예술운동』 7, 민족극연구회, 1993)을 참고할 수 있다.
74 「지도원의 강연」에 대해서는 다음 연구를 참조할 수 있다. 강영희·이영미, 「식민지시대 프로연극의 전개와 역사적 의의」, 역사문제연구소 문학사연구모임, 『카프문학운동연구』, 역사비평사, 1989; 김재석, 「1920~30년대 사회극 연구」, 경북대 박사논문, 1992; 이승희, 「해방기 소인극운동 연구」, 『한국극예술연구』 6, 한국극예술학회, 1996.

프로-소인극은 가시화될 수 없는 불온의 영역에 존재하는, 부재하는 현존이었다. 1920년대 사회주의의 반향에서 생성된 프로-소인극, 그리고 그 윤리적 태도에 대한 공감을 표시했던 여타의 소인극이 '동정'이라는 문화적 합의 안에서 교집합을 이루며 서로 호응했던 시대는 이제 과거가 되었다. 신파의 취향과 때로는 어색하게 공존하면서, 얼마만큼은 대중의 취향을 변화시키는 동안, 프로-소인극의 기획 그 스스로는 불온의 영역에 감추어져야만 하는 존재가 된 것이다.

7. 공간의 정치학

그러는 동안 합법 영역에서 꾸준함을 보여주던 소인극도 점차 안전하지 않은 국면으로 접어들고 있었다. 성격은 여전했지만,[75] 문제는 상황의 변화였다. 일제는 저인망으로 각각의 조직들을 훑어내면서 불온한 조직의 완전한 분쇄를 꾀했고, 다른 한편으로 전향이라는 틈새를 열어놓았다. 정치적으로 안전해 보이는 소인극 통제는 불필요한 것처럼 보였지만, 소인극은 '자력갱생'에 위반되며[76] 기부를 구실로 삼아 영리를 취하는 비교육적 처사로 치부되었고, 이에 근거해 1935년 경기도 보안과에서는 소인극 취체규칙의 시행을 고려하기도 했다.[77] 1937년

---

[75] 1935년에는 1920년대 초반부터 꾸준히 소인극 공연을 개최해온 개성의 고려청년회가 '제1회 전조선소인극 현상 경연대회'를 개최하기도 했다. 「개성소인극대회, 23일로 연기」, 『동아일보』, 1935.11.16; 「개성서 처음 개최된 소인극경연회 대성황리 종막」, 『조선일보』, 1935.12.2.

[76] 「소인극준비는 '자력갱생'에 위반」, 『조선일보』, 1933.2.25.

[77] 「영리를 목적으로 하는 소인극 적극취체」, 『조선중앙일보』, 1935.10.9.

경부터 소인극은 급기야 식민체제에 봉사하는 제국의 수하로 재탄생한
다. '국방헌금'을 위해,[78] '방공방첩'의 선전을 위해[79] 복무했으며, 한해
旱害 구제 공연에서도 그 실질적 주체는 일본제국이었다.[80]

자생적으로 출현한 소인극에서 프로-소인극으로, 그리고 그 부재 또
는 소멸로 이어진 궤적은 프로연극 전체에 대한 식민권력의 구상과 맞물
려 있었다. 프로-소인극은 적어도 비합법 영역 내로 제한되기까지는 '동
정'과 사회개조의 필요성을 공유한 문화 안에서 사회주의적인 기획을 탄
력적으로 전유해나갔다. 그 탄력성은 아마추어 연극이라는 약간의 반사
이익과 함께 '불온한 끼워 팔기'와 같은 전략적 수행 덕분이었다. 하지만
이내 원천적으로 봉쇄되기 시작했다. 공교롭게도 바로 이즈음에, 프로극
단이 동시다발적으로 조직되었다. 이 배경에 카프의 존재는 중요했는데,
연극이나 영화가 많은 인력의 집합적 산물이라면 카프는 그러한 운동을
구체화할 수 있는 인적 네트워크의 산실이었다. 프로연극 운동을 전문적
으로 수행할 수 있는 조직적·물적·인적 기초가 부족했던 1920년대에
는 사회주의에 대한 여망과 기획을 프로-소인극이 흡수했다면, 1920년
대 말부터는 프로극단이 그 역할을 자임하고자 나선 것이다.

---

78 「창선소년단 소인극」, 『동아일보』, 1937.9.10; 「소인극 수입을 국방헌금에」, 『동아일
보』, 1937.9.24; 「통천소인극 성황」, 『조선일보』, 1937.9.28; 「국방헌금코저 소인극을
흥행」, 『동아일보』, 1937.10.12; 「천안소인극수입 국방헌금으로 헌납」, 『동아일보』,
1937.10.24. (1938년 이후는 略)

79 「정읍서 소인극」, 『동아일보』, 1939.8.6; 「소인극과 강연회, 수원방공기념행사준비」,
『조선일보』, 1939.8.9; 「방공방첩소인극, 수원에서 대성황」, 『조선일보』, 1939.8.24;
「방공방법소인극, 속초방공단 주최」, 『조선일보』, 1939.12.1; 「방공단 창설기념 음악과
소인극」, 『조선일보』, 1939.12.5; 「예산초유의 소인극 來廿일에 개막」, 『동아일보』,
1940.1.20.

80 「旱害 구제의 소인극대회」, 『조선일보』, 1939.12.7; 「한해구제소인극 대성황리 종막」,
『조선일보』, 1939.12.20.

이런 시차는 매우 자연스러운 수순을 밟는 것처럼 보이지만, 이 결과가 나오기까지의 과정은 설명이 좀 필요하다. 먼저, 프로연극의 동태가 중앙과 지방에 따라 불균등했음을 환기하고자 한다. 프로-소인극이 내내 활기를 띤 곳은 지방이었고, 프로극단이 억압적 환경에서나마 움직임을 보여주었던 곳도 지방이었다. 중앙에서는 공연이 불허되어도, 지방에서는 소소하나마 공연이 허가되기도 했다. 즉 경성이 조선사회의 최첨단이었지만, 프로-소인극을 포함해서 프로연극이 대중적인 반향을 일으킨 곳은 지방이었다. 사정이 이러하니 카프 맹원과 지방 활동가 사이에 프로연극의 정체성과 수행전략에 대한 의견이 다를 수밖에 없었다. 1931년 미나도좌 공연을 둘러싼 논쟁이 단적인 예다. 1931년 시점에서 프로연극의 위축은 분명해지고 있었지만, 지방 프로연극의 약진을 목격하고 직접 그 활동을 참여한 당사자의 시선에서 보면, 중앙의 카프 연극인은 프로연극을 그저 '전시展示'의 대상으로 전락시켰을 뿐이다.[81]

상식적인 이유 몇 가지를 들 수는 있다. 경성은 모든 면에서 식민지 조선의 중심이기에 사상통제의 정도가 가장 엄격했던 결과일 수 있지만, 어떤 지역에서보다 더 많은 문화 형식이 활성화되어 있었던 까닭에 프로연극의 수요와 공급이 상대적으로 저조했을 수 있다. 반면 지방은

---

81 이 논쟁은 미나도좌 신극부의 최승일 연출작들에 대해 박영희가 '프롤레타리아연극의 첫 행진'이라 고평한 데에 대한 민병휘의 비판에서 시작되었다. 민병휘는 참여구성원과 관객의 계급성, 공연공간의 문제를 들어 이 공연이 반동적이었다고 비판했는데, 그의 이런 주장에는 카프 중앙간부들에 대한 불신이 짙게 깔려 있었다. 이 논쟁의 개요와 당시 카프연극운동론에 대해서는 양승국의『한국 근대연극 비평사 연구』(태학사, 1996, 81~96쪽)를 참조할 수 있다. 한편, 이민영은 이 논쟁의 근저에 ML파와 볼셰비키 그룹 간의 노선 차이가 있었으며 '합법적 극장공연'과 '비합법적 이동극장'의 갈등이 바로 거기에서 비롯되었음을 주장한다. 이민영,「프로연극운동의 또 다른 지층―민병휘와 개성 대중극장」,『상허학보』42, 상허학회, 2014.

문화적으로 낙후되어 있었기에 소인극의 수요와 비중이 상대적으로 높았고, 공연검열의 경우 상황에 따라 탄력적으로 운용될 수 있었기에 그 빈틈 역시 많았다. 여기에 프로연극 운동을 가능케 하는 조직적 기초 여하에 따른 지역적 차이 문제도 보탤 수 있다.

그러나 여기에 취체 당국의 중앙과 지방에 대한 전략적 차이가 있음을 간과할 수 없다. 당국은 중앙의 프로연극운동을 무력화시키면서도 그것에 엘리트의 예술적 실천이라는 프레임을 걸어놓은 것이다. 이 프레임은 카프 맹원이 중심이 된 극단들의 행보가 가시화된 1930년대 초반의 정황에 암시되어 있다. 1931년에 조직된 '이동식소형극장'은 중앙에서는 공연이 불허되어 결국 지방으로 순회공연을 떠나야 했고, 경성으로 돌아오자 이내 해산되었다. 그러나 그 직후인 1932년 봄에 조직된 '메가폰'은 중앙에서 이틀간 공연할 수 있었다. '이동식소형극장'이 불가능했던 일이 어찌하여 메가폰의 경우에는 가능했는지, 우연이 아니라면 그 열쇠는 전적으로 식민권력의 정책적 선택에 있었다고 이해되는 상황이다. 지금까지 그래온 것처럼 경찰 당국은 마음만 먹으면 얼마든지 '메가폰' 공연도 불허할 수 있었지만 이를 허용했다는 것은 모종의 포석일 수 있다. 그 연장선에 식민권력의 의도를 보여주는 결정판은 바로 1933년 11월에 공연된 극단 '신건설'의 〈서부전선 이상 없다〉이다. 애초에 공연 장소는 배재 대강당이었으나 경찰은 이 장소에서 공연하는 것을 불허했고, 마침내 본정 연예관(구 경성극장)으로 변경하고 나서야 공연할 수 있었다.[82] 공연 자체를 무력화시키고자 한 경찰 당국의 의도로 해

---

82 「극단 신건설 공연, 23, 4 양일간 본정 연예관에서」, 『동아일보』, 1933.11.22.

석될 수도 있으나, 장소의 변경은 그 이상의 의미를 함축한다. 이는 프로 연극을 어떤 공간에 배치하는가에 따라 그 수행성이 달라질 수 있음을 간파한 경찰 당국의 노련한 선택이었다.[83]

　프로연극에 대한 공간의 정치는 지방과 중앙의 구획이면서 동시에 정치적 실천과 예술적 실천의 분립을 통한 수행성 통제였다. 지방에 근 거지를 두고 더욱이 '불온'의 영역에 감춰져야 했던 프로-소인극은 역 사의 희미한 후경으로 물러나야 했고, 프로연극은 불온하지만 상대적 으로 안전한 예술적 실천으로 표상될 필요가 있었다. 그런 점에서 이틀 동안 열린 극단 '신건설'의 공연은 중앙의 역량이 집적된 결정체이자 프로연극의 대외적 선전이었다는 점에서 기념비적이었으나, 사실상 프 로연극 운동의 장례식이었던 셈이다.

　프로-소인극의 궤적과 함께 프로연극의 종착지는, 과연 이런 종류의 문화 형식이 어떤 문화적 반향을 낳을 수 있는지 회의하도록 한다. 연극이라 는 공연예술이 원래 반복될 수 없는 일회적 현존성을 본질로 한다고 하지만, 프로-소인극은 이 무형의 가치를 후대에 복기(復棋)해 주거나 전승해 줄 만한 기록(희곡, 연출노트 등)과 인력(배우, 연출, 기타 스텝 등)도 소유하지 못했다. 아니, 더 정확하게 말하자면 그것들을 소유할 필요도, 그럴 여력도 없던 시대에 존재한 문화 형식이었다. 더욱이 이것은 신파의 사회주의적인 전유 와 '불온한 끼워 팔기'를 통해서, 그리고 적극적인 '기획'을 통해서 대중과 광범위하게 접속해갔으나, 결국 비합법 영역에로 잠적했다가 사라진 것이

83　카프의 문예운동이 1934년 신건설사 사건으로 종결되는 맥락에는 또 다른 중요한 문맥 이 존재하지만, 여기서는 공간의 정치 문제로 제한하여 이를 미처 다루지 못했다. 이후 이민영의 연구에서 그 전모가 상당 부분 밝혀졌다. 이민영, 「프로연극운동의 방향전환, 극단 신건설」, 『민족문학사연구』 59, 민족문학사학회, 2015.

다. 이것은 마치 역사의 특수한 국면에서 우연히 나타났다가 이내 홀연히 사라져버린 신기루와 같은 인상을 남긴다. 프로-소인극의 유산을 어떤 물적 증거를 통해서 찾고자 하는 시도는 애초부터 부질없는 일일지 모른다.

그러나 소인극의 문화적 경험을 없던 것으로 되돌릴 수는 없다. 1920년대에 발흥한 소인극은 비록 매우 다양한 수준에서 대중의 열망을 매개했지만, 그 최대공약수는 아마도 탈식민적 가능성에 대한 기대일 것이며, 이 과정에서 야기된 인식론적 변화와 정서적 충격은 좀처럼 사라지지 않는 문화적 기억으로 구성될 것이기 때문이다. 비록 비활동성 에너지로 잠재되어 있을지라도 '때'가 되면 다시 활성화될 수 있는 문화적 기억. 이것이 가능했던 것은 프로-소인극의 경험이 이미 동시대에 병존하고 있던 여타의 사회주의적 문화실천과 일정한 연계하에 놓여 있었기 때문이다. 1920년대 중반 전성기를 누린 신문의 만평이나, 비록 공연되지는 않았을지라도 꾸준히 발표된 창작희곡에서, 아니면 영화와 소설에서, 프로-소인극의 일회적 현존성이라는 약점을 보상했으며, 프로-소인극의 부재 상황에서도 이를 상기할 수 있도록 해주는 물적 증거들을 다른 미디어로부터 얻을 수 있었다.[84] 그러나 무엇보다 소인극의 불온한 문화적 유전은 그 경험에 참여한 이들이 특정 장소에 매개되어 있지 않았다면 가능하지 않았을 일이다. 물리적 공간의 공유는 곧 식민지 군중을 생성하여 불온한 상상에 윤리를 부여할 것이기 때문이다.

---

[84] 이 책의 3부는 바로 이에 관한 내용을 담고 있다. 특히 연극과 영화의 생산이 저조했던 1920년대에, 대중과의 광범위한 접촉면을 이룬 신문만평의 정론성과 대중성은 그런 점에서 중요하게 다뤄질 필요가 있다.

제2장
공공 미디어로서의 극장

---

1. '공회당 겸 극장'

함흥에는 공회당이라고 칭할 만한 장소가 없어서 유감일 뿐 아니라 혹 필요에
의하여 소인극을 흥행하랴도 일인의 경영에 속한 진사좌(眞砂座)를 차용(借
用)함에 매야 3, 40원의 요금을 지출하던바 함흥상업회에서는 거월 중순경
임시총회를 개하고 1만 5천 원의 예산으로 연와제(煉瓦製)의 **공회당 겸 극장**을
건축하기로 기성위원회 김문선(金文善), 홍성윤(洪聖潤), 양윤근(楊潤根), 이
하규(李夏圭), 장승하(張昇河)의 5씨를 선정하고 방금 활동 중이라더라.

　　　　　　　　　　　　　　—「함흥 공회당 계획」, 『동아일보』, 1922.10.6

1922년 가을, 함흥에서 '공회당 겸 극장'을 설립한다는 소식이 들려왔
다.[1] 이 계획은 그로부터 1년 후인 1923년 동명극장東明劇場의 개관으로
성사되었다(1923.11).[2] 황금정 1정목 256번지에[3] 8백여 명을 수용할 수

있는 2층 건물로 들어섰다.[4] 이어서 청진에서도 '공회당 겸 극장' 신축이 추진되어 신암동新岩洞에 준공하기에 이르렀고(1924.9), 1925년 창립총회를 개최하면서 공락관共樂館을 개관했다(1925.1.10).[5] 원산에서는 이보다는 다소 늦은 1926년부터 '공회당 겸 극장' 설립이 추진되어[6] 주식회사 원산관이 창립되었고(1927.5.23),[7] 1928년 북촌동 75-12번지, 건평 137평의 원산관元山館이 개관했다(1928.1.23).[8]

함흥·청진·원산 세 지역에서 차례로 '공회당 겸 극장'을 표방한 극장의 출현은 매우 특기할 만한 일이었다.[9] 이들 지역에는 일본인 소유의 극장만 있었을 뿐이고 조선인이 공적 회합을 하기 위해서는 학교나 종교기관의 시설을 이용해야 했다. 함흥에는 진사좌眞砂座뿐이었고 동명극장이 세워지기 몇 달 전 역시 일본인 소유의 함흥극장이 개관했다. 청진의

---

1 「함흥 공회당 건축계획」, 『동아일보』, 1922.9.2; 「함흥 공회당 계획」, 『동아일보』, 1922.10.6.

2 「함흥 동명극장 상량」, 『동아일보』, 1923.10.26; 「함흥예술계의 서광」, 『조선일보』, 1923.11.24.

3 中村資良, 『朝鮮銀行會社組合要錄』(1937년판, 동아경제시보사) 참조.

4 「연극연구회, 연극대회 성황」(『조선일보』, 1927.10.22)에서는 '천여 명'의 관중이 운집했다고 기록하고 있다.

5 「공회당 신축」, 『소선일보』, 1924.8.22; 「공락관 창립총회」, 『조선일보』, 1925.1.17.

6 「구체화하는 원산공회당 건축, 준공 후 극장으로도 겸용」, 『조선일보』, 1926.8.27.

7 『조선은행회사조합요록』(1929년판)에는 회사설립일이 5월 23일로 기록되어 있는데, 창립총회 일자는 5월 22일이었다. 「원산관 창립총회」, 『중외일보』, 1927.5.16; 「원산관 창립총회, 간부 기타 선정」, 『조선일보』, 1927.5.24; 「원산관 창립총회」, 『중외일보』, 1927.5.26 참조.

8 「원산관 近준공」, 『조선일보』, 1927.12.18; 「원산관 준공」, 『중외일보』, 1928.1.8; 「원산관 준공, 舊元日 낙성식」, 『조선일보』, 1928.1.22; 「원산관 낙성, 舊元日에 낙성식」, 『동아일보』, 1928.1.26; 「원산관 낙성식 성황, 야간은 劇會」, 『중외일보』, 1928.1.27.

9 이 밖에 1933년에 설립된 나진의 상반(常盤)구락부도 유사한 성격을 보인다. 이전에 나진극장이 있었으나 상반구락부가 설립되기 직전 폭풍우로 파괴된 상태였다. 상반구락부는 3천 원 예산에 건평 63평, 5백 명 수용의 가설극장으로서 비교적 작은 편이었는데, 이 극장에 대한 정보를 더 이상 발견할 수 없어서 다룰 수 없었다. 「나진에 극장 신축」, 『조선중앙일보』, 1933.11.15.

청진좌, 원산의 유락관遊樂館도 공락관과 원산관이 개관하기 이전에 유일하게 영업하던 일본인 극장이었다. 이런 상황에서, 공중이 언제든 사용할 수 있는 상설공간이자 그 점유권이 조선인 사회에 속해 있음을 의미하는 '공회당 겸 극장'이 출현한 것이다. '사회'라는 어휘가 1910년대부터 '일본(국가)'로부터 독립적이고 자율적인 영역을 상상하도록 하고 다양한 사회경제적 요구를 조직·동원하는 정치적 기능을 수행했다면,[10] '공회당 겸 극장'은 바로 그러한 조선인 사회의 구성에서 필수적으로 요청된 공간이었다.

이 문제와 관련해 1924년 함남 영흥공회당의 일화를 참고할 수 있다. 영흥공회당은 홍인면洪仁面 유지들의 기부로 1923년 6월 설립되었는데,[11] 실상은 경찰협회 측이 자신들의 회관 설립 비용을 충당하기 위해 꼼수를 쓴 것이다. 그래서 처음에는 공회당 간판을 붙이는 것을 꺼리다가 여론에 몰려 건물 한쪽에는 '공회당' 간판을, 다른 한쪽에는 '상무관' 간판을 내걸었다. 영흥공회당은 조선민간자본으로 설립되었지만, 그 점유권은 경찰협회에 있었다. 상무관장이 바로 경찰서장이었고, 이 공간은 그의 전횡으로 사용되었다. 문제가 불거진 것은 경찰 당국이 1924년 영흥의 사상단체 삭풍회朔風會의 사상 대강연회와 경성 고학생 순회극단의 공연을 불허한 반면, 경성만철회사京城滿鐵會社의 선전을 목적으로 하는 영화상영을 허가했기 때문이다. 경찰 당국의 설명은 이랬다. 삭풍회라는 단체의 성격을 아직 파악할 수 없고 연극공연에는 절대로 빌려주지 않는다는 원칙이 있어서 이를 불허했지만, 경성만철회사

---

10 김현주, 『이광수와 문화의 기획』, 태학사, 2005, 85~113쪽 참조.
11 「영흥공회당 낙성식」, 『조선일보』, 1923.6.11; 「공회당 낙성」, 『동아일보』, 1923.6.19.

의 영화상영은 비영리적이라서 허가했다는 것이다.[12]

이 사례는 '공소의 점유'를 위해서는 조선민간자본을 투여하는 것만이 아니라 공간을 사유화해야 한다는 것을 시사한다. 공간의 기능만을 놓고 보면 거창하게 '공회당 겸 극장'을 표방할 필요가 없었다. 일반적으로 공회당은 공중의 집회가 주된 기능이면서 이들의 편의를 위해 다목적의 복합적 기능을 수행하고 있었다. 그런데도 굳이 '공회당 겸 극장'이라는 다소 이채로운 조합을 내세워야 했다면 그것은 공회당의 공공성과 극장의 사유화 간의 상보적 결합이 절실히 요청되었다는 뜻일 터이다. 이는 곧 공간에 대한 조선사회의 점유권 보전을 위해서는 그곳이 사유재산임을 법적으로 인정받아야 했음을 의미한다.

당연히, 극장설립에 지역유지의 자본이 필요하더라도 이 자본은 지역유지의 특권을 보장하고 경제적 이익을 가져다주는 원천이기보다는 공공의 이익을 위한 기부금의 성격이 짙었다. 이 공간을 점유했던 문화적 주체들의 정치적 정향도 단일하지 않았지만, 각기 특수한 이해관계는 공공의 목적 앞에서 한걸음 물러나 있는 것으로 보였다. "국가와 시장을 축으로 하는 근대사회에서 '공공성'은 지배적 계기의 성격이 강하"[13]기는 하지만, 적어도 1920년대는 식민권력과 이 권력이 조장한 시장 논리가 그렇게까지 압도적이지 않았다. '공회당 겸 극장'이 표방하는 '공소'은 일본제국 안에 위치하면서도 섬처럼 존재하는 조선사회에 귀속된 가치였다. 그만큼 그에 대한 애착도 강했다. 특히 공락관의

---

12 「경찰서장이 영흥공회당을 전용」, 『시대일보』, 1924.9.4; 「오늘 일, 래일 일―공회당을 아니 빌리는 이유」, 『시대일보』, 1924.9.5.

13 황병주, 「식민지 시기 '공' 개념의 확산과 재구성」, 『사회와역사』 73, 한국사회사학회, 2007, 9쪽.

경우 "청진에 거주하는 시민 전체의 힘으로 건축된 집"[14]이라는 자부심이 강조되었다. 공락관이 설립 당시의 부채 때문에 경매 위기에 처했을 때, 청진의 한 기자는 다음과 같이 호소했다.

> 먼저 공락관은 누구의 집이며 그 집의 사명은 얼마나 중차대한 것이냐? 조선인만 1만 5천의 인구를 산(算)하는 **청진에서 시민의 유일한 집회장소인 공락관**은 오직 청진시민의 품속을 떠나서야 어떻게 그것이 조선인의 공회당이라는 존재를 시인할 수가 있을 것이랴! 큰일-작은 일? 이제 당장에 죽는다고 하여도 모이어서 단결의 성(聲) 한번이라도 외쳐 볼 곳도 공락관이요 의분에 뛰고 참패자의 하소연을 서로 할 곳도 공락관이 아니냐? (…중략…)
>
> 반성하라! 사람이 돼라. 유산자 유지 신사 제군이여! 매음녀의 누각이나 색주가의 발전을 축복하기에 급급하지 말고 공회당인 공락관의 발전은 고사하고 개인의 손에 방매(放賣)되려는 죽어가는 그 목숨만이라도 구하여라. 도박으로 천 원이니 7백 원이니 하지 말고 진정한 선에 서서 인간다운 일기를 작성하라. 비록 자신은 대아를 망각하고 장래나 현재에 생의 의의를 모를지라도 두상(頭上)에 떠도는 대공리(大公利)의 벼락을 면할 수 없을 것을 각성하여야 할 것이다. 이제 청진의 제군이여! 시각(時刻)으로 비참한 패배의 설움을 느낀 바 있거든 분초를 다투어 반성 맹진(猛進) 성공 있기에 힘쓰기를 바라는 바이다.
>
> — 청진 일기자, 「지방논단 : 공락관문제-일반시민에게 고함」, 『동아일보』, 1928.3.1.

공락관의 존속을 위한, 이와 같은 웅변은 이 공간이 '조선사회의 대안

---

14 「민중기관 '공락관', 유지회를 조직하고 대활동」, 『동아일보』, 1928.1.17.

〈그림 3〉 재건축된 청진 공락관(『동아일보』, 1935.1.2)

적 공공 영역'이었음을 분명히 보여준다. "공적 영역의 최고 형태는 정치, 그 집중적 표현으로서의 국가"일 테지만, 그 영역으로의 접근이 구조적으로 차단되어 있었던 조선인에게는 "사회가 유력한 대안적 공공 영역으로 떠오를 수밖에" 없었다.[15] 그러한 필연성이 '공회당 겸 극장'을 요청한 것이며, 그것이 바로 이 공간의 존재 가치였다. "대공리大公利의 벼락"은 정언명령에 가까운 시대 윤리였던 셈이다. 결국, 공락관은 유지들의 기부로써 위기를 넘겼고, 종전에는 부채 때문에 부득이 사용료를 받았으나 이때부터 공공집회에는 무료로 제공했다. 이로써 공락관은 공공 미디어로서의 성격을 더욱 확고히 할 수 있었다. 1934년 실화로 이곳이 전소되어 또다시 위기에 처했을 때도,[16] 청진시민은 재건축을 발의하여 시민대회를 개최했고[17] 기부금과 은행대출금으로 이듬해 건평 140여

---

15 황병주, 앞의 글, 25쪽.
16 「청진 유일의 집회소 공락관이 전소」, 『동아일보』, 1934.1.9.

평에 총공비 1만 3천 원을 들여 낙성식을 볼 수 있었다.[18]

일본인 소유와 경영이 지배적인 상황에서 조선인 소유와 경영이 새로운 기운으로 부상하고 있었지만, 함경도의 '공회당 겸 극장' 현상은 특이한 사례였음이 틀림없다. 시민사회의 공공재로서 극장을 사고했던 이런 움직임에 대해, 보고된 사례는 그리 많지 않다.[19] 새로운 공간에 대한 여망이 높아진다고 해서 모든 지역에서 현실화할 수 있는 일은 아니었다. 그것은 크게 보면 두 가지 점에서 이해할 수 있다.

먼저, 산업적 차원이다. '공회당 겸 극장'이 설립되는 1920년대 초중반, 함경도의 지정학적 위치와 관련된 특성은 다음과 같이 정리할 수 있다. 함경도는 그 지리적 특성상 광물과 수산물이 매우 풍부한 굴지의 지역이었던 반면, 농업은 토지개량 수리사업 및 벼농사 개량책이 그 실효를 보는 1930년대까지 상대적으로 미약했다. 이는 토지 소유 관계에 따른 경제적 긴박뿐만 아니라 경제 외적 긴박이 상대적으로 느슨했음을 시사한다. 일제의 이해관계 속에서 보자면, 특히 항만 도시들은 만주 대륙과 일본 내지를 잇는 전략적 요충지로서의 성격을 극대화하는 지역으로 개발될 필요성이 있었던 반면, 혁명의 점화지대로서는 낮은 점수를 주고 있었다. 이런 조건 속에서 함경도는 무역의 비중이 높아 상업자본이 매우 유동적인 상태로 축적되고 있었다. 이를테면 1923년 함흥은 함남 지역에서 가장 많은 11개의 시장을 갖고 있었으며, 조선인 전체 가구

---

17 「공락관 재건코저 청진부민대회」, 『동아일보』, 1934.1.13; 「공락관 재건운동 청진시민대회-14일에 개최」, 『조선일보』, 1934.1.14.

18 「조선인 집회장인 공락관 완성」, 『동아일보』, 1935.1.2.

19 대구의 만경관 정도가 연구되었을 뿐이다. 배선애, 「대구경북지역의 문화 환경과 조선인 극장의 로컬리티-대구 만경관을 중심으로」, 『대동문화연구』 72, 성균관대 대동문화연구원, 2010.

4,007호 중 상업 종사 주민이 30%(1,637호)로, 농업(669호)·공업(404호)보다 월등 높았다.[20] 다음 절에서 자세하게 다루겠지만, 동명극장·공락관·원산관은 바로 그러한 상업자본에 의해 조성되었으며 특정 단체와 긴밀한 관계를 유지하고 있었다.

다른 하나는 극장의 공공성에 대한 문화적 합의를 가능케 한 사상적 토양이 있었다는 점이다. 함경도는 간도·소련과 인접해 있었던 지정학적 특성상 독립운동의 여파가 다른 지역보다도 강한 편이었는데, 이는 함북에서 현저했다. 3·1운동 직후부터 1920년대 초반 일제의 통치권역을 교란하는 일련의 사건들은 이 지역 주민들의 반제의식을 강화하는 데 영향을 미쳤으리라 충분히 짐작할 수 있다.[21] 마찬가지로 사회주의 사상의 영향을 가장 직접적으로 빠르게 받은 곳도 함경도였다.

뒤늦게 이 지역의 불온성에 촉각을 곤두세운 당국은 함남에서 공산주의운동이 첨예해진 원인을 다음 네 가지로 정리했다. "첫째, 코민테른·프로핀테른의 공산주의운동에 관한 결의 및 지령이 용이하게 주지되고 있다는 것, 둘째, 러시아 사정이 과장되이 선전되었기 때문에 러시아를 노동자 농민의 낙원처럼 맹신하고 그것을 동경하는 자가 나누 큰

---

20 함경남도교육회, 『함경남도요람』, 1924, 198·26쪽(이계형, 「1920년대 함흥지역 학생운동의 전개와 성격」, 『한국근현대사연구』 20, 한국근현대사학회, 2002, 238쪽에서 재인용) 원산에 관한 1930년 자료에서도 농림·어업 종사 인구보다도 상업·유통·서비스업 종사 인구가 많고, 노동자의 경우 항만과 관련된 유통·운수·일용 노동자가 많은 것으로 드러나 있다. 이에 대해서는 유현, 「1920년대 노동운동의 발전과 원산총파업」, 『사회와역사』 19, 한국사회사학회, 1990, 163~164쪽 참조.

21 예를 들어, 대한의사선무대(大韓義師宣武隊)의 활동(1919.9), 독립군 소속 일대의 청진 출현(1920), 국민회 군자금 모집사건(1920), 폭탄반입사건(1920), 경성철로폭파사건(1920), 명천 광복단사건(1920), 청진파옥사건(1923) 등이 있다. 이에 대한 개요는 함경북도지 편집위원회 편, 『함경북도지』(증보판), 2001, 208~211쪽 참조.

재한다는 것, 셋째, 좌익 출판물이 저렴한 가격으로 널리 배포되고 있을 뿐만 아니라 교묘한 수단으로써 일반 주의자에게 배포되고 있다는 것, 넷째, 일본 및 중국, 특히 최근 간도 공산주의자들의 적극적 활동이 이 지역에 집중되고 있을 뿐만 아니라 노령으로부터 지도적 인물들이 입선入鮮하고 피차 연락하여 활동하는 자가 점증하고 있다는 것"[22]이다.

당국이 함경도의 불온함을 알아차렸을 때, 때마침 이 지역의 농조운 동은―당국의 탄압으로 전국적으로 정체 현상을 보인 추세와 달리― 활동의 규모·조직성·지속성·투쟁성에서 핵심적으로 성장한 상태 였고,[23] 이는 노조운동에서도 마찬가지였다.[24] 일제가 함경도를 '조선 좌경운동의 근원지', '사상적 특수지대'로 부르면서 극심한 탄압을 가할 정도로[25] 1930년경의 함경도는 사회운동에서 가장 중요한 지역으로 떠올랐다.[26]

---

22 조선총독부 편, 『도경찰부장회의자문사항답신서』, 1931.6, 137쪽(지수걸, 『일제하 농민조합운동 연구』, 역사비평사, 1993, 119쪽에서 재인용).

23 이준식은 함경도에서 농조운동이 활발하게 전개된 이유를 다음과 같이 정리했다. 첫째, 함경도는 자원이 풍부하고 국경 근방에 위치해 있어 일제가 대륙침공을 하는 가장 적합한 요지였기 때문에, 일본 독점자본의 진출이 매우 활발했다. 함경도의 중화학공업화는 노동자계급을 형성시켜 자본-임노동 관계가 급속하게 발전했고, 사회주의운동가들에 의한 노동자계급의 조직화와 노동자들의 파업투쟁이 활발히 전개되었다. 이런 상황의 영향과 함께 농민층분해의 가속화가 농민운동을 활성화시켰다는 것이다. 둘째, 지정학적 요인 때문에 만주와 러시아에서의 공산주의 운동의 영향을 가장 빨리 그리고 가장 직접적으로 받을 수 있었다는 점이다. 더욱이 만주 등지에서 생활한 경험이 있는 함경도 출신들의 귀향도 중요한 요인이 되었다. 셋째, 1920년대 중반까지 노농운동에 대한 일제탄압이 남부지방에 집중되어 있어서 상대적으로 함경도는 농민운동역량이 보존되고 조직화될 수 있었다는 점이다. 이준식, 「1930년대 초 함경도지방의 무장농민투쟁」, 『역사비평』 6, 역사문제연구소, 1989, 162~163쪽.

24 1928년부터 1933년 5월까지 혁명적 농조·노조운동 사건으로 검거된 인원이 1,575명이었으며, 이는 전국 수치의 약 55.9%였다고 한다. 지수걸, 『일제하 농민조합운동 연구』, 역사비평사, 1993, 119쪽.

25 이준식, 앞의 글, 159쪽.

조선인극장 설립은 3·1운동 이후의 사회 분위기에서라면 충분히 계획될 수 있었지만, '공회당 겸 극장'의 실현은 일정한 정치의식의 고양과 문화적 욕구 그리고 자본이 없었다면 가능하지 않았을 일이다. 함흥·청진·원산의 경우, 상업자본이 일정하게 축적된 가운데 반제 및 사회주의의 사상사적 반향과 사회적 실천이 있었기에 그 기획이 실현될 수 있었다. 그 덕분에 '공회당 겸 극장'은 공간의 공유관념에 기초한 공적인 문화실천을 통해 조선사회를 단일한 실재로 상상하는 상징 투쟁의 공간이 될 수 있었다.

2. 식민지의 도덕경제

1920년대까지만 해도 극장은 경제적 수익성이 높은 투자대상이 아니기도 했고, 조선인의 극장 소유는 극장업을 장악한 일본인 경제를 침해하는 일이었던 만큼 극장 신축은 당국의 허가를 받기가 어려웠다. 게다가 극장의 설립과 경영에 필요한 비용을 '조선사회'를 위한 공적 지급으로 조성하는 일도 쉽지 않았다. 그 많은 자금을 아무런 대가 없이 투여할 자본가도 별로 없었겠지만, 이 극장을 명실상부하게 공공 미디어로 만

---

26 1930년 10월, 잡지 『삼천리』는 세력이 있는 5개 단체와 천도교·기독교·불교 등 종교계의 현황을 각 단체의 보고형식을 통해 전달했는데, 그 보고에서 가장 왕성한 활동을 보여주는 지역으로 함경도가 꼽혔다. 조선농민총동맹과 조선노동총동맹은 집회 금지와 검거 등으로 활동에 곤란을 받고 있다는 보고 외에 별다른 언급을 하지 못한 상황이지만, 신간회·조선청년총동맹·근우회 세 단체는 모두 함경도의 약진을 지적했다. 이밖에 전국적인 조직망을 보유하고 있었던 천도교도 평안도와 더불어 함남지역을 꼽았다. 「現有勢力 총조사」, 『삼천리』 9, 1930.10.

들기 위해서라도 보다 많은 사람에게서 자금이 나오는 것이 필요했다. 함경도 지역의 '공회당 겸 극장'이 이른바 '유지有志 제씨'의 주도하에 개관한 것은 그런 점에서 당연했다. 그들은 지역에서 상당한 부를 축적한 상업자본가였고 이들이 소속된 이익단체가 극장설립에 관여했다.

동명극장의 설립은 함흥상업회 주도로 추진되었다. 함흥상업회는 1907년 함흥의 상업계 인사들로 조직되어 1939년 4월 28일 해체되기까지 함흥 사회의 유력한 단체였다.[27] 여기에 속한 5명이 건축기성위원회로 구성되어, 동명극장은 1923년 11월 설립되었다. 그러나 동명극장이 주식회사로 전환되는 1936년 3월 16일 시점까지,[28] 극장과 함흥상업회의 구체적인 관계(극장 대표나 중역진 등)는 알려진 바가 별로 없다. 분명한 사실은 함흥상업회가 동명극장의 소유주였지만 위탁 경영 방식을 취했다는 점이다. 1935년 하반기부터 극장 경영과 관련한 분규가 있었는데, 함흥상업회가 직영하자는 의견, 주식 261주를 매각하자는 의견, 현행대로 임대방식을 고수하자는 의견 등 세 가지 입장이 충돌했다. 결국, 1936년 5월 15일 함흥상업회 평의원회는 현행대로 현 경영자 김영선金英善에게 임대하는 것으로 결론지었다. 이때 1년 계약에, 하루 8원이었던 임대료를 12원으로 상향 조정했다.[29] 이로 미루어보면, 동명극장은 임대 형식으로 운영되었지만 그렇다고 해서 경영자가 임의대로 전횡을 일삼을 수는 없었던 듯하다. 극장은 이원적으로 운영되었다. 극장의 주요 수입은 영화상영이었지만, 각종 회합과 공연 신청이 있을 때는 실비로 '거의 무료'에 가깝게 장소를 제공했다.

---

27 「卅二년 역사를 남기고 함흥상업회 해체」, 『동아일보』, 1939.5.2.
28 『조선은행회사조합요록』, 1937년판.
29 「동명극장 처분문제, 賃貸借制로 낙착」, 『조선일보』, 1936.5.17; 「동명극장 분규문제, 반년만에 단락」, 『조선중앙일보』, 1936.5.18.

원산관은 '주식회사 원산관'이 먼저 창립되고 나서 극장이 세워졌기 때문에 좀더 많은 자료가 남아 있다. 원산에서 공회당을 설립하려는 노력은 원산관 이전에도 있었다. 1925년 관교동館橋洞 유지의 발기로 의연금을 받아 공회당을 세우려고 했던 것인데,[30] 이는 성사되지 않았다. 그리고 얼마 지나지 않아 1926년 2월 원산시영회가 발족했다.

> ◇……수백 명의 발의로
>
> 문화의 향상, 경제의 발달, 상공의 개선, 기타 원산번영의 일체 사업 등을 기도하여 당전(當前)의 문제를 해결함으로써 그 효과를 원산 2만여 조선민중의 앞길에 개(開)코자 원산노소유지 수백 명의 발기로 원산시영회라는 원산의 번영을 목적하여 대표단체를 조직하기로 하고 본월 6일(토요) 하오 6시 반부터 원산 제1보교 내에서 동회 발기대회를 성대히 개최할 터이라더라.
>
> ─「원산시영회 발기」, 『동아일보』, 1926.2.6

원산시영회 창립위원들은 원산을 3개의 구역으로 나누어 회원을 모집했고, 그 결과 창립총회 시(1926.2.21) 150여 명의 회원을 모집힐 수 있었다.[31] 이 단체의 중심은 원산객주조합원들로서 원산의 유지들이었다. 일종의 번영회라 할 수 있는 이 단체가 창립 이후 가장 먼저 착수한 사업이 바로 '공회당 겸 극장'의 설립이었다. 1926년 8월 26일 발기총회를 열고,[32] 1927년 5월 22일 주식회사 원산관의 창립이 있었다.[33] 마침내 1928

---

30 「노동자의 피쌈이 엉킨 원산공회당」, 『조선일보』, 1925.2.5.
31 「원산시영회, 去 14일 창립위원회」, 『동아일보』, 1926.2.18; 「원산시영회 창립」, 『동아일보』, 1926.2.23.
32 「구체화하는 원산공회당 건축, 준공 후 극장으로도 겸용」, 『조선일보』, 1926.8.27.

년 1월 23일 원산관의 낙성식이 거행되었다.[34] 원산관은 대표 노기만盧紀萬을 비롯하여 중역의 상당수가 원산시영회 임원으로 구성되었다.[35] 노기만은 1938년경 박태섭朴泰燮으로 바뀔 때까지 주식회사 원산관의 대표로 재임했다. 경영은 동명극장과 마찬가지로 위탁 방식을 취했다. "영업방침을 토의할 때에 극장을 직영하는 것이 가하다는 결론도 한두 번이 있었으나 극장에 경험이 없는 주주 측이 직영하는 것보다 경험이 충분한 사람에게 주어 개인 경영을 시키는 것"[36]이 다수(주주의 약 8할)의 의견으로 낙착되었고, 개관 당시 전운룡田雲龍이 이를 맡았고, 얼마 지나지 않아 원산관(주)의 이사였던 김창준金昌俊이 원산관을 실질적으로 이끌었다.[37]

동명극장과 원산관 설립의 주도 세력이 각각 함흥상업회, 원산시영회라는 사실은, 대외적으로 표방된 명분이 설립 동기의 전부가 아닐 수 있음을 시사한다. 극장 운영으로 일정한 수익을 기대할 수 없음에도 불구하고, '공회당 겸 극장'이라는 깃발을 자처해 들고 나선 또 다른 이유는 지역사회를 향한 일종의 이미지 제고일 수 있다. 사업을 위해서는 부득이 일본인 혹은 관官과의 파트너십을 유지해야 했기에 이들은 종종 사회의 따가운 눈초리를 받아야 했는데, 이러한 공익사업에 참여함으

---

33 「원산관 창립총회」, 『중외일보』, 1927.5.16; 「원산관 창립총회, 간부 기타 선정」, 『조선일보』, 1927.5.24; 「원산관 창립총회」, 『중외일보』, 1927.5.26.

34 「원산관 준공, 舊元日 낙성식」, 『조선일보』, 1928.1.22; 「원산관 낙성, 舊元日에 낙성식」, 『동아일보』, 1928.1.26; 「원산관 낙성식 성황, 야간은 劇會」, 『중외일보』, 1928.1.27.

35 △사장 盧紀萬 △전무취체역 韓致恒 △취체역 金永根 李春河 金景俊 金利錫 朴昌祚 △감사역 南百祐 劉裁俊 韓君弼, 「원산관 창립총회, 간부 기타 선정」, 『조선일보』, 1927.5.24; 「원산관 창립총회」, 『중외일보』, 1927.5.26.

36 「주식회사 원산관 임시주주총회」, 『중외일보』, 1928.1.16.

37 「원산연예단, 경성서 공연한다고」, 『조선일보』, 1930.8.24; 「원산관에서 창립된 WS연예부, 불원간 상경 공연」, 『중외일보』, 1930.8.25; 「원산 藝苑 독점한 원산관」, 『조선일보』, 1930.11.2.

로써 자신들의 도덕성을 얼마간 보장받을 수 있기 때문이다. 혹은, 정치적 입지의 구축을 위한 사전 포석이었을지도 모른다.[38]

그에 비하자면 청진의 공락관은 달리 보이는 점이 있다. 역시 '유지제씨'의 주도로 공락관 설립이 추진되었고 그들은 청진을 근거지로 하여 사업을 하던 자본가들이었지만, 이 설립 과정에서 특정 단체와의 관계는 표명되지 않았다. "청진에 거주하는 시민 전체의 힘으로 건축된 집"으로 표현되었듯이, 공락관에는 청진 조선인 전체에 의한, 조선인을 위한 공간이라는 자부심이 배어 있었다. 앞서 언급했듯이 부채 때문에 경매 위기에 처했을 때도, 공락관이 화재로 전소되었을 때도, 이를 극복하기 위한 청진시민의 자구노력은 특별했다.

공락관도 1924년 3월에 창립된 동일상회(주)와 긴밀한 관계를 유지했다. 동일상회가 창립된 지 얼마 지나지 않아 공락관 설립이 추진되었고, 동일상회의 중역들 가운데 신양극辛良極 · 장세헌張世憲 · 김유정金裕禎 · 주형순朱亨順 · 최수성崔壽成 등이 공락관 간부로 피선되었다.[39] 공락관이 경매 위기에 처했을 때는 기부액 8천 8백 원 가운데 회사로는 유일하게 동일상회가 2천7백 원이라는 거액을 기부할 정노도[40] 공락관의 설립과 유지에 크게 기여했음을 알 수 있다.

---

38 예를 들어 원산관 관계자 남백우, 한치항 등은 원산부의 의원선거에 출마했으며, 남백우는 도평의원을 지냈다. 「조선인측 유권자대회, 원산관에서」, 『동아일보』, 1929.10.29.
39 당시 동일상회 임원은 다음과 같다. 대표 金基德, 이사 최수성 · 金秉倫 · 김유정 · 신양극 · 장세헌, 감사 주형순 · 佐藤貞平 · 森野和一郎, 지배인 李應實 등이다.(『조선은행회사조합요록』1925년판)
40 기부 내역은 다음과 같다. △東一商會 2천 7백 원 △禹麟源 1천 4백 원 △金秉倫 천 원 △辛良極 천 원 △金裕禎 천 원 △崔雲善 천 원 △객주조합 5백 원 △趙東雲 2백 원 등 총 8천 8백 원. 「청진 공락관, 완전한 시민소유」, 『동아일보』, 1929.1.17.

그러나 공락관이 특정 단체와 공식적인 관계를 맺지 않았다는 사실이 더 중요하다. 공락관은 '공회당 겸 극장'이라는 창립 정신을 다른 두 극장보다 오랫동안 유지할 수 있었는데, 이는 조직과 경영방식에 잘 나타나 있다. 창립 당시 선임된 임원 조직은 대표가 없이 이사·감사·평의원으로만 구성되었고,[41] 다른 두 극장과는 달리 '관리대표자'를 두어 직영 방식을 취했다. 창립부터 1934년 1월 건물이 전소될 때까지 이 방식을 10여 년간 유지했으며, 관리대표자는 김병윤金秉倫이었다.[42] 공락관은 재건축된 이후 다른 두 극장과 마찬가지로 위탁 경영을 하는데, 개인 경영자에게 연 2천 원에 세를 주고 그 2천 원은 청진사회사업에 제공하기로 했다.[43] 공락관은 경영방식이 바뀌었어도 공공 미디어로서의 성격을 유지했다. 공락관은 청진시민 전체의 소유라는 관념이 지배적이었고, '공락관 유지회'는 바로 그 공유의식의 산물이자 이를 지탱해주는 조직이었다. 유지회는 극장의 취약한 재정 때문에 조직되어[44] 공락관 재건축을 여론화하고 실행에 옮길 때도 주도적인 역할을 하였다. 1936년 말 시점의 유지회 위원 대부분이 창립 초기부터 공락관에 관여해 온 임원들이었다.[45] 즉 운영위원회 체제에서 유지회 체제로 바

---

41 이사 신양극·조동운·장세헌·김유정·주형순, 감사 최수성·金自益·空增淸太郎이며, 평의원으로는 南潤九·張仁德 외 8인이다. 「공락관 창립총회」, 『조선일보』, 1925.1.17.
42 「청진 유일의 집회소 공락관이 전소」, 『동아일보』, 1934.1.9; 「청진 공락관의 재건 가결, 14일 시민대회서」, 『조선중앙일보』, 1934.1.19.
43 「조선인 집회장인 공락관 완성」, 『동아일보』, 1935.1.2.
44 '공락관 유지회' 관련 기사는 1928년의 것(「민중기관 '공락관', 유지회를 조직하고 대활동」, 『동아일보』, 1928.1.17)이 최초이나, 「공락관유지회」(『조선일보』, 1936.12.18)에서는 1925년 조직되었다고 기록하고 있다. 그러나 두 번째 기사는 공락관 창립 시점을 잘못 기술하고 있어서 공락관 유지회 조직 시점 또한 신뢰를 해야 할지 망설여진다.
45 참고로 1936년 12월 현재, 공락관 유지회의 조직은 다음과 같다. 회장 김병윤, 부회장 裵貞基, 총무 남윤구, 재무 車運轍·全春景, 평의원 신양극·朴洛善·薛順東·崔雲鶴 외

뀌었어도 핵심 인물은 같았는데, 이 점이 바로 공락관 경영이 일관성을 유지한 비결이다.

물론 다소의 차이는 있어도 '공회당 겸 극장'의 현상은 그 나름의 해석이 필요하다. 동명극장·공락관·원산관의 출현은 조선민간자본의 문화정치를 드러내는, 도덕경제의 식민지 버전처럼 보이는 바 있다.[46]

원래 '도덕경제moral economy' 개념은 톰슨E.P. Thompson이 그의 저서『영국노동계급의 형성』(1963)에서 18세기 영국 농민의 식량 폭동을 설명하면서 제시한 것으로, 이후「18세기 영국 군중의 도덕경제」(1971)에서 좀더 구체화되었다. 톰슨이 주목한 것은 식량 폭동에서 영국 농민이 보여준 특정한 행동 양식인데, 그 가장 특징적인 것이 — 곡물의 약탈이 아니라 — '가격조정'으로 나타났다는 점이다. 이것은 수요-공급의 법칙이라는 새로운 시장 질서에 맞선 실천, 즉 도덕경제의 관철이었다. 여기서 도덕경제란 — 공식법규와는 다른 전통 속에서 민중법규로 존재하는 — 공동체 내의 일정한 사회적 규범과 강제, 각 집단이 맡은 고유한 경제적 역할 등에 대한 불문율을 일컫는다. 이것이 위반되거나 무시되었을 때 군중의 집단적 행동이 나타난다.[47]

톰슨의 용법에 따르면 도덕경제는 자유시장경제에 의해 사멸된 것으

5인.「공락관유지회」,『조선일보』, 1936.12.18.

46 함경도의 '공회당 겸 극장'의 출현에 관한 초고를 작성할 때, 이 현상을 '도덕경제'의 관점에서 읽을 수 있음을 제안해준 분은 황병주 선생이다. 이 조언 덕분에 내가 주장하고 싶었던 부분이 어떤 것이었는지 선명해짐을 느낄 수 있었다. 이 자리를 빌어 황병주 선생께 감사드린다.

47 E. P. 톰슨, 나종일 외역,『영국노동계급의 형성』(1963), 창작과비평사, 2000, 79~109쪽; "The Moral Economy of the English Crowd in the Eighteenth Century", *Past and Present*, no.50, 1971.

로 볼 수 있지만, 이후 페어뱅크J. K. Fairbank, 스콧James C. Scott, 폴라니Karl Polanyi 등의 연구가 보여주듯이 이 개념은 사회구성원 간에 상호 생존유지를 위해 기대되는 관계와 행동 양식의 규범을 설명하는 여러 수준에서 탄력적으로 사용되었다.[48] 그리하여 이 개념은 촌락사회와 같은 작은 단위뿐만 아니라 사회주의 국가라는 대단위를 설명하는 데 동원되었으며, 아직 현존하는 어떤 실재로도 간주되고 있다. 또한, 생존권과 관련된 경제적 관계뿐만 아니라, 그 근저를 구성하는 상호 의존적인 공유의식을 바탕으로 한 사회적·문화적 관계까지도 대상으로 한다. 이러한 용법에서 공통적인 것은, 아담 스미스류의 시장경제 논리가 아직 완전히 관철되지 않은 가운데 여전히 강력한 힘을 보유하는 전통적인 도덕률의 존속 현상에 한정되거나(중국 혹은 동아시아), 사회주의 체제와 같이 자본주의적 질서와 일정한 거리가 있는 경우로 제한된다는 점이다.

도덕경제에 대한 이러한 탄력적인 용법은 함경도 지역의 '공회당 겸 극장'의 출현을 설명하는 데에도 유용해 보인다. 1920년대의 식민지 조선은, 한편으로는 자본주의가 식민지적 국가주의 아래서 파행적으로 진행되고 있었고, 다른 한편으로는 피식민 주민이 조선사회 고유의 장場을 기대하고 있었다. 이 조건 속에서, 전통적인 도덕률의 작동과 자본주의 사회의 기부문화가 접점을 이루면서 지역사회의 상호 의존적인 공유의식을 가능케 한 것이다. 그러니, 조선사회의 내셔널리티를 정치적·문화적·사회적으로 집적할 수 있는 장에 대한 기대가 '공간'으로 현상한 것은 자연스러운 일이었고, 이것이 함경도 지역에서 현저했던 것은 지

---

48 홍민, 「북한체제의 '도덕경제'적 성격과 변화 동학」, 『진보평론』 24, 2005, 45~47쪽 참조.

정학적 특수特需로 축적된 상업자본 그리고 탈식민을 위한 사상적 계기로서 이 지역 사회운동의 근저를 이루었던 사회주의의 반향 덕분이었다. 그리하여 식민지 체제하에서 축적된 자본의 공적 사용이라는, 도덕경제가 조성될 수 있었다. 이 도덕경제는 경제적 실천에의 개입이라기보다는 자본의 분배와 관련되어 있었고, 그것은 조선사회라는 상징투쟁의 장을 확보하기 위해 응당 해야 하는 도덕적 강제의 성격을 띠었다. "대공리의 벼락"이라는 표현에서 알 수 있듯이, 지역사회의 유지 그룹은 '공회당 겸 극장'의 설립이라는 매우 구체적인 목표와 결합한 대중적 여망을 외면하기 어려웠고, 그들 스스로 주도 세력으로 나선 것이다. 적어도 이 극장들이 설립되던 시기에 문화자본은 경제적 수익을 기대하는 시장 논리보다는 조선사회의 정체성을 표현하고자 정치 논리가 먼저였다.

아마도 식민지의 도덕경제가 가장 투명하게 드러난 곳은 공락관일 터이다. 다른 두 극장과 다른 점은 앞서 지적한 바 있지만, 공락관의 그런 시스템을 가능케 한 요인에 더 주의를 기울일 필요가 있다. 이것은 아직 공개되지 않은 이면이며, 그 중심에는 공락관뿐만 아니라 청진의 주요 인물인 남윤구南潤九(1892~1960)가 있다. 남윤구는 장립 낭시 넿의원으로 선임된 이래 1930년대 중반까지 공락관과 관련된 실무책임을 도맡았다. 1920년대 후반부터 공락관 유지회의 총무[49]는 물론 공락관이 전소되었을 때도 재건축 집행위원회 총무[50]로서 이 극장의 역사와 함께했다. 그런데 그의 이력은 공락관의 반경을 뛰어넘는다. 여기서 잠

---

49 「청진공락관 유지회 活寫隊, 고학생 갈돕회를 위하야 동정흥행」, 『조선일보』, 1928.3.11;
  「공락관 유지회, 4일 밤 同館에서」, 『동아일보』, 1936.2.8.
50 「청진부민대회, 공락관 재건결의」, 『동아일보』, 1934.1.16.

시 독립운동가였던 이강훈^{李康勳}의 회고를 들어보도록 한다.

> 이번 국내 순회 공작 중에 마지막으로 가장 기대하던 청진에 도착하여 예정대로 『동아일보』 지국장 남윤구를 찾았다. 그는 미리 알았다는 듯이 나를 현관 밖에서 중국집으로 안내하여 점심을 대접하면서, 내가 보이는 위촉장(명주로 된 것을 옷깃에 감춰둔 것)과 암호로 서로 정체를 믿은 뒤에 신암 4동 유(柳)모라고 문패를 단 집으로 안내하여 수일간 투숙시킨 뒤에 청진의 부호 김기덕(金基德) 씨로부터 거액의 독립운동자금을 받게 하고 일부는 현금으로 영수케 하였다. 그가 부탁하는 절대 비밀과 혁명 영수들에게 전해달라는 말, 또 약관의 청년인 나를 위로하고 격려하는 말을 듣고 마음 흐뭇하였다. (…중략…) 남윤구는 『동아일보』 간판을 걸고 많은 일을 하는 듯이 보였다. 김사국·방한민 등에 의해서 설립된 동양학원이 폐쇄되고 관계 인물이 왜적에게 일망타진되자, 그 뒤에 용정으로 모여든 김하준·김연수·허성묵·이광해 등 많은 지사들은 남씨와 접촉하게 되었고, 남씨로 하여금 부호 김기덕 씨를 설득하여 흔연히 거액의 자금을 내게 한 것이다. 민족주의자와 사회주의자가 악수하고 통합된 민족 단체가 탄생될 경우에 한해서 상당한 자금을 제공한다고 김 씨와 (남 씨의 알선으로) 대면한 지사들과 밀약이 되어 있었는데, 이번에 내가 순조롭게 책임을 다하게 된 것도 허성묵·이광해·김연수 등이 보여준 믿음직한 모습과 남윤구 씨의 노력의 결과였다.[51]

당시를 1925년으로 기억하는 이강훈의 기록은, 남윤구가 독립운동가의 연락책이자 자금책으로 활동했고, 청진 부호 김기덕이 독립운동자금

---

51 이강훈, 『항일독립운동사』, 정음사, 1974, 53~54쪽.

을 은밀히 지원하고 있었음을 전하고 있다. 실제로, 남윤구는 3·1운동으로 1년 옥고를 치르고 일본 유학을 잠시 다녀온 뒤 청진을 거점으로 사회주의 계열 단체에 깊숙이 개입해 활동한 인물이다. 청진청년회, 조선노농총동맹, 동북노동연맹, 함북청년단연합회, 조선공산당, 함북청년총동맹, 조선노동총동맹, 춘경원당春景園黨, 신간회 청진지회, 함북기자동맹 등에 관여했다.[52] 1920년대 후반에는 『동아일보』 청진·경성·성진지국 기자로 재직했으며, 1933년부터 수년간 『조선중앙일보』 청진지국장을 지내기도 했다. 그는 그야말로 청진과 함북지역에서 관계하지 않은 데가 없을 정도로 유력한 활동가였다. 남윤구의 이러한 이력이 공락관의 공공성과 매우 밀접한 관계가 있었으리라 짐작해도 틀리지 않을 것이다.

그렇다면 이강훈에게 깊은 인상을 심어준 김기덕은 남윤구 그리고 공락관과는 어떤 관계에 있었던 것이었을까. 김기덕金基德(1892~1953) 역시 청진을 근거지로 하여 1915년 공동무역상사를 설립, 만주·러시아와의 무역으로 부를 축적했고, 1924년 조선은행에서 50만 원을 융자받아 공동무역상사를 동일상회(주)로 개편하여 사업 확장에 착수하면서 함북의 중요 인사로 떠오른 청진 부호였다. 이후 그를 너욱 유명하게 만든 것은 1932년 8월 25일 나진이 길회선吉會線 종단항終端港으로 결정되면서였다. 나진과 웅기에 땅을 미리 사두었던 그는 지가 상승으로 일시에 조선 내 수위에 드는 거부가 된 것이다.[53]

여기서, 공식적으로 표면화된 적이 없음에도 동일상회가 공락관과 깊

---

52 남윤구의 사회주의운동 이력에 대해서는 강만길·성대경 편, 『한국사회주의운동인명사전』, 창작과비평사, 1996, 161쪽.

53 漢陽學人, 「재계의 怪傑 洪鍾華 金基德 양씨, 突現한 일천만원의 양대부호 일대기」, 『삼천리』 4-12, 1932.12; 조기준, 『한국기업가사』, 박영사, 1983 참조.

은 관계에 있었음을 다시금 환기해두고자 한다. 청진에서 동일상회의 위상을 감안하면 '공회당 겸 극장'을 위한 공적 자금의 조성에 참여한 것은 지극히 자연스러운 일이지만, 자본의 공적 사용이 계속된 것은 또 다른 계기를 필요로 한다. 부호 김기덕과 활동가 남윤구, 이 만남에는 김기덕의 동생인 김기도金基道가 있었다. 김기도는 일찍부터 청진청년회에서 활동했으며,[54] 1924년에 귀국하여 본격적인 활동을 개시한 남윤구 역시 청진청년회에서 활동했다. 이들은 다른 몇 명과 함께 1924년 10월 요로대관 암살 및 북선 연락, 지방물산공진회장 폭파 기도 혐의로 검거되기도 했다.[55] 이후 김기도는 웅기를 거점으로 형(김기덕)의 일을 도우면서 비밀리에 지하운동을 병행했는데, 1932년 12월 함북 공산당 재건운동 사건으로 검거되었으나 증거불충분으로 석방되었다.[56] 정황을 종합하면, 남윤구는 김기도와의 관계를 기반으로 '공회당 겸 극장'으로 설립된 공락관이 지역사회운동의 거점이 되도록 주력했으며, 김기덕은 김기도와 남윤구의 이런 정치적 요청에 기꺼이 응한 것으로 풀이된다.

이와 함께 장채극張彩極(1898~?)도 주목할 필요가 있다. 그 역시 남윤구와 비슷한 시기에 청진으로 거처를 옮겨 사회주의운동을 전개한 인물로,[57] 1920년대 하반기에 『동아일보』 청진지국장으로 재직하면서 청진과 함북지역에서 고조되고 있던 좌파운동에 합류했다. 고향은 함북 부령으로 김기덕·김기도 형제와는 동향이었으며, 1924년 가을 남

---

54 「청진청년회 강연회」, 『동아일보』, 1920.8.7.
55 「청진서 활동으로 청년 9명 검거」, 『시대일보』, 1924.10.13; 「장, 남 양씨 방면, 청진공진회 사건의 장채극 남윤구 량씨」, 『조선일보』, 1924.10.28.
56 「양씨 검거호송」, 『동아일보』, 1932.12.20; 「김기도 씨 석방」, 『중앙일보』, 1932.12.28; 「함북 중대사건, 취조의 일단락」, 『중앙일보』, 1933.2.1.
57 강만길·성대경 편, 『한국사회주의운동인명사전』, 창작과비평사, 1996, 420쪽.

윤구·김기도와 함께 벌인 공진회 사건의 당사자이기도 하다. 이들의
관계는 오래 유지된 듯하다. 김기덕·남윤구·장채극 세 사람이 신문
지상에 함께 포착된 것은 1935년 1월 청진체육회 창립총회에서이다.[58]
청진체육회의 창립이 단순히 교육사업으로 읽히지 않는 것은 오랫동안
계속된 이들의 정치적 이력과 인적 네트워크 때문이다. 더욱 주목되는
것은, 장채극이 1930년대 중반 이후 "청진 흥행계의 넘버원"[59]으로 부
상했다는 점인데, 그는 1938년 당시 소화좌昭和座와 중앙관 그리고 공락
관을 경영하고 있었다.[60] 한 전향자의 변신일 수도, 아니면 축적된 부의
은밀한 사용을 꾀한 사회주의자의 의식적인 실천일 수도 있겠다.

이처럼 '공회당 겸 극장'으로 출현한 동명극장·공락관·원산관의
1920년대는 식민지의 도덕경제가 문화에 집적된 시대였음을 보여준
다. 이는 식민지적 근대화에 편승하면서 일정한 부를 축적한 자본가들
로부터 도덕적 압박과 동의를 끌어낼 수 있었던 함경도 지역 좌파운동
의 성장이 있었기에 가능했다. 특히 공락관은 이를 가장 순수하게 보여
준 사례로서, 지역사회의 정치적·문화적 거점으로서 그 공적인 성격
을 오랫동안 유지했고, 이는 이 극장의 이념을 계속해서 유지하고자 한
사람들 덕분이었다.

---

58 장채극의 사회로 진행된 청진체육회 창립총회에서 회장에 김기덕, 총무에 남윤구가 선
출되었다. 「청진에서도 체육회 창립」, 『조선중앙일보』, 1935.1.30.

59 「청진부 水南洞에 중앙관 신축」, 『동아일보』, 1938.12.23.

60 동시에 그는 당시 '뿌로-스 상회'를 설립하고 토지·광산·목재업 등 실업에도 관여하
고 있었다. 「문화에서 실업계로 百戰鍊磨의 용장」, 『조선일보』, 1938.3.24.

3. 문화의 기획, 사상의 취체

〈열세 집〉이란 가극에 이르러서는 꽃 같은 여학생들이 조선의 지도를 여덟
조각에 나누어 들고 가장 귀엽고 중하고 아름다운 것은 이곳밖에 없다는 의
미의 창가를 부르자 박수갈채 聲은 천지가 진동하는 듯하였으며

— 「성황리에 종료된 청진동정음악회」, 『조선일보』, 1928.2.10

'공회당 겸 극장'의 출현은 지역사회에서 흥분되는 감격이었을 것이
다. 학교 강당·회관 등지에서 제한적이나마 문화적 욕구가 충족되었지
만, 지역사회의 공유 공간이라는 상징성은 이전의 공간들이 제공해준
여러 수준을 비약적으로 집적해냈다. 물론 함경도의 세 극장은 기본적
으로 다양한 종류의 문화물을 담아내는 복합공간이었지만, 구체적인 양
상은 같지 않다.

공락관이 극장 자체의 기획을 보여주는 기록은 거의 남아 있지 않다.
다만, 재정을 충당하기 위해 공락관 유지회를 발족하고 수익성이 높은
영화 상영과 순회 상영을 추진한 사례가 남아 있다. 1928년 극장 측은
〈바그다드의 도적〉, 〈황금광 시대〉, 〈따크라대왕〉, 〈동도〉 등을 상영
하고 남윤구의 인솔하에 북선 순회를 했으며, 간도 용정에 이르러서는
갈돕회를 위한 동정 영사를 했다.[61] 물론 남윤구의 이런 행보는 앞서 이
강훈의 회고에 의하면 순회 상영을 빙자한 독립운동이었을 가능성이

---

61 「민중기관 '공락관', 유지회를 조직하고 대활동」, 『동아일보』, 1928.1.17; 청진 일기
자, 「지방논단 — 공락관문제 — 일반시민에게 고함」, 『동아일보』, 1928.3.1; 「청진공락
관 유지회 活寫隊, 고학생 갈돕회를 위하야 동정흥행」, 『조선일보』, 1928.3.11.

있다. 여하하든 타지에서 순회를 온 경우는 많지 않았고 청진 내 예술
단체의 존재도 거의 눈에 띄지 않는다.[62] 엄밀히 말하자면 공락관은 '공
회당'이었고,[63] 청진 단체의 행사로 채워졌다. 청진청년회·청진여자
소년면려회·청진부녀야학·청진학우회·근우회 청진지회·청진노
동회·청진유학생 학우회·면려청년회 청진연합회·청진체육회·청
진기우회·청진사회단체연합·조선일보 청진지국 등이 바로 공락관
을 사용했다. 특기할 만한 것은 '함북 단위'의 정치적 집회가 열린 점이
다. 예를 들면 조선청년동맹 함북 도련, 함북기자단, 함북 신간지회 도
연합, 함북 온유비鹽油肥 당업자대회 결정실행위원회 등이 공락관에서
개최되었다. 이는 함북에서 차지하는 공락관의 정치적 위상을 말해주
는데, 이런 데에는 공락관 관계자였던 남윤구 등의 활동반경과 밀접한
관계가 있다.

동명극장은 극장 낙성식을 기해 1923년 함흥에서 조직된 '예화극단
藝化劇團'의 공연을 올렸다.[64] 이 밖에 함흥연극연구회·'북방무대'·성

62　이는 청진 출신 예술인이 거의 없다는 사실과도 조응한다. 함흥의 경우와는 대소석이나.
63　1931년부터 신문에는 '청진공회당'이라는 표현이 몇 차례 발견되는데, 이는 공락관을
　　지칭하는 것으로 보인다. 당시 대규모의 인원을 수용할 수 있는 공간이라고는 공락관과
　　일본인 극장밖에 없었던 사정을 감안하면, 청진부민에게 '청진공회당'은 곧 공락관을
　　의미한다. '청진공회당'으로 표현된 기사들은 다음과 같다. 「함북 온비회사 창립대회
　　개최」, 『조선일보』, 1931.7.15; 「수산도시의 기초를 확립」, 『동아일보』, 1933.6.4; 「함북간
　　도지분국장대회 和氣裏 종료」, 『동아일보』, 1933.7.22; 「비상시국에 鑑해, 청진서도 부민대
　　회」, 『조선일보』, 1937.7.22; 「소련의 불법위협으로 연해주 출어중지?」, 『동아일보』,
　　1939.9.2.
64　이 극단의 단장 지두한(池斗漢)은 처음에는 독립운동에 뜻을 두었으나 취체에 걸려 옥
　　고를 치르고 나서 예술운동을 결심하고 예화극단을 창단했다. 이후 취성좌(聚星座)를
　　거쳐 조선연극사(朝鮮硏劇舍)를 이끌었던 대표적인 대중연극인이다. 이승희, 「지두
　　한」, 강옥희·이순진·이승희·이영미 편, 『식민지시대 대중예술인사전』, 소도,
　　2006, 326~328쪽 참조.

악단우회・함흥음악회 등의 예술단체 행사가 있었는데, 이는 공락관과 비교가 되는 부분이다. 이 단체들 관계자 가운데 지두한・김승일・이규설 등 연극・영화 인사들이 엿보이는 것도 특기할 만하며, 함흥 출신 예술인도 상당수에 이른다.[65] 함흥지역 사회단체도 동명극장을 즐겨 찾았다. 특히 함흥청년회・함산청년회・함흥여자청년회・함흥기독교청년회・함흥청년동맹 등 청년단체 활동이 두드러지며, 함흥노동동무회・함흥농민회・함흥농민조합・조선농민사 함흥지부 등 노농단체를 비롯해 근우회 함흥지부・개벽사 함흥지사・함흥춘추단・함산유치원・숙명여자학원・중앙학원・함흥여자기예학원・함경선 비합동운송업자 등의 단체도 동명극장을 이용했다.

그러나 1930년경에 이르면 청년단체와 노농단체의 이용은 거의 사라진다. 이는 조선 전역에서 벌어진 현상이지만, 동명극장의 경우 1929년 경영자 김영선이 극장을 개편했던 상황과도 맞물려 있다. 김영선이 경영자가 되면서 처음 한 일이 동명극장을 영화상설관으로 변경한 것이다. 이때가 1920년대 중반 무렵이다.[66] 여전히 각종 회합에는 거의 무료로 장소를 제공했지만 1929년에 이르러 동명극장을 명실공히 영화상설관으로 만들기 위한 변화를 꾀했다. 정시 개막, 기관지 『동명주보』 발간, 동극東劇구락부의 조직(관중과의 연락, 영화애호자 호상친목, 민중영화의 연구 등 목적) 등을 추진했다.[67] 이러한 기획은 지역민과의 커뮤니케이션을 통한

---

65 지두한의 딸 지최순・지경순(배우)을 비롯해, 주인규(배우), 문수일・문예봉 부녀(배우), 전옥(배우), 박구(연주자, 악극단 대표), 이면상(작곡가), 이병일(감독), 황운(감독), 조택원(무용가), 그리고 후일 동명극장 상무감사역에 재직하는 한설야(소설가) 등이 있다.
66 1925년 신문에는 이를 짐작할 수 있는 기사들이 실리며, 『활동사진필름검열개요』(조선총독부 경무국, 1931, 147쪽)에는 1927년 10월 당시 동명극장이 영화상설관으로 분류되었다.

문화적 조직화를 목적으로 한 것이지만, 이 변화는 '공회당 겸 극장'의 성격이 퇴조하는 징후였다.[68]

원산관은 일반 단체의 이용이 적었던 편이다. 원산시민협회·원산기독 청년회·자력갱생회·동정洞町연합회·중앙체육연구소 원산지부·고아 원 후원회 등과 『중외일보』『조선일보』 원산지국 등이 이용한 사례가 있었을 뿐이다. 후술하겠지만 경찰 당국은 정치적 집회가 원산관에서 열리는 것에 강한 압력을 가하고 있었다. 그러나 사회단체의 극장 이용이 저조한 것이 오직 정치적인 이유에서 비롯된 것은 아니다. 원산관은 기획공연을 추진했 을 만큼 예술 분야에 주력했다. 개관기념 공연을 위한 경성 '조선극우회'의 초청을 시작으로, '산양회山羊會'·'예성사藝星社'·'이동백일행' 등의 행사 를 기획했고 '현상 각희대회'까지 개최했다. 원산관 개관의 홍보 때문이었 겠지만, 그 방향이 다른 두 극장과는 다소 거리가 있었다. 이후로도 예술 분야의 약진은 두드러졌다. 춘성권번과 TM영화공장[69] 실연부의 공연과 원산 출신의 채규엽·김안라의 독창회가 열렸고, 타지로부터 현제명과 연희전문음악단 그리고 '조선연극사'·조선명창연주단·조선성악연구 회 등이 원산관을 방문했다. 확실히 원산관은 정치적 집회보다는 예술단체 의 유치에 주력했고 덕분에 원산시민은 다양한 문화를 접할 수 있었다.

WS연예부는 이런 경영방침 아래 1930년 봄 원산관 직속으로 설치 되었다. WS연예부는 당시 원산관의 전무이사이자 경영자였던 김창준

---

67 「면목일신한 함흥 동명극장, 구락부까지 조직」, 『조선일보』, 1929.1.31.

68 1930년대로 넘어가면 김영선은 자신의 이름을 따서 '김영선 연예부'를 조직하여 흥행 했다. 「동명극장에서도 동정흥행 성황, 70여 원 기탁」, 『조선일보』, 1934.8.9.

69 TM영화공장은 원산 출신의 남궁운(김태진)과 함흥 출신의 주인규가 원산의 신진극작 가 강홍순(康鴻順)과 김훈(金薰) 등과 1928년 창립한 단체이다. 「원산영화공장 實演部 공연, 본보독자우대」, 『조선일보』, 1928.10.12.

金昌俊이 직접 지휘했고, 여기에는 이후 극작가이자 대중가요 작사가로 이름을 날린 박영호, 가수이자 작곡가인 김용환이 중심인물로 활동했다. 이 단체는 관외 공연을 비롯해[70] 수개월 동안 의욕에 찬 움직임을 보여주었다. 그렇다고 해서 원산관이 영리를 위한 흥행에만 주력한 것은 아니다. 예술의 공적 가치를 다분히 의식했음은 당국의 WS연예부 해산명령 사건에서 드러난다. 그해 11월 말에 공연한 박영호 작 〈과도기〉, 〈하차〉가 불온하다고 작가에게는 구류처분을, WS연예부에는 해산명령을 내린 것이다.[71] 이후 '동방예술좌'로 개칭하여 원산관 직속극단으로 존속했으나,[72] 얼마 지나지 않아 '에로'적인 것을 원하는 원산관 측과 갈등하다가 결별했다. 그러나 연극에 뜻을 둔 김창준은 '조선연극공장'을 재조직하여 회령·함흥 등지에서 흥행하는 등 한동안 활동을 지속했다.[73] WS연예부의 존재는 1920년대 사회운동 역량의 문화적 반향이었음을 보여주지만, WS연예부의 해산은 그것이 여의치 않은 정세로 전환되고 있음을 보여주고 있었다.

이상에서 보듯이 공공성을 표방하며 설립되었다고 할지라도 세 극장은 각 지역의 지정학적 위치, 도시의 정치적·문화적 토양, 극장 소

---

70 「원산관 연예부에 初次 관외 출연, 함흥에서 성황」, 『중외일보』, 1930.10.4; 「원산 예원 독점한 원산관」, 『조선일보』, 1930.11.2.

71 「각본이 불온타고 배우 10여 명 취조─원작자 박군은 구류, 연예부는 해산명령, 원산서(元山署)의 과도한 처분」, 『조선일보』, 1930.11.19.

72 1931년 1월 17일 제1회 공연작은 다음과 같다. 白秋 작 〈지옥〉(3막), 〈상해의 밤〉(2막), 〈太陽街〉(2막), 〈해뜨는 처녀지〉(2막) ; 金十月 작 〈半月城〉(2막), 〈새 걸인〉(3막) ; 각본부 작 〈원산행진곡〉(1막), 〈방랑자의 수기〉(3막), 〈群歩〉(2막) 등. 「원산 동방예술, 원산관에서 공연」, 『조선일보』, 1931.1.17.

73 「연극공장 흥행 성황」, 『동아일보』, 1931.4.30; 「원산의 소극장 조선연극공장, 중앙진출 준비 중」, 『동아일보』, 1931.7.5; 「朝劇배우 삼인 피검, 함흥극장에서」, 『조선일보』, 1931.10.6.

유와 경영 주체의 성격 등에 따라 다소간의 차이를 보인다. 그 가운데 핵심적인 것은 ─ 공락관 사례가 보여주듯이 ─ 극장의 공공성을 담보하는 제도적 장치와 이를 유지하는 주체의 실천이다. 사실, 국가와 시장이라는 막강한 지배요인에도 불구하고, '공회당 겸 극장'의 존재는 3·1운동의 경험, 조선총독부의 정책적 변화, 좌파운동의 성장이 이뤄낸 1920년대의 특수特需에 따른 결과였다.

물론 경찰 당국의 주시는 엄중했고 시간이 흐를수록 문화적 주체의 역량에 대한 억압의 강도는 세졌다. 조선인들이 분리된 특정 공간을 점유하는 그 자체만으로도 경계의 대상이 되기에 충분했다. 이 공간이 '공회당이냐, 극장이냐'라는 경찰 당국의 시비도 바로 그 때문이었다.

> 2월 15일 신간 원산지회에서 거행하려던 창립기념식은 당국의 금지로 중지하고 본월 6일(음 2월 15일)로 변경하여 거행한다 함은 기보하였거니와 기후(其後) 준비위원 7인을 선정하여 더욱 제반 준비를 충분히 하고 북촌동 원산관 내에서 음악과 극 등으로써 대성황을 이루려고 하였던바 경찰 당국에서는 돌연히 원산관은 극장이므로 절대 허가할 수 없으며 다른 장소에서 거행하라고 하므로 준비위원들은 극장이란 구실 하에 금지하는 원산경찰 탄압에 분노하며 원산관은 당초 공회당 겸용으로 건축한 것이므로 차(此)에 대한 대책을 강구코자 8일에 간사회를 개최한다더라.
>
> ─「新支에 대한 원산경찰의 횡포, '원산관은 극장이니 신간회 모임은 불허'」,
>
> 『중외일보』, 1928.3.9

1928년, 경찰 당국의 신간회 원산지회 집회 금지는 원산관이 '극장'

이라는 유권해석 아래 취해진 조치였다. 신간회 활동을 억제하는 동시에 원산관의 정체를 '극장'으로 축소하려는 원산 경찰 당국의 의도였다. 개관한 지 불과 한 달여 조금 넘은 시점에서, 신간회 원산지회 집회의 불허는 사실상 원산관이 '예술' 향유 공간으로 고착되는 계기가 되었으며, WS연예부 해산명령은 원산관이 공적인 성격을 유지할 수 있는 그 마지막 가능성의 봉쇄였다. 극장은 조선인 군중이 운집하여 자신들만의 정치적이면서 문화적인 커뮤니티를 집적해낼 수 있는 공간이었기에, 당국 입장에서는 경계하지 않으면 안 되는 지뢰밭이었다. 1928년 1월, 동명 극장에서는 조선농민사 함흥지부 주최로 농촌야학교원 및 유지책임자 표창식이 거행될 예정이었으나, 결국 불허되어 370여 개소에서 온 3백여 명과 관람자 2백여 명이 해산된 사정도 바로 그 때문이었을 것이다.[74]

한편, 허가된 집회·공연이라 할지라도 임석경관에 의한 주의·중지·해산명령은 빈번했다. 동명극장에서 발생한 몇몇 사례를 소개하면 다음과 같다. 1929년 2월 2일, 함흥청년동맹은 〈산아제한이 가(可)한? 부(否)한?〉이라는 제하에 인구 문제 대토론회를 개최했다. 산아제한에 대한 찬반 양편으로 나뉘어 전개되던 토론회는 임석경관의 '중지' 명령을 두 번 받았는데, 첫 번째는 무산계급의 생활난 완화와 하나의 소극적 방편으로 산아제한의 필요를 주장했을 때, 두 번째는 마르크스주의와 신마르크스주의에 기초해 각 방면의 통계를 들어 산아제한의 불필요를 주장하고 또 다른 논자가 보충논의를 이어가려 했을 때다. 즉 산아제한 찬성이든 반대이든 사회주의 사상의 개입 시도를 봉쇄하려 한 것이다. 결국,

---

74 「함흥서 是何心事」, 『중외일보』, 1928.1.12.

이 토론회는 '심판석'에 의해 산아제한 반대라는 결론으로 매듭을 지었는데, 이 결론은 사실 경찰 당국의 조건부 허가내용이었다.[75] 그래서 두 번째 '중지'도 한 번 정도는 묵인 후에 이뤄진 것이다.

2개월 후, 함흥청년동맹의 정기대회(1929.4.3)가 같은 곳에서 다시 취체되는 일이 발생했다. 7백여 명이 운집한 이 대회는 행사 초반 임시집행부 선거가 끝난 이후 진행되어야 할 거의 모든 순서가 금지를 당했다. 경과보고, 각 지부 보고, 축사, (축문의 압수), 연맹조직 촉성의 건 등 안건 상정 금지 등. 다시 말해 집회는 허가했으되 행사 진행은 거의 불가한 상태였다. 당연히 참석자들이 격분했고, 급기야 해산명령과 함께 충돌이 빚어졌다. 7백여 명이 극장 밖으로 나와 검속된 자들을 구하기 위해 경찰서까지 행진했는데, 이때 선두에는 청년동맹 깃발 셋이 나부꼈고 군중은 메이데이 노래를 고창했다. 다시 동명극장까지 와서 만세를 외치고 나서 해산했다.[76]

심지어 결혼식에조차 형사가 출석하여 관계자를 검속하기도 했다. 내용인즉 함흥청년동맹 맹원인 방치규의 결혼식이 동명극장에서 있었는데, 축사를 한 장지상이 "레닌과 같은 아이를 나아주기를 바란다"고 말한 일과 "예식 중 외투 입고 모자까지 쓴 형사가 나타난 것을 분개하여 퇴석을 요구한 일"이 문제가 된 것이다.[77] 이 사건으로 장지상은 재판에 넘겨졌다.[78] 동명극장이 영화상설관으로서 면모를 쇄신하던 1929년에 벌어진 일련의 사건들은, 이 극장이 공공 미디어로서의 입지가 축

---

75 「이론상 전개된 산아제한의 가부」, 『동아일보』, 1929.2.4.
76 「금지명령의 續發로 격앙 군중이 일대 시위」, 『조선일보』, 1929.4.5.
77 「결혼식장에서 축사하고 피검」, 『중외일보』, 1929.10.23; 「결혼 축사한 장씨 공판에」, 『중외일보』, 1929.11.14.
78 「결혼 축사한 장씨 공판에」, 『중외일보』, 1929.11.28.

〈그림 4〉 동명극장 앞. 함흥청년동맹대회 해산명령 이후(『조선일보』, 1929.4.6)

일자(출처)	분류	내용	주최	비고
동명극장				
1925.6.27. (시대 1925.6.30)	강연회	· 박강협 : 우리의 생활의 예술에 대하여 · 김연수 : 사회결함에 해결책은 오직 교육에 있다 · 원형곤 : 당면 현하의 우리 사회상에 대하여 · 권병두 : 현대예술과 교육에 모순을 논함	함흥 청년회	박강협, 권병두, 원형곤 검 속. 조사 마치고 방면.
1926.11.20. (조선 1926.11.24)	강연회	· 방치규 : 과학 최선의 위업 · 김형식 : 부인과 사회문제 · 김덕혜 : 현대여성의 사회적 지위	함흥여자 청년회	경관의 주의
1927.7.16. (중외 1927.7.22, 조선 1927.8.3)	프로예술 강연회	· 한식 : 국민문학의 현실적 임무와 무정부주의문 학의 배격 · 채규엽 독창 · 김두용 : 새 연극과 영화운동에 대하여 · 한식 : 시낭독 · 조중곤 : 무산계급문예의 사적 고찰 급 현 계급의 이론	동경 제3 전선사	『제삼전선』 96권 압수 경관의 주의, 중지로 폐회
공락관				
1930.5.1. (중외 1930.5.6)	메이데이 기념 강연회	· 장채극 : 메데의 의의 · 정석도 : 메데의 역사 · 남윤구 : 우리의 무기는 단결이다 · 강시윤 : 메데와 노동자 · 강기수 : 우리의 기념을 축함	청진 사회단체 연합	임석경관 수십 명 연사 등단 금지된 강연 · 맹성재 : 노동자의 육성 · 장두극 : 5월1일을 마치면서 · 윤성우 : 메데와 노동자

소되고 있었음을 보여준다.

강연회에 대한 압박도 빈번했다. 원산관은 개관 초기에 그 정체성을
달리 잡은 만큼 강연회 건과 관련된 취체 사례는 발견되지 않으며, 동
명극장과 공락관의 경우 신문에 보도된 사례는 〈표 11〉과 같다.

연극·영화를 문제 삼은 경우도 종종 있었다. 연극·영화는 각본의
사전검열에 통과된 경우에만 공연·상영할 수 있었는데, 현장에서의
변수 때문에 임석경관의 취체 대상이 되었으며, 사후에 문제가 발생하
기도 했다.

경성 '백우회白友會'의 〈야앵夜櫻〉(공락관, 1929.7.23~27)은 "유무산의 양
계급이 대립하는 장면에서 배우의 언행이 불온하다 하여" 결국 주의·중

지 끝에 해산을 당했고, 인솔자 이한태는 검속되었다.[79] 앞서 언급했던 WS연예부의 〈과도기〉, 〈하차〉(원산관, 1930.11.10~11)는 내용의 불온함 때문에 작가 박영호가 구류처분을 받았고, 이 단체는 해산명령까지 받았다. WS연예부의 후신인 '조선연극공장'의 〈아리랑 승인편, 반대편〉(동명극장, 1931.10.1~3)[80]도 주의를 받다가 결국 김용환·김북만·김창호 등 3명이 검속되었고, 김용환은 15일 구류처분을 받았다.[81]

한편, 영화가 극장에서 문제가 되는 빈도수는 낮은 편이었지만, 변사가 영화를 진행하는 경우 언제든 불온함이 돌발적으로 발생할 수 있었으며, 영화 텍스트 외부의 맥락에서 문제가 일어나기도 했다. 나운규 주연의 〈잘 있거라〉(원산관, 1929.2.21~)의 경우, 아무런 문제없이 상영 중이었다가 돌연 금지되었다. 그때가 바로 원산총파업이 한창 진행되고 있을 때였는데, 공교롭게도 쟁의단에 보낸 상해한인청년동맹지부의 격려문이 압수되는 사건이 발생했고, 그 불똥이 이 영화에까지 미치게 된 것이다. 상영금지 사유는 영화에 "'어린이 데-'의 행렬이 있어 원산에서 그러한 영화를 상영시키는 것은 때가 때라 위험"하기 때문이라는 것이다.[82] 즉 어린이날 행렬이 마치 시위 군중 행렬로 해석되어 사회불안을 조장시킨다는 이유였다.

요컨대 공공 미디어로서 여러 복합적 기능을 수행한 세 극장의 역사는, 극장과 식민권력의 길항 정도에 따라 다소 다른 양상을 보여주었다.

---

79 「상연한 연극이 有無産대립이라고 연극 중에 중지, 해산」, 『조선일보』, 1929.7.31.
80 각본이 전하지 않아 내용은 알 수 없지만, 나운규의 〈아리랑〉이나 토월회의 〈아리랑고개〉 계열에 대한 일종의 메타연극의 성격을 띤 사회극이었으리라 짐작된다.
81 「朝劇배우 삼인피검, 함흥극장에서」, 『조선일보』, 1931.10.6; 「조선연극공장 함흥뗄 퇴거령, 관할 내 불허가」, 『조선일보』, 1931.10.13.
82 「소년행렬이 현재 원산엔 위험, 〈잘 잇거라〉 상영금지」, 『중외일보』, 1929.3.8.

조선민간자본이 공적으로 사용될 수 있도록 견인해내는 시스템과 네트워크를 구축한 지역에서는 경찰의 간섭을 최소화할 수 있는 자본의 동원이 가능했던 반면, 그렇지 않은 경우는 경찰의 간섭을 피할 도리가 없었다. 전자가 공락관이라면 후자는 원산관에 해당하며, 동명극장은 그 중간쯤에 위치한다. 가령, 1926년 당시 청진사회에 문제로 떠올랐던 동일상회와 총독부의 관계, 그리고 이 관계의 조사를 위해 투입된 청진청년회 남윤구·김창권이 김기덕으로부터 뇌물을 받았다는 소문은,[83] 자명한 도덕적 가치판단으로 재단할 수 없는 자본과 식민권력의 복잡한 관계를 암시한다. 김기도·남윤구·장채극과 같은 활동가들이 법망을 계속해서 빠져나갈 수 있었던 것도, 공락관의 정치성이 허용된 것도, 김기덕의 자본 덕분이었다고 짐작해도 과히 틀린 해석은 아닐 것이다. 그럼에도 불구하고 세 극장, 그리고 각 지역사회 조선인들이 조성하고자 했던 기획은 당국의 '사상통제의 벼락'을 피할 도리가 없었다. 그것은 곧 조선사회에 속했던 '공公'이 일제로 넘어가는 과정이었다.

4. 대안적 공공 영역의 전변

1920년대 함경도 지역에서 '공회당 겸 극장'을 표방한 동명극장·공락관·원산관은, 조선사회의 내셔널리티를 정치적·문화적으로 표현해낼 수 있는 장場에 대한 기대에서 출현했다. 상업으로 자본을 축적

---

83 「사태부정은 기정 사실」, 『조선일보』, 1926.8.28.

한 지역유지들은 극장설립에 적극적인 태도를 보였고 투여된 자본에 대해서는 특권적 지위를 주장하지 않았다. 비록 식민체제에서 부를 축적했으되 그 일정 부분을 조선사회를 위해 공적으로 사용한다는 도덕경제의 효과였다. 이는 경제적 실천에의 개입이라기보다는 자본의 분배에 관한 것이었으며, 조선사회라는 상징투쟁의 장을 확보하기 위해 응당 해야 하는 도덕적 강제의 성격을 띠었다. 이 극장들은 일본제국 안에서 비동일화를 꾀하는 조선사회의 대안적 공공 영역이었다. 그러나 경찰 당국의 사상통제가 일정한 효과를 거두면서 이 극장들에도 변화가 일었다.

집회가 있을 때마다 어느 종교단체의 건물 등을 교섭에 교섭을 가하여 가면서 또 그 위에 조건부가 되어가지고 비로소 얻어 쓰는 것이 일종 관습화하였다. 빌리어 집회만을 할 수 있다면 그다지 문제가 될 것은 아니겠다 하겠으나 그 빌려주는 임자 측과 조금이라도 배치되는 조건이 있다면 못 얻어 쓰는 것은 두말할 필요도 없다.

요컨대 농촌의 조고마한 마을을 보드래도 그곳 사랑방 넓은 집에 막벌이꾼이 모이어 하다못해 占談으로나마 친교가 생기고 구실이 생기는 거와 같이 도시인들에게는 공회당이 있음으로써 집회가 손쉽게 되도록 하는 것이니 이것이 즉 도시인들의 사랑방이 될 것이다. 전기와 같은 불편한 조건이 가로 놓이고야 집회 생활의 성장을 보지 못할 것이다. 여기에 지나간 날의 일례를 들건대 삼남수재 당시 구제금을 만들려고 극, 음악, 연주회 등 같은 집회를 하려고 할 때 문제는 장소이었다. 결국은 연극장을 빌려서 쓰게 되던바 결국 수지는 극장의 비싼 세를 물어주고 나니 목적의 삼남구제금으로 보낼 돈이 없었다는 사실이 있었다. 지면 관계로 한 가지의 예만을 들거니와 이 일례로 보드래도 그 얼마나 모순을 내었던고? 위에 말한 극장이 공회당겸용이라는 구실은 있으나 사실상으로 공회당의 임무를 시민에게 주지 못하는 것이니 유감의 나머지에는 공회당 설치문제가 유일한 당면문제라 하겠다.

— 「내 지방 당면문제-함남 원산편」, 『동아일보』, 1936.2.22

원산 지역의 당면 문제로서 운동장·도서관과 함께 공회당의 설치를 요청하는 이 절실함은 마치 1920년대 원산관 이전의 상황과 흡사하지만, 이는 1936년의 것이다. "극장이 공회당겸용이라는 구실은 있으나 사실상으로 공회당의 임무를 시민에게 주지 못하는 것"이 원산관의 현주소이지 않았을까. 그 일례로 기자는 1934년 삼남수재민 구제공연을 떠올렸다. 이윽고 원산관은 '신체제의 장래'에 복무하는 공간으로 전환하기에 이른다.[84]

함흥에서는 이보다 앞선 1930년 함흥 인사들의 좌담에서 '공회당의 부재'가 진지하게 언급되었다.[85] '공회당 겸 극장'으로 설립된 동명극장이 공공 미디어로서의 성격을 거의 상실했음을 시사한다. 1934년 경영자였던 김영선이 이 극장을 매입하려 했던 해프닝이나,[86] 1936년 동명극장이 주식회사로 전환한 것은[87] 바로 그 과정의 소산이었다. 결국, 1939년 4월 동명극장의 최대 주주였던 함흥상업회가 해체되어 그해 8

---

84 「시민의 오락전당 원산관의 偉觀」, 『동아일보』, 1937.11.30.
85 「주요도시 순회좌담-제6 함흥편」, 『동아일보』, 1930.10.18.
86 「株문제도 해결코, 시민운동개최 결의」, 『조선중앙일보』, 1934.5.2.
87 「함흥상업회 정총, 종시 波瀾裡 진행」, 『조선중앙일보』, 1936.4.19; 『조선은행회사조합요록』 1937년판.

월 주식이 이성주^{李成周} 등에게 매각되었고,[88] 1941년 5월 18일 대보^{大寶}극장으로 개칭되었다.[89]

두 극장에 비해 공락관은 가장 오랫동안 초기의 성격을 유지했다. 물론 이전과 같은 정치성은 거의 사라진 것으로 보이지만, 공락관 유지회를 중심으로 평일에는 영화상설관으로 사용하고 시민 측에서 필요할 때에는 언제든지 제공하는 공회당으로서 그 공공성을 유지하고 있었다.[90] 그러나 특정 개인이나 단체에도 귀속되지 않은 덕분에 극장의 공공성을 유지했던 바로 그 미덕이, 1930년대 후반 무렵에는 '관^官'에 의해 점유되는 빌미가 되었다. 1937년 공락관에서는 청진부 당국 주최로 부민대회가 열렸고 '국위선양 기원제'와 함께 정출^{井出} 참모장의 군사강연이 열렸다.[91]

'공회당 겸 극장'의 이러한 변화에는 공공성의 헤게모니를 이동시키려는 일제의 정책 방향이 작용하고 있었다. 동명극장(주)과 원산관(주)의 변신은 경제 논리의 결과이기도 하지만, 이는 전시체제로의 전환에서 비롯된 부산물이었다. 이 과정은 문화 전체의 지각변동을 예시하는 것이었으며, 지역적 불균등에 따른 각 지역문화의 개성 상실, 균질화를 의미했다. 중일전쟁을 분기점으로, 공중의 자율적 집회공간은 완전히 소멸하기에 이른다.

말하자면, 함경도 세 극장의 추이는 '공회당 겸 극장'이 '극장'으로

---

88 「동명극장 간부 결정」, 『동아일보』, 1939.8.26.
89 『조선총독부관보』 제4331호, 1941.7.2. 이때 감사역에 소설가 한설야의 이름이 보인다.
90 「공락관 유지회」, 『조선일보』, 1936.12.18. 당시 공락관 유지회 구성원은 초기부터 관계한 인물들이 거의 포진되어 있다. △회장 김병윤 △부회장 배정기 △총무 남윤구 △재무 차운철 전춘경 △평의원 신양극 박낙선 설순동 최운학 외 5인 등.
91 「비상시국에 鑑해, 청진서도 부민대회」, 『조선일보』, 1937.7.22.

〈그림 5〉 함흥공회당(『동아일보』, 1937.12.14)

축소되는 과정이자, '공公'의 점유권이 일제로 옮겨가는 과정이라 할 수 있다. 바로 이때를 전후로 하여 '관官'에서 주도하는 공회당 설립이 추진되었다. 공락관은 이미 재정 상태의 어려움이 있었기 때문에 '관'의 공회당으로 어렵지 않게 접수되었지만, 동명극장과 원산관의 경우는 주식회사 형태를 띠고 있었던 까닭에 이 극장들을 관변 기관으로 바꾸도록 종용하면서 함흥과 원산에 공회당 설립을 추진했다.

함흥공회당은 1935년부터 함흥부의 사업으로 채택되어, 1937년 12월 총공비 15만 원을 들여 총 연평수 850평과 부속 14평 규모의 공회당으로 건립되었다. 지하 1층·지상 3층으로 된 이곳은, 지하에는 식당·이발소·목욕실·오락실 등의 편의시설이 있었고, 1층에는 상품진열과 상공회의소, 2층에는 1천 3백여 명을 수용할 수 있는 대강당 및 대소 회의실, 3층에는 영사실이 있었다.[92] 원산공회당은 원산부의 정책에 따라 원산상공회의소에서 주관했는데, 경성의 부민관을 참고로 하여 총공비 22여 만 원에 건평 8백 평의 3층 건물로 설계하는 등 매우 의욕적으로 추진되었으나, 결국 '시국 관계'로 무기한 연기되었다.[93] 성사 여부를 차치하더라도, 부(府)당국의 공회당 건립 추진은 '공'의 독점을 통해 조선인의 '국민화'를 꾀하기 위한 시책의 일환이었다.

이처럼 조선사회의 독자적인 공간으로 출현했던 동명극장·공락관·원산관은, 시대의 전변에 따라 식민체제에 완전히 흡수되는 영락을 피할 수 없었다. 이는 마치 '공회당 겸 극장'이라는 신기루와 마주한 듯한 착각을 불러일으킨다. 다만, 이런 극장이 조선사회의 공공 미디어로서 그 성격을 거의 상실한 1930년대 중반 이후 시점에서, 장채극이 왜 소화좌·공락관·중앙관을 경영했는지, 역시 사회주의자였던 박형병(朴衡秉)이 어찌하여 안성으로 낙향하여 애원극장(愛園劇場)을 설립했는지는[94] 숙고해볼 만한 일이다. 지금으로서는 이를 확증할 만한 것을 가지고 있지 못하지만, 이들의 극장 사업에의 투신은 공간을 중심으로 한 문화정치의 중요

92　「공비 7만 원으로 공회당 건축, 함흥부 명년도 사업」, 『동아일보』, 1935.3.5; 「大興전기에서 만오천 원 기부」, 『동아일보』, 1935.8.31; 「함흥공회당 연내로 실현?」, 『동아일보』, 1936.2.18; 「함흥 공회당 근근 정식 인가」, 『조선일보』, 1936.4.3; 「함흥공회당 공비 십오만 원으로 불원 준공될 예정」, 『동아일보』, 1937.7.4; 「함흥공회당 11월 중 낙성」, 『동아일보』, 1937.10.8; 「함흥공회당 낙성」, 『동아일보』, 1937.12.8; 「함흥공회당 낙성, 公費 15만 원으로」, 『조선일보』, 1937.12.13; 「함흥공회당 낙성식 11일 성대히 거행」, 『동아일보』, 1937.12.14.

93　「원산공회당 신축」, 『동아일보』, 1936.2.29; 「원산부 신년 예산, 55만 원 돌파」, 『조선일보』, 1936.3.13; 「원산공회당 신축」, 『동아일보』, 1936.8.8; 「원산대공회당, 12만 원 공비로, 내년도부터 기공」, 『조선일보』, 1936.11.26; 「약진 원산에 박차, 대공회당 건축」, 『조선일보』, 1937.3.16; 「원산에 대공회당, 천오백명 수용을 목표로, 금추 구월 경에 착공」, 『조선일보』, 1937.7.26; 「공회당 신축, 공비 十二만 4천 원」, 『동아일보』, 1937.6.30; 「원산부 공회당 건설중지 결정」, 『조선일보』, 1937.12.17.

94　「안성 애원극장, 2만원으로 건축」, 『동아일보』, 1936.7.21.

성을 인식했던 과거 이력의 흔적이 아니었는지 생각하도록 한다. 새로운 문화적 기운이 '공회당 겸 극장'을 창출한 것이었다면, 이 극장들로 새롭게 생성된 문화의 무게가 가볍지 않았으리라는 점 또한 기억해둘 필요가 있다. 이 공간 안에서의 경험 양식은 특정한 문화 형식들의 존속·생성·변용을 가능케 하는 커뮤니케이션 체계를 구성하면서, 극장 성격의 전변에도 불구하고 결코 삭제될 수 없는 흔적이기 때문이다.

제3장
조선극장의 스캔들

1. 조선극장의 월경

이제 시선을 경성으로 돌려보려 한다. '공회당 겸 극장' 현상은 1920년
대의 특수特需라 할 만하지만, 극장문화가 가장 발달해 있던 경성에서는
일어나지 않은 일이다. 조선인의 종족적 연대의식이 특정한 물리적 공간
에서 표출되고 있었다면, 그곳은 극장보다는 회관과 같은 공공적인 장소
였다. 경성의 극장들, 이를테면 단성사·우미관·조선극장은 조선인극
장이었지만 일본인의 소유였고, 조선사회를 위한 공공 미디어라기보다
는 문화상품이 거래되는 오락장이었다. 그리고 이 극장 모두 영화상설관
이었다. 함경도 사례에 비추어 보면, 경성의 1920년대는 낯설기까지 하
다. 경성은 기본적으로는 "제국과 식민지의 모순적 동학"[1]을 드러내는 식

---

1   김백영, 『지배와 공간―식민지도시 경성과 제국 일본』, 문학과지성사, 2009, 476쪽.
    김백영은 경성이 '식민지 조선의 축도'라는 한반도 내의 위상과 식민지 수도라는 제국

〈그림 6〉 조선극장 전경(『동아일보』, 1937.6.20)

민지 수도로서의 성격을 띠지만, 이 곳의 조선인극장이 함경도 경우와 다를 수밖에 없는 양상은 아마도 제국의 표준성, 소비도시로서의 성격 그리고 지역사회의 응집력이 약한 구조 등에서 기인할 것이다. 경성에서는 조선인의 극장 신축도 어려웠다.[2]

그렇다면 경성의 조선인극장은 그저 오락장일 따름이었을까. 저 멀리 북선北鮮에서 '공회당 겸 극장'으로 현상한 그런 일은 없었지만, 경성은 나름의 역사적 과정을 밟고 있었을 터 그것이 어떤 것이었을지 궁금하지 않을 수 없다. 국가의 통제와 일본인 흥행업자의 시장장악이 어느 정도는 매끈하게 이뤄지던 경성의 조선인극장에서, 실밥이 풀린 작은 틈의 발견으로 그 작업은 시작될 수 있다.

이렇게 생각하자면 다소 소란스러웠던 조선극장朝鮮劇場은 자못 흥미롭다. 1922년 11월 5일 개관한 조선극장은 그 이전에 건축된 것들과 달리 당시로는 매우 훌륭한 시설을 갖춘 극장으로 급부상했다. 총공사비 5만여 원[3]에 총 14만 원이 소요된[4] 이 극장은 총 8백여 명을 수용할 수

　　일본의 도시 네트워크 내의 위상을 함께 점하고 있음을 환기하면서, "제국과 식민지의 모순적 동학을 상호 연관지어 파악할 수 있는" 단서로서의 경성에 주목한 바 있다.
2　1930년대 중반에 이르러서야 일본인 와케지마 후지로[分島周次郎]의 명의를 빌어 변칙적으로 건축된, '연극전용' 동양극장이 유일하다.
3　「조선극장 낙성」, 『매일신보』, 1922.11.2.
4　「소송 중의 조선극장은 불원 개장」, 『동아일보』, 1924.3.12.

있는 규모였다.[5] 그런데 화재로 전소되는 1936년 6월 11일까지 조선극장은 흥행 이외의 일들과 관련된 이러저러한 스캔들을 단속적으로 뿌렸다. 조선극장은 가물에 콩 나듯이 있는 조선인극장이었고, 그렇기에 더욱 이 극장의 추문이나 풍문은 신문에서 중요한 화제로 떠올랐다. 심심치 않게 내분으로 들끓었고 그에 따라 잦은 휴관과 경영진 교체가 있었다. 어떤 때에는 조선극장에 불온한 삐라가 뿌려졌다는 풍문이 들렸고 어떤 경우 보도통제가 풀린 시점에서야 그 사실이 확인되기도 했다. 때로는 조선극장에 근거지를 두었다는 불량배 '신마적'이 지난밤에 벌인 범법 행위가 회자되었다. 조선인극장으로 자웅을 겨뤘던 단성사에서는 거의 없는 소란함이었다. 박승필이라는 걸출한 경영주의 능력 덕분인지 그의 생전에 조선극장과 같은 경영 분란이 단성사에선 없었으며, 불온한 삐라가 뿌려진 적도 없었다. 단성사 주변에도 불량배가 있었을진대 신마적의 비행과 같은 추문이 세간에는 별로 알려지지 않았다.

조선극장의 이런 스캔들은 극장의 이면사에나 적합해 보일지 모른다. 그러나 정상적인 궤도를 일탈한 그 현상들은 의도되지 않은 월경越境이었다는 점에서 가치 있게 다룰 필요가 있다. 이 월경은 식민권력의 지배 전략이 봉합한 흔적을 노출하고 그 누수 지점을 드러냄으로써, 경성의 조선인극장에서 공통적이었던 존재론적 국면을 투명하게 보여줄 것이기 때문이다. 말하자면 조선극장의 스캔들은 조선인극장의 존재론적 조건이자 운명을 암시하는 가십이었다.

---

5 「건축은 대정10년, 흥행주의 전변도 무쌍, 보험금은 4만 7천 원」, 『매일신보』, 1936.6.12.

〈표 12〉 조선극장 소유 및 경영 일람

	일자	건물주	경영주(흥행주)	비고
1	1922.11.6.	矢澤近次郎	黃源均	개관. 황원균이 건축 및 흥행을 허가받고, 야자와 긴지로가 14만 원 제공.
2	1923.1~6.		야자와 긴지로, 황원균 공동경영	1922년 1월경 경영난으로 동경건물회사에 6만 원, 홍익회에 4만 원, 총 10만 원에 저당 잡힘.
3	1923.7.		황원균	야자와 긴지로는 극장경영을 황원균에게 일임. 임대료: 1일 55원.
4	1923.7.31~8.31.		알렌상회	일시 직영.
5	1923.9.1.		황원균	
	1924.1.29~5.			휴관. 1월 초순 야자와 긴지로가 다른 사람에게 흥행권을 넘겨 자신의 부채를 정리하려고 하지만, 황원균이 거절하면서 분쟁이 시작됨. 야자와 긴지로가 경기도청에 가흥행권을 신청했으나 기각되고, 다시 흥행권 명의변경 동의 요구 소송을 제기했으나 패소함. 그러나 분규는 계속됨.
	1924.6.			개관(영업 사례 확인됨).
6	1924.7.13.		早川增太郎	임대료: 매월 150원. 8월 야자와 긴지로는 흥행권 명의를 이전.
7	1925?	동경건물 주식회사	(=早川松二郎, 早川孤舟)	東建의 인수 시점은 불확실.
	1926.8. 하순~9.8			휴관(경영난).
8	1926.9.9.		金肇盛	개관. 임대료: 1개월 1천원.
	1926.12.10.			휴관. 경영난, 김조성이 극장 자금을 유용한 관계로 관원들과 갈등, 이필우가 차영호를 새 경영주로 소개함.
8	1926.12.18.		車泳鎬	개관.
10	1927.6.1.		차영호, 玄哲, 金英植	기획: 언예학교 선치, 매주 토요일우 '예술선전데이'(강연·공연), 연극영화 월간잡지 발행, 소녀가극단 설치 등.
	1927.6.29~9. 초			휴관. 조직 일신을 위해 관원 전부를 해산하면서 시작. 경영방침과 관원들 간의 갈등으로 장기 휴관 상태에 들어감.
11	1927.9.24.		李泰辰, 김조성 (張永相 외)	개관. 1928.10.16. 팬 구락부 조직.
12	1928.12. 중		이태진	11월 말, 김조성이 불미스러운 일로 경영에서 물러남.
	1929.7~8.21.			휴관. 東建측과 경영주 간의 법정 소송. 내용은 미상.
	1929.8.22.		(관원 공동)	개관.
13	1929.9.12.		安奉鎬, 申鎔熙, 木尾虎之助	안봉호가 이태진으로부터 6,500원에 경영권 인수.

	일자	건물주	경영주(흥행주)	비고
14	1930.7.		鄭鉉國 (지배인 : 신용희)	정현국이 안봉호로부터 1만 원에 경영권 인수.
15	1931.6.30.		鄭完圭 지배인 : 신용희	조선흥행주식회사 : 자본금 8만 원, 조선극장 직영. (기획) 극장건물 매수, 촬영소 설치, 연극에도 경주함, 영화배급.
	1932.10.26~11.20 ·			휴관. 사장 정완규와 경영권을 가진 신용희 사이의 분규. 소비에트영화 〈인생안내〉 건. 동건 측에서는 양자합의 권고.
16	1932.11.21.		신용희, 정현국	개관. 조선흥행주식회사와 분리.
	1932.12.26.			개관. RCA 영사기 2대 보유.
17	1934.1.		金贊泳	무고죄 사건으로 경영진이 김찬영으로 교체됨.
18	1934.12.4	港谷久吉	港谷久吉	東建으로부터 95,000원 혹은 108,000원에 매수.
	1936.6.11.			방화로 전소. 폐관.

2. 흥행권의 향방, 혹은 시장의 논리

조선극장이 세간에 이목을 끈 가장 큰 화제는 휴관과 개관을 거듭한
극장의 분규였다. 휴업 상태가 짧게 끝나기도 했지만, 수개월 계속되는
경우도 많았다. 1922년 11월에 개관하여 1936년 6월 화재로 전소되
기까지, 휴관 일수는 1년 여 가까이 된다.[6] 그리고 휴관에 이어 극장이
개관할 때면 거의 어김없이 새로운 경영주(혹은 흥행주)로 교체되었다.
조선극장 건물소유주의 교체는 야자와 긴지로矢澤近次郎에서 동경건물회
사로, 다시 미나도야 히사요시港谷久吉로 단 3차례에 불과했을 따름이지

---

6 이보다 훨씬 늘어날 수도 있다. 당시 신문 기사를 토대로 작성한 〈표 12〉로 보면 1926
   년 12월 휴관이 3번째인 것으로 나타나지만, 실제로는 9번째였다. 「불운한 조선극장,
   9회째 휴관폐쇄」, 『매일신보』, 1926.12.13.

만, 이 극장의 경영주는 18차례나 바뀌었을 만큼 부침이 컸다.

조선흥행주식회사가 조선극장을 직영하기 시작(1931.6.30)한 이후, 『삼천리』는 그간 조선극장의 경영자와 종업원의 잦은 교체, 수차의 폐관 위기가 경영상 필요한 기본자금의 부족, 업무조직의 결함, 종업원의 성의 부족에서 비롯되었다고 진단했다.[7] 유민영 역시 그 같은 분석에 동의하면서 잦은 경영주 교체의 가장 큰 요인으로 인건비 과잉지출을 꼽았다.[8] 종업원 수가 100여 명에 이르렀다는 것이다. 그러나 이는 사실과 다르다. 현철이 합류했던 1927년 당시 종업원은 20여 명,[9] 1929년에는 30여 명, 1934년에는 20여 명이었다는 기록을 참고할 때[10] 조선극장 종업원은 20~30여 명 정도였다. 당시 사료를 보면 조선극장에서 정식채용된 고용인으로는 지배인을 비롯하여 회계·선전·영업·배급 등의 업무를 담당한 간부급 직원, 그리고 변사, 영사기사, 악사, 청소부, 매표인, 기도きど, 木戸 등이 있었으며, 경영진의 기획에 따라 그 수효에 약간의 넘나듦이 있었다. 조선극장은 영화상설관으로 개관했고, 초기부터 활동사진대(1923)를 운용했으며[11] 1930년대로 접어들면서는 영화배급에까지 간여했던 만큼 변사·영사기사·악사 인원은 일정한 수가 필요했다. 조직 운영의 비효율성을 지적할 수 있을지언정 이 고용인들에 지출하는 인건비 과잉이 직접 경영난을 초래했다는 증거는 없다. 오히려 1930년대 영화배급회사 기신양행紀新

---

7 「(논설)萬目주시하는 3대 爭覇戰, 동일은행과 해동은행의 금융전, 조선극장과 단성사의 흥행전, 명월관과 식도원의 요리전」, 『삼천리』, 1932.4, 51쪽.

8 유민영, 『한국근대극장변천사』, 태학사, 1998, 201쪽.

9 「언제 해결될지 모르는 조선극장의 내분」, 『중외일보』, 1927.7.23.

10 「조선극장 개연」, 『조선일보』, 1929.8.21; 「조극 경영권은 제일극장주에」, 『조선일보』, 1934.12.4.

11 「기독청년회 활동사진」, 『조선일보』, 1923.6.20.

洋行을 인수하면서 파라마운트사와 특약을 맺고 그 계통의 영화를 전 조선에 배급함으로써 배급수익만 월 3천 원을 올렸으며, 발성영화를 선점하면서 1일 관객 수가 적어도 7백 명에 달했다고 하니, 조선극장의 전도는 매우 유망했던 셈이다.[12] 그런데도 경영권을 둘러싸고 또다시 분쟁이 일어나는 곳이 조선극장이었다.

사정이 이러하다면 내쟁內爭이 유난했던 이 현상을 좀더 거시적인 차원에서 읽어내는 것이 필요하다. 그것은 극장의 소유권과 흥행권의 관계, 그리고 거기에 개재해 있는 이해관계의 성격을 추적함으로써 실마리를 얻을 수 있다. 이는 극장 소유주 여하에 따른 단계적 성격을 띠는 것으로 보인다.

첫 번째는 야자와 긴지로矢澤近次郎(1875~?)가 극장 소유주였던 시기(1922~1924)로, 조선극장이 처음부터 소란스러웠던 연유뿐만 아니라 당시 극장업의 실태를 짐작할 수 있다. 그것은 곧 극장의 소유관계가 불투명했던 조선극장의 사정이며, 그 분쟁 과정은 소유권과 흥행권의 분리 그리고 흥행권의 보장 문제를 포함한다.

분쟁의 내막은 이렇다.[13] 야자와 긴지로는 1907년 4월부터 동양생명보험회사 경성지점장으로 재직해 온 일본인이었다.[14] 조선극장 변사였

---

12 「(논설) 萬目주시하는 3대 爭覇戰, 동일은행과 해동은행의 금융전, 조선극장과 단성사의 흥행전, 명월관과 식도원의 요리전」, 『삼천리』, 1932.4, 51쪽.

13 「조극분규내막」, 『매일신보』, 1924.2.27; 「소송 중의 조선극장은 불원 개장」, 『동아일보』, 1924.3.12; 「조선극장으로 대격투, 쌍방이 상해고소」, 『동아일보』, 1924.3.25; 「조극분규확대」, 『매일신보』, 1924.3.26.

14 『(朝鮮在住內地人)實業家人名士典』第1編, 조선실업신문사, 1913, 163쪽; 『京城市民名鑑』, 조선중앙경제회, 1922, 211쪽(출처 : 국립중앙도서관 디지털열람실 및 국사편찬위원회 한국사데이터베이스).

던 성동호의 증언에 따르면, 그는 자신의 동창이었던 경기도 경찰부장 치바千葉에게 얼마간의 유용자금으로 사업할 의사를 피력했고, 치바 부장이 그에게 "서울 화류계에서 아주, 말하자면 오입쟁이라고 이름이 난 황원균黃源均"을 소개했다.[15] 그리하여 야자와 긴지로는 14만 원의 자금을 제공하고, 황원균은 흥행장 건축 허가를 비롯해 조선극장 설립에 필요한 제반 업무를 담당하여, 두 사람은 일종의 동업 관계를 형성했다. 그런데 개관 당시 조선극장의 자본주는 야자와 긴지로였지만, 흥행장 건축과 흥행 허가를 황원균의 명의로 받았기 때문에 서류상 건물소유주와 흥행주는 황원균이었다. 이에 야자와 긴지로가 명의변경을 요구하는 소장을 요청했으나, 황원균이 영업 개시 전에 명의변경을 하면 신용이 떨어지니 이후 상황을 봐가며 명의변경을 하겠다고 약속했고, 야자와 긴지로는 고소를 취하했다. 그러나 개관 직후 영업실적은 좋지 못한데 지출은 계속 늘어가고 급기야 황원균이 횡령하는 사태에 이르자, 야자와 긴지로는 황원균이 극장에서 손 떼 줄 것을 요청했으나 그가 그간 애를 쓴 점을 참작하여 양자의 공동 경영 체제로 전환했다. 아마도 이때 명의변경이 이뤄진 듯하고, 동경건물회사[16]에 6만 원, 홍익회興益會에 4만 원, 총 10만 원에 저당을 잡힘으로써 그간의 경제적 손실을 수습했다. 그러다가 1923년 7월, 야자와 긴지로는 임대 형식(1일 55원)으로 경영권을 황원균에게 넘겼다가, 1924년 1월 다른 사람에게 3년 동안 임대하여 자신의 부채를 정리하려 했으나 황원균이 이를 거부하자 다시 소장을 제출했다.

---

15 한국예술연구소 편, 『이영일의 한국영화사를 위한 증언록―성동호·이규환·최금동 편』, 소도, 2003, 33쪽.
16 『동아일보』 1924년 3월 12일 자 기사에는 '동양건물' 회사라고 나와 있으나 이는 오기로 보인다.

정황상 극장업에 대한 이해가 별로 없던 일본인 자본주가 한 한량에게 톡톡히 당한 형국이지만, 여기서 흥미로운 것은 야자와 긴지로가 "흥행권은 황원균이 가졌으나 조선극장은 내 집"이라고 항변한 대목, 그리고 그가 가흥행권을 청구했으나 황원균의 흥행권이 아직 살아있다는 이유로 기각되고 다시 흥행권 명의변경 동의를 요구하는 소송을 제기했으나 패소한 사실이다.[17] 여기서 흥행권이란 매(每)흥행에 대한 일회적 권리가 아니라 일정 기간 지속하는 흥행장 영업권을 의미한다. 이는 대체로 경영주(혹은 흥행주)의 권리였지만 — 이후 조선극장의 또 다른 분규에서 보듯이 실질적인 경영주 역할을 하고 있던 — 지배인의 권리이기도 했다. 이 흥행권에 대한 구체적인 내용을 헤아리기는 어렵지만, 흥행권이 임차 계약과 같은 일정한 행정절차에 의해 취득할 수 있고 계약이 성립하는 순간부터 건물소유주라 할지라도 침해할 수 없는 권리였음을 짐작할 수 있다.

소유 관계가 불분명한 상태에서 영업을 시작하고 이윽고 극장소유권과 흥행권이 분리된 상태에서 일어난, 조선극장의 분규는 당시 흥행권의 위상을 시사한다. 아마도 흥행권과 관련해 일어난 최초의 법적 소송이었을 이 사건은, 일차적으로는 흥행시장이 확대되는 추세와 관련되어 있다. 한편으로는 본업과는 무관하게 극장업에 뛰어든 야자와 긴지로의 사례처럼 극장업의 투자가치에 대한 기대가 높아지고 있었고, 다른 한편으로는 자본은 없으나 흥행시장에 뛰어드는 조선인이 늘고

---

17 이후 양자 간에 불미스러운 일이 발생하기도 했으나 1924년 8월 흥행권 명의가 결국 야자와 긴지로로 변경되었고, 황원균은 조선극장에서 완전히 손을 뗐다. 「파산경에 든 조선극장, 명년에는 경영주가 갈릴 모양이라고 해」, 『시대일보』, 1924.12.10.

있었다. 문제는 합리적인 수익구조를 찾는 일이다. 야자와 긴지로가 한 때 황원균과 공동 경영을 꾀했으나 경영일선에서 물러난 것은, 소유권과 흥행권의 분리가 합리적이라고 판단했기 때문이다. 기대한 것보다 흥행시장의 규모가 작고 큰 수익을 기대할 수 없는 상황이라면, 경제적 덜미가 될 흥행권을 포기하는 대신 보증금이나 집세를 꼬박꼬박 받는 것이 합리적 선택이었다. 야자와 긴지로가 황원균으로부터 명의를 이전받은 이후, 하야가와 마쓰타로早川增太郎(1879~?)로부터 매월 150원의 집세를 받기로 한 것도 이 같은 맥락이다.

일본 거류민을 위한 극장이 다수인 상황에서 조선인을 상대로 하는 흥행문화의 제한적 허용은 1920년대 식민지 경영에 필요한 일이었다. 가깝게는 재조 일본인의 사업이 활성화되는 계기를 제공하며, 다른 한 편으로는 종족공간의 인가認可를 통해 그 안에서 조성되는 정치적·사회적·문화적 동태가 효율적으로 관찰·관리될 수 있도록 하고, 궁극적으로는 일본제국을 위한 포지티브한 기획이 구현될 수 있는 장기적인 포석이었다. 즉 흥행권의 보장은 총독부 당국의 이해와도 합치되는 시장 논리의 결과였다. 이것이 바로 극장소유권이 일본(인)에 있음에도 소선인 극장이 마련될 수 있었던 토대다.

두 번째는 동경건물주식회사(이하 '동경건물')[18]가 극장 소유주였던 시기(1925~1934)[19]다. 이때는 무엇보다도 극장소유권과 흥행권의 분리가

---

[18] 동경건물주식회사의 사업 목적은 건물건축, 건축공사청부, 토지건물의 매매 대차 및 이에 따른 목적으로 한 건축, 토지건물매매대차의 소개, 토지건물의 담보대부금 등이며, 자본금은 5백만 엔이고, 경성지점 설치의 허가 시기는 1912년이다. 『조선총독부관보』 제453호, 1912.3.4, 26쪽.

[19] '동경건물'이 극장을 인수한 시점은 불분명하다. 성동호는 하야가와 마쓰타로가 오기 전에 인수한 것으로 기억하지만, 하야가와가 경영하고 있던 1924년 12월 당시 건물소

안정적으로 유지되었다는 점이 중요한데, 극장의 소유주가 회사였다는 점이 크게 작용한 듯하다. 물론 이 시기 경영주의 교체는 매우 빈번했는데, 극장 소유주 측과의 갈등은 1929년 경영주 이태진李泰辰과의 법정소송이 유일하다.[20] 그 외에는 내부의 분쟁이나 경영난 등으로 교체되었는데, 그때마다 '동경건물'은 분쟁을 조정하기도 했으나 깊숙이 개입한 것 같지는 않다. 조선흥행주식회사 직영으로 조선극장이 경영되던 1932년, 사장 정완규鄭完圭와 극장 경영권을 갖고 있던 지배인 신용희申鎔熙 사이에 분규가 일어났을 때 '동경건물' 측이 신용희 편에서 양자의 화해를 종용한 것도 좋은 예이다. 극장 소유주 측에서 보자면 발성영화 상영을 선점하면서 조선극장의 지위를 격상시킨 신용희의 사업적 안목에 신뢰가 가는 것은 당연한 일이었지만, 양자의 합작을 권고하는 선에서 더 나아가지는 않은 듯하다.[21] 이처럼 '동경건물'은 경영주로부터 집세를 정기적으로 거둬들이는 것으로, 그리고 때로는 내쟁에는 최소한의 개입으로 자신의 권리를 제한했다.

그만큼 극장 경영은 자율적인 폭이 넓어졌다. 신구 경영주 간에 흥행권에 대한 권리금이 거래된 사실이 그 증거다. 경영권 인수 명목으로 안봉호安奉鎬는 이태진으로부터 6,500원을(1929), 정현국鄭鉉國은 안봉호로부터 1만 원을(1930) 건넸다.[22] 무엇보다도 흥행권의 보장하에 경영

유주는 야자와 긴지로였다. 그는 경영자 교체 계획을 밝혔는데, 아예 조선극장을 매각했던 것이 아닌가 싶다. 「파산경에 든 조선극장, 명연에는 경영주가 갈릴 모양이라고 해」, 『시대일보』, 1924.12.10.
20 「조선극장휴관, 극장 소유자와 상지로」, 『조선일보』, 1929.6.12. 그 자세한 사정은 알려지지 않았다.
21 「조선극장이 폐관된 사정」, 『조선일보』, 1932.11.29.
22 위의 글.

진이 극장발전을 위한 청사진을 제시하고 이를 시행하기 위해 노력했다는 점을 꼽을 수 있다. 1927년 현철이 경영에 참여하면서 내세운 기획들, 즉 조선배우학교의 후신인 연예학교의 설치, '예술선전데이'(토요일)의 정례화, 연극영화 월간잡지의 발행, 전속 소녀가극단의 설치 등이 그 예라 할 수 있다.[23] 1928년에는 '팬 구락부'를 조직함으로써 고정적인 관객 수요를 확보하고자 했으며,[24] 1931년에는 자본금 8만 원으로 조선흥행주식회사를 설립하여 조선극장을 직영하는 조직을 갖추었고 향후 극장 건물을 매수하고 촬영소를 만들어 조선영화 제작에 착수하는 동시에 영화배급까지 하리라는 계획을 세웠다.[25] 비록 이 기획들 상당수가 실현되지 못했지만, 극장을 중심으로 한 이런 문화기획은 하나의 흐름을 타고 있었다.

이때가 조선극장의 전성기라고 말할 수 있을 텐데, 그 중심에는 1929년 9월부터 1933년까지 흥행권을 소유한 신용희[26]가 있었다. 그는 조선극장의 역사에서 가장 오랫동안 경영에 참여한 인물로서, 조선흥행주식회사의 설립을 주도했고 조선에서 발성영화를 처음으로 도입

---

23 「3인 공동으로 조극 경영」, 『조선일보』, 1927.6.2; 「조선극장 내용 확장, 삼씨 협력경영」, 『중외일보』, 1927.6.2; 「조선극장 현철 씨 도입, 소녀가극연구차로」, 『조선일보』, 1927.7.16.

24 10월 16일에 거행된 발회식에는 회원 3백여 명이 참석했으며, 월 회비는 30전이고 팸플릿 무료제공을 비롯한 특별한 편의를 제공하기로 했다고 한다. 「조선판 구락부」, 『조선일보』, 1928.10.18.

25 「조선극장이 주식회사로, 극영계 好소식」, 『동아일보』, 1931.7.5; 「새로 창립된 조선흥행주식회사」, 『조선일보』, 1931.7.5.

26 신용희에 대한 신상정보는 잘 알려 있지 않다. 보성전문을 졸업했고, 그의 아들이 종로 건달들과 종종 어울린 신영균(申寧均)이다. 「(논설) 萬目주시하는 3대 爭覇戰, 동일은행과 해동은행의 금융전, 조선극장과 단성사의 흥행전, 명월관과 식도원의 요리전」, 『삼천리』, 1932.4, 50쪽; 유보상·유지광, 『실록한국주먹사-대의』, 송죽문화사, 1975, 221쪽.

하여 조선극장이 전성기를 구가하는 데 결정적인 역할을 했다. 정완규와의 분쟁 시에 '동경건물'의 비호를 받을 수 있었던 것도 그의 극장 경영 능력이 인정된 덕분이었다. 신용희가 경영진에서 물러난 것은 뜻하지 않은 사건 때문인데, 1933년 가을 과장 광고로 7일간의 구류처분을 받은 일[27]과 연이어 '조선극장 무고誣告 사건'[28]이 터졌기 때문이다. 이 무고 사건은 종로서 고등계 형사 김영호金永澔의 무리한 취체에 대한 투서가 문제가 된 것인데, 이 사건으로 변사 성동호만이 실형을 선고받고 신용희는 기소유예로 풀려났지만 더 이상 경영주로서 참여하는 것이 어려웠던 듯하다. 이후 김찬영金贊泳이 이를 승계하여 1년여 동안 경영에 참여하지만, 조선극장은 다른 국면으로 넘어가고 있었다.

마지막은 미나도야 히사요시港谷久吉가 극장 소유주인 시기(1934.12~1936.6)다. 1936년 6월 11일 조선극장이 방화로 전소되기까지 1년 반 남짓에 불과하지만, 그의 등장은 조선극장의 역사에서 보자면 특기할 만한 일이었다. 미나도야 히사요시는 당시 제일극장(舊 미나도좌)의 주인으로서 이미 극장업에 종사하고 있었고, 자신의 휘하에 조선인 직원 ― 이를테면 지배인에는 이우흥, 선전부에는 원우전 등 ― 을 두고 직접 경영에 나섰기 때문이다. 즉 그는 극장의 소유권과 흥행권 모두를

---

27 과장 광고 관련 사건 경위는 「관객소동으로 연극까지 중지」, 『동아일보』, 1933.10.6; 「상연중 '야지'와 훤소로 연극중지의 소동」, 『조선중앙일보』, 1933.10.6; 「조극 관계자 4명을 취조」, 『동아일보』, 1933.10.8; 「과장 광고로 5명을 인치」, 『동아일보』, 1933.10.10 참조.

28 조선극장 무고 사건은 「사복형사 '월권문제'로 흥행업자 경찰에 탄원」, 『동아일보』, 1933.8.6; 「조극 경영주 등 5명 또 종로서에 구금」, 『동아일보』, 1933.10.15; 「조선극장간부 3명 18일 송국」, 『조선중앙일보』, 1933.10.18; 「조극 무고사건, 卄日 송국」, 『조선일보』, 1933.10.21; 「조선극장 사건 2명은 불기소」, 『동아일보』, 1933.11.2 참조. 이 사건에 대한 성동호의 증언은 『이영일의 한국영화사를 위한 증언록―성동호·이규환·최금동 편』, 58~68쪽 참조.

인수한 명실상부한 관주였다. 종래의 극장 직원들이 거취 문제로 불안을 느끼는 것은 당연했다. 이에 종로서 보안계가 나서서 선전부·회계부를 제외하고는 인사이동을 하지 말 것을 권유했고, 이 문제는 원만히 해결되었다.[29]

　이 변화를 주시할 필요가 있다. 극장의 경영주가 조선인이 아닌 경우는 1924년 7월부터 2년여 동안 조선극장을 경영한 하야가와 마쓰타로 단 한 사람뿐이다.[30] 그에게 경영을 위임한 야자와 긴지로조차도 1924년 말 시점에서는 "본래 그 극장이 조선사람을 위해 된 극장이니까 조선사람에게"[31] 빌려주겠다고 말했으며, '동경건물'이 인수한 후에도 조선인 경영은 하나의 원칙처럼 지켜졌다.[32] 우미관보다는 좀더 고급스러운 장소로서, 단성사와 함께 자웅을 겨루는 조선극장이 당시 객관적 위상이었다. 극장 소유주가 일본인이었다고 해도 그곳이 조선인극장이 될 수 있었던 것은 흥행권의 보장으로 일정한 자율성을 획득하고 있었기 때문이다. 그러나 미나도야 히사요시에 이르러 흥행권이 일본인에게 넘어간 것은 그것이 이제 여의치 않게 되었음을 의미한다. 흥행시장은 이제 극장소유권과 흥행권의 일치가 합리적인 수익구조인 상태로 전환되고 있었다.

---

29 「조극 경영권은 제일극장주에」, 『조선일보』, 1934.12.4; 「조극 경영권 변경」, 『동아일보』, 1934.12.6.
30 1929년 안봉호, 신용희와 함께 고노 도라노스케[木尾虎之助, 1879~1956]가 참여한 사례가 있기는 하나 참여 정도는 미미했던 것으로 보인다. 고노 도라노스케는 인권 변호사로 조선인의 권익을 위해 활동한 일본인으로 알려져 있다.
31 「파산경에 든 조선극장, 명연에는 경영주가 갈릴 모양이라고 해」, 『시대일보』, 1924.12.10.
32 이에 대해 이호걸은 '조선'이라는 기표가 극장업의 경제적 차원에서 '셀링포인트'였다고 설명한다. 이호걸, 「식민지 조선의 문화사업, 극장업」, 『대동문화연구』 69, 성균관대 대동문화연구원, 2010, 192~193쪽 참조.

물론 그 이후로 조선극장의 성격이 확연히 달라진 것도 아니며, 게다가 1936년 6월 화재로 극장이 전소되면서 그 귀추를 확인하기 어렵게 되었다. 영화상설관의 종족적 성격이 지워지는 과정, 특히 1930년대 후반 흥행시장에서 벌어진 제도적 변화가 조선극장의 역사에는 없는 것이다. 그러나 조선극장에서의 이 변화는 자본의 흥행권 회수回收이자 조선인극장의 종족적 성격이 약해지는 징후였다. 후술하겠지만, 머지 않아 그 징후는 현실이 되었다.

3. 불온한 삐라, 혹은 종족적 정체성

영화상설관이든 연극장이든 극장이 지향한 것은 오락이었다. 경성과 같은 대도시에서는 더 그러했다. 관람료가 저렴해도 극장에 가는 사람은 한정되어 있었다. 연극이나 영화 모두 짧게는 3일, 길게는 7일 정도만 흥행했는데, 이를 초과하면 극장에 올 관객이 많지 않았기 때문이다. 점차로 단일 프로그램의 흥행 일수가 증가하지만, 전체적으로 교체 주기는 짧았다. 그렇게 빨리 레퍼토리를 공급할 수 없는 연극 흥행은 더 불리한 처지에 있었다. 극장업주가 영화상설관을 선호한 것은 당연하다. 그래서 극장문화는 영화를 중심으로, 그중에서도 외화(할리우드)의 소비를 중심으로 형성되었고, 이런 문화를 학습한 세대는 계속해서 누적되었다. 경성의 극장이 그 가장 현저한 사례이고, 전시체제기에 문화적 재편이 이뤄질 때까지 그런 경향은 대체로 유지되었다.

다만, 극장은 오락장인 동시에 종족공간이었다. 외부와의 물리적인 경계가 뚜렷한 이 장소에 간다는 것은 이미 배타적인 종족공간에 참여하는 것임을 의미했다. 조선인극장에서는 피식민 조선인 관중이 권력을 가졌으며, 일본영화가 보이콧되었다. 비록 외화 점유율이 압도적으로 높아도 이 자체가 일본인극장과 구별되는 조선인극장의 표지였으며, 변사의 '조선어'는 물론이려니와 '조선어'로 연극과 영화가 제공되기도 했다. 때로는 경찰국가의 대리자인 임석경관의 존재에서 인종의 정치학을 체감했을 수도 있다. 종종 정치적으로 위험한 발언을 한 배우나 변사에게서 불온한 기운이 감지되는 순간, 관객-대중의 순간적인 동요는 임석경관의 지체 없는 주의·중단·해산 지시로 중단되고 흥행관계자는 검속되기도 했다. 그러나 대체로 관객-대중은 약간의 '야지野次'만을 하는 정도에서 소란을 피웠을 뿐 오락을 즐기러 온 그네들의 일상을 방해받고 싶어 하지는 않았다. 그래서 특정한 이념적·집단적 유대감에 기초한 집회나 행사가 치러지면서 발생한 소요가 아니라면, 극장은 대체로 아무런 일도 일어나지 않는 오락장이었다. 간혹 3월 1일이나 메이데이와 같이 특별한 감시를 요하는 위험한 날을 전후로 하여,[33] 혹은 삐라가 대량 살포되었다든가 하는 이상기류가 포착되었을 때, 조선인이 운집된 공장지대·학교 등과 함께 극장은 특별한 경계가 필요한 대상이었지만 이 경우에도 소요가 거의 발생하지 않았다.

---

[33] 경찰당국은 '위험한 날' 180일을 지정하여 특별한 감시를 했다고 한다. 여기에는 혁명운동 및 소비에트의 수립과 활동에 관계된 국제혁명기념일, 명절, 혁명가들의 탄생일과 사망일, 일한병합일, 조선의 해방운동에 관계된 날(3·1, 6·10 등), 일본 공산주의 운동사에서 중요한 날 등이 포함되었다.(파냐 이사악꼬브나 샤브쉬나, 김명호 역, 『1945년 남한에서』, 도서출판 한울, 1996, 32~33쪽) '180일'의 지정이 언제 것인지 확인할 수 없지만, 1933년 시점의 경우 「고등경찰관계주의일표」에 따르면 무려 '211일'이나 되었다고 한다.(한기형, 『식민지 문역』, 성균관대 출판부, 2019, 30~34쪽)

예외가 있다면 그곳은 조선극장이었다. 1929년에서 1931년에 걸쳐 집중적으로, 경성의 극장 가운데 유일하게 이곳에 불온한 삐라가 살포되었다. 사건의 개요를 정리하면 다음과 같다.

첫 번째는 1929년 12월 12일 밤 8시 30분에 발생했다. 당일 흥행은 지난 7일부터 시작된 ① 유니버셜사의 희극(2권), ② '토월회'의 〈이 대감 망할 대감〉, 〈애곡哀曲〉, ③ 퍼스트내셔널사의 〈번뇌〉(8권)였다.[34] 신용희가 경영에 참여하면서 기획한 하나는, 영화와 연극 혹은 여기에 무용이나 레뷰를 더하여 한 세트로 흥행하는 것이다. 그는 이를 '토월회'의 박승희에게 제안해 성사시켰고,[35] 이 시스템은 11월부터 시작했다. 12월 12일도 바로 3종의 흥행이 연달아 진행되고 있었다. 삐라 살포는 광주학생운동에 대한 여론을 환기하면서 전국적인 규모의 시위를 도모하기 위해 민중대회를 계획한 신간회가 벌인 일이었다.[36] 13일 개최 예정이던 민중대회가 사전에 발각되어 11일 허헌 등이 체포되었으나, 바로 12일 밤 조선극장에서 김무삼金武森(다른 이름 김동준金東駿, 당26세)이 민중대회에 오라는 삐라를 뿌리며 "여러분 광주사건을 모릅니까" 하면서 몇 마디 하던 중 임석경관에게 체포된 것이다.[37] 이 사건은 보름 정도가 지난 후에야 호외로 알려졌다.[38] 이 사건과 관련해 허헌·이관용·홍

---

34 『조선일보』, 1929.12.12.(광고)

35 조선극장은 무대·도구·의상 등을 제공하고 배우들에게도 월급을 지급했다. 말하자면 토월회는 조선극장에 전속된 것이나 다름없었다. 이에 관한 박승희의 회고는 『춘강 박승희 문집』, 서문출판사, 1987, 59~62쪽 참조.

36 민중대회 전후와 관련된 신간회 활동은 이균영, 『신간회 연구』, 역사비평사, 1993, 201~211쪽 참조.

37 「대연설계획사건, 허헌 외 5인 遂기소」, 『중외일보』, 1930.1.7; 「一大시위를 계획한 11인 사건의 5씨 출감」, 『조선일보』, 1930.1.8.

38 「중대계획이 미연 발각 각 단체 주요인물 검거, 13일 朝이래 70명을 구인, 서명한 12명

명희는 징역 1년 6월, 이원혁·조병옥·김무삼은 징역 1년 4월을 선고 받았다.[39] 당시 삐라 2종에 담긴 구호는 다음과 같다.

일, 광주학생사건의 정체를 폭로하라.

일, 구속된 학생을 무조건 석방하라.

일, 경찰의 학교 유린을 배격하라.

일, 폭악한 경찰정치에 항쟁하자.[40]

두 번째는 1930년 1월 16일 밤 10시 30분에 발생했다. 이 역시 광주 학생운동을 시발로 하여 전국적으로 확산된 학생운동 와중에 생긴 일이 었다. 당일의 흥행은 지난 12일부터 시작된 ① 리처드 탈마치 프로덕션 의 〈모험구락부〉(9권), ② '토월회'의 〈남경의 거리〉, 〈짙어가는 가을〉, ③ 파라마운트사의 〈일야의 비밀〉(7권)이었다.[41] 삐라의 살포는 마지막 흥행인 〈일야의 비밀〉을 영사하기 위해 잠시 소등한 상황에서 벌어졌다. 이미 15일부터 시위 학생 다수를 검거한 상황이었고, 형세가 심상치 않 자 경찰 당국은 16일 밤 신간회·근우회 및 노동단체와 회관 등을 일제 히 경계하는 가운데 조선극장·단성사·우미관 등을 특히 엄중하게 살 폈는데, 바로 또다시 조선극장에서 일이 터진 것이다. 청년 수명이 갑자 기 삐라 수백 장을 뿌리고 만세를 불렀다. 경찰 당국은 미리 대기하고 있

을 검사국에, 조선극장에 돌현한 청년 격월한 어조로 공개연설, 대회를 열자는 삐라 뿌 려」, 『조선일보』(호외), 1929.12.27.

39 「신간회음모사건판결」, 『사상월보』 2-3, 1931.6.15, 26쪽 및 31쪽 참조.

40 『강재언학생자료』, 382~383쪽(이균영, 앞의 책, 209쪽의 주 347번에서 재인용).

41 『조선일보』, 1930.1.16.(광고)

던 정사복 경찰을 출동시켜 80여 명을 검속 · 취조했으나, 범인을 끝내 잡지 못했다.[42] 경찰은 계속해서 영화관과 같이 비교적 학생들이 많이 모이는 곳과 북촌 일대를 경계했다.[43] 당시 조선극장에 뿌려진 삐라는 '조선문 · 언한문 · 순한문' 3종으로 작성된 것이고, 길이 세 치, 넓이 두 치의 작고 하얀 종이에 적색 복사지로 다음과 같이 쓰고 있었다.

> 일, 전국구속학생과 허헌 씨 외 5명의 무조건 즉시 석방을 강력히 주장한다.
> 일, 약소민족만세.
> 일, 무장한 군국주의의 폭행을 보라.
> 오직 단결로써 약소민족의 해방을 획득할 수 있다.[44]

세 번째는 1931년 6월 30일 밤 11시 반경에 발생했다. 당일 흥행은 지난 28일부터 시작된 '조선연극사朝鮮硏劇舍' 공연이었다.[45] 삐라가 뿌려진 곳이 극장 내부였는지 아니면 옥상이었는지 불분명하지만, 공연이 끝나는 시점을 기해 태극문양이 그려진 종이에 "조선○○만세" 그리고 "우리의 살 곳은 만주이니 그곳으로 가자"라고 인쇄된 삐라 100여 장이 뿌려졌다. 이미 6월 상순에 삐라가 각 단체에 배부된 일이 있었고,

---

42 「작야 조선극장에서 중학생 격문을 배포」, 『중외일보』, 1930.1.17; 「시내 3극장과 각 단체 철야 엄계」, 『중외일보』, 1930.1.17; 「청년, 학생 등 突現 조선극장에 격문 살포」, 『동아일보』, 1930.1.18; 「엄계 중 조선극장에서 격문 수백 매 살포」, 『조선일보』, 1930.1.18; 「조선극장 사건 진범은 탈주?」, 『동아일보』, 1930.1.20; 「휘문생 5명, 종로에 又검거, 조선극장 '삐라'사건의 범인은 尙今未判」, 『중외일보』, 1930.1.23.

43 「시가와 극장 경계, 일요일임으로 학교는 완화」, 『조선일보』, 1930.1.20.

44 「학생사건인쇄물 송부에 관한 건」 첨부서류, 『朝保秘』167, 1930.2.15.

45 〈눈 나리는 밤〉, 합창(전경희, 지최순), 독창(지계순), 〈희무정〉, 〈서울에 밤 이야기〉 등이다. 『조선일보』, 1931.6.30.(광고)

어느 단체에선가 조선극장에 삐라를 뿌린 것이다. 사건 다음 날인 7월 1일에는 경성제일고보에도 삐라가 배부되었기에, 경찰 당국은 촉각을 곤두세웠으나 조선극장에 살포된 삐라는 아이 장난 같은 것으로 간주하고 수사를 확대하지는 않았다.[46] 극장이나 그 주변에 뿌려진 삐라에 경찰 당국이 아연 긴장하다가 이내 해프닝으로 끝난 사례도 있지만,[47] 세 번째 삐라 살포 사건의 경우 이때가 조선공산당 재건운동과 반제동맹 운동이 가동되고 있던 시점이라는 점에서 사회적 동요의 소산으로 이해될 수 있다. 6월 상순에 배부된 삐라도 정황상 다음에 언급될 반제동맹이 주도한 것으로 추정된다.

네 번째는 1931년 9월 28일 밤 7시경에 발생했다. '발성영화 선전주간'이었던 당일 흥행은 지난 27일부터 상영되기 시작한 〈최후의 선구자〉, 〈스포스왕국〉, 〈지나 가街의 밤〉이었다.[48] 9월 27일부터 검거 선풍이 일어 2개월 동안 보도 금지되었던 터라, 이 사건도 조사가 어느 정도 진행된 11월 4일 호외로 알려졌다. 만주사변(1931.9.18)이 일어나자 조선공산당 재건운동의 하나로 조직된 학생 중심의 반제국주의동맹이 반제 삐라를 살포하는 과정에서, 조직관계자 50여 명이 체포된 것이다. 조선극장의 삐라 살포 책임자는 천일天日병원 급사 구범식具範植(당시 19세)으로 총 4,800장의 삐라 가운데 500장을 건네받아 28일 장내에 뿌렸다. 이 사건으로 구범식은 징역 1년에 집행유예 3년을 언도받았다.[49] 문제가

---

46 「조선극장 파할 臨時 관중에게 격문살포」, 『동아일보』, 1931.7.4; 「조선극장에서 격문을 살포」, 『매일신보』, 1931.7.4; 「3종 격문 중심, 경찰 활동 중」, 『조선일보』, 1931.7.6.
47 「격문혐의자 5명을 검거, 극장에 쑤린 것은 광고지다」, 『동아일보』, 1930.10.23; 「격문발견 운운은 낙서가 원인, 함흥 메이데이 후문」, 『조선중앙일보』, 1936.5.6.
48 『동아일보』, 1931.9.27.(광고)
49 「초유의 반제비밀결사와 학생중심의 조선공산당」, 『조선일보』(호외), 1931.11.4; 「성대

된 삐라의 내용은 다음과 같다.

이 전쟁이 자본가의 배를 살찌우게 하는 반면 우리 형제에게 남는 것은 우리 형제자식 기백만 기천만의 학살 불구자 일층 격심한 압박착취 이외에는 어떤 것도 없다. 혁명적 노동자 농민 병사 제군! 학생 소시민 제군! 일어나라 제군이여! 이 전쟁에 반대하라. 반전시위 또는 태업을 하라. 군량을 운반하는 군용열차를 운전하는 일중 양군은 전장에서 악수하라! 총을 자국의 자본가에게 향해 쏘아 프로혁명전을 준비착수하라!

(1) 노동형제를 도살하는 제국주의 전쟁 절대 반대.

(2) 일본군의 중국출병 반대.

(3) 일병은 중국에서 즉시 철퇴하라.

(4) 일본제국주의의 침략 실패 만세.

(5) 반제국주의 혁명전개 만세.

(6) 중국혁명을 무장으로써 옹호하라.

(7) 세계열강의 침략에 반대하는 소비에트를 무장으로써 사수하라.

(8) 일중 노동계급과 결합하라.

(9) 조선독립 절대 완성 만세.

(10) 적색 노동정부 건설 완성 만세.

(11) 세계 사회혁명 만세.

(12) 세계 프로 최고참모본부 제3국 국제공산당 만세.[50]

반제동맹 예심결정서(1~9)」,『동아일보』, 1932.8.17~31;「2년역이 2인, 최고는 3년에, 십류명은 모다 집행유예로, 성대반제동맹사건」,『중앙일보』, 1932.11.25;「조선사상사건판결 (5) 조선공산당재건급반제동맹조직사건」,『사상휘보』 2, 1935.3.1.

50 「조선사상사건판결 (5) 조선공산당재건급반제동맹조직사건」,『사상휘보』 2, 1935.3.1,

이상에서 확인한 바에 의하면 조선극장에서 삐라가 살포된 사건은 1929년에서 1931년 사이에 집중되어 있다. 이때는 3·1만세운동과 6·10만세운동 이후 초유의 사건이라 일컬어지는 광주학생운동을 시발로 하여 성대 반제동맹 사건에 이르는 시기로서, 이 일련의 흐름은 사실상 조선공산당 재건운동과 깊은 관련이 있었다.[51] 이는 이때가 바로 광주학생운동이 전국적인 규모로 확산하면서 조선인 전체의 해방운동으로 견인해내 나갈 수 있는 계기적 시점이라는 판단, 그리고 반제운동의 중요성이 대두되는 상황에서 만주사변의 발발이 갖는 조선 내외 정세에서의 중요성이 고려되었음을 의미한다. 바로 이런 시기에 선전·선동의 장소로 조선극장이 선택된 것이다. 재차 말하지만 종족공간임에는 분명하지만 이 오락 기관은 일본에 의해 '인가된 종족공간'이었으며, 정치적 불씨는 잠복해 있었을 뿐이다. 그러나 경찰 당국이 촉각을 곤두세울 비상시기에 늘 북촌의 극장들을 경계했듯이, 극장은 식민지인이 군중으로 운집할 수 있는 몇 안 되는 공간의 하나였다. 대중 활동이 요구되었던 정세에 활동가들이 '극장'을 선전·선동의 장소로 선택한 것은 바로 그 때문이다.

하나의 의문은 왜 '조선극장'이었는가이다. 사실 이에 대한 직절한 해석을 내릴 만한 충분한 증거를 찾기란 어렵다. 단성사·우미관과 비교할 때, 무엇이 고려되었을지 정확히 알 도리가 없다. 조선극장의 선택이 필연적인 이유에서 비롯되었다는 연관 관계를 상상하지 않는 것만이 최

44~45쪽.

51 광주학생운동과 관련해서는 이균영, 『신간회 연구』, 역사비평사, 1993, 206~207쪽 참조. 사회주의자들의 민족협동전선론 차원에서 반제동맹을 논의한 것은 박한용, 「1930년대 전반기 민족협동전선론과 '학생반제운동'」, 한국역사연구회 근현대청년운동사연구반 편, 『한국근현대 청년운동사』, 풀빛, 1995 참조.

274   제2부/ 공간의 정치

선의 해석일 수 있다. 다만, 삐라 살포의 장소로 조선극장이 채택된 데에는 그 어떤 계기, 우연이 작용했을 수는 있다. 먼저, 삐라가 뿌려지는 곳이 '종족공간'이어야 했다면, 조선극장이 단성사나 우미관보다 더 종족적으로 다가왔을 근거를 가정해볼 수 있다. 영화상설관인 이 극장들이 흥행의 상당수를 외화에 할애했지만, 마찬가지로 특정 극단과 일정한 계약을 맺어 연극을 올리기도 했다. 극장의 소유와 경영에서도 일본인과 조선인으로 분리되어 있다는 점 또한 같았다. 그렇다면 우리는 적어도 조선극장에 삐라가 처음 살포되는 시점, 즉 1929년 12월 12일 이전의 가까운 시간에서 어떤 정황을 포착하는 것이 유용할지도 모른다.

11월부터 12월 12일까지 세 극장의 흥행을 비교하면, 약간의 실마리를 찾을 수 있다. 이들 극장이 종족공간일 수 있었던 요건이 '일본영화의 보이콧' 그리고 연극의 공연과 외화의 변사 설명에서 필수적인 '조선어 흥행'에 있었다면, 이 기간에 외화만을 상영한 우미관을 먼저 제외해도 좋을 것이다. 그렇다면 이 문제의 관건은 조금 더 종족적 정체성이 짙은 요건, 즉 '조선인 배우'가 '조선어'로 진행하는 연극공연 여하에 달려 있다고 할 수 있다. 여기서 단성사와 조선극장의 차이를 발견할 수 있다. 조선극장이 11월부터 경영주 신용희의 기획하에 영화와 연극을 결합하는 흥행 시스템을 가동했음은 앞서 말한 바와 같고, 단성사 역시 총 9일의 연극공연(11.22~30)이 있었다. 굳이 따지자면 공연 일수의 차이도 적지는 않지만, 그보다는 공연단체와 레퍼토리의 성격이 결정적이지 않았나 싶다. 단성사에서 두 차례 공연을 올린 극단은 '취성좌聚星座'였는데, 이 단체는 1920년대의 대표적인 신파극단으로 분류되었다. 반면, 조선극장에서 공연하던 '토월회'는 이미 '취성좌'와의 질적 차이가 느껴지지 않을 만큼 통속화하고 있었지만, 여전히 신극운동의 적자로서 그에 거는 기대가 남아 있었다. 여기에 한 가지 더, 토월회가 공연한 〈아리랑고개〉(11.23~28; 12.5~7)가 그 기대를 충족시키면서 관중에게 매우 깊은 감명을 주었다는 점이다. 박승희에 의하면, 공연이 진행되는 동안 극장은 "말 못 할 우리의 설움을 밝혀" "초상난 집 모양으로 울음소리"가 가득했고, 수입도 조선극장 개관 이래 가장 좋았다.[52] 초연 직후에 이 공연에 대한 호의적인 비평들도 나왔다.[53]

> 〈아리랑고개〉! 조선을 상징한 것이다. 가장 조선정조를 대표한 것이다. 그것이 공리적으로 우리의 민족에게 미치는 영향은 별문제로 하고라도 〈아리랑고개〉는 마음 깊이 우리들에게 하소하는 바가 있다. (…중략…) 〈아리랑〉이란 영화에서 찾아낼 수 없는 참으로 아리랑정조, 무용에 체득할 수 없는 아리랑의 기분을 극에서 찾아보자는 것은 매우 의미있는 일이라 하겠다.
> 〈아리랑고개〉에서는 아리랑 정조를 많이 발견할 수 있으니 흉년이 들어 문전옥토를 그대로 남에게 빼앗기고 동리 권력가의 미움을 받아서 사랑하던 향토에서 생활을 부지하지 못하고 유랑의 길을 떠나는 눈물겨운 이야기가 조선을 잘 상징한 것이다.
> ―SH생, 「토월회의 공연의 〈아리랑고개〉를 보고」, 『동아일보』, 1929.11.26~27

〈아리랑고개〉가 나운규의 〈아리랑〉을 초과하는 깊은 울림을 준 것만

---

52 위의 책, 61~62쪽.
53 SH생, 「토월회의 공연의 〈아리랑고개〉를 보고」, 『동아일보』, 1929.11.26~27; 윤갑용, 「토월회의 〈아리랑고개〉를 중심삼고」, 『동아일보』, 1929.11.29, 12.1.

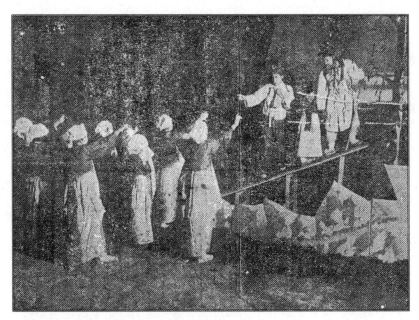

〈그림 7〉 토월회의 〈아리랑고개〉(『동아일보』, 1929.12.4)

은 분명해 보이는데, 그렇다면 1929년 말 시점에서 〈아리랑고개〉가 조선 극장을 특별하게 만들었다고 상상해도 되지 않을까. 불온한 삐라가 뿌려 져야 한다면, 바로 그곳이어도 좋겠다는 찰나의 선택, 그리고 그것이 하나 의 역사가 되어 1931년까지 이어졌다고 가정할 수도 있지 않을까.

반제동맹 사건 이후로 그런 일은 다시 일어나지 않았다. 조선극장은 오락장이라는 본연의 성격으로 돌아온 듯이 다시 조용해졌다. 여전히 일본영화가 보이콧되고 조선어가 들리기는 했지만, 불온한 삐라가 자 극했던 종족적 정체성은 다시 연성軟性 단계로 돌아갔다. 그야말로 삐라 의 살포는 하나의 사고처럼 보였다.

불온한 삐라가 뿌려진 유일한 극장이 조선극장이었다는 사실 자체 가 중요한 것은 아니다. 조선인극장으로 분류된 공간의 종족적 정체성은 조선총독부 당국과 피식민 주민 양자 모두에게 정치적으로나 경제적으로 혹은 문화적으로 유용했다. 조선인극장은 흥행문화 전체에서 극히 일부에 지나지 않는 게토였을 따름이지만, 한편으로는 식민통치의 전략상 필수적인 인가 영역이었고, 다른 한편으로 피식민 주민의 다양한 요구가 충족되던 종족공간이었다. 문제는 이 평형상태가 깨지는 순간이다. 바로 그곳에서 조성된 종족적 유대감이 「취체규칙」과 같은 제도적 제어와 규범을 초과하는 일이 발생한다는 점이다. 식민권력과 피식민 주민 양자 간에 은폐해 있는 정치적 긴장력은 한순간의 자극을 계기로 식민지 다중을 운명의 공동체로 전환시킨다. 조선극장의 삐라 살포 사건들이 바로 그러한 자극이다. 극장의 종족적 정체성은 그 현장을 목격했을 관객과 풍문으로 그에 공모했을 조선인을 하나로 묶어주는 상상으로 더욱 강화된다. 어쩌면, 1930년 1월 16일 삐라 살포 현장에 대한 경찰의 대대적인 조사에도 불구하고 끝내 진범이 잡히지 않았다는 사실은 신화가 되었는지도 모른다.

4. 공안을 지키는 갱, 혹은 기도きと문화의 계급

불량배, 부랑자, 폭력단, 룸펜, 갱gang—식민지 시기에 사용된 이 어휘들은 그 뜻이 같거나 이웃해 있는 관계어들로서 그 용법이 탄력적이었지만, 이는 자본주의적 근대와 식민지를 경험하던 당대의 복잡성을 반영한다. 불량배·부랑자·폭력단이 가장 광범위하게 쓰였고 룸펜과 갱의 사용은 1930년대에 들어와서야 일반화되었다. 각각의 어휘는 지시대상에 따라 그 의미가 세 가지로 분류되는데, 첫째는 중상층 계급의 타락과 데카 당을, 둘째는 불온한 정치적인 실천을,[54] 셋째는 사회 최하층 계급의 무위 無爲와 범죄를 지시했다. 시기적으로 보자면 첫 번째의 것은 비교적 초기에 집중되었다가 이후 '고등룸펜' 지식인을 묘사할 때 종종 쓰였으며, 두 번째의 것은 좌파에 대한 공략이 요청된 시기에 경찰 당국의 용법이 준용되었다. 가장 일반적인 것은 세 번째 경우였으며, 1930년대에 더욱 두드러졌다. 이들의 공통점은 공동체의 규칙에서 일탈해 있다는 점인데, 바로 그 때문에 사회불안을 야기하고 공안을 저해하는 이들로 지목되었다. 그러나 이들의 일탈이 규범 강제에 내포된 폭력성에 대한 거부로 해석될 수 있었기에 때때로 심미적·정치적 차원에서 이들의 도덕성이 구제되기도 했다. 이 가운데 어떤 차원에서든 구제되지 못한 이들이 있었으니, 그들은 세 번째의 경우 즉 룸펜프롤레타리아트 계급이다. 일정한 주소나 직업이 없으며 그렇게 애써 노동할 의사가 없는 이들, 혹은 구걸이나 범죄·매춘 조직과 연계되어 무법적인 행위를 일삼은 하층계급이다.

경성 서대문서 고등계에서는 시내 **단성사, 우미관, 조선극장 등으로 돌아다니** 며 **폭력행위**를 하며 이것을 제지하는 관헌에게 반항하여 그 폐해가 적지 아니한 폭력단이 있어 검거에 노력 중이던바 이 자들은 미묘하게 출몰하여 검거하기에 더욱 힘이 들던 중 지난 12일 미명에 단장격의 4명을 검거하여 4개의 폭력단이 있는 것이 판명되어 전부 검거하기에 확신을 얻은 모양이라 한다.

　　　　　　　—「三극장을 무대로 횡행하든 폭력단」, 『중외일보』, 1930.9.13

---

54 국가(식민)권력은 좌파집단을 가리켜 '무정부주의 폭력단', '항일(배일) 폭력단', '공산당 깽', '적색 깽' 등으로 표현함으로써 이들의 부도덕성을 선전하고자 했다.

이 폭력단들은 '밤의 제왕'으로 존재했던 이른바 종로의 깡패들이었으며, 조선극장·단성사·우미관 등을 근거지로 하여 활동하였다. 이들이 저지르는 범죄는 주로 절도·협박·공갈·갈취·폭행·무전취식 등이었다. 경찰 당국이 번번이 일망타진했다고 해도 그때뿐이었다. 이 범죄들에 대한 형량은 얼마 안 되었고, 범죄는 반복되었으며, 익명의 불량배들은 계속해서 세포 분열했다. 이 가운데에는 영화나 TV드라마로 묘사되어 후대인에게도 널리 알려진 '구마적' 고희경, '신마적' 엄동옥 그리고 김두한 등도 포함되어 있었다. 물론 이들은 의리의 협객이 아니라 무리를 지어 다니며 갖은 행패를 부린 불량배들이었다. 이들은 극장뿐만 아니라 카페, 요리점, 술집 등을 망라해 종로 거리를 휩쓸고 다녔다. '생산'하지 않으며 공안을 해치고 풍속을 문란케 하는 이 계급은 그야말로 사회불안을 조장하는 존재로서, 취체 대상이었다.

이 불량배들은 언제부터 북촌 유흥가를 중심으로 하여 번성했던 것일까.

10년 전에는 원동(苑洞)패라고 하면 서울서 가장 독하고도 모진 싸움꾼들이었다. 이 역 그 시대에는 폭력단의 일군이였으니 지금은 원동패들은 간 곳도 모른다. 그때에는 창덕궁 옆 원동골목과 네거리에 그들이 진을 치고 있다가 지나가는 중앙학교, 휘문학교, 중동학교 어린 학생들을 얼마나 울게 하였으며 괴롭게 하였는지 지금 생각하드래도 찬 땀이 흐르는 느낌을 준다. 그러나 **북촌에 있는 그러한 군들이 차차 무대를 이동하야 劇場으로 카페로 진출하였다.**

— 馬面生, 「좀먹는 문화도시!! 大京城의 두통거리, 거리의 '깽그' 3대 폭력단 해부기」,

『별건곤』 71, 1934.3.1

우미관 폭력단을 설명하는 위 인용문은, 1920년대의 불량배들이 언제부터인가 그 중심 무대를 극장이나 카페가 있는 곳으로 이동했음을 말해주고 있다. 북촌의 극장을 근거지로 삼고 있는 폭력배 취체 기사가 1930년 무렵부터 나왔음을 참고할 때 그때를 전후로 하여 그 이동이 있지 않았을까 추정된다. 우미관의 폭력단 '칠복단七福團'이 검거되었을 때가 1930년 9월이었고, 혐의사실 가운데에는 1929년도의 행적도 포함되어 있었다.[55] 이 이동이 범죄적 폭력의 역사에서 시원이 될 수 있다면,[56] 그 주된 이유는 이때 등장한 인물의 상당수가 이후 정치사 혹은 문화사에서 결코 삭제될 수 없는 흔적을 남겼기 때문이다.

1930년대 종로 일대 폭력단의 발흥에 대해, 영화의 영향이라는 시각도 없지 않았다. 한 기사는 "최근 시내 각 연극장을 본거로 하고 활동사진을 모방하여 아메리카 '깽'의 수령인 '가보네'(인명)의 행동을 숭배하는"[57] 불량 폭력단이 상당한 세력을 가지고 있다고 보고했다. 사회면 기사에 실리는 사건 사고를 영화와 비교하거나 소년의 모방범죄에 대한 우려도 그런 맥락에서였다.[58] 물론, 이는 요령 있는 설명이 아니다.

그 현상은 먼저 룸펜프롤레타리아트 계급이 계속해서 양산된 정황에서 시작되어야 한다. 1930년대의 경성이 '룸펜의 도시'[59]로 묘사되

---

55 칠복단의 두목은 '박도야지' 박종오(朴鍾五)이며, 그 수하에 '마적' 고희경, 김성기 등이 있었다. 「극장을 근거로 한 七福團員 송국」, 『동아일보』, 1930.10.8.

56 이전에도 무수한 불량배들이 있었으나 경성지역의 범죄적 폭력사는 일반적으로 1930년 초소위 마적시대로부터 기술된다. 조성권, 『한국조직범죄사』, 한성대 출판부, 2006, 25쪽 참조.

57 「忽現忽沒 권총강도, 迷宮에서 一縷光明」, 『동아일보』, 1932.12.5.

58 영화의 영향에 대한 외국의 학술적 견해를 소개하기도 했다. 「'갱' 영화는 범죄학교, 버-나드 작크 박사 담」, 『조선일보』, 1934.6.8.

59 「'룸펜'의 도시·경성!」, 『조선일보』, 1933.12.8.

기까지는, 농업노동자로 전락한 농민 혹은 재해민이나 몰락한 중소 시민이 도시 빈민이 되는 과정이 누적되어 있다. 여기에 경제적인 이유에 의한 가족의 해체도 덧붙일 수 있다. 바야흐로 룸펜의 증가 추세는 현저했다. "피폐할 대로 피폐한 일반 농촌의 참상과 도시에 있어서 각종 사업의 불황과 아울러 끝없이 늘어가는 것은 붙일 곳 없는 룸펜의 무리"[60]였다. 룸펜군群이 경성으로 집중하여 인구가 기하급수적으로 격증하고 있었으니, 심각한 사회 문제가 초래될 수밖에 없었다.[61] "경성부의 산업 및 직업구조가 급증하는 이입 인구를 소화해낼 수 있을 만큼 빠른 속도로 발달하지 못했다는 점"[62]도 있었지만, 자신의 나이와 이름도 정확히 모르는 다음과 같은 소년 룸펜의 존재는 또 다른 문제였다. 여기서 하나의 상상을 해볼 수 있다.

지난 12일 시내 종로경찰서 사법계 취조실에는 5백 나한(羅漢)님이 출장이 나오듯이 올망졸망한 소년의 떼가 무려 10여 명이나 한편 구석에 진을 치고 앉아 심문을 받고 있다. 그러나 나한님으로 보기에는 너무나 속된 맛―이라는 것보담―인간의 비참한 모습이 그들의 얼굴과 입성에 박히어 있다. 요 며칠 전에 동서에 붙잡힌 소년절도단의 일군으로 우리가 종로 네거리나 우미관, 조선극장 앞이나 본정 조선은행 앞에서 많이 구면이 된 "나리님, 나 돈 한 푼만" 하던 친구들이다.

(…중략…) 이들은 문자 그대로의 룸펜이다. 한 푼 에누리도 없이 인간과 및 인간사회에서 완전히 저버림을 받은 인간의 찌꺼기다. 사람은 그들을 만

---

60 「全鮮 '룸펜'群 5만3천여 명, 남조선이 비교적 만흐나 북조선은 일반으로 적다, 그들은 장차 어듸로 가나」, 『중앙일보』, 1931.12.3.
61 「집중하는 '룸펜'群, 급수적으로 격증」, 『조선중앙일보』, 1935.8.28.
62 김백영, 『지배와 공간―식민지도시 경성과 제국 일본』, 문학과지성사, 2009, 488~489쪽.

들어 가두로 보내어버리고 돌아보지 아니한다. 그러니까 그들은 먹기 위하여 걸인질을 하며 배가 고프니까 남의 물건을 훔치기도 한다.

―「암흑가에 잠행하는 소년룸펜群」, 『중앙일보』, 1931.12.14

이때가 1931년, 김두한 나이가 14세, 어쩌면 바로 이 소년 룸펜들에 그가 끼어있었을지 모를 일이다. 다른 아이들보다 완력이 월등했던 그는 신마적을 보면서 자신의 미래를 꿈꾸었는지 모른다. 후일 자신이 종로 폭력단이 되는 것이 행세하며 살아갈 수 있는 유일한 방법이란 것을 자연스럽게 터득했을지도 모른다. 경찰 당국이 번번이 폭력단을 '일망타진'했다고 자신해도 그때뿐인 것은 나날이 격증하는 룸펜들에서 새로운 폭력단이 싹텄기 때문이다.[63]

이처럼 폭력단의 발호는 룸펜계급의 격증이라는 정황 속에 있다. 불량배들이 종로 일대 극장가로 근거지를 옮긴 것은 그나마 이곳이 변칙적인 호구가 가능한 공간이었기 때문이다. 이들의 범죄 사실이 공갈·협박·갈취·무전취식·폭행이었듯이, 경찰의 눈을 피할 수만 있다면 완력을 무기로 삼아 그것이 무엇이든 교환 가능한 대상으로 삼을 수 있었다. 종로에 운집해 있는 상권은 그런 점에서 더할 나위 없는 먹잇감이었고, 특히 극장이 그러했다. 당시의 기록들이 '○○극장 일대의 아무개'로 묘사했듯이, 극장은 폭력단의 주요 수입원이었다. 이들이 공짜표를 달라는 으름장[64]은 작은 소란에 불과했다. "밤거리의 깽그가 되어

---

63 두목급들 가운데 고등교육을 받거나 운동선수 출신인 경우도 적지 않았지만, 이들 가운데 직업을 가진 이는 드물었다.

64 「청진동 폭력한, 극장에서 大氣焰, 마침내 유치장 신세」, 『동아일보』, 1935.5.14; 「폭력 '신마적' 단성사서 폭행, 입장권○하다가 듣지 안는다 하야」, 『조선중앙일보』, 1936.1.11.

도회의 암흑가의 주인공이 된 듯이 카페를 지켜주고 극장을 지켜"[65]주 겠다고 나선다면, 이를 거절할 도리가 없다. 거절한다면 행패를 부릴 것이 명약관화한 이상, 이들을 채용하여 또 다른 폭력을 예방하는 것이 최선이다. 당시 극장은 입구에서 표를 받는 직원, 즉 기도きど, 木戸를 적 어도 1인 정도는 정식으로 채용했는데,[66] 조선극장의 경우 기도 주임은 '돼지'라 불린 깡패였다.[67] 기도는 관객의 출입을 관장하고 극장의 안전 을 책임지는 지위에 있었던 만큼 기세등등했고,[68] 그 일대를 관할하던 우두머리의 보호 아래 있으면서 자신의 수하들을 부리고 있었다. 이들 은 합법과 무법을 넘나들면서 공안公安을 지키는 갱gang이라는 역설적인 존재였다.[69]

그러나 이들의 지위는 사실 매우 보잘것없었다. 이는 일본인 폭력단 의 사정과 비교하면 좀더 분명해진다. 야쿠자 조직이 장악하고 있던 일 본인 폭력단은 탄탄한 경제적 기반 속에서 경성의 상권에 개입하고 있었 기에, 조선인 리베로들처럼 무전취식을 하거나 행패를 부릴 이유가 없 었다. 일본 야쿠자 조직의 조선지부 '분도조分島組', 즉 와케지마 구미의

---

65 馬面生, 「좀먹는 문화도시!! 大京城의 두통거리, 거리의 '갱그' 3대폭력단 해부기」, 『별 건곤』 71, 1934.3.1, 14쪽.

66 한국예술연구소 편, 『이영일의 한국영화사를 위한 증언록—성동호·이규환·최금동 편』, 소도, 2003, 29~30쪽 참조.

67 유보상·유지광, 『실록한국주먹사—대의』, 송죽문화사, 1975, 42쪽.

68 "원동패 중에 강모(假性)라는 자가 우미관에 취직하게 되었다. 이것이 우미관을 중심하 고 발전된 폭력단의 시초이다. (중략) 강모를 숭배하는 사람은 우미관에 무료로 입장할 수 있다. 이 무료로 입장시키는 곳에 그 세력을 발전시켰으니" 馬面生, 앞의 글, 14쪽.

69 1934년 2월 종로서 보안계가 극장시설정비 문제와 폭력행위 문제를 주요 안건으로 하 여 각 극장 경영자를 초치한 것도 극장의 고용직원(기도)과 그 무리에 대한 관리를 주문 하기 위함이었던 것으로 보인다. 「극장시설정비와 폭력행위취체 등 각 극장경영자를 초치 협의」, 『조선중앙일보』, 1934.2.22.

두목이었던 와케지마 후지로分島周次郎를 그 예로 들 수 있다. 그는 일본 정계에서 매우 핵심적인 위치에 있던 도야마 미쓰루頭山滿의 직계로서 조선총독보다 세도가 강하다고 여겨지던 인물이었고, 일본의 대표적인 우익단체 '대일본국수회大日本國粹會'의 조선지부장이었다.[70] 뿐만이 아니다. 야쿠자의 역사가 흥행업계와 연계하여 성장했듯이,[71] 와케지마 역시 조선에 순회를 온 일본 예능(곡마단) 단체의 흥행권을 쥐고 있었으며,[72] 경성촬영소 및 경성극장을 경영했을 뿐만 아니라 동양극장 설립에도 관계했을 만큼 조선 흥행계와의 관계가 깊었다.

이에 비하자면 종로 일대의 조선인 폭력단은 엄밀히 말해서 그 어떤 체계적인 조직을 갖추었다기보다, "대부분 개인적 완력을 바탕으로 활동한 '리베로'들"[73]이었고, 말이 리베로이지 가난하고 불량한 룸펜계급이었을 따름이다. 이들은 기본적으로 피식민 주민이었고, 동족 내의 계급관계에서도 약자였다. '마적', '구마적', '신마적'이라는 명명에서 짐작되듯이, 이 불량배들이 느끼는 '마적'에 대한 매혹은 '무장해제'된 피식민자의 남성적 판타지였으며, 동시에 경제적 저열함 때문에 가속화된 총체적 무력감의 전도된 욕망이었다. 말하자면 그 무력감이 폭력으로 전환되어 동족의 또 다른 약자를 향했을 뿐이다.[74] 와케지마가 1934

---

70 유보상·유지광, 『실록한국주먹사―대의』, 송죽문화사, 1975, 132~145쪽 참조.

71 미야자키 마나부, 강 우원용 역, 『야쿠자, 음지의 권력자들』, 이다미디어, 2008, 109~141쪽 참조.

72 유보상·유지광, 앞의 책, 165쪽 참조. 당시 관계자들의 증언을 참고한 이 책의 저자들은 와케지마가 관여한 곡마단이 "일반흥행을 가장한 일본의 스파이 조직망"이었다고 기술하고 있다.

73 조성권, 『한국조직범죄사』, 한성대 출판부, 2006, 25쪽.

74 사카이 다카시는 조나단 프리드먼의 용법을 빌어 "계급 간의 분화(수직적 분극화)에 의해 만들어진 무력감이 같은 위치에 있는, 혹은 더 약한 사람에게도 전환되어 나타나

년 '분도조' 하부조직의 결성을 위해 김후옥을 중심으로 하는 조선 폭력조직을 규합한 사실은,[75] 곧 폭력세계에 엄존했던 인종적 위계와 조선인 폭력조직의 계급적 지위를 단적으로 드러낸다. 이들에게는 야쿠자 조직과 같은 사회적 권력도, 이를 현실화할 만한 능력이나 조건이 부재했다.

그런 점에서 이 불량한 룸펜계급의 부상이 경성 상권에 대한 일본(인)의 지배력이 높아진 시점에 맞물려 있다는 점은 우연이 아니다. 경성의 상업은 1920년 4월 「회사령」의 폐지로 점차 규모가 커지면서 성장해왔고 조선인 상업회사 역시 수적으로 성장세에 있었으나, 조선인의 상업자본은 기본적으로 일본인의 것에 비해 영세했다.[76] 조선인 경제는 중소규모의 상업 능력밖에 되지 않았다. 조선 상인은 유통 체계의 말단기구로서 일본 도매상을 통해 공급받은 물건을 소매하는 정도로 전락했고, 1930년대 초반을 지나면서 종로를 비롯한 경성의 상권은 독자적 시장으로서의 생명력을 잃어가고 있었다.[77] 1930년대 중반, 한 기자가 번화한 종로 거리의 풍경과 함께 쇠락한 옛 운종가와 퀴퀴한 룸펜의 체취를 읽어낸 것도 그런 맥락에 있다.[78] 바로 이런 곳에서 오락과 유흥문화가

는 폭력(수평적 분단화)"이 현대 폭력의 흐름이라고 진단한다. 사카이 다카시, 김은주 역, 『폭력의 철학-지배와 저항의 논리』, 산눈, 2007, 31쪽.

75 '구마구미[熊組]'라 불린 이 조직에는 김후옥 외에 구마적, 신마적, 에루모, 김기환, 양대현, 김두한 등 소위 경성지역의 주요 인물이 대부분 참여했다. 그러나 이 조직은 1934년 정월 대보름에 결성하고 8개월 후 와케지마와 김후옥의 합의로 해체되었다. 유보상·유지광, 앞의 책, 145~165쪽 참조.

76 경성의 상업회사를 대상으로 1920년대와 1930년대의 시계열적 분석은 박선희, 「경성상업공간의 식민지 근대성-상업회사를 중심으로」, 『대한지리학회지』 41-3, 대한지리학회, 2006 참조.

77 정지환, 「'김두한 신화'의 공간사회학」, 『월간 말』, 2002, 150쪽 참조.

78 「巨廈高樓로 장식한 장안의 심장 종로통」, 『조선일보』, 1936.8.11.

번성했고, 폭력단의 횡행은 특히 북촌 조선인극장에서 현저했다.[79]

물론 남촌에도 폭력단이 있었고 그곳에도 조선인이 있었지만,[80] 그곳은 야쿠자의 관할 지역이었으며 그 관리 아래 흥행업 또한 정연하게 진행되었다. 일본인 거리에 있었던 동양극장(죽첨정 소재) 주변에 조선인 폭력단 발호 사실을 듣지 못했던 것도 그 때문일 것이다. 반면, 북촌 극장가는 조선인 경제가 위축되어 가고 있던 시점에서 일종의 게토였으며, 완력만 있을 뿐 무력하기 그지없던 조선인 불량배의 서식처였다. 더욱이 일본인이 극장 자본을 점유하고 있었던 상황에서 상대적이나마 자율성을 행사할 수 있었던 흥행권마저 1930년대 중반을 넘어서면서 위태로워지고 있었다.

요컨대, 극장가의 불량배는 한편으로는 룸펜계급의 격증으로부터 폭력단의 발호가 일어나고 이들이 완력으로 얼마간의 이권을 챙길 수 있는 종로 지대로 이동하면서 등장한 것이라 하겠으나, 이 배경에는 조선인 경제의 영세성이 심화하는 과정에서 극장의 흥행권마저 회수되어가는 추세와 맞물려 있었다. 이 불량한 룸펜계급과 극장의 관계가 '기도문화'로 드러날 수밖에 없는 이유가 여기에 있다. 이는 식민권력의 경제적·정치적 지배전략에 따라 어떤 차원에서든 경쟁력을 갖출 수 없는 존재들의 조우였으며, 양자는 서로 역상逆像의 관계였다. 조선극장, 혹은 조선인극장은 바로 그 문전의 불량배만큼이나 룸펜적이었다. 조선극장은 1936년 방화로 전소되지 않았어도 얼마 지나지 않아 그 종족공간으로서의 위상을 상실할 운명이었을 것이다.

---

79 「행인에게 시비 거는 가두의 '깽' 대검거」, 『조선중앙일보』, 1934.6.1.
80 마면생은 남촌 폭력단 대장으로 평양출생의 '은송정태랑(銀松亭太郎)', 희락관 '최서방'을 꼽았다. 馬面生, 「좀먹는 문화도시!! 大京城의 두통거리, 거리의 '깽그' 3대 폭력단 해부기」, 『별건곤』71, 1934.3.1, 15쪽 참조.

5. 경성 조선인극장의 운명

조선극장의 역사를 살피는 일은 흥미로운 일이다. 1922년에서 1936
년에 이르는 시간이 3·1운동 이후 조선사회의 활력과 전시체제의 압
력 사이에 놓여 있고, 그 공간적 위치가 "제국과 식민지의 모순적 동학"
을 보여주는 식민지 수도 '경성'이기 때문이다. 여기에 더하여 조선극
장이 단속적으로 뿌렸던 스캔들은, 다른 조선인극장에서는 좀처럼 잡
히지 않는 것으로 식민권력의 지배전략이 봉합하고 있는 흔적, 즉 경성
의 조선인극장에서 공통적이었던 존재론적 국면의 노출이었다. 흥행권

〈그림 8〉 화재로 전소되는 조선극장(『매일신보』, 1936.6.12)

을 둘러싼 분쟁, 불온한 삐라의 살포, 그리고 불량배들의 존재라는 현상을 차례로 점검하면서 이제 여기에 개입해 있는 극장의 정치경제학을 정리해보도록 한다.

먼저, 경성의 조선인극장은 모두 일본인이 소유했고 오락장 기능에 충실했다. 이는 지역 공동체를 기반으로 극장이 공공 미디어로서 흥행문화의 향유뿐만 아니라 정치적·사회적 실천이 매개되는 장소로 사용되던 함경도의 사례와는 매우 다른 면모다. 이런 상황에서 단성사·우미관·조선극장이 '조선인극장'일 수 있었던 것은 바로 조선인의 흥행권이 보장되어 있었기 때문이다. 야자와 긴지로와 황원균의 소송사건에서 보듯이, 극장 소유주가 흥행권 회수를 강력히 요청해도 조선인의 흥행권은 유지되었다. 극장 소유주 측에서 생각하더라도, 조선인을 상대로 하는 흥행시장의 규모는 작은 편이었고 이에 따라 경제적 수익도 낮아, 임대수익을 챙기는 정도가 극장에 관계하는 가장 합리적인 선택이었다. 이는 조선총독부의 식민지 경영 방침과도 어긋나지 않았는데, 결과적으로 정치적 이득을 가져다줄 조선인 종족공간의 허용에 관계된 사안이었기 때문이다. 말하자면, 조선인극장의 종족적 정체성은 식민권력에 의해 인가된 결과였다. 이는 곧 시장 논리에 의해, 혹은 이를 최종적으로 조율하는 식민통치 전략에 따라 조선인극장의 운명이 좌우될 수 있음을 시사한다.

사실, 조선인극장의 객관적 지표는 세 가지 정도를 꼽을 수 있다. 조선인 관객으로 채워지며, 일본영화가 보이콧되고, 조선어가 제1 언어가 되는 공간이라는 것. 이 종족공간은 대체로 평온한 오락장이었을 따름이고 이곳을 출입하는 이들은 하나로 수렴되지 않는 대중이었다. 극장이 훈육공간이자 규율권력이 작동되는 공간임을 밝힌 유선영의 논의와,[81] 합법적인 이 공간의 극한적 용도가 식민권력에는 수용소일 수 있음을 간취한 이혜령의 논의는[82] 이 종족공간의 한계선을 명백히 드러내 보인다.

그러나 동시에 이곳은 어쩔 수 없이 식민권력과 피식민 주민 간의 정치적 긴장이 숨어 있는 종족공간이기도 했다. 겉으로는 평온해 보이지만, 불온한 정치적 불씨가 잠복해 있는 공간, 즉 조선인극장은 조선인이 군중으로 운집할 수 있는 공간이자, 그 종족적 유대감이 고양될 수 있는 정동情動의 공간이었다. 이 공간을 점유하는 무대와 객석의 종족적 동일성은 원천적으로 불온했다. 그것은 대체로 잠재적이지만, 극장 외부에서 발원하는 특정 계기와 접속을 하는 순간 그 잠재성은 밀도 높은 종족적 정체성으로 점화될 수 있었다. 조선극장의 삐라 살포 사건은 말하자면 그 종족적 정체성을 보장해준 식민권력을 향하여 되돌려주는 정치적 부메랑이었다.

물론 영화 〈아리랑〉이나 연극 〈아리랑고개〉에서 느꼈을 종족적 유대감이 아마도 조선인극장에서 조성될 수 있는 최고의 수준이었을 것이다. 반제동맹 사건 이후로 삐라 살포 사건과 같은 그런 일은 일어나지 않았고, 극장은 오락장이라는 본연의 성격으로 돌아온 듯이 조용했다.

문제는 규칙의 변화다. '조선인극장은 조선인이 경영한다'는 불문율

---

81 유선영, 「극장구경과 활동사진 보기─충격의 근대 그리고 즐거움의 훈육」, 『역사비평』 64, 역사문제연구소, 2003; 유선영, 「초기 영화의 문화적 수용과 관객성─근대적 시각문화의 변조와 재배치」, 『언론과 사회』 12-1, 사단법인 언론과사회, 2004 참조.
82 이혜령, 「식민지 군중과 개인─염상섭의 『광분』을 통해서 본 시론」, 『대동문화연구』 69, 성균관대 대동문화연구원, 2010, 511~519쪽 참조.

이 깨진 것이다. 흥행시장의 규모가 일정한 궤도에 오르면서, 이제 극장 경영은 수지가 맞는 사업이 되어가고 있었다. 미나도야 히사요시의 조선극장 인수는 극장의 소유권과 흥행권이 '분리'에서 '일치'로 이행하는 분기점이며, 조선인극장의 종족적 정체성이 어떤 전환점에 이르렀음을 보여주는 징후였다. 조선극장이 여전히 조선인극장으로 분류되었어도, 간부급 직원을 조선인으로 채용한다고 해도, 경영의 총책임자가 일본인 사업가인 이상, 그 종족적 정체성이 과거와 같을 수는 없는 법이다. 물론 조선극장은 얼마 지나지 않아 화재로 전소되었기 때문에 그 귀추를 확인하기는 어렵게 되었지만, 조선인극장의 흥행권 위기는 얼마 지나지 않아 명백해졌다.

1939년, 동양극장 및 황금좌의 흥행권 분쟁은 조선극장에서 보인 그 징후가 현실이 되었음을 분명히 보여준 사건이었다. 이 분쟁들에서 종족적 차이는 문제가 되지 않았다. 동양극장은 흥행주 최상덕과 극장 소유주 배구자·김계조 부부 간에,[83] 황금좌는 흥행주 오다 유기치小田勇吉와 극장소유주 타무라 미네田村ミネ 간에[84] 분쟁이 일어났다. 전자는 보증금까지 위탁하여 흥행권을 소유했음에도 불구하고 극장이 매각되는 것과 함께 그 권리가 소실되고 있음을 보여주며, 후자는 신구 흥행주 간의 계약을 무효화하고 있음을 보여준다. 특히 후자의 경우가 흥미로운 것은 타무라 미네가 그 계약을 무효화하기 이전에 흥행주에게 보합步合제도로

---

83 「전 경영주가 배씨 걸어 보증금 청구를 제소, 동양극장 분규속보」, 『동아일보』, 1939.9.13.
84 「황금좌 집세 문제, 항쟁심각화」, 『조선일보』, 1939.7.23; 「황금좌 明渡訴, 대차계약 업는 불법점유라고」, 『조선일보』, 1939.7.27; 「卅만원 배상과 황금좌 명도 신청, 건물주 전촌 씨가 제소」, 『매일신보』, 1939.7.27; 「황금좌의 명도소」, 『동아일보』, 1939.7.27; 「황금좌 사건, 가주 전촌 시 직영으로」, 『조선일보』, 1940.2.22; 「황금좌 쟁탈전, 화해가 성립」, 『조선일보』, 1940.3.2.

전환할 것을 압박했다는 점이다. 1930년대 중반 이후 이런 일련의 양상은 곧 자본에 의한 흥행권의 회수를 의미하며, 이 전환은 조선인극장의 종족적 정체성 약화와 필연적인 관계에 있었다. 시장경제와 식민주의의 완벽한 호흡이 아니라 할 수 없다.

물론 조선인극장의 성격 변화를 가속화하는 변수는 흥행권의 위기 이전에 이미 시작된 상태였다. 발성영화의 시대가 열리면서 점차로 '창의적인 해석'의 '조선어'를 구사하던 변사의 입지는 점점 좁아지고 있었으며, 양화 통제를 비롯한 여러 제도적인 변화를 거치면서 영화상설관의 종족적 정체성은 옅어지고 있었다. 변사의 조선어는 일본어 자막으로, 외화는 일본영화로 대체되었고, 그 공간을 이제는 한 종족이 배타적으로 점유하지도 않았다. 이는 1930년대 후반에 이르러 영화 소비가 전 계층으로 확대된 사정과도 무관하지 않았다.[85] 종족적 정체성의 중요한 지표였던 연극은 설 자리가 점점 더 마땅치 않았다. 동양극장 개관 덕분에 연극장에서는 그 종족적 성격이 유지 혹은 강화된 형국이었지만, 경성에서 연극공연을 위해 장소를 제공한 곳은 극히 일부였을 따름이다.

북촌가 조선인극장에서 이런 변화가 진행되고 있을 때, 경성의 조선인 불량배들이 바로 그 일대로 이동하여 번성하기 시작한 것은 그런 점에서 필연적이었는지 모른다. 1930년을 전후로 하여 번성하기 시작한 맥락에는 흥행업이 극장 경영을 중심으로 조성되었다가 흥행권마저 회수되어가는 상황과 맞물려 있었으며, 이 가난한 게토의 영역에 '폭력'이 집중되는 것은 당연했다. '밤의 제왕'으로, '공안을 지키는 갱'으로,

---

85 유선영, 「황색 식민지의 서양영화 관람과 소비실천, 1934~1942 제국에 대한 '문화적 부인'의 실천성과 정상화 과정」, 『언론과사회』 13-2, 사단법인 언론과사회, 2005, 29~31쪽 참조.

극장가 일대에 군림했지만, 이 불량한 룸펜계급은 경제적 저열함으로 가속화된 총체적 무력감을 폭력의 형식으로 동족의 또 다른 약자에게 행사했을 뿐이다. 이들에게는 야쿠자와 같은 사회적 권력이 부재했다. 폭력단과 극장의 관계가 '기도문화'로 외화된 이유가 여기에 있다. 이는 식민권력의 경제적·정치적 지배전략에 따라 어떤 차원에서든 경쟁력을 갖출 수 없는 존재들의 조우였다.

이 폭력단들이 야쿠자 조직과 같은 경제적인 자립성도, 국가권력과도 밀착할 수 없었다는 사실은, 이후 이 집단이 정치적 범죄조직으로 전화되는 계기가 되었다. 그 시발은 1942년 하반기부터 준비되어 1943년 4월 중순에 조직된 '반도의용정신대'다. 이 단체는 조선 불량배들의 공포를 이용한 당국의 책략으로 조직되었다. 김두한 등은 대동아전쟁이 불리해지면 조선의 불량배들이 어떤 행동을 할지 모르니 이들을 남양이나 바다에 빠뜨린다는 소문을 듣고 기겁했고, 이에 자진해서 '국민 됨'을 증명하기 위해 고등계 형사 출신인 장명원을 대장으로 하여 이 단체를 발족했다. 경찰 당국으로부터 활동비 1만 원을 지원받았고, 능곡—의 정부 간 철도공사에 종사했다고는 하지만 사무소로 쓰던 시천교당에서 국책에 반하는 이들을 불법 감금하여 고문과 구타를 일삼았다고 알려져 있다.[86]

바로 이때 극장의 문전에서 기도문화로 조우했던 폭력단과 흥행계가 좀더 깊은 관계를 맺었다. 반도의용정신대는 "정신대 후생 및 산업위

---

86 반도의용정신대에 대해서는 다음을 참조하였다. 장명원에 관한 반민특위조사기록—범죄보고서(1949.5.13), 피의자신문조서(1949.6.2), 의견서(1949.8.13), 불기소사건기록(1949.8.31). 이 밖에 유보상·유지광의 『실록한국주먹사—대의』(송죽문화사, 1975, 249~309쪽)를 참고할 수 있다. 이 저서는 주로 당시 참여했던 인물들의 회고를 바탕으로 가공한 것이어서 반민특위조사기록과 상이한 부분이 있다.

문"을 목적으로 유성연예대流星演藝隊를 조직했다. 책임자는 독립문의 장사로 알려진 역도선수 출신의 고대성이었으며, 손목인·고복수·남인수·이화자·황금심 등의 가수와 기합술·기계체조 선수로 구성되었고, 여기에 임화수가 나중에 합류했다.[87] 수차례 공연이 있었다는 점 외에 구체적으로 알려진 바는 없지만, 설사 그 활동이 미미한 것이었어도 이 단체는 폭력단과 흥행계의 관계가 질적으로 전환되는 경험이었음이 틀림없다. 흥행계는 지원과 통제를 수행하는 '국가'라는 시스템과 직접 대면하고 있었고, 동시에 역시 국가권력과 종속관계를 맺고 있던 폭력단의 통제를 경험한 것이다. 그 불량배들 가운데 가장 '딴따라' 기질이 농후했던, 나팔을 기가 막히게 불었던 인물,[88] 이후 정치깡패로서 흥행계의 독재자로 군림하는 임화수[89]가 바로 유성연예대의 일원이었다.

조선극장의 스캔들과 그 이후는 경성의 조선인극장이 애초부터 음울한 운명에 있었음을 보여준다. '조선인극장'이라는 종족공간은 식민권력의 필요에 따라 존속했다가 그 유효기간이 만료되어 가는 수순을 밟고 있었다. 이는 지방에서도 크게 다르지 않은 듯하다. 더욱이 '공안을 지키는 갱'이 흥행의 역사에 개입하는 대목에 이르면 그 음울함은 더 짙어진다. 중일전쟁 이후 식민권력이 필요로 하는 극장과 흥행의 위

---

87 유성연예대에 대해서는 유보상·유지광의 위의 책, 278~279쪽 참조.
88 임화수는 어린 시절부터 미나도좌에서 '마찌마와리'를 하는 '조라치'를 따라다니면서 극장 일에 관계하였고, 유성연예대 활동을 전후(1941~1942, 1944~1945)로 해서는 형무소에서 수감생활을 하였다. 유지광, 『대명』, 동서문화원, 1974, 169~173쪽.
89 '문화사업을 하는 정치깡패' 임화수의 탄생과 몰락은 개인의 역사가 아닌, 식민지의 경험을 거쳐 해방과 전쟁 그리고 독재의 시간이 축적해간 흥행장의 역사이기도 하다. 이에 관해서는 다음의 논문에서 논의한 바 있다. 「흥행 장의 정치경제학과 폭력의 구조, 1945~1961」, 『대동문화연구』 74, 성균관대 대동문화연구원, 2011.6.

상은 비교적 분명해진다. 입장세를 거둬들이는 '오락기관'과 전쟁에의 협력을 강제하는 '선전기구'라는 샴쌍둥이. 확실히 경성의 조선인극장을 따라가는 길은 함경도의 '공회당 겸 극장'에서 조심스럽게 품은 기대를 접게 만든다. 비록 짧은 시간이었을지라도 그곳에서 경험한 공공미디어의 문화적 효과가 삭제될 수 없는 흔적으로 남아 있으리라는 기대를, 경성에서는 품을 수 없는 것이다. 그러나 조선인극장이 퇴조하는 역사적 과정 그리고 전시체제기의 경험에 식민권력이 초래한 압력으로부터 일탈하거나 협상하는 여러 수준의 기획이 새겨지기도 한다. 이 흔적은 아마도 텍스트에서 찾아질 테지만, 조건의 압력에 대해 예술 형식의 창안으로써 공간의 정치를 꾀한 사례가 없지 않다. 다음 장에서 신불출을 되돌아보는 이유이다. 이는 조선인극장의 불운한 조건이 낳은 역설이기도 하다.

제4장
만담의 탄생

———

1. '신불출'이라는 프리즘

1936년 11월 『삼천리』는 당대 유명 문사들의 '나의 묘지명'을 실었다. 꽤 고심한 듯이 작성한 글들 가운데, 너무나 간명한 것이 있었으니 그것은 신불출中不出의 "잘 죽었다"라는 한마디였다.[1] 호쾌하지만 불친절한 이 한마디는 결코 문자 그대로의 의미로 해석되지 않는 모호함을 담고 있다. 만담가다운 재치 있는 답변처럼 보이기도 하고, 삶에 대한 자조와 비애로 다가오기도 하며, 아니면 진지하기 짝이 없는 다른 묘지명에 대한 냉소적인 일축으로도 느껴진다. 이는 상징적인 장면이기는 하나, 지상에 발표된 구어적 기록물(대담 · 좌담류)에서도 자신을 좀처럼 드러내지 않는 의뭉스러움은 산견된다. 실제로 그가 식민지 조선의 만담을 창

———

1 「나의 묘지명」, 『삼천리』, 1936.11, 224쪽.

시한 인물임에도 불구하고 아직 그의 본명은 물론 필명조차 이설로 분분하며, 생몰연대를 비롯한 그의 사적 정보도 확정되지 않았다.[2]

이런 불명료함은 그의 공적 행보에서 그대로 드러난다. '취성좌'의 단원으로 시작하여 음반취입과 함께 대단한 명성을 획득하고 이윽고 불세출의 만담가로 우뚝 서는 과정은, 그의 신원을 매우 명백히 하는 것으로 보인다. 신불출은 '사탕'[3]을 제공하는 흥행극 계열의 예인이며, 그 자신도 여기에 소속감을 느끼고 있었다. 사실상 카프나 극예술연구회와 관계하지 않는 이상, '나머지'는 그저 영리를 목적으로 하는 저급한 영역으로 치부되는 것이 상례였고, 그 '나머지' 특히 배우는 자신이 주체가 되어 공적 발화를 하는 일이 거의 드물었다. 예외가 있다면, 그가 바로 신불출이었다.

그는 '흥행극 배우'의 위치에서 그 입장을 공개한 거의 유일한 인물이었고, 그 내용의 정연함이란 지식계급을 압도하는 진실함이 있었다.[4] 개성 한영서원에서 수학했다는 정도가 그가 받은 교육의 전부일 테지만, 그의 지식수준이나 필력은 상당한 수준이었으며 뛰어난 관찰력을 촌철살인의 언어로 압축하는 탁월함이 있었다. 그가 늘 연구하고 노력하는 자세를 견지해 왔다는 것은 지인들의 기억에서 확인되는 바지만,

---

2   신불출의 생애는 다음을 참조할 수 있다. 이승희, 「신불출」, 강옥희·이순진·이승희·이영미 편, 『식민지시대 대중예술인 사전』, 소도, 2006; 박영정, 「신불출─세상을 어루만지는 '말의 예술'」, 한국연극협회 편, 『한국현대연극 100년─인물연극사』, 연극과인간, 2009.

3   "막연한 품이 너무 모호하여 심히 애매한 말이 될는지는 몰라도 흥행극단에서는 연극을 砂糖으로 쓰려 했고 신건설에서는 연극을 '약'으로 쓰려 했다. 그러나 극연에서는 연극을 '밥'으로서 쓰려 한다." 신불출, 「'극예술협회'에 보내는 공개장」, 『삼천리』, 1937.1, 173~174쪽.

4   양승국은 극예술연구회의 연극운동에 대한 흥행극계의 대응 논리를 정리하면서 극연을 염두에 둔 신불출의 수준 높은 비판적 시각을 지적한 바 있다. 양승국, 『한국근대연극비평사연구』, 태학사, 1996, 204~215쪽.

그 수준은 결코 가볍게 볼 수 있는 정도가 아니었다. 복혜숙과 함께 그가 묘사한 장안 명사들에 대한 촌평은,[5] 그 사유의 반경이 만만한 것이 아님을 보여주며 강한 임팩트와 함께 재기 넘치는 통찰력으로서 독자에게는 유쾌함과 통쾌함을 선사한다. 카프나 극연 계열의 비평가들이 담론화하였던 문제를, '기술자의 1인'[6]으로서 단숨에 쥐고 흔드는 신불출의 존재는 매우 이채롭기만 하다. "조선의 식자들이 유식한 무식쟁이"라고 공개적으로 발설할 수 있는 '무식한 기술자'는 아마도 그가 유일했을 것이다.

지금까지 신불출 연구는 반재식의 연구를 시작으로 2000년대에 불과 몇 편의 논문만이 발표되었을 뿐이지만,[7] 신불출과 그를 둘러싼 논제의 윤곽은 웬만큼 드러난 상태다. 신불출의 전기적 연구는 결정적인 사료가 나오지 않는 이상, 당분간 박영정의 논의가 가장 신뢰할 만하며, 엄현섭이 제기한 '대중문예가'로서의 신불출 연구는 향후 좀더 진전될 필요가 있어 보이는데, 만담 텍스트뿐만 아니라 그가 발표한 문학적 저술들(희곡, 시, 잡문)은 여전히 미답의 상태에 놓여 있기 때문이다. 이를 종합적으로 구성해낸다면 신불출의 공적 활동에 관한 역농석인

---

5 「복혜숙 신불출 대담회」, 『조광』, 1938.11.
6 「기술자의 일인으로 식자층에 소함」, 『조선중앙일보』(전2회), 1934.5.10~11.
7 반재식, 『만담백년사』, 백중당, 2000; 김경희, 「신불출의 문예 활동과 그 의미」, 『국문학연구』 12, 국문학회, 2004; 박영정, 「만담 장르의 형성 과정과 신불출」, 『웃음문화』 4, 한국웃음문화학회, 2007; 박영정, 「신불출—세상을 어루만지는 '말의 예술'」, 한국연극협회 편, 『한국현대연극 100년—인물연극사』, 연극과인간, 2009; 엄현섭, 「신불출 대중문예론 연구」, 『비교한국학』 17-3, 국제비교한국학회, 2009; 천정환, 「식민지 조선인의 웃음—『삼천리』 소재 소화와 신불출 만담의 경우」, 『역사와 문화』 18, 문화사학회, 2009; 임태훈, 「〈익살마진 대머리〉라는 문화적 사건—신불출의 첫 번째 만담 레코드에 관하여」, 2009년 한국수사학회 동계정기학술대회 자료집, 2009.12.5.

결과를 도출해낼 수 있고, 좀더 많은 자료가 발굴되면 더욱 탄력을 받을 수 있다.[8] 다른 한편, 박영정은 만담의 성립이 일본 '만당'에 뿌리를 두었으되 그 직접적인 전사가 1920년대 야담대회에 있음을 제시함으로써 '이야기꾼' 전통이나 재담 기원론에 문제를 제기한다. 이 문제는 문화사적 시야 속에 만담을 집어넣고 더 논의될 필요가 있는데, 그런 점에서 천정환과 임태훈의 연구와 같은 주제들이 더 많이 축적될 필요가 있다. 천정환은 식민지 시대의 코미디가 근대 대중문화 제도 내에서 생성된 것임을 역설하면서 '웃음'의 사회적 요인과 이를 둘러싼 수사학적·사회언어학적 상황에 주목했고, 임태훈은 그 대상을 〈익살맞은 대머리〉라는 문제작으로 좁혀서 음반의 히트가 와동渦動하는 대중문화의 역동성을 보여주는 사례로 파악한다.

신불출, 매우 상식적인 시선을 가지고 있으면서도 그 자유분방한 사유를 통해 '새로움'에 도달하는 일은 사실 아무에게서나 일어나는 일이 아니다. 선행연구가 거쳐온 그 길에서, 좀처럼 주목되지 않은 부분이 있다면 그것은 신불출의 공적 행보에 밀착된 '조건'에 관한 것이다. 만담이 창안되는 과정은, 한편으로는 흥행장의 구조적 문제를 드러내고, 다른 한편으로는 그 곤경의 생산성을 드러내는 역설의 이야기다.

---

8 다음의 자료들이 그러하다. 『대머리 백만풍─신불출 넌센스』(성문당, 1936), 『만담집』(평양 : 국립출판사, 1956), 『신불출만담집』(송영훈 편저, 2009) 등.

2. 극장 없는 조선연극

신불출의 공적 활동은 1920년대 중·후반경 '취성좌' 단원으로 참여하면서 시작했다. 입단 시점은 확실치 않으나 기록상 1929년 7월 신불출의 이름이 처음 확인된다. 이후 '삼천가극단', '조선연극사', '신무대', '문외극단' 등을 거치면서 1932년까지 그는 극작가이자 배우로서, 때로는 연출가로서 연극계에 몸담고 있었다.[9] 그가 연극계를 떠난 것은 1932년 12월에 조직된 '문외극단'의 창립공연 직후다. 이듬해 2월 오케OKEH 레코드사에서 취입한 〈익살맞은 대머리〉가 공전의 히트를 쳤으며, 그해 12월부터 공연예술로서의 만담이 일반에게 공개되기 시작했다.[10] 즉 연극인으로서의 공식 활동은 1932년에 마감되었으며, 1933년 말 만담이 공개되기 전까지 극단에 각본을 제공한 일이 없지 않으나 거의 1년 동안 음반취입과 신문·잡지에 몇 편의 글을 기고한 것이 전부였다. 공백기라고도 할 그 1년 여 시간은 만담의 구상이 이뤄진 시기다. 막간의 막설幕說이나 3분 내외의 넌센스 음반에서 특장을 보였다고 해도, 이것이 곧바로 공연예술로서의 만담이 되는 것은 아니다. 당시 '신불출 만담대회'의 소요시간은 대략 1~2시간으로,[11] 무대에서 긴 호흡을 요구하는 이 새로

---

9 신불출 저작 연극공연 목록(1929~1933)은 박영정의 「신불출—세상을 어루만지는 '말의 예술」(앞의 책, 181~182쪽 〈표 1〉)을, 그가 관계했던 '취성좌'·'조선연극사'·'신무대' 등에 관해서는 김남석의 『조선의 대중극단들』(푸른사상, 2010)을 참조할 수 있다.

10 「개성 만담회 성황」, 『조선중앙일보』, 1933.12.12; 「세모 자선 연예대회, 오-케주최로, 23일부터」, 『조선중앙일보』, 1933.12.23.

11 1930년대, 만담 공연 기사에 의하면 소요시간은 보통 2시간이었다. 여기에는 음반에 수록된 것들, 가요 등이 포함되었을 것이다. 이은관의 회고에 의하면 박천복·이은관·김윤심과 일행을 이룬 1940년대 전반기의 경우는 총 2시간의 공연 중 신불출의 만담은 1시간 정도였다고 한다.

운 예술 형식이 탄생하기 위해서는 그만큼의 준비가 필요했을 것이다. "서양 것을 책자에서 연구해 보고 중국이나 동경 것을 직접으로 실제 견학"한 결과, 수년 전에 시작된 일본 '만당漫談'을 참조하여 조선의 '만담'을 창안하기에 이른 것이다.[12]

신불출의 이런 행보는 조금 더 주의 깊게 들여다볼 필요가 있다. 다음의 글은 그가 어떤 곤경에 봉착해 있었음을 암시하는데, 그 곤경이 자신의 근거지였던 극단 활동과 관련된 구조적이고 심층적인 문제에서 비롯된 것임을 말해주기 때문이다.

> 필자는 조선에다가 '만담'을 처음 수입시켜 놓은 사람의 하나올시다, 만은 결단코 대십사랑(大辻司郎)류의 '만담'을 그대로 모방한 것이 아니니 필자가 일찍 엄청나게도 불리한 객관적 정세 아래 각각으로 위미부진(萎薇不振)하는 조선 극계를 떠나 그렇게 까다롭지 아니하고도 될 수 있음 직한 좀더 새롭고, 조촐한 돈 안 들고도 손쉽게 될 수가 있는 무대형식이 하나 없을까 하고
>
> ─신불출, 「웅변과 만담」, 『삼천리』, 1935.6, 106쪽

먼저, "엄청나게 불리한 객관적 정세"가 점점 연극계를 시들게 한다는 상황인식이다. 당대의 용법상 '객관적 정세'란 대체로 식민권력의 개입을 일컫는데, 그것은 곧 각본검열과 흥행취체를 의미한다. 영화가 변사라는 돌발 변수를 안고 있었지만, 연극은 곳곳이 변수였다. 번역극이라도 그 공연공간은 '조선인 배우'가 '조선인 관객'과 마주하여 '조선

---

12 신불출, 「웅변과 만담」, 『삼천리』, 1935.6, 106~107쪽.

어'로 소통하는 장소이고, 그래서 언제든 긴장이 감돌 수 있었기 때문이다. 그만큼 경찰 당국은 조선인극장을 늘 주시했으며 무리한 취체를 남발했다. 신불출은 이런 정치적 상황에 일상적으로 노출되어 있었다. 특히 그가 연극계에 몸담고 있었던 시기, 1920년대 후반부터 1930년대 초반까지는 당국의 사상통제가 거세지고 그 실질적인 효과를 보는 시점이었다. 여전히 심각한 사회 문제, 이를테면 계급 문제, 궁핍으로 인한 영아살해, 혹은 소비에트의 사회 사정과 같은 내용이 없지 않았으나 이런 것들은 검열단계에서 어김없이 불허되었으며, 검열신청 각본의 상당수 혹은 무대는 희극과 가정극으로 채워졌다. 연극의 사회성·정치성이 거세되는 현상은 1930년대 초반을 거치면서 더욱 뚜렷해졌다. 그리고 늘 그랬듯이, 공연 현장은 임석경관의 감시하에 있었다.

　이런 객관적 정세의 불리함은 흥행계가 공통으로 안고 있던 부자유였다. 당시 신불출이나 소속 극단이 그 때문에 크게 곤경을 겪은 사례는 발견되지 않지만, 이러저러한 말썽이 없지는 않았을 것이다. 고설봉이 기억하는 〈동방이 밝아 온다〉(1931.12, '신무대') 사건도 그런 성격쯤으로 짐작된다. 각본에 없는, 게다가 관객의 종족적 정체성을 일깨우는 발언[13]은 당연히 '중지'의 대상이었지만, 이 정도는 훈방조치로 처분될 수 있었다. 고설봉의 증언에 의하면 박승필의 보증하에 신불출이 연극은퇴를 서약하고 미신타파용 만담을 하겠다는 조건으로 다시 무대에 설 수 있었다고 하지만, 이때는 아직 그가 만담을 시작하기 전이고 그 이후에도 그

13　"여러분, 삼천리 강산에 우리들이 연극할 무대는 전부 일본사람 것이고, 조선인극장은 한두 곳밖에 없습니다. 우리는 이대로 있으면 안 됩니다. 우리 동포들은 두 주먹을 불끈 쥐고 일어나야 합니다!" 고설봉, 『빙하시대의 연극마당 배우세상』, 이가책, 1996, 164쪽.

는 연극 활동을 지속했다. 이를 참작하면, 신불출에게 '객관적 정세'는 활동 영역을 이동해야 할 만한 직접적인 이유였다고 보기 어렵다. 엄현섭은 "직설적인 표현보다는 재미를 곁들인 풍자적 만담"이 "직접적인 탄압을 피할 수 있는 예능"이었기 때문에 만담 장르를 개척했다고 하지만,[14] 연극과의 차이가 '직설적 표현'과 '재미를 곁들인 풍자적 표현'에 있지는 않을 것이다.

더 중요해 보이는 이유는 객관적 정세의 불리한 조건을 언급한 바로 다음의 설명이다. 즉 "그렇게 까다롭지 아니하고도 될 수 있음 직한 좀 더 새롭고, 조촐한 돈 안 들고도 손쉽게 될 수가 있는 무대 형식"을 찾았다는 것인데, 그렇다면 그 객관적 정세의 불리함이란 경찰 당국의 취체 말고도 무대예술이 처한 곤경까지를 포함하는 것이다. 그렇다면 이것은 경제적 문제이지 않았을까.

1932년과 1933년에 걸쳐 발표한 「현하 극단의 실정을 논하야」,[15] 「조선흥행계에 항의」,[16] 「문단에 소訴함」[17]은 흥행극단이 처한 곤경을 일목요연하게 설명한다. 문단을 향한 신불출의 가장 큰 불만은 이런 것이다― "극장과 극인 간의 실제 문제에 인식이 없이 근거 없는 욕설을 전제로 하여 기성극단 배우들을 행랑어멈 자식 몰아세우듯 덮어놓고 일축해버리니 이것은 오직 조선문단에서나 볼 수 있는 잔인성이다."[18] 즉 연극계 상황

---

14 엄현섭, 앞의 글, 336쪽.
15 신불출, 「현하극단의 실정을 논하야―조선흥행계의 一轉機를 啓함」(전3회), 『동아일보』, 1932.8.28・30~31.
16 신불출, 「조선흥행계에 항의」, 『조선일보』, 1933.1.21.
17 신불출, 「문단에 訴함―배우로서의 고충과 희망의 1, 2를 들어」(전3회), 『동아일보』, 1933.2.14~16.
18 신불출, 「문단에 訴함(상)」, 『동아일보』, 1933.2.14.

에 대한 인식과 그에 상응하는 어떠한 실천도 없이 일방적으로 매도하는 무책임성에 대한 공박이다. 기성극단에 각본과 연출을 지도해줄 식자층과 지도기관을 요망한 것도 이런 차원에서 나온 것이다.[19]

그러나 신불출은 거기에서 멈추지 않고, 근본적인 문제를 거론한다. 그것은 극단 유지를 위해 불가피하게 "연극을 팔아먹기 시작해야만 되는 현실적 조건"[20]이며, 그 가운데 가장 중요하게 언급한 것이 다름 아닌 '극장 문제'이다.

연극의 구성요소로서 그 어느 것 하나라도 없어서 아니 될 것이지만 나는 무엇보다도 기성극단의 의식적 청산과 새로운 진로를 개척하는 실천기관으로서의 **극장 문제가 선결문제**라고 본다. 왜 그러냐 하면 전선(全鮮) 54개소 극장 중에 조선인인 경영하는 것이 겨우 10여 개소밖에 못 되는데 그 역(亦) 건물주가 외국인이라면 간담이 녹아 흐를 이야기지만 **조선의 중심지대인 경성 바닥에 연극을 상설하는 극장 한 개가 없으니 극장 없는 조선의 신극운동은 비행선을 타고 해야 옳은 것인가?**

너무나 엄청난 극장세를 내지 않으면 영화상설관이나마도 빌지 못하게 되는 형편이니 아무리 각본난이지만 수지타산이 맞지 않는 극단의 경제적 궁황(窮況)에서 극

---

19 식자층에 대한 이러한 요망은 그가 만담계의 1인자로 공인된 시점에서도 마찬가지였다. "연극이고 영화고 무용이고 가요고가 거기에 종사하는 사람들은 다 일종의 연장—도구입니다. 그런데 사회에서는 그 연장 그 도구를 잘 써서 좋은 효과를 스스로 얻으려고 아니 하고 연장이나 도구가 무통제 무목적하게 스스로 움직이도록 내던져 두고 그 결과만 나쁘다고 합니다. 그러니까 그러지들 말고 앞으로는 사회의 식자층에서 잘 리드를 해주어야 할 것입니다. 그러자면 특히 문단에서 좋은 희곡, 시나리오, 가요 그런 것을 공급해주고는 그런 것을 써서 우리 도구며 연장을 부리어 좋은 성과를 얻도록 하는 것이 좋으리라고 생각합니다." 「(좌담회) 신춘 명인 藝談대회」, 『조선일보』, 1936.1.1.

20 신불출, 「현하극단의 실정을 논하야(상)」, 『동아일보』, 1932.8.28.

이 가지는 사회적 임무를 완전히 수행할 각본이 있다기로 정도에 넘치는 고가를 주고 어떻게 모집할 수가 있었을 것인가. 이리하여 극단 자체로서는 사실상 돈이 없어서 각본모집을 못하였던 것이다. 문단에서는 고료문제가 아직도 낙착을 짓지 못하고 있는 판에 돈 안 주고 각본 써 달라면 조선극계를 위하여 각본 하나나마 그냥 써줄 문인이 누구이겠는가?

—신불출, 「문단에 訴함」(상), 『동아일보』, 1933.2.14

신불출이 말하는 극장 문제는 세 가지다. 첫째, 조선인극장이 극소하다는 사실이다. 이 점에 관해서는 앞서 함경도와 경성의 사례를 통해서 자세히 설명한 바 있으니 재론하지 않겠지만, 신불출이 주목한 것은 조선인극장임에도 극장 소유주가 외국인이라는 사실이었음을 짚어두기로 한다.

둘째, 조선인극장 가운데 상설연극장이 전무全無하다는 점이다. 흥행/장 「취체규칙」에 의하면 당시 흥행장은 극장·활동사진관(영화상설관)·요세(혹은 연예장) 등으로 구분되었고 그 각각에 따라 건축 허가를 받았는데, 동양극장이 개관하기까지 경성에 연극전용 극장은 하나도 없는 상태였다. 연극공연은 영화상설관이 그 공간을 제공할 수 있는 일수 이내로 제한되었다. 그야말로 극단 공연은 '행랑어멈 자식'의 대우를 받았다. 당연한 일이다. 흥행장은 기본적으로 오락장이었고, 여기에 출입하는 인구는 한정되었다. 장기공연이란 상상할 수 없었고, 극장업주 측에서 보자면 레퍼토리 공급이 어려운 연극보다는 필름 교체가 쉬운 영화를 선호할 수밖에 없었다. 극단의 공연 기회는 그만큼 적었다.

셋째, 고율의 대관료이다. 당시 극장 대관료는 정액제가 아니라 수입의 일정한 비율에 해당하는 만큼을 지불했다. 경우마다 달랐겠지만, 박승희가 기억하는 1920년대 극단과 극장의 수입 배분은 4 : 6이었다.[21] 절반도 가져가지 못하는 불리한 부율은 식민지 시기 내내 별반 달라지지 않았을 터인데, 이런 연유는 극단 측이 절대적인 약자였기 때문이다. 박승희의 다음과 같은 회고는 극단의 처지가 얼마나 열악했는가를 보여주는 사례이다.

우미관의 제4회 공연은 대만원을 이루어 입추의 여지가 없었다. 재상연이어서 걱정이 컸으나 그러나 관객은 만원이었다. 문 밖에는 들어오지 못한 손님으로 야단이었다. 첫날 수입 5백여 원 중 우리 수입은 2백여 원이었다. 연하여 3일 수입으로 천 원이나 우리에게 왔다. 참말로 신이 나는 공연이었다. 그러나 말썽 많은 극장이었다. 그런 무지하고 몰염치한 극장 측의 무리한 요구로, 우리는 연극을 하느라 애를 써도 수입의 4분의 1 정도로밖에 받지 못했다. 극장 측의 요구는 이 정도로 무리한 것이었다. 이렇게 된 이유는 신파극단이 안 주는 극장을 억지로 얻었기 때문이다.[22]

조선인극장은 극소한 형편인데 상설연극장은 하나도 없고 공연을 위해서는 고율의 대관료를 울며 겨자 먹기로 지불하는 상황—이것이 바로 조선연극이 놓인 조건이었다. 연극의 질적 제고는 애초에 기대할 수 없었다.

조선연극이 처한 곤경은 결국 극장 문제인 셈이다. 그러니 이에 대한 신불출의 해법은 극장 경영주의 지원과 상설연극장의 신축으로 압축되

---

21 박승희, 『춘강 박승희 문집』, 서문출판사, 1987, 15쪽.
22 위의 책, 31~32쪽.

었다. 극단은 집도 없고 주머니도 비어 있었지만, 극장은 그것들을 갖추고 있었다. 그런 만큼 극장 경영주가 극단을 직영하고 이들을 위해 각본을 모집하는 것은 대단히 긴요한 일이 되며, 만약 그렇게 된다면 극단은 안정적인 궤도에서 질적 성장을 이루어 영화 못지않은 상업적 성공을 거두리라 기대하는 것이다. 그러나 신불출도 알고 있듯이 극장 경영도 어려움을 겪는 상황에서 초기 투자 비용이 많은 극단지원은 쉬운 일이 아니었으며, 상설연극장의 신축은 더 그러했다. 청진의 공락관^{共樂館}과 같이 조선민간자본으로 출자된 '공회당 겸 극장'이라면 모를까, 영리를 목적으로 하는 흥행시장의 논리는 극단에 적대적일 도리밖에 없다.

연극계에 투신한 시간은 짧은 편이지만, 그가 맞닥뜨렸던 연극의 환경은 지속적인 관심 대상이었다. 그때마다 그는 자신을 배우의 위치에 놓았다. 자신이 극작과 연출을 겸했던 연극인이었음에도, 식자층에게 각본과 연출을 제공해줄 것을 계속해서 요구한 것도 같은 맥락에 있었다. 조선연극이 처한 곤경이 곧 배우의 곤경이었음을 역설했고, 극장 문제뿐만 아니라 극단의 경제적 제도의 확립(배우의 급료규정) 또한 중요한 사안임을 강조했다. 이 문제가 해결되지 않고서는 돈을 따라 철새처럼 이동하는 불가피한 배신을 할 수밖에 없고, 이것은 배우의 죄가 아니었다.

그러나 신불출은 그런 문제를 제기하면서도 스스로 큰 기대를 하지는 않았을 것이다. 식민권력의 문화제도 내에서 궁색한 흥행계는 시장의 논리를 수정할 수 없었고, 식자층은 요지부동이었다. 물론 이에 대한 분노는 사라지지 않았는데, 오죽하면 극예술연구회를 향해 "귀족지주적 심리를 대표하는 새로운 관념 종파의 도령님들이 아니면 묵어빠진 이상주의의 머슴아희들"이라 논평했겠는가.²³ 바로 이러한 장벽을 체감하는 상황에서 1932년 말 '문외극단' 공연을 마치고 그가 모종의 모색을 시작했다면, 바로 이런 판단 아래 이뤄진 것이 아니었을까. 식민문화제도의 구조, 혹은 흥행시장의 논리를 변경할 수 없다면, 자신의 존재 형식을 바꾸어야 한다는 것. 그런 점에서 음반취입은 각별한 계기였을 것이다.

3. 유성기 음반과 서민예술형식의 만남

우선, 연극계를 떠나 공연예술로서의 만담이 첫선을 보이기까지의 시간, 즉 문필 활동 외에 음반취입만 했던 1933년의 상황을 잠시 들여다보기로 한다. 1933년은 음반산업의 틀이 대략 완성된 시기로, 여기에는 오케레코드(제국축음기주식회사 경성지부)의 참여가 중요하게 작용했다. 오케레코드는 서구자본이 참여한 기존 음반회사와 달리 음반 가격을 1원으로 책정하고, 대중의 취향을 재빠르게 간취하여 이를 선도했던바 스케치와 같은 희극이나 유행가 음반발매에 수력해 엽세에 일대 돌풍을 일으킨 것이다.[24] 그리고 이를 이끌었던 것은 바로 1933년 2월에 발매된 신불출·윤백단의 〈익살맞은 대머리(공산명월)〉였다. 이 음반의 성공은 영화와 함께 음반이 식민지 시대 대중문화의 핵심으로 떠오르는 장면이었다. 이러한 문화 변동을 감지했는지 공교롭게도, 조선

---

23 신불출, 「'극예술협회'에 보내는 공개장」, 『삼천리』, 1937.1, 173쪽.
24 이준희, 「일제시대 음반검열 연구」, 『한국문화』 39, 서울대 규장각 한국학연구원, 2007, 167~168쪽.

총독부는 일본보다 1년 앞서 「축음기레코드 취체규칙」(조선총독부령 제47호)을 1933년 5월에 공포하여 단속을 본격화하였다.[25] 일본에서도 음반취체법규가 없었던 만큼, 이 「취체규칙」은 식민지에서 먼저 시행하는 시험적 성격을 띠었다.

신불출이 처음부터 이 새로운 음반문화에 호의적이진 않은 것 같다. 1932년부터 음반계에서는 연극·영화를 축약하거나 장면 일부를 녹음하여 출반하는 것이 유행했는데,[26] 연극인 측에서 보면 그것은 생계를 위한 '외도'일 뿐이었다. 더욱이 그 때문에 극단이 피해 입는 사례도 종종 있었다.[27] 그러나 그의 평론에서 드러나듯이, 배우의 이러한 외도가 도덕적인 문제가 아니라 구조적인 문제에서 비롯된 것이기에 — 음반취입차 일본에 다녀오는 길에 "책 한 권이라도 사 들고" 오라는 "가장 소극적인 주문"을 했던 것처럼[28] — 이를 불가피한 것으로 보았다. 신불출의 첫 음반취입도 다른 배우처럼 부업으로 시작되었을 것이다.[29] 음반취입 일자가 언제쯤이었는지 모르지만, 1월 21일 『조선일보』에 발표된 「조선흥행계에 대하야」는 그가 여전히 극단 문제에 골몰하고 있음을 보여준다. 특히 '흥행조합'을 결성하여, 극단 간에 북선·남선·서선·호남선 등 흥행선을 조율하여 한꺼번에 두세 단체가 몰리는

---

25 음반검열의 목록과 사례는 이준희, 위의 글 참조.

26 박영정, 「신불출−세상을 어루만지는 '말의 예술'」, 한국연극협회 편, 『한국현대연극 100년−인물연극사』, 연극과인간, 2009, 185쪽에는 그 목록 일부가 제시되어 있다.

27 "근일 레코드 회사의 흑수(黑手)가 극장에까지 침입으로 해서 마침내 흥행 중에 있는 극단 여배우를 잡아가는 통에 극단은 큰 곤란을 겪는다." 신불출, 「조선흥행계에 항의」, 『조선일보』, 1933.1.21.

28 위의 글.

29 신불출 출연 음반 목록은 박영정, 앞의 글, 186~187쪽 〈표 2〉 참조.

현상을 방지하고, '극장세' 운동을 전개하는 등 향후 발전책을 모색하는 기관으로 삼자고 제안한 것이다. 이러한 극단-민간기구의 구상은 특기할 만한 것이지만, 이는 실현되지 않았고 신불출이 이를 위해 얼마만큼 노력했는지도 알 수 없다. 아니, 어쩌면 그런 시도를 하기도 전에 〈익살맞은 대머리〉라는 사건이 그의 운명을 가로챘는지 모른다.

그렇다면 〈익살맞은 대머리〉는 어떻게 해서 빅히트할 수 있었을까. 선행연구는 이에 대해 중요한 사실을 짚어낸 바 있다. 박영정은 신불출 이전에 유성기 음반의 '만담류'가 이미 하나의 문화로 정착되어 있었음을 지적하는데, 이를 바탕으로 〈익살맞은 대머리〉가 등장한 것이고 신불출은 이미 형성된 장르에서 '성공자'가 되었다는 것이다.[30] 새로운 예술 형식과 친숙해지는 경험적 시간이 성공의 근간이 되었다는 것, 즉 이 문화사적 사건이 느닷없는 것이 아니었음을 환기한다. 천정환은 — 구체적으로 논증하지 않아 아쉽지만 — 여기에서 더 나아가 다각적인 성공 요인을 짚어낸다. 텍스트 내적 요인으로는 대머리라서 겪는 고난이 주된 웃음의 내용적 요인이며, 복합적인 양식적 산물로서 노래가 곁들여지고 막간물로도 사용되기 좋게 경제적으로 짜여 있는 점을 꼽았다. 텍스트 외적 요인으로는 신불출의 스타성, 레코드 회사의 마케팅, 그리고 1929~1931년에 선풍적인 인기를 끌었던 '난센스'(스케치)가 구축해둔 당대의 '웃음 코드'가 그것이라 할 수 있다.[31]

두 연구를 정리하자면, 첫째, 〈익살맞은 대머리〉의 성공 이전에 유성

---

30 박영정, 「만담 장르의 형성 과정과 신불출」, 『웃음문화』 4, 한국웃음문화학회, 2007 참조.
31 천정환, 「식민지 조선인의 웃음─『삼천리』 소재 소화와 신불출 만담의 경우」, 『역사와 문화』 18, 문화사학회, 2009, 33~34쪽 참조.

기 음반의 '만담류'가 당대의 '웃음 코드'를 담아내면서 하나의 문화로서 정착되어 있었다는 점이다. 플레잉 타임이 3~4분에 불과하지만, 여러 양식이 매우 효과적으로 압축되어 있어서 청자의 청각을 단숨에 사로잡아 그 정착이 용이했던 것이다. 둘째, 내용의 재미와 신불출의 스타성, 그리고 오케레코드의 공격적인 마케팅이 한데 어우러졌다는 점이다. 이상에서 보듯이 첫째는 〈익살맞은 대머리〉의 성공기반과 '만담류' 음반의 공통된 양식적 특질을 말하며, 둘째는 〈익살맞은 대머리〉의 특별함에 대해 언급한 것이다. 전자도 중요한 요인이겠지만, 약간은 기이해 보이는 선풍적 인기는 후자와 관계된다는 점에서 좀더 짚고 넘어갈 필요가 있다.

먼저 '대머리'라는 신체적 약점을 웃음으로 만드는 내용적 요인[32]은 동의할 만한 것이지만, 그것은 경이로운 선풍을 일으킬 수 있었던 요인이라기보다는 완성도 높은 코미디가 갖추어야 하는 '기본'에 해당한다. 만약 이전의 '만담류' 음반과의 비교가 충분히 선행된다면 어떤 가능성을 발견할 수 있을지 몰라도, 그 질을 판단하기란 쉽지 않다. 또한, 음반발매 당시 신불출의 스타성이 구매력을 높였다면, 그것은 이전의 활동에서 얻어진 것이라기보다 이 음반의 성공과 함께 획득된 결과일 것이다. 같은 일자에 발매된 〈서울구경〉도 인기가 높았지만 〈익살맞은 대머리〉에 미치지 못했다는 사실은, '코미디극'이 '난센스'보다 그 웃

---

32 "이 유명한 코미디는 어떤 사람들의 신체적 특징을 웃음거리로 삼는 류의 코미디이다. (…중략…) 이런 종류의 코미디에서 어떤 경우는, 불리한 신체적 특징을 가진 존재가 더 적극적으로 자신의 신체 특징을 더 드러내거나 의미를 부여하여 '자기풍자'의 자세를 취한다. 그리고 자신에 대한 공격을 가장 적극적으로 방어하게 한다. 〈익살맞은 대머리〉에서도 '노인(대머리)' 스스로가 신체 특징 때문에 겪은 일들을 재미있게 이야기함으로써 이 코미디를 더 중층화한다."(천정환, 앞의 글, 33쪽)

음의 질에서 우세했거나 다른 요인에 무게를 두어야 함을 의미한다.

이렇게 보면 아마도 성공의 가장 강력한 요인은 오케레코드의 공격적인 마케팅일 것이다. 『조선일보』 1933년 2월 2일 자 2면 하단에 실린 광고를 보면, 다음과 같은 문구를 발견할 수 있다 — "오케레코드가 1매 정가 1원이라는 봉사적 염가로 조선에 발매를 기념키 위하여 요절할 폭소극 신불출·윤백단 〈익살마진 대머리〉(견본판 1518)에 한하여 1매 50전에 제공!" 즉 기존 음반 가격이 2원에서 1원 50전이었다면, 오케레코드에서는 이를 1원으로 대폭 인하했고 이를 기념하기 위한 행사로 견본판 〈익살맞은 대머리〉를 50전에 판매했다. 3주 후, 21일 자 2면 하단광고는 다시 다음과 같이 오케레코드의 대대적인 성공을 알렸다 — "향항 상해를 중심으로 동서가반계_{東西歌盤界}를 리드하는 잡음절무_{雜音絶無} 육성재생의 오케레코드, 사계의 혜성같이 반도에 출현, 반 개월에 2만 매 돌파!" 그리고 나서 "압도적 인기" 음반 다섯을 소개했는데, 그중 세 편 〈서울구경〉, 〈만주의 지붕 밑〉, 〈익살맞은 대머리〉가 신불출 작품이었고 선전기간 중 〈익살맞은 대머리〉를 다시 50전에 판매하겠다고 광고했다.

이 광고들은 세 가지 사실을 알려주고 있다. 첫째는 50전이라는 파격적인 염가가 〈익살맞은 대머리〉의 판매기록과 대중적 인지도를 높였으리라는 점이다. 둘째는 이 음반이 어느 정도 팔렸는지는 정확히 알 수 없다는 점이다. 그간 이 음반이 공전의 히트를 친 증좌로 2만 매 팔렸다고 기술되고는 했지만, 이는 사실과 다르다. 2만 매는, 오케레코드가 2월 1일 자로 출시한 음반의 판매 총량이었고, 1만 매라고 하는 경우는 김연실과 함께 취입한 시에론 음반을 가리킨다.[33] 셋째는 음반계에서 신불출의 스타성이 비로소 입증되었다는 점이다. 가장 인기가 높은 5매 중 3매가 신불출 자작 출연이었으니, 이제 그는 누가 보더라도 흥행메이커였다. 오케레코드의 마케팅 전략에서 〈익살맞은 대머리〉와 신불출은 그 중심에 있었고, 저가 판매 전략은 대성공을 거둔 것이다.

그런데 임태훈의 논의[34]에는 〈익살맞은 대머리〉의 성공 요인에 하나를 더 추가할 수 있는 흥미로운 주장이 담겨 있다. 음반은 복제예술이지만 그 '소리'가 매번 다른 상황과 사람들 속에 뒤섞이며 달라진다는 것인데, 그가 주목하는 것은 온갖 흥행물 소리가 경합하는 번화가의 '음경音景'[35] 속에 있는 〈익살맞은 대머리〉이다. 짧은 시간 안에 청자의 관심을 끌기 위한 인상적인 도입부는 필수적인데, 이를 위해 신불출은 도입부에 '괴성'을 삽입한다. 이것이 텍스트의 구성전략이라면, 다음 인용문은 그 텍스트가 놓인 '어떤 상황들' 가운데 하나이다.

종로 거리 어떤 축음기 상회에서 흘러나오는 〈익살맞은 대머리〉 타령에 흥이 겨워 어떤 60가량 된 노인이 발을 멈추고 그 노래를 정신없이 듣다가 대사 중에 히히거리고 웃는 데가 있자 그 노인도 소리를 높이고 따라 웃어서 지나가는 사람들이 십여 명이 모여들고 옆에서 같이 듣고 서 있던 사람들조차 박

---

33 「유언비어」, 『삼천리』, 1933.10.

34 임태훈, 「〈익살마진 대머리〉라는 문화적 사건-신불출의 첫 번째 만담 레코드에 관하여」, 2009년 한국수사학회 동계정기학술대회 자료집, 101~103쪽 참조.

35 '음경'은 머레이 쉐퍼(R.Murray Schaffer)에 의해 전문적인 연구개념으로 규정된 'Soundscape'의 역어이지만, 임태훈은 이 용법을 다소 달리하여 다채로운 '듣기'의 상황 혹은 '소리'의 다양한 변용과 그에 맞닥뜨리는 지각방식의 와동에 주목한다. 그리하여 '음경'은 '소리'로부터 가능한 '차이'의 흐름을 뜻하며 '소리'와 지각의 교차점에서 발견되는 것으로, '소리'의 세계와 실존이 맺는 지각적 얽힘 관계에 대한 사유를 지향하는 것이다. 이에 대한 것은 임태훈, 「'음경'의 발견과 소설적 대응-이효석과 박태원을 중심으로」, 성균관대 석사논문, 2008.

장대소한 사건이 수일 전에 있었다.

—「만담의 천재, 신불출 군, 경향 간 대인기」,『매일신보』, 1935.1.3

1935년 시점에서도 〈익살맞은 대머리〉의 여전한 인기를 느낄 수 있지만, 임태훈이 주목하는 것은 그것이 어떠한 상황에서도 뒤엉킬 수 있는 '소리'로 이뤄져 있어서 그처럼 청자들의 연쇄 반응을 낸다는 것이다. 이 해석을 조금 비틀어서 더 밀고 나갈 수도 있다. 이 장면은 음반의 '소리'가 공연의 수행성을 띠는 순간으로, 시간예술이 시공간예술로 전화轉化하는 공간의 찰나적 생성처럼 보인다. 그도 그럴 것이, 유성기음반이라는 뉴미디어는 고립된 개인을 전제로 하지만, 그 보급이 대중화되지 않은 시대에 이것의 청취는 불가피하게 집단적 수용을 허용하도록 한다. 그 행인들은 1933년 2월에 출시되어 일약 유명해진 이 음반을 2년 여 시간이 흐른 그 당시 어떤 방식으로든 익히 알고 있었을 것이고, 이를 듣던 한 노인이 웃자 순식간에 웃음은 감염된 것이다. 이런 상황이란 만담류 음반에서 공연예술로서의 만담이 성립할 수 있었던 문화적 맥락과 조건에 잇닿아 있다.

이는 만담의 기원 문제이기도 하다. 소학지희笑謔之戱와 같은 화극話劇 전통으로부터 재담을, 그리고 다시 그로부터 만담을 이끌어내는 시각은 비교적 초기 논의에서 우세했다.[36] 그러나 예술사의 발전이 전통의

---

36 김재석, 「1930년대 유성기음반의 촌극 연구」,『한국극예술연구』 2, 한국극예술학회, 1992; 김만수, 「일제강점기 유성기음반에 수록된 만담·넌센스·스케치 연구」, 최동현·김만수 편,『일제강점기 유성기음반 속의 대중희극』, 태학사, 1997; 사진실, 「조선후기 재담의 공연 양상과 희곡적 특성」,『한국서사문학사의 연구』, 중앙문화사, 1995; 사진실, 「배우의 전통과 재담의 전승—박춘재의 재담을 중심으로」,『한국음반학』 10, 한국고음반연구회, 2000; 김경희, 「신불출의 문예 활동과 그 의미」,『국문학연구』 12,

계승뿐만 아니라 혁신을 통해서 가능하듯이,[37] 예술사의 전개는 긍정적이든 부정적이든 전사前史에 빚을 지고 있기 마련이며, 탈락과 누적을 통해서 무언가 계속해서 생산해내는 법이다. 그런 점에서 '혁신'에 해당하는 특정 계기는 만담이 성립하도록 하는 가까운 전사이자 동시대 문화 장의 역동성이 된다. 그래서 만담이 전통양식뿐만 아니라 막간극, 근대음성매체 문화 등 모든 것이 한데 아우러진 결과, 즉 '미디어 융합'(천정환)이나 '매시업mash-up'(임태훈)의 결과로 파악되기도 한다. 이 시각은 만담과 관계될 수 있는 문화의 역동성을 묘사해준다는 점에서 장점이 있지만, '혁신'을 설명해 줄 특정 계기들을 평범하게 만들어버린다. 그런 점에서 보자면 그중 유력한 후보는 막간 공연(반재식)과,[38] 일본의 '만당'에 뿌리를 두고 있되 그 토양이 된 1920년대 말 '야담대회'(박영정, 2007; 엄현섭)이며, 만담 탄생의 직접적인 계기는 막간 공연이라 할 수 있다.

　'막간'은 막과 막 사이 혹은 프로그램과 프로그램 사이를 메워야 하는 필요에 따라 마련된, 즉 관객의 "공연 관람에 대한 편의와 흥미를 제공"[39]하는 여흥으로 출발했지만, 이 막간물 흥행의 비중은 점점 높아졌다. 평단이나 신극계는 막간공연의 폐기를 주장했지만, 그 인기를 극단 측에서 외면할 이유가 없었다. 다른 한편에서 보자면 막간공연의 관행은 "역설적으로 침묵과 온순한 태도를 유지하며 관람해야 하는 무성영화나, 근대적 매너와 연극 감상법을 요구했던 근대극 관람의 억압적이

국문학회, 2004 참조.

37　사진실, 위의 글, 328쪽.

38　반재식, 『만담백년사』, 백중당, 2000, 15쪽.

39　김남석, 「극단 예원좌의 '막간' 연구」, 『어문논집』 58, 민족어문학회, 2008, 273쪽.

고 획일적인 관람방식을 거부한다는 점에서, 문화권력의 지배이데올로기로부터 벗어나"[40] 있기도 하다.

물론 이 관행은 '막간'이라는 어휘가 등장하기 전에 이미 생겨난 것이다. 사실, 막간의 형식은 극장문화 등장 이후로 지속했던 장르의 이접異接 현상이다. 근대 초기 전통공연물의 공연도 "가歌·무舞·희戱, 기악 및 극의 합집합에 의한 일종의 버라이어티 쇼"[41]였으며, 초창기 활동사진의 상영도 "기생의 가무, 기악 연주, 마술, 만담, 곡예, 그리고 환등"[42] 등 다른 연희양식과 함께 이뤄졌다. 이들 간에는 길고 짧음, 혹은 주主와 종從이 있었겠지만, 그것이 위계의 관계는 아니었다. 장르의 이접 전통은 오래된 것이고, 1930년대까지도 그런 관행이 남아 있었다. 관객은 여전히 '집단적 공유의식'에서 번잡하게 즐기는 것을 더 선호했다. 그러나 점차로 단일 텍스트에의 집중을 요하고 엄숙한 공연문화를 강요하는 위계화가 진행되면서 이런 공연방식은 저급한 것으로 치부되었다. 흥행극단도 이 시선으로부터 그다지 자유롭지 못했다. 말하자면 '막간'이라는 어휘는 근대적 극장문화가 강제한 낙인이었다. 그런데 가히 기사회생의 혁명적 변화가 일어났으니, 이 예술 형식이 유성기 음반이라는 뉴미디어와 결합하여 또 하나의 독립적인 예술 형식을 낳은 것이다. 이 코미디는 이제 극장이 아니라 "레코드판 속"[43]에 있었으며 이

---

40 문경연, 「한국 근대 초기 공연문화의 취미담론 연구」, 경희대 박사논문, 2008, 177쪽.

41 정충권, 「1900~1910년대 극장무대 전통공연물의 공연 양상 연구」, 『판소리연구』16, 판소리학회, 2003, 261쪽.

42 유선영, 「초기 영화의 문화적 수용과 관객성─근대적 시각문화의 변조와 재배치」, 『언론과사회』12-1, 사단법인 언론과사회, 2004.

43 "소녀 : 계시긴 어디 계슈?
　영감 : 나 지금 오케 레코드판 속에 들어 있다." (〈익살맞은 대머리〉)

'소리'는 일상과 뒤섞여도 무방한 환경에 놓이게 되었다.

뉴미디어의 경험, 즉 음반취입은 신불출이 새로운 실험을 하도록 추동했음이 분명하다. 연극적인 한 토막이 이 새로운 미디어와 이뤄낸 환상적인 결합을 목격하면서 어떤 가능성을 발견했겠지만, 그가 여기서 만족할 수 없었다면 이는 자신의 정체성을 무대예술의 배우로 삼았기 때문일 것이다. 유성기 음반의 용량은 매우 적었고, 이 짧은 호흡이 소화해낼 수 있는 한계는 명백했다. 설사 플레잉 타임이 길어지는 기술적 발전이 있다고 해도, 이 뉴미디어에는 청중과의 대면에서 오는 피드백이 없었다. 새로운 예술 형식의 모색은 말하자면 이 유성기 음반의 웃음을 무대 위로 옮겨 놓는 일이었다. 만담의 탄생은 "두 개의 미디어가 혼합되거나 서로 만나" "새로운 형식이 탄생하는 진리와 계시의 순간"[44]이었다!

4. 웃는 웅변, 슬픈 웃음

식민문화 제도의 구조와 흥행시장의 논리는 그 누구도 어찌할 수 없이 견고했다. 신불출의 선택은 자신의 존재 형식을 바꾸는 것이었으며, 이는 주어진 조건에서 최대한의 가능성을 끌어내는 새로운 무대예술의 창출이었다. 현실의 수락도, 과거의 반복도 아닌 제3의 길을 걸어간 것이다.

만담은 무대예술이 처한 곤경 상당 부분을 해결해주는 장점이 있었다. "그렇게 까다롭지 아니하고도 될 수 있음 직한 좀더 새롭고, 조촐한

---

44 마샬 맥루한, 김성기·이한우 역, 『미디어의 이해』, 민음사, 2002, 101쪽.

돈 안 들고도 손쉽게 될 수가 있는 무대 형식"[45]이었다. 무대는 책상 하나와 전등 하나만 있으면 충분했고, 공연자 역시 1인으로 족했으니 그야말로 '경제적인' 예술 형식이었다. 흥행사와 급료 문제 때문에 심기가 불편할 일도 없었다. 그가 일본 '만당'에서 암시를 받았다면 그것은 바로 이런 유용함 때문이었을 것이다. 더욱이 만담은 무대예술의 배우로서 자신의 장점을 최대한 살릴 수 있는 이점이 있었다.

그뿐이 아니다. 만담의 발견은 경제적이면서 기술적인 차원 혹은 배우로서의 자족감을 초과하는 정치적 의미가 있었다. 여기서 다시 조선인극장 문제로 돌아올 필요가 있다. 식민지 조선에 산재하는 극장들, 그 대부분이 일본인극장이었고 조선인극장은 가물에 콩 나듯이 존재하는 일종의 게토였다. 극장문화가 가장 발달한 경성만 해도, 조선인극장은 단성사·조선극장·우미관 정도에 불과했다. 이 극장들은 비상시기가 되면 항상 경찰 당국의 주시를 받았는데, 이곳이 피식민 주민이 '군중'으로 운집할 수 있는 공간이었기 때문이다. 이 종족공간에서 만담이 공연된다는 것은 일본의 '만당'과는 근본적으로 다른 정치적 상황에 놓이게 됨을 의미한다. 만약 극장 출입이 종족적인 선택일 필요가 없는 상황이었다면 양자 간의 정치적 차이는 없었을 것이다. 일본 '만당'과 식민지 조선의 '만담' 사이를 가로지르는 근본적 차이는, 텍스트 실연實演 공간의 수행성에 있다.

신불출이 공연공간의 종족적 성격을 의식했다는 직접적 증거는 없다. 그러나 만담이 수행되는 공간은 필경 종족공간일 수밖에 없다. 만

---

45 위의 글, 106쪽.

담의 언어는 '조선어'였고 이를 듣는 이도 '조선인' 관중이었기 때문이다. 그가 조선어에 공을 들이고 있음은 여러모로 분명했다.[46]

> **복혜숙**　그런데 신 선생 만나면 물어보려고 했는데 전통무용은 어떻게 되었어요?
>
> **신불출**　그리로 전향됐습니까? … 그저 조선무용과 조선음악을 공부하고 싶어서요. 저번에 발표한 것은 그런 것을 잘 연출해서 그 모양 그대로 내보내자고 … 내 만담과는 관계가 없지요. 만담은 돈 벌려고 … 조선말을 떠나서 조선연극을 연구할 수 없지요. 조선문학을 이야기한다면 조선말을 떠나서는 성립되지 않는 것처럼 연극도 조선말을 떠나서는 성립되지 않으니까 내가 그것을 한 번 발표했지. 요샌 연극은 쇠퇴하고 영화는 왕성한 것 같습니다. 나는 지금까지 영화에는 무관심했지요. 그러나 조선영화를 보면 나는 항상 이런 생각이 듭니다. 대체 그들은 조선영화를 만들려 했는지 그저 영화를 만들려 했는지 도무지 알 수 없습니다. 조선을 떠난 조선영화는 과연 조선영화라 할까? (…중략…) 조선토키는 서양인이 조선말을 배워가지고 하는 조선말 같아요. (…중략…) 조선연극을 생각할 때 조선말과 조선춤과 조선생활을 떠나서는 없지요.
>
> ─「복혜숙 신불출 대담회」, 『조광』, 1938.11

46　엄현섭은 신불출 만담에서 재미를 생산하는 미학적 장치가 일상어에 바탕을 두고 있음을 지적한 바 있다. 엄현섭, 「신불출 대중문예론 연구」, 『비교한국학』 17-3, 국제비교한국학회, 2009, 342~343쪽 참조.

신불출에게, '조선말'은 다름 아닌 '조선연극'을 의미했다. 연극계와 직접 관계하지 않은 지 꽤 되었어도 그는 여전히 '조선연극'을 염두에 두고 있었고, 실제로 1938년 한 극단의 작업에도 참여했다. "조선무용과 조선음악을 공부하고 싶어서" "저번에 발표한 것"이란, 그해 4월 '화랑악극단' 제3회 공연에 희가극 〈십만불〉을 제공한 일을 가리킨다.[47] 이는 조선연극의 내셔널리티에 대한 그의 꾸준한 관심을 반영하며, 그가 영화계에 관계하지 않은 이유이기도 하다. 그야말로 영화는 첨단 미디어였고 대중문화의 꽃이었지만, 정작 신불출 자신은 영화에 무관심했다. 그가 보기에 조선영화는 "서양인이 조선말을 배워가지고 하는 조선말" 같은 미숙성을 지니고 있었다. 물론 이 태도는 진정한 조선영화가 성립되는 날까지 자신의 노력을 투여할 생각이 없다는 것이지, 이 미디어를 원천적으로 부인한 것은 아니다. 더욱이 그가 만담을 시작할 당시, 조선영화의 제작은 원활하지 못했고 영화에서 조선어의 비중은 상당히 낮은 상태에 있었다. 그에게 중요한 것은 '조선연극'이었으며, '조선말'은 바로 그것의 관건이었다.[48]

이렇게 보면 그가 만담에서 발견한 것은 조선어를 풍부하게 다룰 수 있다는 가능성이었으며, 그것은 곧 '글'이 아닌 '말'의 영역이었다. 공

---

47 『조선일보』, 1938.4.12.(광고) 이 공연에 연출 혹은 배우로 참여했는지는 불투명하다. '화랑악극단'은 1938년 4월 1일 창립공연을 시작으로 연이어 단성사에서 공연했고, 하순부터 시작한 서선(西鮮) 순회공연을 마지막으로 더 이상의 기록은 보이지 않는다.
48 언어와 관련해 이극로에 대한 신불출의 짧은 품평을 소개한다. "한글운동이라는 것은 감사는 하지마는 존경은 할 수는 없어. 한민족이 쓰던 언어를 과학적으로 정리하는 것은 감사는 하지만 하나의 민족어가 그 민족의 만년 장래를 규정한다고 하는 신비론 또는 관념론에는 존경할 수가 없어. 감사한 사람이지."(「복혜숙 신불출 대담회」, 『조광』, 1938.11)

연예술로서의 만담은 '음반'에 담긴 만담이나 '글'로 옮긴 만담과 동일시될 수 없었다. 그것은 "레코드에 넣은 웃음거리들"과 등가에 놓일 수 없었으며,[49] 오로지 "'말'로써뿐 표현할 수 있는 것이고 '글'로써는 도저히 표현시킬 수 없"[50]는 것이었다.

원래 만담은 '말'(화술)로 된 것이기 때문에 '글'(문장)로 옮긴다는 것은 예사로운 일이 아니다. 특히 음악적이며 무용적인 억양 동작을 자기 속성으로 가진 만담 형상의 표시는 글자만으로는 표현하기 어려운 것이다.

이를테면 구어체 문장인 '허구'가 문어체 문장인 '하고'로 고쳐지는 정도까진 아쉬운 대로 넘나들 수 있지만 '웃음'을 아울려야 할 미묘한 형상에 이르러 입으로 하는 말(음성어)만이 아니라 눈짓, 손짓, 몸짓으로 하는 말(동작어)들을 섞바꿔가면서 한바탕 끌고 나가는 대목들은 필경 책을 떠난 딴 분야의 것이기 때문이다.

더구나 이 만담들은 눈으로도 볼 수 있게 된 시각적인 '무대용' 만담이 아니고 귀로만 듣게 된 청각적인 '방송용' 만담이기 때문에 무대 상연을 통해서도 볼 맛이 적고 출판 책자를 통해서도 읽을 맛이 적게 된 것들이다.[51]

---

49 "그 독특한 말재조로써 표현되는 만담의 진경미는 실로 별세계의 황홀이 있으며 실연에서 눈으로 보고 귀로 듣는 그의 말과 행동의 예술적 소질이야말로 문자 그대로의 才士임을 알기 용이할 것이다. 세상에서는 레코드에 넣은 웃음거리들만 듣고 만담이란 그런 것인가 하고 오해하는 분도 있겠지만 실은 좀더 실속 있는 것으로 최근에 발표하는 새로운 만담은 그 원숙한 연예로 더욱 가경을 전개해줄 것으로" 「본보 영동지국주최, 신불출 만담대회」, 『조선중앙일보』, 1935.10.28.

50 일기자, 「신불출 씨 만담방청기, 〈관대한 남편〉」, 『삼천리』, 1935.8, 237쪽.

51 「서문」, 『신불출 만담집』, 평양: 국립출판사, 1956(송광호, 「만담가 '신불출을 아시나요?」, 『주간동아』 686, 2009.5.19, 69쪽에서 재인용)

물론 그는 복혜숙과의 대화에서 "만담은 돈 벌려고…"라고 말하지만,
이 말을 액면 그대로 믿기는 어렵다. 그 말대로라면, 그는 음반취입과 만
담공연 수익을 '조선연극'에 투자했을 것 같지만, 그런 일은 일어나지 않
았다. 그것이 깨진 항아리에 물 붓기일 따름인 것을 잘 알고 있었다.
1930년대 중반 이후 '조선인극장은 조선인이 경영한다'는 일종의 규칙
이 깨지고 있었다. 극장의 종족적 정체성의 중요한 지표였던 연극공연은
상설연극장인 동양극장에 거의 흡수됨으로써 조선인극장은 더욱 게토
화되었고, 영화상설관의 종족적 성격은 현저히 약화되어갔다. 그래서
"만담은 돈 벌려고…"라는 말은 그가 으레 그랬듯이 의뭉스러운 희화화
이거나[52] 만담에 건 기대조차 비관하던 1938년 시점의 낙망일 수 있다.
만담이 단순히 벌이 수단이 아니었음은 「웅변과 만담」에 잘 드러나 있다.

'웅변'은 무엇이나 맘대로 할 수 있는 '말의 무기'올시다. 태양같이 힘 있는
'말'로써 천하인심을 좌우할 수 있는 이 '웅변'은 능히 혁명의 구화(炬火)가
되어 천재(千載)의 궁전을 하루아침에 회진(灰盡)케 할 수도 있는 것이요 능
히 전쟁의 홍수가 되어서 만세의 사직을 하루 저녁에 유실케 하는 수도 있는
것이니 장하다. '웅변'의 힘이여 너를 이길 자, 그 누구이뇨?

—신불출, 「웅변과 만담」, 『삼천리』, 1935.6, 107쪽

웅변은 만담이 아니지만, 만담에는 웅변이 없을 수 없다는 것 그리고

---

[52] 만담가로서 명성을 날리던 1936년 당시, 신춘좌담회에서 회심적인 장면을 말해달라는
주문에 신불출은 〈아리랑 반대편〉의 자작 출연을 꼽았고 만담에 대해서는 "아직 연습
중이올시다"라는 짧게 답변했다. 「(좌담회) 신춘 명인 藝談대회」, 『조선일보』, 1936.1.1.

그 웅변의 힘이 위대하다는 것을 강조한 것은, 곧 만담이 해학적이고 풍자적인 웅변임을 역설한 것이다. 무대예술이 처한 곤경에서 새로운 형식을 구했던 것이지만, 8할 이상이 문맹인 식민지 조선에서 만담이 세상을 능히 바꿀 수 있는 '웃는' 웅변일 수 있음을 발견한 것이다.

조선말을 실컷 구사하는 것이라면, 재담이나 야담도 이에 못지않을 것이다. 그러나 신불출의 선택은 만담이었다. 재담은 "웃음 본위로 공허한 내용"[53]을 가진다는 점에서, 그리고 야담은 "주로 역사를 중심으로 한 고담古談을 내용"[54]으로 한다는 점에서, 신불출을 만족시켜주지 못했다. 그리하여 그는 재치 있고 흥미로운 이야기이면서도 "현대인의 가슴을 찌를 만한 칼 같은 박력이 있는 그 어떤 진실을 필요로 하는"[55] 만담을 택한 것이다. 신불출에게 만담이란, 조선말로 하는 '웃는' 웅변이었다.

그러나 그 결과는 신불출의 야심만만한 기대에 미치지 못했다. 신문은 만담대회가 열릴 때마다 그를 만담계의 1인자·거성·특재 등 동원할 수 있는 최고의 찬사를 늘어놓으며 소개했지만, 정작 그 만담에 관해서는 "약간의 생활철학을 가미한 유흥의 이야기"[56] 정도로 평가했을 뿐이다. 사실, 신불출 자신도 그 불길한 예감을 하고 있었다.

'말'은 마음의 그림입니다.

생각을 표현하는 연장의 하나로 '말' 같이 끔찍 대단한 효과를 가진 것이 없으면서도 매양 '말' 그것이 마음의 원통을 그대로 표현시켜 주지 못하는 것임

---

53 신불출, 「웅변과 만담」, 『삼천리』, 1935.6, 106쪽.
54 위의 글, 107쪽.
55 위의 글, 106쪽.
56 「신불출 만담대회에 7백 청중의 대성황」, 『조선일보』, 1937.12.9.

을 물론[毋論] 또한 벼르고 별러서 만들어진 그 '말'조차 다 하지 못하는 끝에 '말'은 구경(究竟) 지금 세상에선 변변치 못한 녀석일밖에 없습니다.

—신불출, 「웅변과 만담」, 『삼천리』, 1935.6, 105쪽

극단 활동을 할 때와는 비교할 수 없는 자유로움과 성공을 맛보았지만, 여기에서도 곤경이 있기는 마찬가지였다. 온갖 고심 끝에 만들어진 그 '말'조차 다 할 수 없는 곤경은 필경 "변변치 못한 녀석"일 공산이 컸기 때문이다. 실제로 그의 만담이나 만문을 보면 종횡무진한 자유분방함의 일상적 성찰은 발견되지만, 으레 기대되는 "불같고 칼 같은" 박력은 좀처럼 느껴지지 않는다. 1938년 시점에서 "만담은 돈 벌려고……"라고 말끝을 흐릴 수밖에 없었던 것도 이 때문일지도 모른다. 물론 해학적이고 풍자적인 웅변과, "약간의 생활철학을 가미한 유흥의 이야기" 사이의 간극은, 검열과 취체로 인해 야기된 언어의 위기를 의미했다.[57] 여러 종류의 공상을 늘어놓은 그의 만담 「공상가 ABC형」[58]은 그래서 슬픈 웃음으로 다가온다. 마지막에 덧붙여진 시조 한 편에는 그의 심경이 여실히 드러나 있다 — "마음은 생각 타고 임의로 사선나는 / 몸은 이이하여 맘 가는 곳 못 가는가 / 평생에 서로 다름을 못마땅해 하노라."

1940년대 들어서도 몇몇 예인을 인솔하여 '신불출 일행'이라는 이름으로 활동하고, 신정언·유추강과 함께 공연도 한다. 그러나 그의 운

---

57 "사회부장: 신불출 씨는 무대 위에서 만담이 잘 안되어서 땀 내어 본 일이 있습니까. 신불출: '야지' 받은 일은 없으나 이야기의 뒤를 아물리지 못해서 식은땀을 좀 흘려본 일이 있었습니다. 그 예를 들자면 별안간에 임석경관으로부터 주의 같은 것을 받았을 적에 말은 끄집어 내어놓고 뒤를 아물리지 못해서 거북한 일이 있었습니다." 「(좌담회) 신춘 명인 藝談대회」, 『조선일보』, 1936.1.1.

58 신불출, 「공상가 ABC형」, 『조광』, 1940.1.

명은 여느 예술인들과 다르지 않았다. 1941년 1월에 결성된 관제 민간단체 조선담우협회 회원으로서 조선연예협회(1941.1~1942.7)와 조선연극문화협회(1942.7~1945.8)에 소속되어 '이동연예 신불출반'이라는 이름으로 동원되었다. 그러나 소규모 그룹으로 독립되어 있었던 까닭인지, 아니면 만담·야담 분야에서는 신정언이 있었기 때문인지, 관제 민간기구나 행사에서 그의 역할은 그다지 두드러져 보이지 않는다. 지금으로서는 이 시기에 관해서는 이은관의 회고가 거의 유일한데 신불출의 특별한 면모를 찾기란 다소 어렵다.[59] 흥미로운 이야기로는 그의 창씨개명에 관한 풍문이 있다. 신불출이 바꾼 이름은 '강원야원江原野原'이라 하였는데, 일본어 발음으로는 '에하라 노하라', 이를 다시 조선어로 뜻을 새기자면 '될 대로 되라'는 뜻이 된다. 이것이 사실인지 아닌지 모르지만, '불출不出'에 대한 해석과 마찬가지로, 이 풍문에는 이 웃긴 만담가에 거는 세간의 기대가 반영되어 있었다. 그의 만담이 "약간의 생활철학을 가미한 유흥의 이야기"일지라도, 청중은 그에게서 숨은 정치적 의미를 읽고 싶어 했는지 모를 일이다.

만담의 선택, 이는 결코 예사로운 일은 아니다. 그것은 하나의 문화사적 사건으로서 흥행장entertainment field 전체를 관통하는 문화구성의 계기적 요소들과 관련된 문제이다. '객관적 정세'로 압축되는 식민권력의 정치적 압박도 문제거니와, 더 직접적으로는 흥행시장의 논리에서 기인하는 무대예술의 곤경은, 신불출이 제3의 길을 모색하도록 만들었다. 이때 마침 유성기 음반과의 조우는 뜻하지 않는 전환을 가져온바,

---

59 이은관의 구술채록(https://www.daarts.or.kr/handle/11080/16687), 아르코예술기록원 한국예술디지털아카이브.

만담은 곤경을 넘어설 수 있는 방편이자 배우로서의 자의식을 충족시키는 예술 형식으로 발견되었다. 여기에는 미래의 조선연극을 위한 조선말의 보존과 개발이라는 의제, 그리고 사람의 마음을 움직여 세계를 변화시키는 씨앗으로 삼으려는 실천의식이 자리하고 있었다. 요컨대 만담은 '극장 없는 조선연극'의 한 배우가 세계에 역동적으로 개입하여 고안한 정치적 실천의 결과였으며, 이 새로운 예술 형식의 성공은 '웃음'의 불우한 사회적·정치적 근거와 행복하게 조우한 까닭일 것이다.

제5장
동아시아 극장의 식민성과 정치성

1. 연루된 동아시아

1911년 2월, 중국 난징의 전통극장인 승평희원^{昇平戲園}에서는 관객들에게 다소 생소한 형식의 공연들이 올라갔다. 런톈즈^{任天知}가 이끄는 진화단^{進化團}은 근대극의 불모지와도 같았던 이곳을 시작으로 우후^{蕪湖}, 한커우^{漢口}를 거쳐 상하이에 이르는 순회공연을 통해, 이른바 '톈즈파 신극'을 선보이면서 2년 여가 채 안 되는 활동기간에도 불구하고 깊은 인상을 심어주었다.[1] 흥미로운 것은 그 순회공연에 〈동아풍운^{東亞風雲}〉이라는, 일명 〈안중근, 이토를 저격하다^{安重根刺伊藤}〉가 있었다는 사실이다.

이 발견은 꽤 신선한 충격이었다. 식민지 조선에서는 가능하지 않았던 그 일이, 식민지 조선과 일본제국의 관계에 몰두해 온 만큼이나 중

---

[1] 진화단은 다음을 참조할 수 있다. 김종진, 『중국 근대연극 발생사』, 연극과인간, 2006, 107~120쪽.

국을 철저히 외재화해 온 나의 시선과 마주치도록 만들었기 때문이다. 물론 안중근의 이토 히로부미 저격 사건을 잘 알고 있었고, 그 반향이 광범위하게 오랫동안 진행된 것을 몰랐던 바도 아니다. 혹은 만주에 대해, 아니면 정기탁·전창근과 같이 중국에서 활동한 영화인의 존재도 알려진 상태였다. 그러나 이를 '안다는 것'이 곧 식민지 조선과 중국의 관계를 내재적인 것으로 이해했음을 의미하지는 않는다. 중국은 러시아보다도 더 멀리 떨어진 나변^{那邊}이었을 따름이다. 만약 '중국'이 호명되었다면, 그것은 만주처럼 일본의 제국주의적 기획을 설명할 때거나, 아니면 식민지 조선에서는 불가능했던 탈식민주의적 실천을 증명하고자 했을 때다.

어쩌면 한반도 역내에서는 표현 불가능했던 소재가 중국에서 산견된다는 것은 그리 특별한 일이 아닐지 모른다. 상하이에서 제작된 정기탁 감독의 〈애국혼^{愛國魂}〉(1928)이나, 북한연극사에서 기술되는 김일성의 〈안중근, 이등박문을 쏘다〉(1928)와 같은 항일혁명연극이라면 예의 그럴 수도 있겠다는 생각이 든다. 그러나 표현의 주체가 중국인이고 그들의 시선에 포착된 한국이라면, 사정은 달라진다. 진화단의 1911년 공연은 그 시작에 불과했다. 5·4 시기에 이르기까지 안중근을 다룬 연극은 단속적으로 공연되었고, 그 밖에도 한국을 언급한 역사는 좀더 많은 것을 말하고 있는 듯이 보였다.

지금까지 알려진 바에 의하면 중국이 관심을 표한 소재는 대략 세 가지로 나뉜다.[2] 첫째는, '고려 망국' 즉 대한제국의 망국사며, 둘째는 3·

---

2 이 단락은 다음의 연구들에서 참조하였다. 문성재, 「안중근 열사를 제재로 한 중국연극—南大本 『亡國恨傳奇』을 중심으로」, 『중국희곡』 9-1, 한국중국희곡학회, 2004; 김영미,

1운동을 포함한 식민지 조선의 독립운동이다.[3] 그리고 마지막으로는 중국의 '만보산 사건'과 식민지 조선의 '중국인 습격 사건'과 같이 한중韓中 관계를 전면화한 경우다. 이 소재들에서 일정한 경향성을 발견하기란 어렵지 않다. '고려의 망국'을 교훈과 경계로 삼는 데서 출발하여 제국(주의)에 대한 저항과 연대로 나아가는, 하나의 서사다. 이는 중국이 제국주의와의 관계에서 한국을 사유했음을 드러낸다.

'유폐된 반도半島' 안에서는 그와 같은 참조를 발견하기란 참으로 난망한 일이다. 중국에서 취한 소재는 대부분 식민지 조선에서는 공개될 수 없는 금기였고, 한반도 역내에서 상상하는 세계사적 동시성은 일본제국의 디자인에 따른 왜곡을 수반하고 있었다. 중국과의 오랜 역사에도 불구하고 병합 이후로 그 외재화가 신속히 진행되었음은 물론이고, 중일전쟁 이후로는 '소비에트'마저 소거됨으로써 러시아마저도 그 국가적 함의가 제거된 역사적 과정, 그 핵심에는 제국주의적 세계정치에 맞서 지역연대를 상상한 동아시아관이나 사회주의의 인터내셔널리즘을 봉쇄해 온 일본제국의 정치가 작동하고 있었다. 이는 곧 일본제국이 "자신의 외부를 외부로서 마주하는 관계성"을 파괴해가는 과정이었으며,[4] 식민지 조선은 그 여파를 가장 직접적으로 받은 장소였다. 이런 까닭에, 이

「항일운동 시기 중국인의 눈에 비친 '조선의 어머니' 형상」, 『세계문학비교연구』 16, 세계문학비교학회, 2006; 김재욱, 「한국·한국인 관련 중국현대문학 작품에 대한 역사시기별 개괄」, 『중국어문학지』 22, 중국어문학회, 2006; 황재문, 「안중근의 문학적 형상화 양상 연구-주체-타자 관계에 대한 분석을 중심으로」, 『국문학연구』 15, 국문학회, 2007; 김재욱, 「한국인 관련 화극 극본의 발굴과 정리-2010년을 기준으로」, 『중국어문학지』 35, 중국어문학회, 2011.

3 독립운동 소재의 경우, 1910년대에 안중근이 있었다면, 1930년대에는 윤봉길이 부각되었다.
4 김수림, 「제국과 유럽 : 삶의 장소, 초극의 장소-식민지 말기 공영권·생존권과 그 배치, 그 기율, 그리고 조선문학」, 『상허학보』 23, 상허학회, 2008, 163쪽.

'유폐된 반도'의 문화에 대한 접근은 얼마간 시야의 제한을 감수해야 했는데, 이를테면 그 타율성으로 인한 '병리적 현상'을 '내 탓'이라거나 '일본 탓'이라는 신파적 해석, 아니면 그 내/외부에서 '건강한' 어떤 알리바이를 찾아내고 싶어 하는 계몽의 루트에 대한 강박에 붙들려 있었다.

그러나 〈동아풍운〉을 비롯해 중국 작가들의 한국에 대한 문화적 표현은 한반도 역내에서 이뤄진 문화적 현상을 제국주의와의 관계적 구조에서 그리고 동아시아라는 지평에서 다시 읽어내길 요청하고 있다. 이는 한편으로는 양국이 제국주의와의 관계에서 조성된 근대의 경험을 공유하고 있었던 사실에 대한 환기이며, 다른 한편으로는 그 관계적 구조의 차이에 따른 서로 다른 결과에 대한 주목을 의미한다.

근대 이후 새롭게 조성된 극장을 동아시아 지평에서 사유하는 것은 바로 이런 차원에 놓여 있다. 극장이야말로 제국주의문화의 도래 그 자체였으며 새로운 테크놀로지의 권역이 확대되는 거점이었다. 극장이라는 문화제도는 전방위에 걸쳐 있는 모든 관계와 관행을 재정립시켰으며, 새로운 것을 배태했다. '문화'가 '산업'이 되어간 역사의 중심에 바로 극장이 있었으며, 이는 제국주의문화가 권력을 획득해가는 과정으로도 묘사될 수 있다. 그러나 그 과정은 어디까지나 '관계적'인 것이다. 극장(문화)의 식민성은, 한편으로는 제국주의의 이해관계에 따른 전략적 선택에 따라, 다른 한편으로는 동아시아 내부로부터 발원하는 또 다른 복수複數의 독립변수에 따라 지역적 차이를 생산해냈다. 이런 맥락에서, 극장으로부터 다양한 수준의 정치성을 읽어낼 필요가 있다. 동아시아 전체를 관통하는 공통점이 있다면, 그것은 제국주의와의 관계적 구조에 편입되었다는 조건일 것이며, 극장의 식민성은 그 조건 안에서 수행된 정치'들'의 결과일 것이다.

이 장은 2부에서 논의해 온 것, 즉 식민지 조선의 극장 안/밖에 걸쳐 작동되었던 정치를 동아시아의 지평에서 객관화하고자 하는 시도쯤에 해당한다. 식민지 조선의 외부를 내재적인 관계로 사유할 만큼 충분히 연구를 진행하지 못한 까닭에 거칠고 엉성한 비교 연구가 되겠지만, 그 나름대로 다소간의 진실을 발견해내리라 기대한다. 이를 위해 중국의 사례에 좀더 많은 부분을 할애한다. 역사적으로 공유하는 문화적 공통성이 적지 않으면서도, 가장 첨예하게 일본제국주의와 대면해야 했던 조건이 그 어떤 보편성을 만들어낸 것처럼 보이기 때문이다. 만약에 '동아시아적 보편성'을 말할 수 있다면, 그것은 바로 그러한 역사적 전환에서 생산되었다고 가정해도 좋을 것이다.

2. 미디어 지배권과 지정학적 변수

동아시아에서 극장문화는 자본주의적인 관계들의 형성과 맞물려 극장이 해당 사회의 근대성을 드러내는 장소로 떠올랐던 근대 이후에야 발달했다. 한국에서 상설극장이 20세기 초에 이르러서야 등장하고,[5] 중국의 경우는 노천극장과 실외극장을 거쳐 실내극장으로 진행되다가[6] 20세기를 전후로 하여 신식극장의 등장과 함께 극장이 도시문화의 거점으

---

5 한국 극장의 역사는 다음을 참조할 수 있다. 신선희, 『한국 고대극장의 역사』, 열화당, 2006; 유민영, 『한국 근대극장 변천사』, 태학사, 1998.
6 박창준·한동수·임종엽, 「중국 전통공연시설의 역사변천과 건축특성에 관한 연구─중국 극장 '戱臺'를 중심으로」, 『대한건축학회논문집』 20-1, 대한건축학회, 2004.

로서 확실히 자리를 잡게 된 것이다.

극장은 '상설' 흥행을 전제·보장한다는 점에서, 기본적으로 도시문화 발달과 깊은 관계가 있다. 극장의 건축과 유지에 필요한 자본, 일정한 수익을 낼 수 있는 수요가 보장되어야 하는데, 이 수요는 노동과 분리되는 여가 활동이 하나의 문화로 정착되어 있어야 가능하다. 대부분 지역에서는 여전히 근대 이전의 관행,[7] 즉 부정기적인 행사로 치러지는 공동체 문화의 일종으로 오락적 욕구를 해소했지만, 도시의 극장문화는 머지않아 전역으로 확대될 근대적 제도로서 성립되고 있었다. 근대국가의 정치이념이 투영된 법제도, 여러 수준에서 대중의 동의를 끌어낸 사회규범, 그리고 시장경제의 본격적인 개입과 테크놀로지의 발전 등이 상호 작용하는 가운데, 극장문화는 이제 근대적 제도로 존재하게 되었다. 이 과정이 종종 근대문명이라는 '보편'의 수락으로 인식되지만, 그런 투명함이란 존재하지 않는다. 극장이 서양적 근대문화가 번역되는 장소였음은 주지의 사실이지만, 이와 함께 일본이라는 지류에서 발원하는 전체주의 또한 중첩되어 있었다는 점에서, 동아시아의 극장은 제국주의에 포위된 상태였다.

그런 점에서 극장 혹은 극장의 프로그램을 누가 배타적으로 지배하는가는 극장의 사적 소유를 넘어서는 문제성을 지닌다. 미디어 지배권에는 해당 지역의 정치경제학뿐만 아니라 그와 연루된 도도한 제국주의문화 침투 그리고 토착문화의 정치적 선택이 결부되어 있었고, 바로 이러한 미디어 지배권은 극장을 거점으로 한 흥행문화의 향방뿐만 아니라 극장

---

7 중국의 사례는 다음을 참조할 수 있다. 안상복, 「1821~1908 중국 도농(都農)지역 연희 활동의 대조적 고찰」, 『동아시아 문화연구』 48, 한양대 동아시아문화연구소, 2010.

이라는 제도 '밖'에서 이뤄진 실천의 향방에까지 간여했기 때문이다.

식민지 조선의 경우, 극장 소유주는 9할 이상이 일본인이었다. 극장 문화가 가장 발달해 있던 경성에서도, 조선인극장이라고 분류되던 단성사·우미관·조선극장조차 그 소유주는 일본(인)이었다. 경성의 유일한 상설연극장이자 조선인 소유로 알려진 동양극장이 와케지마 후지로分島周次郞의 명의를 빌려서야 비로소 개관할 수 있었듯이, 조선인의 극장 신축은 좀처럼 용이하지 않았다. 그런데도 조선인극장이 존속할 수 있었던 것은 흥행권 보장을 통해 극장을 점유할 수 있었기 때문이다. 극장 소유주 측에서 소유권과 점유권(흥행권)의 분리는 합리적 수익구조였으며, 이는 조선총독부의 이해관계와도 모순되지 않았다. 조선인을 상대로 한 흥행문화의 진작은 식민지 경영에도 필요했고, 흥행권을 보장함으로써 이 종족적 게토를 효율적으로 관찰·관리할 수 있었다. 그리하여 극장을 소유할 수는 없었으나 점유할 수 있었던 덕분에 극장 프로그램에 대한 일정한 지배권도 가질 수 있었다. 조선인극장에서 일본영화가 보이콧된 것도 바로 그 덕분이다. 그러나 1930년대 중반 이후 사정은 달라진다. 조선인의 흥행권에 위기가 찾아왔기 때문이다. 극장의 소유권과 흥행권의 일치가 이제는 합리적인 수익구조가 되었으며, "'외지' 시장에서의 안정적인 수요가 보장되어야만 했던 '내지' 영화 산업의 팽창"[8]도 중요한 요인이었다. 극장 프로그램의 지배권도 물론 회수되었다.

대만의 경우, 이전에 청의 통치를 받은 역사가 있다고 해도 중국과

---

8 이화진, 「식민지 조선의 극장과 '소리'의 문화정치」, 연세대 박사논문, 2011, 155쪽.

다르고, 같은 일본의 식민지라 할지라도 조선과 다르다. 청의 통치 시기까지 극장문화는 대륙의 경우에 비해 그리 발달한 상태가 아니었고, 주로 사원이나 개인저택에 세워진 무대, 즉 실외극장이 공연무대였다. 그러다가 일본의 식민통치와 함께 상업 극장이 개관하면서 공연문화가 달라지기 시작하고, 근대적인 극장문화의 중심인 영화상설관과 영화산업은 거의 전적으로 일본(인)이 주도하게 된다. 대만의 초기 영화 산업에서 전설적인 인물인 타카마츠 토요지로高松豊治郎가 그 대표적인 경우다.[9] 그러나 영화가 극장문화의 핵심이었던 중국이나 식민지 조선과 달리, 대만에서 영화의 인기는 전통적인 오락물에 미치지 못했다. 식민지 조선에서는 극장 대부분이 영화상설관이었지만, 대만에서는 공연장이 훨씬 많았으며 식민지 시기에 제작된 극영화도 십수 편에 불과했다.[10] 게다가 극장 소유주의 대만인 비율은 비교적 높았다.[11]

한편, 중국의 사정은 또 달랐다. 첫째, 이미 노천극장·실외극장·실내극장의 전통을 갖고 있었으며, 둘째, 다양한 종족과 언어로 구성된 혼성국가였고, 셋째, 일본제국의 반半식민지로 전락한 적은 있었어도 중국 전역이 식민통치를 받은 적이 없었으며, 넷째, 서양 열강의 조계지가 오

---

9 타카마츠 토요지로의 사례는 마치 이토 히로부미가 가와카미 오토지로[川上音二郎]를 연극개량의 실행자로 지목했던 것을 떠올리게 한다. 그러나 이는 이토 히로부미의 죽음으로 시작되지 못했으며, 가와카미 오토지로도 1911년에 사망했다.(김재석, 「한국 신파극의 형성과 川上音二郎 관계 연구」, 『어문학』 88, 한국어문학회, 2005, 318~320쪽) 흥미로운 것은 가와카미 오토지로가 1911년 타이베이의 조일좌에서 공연함으로써 비로소 신파극이 알려졌다는 점이다. 이에 대해서는 김종진, 앞의 책, 172쪽.

10 장동천, 「대만의 영화수용과 초기 역사」, 고려대 민족문화연구원 HK한국문화연구단 기획연구팀 '근대 극장의 문화정치학과 동아시아' 세미나, 2011.12.10.

11 1941년 시점에서 영화상설관 48개 중에서 대만인 소유주가 19개였다고 하며, 여기에 전통적인 공연물이 올라가던 극장을 포함하면 더 높아질 것으로 짐작된다. 이는 좀더 확실한 통계자료를 통해 확인되어야 할 부분이다.

랫동안 첨단의 근대문화를 선도하는 근거지로 존속했다는 사실이다. 조건의 이런 차이는 극장 지배권이 거의 일방적으로 일본제국에 있었던 식민지 조선과는 매우 다른 양상을 띠도록 하였다. 적어도 극장 지배권에 관한 한 종족 문제는 심각하지 않았으며, 조선민간자본이 매우 취약한 식민지 조선과 달리, 중국의 부호들은 이 새로운 문화산업에 깊은 관심을 보였다. 그렇다면 중국에서 미디어 지배권의 심급은 무엇이었을까.

중국이 워낙 넓다 보니 각 지역의 차이는 식민지 조선의 경우보다 훨씬 크겠기에 단정해서 말하기 어렵다. 다만, 상하이는 유용한 참조가 될 수 있다. 이곳은 중국의 평균치를 보여주는 곳이 아니지만, 가장 복합적 조건에 놓여 있었던 데다가 흥행문화가 가장 발달하여 중국 전역에 그 문화적 영향을 끼친 상징적 중심이었기 때문이다. 상하이에도 경극과 같은 전통 연극을 공연하는 극장이 있었지만, 이곳 역시 영화상설관이 성황이었다. 새롭게 설립된 영화상설관의 소유주는 처음 한동안은 거의 외국인이었지만, 1920년대 중반 이후 상황이 달라지기 시작했다. 중국인의 수효가 증가한 까닭도 있었지만, 상하이에 국민당 정부가 들어서면서 화계華界 개발을 추진함으로써 흥행산업에 중국인 참여가 증가한 것이다. 1930년대에 이르면 중국인 소유의 극장이 상당수 늘어나고, 여전히 할리우드영화가 강세였지만 연화영업공사聯華影業公司와 명성영업공사明星影業公司 등 두 영화사를 중심으로 중국영화의 제작이 활기를 띠었다.[12]

이처럼 극장 소유관계나 프로그램에 대한 지배권에 관한 한, 상하이

---

12 두 영화사에서 제작된 중국영화는 기존의 할리우드영화와 오락물 일색을 관람하던 관객의 취향을 변화시켰다. 여기에는 일본의 1·28 상하이침공 이후 팽배해진 애국주의 정서가 한몫했다. 이에 대해서는 박자영, 「좌익영화의 멜로드라마 정치」, 『중국현대문학』 33, 한국중국현대문학학회, 2005, 193~194쪽 참조.

는 식민지 조선 혹은 경성과는 비교할 수 없을 만큼 중국 민간이 상당한 정도의 지분을 갖고 있었다. 그러나 그렇다고 해서 상하이의 극장에서 식민지 조선에서와 같은 종족적인 분리가 핵심적인 현상이었다고 말하기는 어렵다. 특정 극장에 특정 종족이나 계층이 출입하는 경향이 없지는 않았지만, 중요한 것은 극장의 등급이었다. 이는 극장 시설의 수준이나 개봉관 여부에 따라 구분된 것이지만, 기본적으로 극장 소재 지역 거주민의 계급과 밀접한 관계가 있었다. 1등급은 공공 조계와 프랑스 조계에서도 금융업과 쇼핑가가 집중된 상권에 소재했던 반면, 3등급은 상하이 동북부에 주로 소재했는데 이곳은 일본인과 중국인이 밀집해 있는 곳으로 조선인이 가장 많이 사는 곳이기도 했다. 한편 차오자두曹家渡의 극장은 거의 4, 5등급에 해당했는데 이 지역 상당수 하층민에게 영화를 본다는 것은 사치였다.[13] 하층계급이 밀집해 있는 지역일수록 신식 영화관의 수효는 적었다. 이때 계급의 차이는 얼마만큼은 인종적 위계를 포함했는데, 이는 외화 상영관과 중국영화 상영관으로 구분되어 있던 상황과도 관계가 있다. 요컨대 중국 자체가 다양한 종족과 언어가 공존하고 있었던 데다가 상하이에는 여러 국가의 소세지가 있었기 때문에, 인종적·종족적 위계가 결부되긴 했어도 미디어 지배권의 최종심급은 계급이었다.

그렇다면 만주의 경우는 어떠했을까. 만주는 일찍부터 일본이 진출해 있었고 만주사변 이후 1945년까지 실질적으로 일본의 점령하에 있었기에, 상하이와는 또 다른 점에서 중요한 비교 대상이 된다. 만주의

---

13 1930년대 상하이극장의 위계에 관한 것은 장동천, 「1930년대 상하이극장의 민족지형」, 『중국학논총』 39, 고려대 중국학연구소, 2013, 247~253쪽 참조.

극장은 식민지 조선과 유사하게 만계滿系와 일계日系로 분리되어 있었다. 1940년대 초반까지 영화관 수는 만계가 일계보다 많았지만, 인구의 93% 이상이 만계였음을 고려하면 일계 영화관의 비중은 압도적이라 할 만하다.[14] 더욱이 일본제국이 중국을 문화적으로 지배하기 위해 만주영화협회를 교두보로 삼아 전일적인 지배를 구상했다. 이를 위해 실제로 베이징, 톈진, 상하이 등지에 영화관을 설립하여 미디어 지배권을 확대하였다.[15] 물론 대륙영화연맹을 구상한 일본제국의 기획은 좌절되었지만, 이 행보는 일본제국의 이해관계에 따라 동아시아 각각의 지역에 얼마나 다른 결과를 낳을 수 있는가를 뚜렷이 보여준다.

이렇게 보면 식민지 조선의 극장문화는 일본제국의 같은 식민지인 대만보다도 오히려 중국(만주)과 더 가까워 보인다. 그것은 식민지의 지정학적 위상에 따른 일본제국의 정책적 차이 그리고 여기에서 비롯한 제국과 맺는 관계의 차이에서 비롯한다. 한반도에서 만주를 거쳐 중국의 대륙을 점령하고자 한 일본의 기획은, 비록 지배 정도가 다르고 토대 또한 달라도 식민지 조선과 중국을 근사近似하도록 만든 것이다.

식민지 조선이 대만과 결정적으로 갈라지는 지점은 두 가지다. 첫째, 식민지 조선은 독자적인 하나의 왕조로서 전통적 문화와 문자를 가지고 있었고 이러한 역사에서 유래된 문화적 저항력이 상당했다는 점이다.[16]

---

14 김려실, 「조선영화의 만주유입—『만선일보』의 순회영사를 중심으로」, 『한국문학연구』 32, 동국대 한국문학연구소, 2007, 263~267쪽.

15 일제의 만주정책과 만주영화협회에 대해서는 다음 연구를 참조하라. 이준식, 「일본제국주의와 동아시아 영화네트워크—만주영화협회를 중심으로」, 『동북아역사논총』 18, 동북아역사재단, 2007; 이준식, 「일제의 영화통제정책과 만주영화협회—순회영사를 중심으로」, 『동방학지』 143, 연세대 국학연구원, 2008.

16 이에 관련하여 조선박람회와 대만박람회의를 비교한 하세봉의 논의를 참조할 만하다.

이 문화적 저항력은 조선왕조의 성립 이후 주자학이 국가이념으로서의 지위를 획득하면서 형성된, 이른바 문명주의의 유산으로 이해될 수도 있을 것이다.[17] 둘째, 일본의 식민지 조선 경영의 본질이 '수탈'이었다는 점이다. 조선 현지의 자산을 기초로 증식된 자본을 투자하여 그보다 훨씬 많은 것을 회수해간 수익성 높은 투자였다.[18] 한편, 중국의 경우는 식민지 조선처럼 일본에 의해 완전히 장악된 것은 아니었지만 그에 버금갈 만큼 위협적인 상황이었다. 중국이 세계의 중심이라는 전통적 질서가 와해된 마당에, 일본이 바로 그 자리의 주인이 되겠다고 나선 상황— 청일전쟁에서 패한 것을 시작으로 중국대륙을 향한 일본제국의 행보는 우려할 만한 것이었다. 중국 작가들이 '고려의 망국'을 교훈과 경계로 삼는 데서 출발하여 제국(주의)에 대한 저항과 연대로 나아가는, 하나의 서사로써 식민지 조선을 사유한 것도 바로 이런 맥락에서였다.

그런 점에서 1919년의 두 사건, 즉 식민지 조선의 3·1운동과 중국의 5·4운동이 흥행장을 둘러싼 크고 작은 진동을 가져왔다는 점을 주의 깊게 볼 필요가 있다. 현재까지도 양국에서 중요하게 다뤄지는 이 역사적 사건들은 식민지 조선과 중국의 역사적 경험을 저어도 대만보다는 가까

가장 인상적인 대목은 포스터의 차이를 분석한 대목이다. 조선박람회의 포스터에는 근대적 이미지보다는 조선의 전통적 요소가 부각된 반면, 대만박람회의 포스터에는 근대적 모티브가 핵심이었다. 하세봉은 바로 이 차이를 '문화적 저항력의 상대적 차이'로 설명하고 있다. 하세봉, 「식민지권력의 두 가지 얼굴—조선박람회(1929)와 대만박람회(1935년)의 비교」, 『역사와경제』 51, 부산경남사학회, 2004, 119~122쪽 참조.

17 미야지마 히로시, 「민족주의와 문명주의」, 박헌호·류준필 편, 『1919년 3월 1일에 묻다』, 성균관대 출판부, 2009.

18 정태헌, 「일제하 자금유출구조와 조세정책」, 『역사와현실』 18, 한국역사연구회, 1995; 정용석, 「일제의 식민지 조선 경영의 본원적 목적과 재정적 방식, 1910~1936」, 『사회과학논집』 16, 동아대 사회과학연구소, 1999.

운 것으로 만들고 있음이 틀림없다. 이 문제는 극장의 식민성을 보다 입체적으로 만드는 정치적인 실천을 끌어냈던바, 제국주의 혹은 자본의 논리로써 미디어를 전적으로 지배했다고 말할 수 없는, 흔적을 남겼다.

3. 반제反帝의 역사적 계기와 극장의 탄성彈性

쑨원孫文은 3·1운동 직후 김창숙金昌淑을 만난 자리에서 다음과 같이 말했다고 한다 ― "대저 나라가 망한 지 10년이 못 되어서 이 같은 대혁명이 일어난 것은 동서고금의 역사에 보기 드문 일입니다. 세계의 같은 인류로서 누군들 귀국의 독립을 위해 원조하기를 바라지 않겠습니까? 더구나 중국과 한국은 형제요 순치脣齒라, 한국이 망하면 중국도 또한 병들게 됩니다. 한국이 독립하지 못하면 중국도 독립을 보전하지 못할 것은 형세상 필연입니다."[19] 여기에는 3·1운동에 대한 중국 지식인이 느꼈을 감격과 형세 인식이 동시에 드러나 있다. 천두슈陳獨秀가 "찬미·애상·흥분·희망·참괴慙愧" 등의 단어를 통해 3·1운동의 충격을 표현했듯이,[20] 이후 5·4 지식인이라 불린 그들은 3·1운동에 깊은 공감과 낙관을 표했다. 그리고 2개월 후, 중국에서 5·4운동이 일어났다. 이 기운은 다시 식민지 조선의 지식인에게 깊은 영향을 주었다.

거의 동시적으로 발생하여 영향을 주고받은 3·1운동과 5·4운동

---

19 김창숙, 「손문과의 회견」, 심산사상연구회 편, 『김창숙문존』, 성균관대 출판부, 1998, 254쪽.
20 임형택, 「1919년 동아시아, 3·1운동과 5·4운동」, 박헌호·류준필 편, 『1919년 3월 1일에 묻다』, 성균관대 출판부, 2009, 32쪽.

의 관계는, "종적으로 말하면 양국 간의 오랜 역사·문화적 공통성에 닿으며, 횡적으로 말하면 당시의 세계 상황 및 동아시아 상황에 엇물린" 역사적 동시성으로 이해될 수 있다.[21] 당시 양국은 '순치'가 될 수밖에 없는 역사의 공유와 현재의 절박함이 맞물린 운명의 공동체였다. 난징의 한 대학에서 학생극으로 공연되어 이후 10여 년 동안 중국 전역에까지 영향을 미친 허우야오侯曜의 〈산하의 눈물山河淚〉(1925)은 3·1운동과 5·4운동의 그런 관계를 상징적으로 보여준다. 3·1운동을 묘사한 이 연극에는 "5·4시기를 보낸 중국 청년 지식인의 국제주의적 관점"이 잘 반영되어 있다.[22] 뿐만이 아니라, 1931년 7월 '만보산 사건'과 '중국인 배척운동'이 일어났을 때도, 그해 8월 이 사건들의 배후에 바로 반일공동전선을 분열시키려는 일본제국주의가 있음을 즉각적으로 역설했다. 박원朴園의 〈만보산전萬寶山前〉과 〈한인배화韓人排華〉가 바로 그것이다.[23]

　3·1운동과 5·4운동의 문화적 반향은 분명해 보였다. 그러나 이를 문화적으로 표현할 수 있는 경로가 과연 '극장'에 있었는지는 회의적이다. 그 반향이 극장 '안'으로까지 진입하는 데에는 적잖은 어려움이 있었다.

　물론 미디어 지배권에 일정한 변화가 일어나기는 했다. 식민지 조선의 경우, 조선인극장의 종족적 정체성이 더 뚜렷해졌고, '공회당 겸 극장'을 표방한 공간도 출현했다. 그 극장들은 조선사회의 대안적 공공

21　위의 글, 35쪽.
22　〈산하루〉와 이를 개작한 박원(朴園)의 「亡國恨」(1931)에 대해서는 다음을 참조하라. 김재욱, 「한국인 관련 화극 극본의 발굴과 정리—2010년을 기준으로」, 『중국어문학지』 35, 중국어문학회, 2011, 81~90쪽.
23　위의 글, 90~91쪽 참조.

영역으로서 일본제국 안에 위치하면서도 비동일화를 꾀하는 문화기획의 결과였다. 극장을 시민사회의 공공재로 사고한 이런 움직임이 보고된 사례는 그리 많지 않은데, 이 변화가 극장문화가 가장 발달한 도시에서는 좀처럼 일어나지 않은 일이라는 것 또한 사실이다. 상하이와 같은 도시에서도 사정은 마찬가지였을 것이다.[24]

여기서 동아시아의 극장이 거의 예외 없이 경제적 수익을 기대하는 오락장이었음을 다시금 확인하지 않을 수 없다. 이 점은 할리우드영화나 통속물이 극장을 가득 채웠다는 사실만 기억해도 족하다. 만약 3·1운동이나 5·4운동의 사상을 담아낸 것이 분명한 문화물이 극장 '안'으로 들어올 수 있다면, 그때는 이에 대한 관객의 수요가 확실할 때일 뿐이다. 식민지 조선의 경우, 1920년대가 그러했다. 그간 정치적인 담론에는 무관심했던 극단들조차도 이에 탑승했다. 그러나 일본제국은 조선인의 미디어 지배권을 그리 오래 관망하지 않았다. 극장에 대한 식민권력의 통제가 강화되는 순간, 조선사회의 불온한 압력은 썰물처럼 밀려 나가고 극장은 원래의 모습으로 되돌아왔다. 1930년을 전후로 한 상황이 그랬다.

극장의 경영이 공공성보다는 시장성에 기반하고 있었다는 점은, 새로운 시대정신을 담아내는 그릇과 극장이 서로 불화할 수밖에 없었음을 시사한다. 사실, 근대적인 극장문화의 출현 이후, 동아시아는 '종족적인 것'과 '근대적인 것'의 가치를 어떻게 부여할지 고심하였다. 종족

---

24 식민지 조선의 사례를 참고한다면, 베이징이나 상하이와 같은 대도시가 아닌, 상업자본이 어느 정도 축적된 중소도시 정도의 규모와 사회운동의 역량이 얼마간 활성화되어 있는 지역이라면, 공공 미디어로서의 극장의 존립 가능성을 생각해볼 수 있을 것이다.

적인 것은 '전근대적'인 것으로, 근대적인 것은 '비종족적인 것'으로 간주하기 십상이었다. 극장의 선택은 근대 이전에 기원을 둔 '전통공연예술'이거나 근대의 첨단인 '영화'였다. 이는 담론을 주도한 지식인의 선택과도 다르지 않았다. 문자화되지 않는 전통연희에 대해서는 관대했고, 첨단 미디어인 영화에 대해서는 매혹되었다.

이 점에 관해서도 중국과 식민지 조선은 달랐다. '희戱'의 유산이 풍부하고 극장문화가 발달해 있던 중국에서는 전통공연예술의 존재감은 소진되지 않았다. 실내극장과 노천극장으로 나뉘던 '아雅'와 '속俗'이 하나로 통합되어 실내극장에서 전성기를 구가한 경극京劇이 그 대표적인 예일 것이다. 게다가 도시의 극장문화에 소외되었던 대부분 지역에서, 전통은 훨씬 강고한 힘을 보유할 수 있었다. 이에 비해, 식민지 조선에서는 영화상설관이 대부분이었던 데다가 전통공연예술이 설 자리가 별로 없었다. 극장문화 생성 초기에 그 특수特需를 매우 짧게 누렸을 뿐, 극장 안에서는 주변 장르로 전락했고, 오히려 그 중심을 음반 미디어로 옮겨가 다시 성황을 누렸다.

문제는 이 두 가지 모두 새로운 시대정신을 역동적으로 신속하게 남아내기에는 적절치 않았다는 점이다. 전통공연예술에 대중적 소구력이 있다고 해도 '현재'와 소통해야 하는 난항이 있었으며, 영화야말로 대중적 호소력이 높다고 해도 자본과 기술을 비롯하여 제도적인 영역 내에서 갖춰야 할 것들이 너무 많았다. 1920년대, 식민지 조선에서 제작된 극영화는 그리 많은 편이 아니었고, 이 시기 중국에서는 650여 편에 달하는 극영화가 제작되었지만 그 대부분은 "선남선녀의 사랑에 전통적인 윤리관과 우여곡절이 거듭되는" 내용이었다.[25]

따라서 이 딜레마에 대한 해법이 여전히 생성 중인 '화극話劇'이거나 '신극新劇'에서 찾아진 것은 필연적이었다. 그러나 거듭 말하지만, 기본적으로 극장이나 극장의 프로그램을 지배한 것은 제국주의와 밀착된 자본의 논리였다. 근대극이 극장의 주요 소프트웨어로 등록되기 위해서는 시장성을 높여야 했지만, 이를 충족시켜줄 조건을 갖춘다는 것은 매우 어려운 일이었고, 극장은 이를 기다려주지 않았다. 당국의 흥행취체 또한 만만치 않은 장벽이었다.

이런 까닭에 새로운 언어와 사상은 '소인극素人劇'으로 표현되어야 했다. 앞에서 거론했던 중국 작품들 대부분이 학생극인 것은 우연이 아니다. 중국에서의 아마추어리즘은 좀더 의식적이었던 것 같은데 기존의 '문명희文明戱'의 상업성으로부터 자유로워져야 한다는 이념적 필요에 근거를 두고 있었기 때문이다. 진화단 출신 배우 천다베이陳大悲가 문명희 배우들을 합류시켜 아마추어 연극운동을 진행했던 것이 대표적인 사례이다.[26] 한편, 식민지 조선의 1920년대도 새로운 연극의 전문성이 아직 획득되지 않은 가운데 소인극이 풍미했던 시대였다. 3·1운동 이후, 청년회를 비롯한 각종 사회단체가 조직되고, 강연회·토론회·야학강습회 등과 같은 대중적인 소통방식을 취하면서 민족적 소명의식의 윤리, 근대적 주체의 형성에 필요한 최소한의 교양과 상식을 제공하는 데 주력했다. 바로 이 단체들이 종종 행사 프로그램의 하나로 연극을 구성하거

---

25 장동천, 『영화와 현대중국』, 고려대 출판부, 2008, 71쪽. 한편, 좌파영화의 흥기와 함께 방화 제작열풍이 일어난 1930년대에도 중국영화 점유율은 매우 낮았는데, 1933년 상하이의 극장에서 개봉된 중국영화는 16.5%였던 반면 미국영화는 68%였다. 장동천, 「1930년대 상하이 극장의 민족지형」, 『중국학논총』 39, 고려대 중국학연구소, 2013, 255쪽.
26 5·4 시기의 근대극은 다음을 참조할 수 있다. 김종진, 앞의 책, 260~275쪽.

나 별도로 독립된 공연을 올렸다.

이렇게 보면 3·1운동과 5·4운동이라는 역사적 계기는 적어도 극장 문화와는 행복한 결합을 하지 못한 셈이다. 도시문화의 중심으로서, 시장 논리에 기반하되 지배 권력의 미디어 지배 권역을 벗어나지 않아야 하는 극장의 생리는, '새로운 시작'을 어렵게 하였다. 이런 이유로 3·1운동과 5·4운동을 계승한 새로운 문화적 실천은 극장 '바깥'에서 시도되었으며, 이는 제국주의와 시장주의를 타자로 삼거나 최소한 부인(否認)함으로써 이뤄질 수 있었다. 신문화운동의 기운이 사상적 분화를 거치는 가운데, 극장의 문턱을 좀처럼 넘어서지 못한 사회주의적인 실천이 소인극의 형식으로나마 합법·비합법으로 존재할 수 있었던 것도 바로 이런 맥락이다. 다만, 극장의 탄성(彈性)이 즉각적인 변화를 저지했다고 해도, 1920년대의 새로운 기운은 다른 미디어를 통해서 계속해서 그 에너지를 보충하고 있었다. 물론 중국과 식민지 조선의 상황은 서로 달랐다.

중국에서는 1930년대에 들어서면서, 5·4운동의 주역과 그 훈도를 받은 후배 세대가 영화평론과 시나리오 창작에 관심을 두게 되고, 5·4 문학의 백화소설이 영상으로 옮겨지기 시작했다. 뿐만이 아니라 연화공사(聯華公司)와 같은 대형영화사는 좌파영화인의 재능이 필요했고, 일본에 저항하는 포괄적인 연합문화운동이 좌파와 우파의 전략적 제휴를 이끌어냈다. 특기할 만한 것은 근대극운동이 좌파영화운동과 결합하여 중국 영화의 첫 황금기를 만들어낸 실질적인 에너지가 되었다는 점이다.[27] 그런 점에서 상하이의 위상은 매우 특별했다. 중국 내에서도 매우 독특한

---

27 장동천, 『영화와 현대중국』, 고려대 출판부, 2008, 50~57·78~101쪽 참조.

위치를 점하는 상하이는, 조계지역의 특권을 누린 '부유한 게토'였으며, 여기에서 이루어진 문화적 실천은 결과적으로 지적·도덕적·문화적 헤게모니를 성취하는 진지전陣地戰이었기 때문이다.

반면 식민지 조선에는 '상하이'가 없었다. 1930년대 초반을 거치면서 식민권력은 흥행시장에 대한 국가의 직접적인 개입을 구조적인 차원에서 재조정하여 일본제국의 문화적 영향력을 확대해 나갔다. 한때 일부 지역에서 극장이 공공 미디어로 활용되었다고 해도 '공公'의 점유권은 박탈되었으며, 불온한 문화적 실천은 완전히 비합법 영역으로 감추어졌다. 확실히 흥행시장은 일본제국주의가 구상하는 방향으로 흘러가는 듯이 보였다. 조선인 관객의 외화 선호는 변함없었지만, 조선의 공연물로부터 이제는 1920년대의 활력을 찾을 수 없었다.

그런 가운데 공통적인 것은 외화의 비중이 매우 높고 공연예술이나 방화邦畵에서 통속적 경향이 뚜렷했다는 점이다. 이 점에 관한 한, 상하이도 마찬가지일 것이다. 1930년대에 사회영화와 항일영화가 중요하게 떠올랐어도, 여전히 할리우드영화가 극장을 장악하고 있었고, 외국계 극장은 중국영화의 상영에 그다지 개방적이지 않았다. 그러나 이를 오락 일변도, 상업주의 일변도라고만 일축할 수 있을까. 극장 '안'에서 또 다른 정치적 실천이 수행되고 있었을지 모를 일이다.

4. 외화 소비와 통속의 정치학

제국주의 도래는 문화의 자본주의적 재편 혹은 구성을 초래했다. 극장에 대한 지배권은 지역에 따라서는 토착민과 나눠 가졌지만, 식민지 조선과 같은 곳에서는 일본의 지배력이 절대적이었다. 극장의 프로그램도 크게 다르지 않았다. 번역물이라고 해도 종족성을 상기시키는 공연예술은 영화라는 새로운 미디어에 점차 자리를 내주어야 하는 형국이었다. 극장의 향방은 영화를 향하고 있었다. 당연히, 완제품으로 박래한 필름은 '세계'라는 거대한 시장을 자신의 판로로 삼는 서양 제국주의의 강력한 무기였다. 지역에 따라서는 그 초기에 냉대를 받기도 했지만, 대략 1915년을 전후로 하여 영화는 근대적인 문화의 아이콘으로서 극장을 점령하기 시작했다. 영화를 자체적으로 제작·상영하여 관객의 호응을 받기 위해서는 시간이 걸렸고, 그런 상황이 조성되었을 때 외화의 비중은 이미 큰 상태였다.

외화의 물량 공세를 피해 갈 방법은 없었지만, 그렇다고 해서 동아시아 지역의 외화 소비가 불가피한 것만은 아니었다. 영화사 초기에 수도 상영된 실사영화를 생각해보자. 이 새로운 미디어에 대한 경이는 '기술'에 대한 것이었으며, 그 '묘한 기술'을 획득하고자 하는 욕망을 추동했다.[28] 더욱이 그 필름들은 지역적·종족적·인종적 경계를 월경한다는 쾌감을 제공함으로써 세계사적 동시성을 향유하는 창구로 받아들여졌다. 이 수용은 물론 단일하거나 투명하지 않았을 터이다. 가령, "전쟁 실

---

28 이순진, 「조선 무성영화의 활극성과 공연성에 대한 연구」, 중앙대 박사논문, 2009, 21쪽.

사가 제국주의 국가들의 식민지 쟁탈 전쟁을 담아낸 것이었다면, 풍물실사는 제국주의 국가들의 식민지 탐험과 개척의 부산물이라는 점에서, 양자는 제국주의-식민지 관계로 짜여진 근대세계의 가장 핵심적인 면모"[29]를 드러냈다. 그런 점에서 그러한 실사영화를 보고, 혹자는 제국주의 이데올로기를 자연화했을 수도 있고, 혹자는 적자생존·약육강식의 사회진화론을 자강의 사상으로 전유했을지 모른다. 관객-대중의 관람 경험을 추정하는 것은 늘 조심스러운 일이다. 더욱이 상영 외화 목록에는 정체가 불분명한 것이 상당수여서 개별 텍스트에 집중하는 일도 쉽지 않다. 그러나 중국과 식민지 조선에서 외화에 대한 뚜렷한 선호가 특정 외화에 대한 매혹이나 인기와는 다른 차원인 만큼, 그 소비의 특이성을 짚어내는 것이 필요하다. 이 특이성은 다름 아닌 극장이라는 공간의 정치적 위상학에서 생성된 것이다.

이는 일본제국주의의 여파를 직접 받은 식민지 조선에서 가장 선명하게 드러났다. 극장의 종족적 분리는 병합 이후부터 나타난 현상이지만, 관객들의 넘나듦은 없지 않았으며 일본인극장은 조선인 관객 유치를 위해 조선인 변사를 고용하기도 했다. 그러나 3·1운동 이후, 1920년대로 접어들면서 극장의 종족적 분리는 뚜렷해졌다. 극장은 기본적으로 훈육 공간이자 규율권력이 작동되는 공간이었고[30] 이 공간의 극한적 용도가 피식민 군중을 감금하는 수용소일 수 있음이 분명했지만,[31] 다른 한편으

---

29 위의 글, 39~40쪽.
30 유선영, 「극장구경과 활동사진 보기-충격의 근대 그리고 즐거움의 훈육」, 『역사비평』 64, 역사문제연구소, 2003; 유선영, 「초기 영화의 문화적 수용과 관객성-근대적 시각문화의 변조와 재배치」, 『언론과사회』 12-1, 사단법인 언론과사회, 2004 참조.
31 이혜령, 「식민지 군중과 개인-염상섭의 『광분』을 통해서 본 시론」, 『대동문화연구』 69, 성균관대 대동문화연구원, 2010, 511~519쪽 참조.

로 식민권력과 피식민 주민 간의 정치적 긴장력이 은폐된 종족공간이었다. 조선인극장은 조선인이 군중으로 운집할 수 있는 공간이자, 그 종족적 유대감이 고양될 수 있는 정동의 공간이었던 까닭이다. 그래서 때로는 극장 안/밖에서 불온한 정치적 불씨가 점화되기도 했지만, 더 일상적으로는 극장 안의 반제의식이 일본영화를 보이콧하고 외화를 소비하는 것으로 그 정치성을 드러냈다. 이 '문화적 부인'은 "관람자 개인이 식민제국을 넘어설 수 없지만 주어지고 강요된 것에 대한 회피, 외면, 거부 또는 '제한된 것'에 대한 열망을 통해 식민국가의 의도와는 다른" 문화적 실천이었다.[32] 외화관람 역시 서양발※ 제국주의문화 소비였지만, 제국주의의 중층적 구조(서양/일본)에서 더 직접적이고 위협적이라고 판단된 일본제국주의를 보이콧한 결과였다.

이 정치적 선택에서 관객-대중은 외화가 제공하는 디제시스diegesis를 여과 없이 수용했을 가능성이 있기는 하다. 관객-대중에게 서양 제국주의와 일본제국주의의 지위는 같을 수 없었다. 조선인 관객의 일본영화 보이콧이 텍스트 '이전'의 선택이었음을 고려할 때, 외화가 쾌락을 제공할 수 있었다면 그것은 텍스트 '바깥'에 있는 서양 제국주의와 식민지 조선의 관계를 괄호로 묶어야만 가능했을 것이기 때문이다. 더욱이 할리우드의 장르영화는 관객 자신이 거처하는 '현실'과의 관계를 떠올리지 않고도 누릴 수 있는 다양한 쾌락을 제공하고 있었다.

그러나 동시에 외화가 현실의 알레고리가 될 수 있었다면, 이는 바로 그와 같은 외화 수용의 투명성 때문일 것이다. 〈벤허〉의 디제시스가 곧

---

32 유선영, 「황색식민지의 서양영화 관람과 소비의 정치, 1934~1942」, 『언론과사회』 13-2, 사단법인 언론과사회, 2005, 10쪽.

일본제국의 식민통치를 받고 있었던 식민지 조선의 세계로 상상될 수 있었던 것이나, 프로연극 단체가 채택한 번역극 레퍼토리도 그런 종류의 증거다. 이 번역극은 "프롤레타리아 국제주의 노선에 입각한 계열의 작품들"[33]로 서양 제국주의를 다루지만,[34] 식민지 조선에서 그 텍스트의 정치적 의미는 일본제국주의를 겨냥한 우회의 성격을 띤다. 더욱이 극장 안에는 일본제국의 대리자인 임석경관과 텍스트를 능히 초과하여 '현실'을 소환하는 변사가 있었기에, 텍스트에 대한 정치적 해석은 더 날카로워질 가능성이 있었다.

중국의 외화 소비는 다소 달랐던 것으로 보인다. 자국의 문화물 제작과 소비가 활발했고 자국의 전통과 자본이 중요한 변수였던 만큼, 외화 소비가 절대적이거나 모종의 정치적 의미를 띠었다고 보기는 힘들다. 중국에서도 외화 점유율은 매우 높았지만, 그 정치적 함의가 그에 비례하지는 않았다. 오히려 '상하이영화'가 그 상징적 의미를 띠었다. 1931년 '만주사변', 1932년 '1·28 상하이사변' 등 일본제국의 도발이 본격화되면서 반제의식이 강화되는 분위기가 형성되었고, 마침 '상하이영화'가 융성하면서 사회의식이 뚜렷한 영화가 관객-대중에게 널리 사랑을 받았다. 이를테면 만주의 극장은 만계와 일계로 나뉘었고, 만계영화관에서 주로 상영된 것은 '상하이영화'였다. 중일전쟁이 발발한 이후, 만주국 당국이 상하이에서 유행된 '차고풍금借古諷今'적인 '고장편古裝片'

---

33 이석만, 「1930년대 프로극단의 공연작품 분석」, 『한국극예술연구』 1, 한국극예술학회, 1991, 163쪽.
34 예를 들어, 江馬修(일본)의 〈아편전쟁〉(『전기』, 1929.9)과 트레차코프(러시아)의 〈외쳐라 지나〉는 모두 영국을 겨냥하고 있었다. 반전(反戰)사상이 담긴 레마르크의 〈서부전선 이상없다〉도 일본을 겨냥했다고 해도 좋을 것이다.

(역사극)을 허용할 수밖에 없을 정도로 관객-대중의 수요는 대단했다.[35]

식민지 조선과 중국의 사례가 이렇게 차이를 보인다면, 동아시아 극장에서 주목할 지점은 — 양적으로 절대 우위에 있던 외화 소비 그 자체라기보다는 — 외화까지를 포함한 통속성이라는 것을 말해준다. 극장의 프로그램은 시세時勢와 연동된 것이지만, 관객-대중이 항상 추구하는 욕망과도 관계되어 있었다. 식민지 조선에서 외화 소비가 제국주의와의 관계적 구조에서 정치적 의미를 띠었다고 해도, 그것은 어디까지든 여가 영역에 속했다. 중국에서도, 통속성의 대명사로 알려진 원앙호접鴛鴦胡蝶派의 문학이 한 시대를 풍미할 정도로 인기였고, 1921~1931년 사이 제작된 650여 편의 영화에서 절대다수가 이들 문인이 참여한 영화였다.[36]

사실, 동아시아 극장이 '상업적'이라는 평판은 매우 자연스러운 것이다. 관객-대중의 요구를 만족시켜주는 것은 고급스러운 숙고나 성찰을 외면한다는 것과 같았고, 이런 낙인은 일고의 가치가 없다는 단호한 배제를 수반했다. 그러나 어쩌랴. 근대 자본주의사회에서 관객-대중을 유인하는 방책은 시간이 갈수록 진화하고 있었다. 일반적으로 흥행의 상업적 성공 사례는 대부분 '어렵지 않은' 서사와 이를 엮어내는 일정한 약호와 관습을 가지고 있다. 또한, 거기에는 '속俗'을 '통通'하는 인식론적 평이성이 밑바탕에 깔려 있고, 복잡한 사건과 우연성이 남발해도, 장르가 달라도, 설화의 세계와 같은 간결함과 명료함을 갖추고 있다. 만약 그 서사들 각각의 축약본을 만든다면, 마치 공산품을 찍어낸 듯한

---

35 강태웅, 「만주국 극영화의 제상(諸相)」, 『한국문학연구』 33, 동국대 한국문학연구소, 2007, 101~102쪽 참조.
36 장동천, 『영화와 현대중국』, 고려대 출판부, 2008, 70~71쪽 참조.

닮은꼴을 마주하게 될 것이다. '낡은 문법'으로 여겨져도 많은 이들이 이런 종류에 흥미를 느낀다.

문제는 규칙의 변화, 즉 '통속성'의 정체와 '도덕'의 맥락이다. '속'을 '통'하는 수준은 역사적 단계에 따라 유동적이며, 그에 따라 도덕적 기준도 달라진다. 그러나 이 변화의 지점을 포착하기란 매우 어려운데, 통속성은 알아차리기 어려울 정도로 매우 완만하게 변화하는 보수성을 띠기 때문이다. 그 변화에 가속이 붙는 때는 해당 사회의 질서가 급격하게 변동할 때다. 이 역사적 전환은 '속'을 '통'하는 집단적 합의 수준에 심각한 균열을 가한다. 그런데도 오히려 통속적인 문화물은, 한편으로는 그 균열의 징후를 드러내면서도 다른 한편으로는 매우 유치한 정도의 도덕적 양극화를 동원하여 자신을 보호한다. 따라서 관객-대중이 항상 추구해 온 욕망이라는 것도 그러한 변동 안에 위치되는 역사성을 가진다고 가정할 수 있다. 말하자면 동아시아 극장의 프로그램은 시장성과 역사성이 교직해 나타난 결과였으며, 여가 영역에서 이뤄지는 관객-대중의 쾌락이란 욕망의 항상성을 외피로 두른 역사적 산물로 이해될 수 있다.

그러니 통속물 범람 현상을 당대인 삶의 구조적인 환경에서 맥락화해야만, 관객-대중의 무심해 보이는 그 선택이 지극히 정치적이라는 것을 발견할 수 있다. 거듭 말하지만, 제국주의와 시장주의가 결합한 동아시아 극장의 제도는 할리우드영화를 주류로 한 외화 및 통속물의 압도적인 범람이라는 결과를 가져왔다. 이 현상은 분명 제국주의문화제도에 의해 강제된 결과이지만, 다른 한편으로 보자면 제국주의와 시장주의에서 연원하는 압력으로부터 자신을 보호하기 위한 방어기제로도 해석될 수 있다. 한낱 오락물에 지나지 않아 보여도 그 자체로 일상을 견디는 힘일 수도 있었겠지만, 그 심층적인 '필요'에 의해 특정한 미학적 결과로 응결되기도 했음을 주목하지 않을 수 없다. 그 중심에 신파적인, 또는 멜로드라마적인 특성이 있다.

1930년대 상하이에서 제작된 좌파영화가 그 좋은 예이다. 식민지 조선의 좌파영화는 검열로 정체불명의 영화가 되었다고 혹독한 비판을 받기 일쑤였고 그나마 필름도 전하지 않아 확인할 길이 없는 상태지만, 상하이의 좌파영화는 그렇지 않았다. 상하이가 조계지라는 상대적인 자유로움도 있었지만, 중국영화상들이 할리우드 유통망에 맞서 배급구조를 안정시켰기 때문이다.[37] '멜로드라마와 초급 마르크시즘의 결혼'[38]으로 묘사되었듯, 상하이의 좌파영화에는 멜로드라마 흔적이 농후하다고 알려져 있다. 이 조합을 가장 적극적으로 이해하는 방식은 대체로 좌파이념을 대중적으로 약호화하면서 이념화의 중요 구성 요소로 삼는다는, 즉 멜로드라마 형식의 전략적 차용으로 보는 것이다.[39] 이는 식민지 조선에서도 예술대중화 문제와 결부되어 종종 운위된 것이기도 하고, 심지어 일제 말기 국민연극이 갖춰야 할 요소로서 고려되기도 했다. 실제로 텍스트 생산자가 이를 의식적으로 도모하곤 했다는 점에서, 수긍할 만한 설명이라고 할 수 있다.

37 장동천, 「1930년대 상하이 극장의 민족지형」, 『중국학논총』 39, 고려대 중국학연구소, 2013, 253~259쪽.

38 이는 Pual Pickowicz가 "Melodramatic Representation and the 'May Forth' Tradition of Chinese Cinema"(1993)에서 표현한 것이다. 피코위츠는 1930년대 중국영화가 5·4운동의 급진적인 사상을 계승했다는 중국영화사의 주류적인 해석에 반대하면서, 멜로드라마 형식에 함몰된 좌파영화(인)를 비판했다. 이에 대해서는 박자영, 「좌익영화의 멜로드라마 정치」, 『중국현대문학』 33, 한국중국현대문학학회, 2005, 194~195쪽 참조.

39 박자영의 「좌익영화의 멜로드라마 정치」는 그 가운데 가장 흥미진진한 문제제기를 담고 있는 글이다. 영화 분석은 202~211쪽을 참고하라.

다만, 상하이 좌파영화의 멜로드라마적 성격은 그런 도구적 차원으로 제한되지 않는다. 이에 관해 식민지 조선의 사실주의 연극에서 빈번히 발견되는 멜로드라마의 요소 혹은 사회주의와 신파의 관계를 떠올려 볼 수 있다.[40] 양자의 정신적 지향과 목표는 명백히 다르지만, 그 심층구조가 매우 유사한 점이 있다. 신파는 세계를 도덕적으로 양극화된 곳으로 인식하며, 이때 주체는 절대적인 무력감 속에서도 이를 완전히 수락하지 못하는 태도를 견지한다. 주체에게 다가온 고통과 불행이 외부(악)로부터 온 것이기 때문이다. 사회주의는 신파가 바로 인식하고 있는 바로 그 세계에 대한 과학적인 분석을 제공함으로써, 오히려 신파에 대한 사회주의적 전유를 가능케 하는 동력이 되었다. 그리하여 '선악'은 이제 계급적인 관점에서 재해석되었고, 사회 변혁에 대한 기대를 품을 수 있었다.[41] 문제는 검열체제로 인한 표현의 위기가 신파의 주술적인 힘을 요청한다는 점이다. 여기서 바로 감정의 과잉이 발생한다. 이 사례는 멜로드라마의 인식론적 구조 및 감정구조가 좌파이념과 근본적으로 적대적이지 않았던 식민지 조선의 상황을 보여준다. 중국의 경우 다르다면, 그것은 반제 혹은 항일의식이 제한적이나마 극장 안에서도 표현 가능했다는 점이며, 그 단적인 예가 상하이의 좌파영화였다.

이렇게 보면 식민지 조선과 중국은 공유하는 인식론이 있었다고 잠정적으로 정리할 수 있다. 신파 혹은 멜로드라마 현상은 동아시아 극장

---

40 이 관계는 3부 3장 '사실주의 연극의 성립'에서 다시 논의될 것이다.
41 객관세계의 부당한 절대성 앞에서 자기연민과 자학의 태도를 취하는 이들은 여성이며, 이를 극복하지는 못하지만 이념적으로는 이미 승리해 있는 이들은 남성이다. 젠더의 차이는 텍스트의 위계를 만들어냈다. 〈사랑에 속고 돈에 울고〉와 〈박첨지〉가 지금까지 어떻게 이해되어 왔는지 생각해보면, 그 점이 분명해진다.

이 자산으로 삼을 수밖에 없었던, 혹은 극장의 흥행물이 필경 도달하지 않을 수 없었던, 인식론적 구조가 내보인 집단적 감성의 산물인 셈이다. 이 지점이 동아시아 멜로드라마가 서구 부르주아의 것과 결정적으로 갈라지는 대목이 될 터이다. 그것은 곧 식민성의 자기표현이다.

제3부

텍스트의 시간 – 표상, 서사, 감정

제1장
사상통제의 압력

　근대연극사에서 검열의 중요성은 누누이 의식되어 왔다. 그러나 그 대부분 검열은 전제였거나 그로 인해 사라진 것에 대한 애도였다. 그러한 전제와 애도는 검열을 연극사 '외부'에 위치된, 즉 일정한 값을 유지할 뿐인 상수常數로 간주하는 시각에서 비롯한다. 검열과 연극사의 함수관계를 진지하게 고려해본 적이 거의 없는 것은 바로 그 때문이다. 연극사와 함수관계에 놓인 변수가 비단 검열뿐일 리 없지만, 검열은 "식민지 사회에서 '합법성'에 대한 감각을 가장 직접적으로 가르치는 시스템"[1]으로 식민문화의 틀을 만들어내고 일 개인으로 환원될 수 없는 예술 양식에까지 미치는 힘이었으니, 검열과 연극사의 관계는 매우 근원적이라고 할 수 있다.

　검열을 문화통제 차원으로 확장해 생각하자면 그것이 연극사에 개입

1　박헌호, 「'문화정치'기 신문의 위상과 反-검열의 내적 논리」, 『대동문화연구』 50, 성균관대 대동문화연구원, 2005, 225쪽.

한 시점은 통감부 시기로 거슬러 올라갈지도 모르겠다. 그러나 검열의 작용을 심층적인 것으로 이해하여 예술 양식에까지 미친 효과까지를 염두에 둔다면, 그때는 3·1운동 이후여야 할 것이다. 신파극의 출현과 전통 연행양식의 새로운 모색이 이채로운 양상임에는 틀림이 없지만, 1910년대는 신법을 제정할 만큼 강도 높은 검열이 요청되고 그 과정에서 무언가의 변화를 초래하면서 다음 시기에 중요한 작용을 가한 시대라고 보기는 힘들다.

식민지검열의 시간은 제도의 압력에 의해 유인된 결과만이 아니라 그 과정에서 파생된 응전의 형식을 포함한다. 이 책의 1부에서 제도가 유인해간 방향을 가늠하고, 2부에서는 그러한 제도적 환경에서 분투한 정치적 실천을 살핀 이유도 여기에 있다. 그러나 식민지검열의 문화사적 반향은 더 심층적이고 세속적이다. 검열 효과임이 명백한 어떤 경향성을 지적할 수는 있어도 그것이 전부였다고 단언할 수는 없다. 가시화된 결과의 맥락과 이면을 들여다보는 동시에 비가시화된 것을 알아차리려는 지속적인 관심도 필요하다.

가령, 지극히 1920년대적인 문화 아이콘이었던 소인극이 사상통제의 효과로 급격히 위축되어간 사실은 명백하지만, 이게 전부는 아닐 것이다. 소인극 검열의 과정은 (주최자와 공연자 및 관중을 아우르는) 공연의 당사자에게 새로운 경험이었을 터, 무엇이 합법적인가라는 감각은 검열의 제도적 경험을 직접 마주해보지 보지 않고서는 얻어질 수 없는 법이다. 그렇다고 해서 이런 일상적 경험에서 생성된 그 감각이 무엇이라고 특정하기는 쉽지 않다. 사상통제는 소인극의 위축과 함께 프로-소인극을 지하화하는 계기가 되고, 바로 여기서 합법 영역에서는 표현되지 못한 정치적 자유를 제공하는 역설적인 상황이 발생하기 때문이다. 이때 합법적 경계의 안/밖은 요철 관계로 구조화된다. 그리하여 '밖'은 가시화될 수 없기에 신화가 되고 유령이 되며, '안'은 그것을 상상하면서 합법적인 균형추에서 중심을 잃지 않으려는 항상성의 세계를 구성한다.

이때 우리에겐 그 시대의 소인극을 분석할 만한 충분한 자료를 갖고 있지 못하지만, 그 항상성은 동시대의 또 다른 미디어와 관계하면서 텍스트에 응결되고 그것이 장기 지속적인 피드백으로 하나의 역사를 이룬다. 특히 그 미디어가 일반 대중과 접촉면을 이루는 표상 체계에 관계한다면, 그 항상성을 '속俗을 통通하는 감각'이라고 이해해도 되지 않을까. 나의 이런 상상은 정치적 실천과 무관해 보이는 대중예술의 결과가 식민지검열과 결코 무관할 수 없다는 생각에서 비롯한다. 이는 텍스트를 소비하는 수용자 대중의 검열 감각에 의한 것이기도 한데, 이 경우에도 그 통속성이 검열과 결부된 심층에서 기원한다면 그 흔적이 양식상에 남지 않을 수 없을 것이다. 공연예술의 식민지검열은 지극히 세속적인 것을 통해 그 심층의 효과를 나타낼 것이기 때문이다. 그런 점에서 사실주의 연극의 성립, 아리랑 증후군에 감추어진 진실, 국민연극의 이종異種 등은 제도의 즉각적 효과로 환원되지 않는, 즉 사상통제의 불확실한 결과를 함축한다. 때로는 검열체제에서 조성된 반/검열의 장력을 마주할 수도 있다. 이는 관객-대중의 셀 수 없는 해석 중 일부일 따름이다.

텍스트에 대한 중층적인 해석을 시도할수록 검열은 점점 더 장담할 수 없는 불확실성의 세계로 달아나는 것처럼 보이겠지만, 그때조차 그것이 검열의 자장을 벗어나는 것일 수는 없다. 비유적으로 말하면, 조선연극 또는 공연예술에 대한 식민지검열은 일종의 거푸집이다. 이는 중층적인 의미에서 그렇다. 하나는 의도한 결과를 그대로 만들어내는 검열의 작용을 가리키며, 다른 하나는 그와 정확히 합치되지 않는 임시 구조물로서 검열 기대효과의 불확실성을 가리킨다. 두 가지는 불가분의 관계에 있다. 여기서는 본격적인 논의에 앞서 그 추이를 특징적으로 드러내는 세 지점을 짚어두기로 한다.

1. 검열의 무게

식민지검열이 연극사에 끼친 첫 장면은 아무래도 소인극에서 시작되어야 할 것이다. 조선총독부는 3·1운동 이후 일정한 법제를 마련하는 등 식민지 경영 방식에 변화를 주면서 피식민 주민의 동태를 관찰하고 효율적 통제를 위한 청사진을 그려나가고 있었다. 2부에서 논했듯이 공연검열의 시험대가 바로 소인극 취체인 것은 그럴 만했다. 각계각층 사회적 욕구의 분출이 단체 결성으로 이어지고 이들 단체에서 연극을 도구적 차원에서 전유하기 시작했는데, 검열 당국 역시 소인극을 순수하게만 바라보지 않았다. 불순한 집회가 위장한 '술수'거나 언제든 불온해질 수 있는 '불씨'로 소인극을 인식했다. 응당 이 새로운 연극은 검열 당국이 경계해야 하는 대상이 되었다. 경찰 당국은 소인극 또는 이를 포함한 행사를 원천 봉쇄하지 않는다는 인상을 주면서, 위험 요소를 제거하는 봉쇄 전략을 취했다. 물론 그 마지막은 원천 봉쇄였다.

먼저, 각본검열. 앞서 언급했듯 각본의 사전검열은 경기도 「취체규칙」이 개정된 1923년 6월 이후 처음 시행되었다. 검열 행정의 소관이 각도

<표 13> 경기도 연극 각본검열 현황 : 1923/1929

검열 기간	검열 총수	검열 결과	특기 사항
1923.10	230건	불허가 7~8건 (활동사진+연극)	공안 풍속 방해 사유
1929	396건 (또는 401건)	허가　　　　　341건 일부삭제 허가　28건 불허가　　　　27건 (조선인 창작 14/번역 5)	* 치안방해 절대 불허가 … 지주/소작인 관계, 공장주/노동자 관계, 생활난 때문에 영아 압살, 노농러시아의 사회사정 등 * 풍속훼란 일부삭제 허가 … 청년 남녀의 키스, 타태(墮胎) 등

경찰부 보안과에 있었고, 경기도를 시작으로 각도는 「취체규칙」의 제정과 개정에 착수했다. 지금으로선 각본검열에 관한 정확한 통계자료가 없어 그 구체적 효과를 검토하는 데 제약이 있으나, 간헐적이나마 신문에 보도된 통계자료와 논평 그리고 공연정보로 대략적인 형세나 추세를 짐작해본다.

그 첫 번째로 경기도의 각본검열이 처음 시행된 1923년 10월 한 달의 검열 건수 몇 가지를 비교해보면 흥미로운 분석이 나온다. 검열 건수는 총 345건으로 활동사진 115건, 연극이 230건이다. 그중 공안 풍속에 방해가 된다고 하여 금지처분된 것이 7, 8건이다.[2] 불과 며칠 동안 몇 개의 레퍼토리를 한꺼번에 올렸던 당시의 관행, 그리고 여기에 재조 일본인 연극이 포함된 것을 참고해도 한 달 동안의 검열 건수가 230편에 이른 것은 실로 엄청난 숫자다. 당시 활동하던 극단이 그리 많지 않았기에,[3] 소인극 공연의 상당수가 이 수치에 반영되었으리라 짐작할 수 있다. 반면 1929년 한 해 검열 건수는 총 396건에 불과하다. 그

---

2 「각본과 사진」, 『조선일보』, 1923.11.3.
3 당시 경성에서 공연하고 있던 극단으로는 '여명극단', '신극좌', '민중극단', '문화극단', '토월회' 등이 있다. '취성좌'는 주로 지방 순회 중이었다.

중 허가 341건, 불허가 27건, 일부삭제 허가 28건이다.[4]

6년 여의 시차가 있는 1923년과 1929년의 각본검열 통계를 어떻게 해석해야 할까. 우선, 각본검열의 시작으로 공연 활동에 '신중'을 기하는 경험치가 누적되었음을 의미한다. 그 직격탄을 맞은 것은 소인극이었다. 1923년 당시 활동하던 극단 중 1929년까지 존속한 극단은 '취성좌'와 '토월회' 정도이고 가극단이 다소의 활기를 띠었을 뿐이다. 1923년 10월 검열 건수에서 소인극 공연이 상당 부분을 차지했으리라는 추정이 맞는다면 1929년의 이 결과는 소인극 공연이 줄어든 결과로 해석할 수 있다. 이 변화는 프로-소인극의 약진과 위축이라는 역사적 과정과 직접 관계가 있다. 시대는 사회주의 사상의 확산으로 사회적인 쟁점을 극화하고자 하는 욕망으로 출렁거렸고, 이 대세는 동시에 치안유지법 발효를 시작으로 진행된 사상통제의 압력 아래 있었다. 1929년 불허된 27편 중 대부분이 사회극이었다.

　　최근에 시내에서 흥행하고 있는 모든 연극의 각본을 검열하고 있는 경기도 경찰부의 말을 듣건대 조선사람이 연출하려고 제출하는 각본 가운데는 사회사상, 즉 지주와 소작인의 관계와 공장주와 노동자의 관계라거나 생활난 때문에 어린 아해를 눌러 죽이려는(영아압살) 것이라거나 그 밖에도 노농 로서아의 사회사정 등을 그린 것이 연연히 늘어가고 있는 중이나 경찰당국에서는 이 종류의 모든 것을 치안상에 좋지 못하다는 이유로 절대로 불허가로 하였다 하며 그 밖에 청년남녀가 '키스'

4　「노자관계를 취급한 각본이 다수」, 『조선일보』, 1930.1.12; 「각본허가건수」, 『동아일보』, 1930.1.15. 그런데 「진실한 연극보다 '넌센스'극 高位」(『조선일보』, 1932.12.26)는 1929년 검열 총 건수가 401편이라고 밝혀 5편 정도의 차이가 있다.

하는 장면이라거나 타태(墮胎) 등을 암시하여 풍속을 훼란(毀亂)케 하는 연극
도 상당히 많아 그런 것은 일부분을 삭제시키고 허가를 하여주었다는데

—「노자관계를 취급한 각본이 다수」, 『조선일보』, 1930.1.12

검열 당국의 주요 표적은 다분히 사회주의적 것이었다. 지주/소작인·
공장주/노동자의 계급관계, 소련(노동 러시아) 사회 등의 재현은 물론이거
니와 '영아 압살'도 계급사회의 모순에서 비롯된 생활난으로 해석했다.
불허가 건수가 감소했다고 해도 1929년에도 여전히 사회 문제를 다룬
각본 비중이 높았다. 지방극단의 사전검열은 언론에 소개된 바가 거의
없으나 현장취체 과정에서 불온성이 뚜렷해 단원들이 검거되거나 실형을
받은 사건이 종종 보도되었다. '동민극단東民劇團'의 〈노동은 신성〉, 〈인생
의 정로正路〉, '아성극단亞星劇團'의 〈아리랑〉, '백우회白友會'의 〈야앵夜鶯〉,
원산관 직속 'WS 연예부'의 〈과도기〉, 〈하차〉, '명일극단明日劇團'의 〈백두
산 밑에 눈이 나리는 밤〉, 〈철로공부鐵路工夫〉 등이 그런 예이다.[5]

'토월회'에 관여하고 있던 이서구와 김을한이 각본검열의 곤혹스러
움을 토로했을 정도니,[6] 당시 검열상황은 가히 짐작하고도 남음이 있
다. 경기도 보안과는 "때때로 변하는 심경에 도치되어 움직이는 배우의
표정, 동작까지 적어" 내라고 주문했다. 〈여직공 정옥〉은 '토월회' 제2

---

5 「동민극단 흥행, 경찰돌연금지」, 『조선일보』, 1926.5.18; 「불온하다고 극단까지 해산」,
   『조선일보』, 1928.3.7; 「아성극단 흥행 중 금지, 불온하다고」, 『조선일보』, 1929.2.23;
   「상연한 연극이 유무산 대립이라고 연극 중에 중지, 해산」, 『조선일보』, 1929.7.31; 「각본
   이 불온타고 배우 10여 명 취조」, 『조선일보』, 1930.11.19; 「흥행이 불온타고 출연배우
   취조」, 『조선일보』, 1933.9.7.
6 이서구, 「극단의 일우에서」, 『매일신보』, 1925.5.17; 김을한, 「연극잡담(1)」, 『조선일
   보』, 1926.6.7.

주년 기념공연작으로 준비되었으나 반 이상이나 삭제되어 공연되지 못했다.[7] '토월회' 연극치고는 다소 낯선 이 제목이 1920년대 연극계의 상황을 전달한다. 신파극단을 대표하던 '취성좌'도 예외는 아니다. 공연 중에 "시간이 지났다"고 돌연 중지된 경우는 뜬금없이 느껴지지만,[8] 군산에서 〈운명의 종〉 공연 중에 문수일(문예봉 父)이 "부르주아 사회를 파괴하자는 뜻"의 대사를 읊어 공연은 중지되고 극단은 숙소 수색과 10일 흥행 허가 취소를 당했다.[9]

좌파연극에 대한 검열의 강도는 확실히 높았다. 카프의 직속극단 '신건설'(1932)과 각 지부에 소속되어 있던 극단 외에 '불개미극단'(1927), '이동식소형극장'(1931), '메카폰'(1932), '신세기'(1933) 등은 카프 중앙과 관련이 있는 외곽단체라 할 수 있는데, 그중 '불개미극단'과 '신세기'는 한 번의 공연도 하지 못한 채 해산되었고 대부분 한두 번의 공연으로 좌초하고 말았다. 김동환·김기진·박영희·조명희·김복진·안석주 등이 중심이 되어 조직된 '불개미극단'은 루나찰스키의 〈해방된 돈키호테〉 공연을 위해 당국에 각본을 제출했으나 아무런 소식도 듣지 못해 무산됐고,[10] 1929년 7월 카프 동경지부 프로극상이 조선순회공연을 기획했으나 3편 가운데, 〈어머니를 구하자〉, 〈탄갱부〉가 불허되어 역시 좌초했다.[11] 그해 8월 카프 수원지부 역시 각본검열이 늦어져 부득이 연

---

7 「기념흥행연기, 각본의 삭제로」, 『동아일보』, 1925.7.1.
8 「청진극장에 일풍파―순사의 사과로 무사 해결」, 『조선일보』, 1926.4.21.
9 「출연 중에 금지」, 『조선일보』, 1926.11.10. 그리하여 김소랑은 군산 내 모 노동동맹회에 위원으로 있는 모씨와 협력하여 또다시 흥행할 뜻을 경찰 당국과 교섭을 시도했다고 한다.
10 「극운동단체출현―불개미극단을 조직」, 『동아일보』, 1927.1.28; 민병휘, 「박씨의 프로극관과 포빙씨의 〈깨어진 거울〉(상)」, 『조선일보』, 1931.2.11.
11 「푸로극장 공연중지, 각본 불허가로」, 『조선일보』, 1929.7.26; 「각본 불허가로 프로극

기되었다.[12] 1932년 2월에는 '이동식소형극장' 제1회 공연작으로 준비된 이효석의 〈다난기多難記〉와 석일량의 〈작년〉이 검열에서 불허되었고,[13] 1933년 9월에는 평양에서 구舊 '명일극장'의 단원들로 구성된 극단 '신세기'가 〈평양 삼인남〉 등을 제출했으나 불허 조치와 함께 김남천 등 13명이 검거되는 일이 벌어졌다.[14]

실질적으로 공연 활동이 불가한 상황이었던 셈이다. 좌파연극의 계급의식은 반제·반체제적인 행위를 선동할 위험성이 있어서 관망할 수 없는, 사상통제의 주된 표적이었지만 검열 우회도 쉽지 않았다. 좌파연극의 도덕적 입지는 바로 그로부터 생겨나는 것이기에 우회의 반경 역시 좁아 번번이 어려움을 겪었고, 극단의 생명은 짧을 수밖에 없었다. 더 나아가 경찰 당국은 공연 외적인 사안을 빌미로 치안유지법이나 출판법 위반으로 연극인을 검속하여 조직의 분쇄작업에 마침표를 찍었다. 그 마지막에 바로 극단 '신건설'이 있다.

'신건설'의 제1회 공연은 연기를 거듭하면서 그야말로 지난한 과정을 거쳤다. 제1차 연기는 1932년 8월 '신건설' 수뇌부인 신고송의 피검으로, 제2차 연기는 강호·이상춘·김태진·나웅·추적양 등의 피검과 〈바람의 거리〉의 불허로, 제3차 연기는 확실치 않으며, 제4차 연기는 경찰 당국의 공연 장소 불허로, 결국 1933년 11월에야 〈서부전선 이상 없다〉를 공연할 수 있었다.[15] 이때 카프는 제1차 검거(1931) 이후

중지」, 『동아일보』, 1929.7.26.

12 「수원 프로극 연기」, 『조선일보』, 1929.8.23.

13 「이동식소형극장 제1회 공연 연기, 각본 불허가로」, 『동아일보』, 1932.2.22.

14 「평양 '푸로' 배우 13명 검거」, 『동아일보』, 1933.9.3.

15 「극단 '신건설' 공연연기」, 『동아일보』, 1932.10.13; 「새로운 극단 '신건설' 출현」, 『조선

별다른 재조직의 움직임 없이 조직 활동이 정체되어 있었다. 상황이 이러한데도, 공연 장소가 배재 대강당에서 본정 연예관(구 경성극장)으로 변경된 후에야 검열 당국이 공연을 허가한 것은, 프로연극의 지방과 중앙을 구획하고 정치적 실천과 예술적 실천을 나눔으로써 수행성을 통제한 것으로 해석될 수 있다.[16] 그러나 주지하듯 이게 끝이 아니었다. 검열 당국은 '신건설사 사건'으로 카프 해체에 결정적인 쐐기를 박는다.

왜 '신건설사 사건'이었을까. 박영정은 이 시기에 이르러 카프의 역량이 사실상 연극운동으로 이동했다는 입론하에 카프와 코프(일본프롤레타리아문화연맹)의 연계성이 핵심이었을 것이라고 추정한 바 있다.[17] 설득력 있는 해석이다. 더욱이 카프와 코프의 연계를 끊어낼 수 있고, 그렇게 함으로써 일본과 조선 양쪽 모두에 치명적인 타격을 가할 수 있었기 때문이다. 이 설명에 기대어 논의를 조금 더 밀고 나갈 수도 있다. 카프의 역량이 연극운동으로 이동했다면 문화(예술)에 대한 사상통제의 표적은 필연적으로 '신건설'이 되며, 그것이 검열 혹은 취체가 아닌, 조직 분쇄로 나타난 것은 전시체제로의 진입에 걸맞은 통치 변화를 시사한다. 이는 검열에서 선전으로 전환되는 과정에 필수적으로 요청되는 전향의 시간으로, 1933년에 이미 총독부가 '블랙리스트'를 작성하여 탄압과 훈유로써 '불온작가'를 전향케 한다는 방침의 연장선에 놓인다. 총독부의 이런 방침은 사전검열을 엄격히 한다고 해도 그 목적

일보』, 1933.1.7; 「신건설 공연, 4월 15일로 연기」, 『조선일보』, 1933.2.23; 「신극계 신인모둠, '신건설' 1회 공연」, 『조선일보』, 1933.11.5; 「'신건설' 1회 공연」, 『조선일보』, 1933.11.22.

16 이에 관해서는 이 책의 2부 1장 '소인극의 불온한 군중' 마지막 장에서 다룬 바 있다.

17 박영정, 「연극운동 사건에 대한 재검토」, 『민족극과 예술운동』 10, 민족극연구회, 1994.

을 달성할 수 없다는 판단하에 작가에 대한 "탄압적 선도"를 하기로 한데 따른 것이다.[18] 이 정황을 종합하면 '신건설사 사건'은 검열제도나 여타의 취체규칙 혹은 형사소송법과 같은 법 집행만으로는 충분치 않은 시대로 진입했음을 공언한 표적 취체인 셈이다.

다른 쪽의 사정은 어떠했을까. '프로극', '경향극'과 짝을 이루며 '신극' 혹은 '연구극' 단체라 지칭된 극예술연구회(이하 극연)가 있을 터인데, 엄밀히 말해서 이 그룹은 소인극 또는 좌파연극의 검열사(檢閱史)에서 일부 시기만 겹친다. 극연은 1930년대 이후 식민체제의 안정화와 함께 새롭게 재편되고 있던 조선의 지식 체계에 개입해 들어감으로써 문화적 헤게모니를 획득하려 한 해외문학파의 욕망이 가장 중요하게 작용하여 성립된 단체였다.[19] 창립 시점인 1931년 7월은, 사상통제의 압력이 거세지면서 그 실질적 효과가 나타나기 시작한 때이다. 그래서였을까. 서항석은 좌파 연극계와 자신이 속해 있는 극연을 다음과 같이 비교한다.

그렇다고 좌익을 표방하고서는 가사(假使) 미온적 극본으로써 공연을 기획한다 할지라도 검열의 관(關)을 통과하기 지난한 일인즉 단념도 못 하고 실천도 못 하는 것이 특수 사정하에 있는 현하 조선좌익극운동의 고민처인가 한다. 그러나 건투하라.

(⋯중략⋯) 그리고 실험무대는 결코 반동적이 아닌 범위에서 극운동을 제일의(第一義)로 하므로 실천이 봉쇄되어 있지 아니하여 현단계에 있어서는

---

18 「각도 고등경찰과에서 '불온작가' 명부작성」, 『동아일보』, 1933.5.12. 이미 경상북도에서는 시험해 본 상태였고, 함경북도에서도 곧 시험할 계획이었다고 밝히고 있다.
19 이승희, 「극예술연구회의 성립─해외문학파의 욕망과 문화정치」, 『한국극예술연구』 25, 한국극예술학회, 2007.

가장 실제적 효과를 많이 낼 수 있다. 이 점에서 좌익 제극단과는 그 업적의 양(量)을 달리하게 된다.

—서항석, 「극계의 동정」, 『신동아』 13, 1932.11

검열을 '무사히' 통과할 수 있다는 얼마간의 자신감, 이는 검열을 우회하는 기술의 유리함을 말하는 게 아니라 사상의 차이에서 비롯하는 것이다. 그러나 극연도 각본검열의 난관을 피해 가지는 못했다. 〈제방을 넘은 곳〉(이서향 작), 〈은담배합〉(골스워디 작), 〈소〉(유치진 작), 그리고 〈토성낭〉(한태천 작)과 〈줄행랑에 사는 사람들〉(심재순 작) 등이 각본검열을 통과하지 못했다.[20] 그중 〈소〉, 〈토성낭〉, 〈줄행랑에 사는 사람들〉은 이미 발표된 것인데도 불허되었으며 〈제방을 넘은 곳〉은 이후 지면으로 발표되었다. 한편 톨스토이의 〈어둠의 힘〉은 대폭 개작을 한 후에야 공연할 수 있었다.[21] 더욱이 만주사변 이후 전시체제로 전환되는 단계로 돌입하면서, 검열 당국은 기본적으로 좌파의 섬멸 즉 사회주의 사상의 뿌리를 제거하고 있었지만, 다른 한편으로 자유주의도 문제삼고 있었다. 1934년 극연의 공연작 〈인형의 가〉는 "검열 당국의 조건부 허가에 의하여" 식민지 시대의 마지막 공연이 되었다.[22] 근대적 기획으로 제출된 개인주의의 실현을 위해서 호명된 노라가,[23] 실은 '조선'과

---

20 「제준비 착착 진행 중의 극연 제4회 공연, 극본 하나는 검열 불통과」, 『동아일보』, 1933.6.20; 「극연 6회 공연 연기, 극본 불통과로 3월 상순에」, 『동아일보』, 1934.2.6; 「극연 제8회 공연은 검열 불통과로 연기」, 『동아일보』, 1935.6.30; 서항석, 「극계 1년의 회고」, 『신동아』, 1935.12.
21 유치진, 「연극운동의 길—극연 제9회 공연을 앞두고(상)」, 『동아일보』, 1936.2.26.
22 「극연 제6회 공연, 입센 작 〈인형의 가〉」, 『매일신보』, 1934.4.18.
23 이승희, 「입센의 번역과 성 정치학」, 『여성문학연구』 12, 한국여성문학학회, 2004.

동일시하는 번역주체의 내면이었음을 검열 당국이 읽은 것일지, 아니면 가부장적인 파시즘에 역행하는 이 성적 정체성의 정치성이 지극히 불온하다고 생각했던 것일지, 상품으로서도 가치가 있었던 이 희곡은 이후로 공연되지 못했다. 그 잠재된 반역성은 사회주의적인 것과 함께 엄격히 통제되어야 했기 때문이다.

일반적으로, 프로연극 계열이 아니라면 검열상의 난관은 덜한 편이었다. 사상통제를 목표로 한 검열에 저촉될 확률은 그만큼 낮았다. 물론 각본검열에서 불통과 사례가 적다고 해서 공연 과정이 순조로웠다고 말하는 것은 아니다. 각본검열은 통과했으나 실제의 공연이 각본과 다르다는 이유로 현장에서 문제가 되는 경우도 적지 않았다. 공연은 중지되었고, 관계자는 검속되거나 실형을 받았다.[24] 때로는 불투명한 이유로 공연 일수에 제한을 받아서 곤경에 빠지는 경우도 꽤 있었다. 순회극단 측에 하루만 허용한다는 조치는 사실상 공연금지처분이나 다를 바 없었고,[25] 신청 일수 5일에서 3일만 허가되는 경우 적자 폭이 커지는 것을 의미했다.[26]

---

24 「각본과 틀린다고 토월회 검거」, 『조선일보』, 1930.1.24; 「'아'협회 연극, 공연중 돌연 금지」, 『조선일보』, 1930.3.28; 「평양서 연극중지, 임석경관이 중지시켜서」, 『중외일보』, 1930.3.28; 「현성완일행, 경찰이 검속」, 『동아일보』, 1932.6.11; 「홍행중 배우 引致코 취조」, 『동아일보』, 1933.8.23; 「희락좌 배우를 개성서 인치」, 『동아일보』, 1935.4.5; 「연극사 십여 명 안동서 검거」, 『동아일보』, 1935.6.11; 고설봉, 『증언연극사』, 진양, 1990, 129쪽 참조.

25 「순극흥행금지」, 『조선일보』, 1928.11.4.

26 박승희, 『춘강 박승희 문집』, 서문출판사, 1987, 18쪽. "도청에서 검열한 대본이 나오지 않았다. 또 가고 또 갔으나 일부러 자꾸 늦추어만 가는지라 마침 신문기자들이 왔다가 이 말을 듣고 자기네들이 주선해 보마고 했다. 그러고서 이삼일 지나서야 찾아왔다. 종로 경찰서 흥행허가 교섭까지 부탁하고 우리는 공연기간을 칠월 이십일일까지 오일간을 원하였으나 겨우 삼일간이 허가되었다. 이 공연의 수지는 벌써 맞지 않게 되고 말았다."

그렇다고 하더라도 좌파연극에서만큼 가혹한 결과는 아니었다. 합법적인 표현의 수위와 공연 당사자의 사상 간의 거리를 좁힐 탄력성이 없지 않았다. 김광섭이 말한 것처럼 "연극은 결코 지하운동으로 되는 것은 아니"[27]라는 관점에 있던 이들은, 결국 '휘어지는' 것으로 그들의 태도를 바꾸면 되었기 때문이다. 그런데도 서항석의 자신감이 무색할 만큼 극연 역시 공연 환경이 좋았다고 말할 수 없다. 바로 이 지점, 즉 좌파연극과 달리하는 이념적 기반에서 '합법성'에 대한 감각이 연극에 새겨졌을 가능성, 과연 이런 상태가 연극사에 무엇을 기록하는지 진지하게 숙고해볼 일이다.

여하든 신극의 행로는 거의 결정이 난 듯싶었다. 한때 대중극조차 '불온'의 이유로 공연 중지와 검속을 당하던 시절은 그저 지나간 유행처럼도 보인다. 점점 엄혹해진 검열은 시대의 기운을 때로는 일축하며 때로는 회유하고 조율해나가면서 연극계의 위험 요소를 어느 정도는 제거해나간 상황이었고, 연극계가 그 과정을 경험하면서 이를 당연하게 받아들이기 시작한 것도 분명하다. 검열 당국의 사상통제는 식민지 조선의 연극을 매우 빈약하게 만들었다.

그나마 다행이라면, 조선연극이 어떤 상상력과 기대를 품고 있었는지를 짐작할 수 있는 단서가 '공연되지 않은/못한' 희곡에 아주 조금은 남아 있다는 점이다. 지면에 발표된 희곡과 공연 대본 사이에는 검열제도의 차이만큼 일정한 거리가 있다. 「신문지법」과 「출판법」에 따라 검열을 받는 전자의 경우 일종의 독물讀物로서 소재의 허용범위가 비교적

---

27 김광섭, 「극계의 회고, 부진현상소관(3)」, 『동아일보』, 1935.12.18.

넓었던 반면, 「취체규칙」에 따른 후자의 경우는 그 허용범위가 매우 제한적이었다. 가령, 앞서 인용했듯이 사회사상(지주/소작인·공장주/노동자의 계급관계)이나 생활난(영아압살) 같은 것은 사전검열에 통과되지 못해 공연할 수 없었지만, 희곡으로는―비록 복자伏字로 표기되는 특정 단어나 문장이 있다고 해도―표현될 수 있었다. 시대극연구회(1928)가 제1회 공연작으로 검열원을 제출했으나 불허된 〈대무대의 붕괴〉(김진구 작)와 〈반역자의 최후〉(권철 작)도 같은 예다.[28] 검열 당국은 당시 김옥균과 전봉준을 내세우는 것만으로도 공안을 위태롭게 한다고 본 것인데, 〈대무대의 붕괴〉는 이후 지면에 발표되었다. '공연되지 않은/못한' 희곡은 그것대로 검열에 의한 결과지만, 무대로 표현되지 못한 조선연극의 결핍이자 일부이기도 한 것이다.

2. 증류된 우울

그런데 사실, 공연예술에 가해진 사상통제의 다른 한편, 즉 흥행시장의 경기는 매우 좋아지고 있었다. 연극의 경우, 경기도 경찰부 검열계의 통계에 의하면, 1930년 검열 건수는 총 489건으로 전년 대비 20%가 조금 넘게 증가하더니,[29] 1931년에는 1,023건으로 대폭 증가했고,[30] 1932년 12월 20일 기준으로 1,264건을 기록했다.[31] 불과 4년 사이에 검열 건

---

28 「시대극 각본 압수」, 『동아일보』, 1928.8.5; 「시대극연구회의 상연금지」, 『중외일보』, 1928.8.5.

29 「진실한 연극보다 '넌센스'극 高位」, 『조선일보』, 1932.12.26.

30 「각본검열 통계」, 『동아일보』, 1932.3.14.

〈표 14〉 경기도 연극 각본검열 현황 : 1929~1932

검열 기간	검열 총수	검열 결과	특기 사항
1929	396건 (또는 401건)	허가　　　　　　341건 일부삭제 허가　　28건 불허가　　　　　27건 (조선인창작 14/번역 5)	* 치안방해 절대 불허가 … 지주/소작인 관계, 공장주/노동자 관계, 생활난 때문에 영아 압살, 노농러시아의 사회사정 등 * 풍속훼란 일부삭제 허가 … 청년 남녀의 키스, 타태(墮胎) 등
1930	489건		
1931	1,023건		* 조선문 595건/일본문 427건/외국문 1
1932 (12.20 현재)	1,264건	대부분 개작, 허가.	대부분 '흥미, 난센스'

수만 놓고 보면 연극시장의 규모는 3배 이상 늘어난 셈이다. 불경기지만 흥행 경기가 좋은 것은 연극이나 영화나 마찬가지였다.[32] 그리고 이때 이르러 검열 불통과 건수가 아예 없어졌다. "당국의 기휘忌諱에 저촉된 것도 있었으나 몰수되었다던가 하는 예는 없고 대개 개작시키어 상연케" 했으며, "내용은 진실한 연극운동을 의미할 만한 것은 극히 적고 대부분은 흥미, '난센스'"였다.[33] 즉 1930년대로 접어들면서 연극의 시장경기는 좋아지고 사전검열에 저촉되는 빈도수는 현저히 낮아졌다.(〈표 14〉 참조)

볼거리와 오락을 세공히는 공연물은 1910년대 이래로 꾸준히 있었다. 일본의 통치권을 위협하지 않는 이상 공연물은 상품적 가치로서의 항상성을 보장받아 왔고, 관객 획득을 위한 방법도 적극적으로 모색되었다. 활동사진과 결합한 편성을 시도했고, 구극舊劇 측과 합동 공연을 하기도 했으며, 서양의 레뷰를 들여오기도 했다. 뿐만이 아니라 노래와 춤, 재담이나 희극을 막간극으로 구성해 편성했다. 연극의 종류로는 희

---

31 「진실한 연극보다 '넌센스'극 高位」, 『조선일보』, 1932.12.26.
32 「연말연시 목표로 흥행계 대성황, 경무국의 검열통계」, 『조선일보』, 1932.12.19.
33 「진실한 연극보다 '넌센스'극 高位」, 『조선일보』, 1932.12.26.

극이 수적으로 가장 많이 차지했다. 대중극단이 하나둘 창립하여 수적으로 늘어나기 시작한 것도 1930년을 전후로 해서 생겨난 일이다. '조선연극사朝鮮硏劇舍'가 1929년 말에, '신무대'와 '연극시장'이 1931년에 등장했다. 게다가 1931년 검열 건수에서 일본어 연극의 비중이 상당할 정도로(427건) 재조 일본인 연극의 성장세도 한몫한 듯싶다.

프로-소인극의 위축은 그즈음 이미 뚜렷했고 프로연극의 공연 사례가 어차피 그리 많을 수 없는 상황임을 고려하면, 흥행시장의 호조는 사상통제의 효과란 마치 불온한 가지를 잘라내는 것일 뿐임을 말해주는 것인지도 모른다. 이 잘린 가지를 타산지석으로 삼아 안도의 숨을 내쉬면서 연극사의 안방을 차지하길 기대한 극연이 처음 공연을 선보인 것도 1932년이니, 극연은 좌파연극과 출발지점도 다르고 흥행 경기의 비약적인 성장과도 무관했던 셈이다. 그러나 1920년대를 참조하면 사상통제의 압력과 대중연예물의 호황 양자의 관계는 어느 정도 인과적이다. 사상통제가 다른 가능성을 봉쇄하는 까닭에 지극히 오락적인 대중예술이 비대해진다는 사실에는 별다른 상상력이 필요하지 않다. 다만, 그런 종류의 예술이란 따로 있는 것이 아니다. 특정한 현상에는 그럴 만한 이유가, 흥행 경기의 호조를 가져온 소비 주체의 동태가 보태져야 한다. 지극히 세속적인 표층으로 심층의 흔적을 남기고 있었을지 모른다.

약간의 우회가 필요하다. 당시 극장에서 만연했던 '에로 서비스'[34]에서 시작해본다.[35] '에로'라는 이 신어新語에 대해, 『조선일보』에서는 문명의

---

34 이 표현은 유치진의 것을 빌려 온 것이다. 유치진, 「硏劇舍 공연을 보고(2)」, 『동아일보』, 1933.5.9.
35 '에로 서비스'와 관련된 이하 4개 단락은 「박영호의 연극, 대중극의 젠더」(『민족문학사연구』 55, 민족문학사학회, 2014), 328~331쪽에서 가져왔음을 밝혀둔다.

퇴폐기에 나타나는 것으로 현재는 "진실한 연애보다도 흔히 '오입'의 뜻"으로 쓰이며, "내복을 잊어버린 여학생 레뷰의 여자들의 거의 나체에 가까운 다리 등"도 해당한다고 설명하고,[36] 『동아일보』에서는 에로가 "연애, 색정" 등의 뜻이지만 현재 그 쓰임새가 넓어져 "육감적, 도발적, 기타 남녀 양성 간의 성적 행위에 관계 있는 모든 것"으로 요약된다고 말한다.[37] 실제 용례에도 이 어휘는 성적 현상과 관련해 포괄적으로 사용되었는데, '에로 그로 난센스'로 묶인 이 취미의 경향은 "자본주의 문명이 말기에 다다른 증거"이자 '비관을 초월한 퇴폐적 경향'으로 이해되었다.[38] 1930년을 전후로 하여 풍미한 극장의 에로 풍경, 즉 레뷰의 유행도 그 주된 현상이었다. 그리고 이 영향은 연극에까지 뻗쳤다. 유치진은 연극의 "무서운 대적인 영화를 단연히 압도하여 무지한 관객의 호기심에 영합한 레뷰식 키친드라마의 경연이 백열화白熱化되어 있다"고 하면서 다음과 같이 진저리를 쳤다 ─ "눈요기에 그치는 연극! 눈요기만을 탐욕하는 관중!"[39]

유치진이 말한 '레뷰식 키친드라마'란 아마도 ─ '에로 서비스'와 '과도한 명랑성'이 포함된 ─ 중하층계급을 다룬 연극이 될 텐데[40] 이는 종래에 하층계급을 다룬 사실주의극의 이종異種으로 보였나. 그 무렵에 성행한 '행진곡'류 연극이 그에 근사한 것으로 짐작되는데, 물론 '~행진

---

36 片石村, 「첨단적 유행어 해설」, 『조선일보』, 1931.1.2.

37 「신어해설」, 『동아일보』, 1931.3.16.

38 「에로·그로·넌센스 亂舞한 諸첨단상(1)」, 『조선일보』, 1931.1.2.

39 유치진, 「연극영화전을 개최하면서(상)」, 『동아일보』, 1931.6.19.

40 유치진이 언급한 '키친드라마'가 정확하게 어떤 것인지는 알 수 없다. '키친 싱크드라마 kitchen sink drama'가 1950년대 중반 이후 영국에서부터 상업적으로 성공한 연극의 한 종류를 지시하지만, 이보다 시기적으로 앞선 1930년대에 이미 그 용어가 정착되었을지는 의문이다. 다만, 고상한 '응접실'이 아닌, 하층계급이 일하는 공간인 '부엌'의 이미지를 떠올리게 한다는 점에서 '키친 싱크드라마'와 거의 같은 맥락에서 사용된 듯싶다.

곡'이라 이름했어도 모두 동종이라 속단할 수 없다. '행진곡'류 연극은 대체로 희극이나 소극으로 선전되었지만, 이를테면 1931년 '신무대'의 공연에서 〈엥여라차 행진곡〉은 '비극', 〈처녀행진곡〉은 '레뷰 희가극'이라고 구분해 놓았다.[41] 그러나 〈엥여라차 행진곡〉이 '비극'으로 이해되기 힘든 점을 고려하면, 그 구분은 레뷰를 가미한 〈처녀행진곡〉과의 차이를 드러내려는 마케팅 전략에서 나왔을 수도 있다.

문제는 이 문화 현상의 출처에 있다.[42] 양주동은 별로 염려할 것이 없다고 잘라 말한다. "조선의 부르주아지는 제국주의 국가의 그것과 같은 절정의 난숙을 보이지 못하기 때문에 심각한 방종도 없겠기 때문"이며, "원체 일개의 첨단적 에로를 대표할 만한 소위 모보-모걸도 없고 또 그런 것을 지을 만한 경제적 배경도 없는 터에 가공적으로 제법 본격에 속하는 에로문학이 성할 리가 없다"는 것이다.[43] 양주동의 전망은 대체로 수긍할 만한데, '에로 서비스' 현상을 사상통제의 문화적 결과라는 차원에서 읽으면 좀 다른 설명도 가능하다. 1930년을 전후로 한 시기는 1920년대의 불온한 기운, 이른바 신파극 혹은 흥행극이라 불렸던 공연에서조차 만연했던 그런 기운이 급격히 자취를 감추었던 반면, 가벼운 오락물이 무대를 완전히 장악해가는, 즉 검열체제의 사상통제가 그 실질적 효과를 거두기 시작한 시점이었다. 〈아리랑〉 등의 성공을 계기로 조선인극장은 조선사회에 대한 윤리적 기획을 경제적 가치로 전환하고

---

41 『매일신보』, 1931.12.9.(광고)

42 식민지 조선에서의 '에로 그로 넌센스'는 일본에서의 그것과 무관하지 않을 터이다. 당시 일본 대중문화에서 현상한 정치적 표현의 하나로 이를 독해한 미리엄 실버버그의 『에로틱 그로테스크 넌센스』(강진석·강현정·서미석 역, 현실문화, 2014)는 유용한 참조가 될 수 있다.

43 양주동, 「회고·전망·비판—문단 제사조의 縱橫觀(3)」, 『동아일보』, 1931.1.3.

자 했으나 이미 때는 늦었고, 그 틈새시장을 파고든 것이 바로 레뷰와 같은 가벼운 오락물이었다. 그러나 이 유행은 불온한 종족성의 문화물뿐만 아니라 외속^{外俗}의 종족적 전유를 저지하는 검열체제의 디자인이었다. 이 무렵은 당국이 '성적인 것'에 대한 취체 기준을 다소 완화해야 할 전략적 유연성이 필요한 시기였다.[44]

그렇다면 다시 문제는 관객-대중의 소구력이다. '에로 서비스' 혹은 '과도한 명랑성'이 관객-대중의 쾌락이 될 수 있었다는 것, 이를 역사적이고 사회적인 맥락에 위치시킨다면 어떻게 이해될 수 있을까. 이는 곧 검열체제에 의해 규율된 피식민자, 그것도 극장에 출입할 수 있었던 관객-대중의 심리와 접속하는 일이다. 당시의 표현을 빌리면, 이는 '우피 whoopee'의 상태다. "잠깐이나마 유쾌를 느끼면서 열중케 하는" 모든 것, 구체적으로 말하면 "부르주아지와 프롤레타리아트의 두 사이에 끼어 있어 갈팡질팡하면서 몰락의 길을 더듬고 있는 마음이 여리고 함부로 착한 쁘띠부르주아가 그 붙일 데 없는 비애와 오뇌를 하다못해 질탕하게 놀아 댐으로써나 가볍게 하자는 기분"이다. 이는 "중간층의 우울과 자포자기의 표현"이며, "증류된 우울"이다.[45] 연극(1928)에 이어 영화(1930)로 세 작된 〈우피!Whoopee!〉[46]가 현대인의 어떤 심리적 상태를 지시하는 대명사가 되어 이곳 식민지 조선에까지 도달할 수 있었다면, 그것은 주연 배우였던 에디 캔터Eddie Cantor가 '우피'를 흑인에 부쳐 표현하기를 좋아했

---

44 「'에로'黨에 희소식」, 『동아일보』, 1930. 10. 23. 물론 당국의 입장은 성 풍조가 급변하고 있는 대세에 역행할 수 없어 그 표준을 완화하는 것이라고 발표했지만, 이를 액면 그대로 믿을 수는 없을 것이다.

45 「신어해설―우-피― Whoopee(米)」, 『동아일보』, 1931.8.17.

46 1928년 브로드웨이 뮤지컬이며, 1930년 손톤 프리랜드(Thornton Freeland) 감독에 의해 영화화되었다.

던 맥락, 즉 "흑인의 피압박 인종으로서의 우울"로 이해했던 것과 같은 맥락일 것이다. 즉 피억압자의 증류된 우울이다.

1932년에 검열각본 대부분이 '난센스'라는 것은 바로 이런 것이 아니었을까. '난센스'는 1931년 당시 이렇게 해설되었다. "영어의 Nonsense로 무의미라는 말이다. 아무 의의도 가치도 없는 것이라도 까닭 없이 우리의 마음이 끌리는 일이 있다. 이러한 심리적 경향에 영합하기 위하여 작자나 표현이 많이 유행한다. 저 아무짝에도 소용없는 기록을 짓기 위하여 생명을 도賭함과 같은 것이라든지 읽을 때에는 어째 재미나지마는 읽고 난 뒤에는 아무 실익 있는 감명도 남지 않는 문예 작품과 같은 것은 '넌센스'의 적례適例이다."[47]

정리하자면, 1930년을 전후로 한 흥행시장의 비약적인 호조는 '불온한 군중'이 '증류된 우울의 중간계급'으로 교체되면서 난센스에 이끌려간 현상이라 할 만하다. 1920년대 조선사회의 역동성이 근대화, 탈식민화에 대한 기대에서 생성된 것이라면, 이 허무감과 자포자기의 쾌락은 그 기대를 접은 혹은 그에 낙담한 유한계급의 나르시시즘이다. 때는 공교롭게도 만주사변과 겹쳐 있으며 이후 조선사회가 전시체제로 구성되는 궤도에 올려졌으니, 이 또한 우연이라고 할 수 없다. 이런 맥락에서 극단 '신건설'의 〈서부전선 이상 없다〉의 본정 연예관 공연은 1920년대가 실질적으로 마감되는 의례였던 셈이다.

다른 한편, 영리의 목적을 숨기지 않는 흥행 단체 측에서는 이 또한 경제적 보상을 받는 기회일 수도 있었으나, 아무리 '에로 서비스' 혹은

---

47 「신어해설」, 『동아일보』, 1931.4.6.

'우피' 신드롬에 편승한다고 해도 경영난은 어찌하지 못했다. 영화와의 경쟁에서 뒤처지는 상황은 극장 대관을 어렵게 했고 이윤을 남길 수 있는 장기흥행은 쉽지 않았다. 더욱이 흥행자본 대부분은 일본인이 소유하고 있었다. 그래서 조선인이 세운 최초의 연극전용 극장인 동양극장의 개관(1935.11)은 매우 특기할 만한 것이다. 동양극장의 개관은 홍순언洪淳彦, 이필우李弼雨, 그리고 야쿠자 흥행사였던 와케지로分島周次郎, 이 세 사람의 이해관계가 맞아 성립되었다. 홍순언은 아내 배구자裵龜子의 매니저로서 지방 순회공연뿐만 아니라, 일본의 쇼치쿠松竹 및 요시모토吉本 흥행회사와도 계약을 체결하고 일본 순회공연 등을 거치면서 어느 정도의 수익을 올렸고, 이를 기반으로 문화사업에 뜻을 두었다. 그는 극장 건립에 드는 자본금이 필요했는데, 이때 평소 친분이 있던 와케지마 후지로에게 도움을 요청했고, 조선에서 유력한 흥행사였던 와케지마는 자신이 소유한 경성촬영소를 이필우가 살리는 것을 조건으로 이를 수락했다. 그리하여 와케지마의 주선으로 상업은행에서 돈을 빌리고 그의 명의로 건축 허가를 받아, 동양극장을 개관할 수 있었다.[48]

연극인 대부분은 동양극장에 들어가고 싶어 했다. 상설연극장의 실립, 전속극단의 운영, 단원의 생활 보장 등 연극인의 숙원을 동양극장이 실현하고 있었기 때문이다. 지두한池斗漢이 6년 여 이끌던 '조선연극사'의 존재의의가 이제 마감했음을 언급하면서 단원들에게 동양극장으로 갈 것을 권한 것은, 동양극장의 등장이 연극사적 '사건'이었음을 말해준

---

48 지금까지 동양극장 개관과 관련해 이필우의 존재는 거의 알려지지 않았으나 그의 증언으로 동양극장의 구체적인 개관 과정을 확인할 수 있었다. 『이영일의 한국영화사를 위한 증언록 ─유장산·이경순·이필우·이창근 편』, 소도, 2003, 253~255쪽 참조.

다. 동양극장은 대중극단 활동을 해 온 연극인은 물론 좌/우 신극 계열까지를 포함하여 재능 있는 연극인을 망라한 매머드 단체였다. 그리하여 최고 진용으로 구성된 '청춘좌'의 출범은 단숨에 연극계를 장악했고, 식민지 시기 대중극의 전성기를 구가했다. 동양극장의 개관은 흥행자본의 형성 과정과 1930년대 중반 연극계를 선명히 보여주는 사건이었다. 그러나 동시에 동양극장의 개관은 조선인극장에서 진행된 종족적 정체성의 전반적 퇴조와 함께 종족공간이 더욱 협소화되는 신호였다.

검열 당국 측에서 보면 탈정치적인 대중물의 온상지인 동양극장은 좋은 파트너지만 이곳이 경성의 거의 유일한 종족공간이라는 점에서 관망만 하지는 않았다. 이광수의 『단종애사』를 최독견이 각색하여 '청춘좌' 전원이 총출연한 대규모의 공연을 올리기까지(1936) 그 과정은 순조롭지 못했다. 사육신의 충의와 세조 일파의 극악함 그리고 이 사이를 채우는 단종의 슬픔이 강렬했어도, 원작에 내재한 정치드라마 성격 때문인지 검열관의 매수로 겨우 검열에 통과되었고, 8일간의 공연을 마친 후에는 공연금지 명령이 내려졌다.[49] 또한, 장안의 화제였던 〈대지〉 공연도 불허되었다.[50] 일본에서는 허용하나 조선에서는 불허하는 차별의 논리, 그리고 공연이 갖는 잠재적 동력에 대한 경계였다. 금지 사유는 "너무도 비참한 농민의 생활은 일반 교화에 미치는 영향이 좋지 못하다"는 것이다. 즉 조선의 '특별한 사정' 때문이다. 그래서 동양극장의 독점적 체제로부터 일탈한 중앙무대가 이기영의 〈고향〉을 무대화하려 했다가 각본

49　소설 『단종애사』에 대한 흥행계의 전유 과정 그리고 동양극장 공연의 구체적 상황은 「계몽의 감옥과 근대적 통속의 시간─춘원문학에 대한 흥행시장의 전유」(『상허학보』 37, 상허학회, 2013), 205~215쪽에 논한 바 있다.
50　「〈대지〉, 조선에선 연극상연 금지」, 『동아일보』, 1938.4.7.

검열을 통과하지 못한 것은 당연하다.[51]

단언컨대 흥행시장의 이런 변곡점은 검열체제의 작용 없이는 가능하지 않았다. 그 결과, 연극은 여느 흥행보다 더 안전해 보였다. "악성 유행물"이 기승을 부리니 교화가 필요하다고 역설하지만,[52] 그 대상은 영화와 레코드로 한정되었다. 연극에는 영화・레코드와 같은 복제 미디어의 '유통'과 '이수입' 변수가 없었기 때문이다.

사상통제의 압력이 대중연예물의 번성으로 귀결되는 추이를 보면 식민지검열은 매우 성공적인 듯이 보인다. 그러나 사상통제의 압력은 텍스트에서 이를 보상할 만한 무언가를 남기기 마련이다. 지극히 대중적인 표현에서는 피식민자의 우울을 드러내고, 게토화된 종족공간에서 일본제국의 인종적 차별을 마주하지 않을 수 없었다. 이런 체감이 텍스트에 퇴적되고 있음을 상상하는 것이 필요하지 않을까. 그러니 식민지검열의 결과를 명쾌하게 정리하는 것만큼 무모한 것은 없을지도 모른다. 더욱이 대중연예물의 번성과 함께 나란히 진행되기 시작하여 전시의 동원체제에서 비/가시화된 조선연극의 변화도 읽어낼 수 없을 것이다. 식민지 검열체제가 초래한 연극/인의 혼류混流가 그러하다. 이제껏 만나본 적이 없는 배우・작가・연출가(기타 스태프 포함)의 역량이 결합하여 뜻밖의 결과를 빚는 이 역설적인 장면은 조선연극을 성장시키고 해방 이후의 연극사를 써 내려갈 변곡점이었다.

---

51 「중앙무대 공연의 〈고향〉 상연 불능」, 『조선일보』, 1937.7.6.
52 「악성 유행물 전성, 사회교화상 대문제」, 『동아일보』, 1937.6.9.

3. 혼류混流[53]

그 변화의 시작은 카프의 해산, 극연의 제2기로의 전환 그리고 동양극장의 개관이 있던 1930년대 중반부터였다. 한편으로는 식민지검열의 누적된 효과가 좌/우 신극 단체의 존속을 어렵게 했고, 다른 한편으로 대중연예물은 번성했다. 경제논리나 정치논리 혹은 연극이념에 따라―흥행극(상업극), 경향극(프로연극), 신극(연구극)으로 ― 그룹화되어 있던 연극계는 흔들렸다. 지형의 변화는 곧 흥행 인력의 이동을 의미했다. 극연의 홍해성이 '조선연극사朝鮮硏劇舍'를 거쳐 동양극장으로, 카프의 대표적인 극작가 송영 역시 동양극장으로 들어간 것은 낯설게 보일 법한, 그러나 의미심장한 변화였다. 여기에 일본에서 활동하다가 돌아온 연극인들이 가세함으로써 연극계의 인적 자원은 좀더 다변화되었다.

한동안 일부 연극인들이 '신극의 보존'에 애를 쓰지 않은 것은 아니다. '조선예술좌'(재일 조선인극단) 단원이 주축이 되어 극연을 탈퇴한 이들과 함께 '조선연극협회'를 창립했지만(1936.8),[54] 이 극단은 2회 공연을 넘기지 못했다. 극단의 해산을 예감하고 있었지만,[55] 핵심 멤버 오정민과 김일영이 과거 카프 맹원이었던 강호와 추적양 등과 함께 피검된 사건이 발생했기 때문이다.[56] 대중성과 예술성의 조화를 목표로 야심차

---

53 이 절은 「연극/인의 월북―전시체제의 잉여, 냉전의 체제화」(『대동문화연구』 88, 성균관대 대동문화연구원, 2014) 중 해방 이후 연극인 다수의 이유 있는 월북을 설명하기 위한 논거로 작성된 일부(418~428쪽)를 수정·보완한 것임을 밝혀 둔다.

54 이때의 멤버는 신좌현, 맹만식, 김일영, 최영태, 송재로, 박상익, 박학, 이화삼, 오정민, 윤북양, 이광래, 윤광헌, 허전, 백은희, 조지해, 유정임, 박춘명 등이었다.

55 「풍문과 사실―겨우 제2회 공연 마춘 연극협회의 해산설」, 『동아일보』, 1937.6.22.

56 박영정, 「조선예술좌의 국내 진출과 극단 조선연극협회」, 『한국 근대연극과 재일본 조

게 창립했던 '중앙무대'(1937.6)도 불과 2년여밖에 지속하지 못했다. 신극의 재기를 위해 동아일보사 주최로 1938~1939년에 걸쳐 연극경연대회가 개최되었지만, 신극의 회생은 불가능해 보였다. 신극계가 십수 년 동안 읊어왔던 극장·돈·인재의 불비^{不備} 문제는 좀처럼 나아지지 않았고 게다가 당국의 검열과 취체로 인한 곤경도 근원적인 덜미였으니, 신극은 좀처럼 성장할 기회가 없었다. 반면, 처음으로 극장(동양극장)을 가져본 대중연극은 계속해서 세포 분열하며 성장 일로에 있었다. '고협'과 '아랑'이 가장 성공적인 사례였다.[57]

'저속한 취미'의 관객-대중과 영합하지 않고 '신극'이 발전할 수 있는 길이란 재력가의 후원이나 '국가'의 보호와 지원밖에 없다는 것 — 신극인이 바로 이런 생각에 다다른 것은 그럴 만했다. 마침 총후에서 전쟁을 수행하는 연극의 직역봉공^{職域奉公}이 강제되기 시작했고, 신극인 입장에서는 이 위압적인 대세를 거부하지 못할 것이라면 부응하는 것이 현실적인 선택이라고 여겼을 법하다. 행랑살이, 사글세쟁이, 의붓자식이라는 자조 섞인 표현들이 말해주듯, 달리 보면 전시의 비상 체제는 연극이 '국가의 공인'을 통해 '예술'로 비약·안착할 수 있는 절호의 기회였으며, 그런 점에서 이때의 활동은 인정 투쟁의 소산이었는지 모른다. 전시통제 초기에 신극인의 자발성은 그런 차원에서 이해할 수 있다.[58] 조선연극협회가 결성되었을 당시(1940.12.22) 신극 단체는 남아

선인연극운동」, 연극과인간, 2007 참조.

57　1939년 당시 연극계의 현주소를 이해하는 데는 서항석의 다음의 글이 도움이 된다. 서항석, 「조선연극계의 기묘일년간」, (전3회), 『동아일보』, 1939.12.9~10, 12.

58　이 '자발성'은 이미 선행연구에서 지적되었다. 김재석, 「국민연극론의 성격에 대한 소고」, 『문학과 언어』 22, 경북대 문학과 언어연구회, 1990; 양승국, 「1940년대 국민연극론 연구」, 『한국극예술연구』 6, 한국극예술학회, 1996; 박영정, 「일제말 '국민연극'

있지 않은 상태였다.[59]

이 장면에서 환기되어야 할 것은 신극인의 행방이다. 신극인이 대중 극단에 합류하기 시작했고, 좌파 이력의 제작진과 대중극단의 배우가 결합했다. 이 조합은 극연 계열에서는 찾아보기 드물다. 1930년대 중 반 이후 등용된 작가가 몇몇 있다고 해도, 극연의 가장 중심적이고 유 일한 동력은 유치진이었다. '극연좌'가 해산된 이후, 유치진 역시 '고 협'과 관계하지 않은 것은 아니다. 자신의 희곡인 〈춘향전〉과 〈마의태 자와 낙랑공주〉를 제공했으며, 〈무영탑〉을 연출하기도 했다. 그러나 이 모두 '현대극장' 창립 이전의 일이다. 반면, 송영과 신고송은 물론이 고 영화계에 종사했던 김태진(남궁운) · 나웅 · 강호 등이 연극계에 합류 했으며, 재일조선인 연극운동을 주도했던 안영일 · 김일영 · 박춘명 · 박학 · 이서향 등도 대중극단과의 관계를 지속했다.[60]

수년 전이었다면 불가능했을 만남이다. 엄밀히 말해서 좌파 신극인과 이들 극단에 대한 당국의 압력이 없었다면, 이들이 대중극단과 접속을 할 수 있었을까. 1936년 「조선사상범보호관찰령」이 시행되고, 1938년 에는 전향자단체인 시국대응전선사상보국연맹이 조직되었는데, 앞서 열 거한 좌파 이력의 연극인들 상당수가 '보호관찰'을 받을 만한 전과가 있 었다. 심지어 동경학생예술좌 사건(1939.8)으로 다른 8명과 함께 피검되 었다가 기소유예 처분을 받았던 이해랑도[61] 이 일로 인해 보호관찰을 받

의 형성 과정 연구」,『건국어문학』23 · 24합집, 1999.

59 조선연극협회 출범 당시 경무국에서 지정한 9개 단체는 '아랑', '청춘좌', '호화선', '황 금좌', '연극호', '예원좌', '노동좌', '조선성악연구회', '고협' 등이었다.

60 재일 조선인 연극운동사는 박영정의『한국 근대연극과 재일본 조선인 연극운동』, 연극과 인간, 2007 제1부를 참조하라.

61 이때 주영섭, 마완영, 박동근, 이서향은 유죄가 확정되었고 집행유예로 풀려났다.

왔고[62] 자신의 보호관이었던 한학수韓學洙의 제의를 받아들여 '고협'에 들어간 경우였다.[63] 이렇듯 당국 입장에서는 불온한 이력의 연극인들을 안전지대에 놓아두고 관리하려 했던 것인데, 대중극단이 그러한 장소였다.

역설적인 것은 그런 안전지대가 '사상범'에게는 자신의 '건전함' 혹은 그들의 좌파 본색을 은폐할 수 있는 신분증이 되었다는 점이다. 가령, '조선예술좌' 귀국파가 표면상 '조선연극협회'와 광고미술사를 내세웠으면서도 비밀기관으로 공산주의자협의회를 조직한 사례가 그러하며,[64] 해방 이후에서야 좌파임이 드러난 박민천朴民天[65] 역시 유치진이 이끌었던 현대극장에서 기획을 담당하지만, 그 역시 재일 조선인극단인 '고려극단'과 '조선예술좌' 출신이었다. 식민지 시기 두 차례나 복역했던 강호姜湖[66]는 두 번째 출감 이후 '고협'에도 많이 관여했지만 보다 상업적인 극단인 '예원좌' 및 '황금좌'와 더 많은 작업을 했다.

물론 이러한 인적 혼류混流가 매우 임의적이고 방편적이기만 한 것은 아니다. 당시 연극계가 당국으로부터 떠안았던 과제, 즉 신극과 신파극 양자를 지양하면서 국민연극을 창조해야 했던 사정은 양자의 결합을

---

62 이해랑은 자신이 '대화숙'의 보호관찰을 받았다고 했지만, 시기상 그 단체는 '시국대응 전선사상보국연맹'이며 이 단체가 개편되어 1941년 1월 발족한 것이 바로 대화숙이다.

63 「이해랑 군 고협에」, 『조선일보』, 1940.5.10. 이해랑이 고협에 입단하게 된 경위에 대해서는 이해랑, 『허상의 진실』, 새문사, 1991, 276~280쪽 참조.

64 박영정, 「조선예술좌의 국내 진출과 극단 조선연극협회」, 앞의 책, 173쪽.

65 본명은 박태흠(朴台欽). 1913년 경북 봉화 출생. 재일조선인극단인 '고려극단'과 '조선예술좌'에서 활동하다가 1935년에 귀국, 대구 만경관의 선전부에서 재직하던 중에 1936년 『동아일보』 신춘문예 시나리오 부문에 「황혼」으로 당선되었다. 「신춘문예당선자소개-시나리오 박민천」, 『동아일보』, 1936.1.10.

66 강호에 대해서는 이승희, 「강호」, 강옥희 · 이순진 · 이승희 · 이영미, 『식민지시대 대중예술인 사전』, 소도, 2006; 이장렬, 「연극영화인 강호의 삶과 문예정치 활동 연구」, 『동북아연구』 11, 경남대 극동문제연구소, 2006 참조.

질적인 것으로 만드는 조건이 되었다. 이때 국책선國策線에 합치되는 주제는 이미 주어진 것, 즉 전시체제에의 복무라는 제국의 정언명령을 수행해야 하는 내용으로서 변경 불가능한 것이었다면, 연극인들이 기술력의 고양에 집중한 것은 나름의 타산에서 나온 것이다. 좌파 이력의 연극인은 자신들에게 부족한 배우와 경험을 얻는 대신, 연출과 극작 및 무대장치 등을 극단에 제공할 수 있었다. 좌파 이력의 제작진과 대중극단의 배우는 스스로를 시험대에 올린 것인데, 그동안 "조선에 산재해 있는 대다수의 극단은 좋은 의미에서나 나쁜 의미에서나 한 개의 연기자의 집단"[67]이었지만, 이 결합은 연극 제작에 관한 공유감각을 형성하는 새로운 경험이었다. 실제로 놀라운 성과를 거두기도 했다.

가령, '지방 신파극단'이라 하여 폄하되었던 '예원좌'가 제2회 연극경연대회에 참가했을 때, 이 극단을 이끌면서 주로 자작 연출을 해왔던 김춘광은 과거의 좌파들에게 자신의 자리를 내주었다. 송영 작, 나웅 연출, 강호 장치로 무대에 오른 〈역사〉는 "신파 배우가 어떻게 저토록 변할 수 있느냐는 관객들의 찬사"를 받았다. 이는 나웅이 지방순회까지 따라다니며 "70일 작전이라고 명명한 맨투맨 식의 대사교정"을 성공적으로 해냈기에 가능한 성과였다.[68] 물론 이런 식의 결합이 늘 고른 성취를 거두진 않았지만,[69] 중요한 것은 변화의 체험 그 자체다. 더욱이 단속적이나마 관계의 지속성을 얼마간 보장해주는 그러한 작업은 조선연극의 향방에

---

67 안영일, 「극문화의 신방향─국민연극의 장래(3)」, 『매일신보』, 1942.8.25.
68 고설봉, 『증언연극사』, 진양, 1990, 146쪽.
69 이를테면 '고협'은 일찌감치 '흥행극에서 신극으로!' 혹은 '신극의 직업화'라는 점에서 주목을 받았고 창립 첫해 공연된 〈정어리〉, 〈어머니〉가 약점에도 불구하고 일정한 성과를 거두었다고 평가되었지만, 다음 해에 엄청난 관객을 동원한 〈춘향전〉에 대해서 그 진부성에 혹평을 받았다.

영향을 끼치는 상호 신뢰의 기초를 이루도록 했을 것이기 때문이다.

하나의 사례로서 당대 최고의 연출가이자 해방 이후 조선연극동맹의 핵심 인물인 안영일安英一[70]을 추적하는 것은 의미 있을 것이다. 고설봉은 안영일과의 작업을 매우 인상적인 것으로 기억했다. 성보극장의 재정지원 덕분으로 70일간이라는 충분한 연습기간을 확보할 수 있었는데, 안영일이 매우 엄격하고 빈틈없는 연출 플랜에 따라 군중장면을 완벽하게 표현했을 뿐 아니라 개개의 인물에게도 정확한 표현을 요구하여 완성도를 높여갔던 과정은, 오래도록 기억에 남는 경험이었다.[71] 이 연극은 임화에게서 호평을 받은[72] '아랑'의 〈징기스칸成吉思汗〉(1942.1)이었다. 그때까지 '아랑'의 공연은 주로 동양극장 시절부터 함께 해 온 임선규의 작품이었으며 그 연기 패턴 또한 하나의 스타일을 이룰 만한 것이었으나, 이 공연은 '아랑'의 배우들이 김태진(극작) · 안영일(연출) · 김일영(무대장치) 등 전연 새로운 사람들과 이뤄낸 결과였다. 이 공연이 계기가 되었는지, 이후로 안영일은 '아랑'과 가장 많은 작업을 이루어냈다. 다음은 전시체제기 동안 안영일이 연출가로 관계한 극단별 연출목록이다.

---

70 본명은 안정호(安禎浩). 안영일은 일본으로 건너가 일본대학 공과에 학적을 두었으나 이를 그만두고 1932년부터 '좌익극장'에서 연기를 시작하여 '신축지극단'을 거쳐 '신협' 연출부에서 활동했으며, 재일본 조선인 극단인 '삼일극장'과 '조선예술좌'의 핵심 멤버로 활동한 인물이다. 일본에서의 행적은 박영정의 『한국 근대연극과 재일본 조선인 연극운동』 제1부를 살피면 확인할 수 있다. 다만, '조선예술좌'는 1936년 10월 30일과 11월 1일에 걸쳐 안영일을 포함한 좌원들이 일제 검거됨으로써 해산되었고, 안영일은 계속해서 '신협'에서 활동했다고 말하지만, 신문기사에 의하면 1936년 10월에 검거되어 1937년 6월까지도 복역 중이었다.(「예원 미담—圖圖의 부군 위해 가진 신고를 自甘, 안영일 씨 부인 尹阿只 씨」, 『동아일보』, 1937.7.9) 그가 국내에 선을 보인 것은 무라야마 도모요시가 이끄는 '신협'이 〈춘향전〉 공연을 위해 조선을 방문한 1938년 10월이며, 이때 안영일은 무대감독이었다.

71 고설봉, 앞의 책, 143~144쪽 참조.

72 임화, 「연극시평—〈成吉思汗〉 소감」(전3회), 『매일신보』, 1942.1.31, 2.2~3.

〈표 15〉 전시체제기 안영일 극단별 연출 목록

아랑				고협			
초연일자	공연 제목	극작	장치	초연일자	공연제목	극작	장치
1942.1.24	성길사한	김태진	김일영	1941.10.26	가두	박영호 각색	김일영
1942.2.21	삼대	송영	윤상열	1941.12.21	동백꽃 피는 마을	임선규	윤상열 강호
1942.5.7	조카 도라오다	김태진	김일영	1945.1.1	삼남매	김태진	강호
1942.9.30	행복의 계시	김태진	김일영	태양			
1943.1.1	화전지대	김승구	김일영	1943.8 순회	그 전날 밤	김태진	김일영
1943.3.25	조선	박영호	김일영	1944.7 순회	오십년	김태진	김일영
1943.6.5	왕자호동	박영호각색	김일영	1944.7 순회	화랑도	김태진	김일영
1943.12.9	물새	박영호	김일영	1944.12.14	모란꽃 필 때	김소륜	김일영
1944.1.1	동백꽃 피는 마을	임선규	미상	현대극장			
1944.6.16	千鳥	박영호	김일영	1944.3 순회	청춘	함세덕	김일영
1944.8.17	여인숙	송영	김일영	1944.6.10	낙화암	함세덕	김일영
1944.10.28	대동강	고창휘	김일영	1944.9.16	봉선화	함세덕	김일영
1945.4.15	산하유정	김승구	김일영	청춘좌			
1945.4.28	사랑의 집	김영진	김일영	1945.1.29	신사임당	송영	김일영
1945.7.24	일골	전창근	김일영				

가장 눈에 띄는 것은 안영일이 연출한 공연의 극작가 상당수가, 그리고 무대장치가 모두가 좌파 이력을 가진 이들이라는 점이다.[73] 무대장치가가 많지 않은 편이라서 김일영·강호 등은 여러 극단과 관계했지만, 안영일의 연출작업 대부분에는 동경 시절부터 함께 한 김일영이 참여했으며 해방 이후 이 두 사람은 '조선예술극장'을 이끌다가 단정수립을 전후로 하여 월북했다. 송영·김태진·강호 등과의 작업이 이뤄지고 있었다는 점도 주목할 만하다. 카프가 존속했을 때 안영일은 일본에서 체류

---

73 이 가운데 잘 알려지지 않은 윤상열(尹相烈)은 활발한 활동을 보여준 무대장치가는 아니지만, 그는 초창기 '토월회' 멤버였으며 '동경조선어극단' 등 재일조선인 연극운동을 한 인물이다. 해방 이후에는 조선영화동맹의 주요 인물로서 활동하면서 조선연극동맹 산하단체의 무대를 책임지기도 했다.

하고 있었고 뒤늦게야 조선연극계에 합류한 까닭에, 바로 이때부터 그들과의 관계가 본격적으로 시작되었다. 여기에 청년기에 사회주의에 대한 심정적 지지를 보냈던 박영호를 보탤 수 있다. 이처럼 극작·연출·무대장치 등 주요 제작진이 좌파 이력의 연극인으로 구성된 것은 그저 예사롭게 보이지 않는다. 이들의 작업은 비록 동원정치에 부응하고 있었으되 서로의 알리바이를 증명해주는 사상적 유대의 보존이었을 가능성을 암시한다. 뿐만이 아니다. 이들과 작업을 한 '아랑' 출신 상당수가 해방 이후 좌파연극운동에 가담하고 그 다수가 월북한 사실은, 전시기의 '혼류'가 조선연극의 중요한 계기였음을 시사한다.[74]

많은 표본이 필요하지만, 분명한 사실은 전시문화통제가 아니었다면 가능하지 않았을 연극인의 혼류가 해방 전/후에 걸쳐 의미 있는 연극사적 결과를 낳았다는 점이다. 「취체규칙」 제정을 시작으로 사상통제를 본격화한 검열 당국의 목적대로, 그리고 검열체제에서 선전 체제로 진화한 전시문화통제의 의도대로 연극/인을 조직하고 동원하는 듯했지만, 이 과정은 뜻하지 않은 장면을 만들어내고 있었다. 연극이 공동의 작업을 통해서만 완성될 수 있는 것인 만큼, 그것이 국민연극으로 외부에 공개되었다고 해도 무대 뒤편에서는 서로의 알리바이를 증명해주는 공동체가 구성되고 있었다. 이는 한층 성장한 조선연극의 '혼류'를 경험하면서 쌓아간 상호 신뢰 없이는 불가능한 일이었다. 이 지점에서 짚어둘 것은 그러한 알리바이가 (일본)국가와도 연루되어 있다는 불안으로 뒤섞인 채 전시기에 경험한 '국가' 시스템을 실용적으로 받아들

---

74 '아랑' 관련 논의는 이승희, 「연극/인의 월북—전시체제의 잉여, 냉전의 체제화」, 『대동문화연구』 88, 성균관대 대동문화연구원, 2014, 425~427쪽에서 참조할 수 있다.

이는 근거가 되기도 했다는 점이다.[75] '국가 부재'의 상태에서 '국가'에 대한 상상력을 키우는 피식민 주민에게 국가라는 시스템은 탈식민 이후 내셔널리즘이 촉진되는 결과와 무관하지 않을 것이다. 그런 의미에서 아마도 흥행/장에 대한 식민지검열의 실질적 결과는 전시가 종결되는 시점, 즉 탈식민 이후에 목격될 테지만, 이때는 냉전의 체제화라는 또 다른 변수가 개재된다는 점에서 그 문제는 잠시 유보해두어야 할 것이다. 여기서 주목할 것은 식민지검열이 초래한 명백한 결과에서 비스듬히 기울어진 그 어떤 이질성이 드러내는 심층이다. 그것은 사상통제 효과의 명백함을 의문시하는 징후이거나 증거이다. 이 또한 근원적으로 식민지검열이 초래한 결과라 하겠으나, 그것이 불온한 가지를 잘라낸 나머지나 가면假面이 아님은 분명하다.

---

75 전시기 '국가'에 대한 감각이 조성되는 논리는 이 책의 1부 4장 '전시의 동원 시스템'에서 논한 바 있다.

제2장
대중적 정의正義의 표상

1. 신문만평과 사회주의

먼저 살펴볼 것은 신문만평이다. 신문만평은 소인극이 약진한 바로 그 시기에 출현하여 전성기를 이뤘을 뿐만 아니라, 연극과 영화의 생산이 활발하지 못했던 시대에 대중과의 광범위한 접촉면을 이루며 일정한 표상 체계를 제공하였다. 이 공개가 매우 찰나적이기는 하지만, 식민지 검열이 공연예술에 초래한 결과를 이해하는 데 중요한 참조가 된다.

최초의 만평은 대한협회 기관지『대한민보』창간호(1909.6.2)에 실린 이도영李道榮의 만평이다.[1] 수묵화가였던 이도영은 한학적 소양의 깊이와

---

[1] 한국시사만화의 역사는 다음 연구를 참조할 수 있다. 윤영옥, 『한국신문만화사—1909~1995』(증보판), 열화당, 1995; 최열, 『한국만화의 역사』, 열화당, 1995; 장승태, 「20세기 전반 대한민보와 동아일보의 시사만화 연구」, 전남대 석사논문, 2002; 정희정, 「한국근대 초기 시사만화 연구—1909~1920」, 『한국근대미술사학』 10, 한국근대미술사학회, 2002; 손상익, 「한국 신문시사만화사 연구」, 중앙대 박사논문, 2005.

예리하게 번뜩이는 풍자로, 국운이 쇠해갔던 당대에 대한 통렬한 비평의 정신을 만평에 집약해냈다.[2] 이런 데에는 서화에 대한 조예가 깊었던 오세창吳世昌의 존재를 빼놓을 수 없는데, 기실 이도영 만평에 삽입된 언어 대부분이 그에게서 나온 것이다. 이 선구적 작업은, "만화를 문필의 취재 기사 내지 논설 등과 대등한, 아니 그 이상의 효과적이고 직접적인 언론수단으로 삼으려고 한 『대한민보』의 대담한 제작 태도"[3]가 있었기에 가능했다. 『대한민보』는 만평의 유용성을 간파한 최초의 근대적 미디어였다.

한일병합 이후 자취를 감추었던 만평이 다시 등장한 것은 1920년 『동아일보』와 『조선일보』 등 민간신문이 창간되고 나서다. 『동아일보』의 행보가 조금 빨랐는데, 이는 미국에서 신문학을 전공하고 유학 시절 『신한민보』에 그림을 게재한 적이 있는 김동성金東成의 존재 덕분이다.[4] 그리고 『조선일보』와 『시대일보』가 그 뒤를 이었으며, 『중외일보』는 이미 만평의 활력이 거의 소멸할 즈음에야 시작되고 이내 중단되었다.

오랜만에 재등장한 만평은 『대한민보』 때와는 매우 다른 국면에 있었다. 3·1운동 이후 조선사회에는 새로운 개념어가 등장하고 있었다. 1920년 5월, 『동아일보』의 한 투고자는 '동맹파업', '태업', '해방', '개조', '민본주

---

2   『대한민보』 총 357호에 실린 만평은 무려 346편에 이른다. 정희정, 위의 글, 130쪽.
3   이구열, 「신문에 항일·구국 시사만화를 그린 이도영」, 『미술세계』 231, 2004, 96쪽.
4   최열은 그의 작품세계를 '비타협적 민족주의'로 설명하는데(「1920년대 민족만화운동—김동성과 안석주를 중심으로」, 『역사비평』, 역사비평사, 1988), 그 근거 상당 부분이 『동명』에 그린 만화였다. 한편, 손상익은 그가 『동아일보』 창간 초기에 연재한 네 칸 만화 '그림이야기'가 "민감한 시사문제를 비판하기보다는 당시의 전근대적이던 우리의 사회상과 부조리를 드러내고 이를 개선하자는 내용이 주류를 이뤘다"고 평가했다.(손상익, 앞의 글, 114쪽)

〈표 16〉 1920년대 신문만평 고정란의 개요[5]

신문명	제목	존속 기간	비고
동아일보	東亞漫畵	1923.12.1~1927.10.30	주로 1면에 게재 1927년 9월부터 '漫畵說明'이란 타이틀로 몇 회 게재되었으나 10월 3일 자부터 다시 '동아만화'로 복귀.
조선일보	鐵筆寫眞	1924.11.16~1928.12.25	주로 1면에 게재
시대일보	地方漫畵	1924.12.7~1925.1.17	2면에 게재
시대일보	時代漫畵	1925.6.30~1926.6.21	1면에 게재
중외일보	時事漫畵	1929.9.26~1929.11.12	2면에 게재

의', '사회주의', '과격사상', '생디칼리즘', '아나키즘' 등을 꼽고, 이 신어
들이 현실 개혁에의 의지로부터 생성된 것이고 이 흐름이 전 세계적인
현상임을 강조하면서, 그 의의를 배워 익히고 실천할 것을 독려했다.[6] 이로
부터 5년 여 후인 1925년 3월, 『개벽』도 「최근 조선에 유행하는 신술어」를
실었다.[7] 기자는 '만세운동' 이후에 '새 현상', '새 말', '새 문자'가 많이
생겨났다면서 당시 유행하던 어휘 총 22개를 간단한 설명과 함께 소개했
다. 그중 '사회운동', '노농운동', '민중', '무산자', '뿔쪼아', '푸로레타리
아', '해방', '계급투쟁' 등 8개가 사회주의와 관련된 어휘로 전체의 1/3을
상회했나.[8]

언어상의 이 변화는 곧 언어환경의 변화를 의미하고, 그 중심에는 사
회주의 사상의 확산이 있었다.[9] 1920년대를 사회주의 전성기라 칭할

---

5 〈표 16〉은 윤영옥, 앞의 책과 손상익, 위의 글을 참조하되 직접 확인하여 수정 보완한
   것이다.
6 投稿生, 「신술어에 대한 소감」, 『동아일보』, 1920.5.18.
7 「최근 조선에 유행하는 신술어」, 『개벽』, 1925.3, 69~70쪽.
8 이 밖에 '불령선인', '신일본주의', '일선융화', '문화운동', '매장', '성토', '박발(撲潑)',
   '대회', '과도기', '연애자유', '물산장려', '번민고통', '어린이' 등이 있다.
9 초창기 사회주의에 관해서는 임경석, 『한국 사회주의의 기원』, 역사비평사, 2003; 박종
   린, 「일제하 사회주의사상의 수용에 관한 연구」, 연세대 박사논문, 2007 참조.

수 있을 정도로 이 사상이 미친 반향은 전방위적이고 근본적이었다. 사회주의는 국민국가 혹은 민족 단위를 초월하는 이데아로 제시되었지만, 그 세계사적 보편성에도 불구하고 식민지 조선에서 이것은 민족해방을 절실히 염원하는 기대 속에서 폭발적으로 성장한 구체적인 실천이었다. 언어와 문화가 다른 이민족의 지배라는 집단적 경험 속에서 3·1운동의 경험이 촉발한 것은 민족의 발견이었으며, 동시에 식민권력의 민족 부르주아지에 대한 포섭이 진행되면서 심화한 계급 간의 격차는 민족이 복수複數임을 확인해 나갔다. 이 상황에서 사회주의는 세계와 자아를 인식하는 창구이자 신념이 되었다. 그러나 사회주의는 '지하' 혹은 '허용과 통제라는 양날의 칼 아래'에 있었고, 식민권력은 반-사회주의 담론을 조성하고 있었으며,[10] 이 담론이 제한적이나마 허용되었던 영역은 치안유지법의 발효(1925.5.12)와 함께 대폭 축소되어 갔다.

신문만평은 바로 이런 시기에 재등장했고, 사회주의 담론이 제한적이나마 공론장에 공개된 바로 그 시기에 전성기를 누렸다. 그때가 1923년 말부터 1926년경까지다. 1925년 하반기부터 점차 만평 게재 빈도수가 낮아지고 내용상에서도 국제시사와 외국만평 전재轉載의 비중이 증가했으니 그 전성기는 불과 2년 여밖에 되지 않은 셈이다. 1926년 무렵까지 그 여진이 남아 있었지만, 이후로는 비평의 강도가 현저히 약해진 스케치만화[11]로 대체되거나 오락만화의 비중이 높아지는 양상을 띠어갔다.

---

10 박헌호, 「1920년대 전반기 『매일신보』의 반-사회주의 담론 연구」, 『한국문학연구』 29, 동국대 한국문학연구소, 2005.12.

11 스케치만화는 이른바 '만문만화(漫文漫畵)'라고도 하는데 그 기원은 1910년대 오카모토 잇페이(岡本一平)로부터 시작되었고, 조선에서는 1920년대 후반부터 본격화했다. 『조선일보』에는 안석주(安碩柱)가, 『동아일보』에는 최영수(崔永秀)가 이를 담당했다. 안석주 만문만화를 중심으로 식민지 시기 풍속을 다룬 저서가 바로 신명직의 『모던

이 변화는 치안유지법의 시행과 함께 사회주의운동이 전면적인 탄압을 받았던 상황에서 초래된 것이다.[12]

신문만평과 사회주의의 이 짧은 조우를 기억하고자 한다. 사회주의 담론과 실천이 활력을 띠었다고 해도 그것이 일반에게 폭넓게 각인되지 못한 상태였다. 3·1운동 이후 다종다양한 미디어가 비약적으로 발전했어도, 아직 그것의 정체는 불분명했다. 진화론의 발전사관을 사회주의적으로 전유하는 인식의 확산이 문자만으로는 충분할 수 없었을 그때, 중요한 미디어 두 가지가 거기에 합류했다. 삶의 현장에서 프로-소인극이 태동하여 신파세계를 전유한 새로운 인식이 공유문화로 확산할 즈음에, 바로 신문지상에 사회주의 인식론의 도상적 이해라 할 만한 신문만평이 출현한 것이다. 신문만평은 고도의 담론과 실천이 펼쳐 보인 지평의 차원과 밀접하게 연관되어 있으면서도, 매우 선명한 시각적 표상으로 프로-소인극보다 더 대중적으로 독자 눈앞에 나타났다. 더욱이 때는 3·1운동 직후였다.

이때 당대의 민감한 시사적 의제와 정견의 시각화는 사회주의의 대중적 표상의 구성방식과 내용을 전형적으로 보여준다는 점에서 의미 있지만, 그 시각표상이 일반 대중과의 접촉면을 통해 꽤 심원한 영향을 끼쳤으리라는 점에서 더 흥미롭다. 그 집약적이고 간명한 형식은 심오한 의

쏜이, 경성을 거닐다』(현실문화연구, 2003)이다.

12 여기서는 신문만평의 표상체계에 초점을 둔 까닭에 검열 사항을 따로 논하지 않았다. 신문만평의 검열사례는 정현민의 「1920~1930년대 총독부의 미술검열」(검열연구회 편, 『식민지검열, 제도·텍스트·실천』, 소명출판, 2011) 415~423쪽에서 부분적으로 다뤘으니 이를 참고하기 바란다. 한편, 신문만평에 대한 검열이 외부로 드러난 사례는 네 번 정도다. 『시대일보』 1924년 12월 20일 자, 『동아일보』 1925년 9월 14일 자, 10월 3일 자, 17일 자 등으로 칸 안의 그림이 지워져 있다.

미를 함축하지만 동시에 세속화를 피하기 어려우며, 매우 종종 관념을 비유하여 그 직관성을 높이지만 언어를 부가함으로써 그림의 추상성이 지니는 모호함을 제거한다. 이러한 성질은 기본적으로 어떤 대상의 핵심을 명징하게 압축하면서도 그 과잉 때문에 하향 평준화의 경로를 밟는 대중문화물의 일반적 특성과도 일치한다. 말하자면 이 시기의 신문만평은 한 컷에 담은 새로운 인식론을 통해 가장 대중적인 정의正義를 구축했으리라 가정할 수 있다. 그 정의는 지극히 1920년대적인, 그 뜨거움과 간절함에서 맺어진 것이다. 진화론의 발전사관에 기초하면서 이를 사회주의적으로 전유한 아이콘이 독자의 참여에서 본격화한 것도 우연이 아닐 것이다.

2. 독자의 투고

당시 대중을 향한 사회주의 선전은 다양한 경로를 통해 이뤄졌지만, 무엇보다 중요한 것은 '주의자主義者'들이 각종 미디어에 개입한 일이다. 1930년대 초반까지 두드러졌던 좌파 저널리즘이 그 단적인 예이다. 언론계는 고등교육을 받은 조선인이 취업에 제한받지 않는 극소수 분야의 하나로 민족운동의 핵심지대가 되어 있었다.[13] 그중 사회주의 활동과 직간접으로 관계를 맺은 언론인이 상당수였다. 조선공산당 관계자 중 언론계 종사자가 단일직업별 구성 비율이 가장 높았던 사실에서도 확인되

---

13 스칼라피노 · 이정식, 한홍구 역, 『한국공산주의운동사1』, 돌베개, 1986, 181쪽.

듯이 언론계는 사회주의 사상과 운동의 중요 거점이었다.[14] 특히 대규모 자본이 필요하고 그에 상응하는 기업적 경영방식을 취하는 신문보다는 잡지가 그들의 주요 미디어가 되었다. 그리하여 1920년대에는『신생활』,『개벽』,『조선지광』을 비롯하여『사상운동』,『이론투쟁』,『노동운동』,『현계단』,『예술운동』등이, 1930년대에는『비판』,『신계단』,『연극운동』,『집단』,『전선』,『대중』등이 발행되었다.[15] 놀라운 것은『신생활』은 1만여 부,『개벽』은 8천여 부,『집단』은 1만 3천여 부 정도가 발행·판매되었을 정도로 이 잡지들이 상업적으로 성공을 했다는 사실이다. 이럴 수 있었던 것은 잡지사들이 전국적인 유통망을 보유하고 각 지방의 사회운동 세력과 연계해 있었기 때문이다.[16]

신문만평의 활기 역시 바로 이러한 분위기에서 조성되었다.『동아일보』와『조선일보』는 창간 직후 드물게 만평을 게재하기도 했으나,[17] 그것이 본격화한 것은 1923년 말부터이다. 주목할 것은 바로 그 전에 독자를 대상으로 현상공모를 실시했다는 사실이다.

『동아일보』는 1923년 5월 25일 '1천 호 지령' 기념 현상공모를 실시했다. 1인이 여러 작품을 응모해도 무방하지만 주제는 "현대 문제의 풍자화諷刺畵"로 제한했다.[18] 그 결과, '갑'이 없는 상태에서 '을' 3건이 수상

---

14 전상숙,『일제시기 한국사회주의 지식인 연구』, 지식산업사, 2004.
15 김문종,「일제하 사회주의 잡지의 현실인식에 관한 연구」, 고려대 박사논문, 2006.
16 가장 두드러졌던『개벽』의 사례에 대한 것은 다음 연구를 참조할 수 있다. 최수일,「1920년대 문학과『개벽』의 위상」, 성균관대 박사논문, 2001;「『개벽』유통망의 현황과 담당층」,『대동문화연구』49, 대동문화연구원, 2005.
17 『동아일보』에는 김동성이 있었기 때문에 그나마 만평이 매우 간헐적이나마 실릴 수 있었지만, 그 편수는 매우 적은 편이다.
18 「동아일보 1천호 기념」,『동아일보』, 1923.5.3. 만화 외에 모집 분야로는 논문, 단편소설, 동화, 한시, 시조, 신시, 동요, 감상문, 지방전설, 향토자랑, 우리 어머니, 가정개량 등이 있었다.

작으로 뽑혔고 5월 25일부터 한 편씩 게재되었다. 경성 낙천자樂天子의 〈작작 짜내어라〉는 '악惡지주'에 의해 착취당하는 농민의 형상을, 광주廣州 윤상찬尹相贊의 〈이러케 쌜리고야〉는 일본·중국 등 주변 국가에 의해 수탈당하는 조선을, 동경 김은석金恩錫의 〈제 분수에 맛도록〉은 몸에 맞지 않는 '외국 물품'을 사용하는 조선인을 형상화했다.

『조선일보』는 1923년 12월 신춘을 맞이하는 현상공모를 실시했다. 모집 분야를 '문예란', '유년란', '부인란'으로 나누고, 만화는 '유년란'에 시·동요·동화와 함께 공모했다.[19] 수상작 3편은 1924년 1월 1일 자 신문에 게재되었는데, 1등 지성채池盛彩의 것은 가고 오는 신구년을, 2등 진주 '불수업소생生'의 〈소작문제〉는 지주-경찰-농민의 관계를, 3등 인천 무명씨의 만화는 동경대지진을 소재로 했다.

양 신문사의 현상공모는 만평의 본격화에 앞서 아직은 생소한 이 장르를 독자에게 널리 알리기 위한 사전 작업으로서 의미가 있었을 듯하다. 만평은 정론 기사에 대한 열독률 혹은 문자 해득력이 낮아도 정견을 효과적으로 전달할 수 있는 대중적 형식이고, 이를 신문사가 놓칠 리 없었다.

만평이 고정란으로 등장한 것은 조금 나중 일이다. 『동아일보』는 1923년 12월 1일 '동아만화'로,[20] 『조선일보』는 그보다 1년 여 늦은 1924년 11월 16일 '철필만화'로 만평 게재를 시작했다. 이 고정란에도 독자투고 제도를 상시화했다. 『동아일보』는 매회 '투고환영 박사증정薄

---

19 「기고환영」, 『조선일보』, 1923.12.20.
20 손상익은 『동아일보』가 '동아만화'란 신설 이전인 1923년 9월 23일부터 11월 4일까지 매주 일요판 6면에 '독자 페이지'를 신설하고 이 지면에 독자들의 시사만화가 실렸다고 보고했다.(「한국 신문시사만화사 연구」, 중앙대 박사논문, 2005, 125쪽) 그러나 '일요호'의 '동아문단투고모집' 규정을 보면 만화는 그 대상이 아니었고, 그림의 스타일과 내용상 김동성의 것이었을 확률이 높다.

謝贈呈'이란 문구를 삽입해 독자의 만평을 유치하려는 적극적인 태도를 보였다. 독자의 반응은 기대 이상이었다. '동아만화' 초기에 독자투고 만평은 적지 않았는데, 투고자가 신원을 밝히지 않는 경우가 많아서인지 종종 '요주소성명명기要住所姓名明記'를 기재하기도 했다. 나머지 다른 신문도 모두 매회 '투고환영'이란 문구를 삽입해 독자투고를 장려했다. 다만 '철필사진'의 경우, 투고자의 신원이 밝혀진 게 거의 없어서 전문가의 것인지 독자의 것인지 구별할 수가 없고, 『시대일보』의 '지방만화'와 '시대만화'에는 아주 조금이나마 밝혀져 있다.

각 신문사가 대중성과 정론성을 결합한 만평 고정란을 독자에게 개방한 것은, 자사自社의 정견을 재생산할 수 있는 시스템 마련이라는 점에서 의미가 있다. 만약 독자투고 만평이 없었다면 만평은 해당 신문사의 고유한 정견으로 환원되거나 정실비평情實批評으로 격하될 소지가 다분하지만, 만평란을 독자에게 개방함으로써 그 만평이 대중의 여론임을, 그리고 자사의 정견이 하나의 객관임을 자연스럽게 주지시킬 수 있었다. 따라서 독자투고 만평은 제국주의와 자본주의를 날카롭게 비판하던 신문사의 전략적 선택으로도 볼 수 있다.[21]

물론 독자의 만평 투고는 신문사의 의도와는 별개로 시사적 의제에 대한 공적 발언으로서 중요한 무게를 지닌다. 그 만평은 삶의 현장과 연계된 문화적 경험 혹은 인식론적 태도로부터 형성된 시각표상이자,

---

21 일본의 경우, 만화를 독자에게 전면 개방한 것은 1877년에 발간되어 30년간 존속한 『마루마루진문[團團珍聞]』에서이다. 청일전쟁을 전후로 하여 만화의 풍자성은 급격히 감퇴하지만, 초창기 독자의 참여를 유도한 이 기획은 당시 활발하게 진행된 자유민권운동과 깊은 관계가 있었다. 일본이나 조선이나 독자투고 제도가 당대 발흥하고 있던 사회운동과 밀접한 관계가 있음을 보여주는 대목이다. 일본의 만화 저널리즘에 대해서는 한상일 · 한정선, 『일본, 만화로 제국을 그리다』, 일조각, 2007 참조.

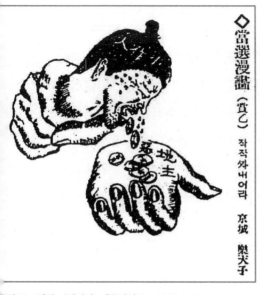

림 9〉〈작작 싸내어라〉,『동아일보』, 1923.5.25   〈그림 10〉〈나올 것은 다 나왔는데도〉,『동아일보』, 1926.12.16

그 표상이 공개되어 대중화되는 출발점이기 때문이다. 동아일보사 공
모 당선작이었던 〈작작 싸내어라〉(〈그림 9〉)가 그 단적인 사례이다. 이
만평은 "그 발상의 대담성과 형상의 뛰어남만으로도 당대 최고의 걸
작"[22]이라고 평가받을 만큼 수작이기도 하지만, 농민과 지주의 계급적
관계를 시각적으로 표상화한 최초의 것이다. 이 시각표상의 패턴은
〈나올 것은 다 나왔는데도〉(〈그림 10〉)에서 반복된다.

　물론 투고자 신원이 대부분 미상이고 만평 수준도 천차만별이기 때문
에, 독자투고의 의미를 종합적으로 평가하기는 어렵다. 투고자의 성명이
실명이어도 신원이 확인되지 않는 경우도 많고, '평양 촌철자寸鐵子', '신의
주 P.Y.R.', '남모월南慕月', '경성 낙천자', '운강雲江', '순천 백안자白眼子',

22　최열,『한국만화의 역사』, 열화당, 1995, 32쪽.

'시내 일독자', '볼수업소생', '평양 K생' 등과 같은 가명으로 투고된 예도 허다하다. 물론 알려진 인물도 없지 않다. 『동아일보』 현상공모 수상작이 었던 〈이러케 쌜리고야〉의 윤상찬은 광주의 청년 유지이고,[23] 『조선일보』 신춘 공모의 1등 지성채는 이미 조선미전에도 입선한 바 있는 동양화가다. 후일 카프의 맹원으로 활동한 조중곤趙重滾은 양세모와 음세모의 이중고에 시달리는 조선인을 그린 〈아이구 죽겟다〉를 실었고,[24] 후일 시인으로 활동한 박노춘朴魯春은 동양척식주식회사에 의해 만주로 쫓겨 가는 조선인을 그렸다.[25]

그런데 신문사가 투고자의 성명과 주소를 명기해줄 것을 계속해서 요청했음에도 불구하고, 결과는 별반 달라지지 않았다. 투고자가 자신의 신원을 밝히지 않은 것은 '검열의 후환'[26]을 의식한 결과로 해석될 수도 있다. 물론 투고작임이 명시되지 않은 경우, 무엇이 투고작인지, 사측의 전문가가 그린 것인지를 확인할 수는 없다. 다만, 투고작임이 분명한 것은 사회주의 인식구조가 반영된 관념의 표상이 많다는 것, 그중 〈작작 짜내어라〉에서와 같이 계급관계를 뚜렷이 보여주는 경우가 적지 않다는 사실이다. 예를 들어 〈짐은 갈사록 기운다〉(〈그림 11〉)와

---

23 「윤씨의 헌신적 열성」, 『조선일보』, 1923.12.23; 『조선총독부 및 소속관서 직원록』 1933~1939년도 참조.

24 가회동 조중곤, 〈아이구 죽겟다〉, 『동아일보』, 1923.12.31. 이 만평은 왼편에는 '양세모' 몽둥이를 내리는 일본인이, 오른편에는 '음세모' 몽둥이를 내리치는 조선인이 있고, 중앙에는 양쪽으로부터 몽둥이세례를 맞는 조선인이 놓인 그림이다. 의천(宜川) 유순선(劉順善)의 〈한 다리는 엇지엇지 건넛지마는!〉(『동아일보』, 1926.12.31)도 같은 계열이다.

25 연기군 박노춘, 〈쫓겨가는 사람의 일흠은 조선인이다〉, 『동아일보』, 1925.7.17. 이 만평은 동척에 의해 만주로 쫓겨 가는 조선인을 그리는데, 이 역시 만평의 가장 흔한 주제 중 하나다.

26 손상익, 「한국 신문시사만화사 연구」, 중앙대 박사논문, 2005, 120쪽.

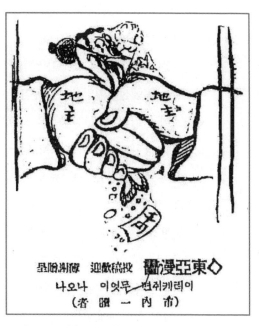

그림 11〉〈짐은 갈사록 기운다〉, 『동아일보』, 1923.12.18   〈그림 12〉〈이러케 쥐면 무엇이 나오나〉, 『동아일보』, 1924.5.20

〈이러케 쥐면 무엇이 나오나〉(〈그림 12〉)에는 농민과 지주의 계급관계
가 매우 세련되고 선명하게 표현되어 있어, 그 투고자의 수준이 상당함
을 엿볼 수 있다. 그렇다고 해서 이들이 반드시 화가와 같은 전문가 그
룹에 속한다고 속단하기도 어렵다.

여기에 독자가 중앙 미디어에 만평을 투고하는 경로를 짐작할 수 있는
하나의 사례를 제시하고자 한다. 〈위험! 위험!〉(〈그림 13〉)은 경원선 고산역
전 강영균姜英均의 만평으로, 각종 대회로 출렁이는 망망대해에서 고작 나룻
배 하나로 힘겹게 버티고 있는 경찰의 처지를 보여준다. 게재된 시점을
고려하면 이 만평은 그 무렵에 있었던 '전조선기자대회'(1925.4.15~17)와
'민중운동자대회'(1925.4.20.예정) 그리고 '조선공산당 창립대회'(1925.4.17)
를 염두에 두고 그려졌을 공산이 크다. 이틀 전에도 '동아만화'는 〈불도

칼로 쓰나⟨민중운동자대회금지⟩⟩(⟨그림 14⟩)를 게재함으로써 대회 금지의 부질 없음을 역설했는데, ⟨위험! 위험!⟩도 바로 그러한 편집진의 정치적 입장을 강화하는 선택이었음이 틀림없다.

이 만평의 작자 강영균은 1902년 함경남도 안변에서 출생, 후일 공산당 당원으로서 이른바 ML당 사건 관련으로 3년을 복역한 인물이다. 그의 족적은 1921년 『동아일보』「독자문단」에 투고된 시편들에서 처음 발견된다.[27] 이후 연희전문에서 2년간 수학한 것으로 짐작되며,[28] 귀향하여 『동아일보』 고산분국 기자로 일했다.[29] 이 시절에 투고한 것이 바로 ⟨위험! 위험!⟩이다. 그리고 얼마 안 되어 일본인 노동자와 조선인 노동자의 계급적 차이를 형상화한 ⟨(철도)궤도상의 비극⟩(⟨그림 15⟩)이 실리는데, 작자 '함남 신고산 강검동' 역시 그로 추정된다. 그의 정치적 이력은 1925년 신고산청년회 상무집행위원을 시작으로 본격화했고,[30] 경찰에 체포되어 3년을 복역한 후 출옥한 것은 1932년 6월이었다.[31]

강영균의 이력은 사회주의운동사에서, 혹은 예술사에서 조명을 받

---

27 고산역 강영균, 「독자문단―K군의 死」, 『동아일보』, 1921.6.16. 이후로도 「독자문단」을 통해 시편을 발표했다. 「독자문단―형님은 언제? / 꿈 / 밤 비 / 달」(『동아일보』, 1921.7.16); 「독자문단―나의 애원 / 내 동생아! / 녀름의 올밀대」(『동아일보』, 1921.8.4) 등

28 강만길·성대경 편, 『한국사회주의운동인명사전』, 창작과비평사, 1996, 14쪽.

29 「社告」, 『동아일보』, 1924.12.27. 이후 『동아일보』와의 인연은 계속되는데, 1926년 10월에는 안변지국 지국장(『동아일보』, 1926.10.11), 감옥에서 나온 후인 1933년 5월에 다시 신고산지국 지국장으로 발령받았다.

30 그는 안변청년연맹 집행위원, 사상단체 삼각전위동맹 발기인, 안변청년동맹 창립준비위원회 상무서기, 신고산 재만동포옹호동맹 집행위원 등을 역임했으며, 신간회 안변지회 간사로 재임하면서 지회 내 조선공산당 프랙션에 배속되었다고 한다. 강만길·성대경 편, 앞의 책, 14쪽.

31 「강영균 군 출옥」, 『동아일보』, 1932.6.24.

그림 13〉〈위험! 위험!〉, 『동아일보』, 1925.4.23

〈그림 14〉〈불도 칼로 쓰나〉, 『동아일보』, 1925.4.21

〈그림 15〉〈(철도)궤도상의 비극〉, 『동아일보』, 1925.5.20

은 적이 없다. 그러나 그가 청년기에 보여준 행적은 역사의 심층에 가라앉아 있던 다수의 존재를 상기하도록 한다. 강영균은 「독자문단」에 시편을 투고했던 소박한 독자가 정치적 주체로 전화한 사례로서, 그의 만평은 지방의 한 활동가가 삶의 현장에서 생성된 정치적 입장을 중앙의 미디어에 공개한 경우다. 그가 이후 『조선일보』에 발표한 시편도 소박하지만 매우 명료한 정치적 주장을 함축하는데, 이는 강영균 개인의 것으로만 귀속될 수 없는 표상의 대중성을 떠올리게 한다.

〈黎明〉

紫色의 불길이 어둠을 쭐코 / 東天에 焰焰히 오르고 잇다 /

싯몰을 靜寂, 死滅로부터 / 雄雄히 움즉이는 大地 /

그 속에서 우렁찬 소리가 / 들려 오나니 /

萬民아! / 弱한 者들아! / 잠으로부터 쌔여라! / 죽엄으로부터 살어라![32]

독자 만평은 신문사의 기획으로 마련되었지만, 이는 경향 각지에서 광범위하게 파장을 일으키던 사상적 전환이 수렴된 것이기도 하다. 그 투고작의 경향성도 편집진의 일정한 정견이 반영된 결과이겠지만, 이 역시 일정한 고등교육과 사회주의 사상의 세례를 받은 한 독자가 자신의 정치적·문화적 표현 욕구를 표출한 결과였다. 그러한 독자투고의 비중이 만평의 전성기, 즉 사회주의운동이 가장 활력적이던 1920년대 중반에 높았다는 점은 그런 점에서 당연하다. 그 시각적 표상은 신문사

---

32 강영균, 「여명」, 『조선일보』, 1926.1.12.

의 제도적 기획을 계기 삼아 독자 자신의 현장 경험과 사회주의 학습을 문화적으로 전유한 결과였으며, 이것이 다시 독자에게 피드백됨으로써 일정한 시각표상과 관념을 재생산한 것이다.

3. 사회주의 프로파간다

신문만평의 유용성은 논설이나 사건에 대한 각 신문사의 정견을 대중적 형식에 담아 집약할 수 있다는 데 있다. 대상의 복잡성은 주로 비유와 대조의 기법을 이용한 도상과 함께 명징한 몇 자의 언어에 의해 간명한 표상으로 전환된다. 따라서 역사적·문화적 경험을 공유하는 집단적 감각의 범위 내에서 해당 미디어와 친연성이 있는 독자계층이라면, 만평의 의미를 파악하는 것은 그리 어려운 일이 아니다. 가령, 『대한민보』의 만평은 대한협회 주도층과 이 미디어의 성격에 상응하는 문화 코드 안에서 표상 가능한 것이다. 그러나 1920년대의 만평은 신문사의 기획과 독자 간의 쌍방향적 회로 구조에 있었고, 이는 전적으로 사회주의 파고가 높아지는 사회변동에서 조성된 독특한 현상이었다. 신문만평은 사회주의 프로파간다의 기능이 합법적으로 발휘될 수 있는 최적의 장소가 된 셈이다. 신문만평이 사회주의를 거의 비평의 대상으로 삼지 않은 것도 그 증거이다. 사회주의는 비평의 대상이 아니라 세계를 논평하는 '관점'이고, 이 관점의 정당성은 사회주의가 역사의 대세임을 주장하는 시각표상으로 주장된다.

이때 사회주의 프로파간다는 약간의 우회가 필요했는데, 이는 비유를 주된 표현으로 하는 만평의 도상적 성격 때문이기도 하려니와 도상의 제약을 보완하는 언어가 검열 관계상 대체표현을 동원하기 때문이다. 특히 도상만으로는 의미전달이 불명확한 경우가 많아서 제목·지문·풍선말 등 만평 언어의 중요성은 높은 편이지만, '사회주의' 혹은 '공산주의'와 같은 어휘는 주로 다른 표현으로 대체되었다. 그 가운데 가장 압도적으로 많이 사용된 것이 바로 '사상', '과격사상' 혹은 '적화赤化'이다.

그러면 〈그림 16〉과 〈그림 17〉을 주의 깊게 보도록 하자. 두 만평의 표상 원리는 같고 뜻은 분명하다. '아무리 눌러도 솟아 나올 것은 반드시 나온다는 것', 이것이 바로 역사의 필연이라는 것이다. 이 주제는 〈누르기만 하면 되나 불을 쩌야지〉(〈그림 16〉)에서 시작해서 신문만평이 힘을 소진하는 때까지 놀라울 정도로 반복된다.[33] 억압할수록 '과격사상과 행동'은 정비례할 뿐이니, '헛심' 쓰지 말라는 것이다. 지상에서 막으면 '공중'으로부터 올 것이며, 사회주의자들은 감옥에 갇혀 있어도 '적화'를 멈추지 않는 존재들이기 때문이다.(〈그림 18〉) 이 자신만만함은 사상통제의 주체를 위협적인 존재가 아닌, 무력하고 초라한 존재로 희화화한다. 그리하여 '공산당 그림자'만 보고도 놀라고,[34] 신출귀몰하는 의열단에 정신을 못 차리며,[35] 민중대회(자라) 보고 놀란 가슴 어린이 운동(솥뚜껑) 보

---

33 〈누르기만 하면 되나 불을 쩌야지〉, 『동아일보』, 1924.2.17; 〈아모리 눌러도 나올 것은 나오고야 만다〉, 『동아일보』, 1924.4.23; 〈누른다고 안 나오나〉, 『동아일보』, 1925.2.1; 〈네려지는 돌을 막을 수 잇슬가〉, 『동아일보』, 1925.2.26; 〈가만두면 고요할 물을〉, 『조선일보』, 1925.4.21; 〈치면 칠수록 하나식 더 만하지니 이게 무슨 조화여!〉, 『동아일보』, 1925.8.23; 〈헛심 쓰이지!〉, 『조선일보』, 1926.1.18; 〈나오는 싹을 누른들 어이하리〉, 『조선일보』, 1926.5.4; 〈공중으로 오는 것은 엇지 하나〉, 『동아일보』, 1927.1.3.
34 〈그림자만 보고서야, 놀날 것이 잇슬나고?〉, 『동아일보』, 1924.5.4.
35 〈이게 어대로 갓나! 소리만 들니니〉, 『동아일보』, 1924.5.9.

〈그림 16〉〈누르기만 하면 되나 불을 써야지〉, 『동아일보』, 1924.2.17

〈그림 17〉〈나오는 싹을 누른들 어이하리〉, 『조선일보』, 1926.5.4

〈그림 18〉〈문만 직히면 되나〉, 『조선일보』, 1926.12.5

〈그림 19〉〈네려지는 돌을 막을 수 잇슬가〉, 『동아일보』, 1925.2.26

고 질색하는[36] 웃음거리로 만들 수 있었다.

암암리에 사회주의가 도도한 시대정신임을 역설하는 이런 식의 표상은 그때그때 특정 시사와 결합하기도 했다. 〈네려지는 돌을 막을 수 잇슬가〉(〈그림 19〉)는 치안유지법 시행이 거의 확실시되는 시점에 게재된 것이다. 굴러 내려오는 '사상'을 한 장의 종이일 따름인 '치안유지법'으로 막을 수 없는 것은 정한 이치인바, '시대'가 그런 결과를 만들어내기 때문이다. 여기서 '사상'이란 일본의 통치를 위협하는 사회주의를 가리킨다. 주지하듯 치안유지법은 사상통제의 일환으로 제정되었으며 그 주된 표적은 조선의 독립을 꾀하는 움직임 가운데 가장 위협적으로 부상한 사회주의였다.[37] 따라서 이 만평은 치안유지법으로도 어쩔 도리가 없는 사회주의 사상의 위력적인 반향을 전망한 셈이다. 〈설상가상〉[38]에서처럼 '제령 제7호'에 더하여 '치안유지법'에 짓눌리게 된 상황을 심각하게 우려하기

---

36 〈이크! 민중대회에 놀난 경찰이 어린이운동에도 질색〉, 『조선일보』, 1925.4.30.

37 일본의 사상통제 전반에 대해서는 리차드 H. 미첼, 김윤식 역, 『일제의 사상통제』, 일지사, 1982; 치안유지법의 체제와 운용을 일본의 경우와 비교한 것으로는 水野直樹, 이영록 역, 「조선에 있어서 치안유지법 체제의 식민지적 성격」, 『법사학연구』 26, 한국법사학회, 2002 참조.

38 〈설상가상〉, 『동아일보』, 1925.4.27.

도 했지만, 그보다는 치안유지법으로도 어쩔 수 없는 시대의 힘을 신뢰하는 것이 더 일반적이었다.[39]

이처럼 공권력을 풍자하고 사회주의의 등장을 역사적 필연으로 읽는 만평에는 그야말로 활력이 넘치는 긍정의 언어와 표상으로 넘쳐난다. 이렇게 사회주의에 대한 낙관적 전망이 충만할 수 있었던 것은 사회주의적 기운이 실제로 조선에서 '현실'로 부상하고 있음을 목격했기 때문이다. 사회주의적 경향을 뚜렷이 하기 시작한 운동이 1924년 4월 조선노농총동맹과 조선청년총동맹의 발족으로 이어졌고, 『동아일보』는 조선청년총동맹에 대한 기대와 조선총독부의 방해를 즉각 만평화했다.[40] 그 이듬해는 그런 경향이 더 농후해졌는데, 이는 1925년 4월 '조선공산당 창립대회' 개최를 중심으로 한 당시의 정세와 직접적인 관련이 있었다. 동아일보사・조선일보사・개벽사 등의 기자들이 4월 15~17일 '전조선기자대회'를 성황리에 개최했고,[41] 4월 20일에는 단체 425개의 대표자 508명이 '민중운동자대회'를 개최할 예정이었다.[42] 그리하여 이 대규모 집회에 참석하기 위해 각 사회단체 지도자들과 기자들이 경성에 운집해 있었고, 경찰은 이를 단속하기에 분주했다. 바로 이 틈에 '전조선기자대회' 마지막 날 조선공산당이 창립되었다. 그 직후 각각 활동해왔던 북풍회, 화요회, 무산자동

---

39 〈되는 대로 비면 구만일가〉, 『동아일보』, 1925.3.20; 〈반항은 압박의 정비례〉, 『동아일보』, 1925.5.4.
40 〈자아 모여 들어라〉, 『동아일보』, 1924.3.5; 〈번번히 이 모양이야〉, 『동아일보』, 1924.4.26.
41 '전조선기자대회' 관련 만평은 〈인제는 열매가 굵게 열어라〉, 『조선일보』, 1925.4.18.
42 '민중운동자대회' 관련 만평은 〈불도 칼로 쓰나(민중운동대회금지)〉, 『동아일보』, 1925.4.21; 〈가만두면 고요할 물을〉, 『조선일보』, 1925.4.21; 강영균, 〈위험! 위험!〉, 『동아일보』, 1925.4.23; 〈이크! 민중대회에 놀란 경찰이 어린이운동에도 질색〉, 『조선일보』, 1925.4.30.

맹회, 조선노동당 등 네 단체가 합동을 결의하여 4월 27일 합동총회를 개최했다.[43] 이를 만평화한 것이 바로 〈조선○○의 봉화〉(〈그림 20〉)이다. 요컨대 조선공산당 창립을 전후로 한 조선의 사회주의운동은 자긍심을 가질 만큼 그 세력을 확장하고 있었고,[44] 신문만평은 이를 생생하게 반영했다.

사회주의의 드높아가는 위세, 세계의 사회주의화에 대한 전망은 국제정세에 대한 관찰과 정견이 담긴 만평에서도 명백히 표현되었다. 국내시사 만평이 주로 조선총독부의 사상통제에 대한 응전이었다면, 국제시사 만평은 사회주의 승리를 장담하는 선언에 가까웠다. 그 중심에 러시아가 있었다. 물론 국제시사를 다룬 것에는[45] 복잡한 국제적 역학관계를 주시한 것이 많았고 러시아의 행보도 그런 차원에서 거리를 두고 묘사되었다.

43 「運動線통일의 제일보로, 四사상단체합동」,『조선일보』, 1925.4.27;「통일운동의 전제, 四단체합동」,『동아일보』, 1925.4.27.

44 스칼라피노와 이정식은 당시 공산주의자들이 그런 낙관적인 견해를 가질 만한 이유를 1926년 당시 조선노농총동맹의 놀라운 규모를 통해 제시한 바 있다.『한국공산주의 운동사1』, 돌베개, 1986, 117쪽.

45 『동아일보』 시사만평(1923.5.25~1927.10.16) 총 574편 중 외지 전재를 제외한 '국제' 분야는 총 157편이다. 장승태,「20세기 전반 대한민보와 동아일보의 시사만화 연구」, 전남대 석사논문, 2002, 12쪽.

그러나 매우 종종 러시아는—
'적로赤露' 혹은 '노농러시아'
로 지시된 경우는 특히 그런 편
인데—사회주의의 상징이자
그 전망을 가늠해 보는 '현실 사
회주의'였다. 〈벌이 집이, 잇는
동안에는, 귀찬어도, 할 수 업
지〉(〈그림 21〉)는 러시아의 그
러한 위치를 매우 선명히 보여
준다.[46] 이 만평은 사회주의의
득세가 중국·조선·일본 등

〈그림 21〉 〈벌이 집이, 잇는 동안에는, 귀찬어도, 할 수 업지〉,
『조선일보』, 1925.2.20

자국의 사정과는 무관하게 전적으로 외부(러시아)로부터 주어진 것이라
는 의미로 읽힐 수도 있지만, 이는 기실 사회주의(자)의 거점으로서의 러
시아 즉 '현실 사회주의' 존재의 역설이다.

러시아의 적화기도, 그리고 그 결과는 세계의 사회주의적 재편을 기대
케 하는 것이었다. 이를 압축적으로 보여주는 만평이 바로 〈맹야盟夜의
화염! 이 따위 쏨푸로서는!〉(〈그림 22〉)이다. 마치 아궁이를 연상케 하는
성곽은 지금 붉게 불타오르고 있고, 여기에 부채질하는 '적로' 앞에서 각
국의 펌프는 무용할 따름이다. '불'은 사회주의를 표상하는 대표적인 이
미지로서 붉은색이라는 시각적 동일성뿐만 아니라 활활 타오르는 역동성
을 표현한다. 이와 마찬가지로 러시아 군인이 지구 위에 올라타 세계 이곳

---

[46] 〈이게 무슨 난리냐?〉(『조선일보』, 1926.8.10)에서도 '노농로서아'는 벌집으로 비유된다.

〈그림 22〉〈맹야(盟夜)의 화염！ 이 따위 쌈푸로서는！〉, 『동아일보』,
1925.6.6

저곳에 불을 지피고 있다던가,[47] 세계 곳곳을 휩쓰는 '맹룡盟龍'의 '분화噴火'[48]에서도 사회주의의 위력적인 기세는 '불'로 표현된다. 이 밖에 청각적인 이미지를 동원하여 사회주의를 '소리'로 비유하기도 한다. 레닌이 틀고 있는 축음기에서 새어 나오는 '소리', 즉 사회주의는 무엇(일본의 자본)으로도 막을 수 없는 사방팔방 퍼져가는 그런 것이다.[49] 러시아의 권역은 점차로 확장되어 갔다.[50]

이런 점에서 보자면 '일로조약'(1925.1.20)의 성립으로 러시아 영사관이 조선에 상주하게 된 사건은, 러시아의 위세와 국제적 역학관계를 확인케 하는 경험이었을 법하다. 경성 중심에 적기赤旗가 휘날리고 혁명가가 울려 퍼지는 상황, 이를 만평은 '진보'로 파악했으며 난감해하는 총독부 당국을 조롱했다.[51] 그러나 무엇보다도 그 시험대로서 관심 대상이 된 것은 다름 아닌 중국이었다. 급박하게 돌아가는 중국 정세에 대한 주시는, 중국이

---

47 〈자본주의국가는 매우 실려할걸！〉, 『동아일보』, 1925.7.5.
48 〈세계를 휩스는 盟龍의 噴火〉, 『동아일보』, 1925.9.4.
49 〈이러케 해서 안 들일까〉, 『동아일보』, 1925.2.14.
50 〈南으로 南으로〉, 『조선일보』, 1926.6.10.
51 〈붉게 보힐 것은 定理〉, 『시대일보』, 1925.8.8; 〈이 주위에 巡査城이나 쌀는지？〉, 『동아일보』, 1925.9.7; 〈참 세상은 진보하는군！ 경성서 혁명가！〉, 『동아일보』, 1925.9.26.

조선의 현실적 이해관계와 직접 결부
될 수밖에 없는 지리적 인접성과 엄청
난 규모를 가졌기 때문이지만, 무엇
보다 중국 혁명 성공 여하가 곧 '러시
아 효과'의 시험대였기 때문이다. 그
리하여 국내정세보다도 훨씬 자세할
만큼 정치세력 간의 역학관계와 사회
주의 세력의 움직임을 시시각각 포착
했다.[52]

〈그림 23〉〈죽지 안으면 잡는 판〉, 『조선일보』, 1925.8.13

　　자본주의와　제국주의의　위력적
인 기세에 대한 우려도 없지는 않았다. 〈죽지 안으면 잡는 판〉(〈그림
23〉)은 앞서와 같은 러시아의 명약관화한 승리를 선언하는 대신 사회
주의와 제국주의의 대결을 긴장감을 자아내는 투우로 표상했다. 이 밖
에도 '아메리카 제국주의'를 '세계를 둘러 삼키려는 뱀'으로 비유하
고,[53] 한 손에는 저울을, 또 다른 손에는 칼을 든 자본주의의 정의관正義
觀을 비평하기도 했다.[54] 그러나 이렇게 표상되는 경우는 극히 드물다.

52　그 대표적인 것들을 추리면 다음과 같다. 〈좀 잇스면, 쏙 들어가지 안을가〉, 『조선일보』,
　　1924.12.10; 〈이 집에도 불이 일켓군〉, 『조선일보』, 1925.4.24; 〈노력으로 금력 무력을
　　아울러 타파하려고〉, 『동아일보』, 1925.6.8; 〈도처에 썰어지는 폭탄!〉, 『시대일보』,
　　1925.8.31; 〈日中관헌의 일대두통〉, 『시대일보』, 1925.11.21; 〈민중의 새 절규〉, 『동아일
　　보』, 1925.12.1; 〈防川이 곳 터지는데!〉, 『동아일보』, 1925.12.3; 〈불이 붓터스니까〉,
　　『시대일보』, 1925.12.10; (*무제-광동군관학교 혁명 화보 전재), 『동아일보』, 1927.4.17.
53　〈세계를 둘러 생키려는 배암〉(米紙轉載), 『조선일보』, 1925.8.28. 이 만평은 미국 만평
　　을 전재한 것으로, 원텍스트의 의미가 변경되어 다른 맥락에서 수용·독해된 것이라면
　　이는 제국주의 텍스트를 재전유한 사례라고 할 수 있다.
54　〈자본주의자의 정의관〉, 『동아일보』, 1925.9.2.

미국 '자본주의'와 러시아 '공산주의'가 대치하는 상황을 제시하면서도 '불길(공산주의)'이 '짚단(자본주의)'에 옮겨붙을 것을 관측했던 것처럼(〈화재가 가려可慮〉),[55] 사회주의 승리의 도래를 필연적인 것으로 받아들였다.

　이렇게 당시 신문만평은—『매일신보』의 반-사회주의 담론의 대척적인 지점에서—한편으로는 조선총독부의 사상통제에 대한 응전으로, 다른 한편으로는 국제정세에 대한 관찰과 정견으로 사회주의 전도를 낙관적인 것으로 표상해냈다. 사회주의의 궁극적 승리를 선취하는 프로파간다가 가능했던 것은 사회주의적 실천의 약진이 현저했던 당시 정세가 그 현실적 근거가 되었기 때문이다. 이러한 동력은 신문만평에 대한 독자의 전유에서도 확인되었듯이 단순히 미디어의 기획만으로는 환원되지 않는 저변에서 나왔다. 다만, 프로파간다는 현실에 기초하면서도 이를 초과하는 수사학이라는 점에서, 그 속살에 대해 주의를 기울일 필요가 있을 것이다.

---

55 〈화재가 可慮〉, 『조선일보』, 1925.4.13.

4. 계급의 내셔널리티

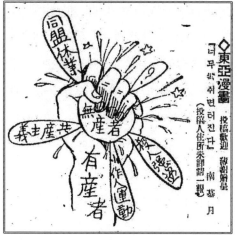

〈그림 24〉〈결국은 어부의 리(利)〉,
『동아일보』, 1923.12.10

〈그림 25〉〈너무 꼭 쥐면 터진다〉, 『동아일보』,
1924.1.22

'경성 임만자任漫子'의 〈결국은 어부의 리利〉(〈그림 24〉)는 사회주의(학)
와 민족주의(조개)의 불화는 결국 일본(어부)의 이득일 뿐임을 경고한다.
무방비 상태에 있는 '조개'는 '학'으로부터 공격을 당하지만, '학'은 언제
든지 '어부'로부터 자유로울 수 있는 날개를 가지고 있다. 이 표상은 곧
사회주의의 우위를 나타내면서도 사회주의의 민족주의 공격을 경계한
다. 이 만평은 사상 여하와 관계없이 민족의 대단결을 주장하는 셈인데,
그 필요는 물론 일본에 의해 식민지로 점령당한 조선의 상황 때문이다.
그런데 이후로 사실상 이와 같은 시선을 만나기는 어렵다. 이 사실은 계급
적 관점을 예각화한 상당수의 만평이 '민족' 문제와 어떤 관계를 맺고 있
는지 질문을 던지도록 한다.

이를테면 〈너무 꼭 쥐면 터진다〉(〈그림 25〉)는 동맹휴학·공산주의·소작운동·살인강도 등 다소 이질적인 조합처럼 보이기도 하는 사회적 현상의 근본 원인이 무산자에 대한 유산자의 압박이라는 동일한 심층구조임을 주장한다. 이 명쾌함은 현상에 대한 구조주의적 해석이 야기할 수 있는 위험성을 다분히 내포하지만, '계급'이 현실 인식의 준거로 작용하고 있음은 눈여겨볼 만하다. 이는 곧 우승열패의 진화론적 논리 선상에서는 파악될 수 없었던 인식의 전환을 나타내기 때문이다. 그런데 이 만평 어디에서도 '민족'의 기호는 찾을 수 없다.

아니면, 유산계급과 무산계급 각각을 전면화한 만평을 예로 들 수 있다. 유산계급에 대한 도덕적 비난은 자명한 것으로 표현된다. 〈이래구서 쓰러지지 아니할가〉,[56] 〈이래도 편할가〉[57]와 같은 만평은 유산계급이 누리는 '부'가 무산계급의 희생으로 얻어진 것이라는 점을 전달하면서 그 위태로움과 부도덕성을 제시한다. 특히 유산계급의 새로운 주자로 떠오른 고리대금업자도 주된 비판 대상이었는데,[58] 이에 의하면 고리대금업자는 한반도 전체를 장악해가는 '흡혈마', '전식동물錢食動物'이다. 반면, 무산계급은 양세모와 음세모의 이중고를 겪고[59] 가중된 온갖 세금에 짓눌리며,[60] 속출하는 '방화소녀들'[61] 또는 걸인으로의 전락하고[62] 이

---

56 〈이래구서 쓰러지지 아니할가〉, 『동아일보』, 1924.11.13.
57 〈이래도 편할가〉, 『동아일보』, 1924.11.28.
58 〈이것이 水火相克〉, 『동아일보』, 1923.12.23; 〈악마의 이 손〉, 『동아일보』, 1924.7.7; 〈옛날에 등살대는 債鬼〉, 『동아일보』, 1924.12.11. 이밖에 안석주가 그린 스케치만화 〈서울행진(3) 베니스상인-빈대피를 쌜아먹으러라〉(『조선일보』, 1928.11.3), 〈세모고 (6) 고리대금업자〉(『조선일보』, 1928.12.27) 등이 있다.
59 조중곤, 〈아이구 죽겠다〉, 『동아일보』, 1923.12.31; 〈또 여긔를 엇케 넘나〉, 『조선일보』, 1925.1.10; 의천 劉順善, 〈한 다리는 엇지엇지 건녓지마는!〉, 『동아일보』, 1926.12.31.
60 〈배꼽이 배(腹)의 십배!〉, 『동아일보』, 1926.12.7; 〈산쎼미 가튼 세금〉, 『시대일보』,

향할 수밖에 없는 존재로 표상된다.

그리하여 만평에 표상된 피식민 주민의 현실이란, 계급관계로 구조화된 세계다. 이를 주제로 한 작품이 '동아만화'의 '유무산대조有無産對照' 시리즈다.[63] 전 5회에 걸쳐 연재된 이 시리즈는 한 컷 안에 유산계급과 무산계급의 일상을 대조한다. 선풍기 앞에서 노닥거리는 두 남녀와 일하는 대장장이(1)(〈그림 26〉), 자동차를 타고 유흥을 즐기러 가는 두 남녀와 그 자동차의 먼지를 뒤집어쓴 짐

〈그림 26〉〈너는 두다려라 나는 풍선 밋헤서〉,『동아일보』, 1924.7.13

꾼(2), 화려한 요리점을 찾은 유산계급과 쪼그리고 헐한 밥을 먹는 무산계급(3), 인력거 위에서 부채질하는 유산계급과 땀을 흘리는 인력거꾼(4), 잘 차려진 밥상에 눈을 찌푸린 유산계급과 먹을 것 없는 무산계급(5). 이 시리즈는 상단에는 유산계급을, 하단에는 무산계급을 배치하는 면의 분할과 대조를 통해서, 유산계급이 누리는 '부富'와 무산계급이 견뎌야

1924.12.18; (*無題),『시대일보』, 1925.12.18.

61 〈방화소녀는 잡엇는데 또 웬 불이야〉,『동아일보』, 1924.5.23. 이 만화는 당시 봉익동, 관철동의 방화사건을 소재로 한 것이다.

62 〈街上雜觀〉,『시대일보』, 1924.12.25;〈가상잡관〉,『시대일보』, 1924.12.26;〈쓰쓰한 방도 잇기는 잇나본데〉,『동아일보』, 1926.12.5.

63 〈유무산대조(1)−너는 두다려라 나는 풍선 밋헤서〉,『동아일보』, 1924.7.13;〈유무산 대조(2)−자동차 바람에……〉,『동아일보』, 1924.7.15;〈유무산대조(3)−一夜料理代 一年糧食價〉,『동아일보』, 1924.7.17;〈유무산대조(4)−안진 사람이 더 더운 모양인 가〉,『동아일보』, 1924.7.19;〈유무산대조(5)−눈쌀썹흐리고 젓가락장단 배쌀쥐어잡 고 먹을것타령〉,『동아일보』, 1924.7.21.

하는 '빈貧'의 부당성을 시각화한다. 한 컷 안에 놓인 이 모순은, 때로는 '귀족 부호'나 '강도' 모두 X광선을 비춰보니 같은 '해골'일 뿐이더라는 유머로 전달되기도 한다.[64]

이처럼 신문만평에는 계급적 질서로 구조화된 세계와 무산계급의 현재를 조망하는 '관점'이 강조되어 있다. 그러나 이것이 곧 '민족' 담론의 소거를 의미하진 않는다. '민족주의'의 역설이 없을 뿐, '민족'은 그 계급 담론의 당사자이기 때문이다. 〈결국은 어부의 리〉가 환기하는 것처럼 조선에서의 사회주의가 필연적으로 민족 문제와 결부될 수밖에 없음은 주지의 사실이지만, 사회주의는 그 '민족'이 계급에 따른 종차種差를 갖는 것임을 인식하도록 하는 동시에 민족의 이해관계가 무산계급의 이익에 기초해야 함을 역설한 것이다.

그러면서도 실제로 상당수의 만평이 계급의 내셔널리티를 제기하고 있음은 주목할 만하다. 당시 만평에서 계급적 질서는 주로 무산계급의 현재를 통해 표상되는데 그것은 바로 절대빈곤의 상태이며, 이를 가장 상징적으로 보여주는 것은 러시아·만주 등지로 떠나는 이향의 현실이다. "노비路費가 없어 남들이 가는 남북만주도 갈 수 없"[65]는 걸인과 총목부 시책에 따라 삶의 터전을 박탈당한 화전민이 만평의 대상이 되지 않는 것은 아니지만,[66] 이향은 무산계급의 곤경을 대표하는 표상으로 신문만평의 단골 소재였다.[67] 눈길을 끄는 것은 〈또 천여 명이 쫓겨나는구나〉

64 〈엑쓰광선을 거쳐본, 귀족부호와, 강도〉, 『조선일보』, 1925.1.12.
65 「안동걸인단, 작년보다 삼배나 늘어」, 『조선일보』, 1927.3.15.
66 〈비참한 단결〉, 『조선일보』, 1925.4.27; 〈구축당한 화전민, 下界를 나려다 보면서 "달은 사람이 빈틈업시 사는대 우리는 어느 대로 갈 것이냐!"〉, 『조선일보』, 1925.1.30; 〈금지령이 낫스니 그들의 살곳은 어듼고〉, 『조선일보』, 1926.2.10.
67 〈또 천여 명이 쫓겨나는구나〉, 『동아일보』, 1924.4.25; 연기군 박노춘, 〈쫓겨가는 사람

(〈그림 27〉), 〈쫓겨가는 사람의 일흠은 조선인이다〉에서처럼 지문에 '동척'을 표기함으로써 이향을 초래한 주범이 바로 일본임을 지목한 점이다. 주지하듯 동양척식주식회사는 조선의 토지를 강제로 수탈하는 것과 함께 고율의 소작료로 전체 인구의 상당수를 점하는 농민을 빈농으로 전락시킨 식민기관으로서, 일본 이민자를 대거 받아들여 착취의 첨병으로 삼은 대신 조선의 빈농을 북간도로 내몰았다. 즉 동척 이민자의

〈그림 27〉 〈또 천여 명이 쫓겨나는구나〉, 『동아일보』, 1924.4.25

숫자는 늘어 가는데 이향민의 숫자는 점점 늘어가는 형국임을 대조적으로 표현한 만평은 바로 이러한 현실을 기반으로 한 것이다.

　그래서 만평이 가장 많은 관심을 기울인 소작쟁의 주제에 일본의 흔적이나 '동척'이 각인된 것은 당연하다. 〈조선독특의 소작쟁의해결법〉[68]에서 그것은 '작은' 지주/소작인의 쟁의에 관여하는 '큰' 경찰의 존재로 드러나지만,[69] 훨씬 더 빈번하게 지목된 대상은 동척이다. 그리하여 동

의 일흠은 조선인이다〉, 『동아일보』, 1925.7.17; 〈가면 어듸로 가나?〉, 『조선일보』, 1926.3.12; 〈거미발 가튼 다리로 만릿길〉, 『동아일보』, 1926.11.28; 〈오는 사람은 누구며 가는 사람은 누구냐?〉, 『동아일보』, 1927.10.16. 이 가운데 〈거미발 가튼 다리로 만리ㅅ길〉은 북간도로 가는 '기민(飢民)'을 가느다란 발을 가진 거미로 표상함으로써 그 비참함을 전달하고 있다.

68　〈조선독특의 소작쟁의해결법〉, 『동아일보』, 1924.4.19.
69　참고로, 이와 유사한 구도로 된 만평으로는 무산계급의 피고와 유산계급의 원고 그리고

〈그림 28〉〈너희들은 가만이만 잇거라〉, 『동아일보』, 1924.11.7

척과 농민의 관계는 〈너희들은 가만이만 잇거라〉(〈그림 28〉)와 같이 참

혹하게 표현된다. 때로는 자신의 그림자를 보고 놀라거나,[70] 농민의 피

를 빨아 잔뜩 배가 불러 있는 모기의 형상으로 동척을 희화화하기도 하

지만,[71] 이 역시 공포의 대상임을 다르게 표현한 것일 뿐이다.[72]

이 주제가 더 생생한 것은 당시 실제로 기사화된 사건을 소재로 했기

일본인 변호사가 등장하는 〈아모러케든지 돈만 모자〉(『시대일보』, 1925.7.7)가 있다.

70 〈제가 보아도 무서운 모양〉, 『동아일보』, 1924.11.12.

71 〈넘우 쌜아들이면 배가 터지는 법〉, 『시대일보』, 1925.1.17. 여기서 모기는 '지주'를 비유한 것이기도 하다.

72 〈느이들 이것 좀 보아라〉(『동아일보』, 1925.2.9)에서는 해골로 묘사되었는데, 사실 이 것들보다 훨씬 감각적으로 다가오는 것은 '컵'(조선토지)에 빨대를 꽃아 먹고 있는 동 척과 토지개량회사를 그린 〈조선사람에게 남을 것은?〉(『동아일보』, 1926.4.23)이다.

때문이다. 1924년 11월 초부터 시작하여 반년 이상 계속된 황해도 봉산군 사인면의 소작쟁의가 그 대표적인 예다.[73] 〈통으로 생키기는, 좀 어렵지!〉(〈그림 29〉)는 동척을 압박하는 소작인의 연대를 보여주는데, 이 그림에서 '뱀-야노矢野'는 동척 사리원 지점장인 야노 야스시 矢野康를 가리킨다. 그러나 소작인의 연대투쟁에도 불구하고

〈그림 29〉 〈통으로 생키기는, 좀 어렵지!〉, 『조선일보』, 1924.12.12

동척은 소작료뿐만 아니라 가옥과 의복 등속까지 집행한 것이다.(〈그림 30〉) 이 밖에도 황해도 재령군 북율면[74]과 신천군[75]의 소작쟁의도 다뤄졌고, 이러한 주제는 때로는 산미증식안에 대한 비판으로 이어지기도 했다.[76]

이처럼 농민의 최대 현안이었던 소작쟁의 표상에서 '일본'의 흔적을

---

73 〈굴근 과실은, 뒤로 감추고, 그래서야, 울음을 그치겟나!〉, 『조선일보』, 1924.11.17; 〈먹기나 해야, 알도 낫치〉, 『조선일보』, 1924.11.28; 〈통으로 생키기는, 좀 어렵지!〉, 『조선일보』, 1924.12.12; 〈집행광의 동척회사〉, 『동아일보』, 1925.2.4; 〈다 가져가거라, 법 업는 숫가락은, 소용업다(사인면사건)〉, 『조선일보』, 1925.2.10; 〈너무 추궁하면 그런 법이다〉, 『조선일보』, 1925.2.17.

74 〈삼인삼색의 전율〉, 『조선일보』, 1925.2.12; 〈야, 이 편은, 생사문제다〉, 『조선일보』, 1925.2.13; 〈다 쌔서 모아봐라(동척의 소작권 박탈)〉, 『조선일보』, 1925.4.22.

75 〈작구 옴겨야 수가 난다(신천농감의 소작이동)〉, 『동아일보』, 1925.3.21; 〈작구 옴겨야 수가 난다(신천농감의 속작이동)〉, 『동아일보』, 1925.3.24.

76 〈독개비가 가저가는 사백만석〉, 『조선일보』, 1925.8.26; 〈메고만 돌어다니기 무겁지도 아니한가〉, 『조선일보』, 1925.10.28(이 만평에서 짐(산미증식)을 들고 가는 '池田'은 총독부 식산국장 池田秀雄을 가리킨다.); 〈나마지는, 누가 먹을 것이냐?〉, 『조선일보』, 1926.6.22 참조.

〈그림 30〉 〈집행광의 동척회사〉, 『동아일보』, 1925.2.4

남긴 것은 흥미로운 일이다. 합법적인 경로를 통해 생산된 문화물에서
이러한 표상의 직접성을 발견하기란 좀처럼 어렵기 때문이다. 식민지
권력의 주체를 형상화하기 어려운 곤경, 즉 검열의 제약이 일반적이었
음을 참고하면, 이는 사회주의 전성기와 신문만평의 만남으로 이뤄진
작은 행운이었던 셈이다. 더욱이 피착취계급으로서의 농민을 전경화하
면서 식민당국 일본을 겨냥하는 것은 사회주의가 민족을 전유하는 방
식을 선명히 보여준다.

　이는 노동자 계급을 다룬 만평에서 더 적극적으로 드러난다. 〈(철도)
궤도상의 비극〉(〈그림 15〉)은 일본인 노동자와 조선인 노동자의 위계를,
〈화禍는 북으로도 온다〉[77]는 중국인 노동자의 이주로 더 살기 힘들어지

〈그림 31〉〈공사장(工事場)이냐, 공사장(空死場)이냐〉, 『조선일보』, 1925.7.4

는 조선인 노동자의 현실을 표현했다. 이 만평들은 계급의 내셔널리티를 외면할 수 없는 현실의 이해관계를 함축하는데, 당시 송현리 매립공사장 사건을 다룬 〈공사장工事場이냐, 공사장空死場이냐〉(〈그림 31〉)도 같은 경우다. 이 그림에서 '뱀의 입 안'은 곧 인천 송현리 매립공사장을 의미하며, 그 안에서 곡괭이질 하는 노동자들은 곧 뱀에게 물릴 형국이다. 일견 이 만평은 죽음에 이르는 열악한 노동조건의 표상으로 보이지만, 사실 그 내부사정에는 조선인 지주와 일본인 지주의 숨은 거래와 착취 양태가 담겨 있다. 이 공사장이 문제가 되었던 이유는 세 가지다. 첫째는 매립공사가 시작되기 전, 이곳을 조선인 지주가 일본인 지주에

---

77 〈禍는 북으로도 온다(금년에 이만여 명)〉, 『동아일보』, 1925.11.2.

게 매각하고 일본인 지주는 아무 통보 없이 그곳에 살고 있던 3백여 호 주민의 집을 철거하려 한 것, 둘째는 결국 시작한 매립공사로 노동 자들이 중한 상해를 입은 일, 셋째는 그 매립공사로 말미암아 심각한 물난리를 겪게 된 것 등이다.[78]

한편, 여기에 사회의 가장 낮은 계급으로 천시되던 백정과 이들의 조직 '형평사衡平社'를 다룬 만평도 추가할 수 있다. 〈악수한 담에는……〉(〈그림 32〉)[79]은 일본 수평사와의 제휴 문제를 조심스럽게 접근하는데, 이는 국제주의적 계급연대를 흔쾌히 수락하

〈그림 32〉 〈악수한 담에는……〉, 『동아일보』, 1924.3.7.

지 못하는 불편함, 즉 조선과 일본의 관계가 종족적 차별을 수반하는 일종의 계급관계이기 때문이다. 그리하여 유산계급이 누리는 '부'와 무산계급이 견뎌야 하는 '빈'의 극명한 대조가 바로 일본과 조선의 관계로 정확히 전치되기도 한다.[80]

78 「3백여호 주민에게 돌연히 철거명령」, 『조선일보』, 1925.4.29; 「문제의 공사장에서 인부가 치어 중상」, 『조선일보』, 1925.5.13; 「인천송현리 홍수로 刻刻 위험」, 『조선일보』, 1925.7.11; 「송현매립공사로 피해민 결속 소동」, 『조선일보』, 1925.7.14 참조.
79 〈악수한 담에는……〉, 『동아일보』, 1924.3.7. 이밖에 형평사와 관계된 만평으로는 〈돌잡이하는 衡平아 잘 잘아기라〉(『동아일보』, 1924.4.27)와 〈자랑긋에 불난다〉(『동아일보』, 1924.5.2)가 있다..
80 〈이러고, 여유가 잇다면, 거짓말〉, 『조선일보』, 1925.1.7; 〈한 盆에서, 잘아건만은〉,

이처럼 당시 만평은 민족이 복수複數일 수밖에 없다는 종차의 확인, 그리고 무산계급의 이익을 역설한다. 뿐만이 아니라 무산계급의 억압적 현재를 환기하는 존재로서의 '일본'의 배치는 민족 문제의 계급적 전유라 할 만하다. 그러나 노동자 계급과 형평사를 다룬 만평이 보여주듯이, 계급의 내셔널리티는 그리 선명해 보이지 않는다. '식민지 조선'이라는 조건은 '만국의 노동자여, 단결하라!'라는 국제주의 원칙과 때로는 갈등할 수밖에 없기 때문이다. 계급 개념의 인식적 범주가 — 국가, 민족, 인종, 젠더 등에서처럼 — 다양한 차원에서 그 관계성을 지시하는 것으로 사용될 때 그것은, 한편으로는 그 자체로 변혁의 동력이 될 수 있지만 다른 한편으로는 그 각각이 또 다른 최종심급으로 귀착될 수 있음을 함축한다. 신문만평은 그 잠재적인 현주소를 보여주는지도 모른다.

5. 잉여의 시간

신문사의 투고제도를 독자가 능동적으로 전유할 수 있었던 것도, 사회주의에 대한 낙관적 전망과 함께 민족의 종차를 인식하면서 무산계급의 당파성을 역설할 수 있었던 것도, 전적으로 정론성과 대중성이 결합한 '신문만평'이 사회주의 실천의 약진이 현저했던 '1920년대 중반'과 만난 결과다. 식민지 시기에 이처럼 사회주의 문화 표상이 활력을 보인적이 없다. 비록 그 시간은 짧았지만, 당대의 시사적 의제와 결합하여 사

『조선일보』, 1925.1.16; 〈어대로 가나……!〉, 『시대일보』, 1925.7.4; 〈수효만, 만으면 무엇하나!〉, 『조선일보』, 1925.12.6 참조.

회주의적 관점을 대중화하는 데 적지 않은 영향을 끼쳤다. 사회주의의 구축과 함께 신문만평의 활력도 소멸해갔지만, 신문만평에서 응결되어 드러난 사회주의적 인식론이 하루아침에 사라질 수는 없다. 만평은 일종의 특별한 플랫폼이기 때문이다. 노동의 현장에서, 각종 회에서, 신문기사에서, 독본에서, 거리에서, 집에서…… 경험했을 산문적 현실이 시각표상으로 응축되고, 그로부터 바로 다시 일상의 영역으로 피드백되는 인식론적 경험, 이를 가능케 하는 특별한 플랫폼이다. 그러니 정치적 상황이 어려워진다고 해도 근대화·탈식민화에 대한 기대가 사회주의를 매개로 하여 구성된 인식론은 쉽게 폐기되지 않는다.

연극과 영화— 만평과 마찬가지로 문자 해득력이 낮은 대중에게 접근성이 높아 사회주의 예술운동에서 전략적으로 선택되기도 한 이 경우는 과연 어땠을까. 주지하듯 그 결과는 좋을 수 없었다. 제작 과정의 복잡함도 문제려니와 무엇보다도 사회주의적 문화실천이 수시로 저지됨으로써 그와 같은 문화적 경험이 충분히, 계속해서 이뤄질 수 없었기 때문이다. 그리하여 물적 조건과 검열의 효과는 '사회주의적 텍스트'와 '의사疑似 사회주의적 텍스트'의 시비를 만들어내는데, 미나도좌 신극무 연극공연을 둘러싼 논쟁(1931)과 서울키노의 〈화륜〉(김유영 감독) 논쟁 (1931)도 그런 관점에서 해석될 만하다. 구상적이고 3차원적인 공간이 요구되는 미디어는 검열에 훨씬 민감하게 반응했고, 제작방식의 특성상 자본으로부터도 자유로울 수 없었다.

문제는 아마도 이런 것이 될 터이다. 충분히 표현할 수도, 신념을 포기할 수도 없는 딜레마는 과연 무엇을 만들어내는가. 이 수행 과정 자체가 일종의 변곡점인 것은, 현실에서는 부득이 잘라내야 하는 잉여가 포기되지 않은 채 또 다른 미디어와 관계하면서 '흘러가는 시간'에 의해 지배를 받기 때문이다. 이 탐사를 위해 텍스트로 되돌아와 그곳에서 다시 출발할 필요가 있다. 이 과정은 이웃하거나 상충하는 힘들 간의 긴장이 응결되고 그 결과의 수행성이 일정한 문화적 반향을 생성하는 장면을 제공해 줄 것이기 때문이다.

제3장
사실주의 연극의 성립

---

1. 사회주의와 검열

근대는 번역의 시대라고 칭할 만하다. "복수의 '외부'가 '내부'에 개입함과 동시에 '내부'가 '외부'에 개입"[1]해간 번역적 현상은 이 시기만큼 문제적인 적이 없다, 제국은 '식민화의 채널'로, 그리고 식민지는 '탈식민화의 채널'로 번역이 필요했던 까닭이다. 그러나 그 필요는 사실 식민지에서 더욱 절실했다. '외부'는 자신들이 '문명'이라 부르는 것을 강요하면서 개입해왔고, '내부'는 '외부'에 개입할 여지가 극히 제한된 채 미개의 공간으로 규정되었다. '문명화된 타자'는 정치적 위협을 수반하기에 공포의 대상이지만 바로 그 이유에서 동일화 욕망의 대상이 되었고, 번역은 이를 충족시켜주는 통로였다. 식민지 조선 역시 번역을 통해 시

---

1 코모리 요이치, 정선태 역, 『일본어의 근대』, 소명출판, 2003, 40쪽.

간적 지체遲滯를 앞당기는 동시에 세계사적 동시대성을 획득하고자 했다. 문화사적 전환은 필연적이었다. '문명화된' 근대지식을 습득하고 이를 식민지 조선에 번역할 수 있는 능력을 갖춘 지식인이 이를 주도했다. 즉 번역은 세계사적 동시대성을 욕망하는 주체의 의식적인 행위였으며, 계몽의 주체가 취하는 공리주의적인 실천이었다.

근대연극사에서 사실주의 양식의 등장은 그런 점에서 보자면 번역에의 욕망이 가장 의식적으로 구상화된 사례라고 볼 수 있다. 사실주의는 인간의 삶과 이를 지배하는 힘을 묘사하고 이 재현을 통해 인간의 조건을 바꿀 수 있다는 개혁에의 신념 아래 채택되었다. 이 선택은 얼마 지나지 않아 옳은 것으로 증명되었는데,[2] 이는 얼마간 소박한 의미에서의 사실적 재현이라는 감각이 획득될 수 있었던 전사前史 덕분이다. 김방옥이 지적했듯이, 창극은 사실적 연극공연의 기초가 되는 환각주의 개념을 형성해주었고, 신파극 역시 사실적 환각 개념과 '환경'에 대한 관심을 싹트게 해주었다.[3] 게다가 1910년대 후반부터 사실주의에 기댄 창작희곡이 발표되기 시작했다. 창극과 신파극과는 다른 경로를 밟은 창작희곡은 근대극이라는 관념과 사실주의극의 실제가 성립되고 있음을 보여주는 징후였다.

그러나 잘 알려진 바와 같이 식민지 조선의 사실주의 연극은 소위 '전범'과는 상당한 거리를 보여주면서 전개되었다. 선행연구는 그 전범을 기준으로 하여 근대정신의 부족, 극작술의 미숙 등을 거론하면서 식

---

2   식민지 시대 연극인이 사실주의 양식을 선택한 요인은 다음 연구에서 논한 바 있다. 이승희, 『한국 사실주의 희곡, 그 욕망의 식민성』, 소명출판, 2004, 67~81쪽.
3   김방옥, 「한국사실주의 희곡 연구」, 이화여대 박사논문, 1987.

민지 시대의 사실주의 연극이 근대극의 자격에 미달한다고 지적하고, 그 결함과 실패가 서양 사실주의 연극을 피상적으로 혹은 왜곡하여 수용한 데서 비롯한다고 설명해 왔다. 나는 이 견해에 대한 반론을 개진하면서 극작술의 미숙성으로 환원되지 않는 사실주의 양식의 미학적 정체성을 '근대적 주체'라는 내적 계기에서 찾고자 한 바 있다.[4] 그러나 이 연구는 근대극의 총아로 떠올랐던 사실주의 양식이 어떻게 해서 1930년대 중반 이후 급격히 그 힘을 소진해갔는가를 설명해 줄 수는 있었지만, 이 양식이 성립되어간 심층적 계기는 미처 들여다보지 못했다. 여기서 제시하고자 하는 심층적 계기란 사회주의 번역과 검열제도, 이 두 가지의 역학이다.

먼저, 사실주의와 사회주의. 지금까지 양자는 주로 별개의 범주로 취급되었고, 사회주의는 연극운동 혹은 프로연극의 발흥이라는 특화된 영역에서 그 영향력을 설명해주는 도구적 관점에서 소환되었다. 운동사의 견지에서 보면 그러한 기술이 온당하지 않다고 말할 수 없기는 하다. 그러나 과연 그뿐일까. 1920년대 사회주의의 반향은 전방위적이고 근본적이었다. 가령, 사회주의 관련 원전의 번역[5]은 물론 좌파 저널리즘은 상업적 성공을 거두었다. 좌파 저널리즘은 — 대규모 자본을 바탕으로 그에 상응하는 기업적 경영방식을 취하는 신문보다는 — 잡지를 통해 형성되었다.[6] 『개벽』이 8천여 부, 『집단』이 1만 3천여 부가 발행 · 판매될 정

---

4 이승희, 앞의 책. 이 책은 2001년도에 「한국 사실주의 희곡 연구」로 박사학위를 받은 논문을 수정 · 보완한 것이다.

5 그 개황은 다음 연구를 참조할 수 있다. 홍영두, 「마르크스주의 철학사상 원전 번역사와 우리의 근대성」, 『시대와 철학』 14, 한국철학사상연구회, 2003.

6 식민지 시기 사회주의 잡지에 관해서는 김문종의 「일제하 사회주의 잡지의 현실인식에 관한 연구」, 고려대 박사논문, 2006 참조.

도였다. 이 잡지들의 정치성이 상업적으로도 성공한 사실은 중요하다. 이는 잡지사들이 전국적인 유통망을 보유하고 각 지방의 사회운동 세력과 연계해 있었기에 가능한 결과라는 것, 그만큼 사회주의가 새로운 세계에 대한 집단적 열망의 표상이 되면서 시대정신으로서의 위상을 지니게 되었음을 의미하기 때문이다.

이 현상의 핵심은, 사회주의가 "하나의 이데올로기이면서 동시에 이데올로기 너머의 멘탈리티로 존재하며, 한국의 제반 현실을 판단하는 인식 체계의 형성에 강력한 동력을 행사한 근대지식[7]이었다는 점에 있다. 사회주의는 당대인에게 세계와 자아를 인식하는 프리즘이자 삶의 양식을 그 뿌리부터 바꾸고자 하는 신념이었다. 때로는 "사회주의가 무엇인지는 알아야만 행세를 하게 된 것이 오늘의 형편"이라는 "처세상식"으로 포장되었지만,[8] 이는 그만큼 사회주의가 근대지식으로서 당대에 작지 않은 파장을 일으켰음을 시사한다. 아마도 그 가운데 현저한 것은 사회주의의 중심 개념인 '계급' 개념이 널리 보편적으로 받아들여진 것이며,[9] 이에 따라 '노동(자)'에 대한 새로운 의미작용이 재구축되기 시작했다.[10] 그리하여 사적 유물론에 입각한 사회주의의 흔적은 문

---

7 박헌호, 「'계급' 개념의 근대 지식적 역학」, 『상허학보』 22, 상허학회, 2008, 16쪽.

8 『혜성』 2-4, 1932.4, 68쪽, 『사회주의학설대요』의 광고문구.

9 박헌호는 '계급' 개념이 근대지식 체계 안에서 다음 네 가지의 변화를 가져왔다고 말한다. 즉 ① 계급은 개인을 '관계적 주체'로 재구조화했으며, ② 자기정체성의 조정중심 역할을 담당했고, ③ 인류사를 하나의 내러티브로 연결하면서 그 주어로 등장했으며, ④ 인간의 현실과 '사상'이 어떤 거리를 유지할 수 있을지를 시험했다는 것이다.(앞의 글)

10 김현주는 사회주의 사상이 본격적으로 개화하기 이전까지인 1890년대 후반부터 1920년을 대상으로 '노동(자)' 개념이 개인-사회-국가라는 개념체계 안에서 해석되고 배치되는 과정을 밝힌 바 있다. 김현주, 「'노동(자)', 그 해석과 배치의 역사」, 『상허학보』 22, 상허학회, 2008.

화 방면에서 현저하게 드러났다.

그러한 사회주의 반향과 사실주의 연극의 성립이 시간상 동시성을 가진다는 사실, 이를 숙고해보아야 하는 게 아닐까. 우리가 만약 '전범' 과는 일정한 거리가 있는 특징적인 양상을 어떤 보편성으로 읽을 수 있다면, 그것이 바로 사실주의와 사회주의라는 두 겹의 번역에서 비롯한 것은 아니었을까.

또 한 가지의 변수는 검열제도다. 검열은 단순히 '통과', '불통과'라는 행정적 판단이 아니라, 사실주의적 재현의 의지를 위축시키는 가장 강력한 제도였다. 각본검열을 통과한다고 해도 현장취체는 더욱 엄중했다. 연극을 올릴 무대도 구하기 힘들고 가난할 따름인 극단이 검열의 난관을 거친다는 것은, 합법성에 대한 감각이 무대상에 고안된다는 것을 의미한다. 만약 검열 문제가 발생하면 그 곤경은 이루 말할 수 없는 지경으로 치닫게 되기 때문이다. 이런 상황에서 과연 사실주의 재현은 가능한가. 더욱이 사실주의 연극이념과 사회주의가 겹쳐진다면 더 어려운 상황이 아닌가. 표현하고자 하나 그럴 수 없는 부재를 태생적으로 안고 갈 수밖에 없는 텍스트의 위기를 그저 '미성숙', '결함'으로 환원할 수 있을까. 그것은 아마도 검열제도의 압력과 긴장 관계를 이루면서 그에 회수되지 않으려는 고투가 만들어낸 '이상함'일 것이다.

예술 양식의 성립은 독립적인 형식이나 기법의 문제로 환원하여 설명될 수 없다. 예술 양식은 어디까지나 특정한 내용에 의해 지배되는 형식들의 체계이며, 무엇이 '진실'인지를 표현하는 주체의 인식론적 구조가 외면화된 결과다. 그러니 사실주의 연극의 성립은 동시적으로 진행된 사회주의와의 관계에서 이해하지 않으면 안 된다. 사실주의의 외면적 리얼리티는 사회주의가 인식하는 세계와 불가분의 관계에 있기 때문이다. 뿐만이 아니라 검열제도와의 역학관계에서 식민지 조선의 사실주의 연극이 어떤 양식적 모색을 했는지 살펴야 한다. 그 재현의 충동은 검열되어야 비로소 세상에 공개될 수 있었기 때문이다.

2. 하층계급의 발견

특정 예술 양식이 성립하기 위해서는 광범위한 문화적 합의가 필요하며, 이 합의는 우리가 시대정신이라고도 부르는 보다 심원한 정신사적 국면에서 이뤄진다. 근대에 있어서 이것은 새로운 패러다임으로 부상한 다윈의 진화론에서 촉발되었다고 해도 과언이 아니다. 생물학 이론이었던 진화론은 그 자체만으로도 대단한 충격을 던져 주었지만, 그 파장은 허버트 스펜서가 사회진화론으로 정립하기에 이르렀고 이 이론은 근대학문의 거의 모든 분야에 영향을 끼쳤다. 특히 진화론은 인간존재의 결정소가 '신神'이 아닌 유전과 환경에 있다는 과학적 지식을 제공하여, 사실주의의 등장에 결정적인 영향을 끼쳤다.

사회진화론이 한국에 소개된 것은 1880년대부터이고 이를 최초로 수용한 인물은 유길준과 윤치호로 알려지지만, 그 본격적인 수용은 1900년 이후 중국의 량치차오梁啓超의 『음빙실문집飮氷室文集』을 통해 이루어졌다.[11]

---

11 이광린, 「구한말 진화론의 수용과 영향」, 『한국학보』 3, 일지사, 1977, 214쪽. 량치챠오의 『음빙실문집』은 당시 크게 영향을 끼쳤고 학교 교재로도 사용되었다. 이에 대해서는 이광린, 『한국개화사상사연구』, 일조각, 1979, 260~263쪽 참조(전복희, 『사회진화론과 국가사상』, 한울아카데미, 1996, 139쪽에서 재인용).

서양의 경우 사회진화론은 대체로 우승열패・적자생존・자연도태 등의
핵심 이론을 통해 제국주의 이데올로기로 삼아졌지만, 그 제국주의와 맞닥
뜨려 식민화의 위협을 받아야 했던 대한제국의 경우는 사정이 달랐다.
사회진화론을 이론적 기반으로 국제정치의 현실을 설명하고 진보의 법칙
을 이해하는 한편, 대한제국의 낙후 원인을 분석하여 국가의 독립과 부국
강병을 이룩하고자 하는 자강의 사상으로 받아들였다.[12] 이를테면 사회진
화론을 수용했던 신채호는 "우승열패의 개념을 내세워, 도태를 피하기
위해서는 동족이 힘을 합하여 투쟁해야 한다는 자강의 민족주의를 개인의
자유보다 강조"[13]했다.

그러나 대한제국이 일본의 식민지로 전락하자 자강의 사회진화론은
유효하지 않았다. 한편에서는 여전히 사회진화론을 계승하여 실력양성
운동의 이론적 근거로 삼았지만,[14] 다른 일각에서는 상호 부조를 주장
한 크로포트킨의 아나키즘이 사회진화론을 대체할 만한 것으로 부상했
다. 진화론에서, 스펜서가 '적자생존'을 읽어냈다면 크로포트킨은 '상
호 부조'를 읽어낸 것이며, 식민지 조선의 지식인은 진화론의 발전사관
을 토대로 그에 대한 사회주의적 전유를 진행할 수 있었다.[15]

---

12 구한말 사회진화론의 수용에 대해서는 서양의 사회진화론과 한중일 동아시아 삼국의
    비교까지를 아우르고 있는 전복희, 『사회진화론과 국가사상』, 한울아카데미, 1996 참조.
13 윤일・남송우・손동주・서은선, 「근대 일본과 한국의 사회진화론과 아나키즘 연구」,
    『동북아문화연구』 14, 동북아시아문화학회, 2008, 77쪽.
14 구한말부터 식민지 시대 전 시기를 대상으로 사회진화론의 사상사적 성격은 박성진,
    『사회진화론과 식민지사회사상』, 선인, 2003 참조.
15 "식민지 조선에서 사회주의의 수용이 활발했던 이유 중 하나는 이미 근대계몽기에 조선인
    들이 이 같은 발전사관으로서의 역사인식을 습득했다는 사실에 있다. 사적 유물론은
    역사적 내러티브의 통시적 장악과 자본주의 분석이라는 공시적 현장성에 의거해 사회주의
    의 정당성과 과학성을 지식의 차원에서 확고히 다질 수 있었다." 박헌호, 앞의 글, 28쪽.

1920년 『동아일보』의 한 사설은 조선이 사회주의에 공명할 가능성이 있다고 하면서 그 요인을 다음 네 가지로 요약했다. ① 조선은 지리적으로 시베리아·만주와 연락하고 있고, ② 다른 국가와 같이 자본의 집중으로 인한 빈부격차는 심하지 않지만 조선인 전체가 빈한에 침윤되어 있다는 것, 그리고 ③ 조선인은 정치적으로나 경제적으로 자유를 갈망하고 있으며, ④ 민족이 아직도 근세 사조와의 접촉이 없고 학정에 신음하여 고유한 특수사상이 없어서 근대사조의 어떤 사상이든 감염성이 풍부하다는 것이다.[16] 이런 진단은 크게 틀리지 않았다. 1920년대 초반, 신문잡지에는 다양한 사회주의 이론이 활발하게 소개되었고,[17] 이러한 사상적 전회는 식민지 시기 가장 영향력 있는 종합잡지 『개벽』에서도 확인할 수 있다.[18] 『개벽』은 창간부터 구한말 이래 계몽주의 정신사의 중심이었던 사회진화론을 부정하고, 상호 부조의 사회질서를 지향하는 사회주의 사상과의 친연성을 드러냈고, 이런 성격은 『개벽』 후반기(1924~1926)에 더욱 현저했다.[19] 뿐만이 아니라 상호 부조에 기반한 사회개조에 대한 열망으로 다종다양한 단체가 조직되었고, 특히 청년회의 활발한 행보는 주목할 만한 것이었다. 사회주의는 새로운 시대 이념으로서 헤게모니를 획득해 나갔고, 이러한 시세는 조선노농총동맹과 조선청년동맹의 창립

---

16 「과격파와 조선(1)」, 『동아일보』, 1920.5.12.
17 식민지 시대 신문의 사회주의 수용에 대해서는 유재천의 다음 논문을 참조할 수 있다. 「일제하 한국신문의 공산주의 수용에 관한 연구 1」, 『동아연구』 7, 서강대 동아연구소, 1986; 「일제하 한국신문의 공산주의 수용에 관한 연구 2」, 『동아연구』 9, 서강대 동아연구소, 1986; 「일제하 한국신문의 공산주의 수용에 관한 연구 3」, 『동아연구』 18, 서강대 동아연구소, 1989.
18 『개벽』에 대해서는 최수일, 『개벽 연구』, 소명출판, 2008 참조.
19 한기형, 「『개벽』의 종교적 이상주의와 근대문학의 사상화」, 『상허학보』 17, 상허학회, 2006, 39~48쪽.

(1924), 조선공산당의 결성(1925)으로 이어졌다.

진화론의 발전사관을 사회주의적으로 전유한 맥락, 이는 사실주의 연극이념이 사회주의와 조화를 이룰 수 있었던 근거이기도 하다. 헨릭 입센은 "나와 에밀 졸라의 차이는 딱 한 가지뿐이다. 졸라는 더러운 물이 고여 있는 웅덩이에 들어가서 몸을 씻는다면 나는 그곳을 말끔히 청소하고 싶은 생각뿐"이라고 말했지만, 이를 곧 자신과 졸라의 근본적인 차이로 인식한 것은 아니었다. 아르놀트 하우저 역시 졸라의 자연과학적 관점은 미래에 대한 낙관론과 결합하고 있으며, 그의 모든 과학적 사고는 인간의 생활환경을 변혁시키고자 하는 공리주의적 성격을 지닌다고 지적했다.[20] 사실주의가 객관적으로 관찰되고 과학적으로 분석된 현실을 실제와 가깝게 재현하는 것만이 도덕적이고 진실이라고 여기는 것이라고 한다면, 사회주의는 그 관찰과 분석의 관점 또는 전망을 제공하는 사상이 되는 셈이다.

식민지 조선의 사실주의 연극이 그랬다. 오히려 연극운동의 위상이 더욱 강조되었다. 『개벽』의 문예부장이었던 현철은 「문화사업의 급선무로 민중극을 제창하노라」[21]에서 현금의 20세기가 '민중의 시대'임을 역설하고, 정신과 물질이 함께 조화를 이루는 것으로서의 '문화' 건설을 촉구한 바 있다. 그가 보기에 문제는 조선의 정치·법률·경제·교육·도덕·과학·신문잡지·예술 등 그 어떤 것도 여의치 못한 상황임에도 불구하고 20세기의 세계적 풍조가 "사정없이" 조선에도 밀려오고

---

20 아르놀트 하우저, 반성완·백낙청·염무웅 역, 『문학과 예술의 사회사』 4, 창작과비평사, 1999, 109쪽 참조.
21 현철, 「문화사업의 급선무로 민중극을 제창하노라」, 『개벽』 10, 1921.4.

있다는 사실이다. 그리하여 "남의 나라보다는 십 배나 백 배의 속도"로 신문화를 추구해야 한다는 상황인식하에서, 현철은 민중극장과 민중극 건설의 중요성을 강조한다. 물론 그의 주장에서 사회주의적 전망은 없다. 그런데도 그는 극장을 중심으로 한 문화운동을 통해 "진실·평등·공제·상조의 진리" 찾기를 촉구함으로써 1920년대 초반에 팽배했던 사회주의적 지적 풍토의 일단을 드러냈으며, 그 참조대상은 다름 아닌 러시아였다.

사회주의가 사실주의적 재현의 관점이 된 그 확실한 징후는 1920년대 초반을 지나면서 대두한 '신경향파' 문학·연극이었다. 신문잡지에는 신경향파 희곡이라 불릴 만한 것들이 속속들이 발표되었고, 전국 각지에서 봇물 터지듯 일어났던 소인극도 그러한 시대의 경향과 함께했다. 이 새로운 경향은 '프로문학/연극'의 전前 단계로서 자연발생적이지만 불철저한 것쯤으로 설명되지만, 그 역사적 중요성은 이 경향이 이전의 문화적 패턴과 단절하면서 새로운 지점을 보여주기 시작했다는 데 있다.

그 전환기적 성격을 가장 뚜렷이 보여주는 것은, 무엇보다 노동자·농민·도시빈민 등 '하층계급'이 연극의 중심인물로 등장했다는 점이다. 이전까지 하층계급이란 단역에 불과했다. 1910년대 신파극은 주로 중상층 계급을 다뤘고, 초기 근대희곡 역시 마찬가지였다. 그러나 1920년대 사회주의 세례를 받은 흔적이 농후한 새로운 경향은 하층계급을 단숨에 연극의 중심에 올려놓았다. 익명의 존재에 지나지 않았던 농민·노동자·도시빈민은 자신의 이름을 갖게 되었고, 이들의 삶은 연극의 내용이 되었다. 초현실계의 프롤로그로 시작하여 중국 고대국가, 현재의 도회 근교와 빈한한 한 가정을 오가는 조명희의 〈파사〉(1923)는—

비사실주의적이지만— 하층계급의 존재가 역사의 수면 위로 올라오는 징후였고, 이후 〈기적 불 때〉(1924)를 비롯하여 하층계급을 주인공으로 하는 희곡의 계보가 형성되기에 이르렀다.

물론 하층계급의 등장만으로, 연극사적 의미를 가늠하는 것은 온당하지 않다. 1910년대 신파극에도 하층계급이 비중 있게 등장한 사례가 있다. 그것은 주로 여성수난서사를 다룬 경우에서 발견된다. 〈무죄사필귀정〉에서는 창기, 〈허언학생〉에서는 기생, 〈사민동권교사휘지〉에서는 백정의 누이, 〈재봉춘〉에서는 백정의 딸로 그 모습을 드러낸다. 이 연극들은 통념상 불가능할뿐더러 금기시되는 '좋은 남성과의 결합'이라는 환상을, 제도에의 신뢰와 낭만적 상상력으로 실현한다. 이러한 상상력이 계급적 질서의 동요를 반영하고 성적·계급적·민족적 억압이라는 심층과 관련된다고 할지라도, 계급관계의 사고를 함축하는 사실주의와는 거리가 있다. 오히려 수난의 원인을 개인의 도덕성 문제로 전경화하는 멜로드라마의 성격을 띤다.[22]

그러나 1920년대 새롭게 발견된 하층계급은, 식민지적 근대의 구조적 질서 내에서 그 존재론적 위치가 묘사된다. 그들은 모두 너무 '가난'하다. 도저히 갚을 도리가 없는 빚 때문에, 딸을 팔고 아들을 공장으로 보내야 한다. 아니면 고향을 떠나거나 자살한다. 때로는 도둑질이나 방화 혹은 살인까지 저지르지만, 이들의 부도덕성은 연민의 대상이지 비난의 대상이 아니다. 이 모두가 가난으로 빚어진 것이며, 이는 하층계급에 매우 불리할 수밖에 없는 식민지의 구조적 모순과 계급적 질서에

---

22 이승희, 「여성수난 서사와 가부장제 이데올로기」, 『상허학보』 10, 상허학회, 2003, 354~360쪽 참조.

서 비롯하는 것이기 때문이다.

하층계급의 이런 재현은, 한편으로는 '있는 그대로 현실'이라는 해석의 층위를 보여주지만, 다른 한편으로는 하층계급이 공제共濟 혹은 상호 부조의 당사자로서 개혁에의 필연성을 가장 극명하게 보여줄 수 있는 '육체적 현존'의 전시展示다. 그래서 이들에게서 늘 문제는 절대빈곤에 시달리는 생활 그 자체이며, 그들은 거의 늘 고통과 분노 혹은 슬픔과 같은 강렬한 감정에 붙들려 있다. 이 인물에게서 심리적 사고는 좀처럼 발견되지 않는다.[23]

하층계급의 발견은 곧 계급적 질서에 대한 정치적 사고의 시작이며, 이들의 드라마에서 사회주의적 인식론은 가장 순수한 형식으로 내러티브의 결정소가 된다. 그래서 내러티브는 상상이 가능한 범위를 넘어서는 법이 거의 없다. 우리가 제목, 등장인물, 개막 시 무대지시문에서 하층계급의 존재를 확인하는 순간, 사건 세부는 몰라도 핵심주제를 짐작할 수 있다면, 이는 하층계급 등장이 함축하는 내러티브가 다음 몇 가지로 요약될 수 있을 만큼 정식화되어 있기 때문일 것이다.

① 하층계급은 극심한 경제적 궁핍에 시달리고 있고, 이 때문에 곤경에 처해 있다.

② 이 상황의 원인은 (식민권력의) 수탈적 지배구조와 반(半)봉건적·자본주의적 계급관계에 있다.

---

23 지식인 인물이 주인공인 경우는 이와 다르다. 지식인 인물의 고민처는 늘 이념과 관련되어 있고, 생활이 묘사되어 있어도 그것은 어디까지나 식민지 지식인으로서 맞닥뜨려야 했던 주제와 연관되어 있다. 이들에게서 '가난한 육체적 현존'의 전시는 거의 발견되지 않는다.

③이 구조적 모순은 피지배계급의 계급적 자각과 연대를 통해서 해결할
　수 있다.
④사회주의의 승리는 역사적 필연이다.

　물론 하층계급의 드라마가 이 모두를 표현하는 것은 아니다. 일반적
으로는 ①과 ②로 구성된 조합이 가장 많으며, ④의 경우는 극소하다.
이 양상은 첫째, 근대지식으로서의 사회주의가 인식론적 전환을 수반하
면서 시대의 유행이 되었다고 해도, 극작가의 사회주의 수용이 낮은 정
도에서 이뤄진 결과다. 사회주의를 신념으로 받아들인 이도 있겠지만,
공제·상호 부조의 정신이 팽배했던 당대의 시대윤리에 따라 하층계급
의 빈궁을 재현하는 그 자체만으로 자족했을 수 있다. 그러나 이 경우에
도 하층계급의 등장과 의미론적 맥락이 사회주의의 영향을 고려하지 않
고서는 이해될 수 없는 현상임은 분명하다. 둘째, 검열로 인한 제약이다.
식민권력의 수탈적 지배구조는 매우 암시적으로 전달되거나 더 많게는
아예 표현되지도 않았고,[24] 사회주의 승리의 역사적 필연성은 대부분 괄
호 안에 묶인 묵언이었다. 하층계급이 무대 전면에 부상하고, 그러한 연
극의 내러티브는 사회주의적 인식론의 번역이라 할 만한 것으로 구성되
지만, 불가피하게 초래된 상황 즉 표현하고자 하나 표현될 수 없는 검열
의 제약 속에서 사실주의 연극의 특수한 국면을 만들어내고 있었다.

---

24 전기 사실주의 희곡이 처한 재현의 한계와 문제점에 대해서는 이승희, 앞의 책, 139~
　153쪽을 참조할 수 있다.

3. 검열의 보상구조

사실주의 연극이념에 공명하는 계몽의 시대는 도래했으나, 식민지 조선의 사실주의 연극은 입센이나 졸라가 성취했던 지점과는 다른 길로 들어서고 있었다. 입센의 새로운 인식과 감각은 그 혁명적인 시도 때문에 공연 금지와 수정을 강요당하기도 했지만, 그는 기본적으로 언어의 위기라 할 만한 조건에 처해 있지는 않았다. 오히려 〈인형의 집〉과 〈유령〉에 대한 보수주의자의 신랄한 공격에 대하여, 진실을 말하는 정치적 소수자가 결국 '민중의 적'으로 낙인찍히는 역설의 상황을 그린 〈민중의 적〉으로 그 혹독한 비평에 맞섰다.

식민지 조선의 사정은 달랐다. 과거의 연극적 전통과 단절을 꾀하면서 '근대적' 연극을 번역한 지도 얼마 되지 않았고, 사전검열과 현장취체라는 이중관문을 통과해야 하는 정치적 난관 때문에 사실주의 덕목이 훼손되는 위기에 있었다. 사정이 이러하다면 다른 방책, 이를테면 육체적 표현의 추상성을 증대시킨 비사실주의적 양식으로 이 난관을 돌파할 수 있었을지 모른다. 그러나 그러한 경우는 극히 드물었다. 카프 연극인이 시도했던 슈프레히콜에서조차 언어의 중요성은 감소하지 않았다. 이는 근대 와서야 무대극을 정립해야 했던 사정도 있었지만, 무엇보다 사실주의 양식이 연극을 계몽의 유효한 도구로 인식한 연극인에게 최선이었기 때문이다. 식민지 작가는 현실을 객관적으로 관찰하고 과학적으로 분석할 순 있지만 이를 자유롭게 표현하지는 못했다. 당시 격화되어 있던 계급 갈등, 일본의 식민통치에 대한 비판을 우회적으로 드러낸 지독한 생활난, 그리고 '나변那邊'에 있는 현실사회주의에 대한 동경은, 피식민 주민이 집단으로 체험할 수 없는 금기였다. 희곡의 지면 발표는 좀 나은 편이어서 하층계급의 절대빈곤이 주요 주제가 되었고 계급 문제 역시 언급될 수 있었지만, 무대상의 표현은 엄격히 통제되었다.

주목할 만한 것은 재현의 위기에서도 금기의 대상을 표현하고자 하는 욕망이 좀처럼 포기되지 않은 채 그 갈등이 양식상의 특수한 성격을 만들어냈다는 사실이다. 특히 세계를 계급관계로 구조화된 질서로 인식하면서 식민권력에 그 책임을 묻는, 사회주의적 관점을 견지한 경우에는 더 현저했다. 이러한 정치적 사고는 미래를 현재로 만들고자 하는, 만들어낼 수 있다는 기대이며, 아직은 미지의 세계일 따름인 미래를 현재로 만들 수 있는 것은 오직 이러한 시간의식에 대한 신뢰를 이끌어내는 행동의 구축이다. 문제는 그 서사의 목적론적 진행이 중단된다는 점이다. 이 경우 미래는 현재화되지 못하고 긴장은 해소되지 못한다. 그러나 식민지검열의 압력에도 불구하고 어떻게 해서든 미래를 현재화하려는 시도는, 사실주의적 재현을 포기하지 않되 언어의 위기를 보상할 만한 다른 극적인 표현을 찾는 것으로 드러난다.

그 표현이란 현상적으로는 우리가 흔히 극작술의 결함으로 시식해 온 '비약'과 관계가 있다. 극 행동과 사건 전개가 충분치 않음에도 불구하고, 매우 급작스럽게 이룩되는 인물의 계급적 자각이 대표적인 예이다. 이는 짧은 단막극임에도 불구하고 보다 많은 것을 담아내고자 하는 플롯의 운동에서 비롯되기도 하지만, 그러한 시간의 가속화를 일으키는 심층이 핵심적인 원인이다. 그것은 전적으로 금압과 욕망의 갈등이 비인과론적으로 조정된 결과이다.

박첨지 (憤懣의 빛으로 변하여 벌떡 일어나며) 오—이게 다 무엇 때문이냐!
논에 말뚝을 박고 돌쇠를 잡아가고 입분이까지 뺏어간 놈이 이 놈이 누
구냐! (이를 악물고 부르르 떤다)

박첨지 오냐! 그년 잘 죽었다! 경문아 너는 나하고 동회로 가자!········· (급속
히 幕)

—유진오, 〈박 첨지〉

　잘 알려진 〈박 첨지〉(유진오 작, 1932)의 결말이다. 빚 때문에 자진해
서 고리대금업자 김영철을 따라나선 입분이가 물레방아에 치여 죽고,
이를 알게 된 박 첨지는 지금까지 농민조합 회의에 참석하기를 거부했
던 마음을 바꿈으로써 농민으로서의 계급적 각성을 보여준다. 여기서
우리는 다음과 같은 질문을 던질 수 있다. 돌쇠(아들)의 구금, 입분이
(딸)의 죽음, 박 첨지의 계급적 각성 — 이 세 가지가 과연 인과적인 관
계로 '표현'되고 있는가? 박 첨지가 놓인 현실을 '상상하여' 해석하자
면 정황상 그렇다고 말할 수 있다. 지세地稅는 상승하고 미가米價는 폭락
하여 빚은 점점 늘어나는 상황, 더욱이 신작로 공사에 부역을 나가야
하는 상황, 그래서 대금업자의 사채를 쓸 수밖에 없고 심지어 딸을 팔
도록 강요당하는 상황이 바로 박 첨지의 현실이다. 이는 곧 일본의 수
탈적 지배구조와 유산계급의 착취가 '공조'하고 있음을 시사한다. 작가
가 묘사하고 싶었던 것은 바로 그 협력관계에서 억압받는 농민의 형상
과 계급적 자각이었을 것이다.
　그러나 실제로 이 세 사건은 필연적인 관계로 표현되지 않는다. 돌쇠
의 구금은 일본의 수탈과 폭력을 상징하고 박 첨지가 동회에 참석하겠

다는 결단과 직접적인 연관을 맺지만, 극이 전개되는 내내 박 첨지는 농민의 조직과 연대에 대해 거부감을 드러낸 바 있다. 뿐만이 아니라 돌쇠의 구금은 개막의 전사에 해당하고 개막 이후 극 행동을 추동하는 직접적 계기로 작용하지 않는다. 박 첨지의 결단을 끌어내는 동기로 입분이의 죽음이 배치되지만, 이를 플롯의 인과적 질서로 이해하기는 어렵다. 그런데도 박 첨지로 하여금 "오—이게 다 무엇 때문이냐! 논에 말뚝을 박고 돌쇠를 잡아가고 입분이까지 뺏어간 놈이 이 놈이 누구냐!"라고 말하게 함으로써, 돌쇠의 구금과 입분이의 죽음을 절합하여 이 두 사건이 하나의 원인에서 비롯됨을 선언한다. 따라서 이때의 "놈"은 두 세력의 공조, 즉 일제의 수탈적 지배구조와 유산계급의 착취를 상징하고, 이 연극의 전략이 후자를 전경화하면서 궁극적으로는 전자를 공격하고 있음을 분명히 한다. 이렇게 보자면 결말의 비약은, 대금업자 김영철은 묘사될 수 있으나 구금된 채 사경을 헤매는 돌쇠를 무대 밖에 두어야 하는, 즉 일제의 억압을 직접 묘사할 수 없는 곤경에서 비롯된 것이다.

여기서 비약을 통해 반전反轉의 수사학을 구사하는 양식석 특성을 만날 수 있다. 하층계급이 등장하는 무대는 그야말로 참담하고 서러운 현실로 가득 차 있다. 결국에는 파국의 상황으로 치달으면서 대체로 비극적인 결말로 유인된다. 그러나 그 가운데 많은 작품이 그 결말을 절망으로 끝내는 것이 아니라 내일의 승리를 위한 반전으로 삼는다. 이 반전은 〈박 첨지〉가 보여주듯이 피지배계급의 계급적 자각과 연대의 필요성에서 솟아나고, 종종 이 연대가 승리할 것이라는 낙관성이 대미를 장식한다. 즉 하층계급의 주인공은 오늘의 현실에서는 패하지만, 내적으로는 패배하지 않는다.

〈서광〉(이헌구 작, 1930) 결말도 그러하다. 농부 최영민의 아내 박금순은 거듭되는 유산으로 깊은 병환 중에 있고, 동리 이웃인 이 씨가 자신의 집을 앗아가고 동리를 떠나게 만든 영꼴집에 불을 지르고 반쯤 실성하여 등장한다. 순사가 이어 등장하여 그녀를 체포하려 하자 이를 말리던 이웃 노파는 쓰러져 절명하고 곧이어 박금순도 절명한다. '서광曙光', 빛을 없애는 참담한 현실이다. 그리고 다음 장면이다.

> (무대 중앙이 환해지고 무대 뒤에서 민중들의 고함치는 소리가 점점 커온다. 怒號하는 소리, 때려 부수는 소리, 비명. 그저 한 데 어울려 와와 하는 소음이 높아 간다. 환한 빛은 숨죽어 누운 두 여자의 얼굴을 비추자 崔와 金, 正突은 다시 일어난다. 두 사람의 얼굴에는 새로운 힘과 빛이 그리고 두 사람은 서로 팔을 엇걸고 한편 손씩 내들고)
>
> 최　　　저 소나는 데로 응, 이 사람 저리로 가세.
>
> 김　　　우리게는 오직 우리들을 위해서 끝까지 힘을 모아 싸우는 것밖에 없소. 자, 새로운 용기를…… (하면서 正突이를 처들어 껴안고)
>
> 최·김　(비장한 목소리로) 죽엄을 밟고 저리로 끊임없이 앞으로 앞으로 자 저 우리 동무들 속으로 그리해서 그리해서……
>
> (무대 뒤에서 다시 '만세' '와 와' 하는 소리가 높아지며 촌민들이 이씨와 그의 오남매를 앞세우고 좌편으로부터 나타나 고함소리와 같이!)
>
> 막
>
> ──이헌구, 〈서광〉

이 장면이 그렇듯, 반전은 대체로 '죽음'을 목도한 이후에 일어난다.

그리고 이 반전을 강조하기 위한 뚜렷한 장치로 폐막 직전 무대 밖에서 들려 오는 효과음을 배치한다. 〈박 첨지〉에는 북소리가 사용되지만, 군중의 함성이 가장 흔하게 사용된다. 이 청각적 효과는 〈파사〉에서 처음 나타나며, 〈모기가 없어지는 까닭〉(1927), 〈노동자〉(1927), 〈말제〉(1930), 〈일제 면회를 거절하라〉(1930), 〈조정안〉(1930), 〈호신술〉(1931), 〈신임이사장〉(1934) 등에 이르기까지 주로 카프 작가의 작품에서 나타난다.[25] 이 장치는 피지배계급의 연대와 그 승리의 역사적 필연성을 상징적으로 표현한다. 식민지검열의 압력에도 불구하고 어떻게 해서든 미래를 현재화하려는 시도가 서사의 인과적 질서를 뛰어넘고 막후의 반전을 예고하는 것이다.

이때 언어로 명백히 전달될 수 없는 위기는 표현주의적인 감정의 격동으로 돌파한다. 언어의 위기에 대한 보상의 성격을 지니는 감정의 과잉은 매우 흔하게 발견된다. 심리적 사고 대신에 가난한 육체적 현존으로써 개혁에의 필연성을 역설하는 연극일수록 그렇다. 그것도 분노·슬픔·비장·고통 등 강렬하면서도 부정적인 감정이다. 특히 선동적인 분위기로 고양되면서 반전의 수사학과 함께 분출되는 그러한 감정은, 관객-대중으로부터도 동일한 감정적 반응을 이끌어내기 위한 전략적 거점이 된다. 물론 〈복어알〉(임영빈 작, 1925)처럼 참혹한 결말에 이르러도 그저 담담하게 끝내는 희곡이 없는 것은 아니다. 김영팔과 채만식의 희곡은 차라리 냉정하다. 그러나 1920년대 중반부터 적어도 1930년대 초반까지, 감정의 과잉 현상은 매우 뚜렷하다. 박 첨지의 결단이 입분

---

25 이승희, 앞의 책, 119~120쪽.

이의 죽음 앞에서 이뤄진 극도의 슬픔과 분노에서 비롯되듯이, 많은 연극이 감정에 호소하는 경향을 보여 왔다.

> (박 첨지, 기운이 점점 죽어간다.)
>
> **김영철** (발을 구르며 호통을 한다) 돈! 돈! 돈 내! 칠십팔원삼십구 전을 내놔! 어서? 어서!
>
> (박 첨지, 고개가 점점 더 죽는다.)
>
> **김영철** (문서 든 손이 주목을 쥐어 박 첨지 턱 밑으로 내밀고 흔들며) 돈 내! 돈 내! 돈 내! 돈 내! 돈 내! 돈 내! 돈 내! 돈 내! 돈 내! 돈 내! 돈 내! 돈 내! (김영철 점점 더 열에 띄인 귀신같이 소리를 치며 비틀비틀하는 박 첨지를 싸고 빙글빙글 돌며 외우친다) 돈 내! 돈 내! 돈 내! 돈 내! 돈 내! 돈 내!
>
> (김 씨, 허리를 잡고 기어 나온다. 이 모양을 보고 기가 막혀 입을 벙긋벙긋하고 섰다)
>
> **김영철** (김 씨에게로 달려가서) 돈 내! 돈 내! 돈 내!
>
> **김 씨** 아이후! 이거 웬일입니까.
>
> **입분이** (여태껏 이 모양을 보고 고민하고 섰던 입분이, 별안간 뛰어가 박 첨지의 가슴을 붙들고) 아버지! 저는 갈 테야요!
>
> —유진오, 〈박 첨지〉

대금업자 김영철이 입분이로부터 자신을 따라가겠다는 말을 받아내는 대목으로, 박 첨지 가족의 위기를 드러낸다. 이 장면은 그야말로 느닷없이 지각된다. 김영철이 "돈 내!"를 반복하면서 행하는 몸짓은 순간 사실주의 세계를 넘어선다. (역동적인 카메라 워크로 편집한 표현주의 영화에서라면 어울렸을) 이 장면이 필요했던 것은, 입분이의 결심을 끌어내기 위한 사건과 심리적 사고의 전개 — 돌쇠의 구금, 입분이의 죽음, 박 첨지의 결단, 이 세 가지의 인과관계 — 가 충분히 표현될 수 없었기 때문이며, 바로 그 대신에 김영철의 과장된 행동이 배치된 것이다. 이로써 입분이의 결심을 가능케 하는 정황이 형성되고, 연달아 입분이의 자살과 박 첨지의 결단으로 이어지는 가속화가 진행될 수 있었다.

초창기 근대극 이념의 전파에 누구보다 적극적이었던 현철은 다음과 같이 말한 바 있다 — "입센의 각본은 생각케 하는 각본이요, 울게 하는 각본은 아닙니다. 울 수가 없습니다. 눈물이 나지 아니합니다.[26] 그러나 식민지 조선의 관객과 독자는 생각하기보다는 눈물을 흘리고 계몽의 언어를 듣는 청자가 되어야 했다. 근대적 시간의식이 사실주의적 재현의 관점이 되기 시작한 초창기의 〈기적 불 때〉(김정진 작, 1924)를 비롯하여, 민족영화로 신화화된 〈아리랑〉(1926)을 거쳐 프로연극의 대표작 〈박 첨지〉에 이르기까지, 즉 1920년대부터 1930년대 초반까지 상당수 드라마가 표현해낸 감정은 드라마의 '절대적 현재의 연속'(Peter Szondi)에 균열을 내고 전달되는 하나의 메시지였다. 심리적 사고는 부재하고 감정의 과잉이 흘러넘치는 현상에 대해, 선행연구는 신파적인 정조에 침윤되어 있다고 지적해왔지만, 이 설명은 사실주의 연극에 개입된 사회주의의 작용을 인정하면서, 어떻게 하여 신파 취향과 접속할 수 있었던가를 해명해야만 온전해질 수 있다.

---

26 현철, 「근대문예와 입센」, 『개벽』 7, 1921.1, 138쪽.

4. 신파의 주술

상식적으로 생각하자면 신파와 사회주의는 조화를 이루기 힘든 관계에 있다. 계급적 질서로 구조화된 세계에 대한 인식 없이 낭만적 미래를 약속하는 부르주아적 계몽주의나, 세계에 대한 무력함을 수용할 수밖에 없으면서도 이에 완전히 굴복할 수 없는 딜레마 안에서 자신을 억울한 죄인이라 주장하는 것을, '허위'라고 강력하게 주장하는 새로운 힘이 바로 사회주의이기 때문이다. 그러나 3·1운동 이후의 신파와 지금 여기에서 논하는 사실주의 연극의 감정 과잉은 근본적으로 다르지 않다. 이에 대해서는 조금 더 설명이 필요하다.[27]

나는 신파를 하나의 '기표'로 이해해야 한다고 주장해왔고,[28] 이에 따르면 신파의 기원으로 언급되는 1910년대 신파극은 문자 그대로 '새로운 연극'을 총칭하는 용어였을 따름이다. 레퍼토리 일부의 원안이었던 번안소설이나 연극의 어떤 속성이 1920년대 이후 하나의 계보를 형성하면서 활성화되었다고 해도, 그 당시의 신파란 어떤 특정한 성질이나 양식으로 지시될 만한 것을 갖추고 있지 않았다. 1920년대 담론상에서 신파극이 재배치·재규정되기도 하지만, 신파가 미적 특질로 표상할 만큼의 영역을 확보하는 더 근원적인 계기는 당대인의 집단적 인식과 정서가 응축되어 표현될 만한 충격적 경험, 즉 3·1운동을 관통하면서다.

단적으로 말해, 미적 특질로서의 신파는 3·1운동 이후 탈식민화된

---

27 식민지검열과 신파의 관계를 논의한 이하의 단락은 「'신파'와 '막장'의 시간성」(『민족문학사연구』 67, 민족문학사학회, 2018) 제2장을 부분 발췌하여 수정 보완한 것임을 밝혀둔다.
28 이승희, 「기표로서의 신파, 그 역사성의 지형」, 『한국극예술연구』 23, 한국극예술학회, 2006.

기대와 좌절이 연쇄적으로 경험된 역사적 과정에서 생성된 것이다. 현상적으로 그것은 객관세계에 대한 주체의 절대적인 무력감 속에서도 이를 완전히 수락하지 않는 주체의 이율배반적인 태도로 드러난다. 이는 그 자체로 충분히 '드라마적'이다. 무력감의 원천이 외부의 부당한 처사에 있고 이에 굴복하지 않으려는 고투가 결실을 거두지 못하는 상황은 비극이다. 이는 지극히 보편적인 주제를 함축하지만 매우 구체적인 역사성을 지니는 표현방식을 통해 전달된다. 앞서 설명했듯이, 서사의 인과적 질서를 비약하고 막후의 반전을 예고하는 것으로, 이때 언어로 명백히 전달될 수 없는 위기는 감정의 격동으로! 억지로 자아낸다는 인상을 주기도 하는, 이 감정 과잉은 서양 낭만주의 시대의 소산과도 다르다. 이 과잉된 감정은 3·1운동 이후 불가피하게 초래된 것이다. 신파는 대중예술의 세속적인 표현에서도, 정치극에서도 현상한다. 요컨대 이 현상의 심층은 매우 강력하게 잡아당기는 반대 방향의 두 힘으로부터 생성된 것이다. 하나는 진화론의 발전사관을 토대로 한 근대적 시간의식이며, 다른 하나는 이 시간의식을 중단시키는 식민지검열이다.

그렇다면 이때의 감정은 누구의 것인가. 일차적으로 그것은 능상인물 혹은 내포 작가(연출자)의 것이지만, 이 텍스트의 감정은 수용자 대중이 경험하는 감정이 표현의 조건―이를테면 작가의 개성 혹은 검열이나 시장의 논리―에 매개되어 변환된 결과이다. 이런 까닭에 텍스트와 수용자 대중 간에는 틈이 발생할 수 있다. 따라서 신파의 감정이란 내재적인 동시에 외재적이다. 이렇게 보자면 공적 관심사를 표명한 사실주의 텍스트의 경우, 대체로 연민-분노의 감정이 한 세트를 이루는 것을 발견할 수 있다. 하층계급 인물이 처한 고통과 불행은 그들의 부도덕함이나 게으름 혹은 그릇된 욕망에서 비롯하는 것이 아니라 재화의 불평등한 분배로 인한 경제적 곤경에서 비롯하며, 그 심각성은 종종 죽음이나 인신구속 혹은 인신매매로 귀결된다. 자신이 당사자임에도 불구하고 그 연루된 문제를 스스로 해결할 수 없는 상황―이는 그것이 주로 개인이 할 수 없는 공적세계의 문제이거나 개인들의 연대 또한 불가능한 정치적 상황 그리고 애초부터 그러한 주체로서의 능력을 성장시킬 기회를 박탈당한 사회 그 자체를 표상한다. 관객의 감정은 그 부당함에 대해 공감이며 자신의 안위와도 연루되어 있다는 판단에서 비롯하는 연민이다. 이런 경우 연민은 종종 분노의 감정을 수반한다. 분노가 나에게 또는 나와 가까운 어떤 것이나 사람에게 심각한 손해를 입힌다고 여겨진 상황으로부터 초래되는 감정인 만큼,[29] 연민은 언제든 분노로 전화될 가능성이 있기 때문이다. 이때 분노의 대상은 주로 검열체제가 보호하는 대상이기에 대부분 모호하거나 은폐된 채로 표현된다. 그러나 관객은 그 대상을 너무나 잘 알고 있다.

객관세계에 대한 주체의 절대적인 무력감 속에서도 이를 완전히 수락하지 않는 주체의 표상은 근대적 시간의식의 중단에 대한 미적 응전인 셈이다. 신파가 이 시기를 거쳐 미적 특질로 응결된 것은 매우 중요한 변화다. 이 변화가 대중의 인식론과 문화적 표현의 조건이 결부된 지점에서 일어났기에, 신파성은 오랫동안 지속하는 중핵일 수 있었다. '신파'라고 간주된 적이 없는 종류의 드라마에서 신파성을 읽어내는 것을 의아하게 생각할 수 있다. 그러나 사회주의 등의 근대지식과 신파의

---

29 마사 누스바움, 조형준 역, 『감정의 격동』, 새물결출판사, 2015, 73~74쪽 참조.

정신적 지향과 목표는 분명히 다르게 보이지만 실제로 양자는 그만큼 적대적이지는 않다. 이미 재래의 신파가 재현했던 도덕적으로 양극화된 세계에서, 그렇게 되기를 바라마지 않았던 권선징악과 고진감래의 민담적 성취는 그 자체로 대중의 인식론을 반영하고, 사회주의는 신파가 인식하는 바로 그 세계에 시간적 질서를 부여한다. 사회주의는 신파가 인식하는 바로 그 세계에 대한 총체적이고 과학적인 분석을 제공함으로써, 오히려 신파에 대한 사회주의적 전유를 가능케 하는 동력이 된 것이다. 그리하여 '선악'의 문제는 이제 계급적 관점에서 재해석될 수 있었고, 현실의 불우함 속에서도 사회 변혁에 대한 기대를 품을 수 있었다. 이제 주인공들은 야비한 악한과의 싸움이 아니라 매우 거대한 힘—관습, 가족, 제도, 식민주의, 자본주의 등—과 대결하고, 그곳에서 번민과 정념 혹은 투지를 드러낸다.

근대적 시간의식이 1920년대의 문화물에서 육체를 부여받는[30] 동시에 억압되는 역사적 과정을 거치면서, 신파는 근대적 시간의식에 의한 사회적 결과로서 역사성을 획득하게 된다. 언어의 위기로 상징되는 곤경의 상황은 신파의 주술적인 힘을 복원하도록 요청하고, 바로 그곳에 감정의 과잉이 생성된 것이다. 이 심층이 사실주의 연극이 늘 신파와 멀지 않은 곳에 있었던 이유이다.

---

30 연극과 영화의 생산이 활발하지 못했던 당시, 대중과의 광범위한 접촉면을 이룬 신문만평은 그런 점에서 그 역할이 인정될 수 있다. 특히 사회주의적 실천의 약진이 현저했던 1920년대 중반, 신문만평의 정론성과 대중성은 시각표상을 통해 근대적 시간관이 투영된 서사를 함축한다. 마찬가지로, 소인극이 풍미했던 1920년대의 자료들은 그들이 충분히 신파적인 방식으로 감정적 연대를 하고 있었음을 짐작케 해준다. 이에 대해서는 2부 1장 '소인극의 불온한 군중'과 3부 2장 '대중적 정의의 표상'에서 논한 바 있다.

5. 가족과 개인

이제 마지막으로 짚어야 할 것은 사실주의 연극의 주요 공간이었던 '가족' 문제다.[31] 이를 사회의 부상과 연관하여 이해할 필요가 있다. '사회'라는 어휘가 중요한 의미를 함축하며 부상한 것은 1910년대였다. 이 어휘는, 첫째 식민지 국면에 들어서면서 '일본(국가)'으로부터 독립적이고 자율적 영역을 상상하도록 했으며, 둘째는 다양한 사회경제적 요구를 조직하고 동원하는 정치적 기능을 수행했고, 셋째는 근대의 다양한 분화 양상을 표상하는 동시에 이를 총합한 단일한 실재를 표상했다.[32] 이를 참조하면, 1910년대 연극은 '사회'의 부상에 대해 수세적이었다. 사회의 부상은 곧 가족 또는 가문의 퇴각과 동시적으로 이뤄지기 마련이지만, 신파극은 한편 으로는 근대적 질서에 대한 매혹을 숨기지 않으면서도, 다른 한편으로는 근대적 환경에 노출된 가족의 위기를 보수적으로 봉합하는 경향을 보였다. 번안희곡 〈병자삼인〉(조일재 번안, 1912)을 비롯하여 〈국경〉(윤백남 작, 1918), 〈정치삼매〉(김영보, 1921), 〈시인의 가정〉(김영보 작, 1921) 등은 근대로의 전환 과정에서 파생한 변동과 균열을 희극적으로 협상하면서, 식민지 조선 에서는 아직 정착하지 않은 핵가족이라는 부르주아 가족 이념을 기반으로 부부관계의 자본주의적 윤리를 표현했다. 1910년대 연극에서 중요한 주제 는 재래의 질서든 새로운 이념형이든 가족의 회복 혹은 보존 그 자체였다.

---

31 이 글에서 사용하는 '가족' 개념은 기본적으로는 혈연집단을 지시하지만, 혈연집단에 기초하여 구성된 심리적 공간까지를 포함한다. 이 공간은 '집'이라는 물리적 공간을 통해 외화되는 것이 일반적이지만, 이 물리적 공간을 벗어났을 때조차도 심리적으로 규정되는 가상의 공간을 지시하기도 한다.
32 김현주, 『이광수와 문화의 기획』, 태학사, 2005, 85~113쪽 참조.

그러나 이념형으로서 수호 대상이던 '가족'은 이미 해체 징후를 드러내고 있었다. 1920년을 전후로 하여, 일각에서는 가족주의 테두리를 벗어나고자 하는 '개인'이 등장한다. 자율적인 의사에 의한 사랑과 결혼이라는 주제를 담아낸 〈규한〉(이광수 작, 1917), 〈황혼〉(최승만 작, 1919), 〈연과 죄〉(유지영 작, 1919)가 그런 예이다.

> 김인성 (침묵이 잠간 되다가) 글쎄, 이것은 우리끼리 늘 떠드는 말일세마
> 는 자기라는 '제 스스로'를 너무 그렇게 몰시(沒視)해서는 아니
> 되겠지. 개인~끼리 제각금 자기의 할 일만 잘한다 하면, 이것이 사회
> 에 큰 이익을 주는 것이 아니겠나! 내가 지금, 말하는 것은 개인주의에
> 가까운 말일세마는 개인주의의 근본 뜻이 저만 잘 살아야겠다는 것이
> 아니겠지. 사회를 잊어버린다는 것이 아니겠지.
>
> ─최승만, 〈황혼〉 제1막

개개인 이익의 총합이 사회의 이익이라는 기계적인 이해가 "개인주의에 가까운 말"에 그치게 하고, 개인주의의 옹호가 사석인 선용이라는 인상을 던지지만, 판단과 행위의 준거를 개인에게 두고자 하는 존재의 출현은 충분히 새로운 것이다.[33] 이는 '근대적 개인'과 '사회'의 관계가 본격적으로 인지되기 시작했음을 의미한다. 따라서 이것이 가족과의 관계에서 이뤄진 것은 당연하다. "개인에 기반한 사회를 구성하기 위해서, 신분제 해체와 함께 당시 가장 중요했던 것은 가족, 혈연집단으로

---

33 초기 근대희곡의 문제성은 「초기 근대희곡의 근대적 주체 구성에 대한 연구」(『한국극예술연구』 12, 한국극예술학회, 2000)에서 논한 바 있다.

부터 개인을 분리하는 것"[34]이기 때문이다. 즉 이 시기 희곡은 가족주의로부터 '개인'을 분리해내고자 하는 의지와 그 고통을 표현하기 위해 '가족'이라는 물리적이면서 심리적인 공간을 선택한 것이다. 그러나 개인을 절대화하는 인물들의 논리는 아직 '사회'와의 관계를 새롭게 조정하지 못한 상태였다. 이렇게 보면 〈김영일의 사〉(조명희 작, 1921)는 이후의 경향을 잇는 교량적 성격을 띤다. 판단과 행위의 주체로서의 개인에게 그 권위를 부여한다는 점에서 바로 전 시기와 동궤에 놓이면서도, 이 주체가 이제 사회에 대한 도덕적 책무 아래 놓이기 시작한 것이다.[35]

1920년대 사회개조의 열풍과 사회주의의 부상은, '가족'을 전적으로 새롭게 배치하고 구성했다. 하층계급의 드라마는 불을 땔 수조차 없고 먹을 것도 거의 없는, 가난한 살림살이가 역력한 집의 풍경을 전시하는데, 이곳에서 사랑이나 결혼 혹은 이념적 고투와 같은 삶이란 존재하지 않는다. 사랑과 결혼이 문제된다면 그것은 한 가지 경우뿐이다. 〈삼천오백냥〉(김유방 작, 1924)이 보여주었듯이, '가난'이 문제다. 더욱이 하층계급 인물은 가족주의에 시달리지 않으며, 가족으로부터 자신을 분리해내고자 하는 그 어떤 시도도 하지 않는다. 그저 지독한 가난과 억압과 분노만이 있을 뿐이다. 즉 하층계급의 드라마에는 '개인'이아니라, '계급'이 존재한다. 바로 직전 시기에 역설된 개인의 자리에, 이제 계급이 놓인 이 이동은 '개인'보다 '사회'나 '민족'에, 개체성보다는 관계성에 더 가치를 두는 문화 구성의 결절을 보여준다. 이는 이 시기의 가족이 계급적 질서로 구조화된 세계를 핵심적으로 보여주는 단

---

34 황병주, 「식민지 시기 '공' 개념의 확산과 재구성」, 『사회와역사』 73, 한국사회사학회, 2007, 22쪽.
35 〈김영일의 사〉의 사적 위치에 대해서는 이승희, 앞의 책, 163~164쪽 참조.

면임을 시사한다. 즉 가족은 사회를 표상한다.

식민화 이후 '사회'가 일본으로부터 독립적인 어떤 영역을 상상하도록 했음을 고려할 때, 이러한 표상은 하층계급의 가족을 식민지에 처한 민족과 유비 관계에 놓아두었음을 의미한다. 이를테면 〈황혼〉의 김인성에게서는 근대 전환기 한 지식인 '개인'이 발견되지만, 〈기적 불 때〉나 〈박 첨지〉의 하층계급 가족에서는 무산계급, 더 나아가 피지배계급으로서의 민족이 발견된다. 하층계급의 가족은 무산계급 사회이자 식민지 조선사회의 은유이다. 그리고 팔려 가는 하층계급의 딸은 가장 낮은 곳에서 수난받는 민족을 표상한다.[36]

하층계급의 가족이 아니어도 가족의 사회화는 흔하게 발견된다. 하층계급의 드라마가 가족을 사회-민족으로 은유함으로써 사회화한다면, 이 경우는 '사회' 일원으로서 가져야 하는 의식과 실천의 시험대로서 사회화가 요청된다. 경제적 기반이 하층계급보다 월등 낮다고 할 수는 없어도 교육 수준과 문화 취향이 근대적 지식인인 이 인물은, 계몽의 주체다. 초기 근대희곡과 유사한 주제를 다룬다는 점에서 연속성을 보여주지만, 이 인물은 가족으로부터 자신을 분리해내고 사회와 대립하는 존재가 아니다. 이제 이들은 사회의 일원이며 개인의 자각은 사회변혁을 위한 필수 과제다. 따라서 가족은 사회 요구에 부응하는 개인을 훈련하는 장소가 되며, 가족 간의 이념적 갈등을 조정하는 계몽의 공간이 된다. 김영팔의 희곡이 보여주는 것처럼, 가족은 민족·계급과 같은 담론이 이뤄지는 공적 영역의 성격을 띠며 '개인-민족-계급'의 일원화

---

36 이승희, 「한국 사실주의 희곡에 나타난 성의 정치학—1910~1945」, 『한국극예술연구』 17, 한국극예술학회, 2003, 165~172쪽.

가 주장되는 장소가 된다. 〈싸움〉(1926)이 그런 사례이다.

학수　　(좀 흥분) 아직도 당신은 부르주아 기분이 있구료. 당신은 누구의
　　　　안해요? 직공의 안해요─그리고 조선사람이요. ××과 ××과
　　　　조롱을 받는 조선사람이오. 당신이 그렇고 또한 내가 그렇소. 우
　　　　리 둘뿐만 아이라 조선의 민중이 다 그렇소─그곳에서 욕을 할 용
　　　　기를 가진 놈이 누구요? 손가락질할 놈이 누구요. 조선이라는 큰
　　　　땅덩어리가 ××과 ××와 ××를 받고 있는데 조선 사람인 우리
　　　　는 아니 받겠소? 그것보다두 당신은 더욱 분하우? 조선사람 전체
　　　　에 대한 모욕보다두 일개인의 치욕이 더 분하우?

경애　　개인의 이야기만 하서요. 내가 있고서 조선이야요. 내가 배고플
　　　　때 조선은 나를 밥을 주지 않지 않아요.

학수　　그렇소. 조선은 밥을 주지 않소. 그러므로 우리는 어느 때든지 조
　　　　선을 저주하고 남모르게 눈물 흘리지 아니하오? 그것이 누구의
　　　　죄이요? 사람들의 죄이요. 당신은 모르오? 약한 자를 누르는 그
　　　　러한 권력으로 돈 있는 사람은 돈 없는 사람을─지배××은 피
　　　　지배××에게 자본가는 ×××에게─××와 ××와 ××를 여
　　　　지없이 아니 하우? 그것을 어떻게 생각하오? 그 아래에서 신음하
　　　　는 민중들을 어떻게 보우?

　　　　　　　　　　　　　　　　　　　　　　　　　　─ 김영팔, 〈싸움〉

　이때 특징적인 것은 지식인 인물의 독특한 전통이다. 일반적으로 이
유형의 인물은 가족 내에서 미묘하기 짝이 없는 태도를 보인다. 이들은

자신과 밀접한 사안에 대해서도 관전자의 태도를 유지한다. 다른 인물과 조화를 이루지도 못하고, 사건 전개에 깊이 개입하지도 않는다. 그러면서도 작가의 계몽적 의도를 전달하는 메신저 역할을 하고 있어, 이 인물은 부자연하다는 인상을 준다. 정도 차이는 있을지라도 작중 중심 사건에서 겉돈다. 김영팔의 주인공 남성, 채만식의 〈낙일〉(1930)의 상천, 〈사라지는 그림자〉(1931)의 인원 등과 같은 인물이 그 적실한 예이다. 이들은 가족 안에 머물지만 섞이지 못한다.[37]

이 유형은 가족의 다른 구성원과 불일치하는 가치관 때문에 자신이 분리되어 있다고 의식하면서도, 가족과의 관계를 포기할 수 없는 존재론적 딜레마를 표현한다. 이 딜레마는, 초기 사실주의 연극에서처럼 가족주의에서 개인을 분리해내는 단행 대신에, 그 가족을 사회의식과 실천의 시험대로서 부여잡아야 한다는 윤리의식에서 비롯한다. 계몽의 주체와 대상의 호응 관계가 비교적 성공적인 경우는 무난한 상투적인 결말에 이르지만, 그렇지 못한 경우는 그 고립성이 극단적으로 표현된다. 그리하여 〈싸움〉(1926)의 학수가 결국 아내 경애를 설득하지 못하고 결별을 선언하며, 〈불이야〉(김영팔 작, 1926)의 영준이 결국 '더러운 육체로는 형제이지만 정신 사상으로는 남'일 뿐이며 심지어 '적'일지 모른다며 단언하고 가출하기에 이른다.

사실주의 연극은 계속해서 '가족'을 선호했고 그렇지 않은 경우는 매우 드물다. 〈루淚〉(이학인 작, 1923)는 '여자고학생 상조회 사무실'을 작중 공간으로 하여 당시 소인극의 주요 주제인 고학생 사회를 다루었고, 〈직

---

37 이 인물 유형은 후대 차범석의 1960년대 희곡에서도 발견된다. 이승희, 앞의 책, 380~385쪽.

공의 동맹〉(김영기 작, 1927)은 인쇄소 노동자의 동맹 파업을 그렸다. 〈정의와 칸바스〉(송영 작, 1929)는 도쿄 진재 이후 재건공사를 따라다니는 노동자의 이동 바라크를, 〈아편쟁이〉(송영 작, 1930)는 오사카 교외에 있는 노동자의 바라크를 무대로 삼아 재일 노동자 사회를 다루었다. 〈농촌스케치〉(채만식 작, 1930)는 '농민연합회 총회'가 이뤄지는 대회장을 삽입했고, 〈코 떼인 지사〉(채만식 작, 1931)는 경성 조선요릿집을 작중 공간으로 하여 신간회 해소 논쟁의 상황을 전달했다. 아니면, 자본가의 집을 작중 공간으로 삼되 노조의 파업이 진행되는 상황과 맞물리게 한 〈노동자〉(김태수 작, 1927)와 〈조정안〉(김남천 작, 1930)도 있다. 마찬가지로, 〈저수지〉(한설야 작, 1933)는 여성 노동자의 집을 배경으로 하여 공장업주 측과의 협상을 둘러싸고 빚어진 노동자 간의 갈등을 전달하기도 한다. 현전하는 희곡은 이 정도쯤이다. 그나마 좌파 정향의 작가들로 제한되는 형편이다. 다종다양한 단체의 이해관계를 표현하면서 특수한 관객을 향하는 사례가 일반적인 소인극에는 조금 더 많기는 하겠다.

내 관심은 3 · 1운동 이후 '사회'의 중요성이 증대되고 실질적으로 사회라고 부를 만한 공간이 열렸는데도 '가족'에로의 쏠림 현상이 현저한 이유다. 우선, '가족'은 일반적으로 호소력이 있는 주제를 환기하는 보편성의 공간이라 할 만하지만, 전환기 갈등이 생생하게 축조될 수 있는 경험 공간이었다는 점이 그 하나일 수 있다. 다양한 사회와 관계를 맺는 성원이 모일 수 있으며 앞뒤 세대를 아우르는 공간이라는 점이 유효했으리라. 그럼에도 '사회'의 과소화 현상에는 다른 설명이 필요하다. 일차적으로 검열 때문에 선택의 폭이 넓지 않은 사정을 생각할 수 있다. 사회주의 문화의 반항이 맹위를 떨쳤던 1920년대는 그야말로 '사회'를 감각적으로 체득한 시기였고, 여기에서 야기되는 보편과 특수의 문제는 연극의 소재로 삼아지기에 충분했다. 이때 공간과 그곳에서 빚어지는 관계는 그 자체로 특수한 육체성을 지니기 마련이지만, 검열에 저촉될 가능성은 그만큼 더 늘어났다. 게다가 연극의 생산자와 수용자 모두에게 '사회'는 경험 공간으로서 재현되기에는 아직 충분히 발달하지 않은 상태인 것도 또 다른 이유일 것이다. 안타깝게도 '가족'이 주요 공간이 된 사정은 사실주의 연극이 이념형이 될 수밖에 없음을 말해줄 뿐이다.

사회개혁을 역설하기 위해 임의적인 공간으로 채택된, '가족'이 드러낼 수 있는 주제의 폭과 깊이는 제한적일 수밖에 없다. 불가피하게 '가족' 공간은 보수적인 가족관계의 영역과 계급갈등이 격화되던 사회 영역 사이의 '완충지대'가 되었으나, 이곳에서 개인과 사회의 변증법적 관계를 기대하기는 어려운 일이다. 사회의 중요성은 증대되었지만, 상대적으로 축소되거나 소거되어버린 개인······. 하층계급 인물은 '개인'을 표상하지 않고, 지식인 인물은 '의사疑似 개인'일 뿐이다. 식민지 시기 연극 가운데 특별히 기억되는 인물을 좀처럼 만나기 어렵다는 사실, 그것은 유치진이 임화로부터 들어야 했던 뼈아픈 비평과도 상통한다. 임화는 "솔직히 말하거니와 그 작품들이 희곡이었기에 망정이지, 만일 소설로 씌워졌다면 조선문학의 최고도달점에 미치지 못하는 것"이며, "이런 약점은 그의 희곡이 새로운 의미를 갖는 예술적 인물을 한 사람도 창조해내지 못한 데 가장 뚜렷한 예술적 흔적을 남겼다"라고 말한다.[38] 연극이 보편성을 지향하는 장르적 특성이 있다고 해도, 개인의 공

---

38 임화, 「유치진론」, 『문학의 논리』, 학예사, 1940, 546~547쪽.

동화空洞化는 검열체제 아래 계몽의 양식으로 존재해야 했던 사실주의 연극의 존재론적 조건에서 기인하는 것이다.

6. 사회주의 효과의 임계

사실주의는 계몽이념의 전달과 실현이라는 이상을 성취해줄 수 있는 가장 효과적인 양식으로서, 고도의 미적 훈련을 받지 않아도 이해가 쉬운 친숙한 문법을 가진다. 그렇기는 해도 사실주의 연극의 성립에서 더 중요한 계기는 그와 동시에 진행되던 사회주의의 반향이었다. 진화론을 계승하여 이를 사회주의적으로 전유해간 사상적 전회는 사실주의 연극이념이 형성하는 데 직접적인 영향을 끼쳤다. 사회주의는 사실주의적 재현이 어떤 관점 또는 전망에서 이뤄져야 하는가에 대한 나침반을 제공해준 것이다.

여기서 특정 연극인이 사회주의에 깊이 공명했는지 아닌지는 중요하지 않다. 신문만평이 제공한 시각표상에서도 확인했듯이, 사회주의가 제시한 분석적 범주, 특히 계급적 관점은 대중화되고 있었다. 계급의 인식론적 범주는 자본가/노동자, 지주/소작인, 혹은 유산계급/무산계급 등 지배계급과 피지배계급의 관계로 축조되었으며, 이 계급관계는 더 나아가 일본/조선이라는 민족적 범주로까지 확장되어 이해되었다. 이 추세는 신극운동에서 멀어져 갔던 '토월회'[39]나 다분히 1910년

---

39 1925년 '토월회'는 창립 제2주년 기념 흥행을 위해 〈여직공 정옥〉을 마련했으나 검열 당국에 의해 반 이상이나 삭제당하여 공연을 포기한 바 있다. 내용을 확인하기 어려우

대적인 '취성좌'[40]에도 반영되었다.

연극인(극작가·연출가·배우, 혹은 극단)의 정치적 좌표와 깊은 관계없이 이런 양상이 매우 광범위하게 발견되는 것은, 사회주의가 정치적 실천으로서가 아니라 근대지식으로서 폭넓게 수용된 지적 풍토에서 조성되었음을 의미한다. 사회주의자가 되길 원하지는 않아도, 당대 지식인에게 사회주의는 매우 매력적이었으며 공명할 만한 것이었다. 박헌호가 '경계의 사상'이라고 요약했듯이, "사회주의는 자본주의 근대에 대한 가장 발본적이며 총체적인 비판 이론이라는 측면에서 반근대 담론의 앞자리에 있지만, 근대적 합리성과 과학성, 체계성의 산물이란 점에서 근대의 적자이기도"[41] 했다. 사실주의의 탄생이 세계를 과학적·인과론적으로 이해하고자 한 진화론으로부터 많은 빚을 졌다는 것은 널리 알려진 사실이지만, "역사 전체를 대상으로 하며, 지구 전체를 포괄하고, 근대의 분과학문 모두를 통합하는 전체적 지식으로 현상"[42]한 사회주의만큼, 식민지 조선의 현실을 명쾌하게 총체적으로 설명해주는 지식은 없었다. 이 점에서 보자면 김재석이 '사회극'으로 범주화한 1920년대 중반에서 1930년대 중반에 이르는 특징적인 양상은,[43] 바로

나 '토월회'가 이 정도라면, 〈여직공 정옥〉의 기획이 1920년대 중반 사회주의 사상의 확산과 무관하지 않다고 추정해도 좋을 것이다. 「기념흥행연기, 각본의 삭제로」, 『동아일보』, 1925.7.1.

40 '취성좌'는 1926년 11월 군산 공연 시 배우 문수일(문예봉의 부친)이 '부르주아 사회를 파괴하자'는 뜻의 대사를 했다 하여 공연중지와 숙소 수색을 당했으며, 이때 단장 김소랑이 군산 시내 '모 노동동맹회 위원 모씨'와 협력하여 다시 흥행하기 위해 경찰 당국과 교섭했다고 한다. 「출연 중에 금지」, 『조선일보』, 1926.11.10.

41 박헌호, 「'계급' 개념의 근대 지식적 역학」, 『상허학보』 22, 상허학회, 2008, 15쪽.

42 위의 글, 27쪽.

43 김재석, 「1920~30년대 사회극 연구」, 경북대 박사논문, 1992.

사회주의로 야기된 연극사적 결과라고도 할 수 있다.

그러나 이 여정에 개입한 식민지검열은 사실주의 연극이 '전범'에서 멀어지고 '신파'와 가까워 보이도록 했다. 아니, 정확하게 말하자면 당시 사실주의 연극에서 흔하게 발견되는 서사의 비약·반전과 감정의 과잉은 이른바 '신파'로 불리는 것과 동일한 심층을 이루거나 적어도 그에 이웃하면서 구성되고 있었다. 객관세계에 대한 주체의 절대적인 무력감에도 이를 완전히 수락하지 않는 주체의 표상이 비록 그 양태는 달라도 매우 유사해 보인 것, 그것은 곧 근대적 시간의식의 중단에 대한 미적 응전이었다.

이 중심에 사회주의가 있다는 점을 환기하고자 한다. 사회주의 입지가 매우 심각하게 흔들리면, 사실주의 연극은 신파와 멀어질 수밖에 없는 관계적 구조에 놓인다. 하층계급을 호명했던 계몽적 주체의 부재, 범박한 의미에서의 사실적 재현, 그리고 무엇보다 미래를 현재화하고자 하는 시간의식의 공백. 그러니 비약을 통한 막후의 반전을 기대하고 애써 감정 과잉으로써 메시지를 전달하고자 하는 '이상 증세'는 자연스레 사라질 수밖에 없다. 대신 체념의 미학화와 운명론적 관조, 모성 이데올로기의 부각이 들어선다.[44] 심지어 진화론의 발전사관의 흔적조차 좀처럼 감지되지 않는다. 이것이 바로 1930년대 중반 이후 사실주의 연극의 향방이었다. 사실주의 연극이 '진보'의 논리로 다시 활력을 얻는 시점은 아이러니하게도 강력한 목적론적 서사를 요구한 파시즘에 봉사하는 일제 말기였다.

---

44 1930년대 중후반에 드러난 이 세 양상에 관해서는 이승희, 앞의 책, 228~279쪽 참조.

사실주의 연극의 이런 추이는 근본적으로는 가족을 사회의 표상으로 삼고 개인을 공동화한 맥락, 즉 개인보다는 사회·민족·계급과 같은 관계성을 사고할 수밖에 없도록 만든 식민의 경험에서 비롯한다. 3·1 운동 이후 조선사회에서 파고波高를 높이 그렸던 사회주의 반향이 아마도 그 첫 번째 변곡점일 것이지만, 그 이후로도 오랫동안 질적인 갱신은 쉽지 않았다. '진보'의 꿈을 포기할 수 없는 역사적 과정이 계속해서 전개된 까닭이다.

제4장
신화와 유령

---

1. 아리랑 증후군

1926년 10월 1일, 단성사에서 무성영화 〈아리랑〉이 개봉되었을 때, 이 영화가 그렇게 오래도록 깊은 여운을 남길 줄 상상이나 했을까. 물론 당시 평단은 이 '조선영화'의 성취에 아낌없는 박수를 보냈고 나운규를 비롯하여 출연 배우에 대한 기대를 품었다. 그런데 갈수록 이 영화에 대한 애호와 기념은 그 수준을 웃돌았다. 〈아리랑〉은 오랫동안 상영되었고, 또 상영되었다. '아리랑'을 키워드로 하는 문화물이 연극·무용 방면에서 제작되었고, 유성기 음반으로도 유통되었으며, 라디오에서는 아리랑이 흘러나왔다. 민요 아리랑이 여러 문화물에 삽입되는 사례는 더욱 빈번했다. 무성영화에서 촉발된 아리랑의 서사와 정조는 대중문화물이 취해야 할 아이콘으로 부상했다. 이런 반향은 영화 〈아리랑〉 혹은 이로부터 이어받은 서사와 정조에 대한 부정적 해석본의 등장에서도 찾을 수 있다. 나운규가 〈아리랑〉 후편에 해당하는 〈아리랑 그 후 이야기〉(1930)를 공개했을 때, 이를 둘러싸고 수개월 동안 격렬한 논쟁이 진행되었으며, 그 여파가 분명한 '반反-아리랑' 문화물이 등장했다. 1931년 9월에는 '신무대新舞臺'의 〈아리랑 반대편〉(신불출 작)이 경성의 단성사에서, 10월에는 '조선연극공장'의 〈아리랑 승인편 반대편〉이 함흥의 동명극장에서 공연되었다. 그러나 이 과정에서 〈아리랑〉은 그 어떤 치명적인 흠집도 입지 않았다. 오히려 〈아리랑〉은 식민지 시기를 통틀어 관객들이 가장 사랑했던 영화로 등재되었다.

물론 이 현상은 〈아리랑〉의 힘만으로 이뤄지진 않았다. 여기에는 민요 아리랑의 역사가 결부되어 있다. 향토민요 아리랑은 이미 19세기 말에 통속민요로서 널리 인기 있는 노래가 되어 있었고, 통속민요는 시간이 갈수록 그 인기를 더해 가고 있었다.[1] 그렇다고 해도 대중가요의 주도 장르로 부상한 잡가의 영역에서 아리랑의 지위는 절대적이지 않았으며, 〈아리랑〉 개봉 당시만 해도 통속민요 아리랑의 종류 또한 많지 않았다. 그러나 선행연구가 공통으로 지적하듯이 1926년 무성영화 〈아리랑〉은 하나의 분기점을 이루었다. 이 영화는 통속민요 아리랑의 양적 증대 혹은 다종의 음반 발매를 추동했으며,[2] 영화의 주제가로 편곡된 본조아리랑이 세대별·성별·계층별 그리고 지리적·문화적 차이를 넘어 '민족' 표상의 정전正典이 되었다.[3] 말하자면, 〈아리랑〉은 통속민요 아리랑에 뿌리를 두고 있되 '아리랑'에 새로운 기의를 부여한 역사적

---

1   강등학, 「형성기 대중가요의 전개와 아리랑의 존재 양상」, 『한국음악사학보』 32, 한국음악사학회, 2004, 19~26쪽.
2   위의 글, 26~28쪽 참조.
3   정우택, 「아리랑 노래의 정전화 연구」, 『대동문화연구』 57, 성균관대 대동문화연구원, 2007.

사건이었으며, 이를 계기로 통속민요 아리랑이 더욱 활성화된 것이다. 1932년 무렵부터 통속민요가 전반적으로 위축됐음에도 불구하고 유독 아리랑만이 1933~1937년 사이에 그 공급과 소비가 가장 활발했던 양상은,[4] 영화와 노래의 이러한 시너지 효과 덕분이었다.

비록 필름은 유실되었으나 아리랑의 대중적 반향을 비롯한 그러한 경험증거는 이후 〈아리랑〉이 '민족영화'로 신화화하는 데 결정적인 역할을 했다. 아니, 더 정확히 말해서 필름이 유실되었기 때문에 여러 방계자료로 상상된, 또 하나의 〈아리랑〉이 가능했다. 당대에 활동했던 영화인들의 '기념비적'인 회고도 그렇거니와, 김소동 감독의 〈아리랑〉(1957)은 유전遺傳된 기억을 가지고 실제를 초과하는 완벽한 잉여였으며, 이영일의 『한국영화전사』(1969)는 이를 학술적인 차원에서 확정하는 화룡점정이었다. 그러나 이런 신화화가 일정한 과잉 덕분이었던 만큼, 〈아리랑〉의 탈신화화는 필연적인 수순이었다. 대체로 그 논의는 이 영화를 '민족저항의 리얼리즘'으로 설명해 온 통설을 비판하면서 이 영화의 정체를 객관화하는 데 주력했다. 그 결과, 〈아리랑〉에서 대중성이 새롭게 주목되었으며, 특히 '신파'와 '활극'이라는 두 속성이 지닌 역사적 맥락의 참조가 이뤄졌다.[5]

---

4 강등학, 앞의 글, 28~31쪽 참조. 이 역설에 관해 강등학은 경기 자진아리랑을 편곡한 본조아리랑이 "익숙한 양식의 새로운 노래"에 대한 대중들의 수요와 관계있다고 보았고, 정우택 또한 "지역분할적 선법토리의 영향을 적게" 받아 "전국적 보편성"을 띨 수 있었던 서양악곡 식의 편곡을 지적한 바 있다.(앞의 글, 291~293쪽)

5 여러 논자에 의해 진행된 〈아리랑〉 탈신화화 논의 가운데 그 결정판은 아마도 이순진의 「조선 무성영화의 활극성과 공연성에 대한 연구」(중앙대 박사논문, 2009)일 것이다. 이순진은 나운규 영화가 당대 내내 '신파활극'으로 평가되었다는 점을 주목하여 나운규가 기대고 있던 다양한 문화적 유산을 역사적으로 맥락화하여 그 성격과 지위를 새롭게 규명하였다.

그런데도 내게는 여전히 아리랑 증후군 혹은 〈아리랑〉의 신화화라는 일련의 현상이 의아스럽기만 하다. 설득력 있는 탈신화화 연구는 〈아리랑〉에 덧씌워져 있는 거품을 상당 부분 걷어냈지만, 아리랑 증후군 자체를 없던 일로 만들 수는 없으며 그 현상 자체가 진짜로 어떤 병리적인 현상으로 보이기 때문이다. 이 병리성은 아마도 흥행장의 정치경제학적 조건에서 비롯되었을, 운명과도 같은 초라함과 결부되어 있으리라. 다소 과장하여 묘사하자면, 영양부족으로 인한 왜소함에, 신경질적인 조증과 우울증을 반복하며, 현실을 견디기 위한 허세와 철회할 수 없는 욕망 사이에서 곤경을 느껴야 했던, 그런 상태다. 물론 이 주관적인 심상은 객관적인 언어로 전달될 필요가 있다.

여기서 아리랑 증후군이라는 역사적 현상을 좀더 본원적인 국면으로 이동시켜 그 문제성을 확장해야 할 필요를 느낀다. 이 현상은 조선 전역에 닿아 있는 증후군인 동시에, 이와 잇닿아 있는 다기한 현상과 깊은 관계가 있었고, 그 근원적 조건이 다름 아닌 '검열체제'[6]와 '흥행시장'의 관계에 있다고 보기 때문이다. 양자의 관계는 두 가지 측면에서 중요하다. 하나는 흥행시장의 동태가 검열체제와 근원적으로 엮여 있었다는 점이며, 다른 하나는 바로 그러한 사실로 인해 '뜻하지 않게' 그 외부를 만들어냈다는 점이다. 그런 점에서 영리한 검열체제와 병약한 흥행시장이 빚어낸 문화적 결과는 단조롭지 않다. 나는 조선총독부의 정책이 모든 수준에서, 그리고 늘 성공적으로 수행되었다고 생각하

---

6 '검열체제'는 한기형이 "검열을 수행하는 식민통치기구, 검열 과정, 검열 과정의 참여자를 하나의 체계로 파악하려는 의도에서 구성"한 개념이다. 한기형, 「문화정치기 검열체제와 식민지 미디어」, 『대동문화연구』 51, 성균관대 대동문화연구원, 2005, 71쪽.

지 않는다. 문화 장의 여러 의미화 실천이 일단락을 이루는 최종 과정에 매개된 주체, 즉 관객-대중에 대해 확신에 찬 언어를 갖는 것은 더 두려운 일이다. 동시에, 정책과는 다른 결과가 있다고 해서 그 모두를 생산적인, 혹은 긍정적인 것으로 간주할 수 있을지도 회의적이다. 다만, 검열체제와 근원적으로 엮여 있던 흥행시장의 몇 가지 국면과 만남으로써, 그리고 그 관계의 잉여가 만들어낸 또 다른 심층을 드러냄으로써 그 병리적 구조와 마주하고자 한다. 아마도 이는 〈아리랑〉으로 시작되어야 할 것이다.

2. 왜소한 상징투쟁의 시간

〈아리랑〉이 1926년 개봉되었을 당시의 기록에는 '항일 민족영화'로 짐작될 만한 그 어떤 평가도 포함되어 있지 않았다. 이 영화는 1920년 대 중후반 대중서사의 한 패턴, 즉 "계급적인 갈등을 도덕적인 선악의 이분법으로 치환하면서 공감과 눈물을 유도하는 전형적인 사회성 멜로드라마"[7]였다. 사실, 이러한 서사 패턴은 이미 희곡에서 매우 전형적인 것으로 드러난 상태였다. 그러나 〈아리랑〉의 성취는 "'신파'와 '활극'이라는 서로 이질적인, 그러나 동시에 서로 교호했고, 여전히 다른 방식으로 교호하고 있는 장르적 정서가 생산적으로 결합"[8]한 데 있었다.

7 김영찬, 「나운규 〈아리랑〉의 영화적 근대성」, 『한국문학이론과 비평』 30, 한국문학이론과비평학회, 2006, 181쪽.
8 이정하, 「나운규의 〈아리랑〉(1926)의 재구성」, 『영화연구』 26, 한국영화학회, 2005, 281쪽.

"누구 어머니도, 누구 고모도, 누구 이모도 다들 훌쩍"이게 만들었으나, 그 장면을 후일 "별달리 흥겨워"하면서 회고하게 만든, 영화가 〈아리랑〉이었다.[9] 심지어 일제 말에는 조선인 강제노역자를 대상으로 한 선무공작용으로 상영되기도 했다.[10] 이렇게 보면, 검열우회로 그 '안전성'을 보증받았든, 아니면 불온함이 검열의 우연성과 비일관성에 의해 통과되었든, 아니면 흥행 현장에서 오가는 관객-대중의 비공식적인 불온한 교감이 있었든, 〈아리랑〉이 계속해서 상영될 수 있었다는 사실은 그 표현이나 공연성의 수위가 검열 당국이 상정한 임계를 벗어나지 않았음을 전달한다. 즉 〈아리랑〉은 검열체제와 불화하지 않았다!

그런데 이 영화의 신화화가 웅변하듯이 이 맥락에는 그럴 만한 한 줌의 진실도 있는 듯하다. 이 영화의 관람을 "마치 어느 의열단원이 서울 한구석에 폭탄을 던진 듯한 설렘"[11]으로 묘사한 이경손의 기억과 같이, 영진의 광증을 3·1운동과 관계있는 것으로 해석하고 싶어 하는 "비공식적 해석"[12]도 존재했다. '새로운 조선영화'를 만난 감격뿐만 아니라, 마름/소작인의 계급관계를 일본/조선의 계급관계로 전치하여 상상했을 수도 있다. 분명한 사실은 필름검열이 통과될 만큼 공안·풍속 문제에서 '안전한' 영화임에도 불구하고, 〈아리랑〉이 단순히 '잘 만든 오락영화'로만 환원되지 않는 그 어떤 흘러넘침이 있었다는 점이다. 텍스트에서 우려할 만한

---

9 安東洙, 「映畵隨感」, 『영화연극』 1, 1939.11.
10 1942년 대일본 산업보국회의 삿포로 지방 광산부회는 반도영화반과 경성무용대 등으로 편성된 위안부대의 공연을 알선한다는 내용의 공문서를 조선인 노동자를 고용한 각 사업장에 보냈고, 이때 〈아리랑〉은 〈심청전〉과 함께 선무공작용으로 상영되었다고 한다. 이에 관해서는 조희문, 『나운규』, 한길사, 1997, 169~180쪽 참조.
11 이경손, 「무성영화시대의 자전」, 『신동아』, 1964.12.
12 김려실, 「상상된 민족영화 〈아리랑〉」, 『사이』 창간호, 국제한국문학문화학회, 2006, 264쪽.

것이 딱히 없어 보여도 '능히' 검열에 통과되지 못한 많은 사례를 우리는 알고 있다. 그렇다면 그 잉여 혹은 불온성은 〈아리랑〉이 '극장'에서 상영된 '무성영화'였다는 데서 비롯된 것일 수 있다. 무성영화의 핵심적인 표현수단이 '비非필름적 요소들', 즉 '공연성'에 있다고 할 때,[13] 〈아리랑〉의 불온함은 무성영화의 다층성[14]에서 나오기 때문이다.

문제는 그 잉여−불온성을 검열 당국이 '견딘' 근본 이유다. 이 무성영화 한 편이 관객−대중에게 정동情動을 일으키게 하여 깊은 인상을 던져 주고 이내 아리랑 증후군으로 현상했는데도, '견딘' 이유다. 더욱이 1930년을 전후로 해서는 아리랑의 울림과 반향이 꽤 불온하게 번지고 있었다. '아성극단亞星劇團'의 〈아리랑〉(1929),[15] 제주 청년의 소인극 〈아리랑〉(1930),[16] '조선연극공장'의 〈아리랑 승인편 반대편〉(1931)[17] 등은 모두 관계자가 검속되거나 구류처분까지 받았다. 그리고 경성의 극장에 불온한 삐라를 뿌려야 한다면 그곳이 조선극장이어야 하는 이유는 이곳에서 바로 며칠 전에 '토월회'의 〈아리랑고개〉가 초연(1929.11)되었기 때문일 것이다. 이 연극은 영화 〈아리랑〉이나 무용에서는 찾아볼 수 없었던 가장 진정한 '조선 정조'를 표현해냈다는 평가를 받았다.[18]

그 실마리는 '조선적인 것'의 정책적 위상에서 찾을 수 있다. 이 책에

---

13 이순진은 무성영화의 공연적 요소를 두 가지로 나눈다. ① 1900년대 말부터 시작되었던 변사연행과 악대, 가수의 공연이 동반된 영화상영, ② 프롤로그, 에필로그를 포함한 어트랙션 쇼를 붙였던 것. 이에 대해서는 이순진, 앞의 글, 제4장을 참조하라.

14 이화진, 「식민지 조선의 극장과 '소리'의 문화정치」, 연세대 박사논문, 2011, 74~75쪽 참조.

15 「亞星劇團 흥행 중 금지, 불온하다고」, 『조선일보』, 1929.2.23.

16 「제주 함덕청년 4명 검거, 소인극하는 데 무계출한 것이 리유」, 『조선일보』, 1930.3.11.

17 「朝劇배우 삼인피검, 함흥극장에서」, 『조선일보』, 1931.10.6; 「조선연극공장 함흥署 퇴거령, 관할 내 불허가」, 『조선일보』, 1931.10.13.

18 SH생, 「토월회의 공연의 〈아리랑고개〉를 보고」, 『동아일보』, 1929.11.26~27.

서 여러 차례 피력했듯이, 식민지 조선의 극장 대부분은 영화상설관이었고, 일본인극장과 조선인극장으로 양분되어 있되 그 비대칭성은 심각한 수준이었다. 일본인극장이 9할을 상회했고 조선민간자본 소유로 경영된 극장의 숫자는 전 조선을 통틀어 얼마 되지 않았다. 3·1운동 이후 조선민간자본에 의한 극장설립이 한때 작은 파장을 일으켰을지라도 흥행시장의 구조를 변경시키지는 못했으며, 그나마 갖고 있던 흥행권이 축소되면서 종국에는 영화상설관의 종족적 분립이 해소되어 갔다.[19] 더욱이, 제작자본이 취약한 조선인에게 '조선연극/영화'의 제작과 흥행은 매우 어려운 일이었다. 〈아리랑 그 후 이야기〉 논쟁에서, 좌파영화인을 향한 나운규의 항변 — 수십 차의 개작이 검열관에 의한 것이 아니라 출자주의 형편이나 촬영조건에 의해 자기 손으로 이뤄진다는 것, 그리하여 비극이 희극이 되고 필름의 길이도 대폭 짧아지는 '비현실적'인 작품이 나오게 된다는 것[20] — 은 검열도 받기 전에 열악한 제작조건과 마주해야 하는 곤경의 토로였다. 조선인극장은 외화상영에 주력할 수밖에 없었다.

당시 극장 전체의 윤곽을 이렇게 놓고 보면, 조선총독부의 정책 방향이 애초부터 문화적 생산성의 제고보다는 이수입물의 소비에 맞춰져 있었음을 짐작할 수 있다. 이는 조선총독부가 극장업에 대해 최소한의 개입만 했던 이유이기도 하다. 흥행시장은 내수內需로 제한된 작은 규모였고, 그나마 흥행자본을 소유한 시장의 주도 세력 대부분이 일본인이

---

19 이 책의 2부 3장 '조선극장의 스캔들'에서 논의한 바 있고, 단성사 사례는 이순진의 「1930년대 조선 영화문화의 변동과 조선인 영화상설관의 소멸」(『대동문화연구』 72, 성균관대 대동문화연구원, 2010)을 참조할 수 있다.

20 나운규, 「현실을 망각한 영화평자들에게 답함 (3)」, 『중외일보』, 1930.5.15.

었다. 흥행세 중심의 세제는 결과적으로 극장업에 유리한 제도였고, 세액도 적은 편이었다. 그만큼 흥행시장에 대한 당국의 경제적 기대 수준은 높지 않았으며, 따라서 흥행시장을 그 주도 세력에게 위탁해도 통제가 충분했다.[21]

조선연극/영화의 제작과 흥행의 조건이 이런 이상, 일련의 검열 과정만으로도—폭주하는 이수입물에 비해 지극히 극소한—'조선산朝鮮産' 문화물은 웬만큼 제어될 수 있었다. 그리고 조선인극장이 잠재적 불온성의 공간, 즉 피식민자가 군중으로 운집할 수 있는 공간이자 그 종족적 유대감이 고양될 수 있는 정동의 공간임 알고 있어도, 이 인종주의적 게토에서 일어나는 얼마간의 '소란'은 식민지 경영상 필요한 것으로 간주하는 듯했다.

이와 관련해 나운규의 〈두만강을 건너서〉 검열 건에 대한 성동호의 구술을 참고할 수 있다. 이 영화가 개봉을 목전에 두고 돌연 검열에 걸리자, 당시 조선극장의 영업책임자였던 성동호가 당시 검열관이었던 오카 시케마쓰阿彌松를 찾아가, 이 영화를 대체할 필름이 없어 극장 문을 닫게 되었다고, 하소연 아닌 하소연을 했다. 그러자 오카 검열관이 다음과 같이 말했다고 한다—"그 무슨 소리냐고 말이야, 아니 오락기관인데 문을 닫다니, 그러면 주민들이 갈 데가 없을 테고 말이지, 치안상 좋지 않다 말이야." 결국, 조선극장에서는 일주일만 상영하고, 그 이후로는 제명을 바꾸는 것으로 매듭지었다. 〈사랑을 찾아서〉는 그렇게 해서 나왔다.[22]

---

21 흥행의 정치경제학적 논의는 이 책의 1부 3장 '흥행시장의 세금'에서 논한 바 있다.
22 「성동호」, 한국예술연구소 편, 『이영일의 한국영화사를 위한 증언록—성동호·이규환·최금동 편』, 소도, 2003, 49~54쪽.

조선인극장은 곧 '치안'을 위해 보전되어야 할, 정치적 불만의 배설 장소였다. 치안 유지를 위한 최소한의 안전장치로서 조선인극장의 유용성을 인정하고, 가뭄에 콩 나듯 하는 '조선산' 문화물에 대해 '관용'의 자세를 취하는 것 ─ 검열 당국의 이러한 정책 방향은 식민지 경영의 본원적 목적에 부합하는 것이다. 극장 바깥으로 나가지 않는 이상, 그 소란이나 흥분은 정치적으로 안전하다는 자신감의 표현이었다. 〈아리랑〉을 상영할 수 있었다면 바로 이런 맥락이지 않았을까.

검열 당국의 이 선택은 ─ 당국 입장에서는 치안 유지상 '견딜 만한 수준'이었기는 하지만 ─ 불온한 잉여를 생산해내는 뜻밖의 결과를 낳았다. 필경 억압되었다고 믿어 의심치 않는 "비공식적 해석" 혹은 텍스트를 초과하는 잉여는, 달리 말하자면 검열체제로 야기된 표현의 임계에 대한 불신을 반영한다. 광고지를 압수당했다거나[23] 훼손당했다는 '소문'[24] 혹은 〈아리랑〉이 불온한 설렘을 제공'할/했을' 것이라는 기대감이 있었다면, 그것은 검열체제가 표현과 소통에의 욕구를 억압하고 있던 상황에서 비롯된 것이다. 즉 정보의 빈곤이나 왜곡을 수반한 상태에서, '소문'과 '기대수준'은 '사실'을 초월하는 '진실'이 된다.

더 흥미로운 것은 검열체제의 이 같은 역설적 효과가 당시 흥행산업의 낮은 수준에 의해 증폭되었다는 사실이다. 극장의 수효가 1930년대를 거치면서 급격한 증가 추세를 보였어도, 경성을 제외한 대부분은 순

---

23 "작일부터 시내 수은동 단성사에서 상영한 〈아리랑〉의 활동사진광고 '팡후렛도' 중에 '아리랑' 노래 중에 공안을 방해할 가사가 있으므로 경찰당국에서는 9월 30일에 선전지 1만 매를 압수하였다더라." 「아리랑─선전지 압수, 내용이 불온」, 『매일신보』, 1926.10.3.
24 주창규, 「무성영화 〈아리랑〉의 탈식민성에 대한 접근」, 『정신문화연구』 30-1, 한국학중앙연구원, 2007, 212~214쪽.

업業의 형식을 통해서만 연극과 영화를 경험할 수 있었다. 공연예술은 일회적 현존성을 본질로 한다는 점에서 그리 특기할 만한 사실이 아니었겠으나, 영화야말로 복제기술의 혜택으로 '동시에' 배급·상영할 수 있는 이점을 가진 뉴미디어였음에도 불구하고 대량생산과 대량소비가 불가능한 상황이었다.[25] 대체로는 1벌의 프린트로, 제한된 관객을 대상으로, 순업을 할 수밖에 없었다. 따라서 순업은 모든 공연/상영을 '비동일화'하였다. 특히 무성영화의 경우 비필름적 요소들뿐만 아니라 순업에 따른 필름의 가변성에 따라 공연성은 확장되었다. 예를 들어 — 무성영화 텍스트의 불확정성을 강조한 이순진에 따르면 — "1926년 개봉 이후 수십 년 동안 반복 상영된 〈아리랑〉은 그 맥락에 따라서 미국 활극의 모방작이 될 수도, 또 민족주의적이거나 사회주의적인 텍스트가 될 수도, 심지어는 일제의 선무공작에 이용될 수도 있었던, 매우 유동적인 텍스트였다."[26]

뿐만이 아니다. 순업은 — 공연/상영의 비동일성만이 아니라 — 지역 간 문화적 간격을 좁혀가는 네트워크였으되 그 속도의 '느림'으로 경험의 '비동시성'을 야기했다. 〈아리랑〉을 못 본 사람이 별로 없고 보지 못해도 그 내용은 다 알고 있었다는 사정은, 경험의 비동시성이 소문 및 기대 수준과 함께 오랜 세월을 걸쳐 이 영화의 신화를 형성해갔음을 시사한다. 비동일성을 기반으로 한 이러한 시간 지체遲滯는 식민지 조선 흥행시장의 후진성에서 비롯된 것이었으나, 바로 그러한 물리적 조건

---

25 이순진, 「1930년대 조선 영화문화의 변동과 조선인 영화상설관의 소멸」, 『대동문화연구』 72, 성균관대 대동문화연구원, 2010, 166~167쪽.
26 이순진, 「식민지시대 영화검열의 쟁점들」, 한국영상자료원 편, 『식민지시대의 영화검열—1910~1934』, 현실문화연구, 2009, 30쪽.

이 〈아리랑〉을 신화로 만든 것이다. 다른 의미에서 '시간 지체'를 언급한 주창규는 〈아리랑〉의 사막 판타지 장면을 분석하면서 이 영화에 대해 다음과 같이 말한다―"신화화된 민족을 현재의 시점에서 불연속적으로 알레고리화시킴으로써, 그리하여 역사주의로부터 벗어남으로써 그것을 영원히 열어두게 만드는, 과거와 현재가 혼종화된 근대성의 '시간 지체'의 알레고리이다."[27] 〈아리랑〉 그 자체가 근대성의 시간 지체의 알레고리라는, 이 흥미로운 분석은 아리랑 증후군이나 그 신화화의 역사적 도정이 더욱 필연적일 수밖에 없었음을 전한다.

3. 외속外俗의 소비―아리랑 그 후 이야기

〈아리랑〉의 파장은 이 영화에 내재한 '조선적인 것'의 환유가 피식민 주민에게 공명을 일으켰기에 가능했을 것이다. 더욱이 이 영화의 개봉 시점은 슌종의 인산일因山日을 기해 일어난 6·10만세운동의 기억이 남아 있을 때다. 이 만세운동이 슌종의 상여가 난싱시 앞을 지날 때 시작되었다는 것도 우연이라면 우연이다. 이때 만약 극장 안에서 '조선적인 것'을 부지기수로 만나온 상황이었다면, 관객-대중이 이 영화를 그렇게 인상적으로 받아들였을까? 그렇지 않았을 것이다. 1926년 시점에서, 조선-연극/영화의 존재는 매우 미미했다. '조선인 관객'을 대상으로, '조선어'로 흥행이 제공된다는 정도에서, 조선인극장의 명분을

---

27 주창규, 앞의 글, 206~207쪽.

지켜주었을 뿐, 흥행시장을 채우고 있었던 것은 외화였다.[28]

흥행시장에 대한 경제적 기대 수준이 높지 않은 상황에서, 시장의 주도 세력에 그 권한이 위임된 이상, 이곳은 시장 논리로 작동되었다. 이수입물에 의존하던 흥행시장에서, 치안 유지를 위해 허용된 이 게토의 선택은 외화였다. 1934년 외화통제정책 이후에도 외화의 선호는 뚜렷했는데, 유선영에 의하면 이는 일본제국에 대한 '문화적 부인'이었다. "관람자 개인이 식민제국의 정책을 넘어설 수 없지만 주어지고 강요된 것에 대한 회피, 외면, 거부 또는 '제한된 것'에 대한 열망을 통해 식민국가의 의도와는 다른 문화실천을 구성"[29]한 것이다. 관객-대중의 정치적 선택이 명백한 이 현상은 조선인극장이 일본영화를 보이콧한 사실과 정확히 조응한다. 즉 외화의 존재와 일본영화의 부재는 동일한 심층을 이루고 있었다.

사실, 외화는 그 초기에 신기한 '활동사진'이라는 뉴미디어의 경험 그 자체였겠지만, 이내 트랜스내셔널한 세계의 표상이 되었다. 극장의 종족적 분립이 뚜렷했던 1920년대부터 1930년대 중반까지의 외화 소비는 그런 경향이 더 강했던 듯하다. 일본영화를 보이콧한 심리는 외화에 담긴 세계를 매우 투명한 것으로, 친밀한 것으로 만드는 반사효과를 가져왔을 것이기 때문이다. 관객은 자신이 거처하는 현실과의 관계를 가급적 삭제해야만 그 세계를 쾌락의 대상으로 삼을 수 있는 법이다. "국가와 주권의

---

28 식민지 시기 외화상영의 상황은 다음을 참조하라. 유선영, 「황색식민지의 서양영화 관람과 소비의 정치, 1934~1942」, 『언론과 사회』 13-2, 2005; Brian Yecies, 「식민지 조선에서 좋은 사업이었던 영화검열－할리우드 제1차 황금기(1926~1936)의 부당이득 취하기」, 『한국문학연구』 30, 동국대 한국문학연구소, 2006; 이호걸, 「식민지 조선의 외국영화」, 『대동문화연구』 72, 성균관대 대동문화연구원, 2010.

29 유선영, 위의 글, 10쪽.

문제가 괄호 속인 봉인된 세계의 일주"[30]는 그렇게 해서 가능했다.

　그런데도 이 세계 일주는 종종 방해되거나 지연되었다. 분명 외화가 제공하는 시각적 쾌락은 트랜스내셔널한 문명세계로 관객-대중을 유인했지만, 극장 안에는 경찰국가의 대리자인 임석경관과 텍스트를 능히 초과하여 해설하는 변사가 있었기 때문이다. 대체로는 아무런 소요도 일어나지 않는 극장이었지만, 임석경관의 존재 그 자체만으로 관중은 불안과 반감의 착종 상태에서 인종의 정치학을 체감할 수밖에 없었다. 또한, 변사는 텍스트를 종종 이반하는 '창조적'인 언설로 극장 '밖' 현실을 소환했으며 이 때문에 때때로 임석경관의 '공무집행'을 야기했다. 이것은 일종의 분열증이다. 문명의 감각과 육체의 쾌락을 즐기러 온 관객-대중의 즉자적인 욕망이, 일본제국에 대한 문화적 부인을 상기시키는 공간의 정치성과 충돌하고 있었기 때문이다. 외화를 통한 외속外俗의 소비는 사사로운 즉자적인 욕망과 종족적 윤리 사이에서 길항하고 있었다.

　그런 점에서 1930년을 전후로 한, 흥행시장의 동태는 상당히 흥미로운 점이 있다. 이호걸은 1929년 여름부터 외화상영이 급간하는 대신 공연물과 조선영화가 부상했다는 사실을 짚어낸다.[31] 이 현상은 1930년까지 지속했는데, 그 원인을 다음 두 가지로 추정한다. 첫째 "세련된 장편영화에 대한 취향보다는 신파극과 레뷰 쇼, 그리고 조선영화에 더 흥미를 느끼는 하층 관객"이 증가한 것이며, 둘째 "미국영화를 대체할 수 있는 레퍼토리를 개발하는 데 비로소 성공하기 시작"했다는 것이다.

30　김수림, 「제국과 유럽─삶의 장소, 초극의 장소」, 『상허학보』 23, 상허학회, 2008, 144쪽.
31　이호걸, 앞의 글, 109~111쪽.

그러나 그 현상이 일시적이었다는 점에서 여기에는 내재적인 발전 혹은 확장과는 무관한 또 다른 심층이 있었다고 의심하지 않을 수 없다.

먼저, 이 현상이 '아리랑 그 후 이야기'라는 점을 말하고 싶다. 〈아리랑〉의 대중적인 성공은 그러한 서사와 정조가 사회적 가치는 물론 경제적 가치가 있음을 확인해주었으며, 아리랑 증후군은 그 가치가 문화적으로 드러난 결과였다. 물론 〈아리랑〉이 사회적·경제적 가치를 띠게된 또 다른 정황에는 1920년대 중반 조선사회에 새로운 관점을 제공한 사회주의의 반향이 자리하고 있었다. 마름(지주)/소작인의 계급 갈등이 암시될 수 있었던 것도 바로 그 소산이다. 아리랑 증후군은 〈아리랑〉을 넘어서는 불온한 세포분열을 감행하고 있었다. 바로 1929~1931년 동안, 조선극장에서 수차례 불온 삐라가 뿌려지고, '반-아리랑' 담론이 생산되고, '아리랑' 문화물의 취체가 발생한 것, 이 모두가 그 결과였다. 엄밀히 말해서 1920년대 좌파 문화운동의 활기는 소인극에서 약진을 보였을 뿐, 흥행시장에서는 거의 공개된 적이 없다. 말하자면 〈아리랑〉은 검열체제와 시장법칙이 허용하는 테두리 안에서 영화라는 미디어로 표현될 수 있는 최대치였으며, 그것이 바로 '조선'임을 공감케 했고 '조선적인 것'이 시장성이 있다는 확인이기도 했다. 조선인극장으로서의 정체성을 보존하고자 노력했던 단성사의 박승필朴承弼과 조선극장의 신용희申鏞熙가 이를 놓칠 리 없었다. 이때 외화가 제공해줄 수 있는 것 이상이 필요했고, 여기에 바로 공연예술과 조선영화가 놓인 것이다.

그러나 공교롭게도 극장 무대에 올라간, 바로 그 공연들은 〈아리랑고개〉와는 전혀 다른 풍경을 연출했다. 먼저, 레뷰revue의 등장을 꼽을 수 있다. 레뷰는 19세기 프랑스에서 유래한 것으로 노래와 춤을 곁들인 풍

자적인 볼거리를 일컬었는데, 화려한 스펙터클에 소녀들을 전시하는 것이 특징이었다. 식민지 조선의 레뷰는 일본의 타카라즈카寶塚 레뷰와 깊은 관계가 있었지만, 가장 직접적인 영향은 1929년 5월 개봉된 프랑스영화 〈몽파리〉(モン・パリ—La Revue des Revues)였다. 이 영화가 선풍적인 인기를 끌자 극단들은 앞다투어 레뷰를 선보였고, 일본 등지의 공연단에서 활동을 시작한 배구자裵龜子・권금성權金星 등이 무용단과 가극단을 조직해 활동했다.

백현미는 〈몽파리〉 개봉 이후 동시다발적으로 유행이 된 레뷰에 관해 주목할 만한 해석을 내린 바 있다. 그에 의하면, 레뷰는 "도시문명을 효과적으로 전시"하여 "스피드하게 하나가 되는 '세계'에 대한 착각"을 불러일으켰다. 그러나 이 강렬한 매혹은 "도시에 존재하는 계급관계와 생산관계를 은폐하고, 식민지 도시 경성의 정체를 외면하게 하는" 요술환 등이었다.[32] 또한, 경성박람회가 열렸던 1929년에 바로 레뷰의 유행이 시작된 공교한 우연에 주목하면서, 그는 이를 다음과 같이 정리했다— "근대화에 따른 물질주의적 욕망과 제국주의적 욕구가 소녀의 육체로 물신화하여 지구적 문화상품의 형태로 유통되었고, 소녀가극은 이국적인 것과 조선적인 것을 조합한 대중오락적 흥행상품으로서 제국주의 시대의 문화정치에 흡수되어 있었던 것이다."[33]

또 하나의 유행은 연극 또는 레뷰로도 공연된 '행진곡'으로, 〈처녀들의 행진곡〉, 〈부세浮世행진곡〉, 〈경성행진곡〉, 〈부부행진곡〉, 〈혼선混線

---

32 백현미, 「어트렉션의 몽타주와 모더니티—1920년대 경성의 레뷰와 가극을 중심으로」, 『한국극예술연구』 32, 한국극예술학회, 2010, 100~104쪽.
33 백현미, 「소녀 연예인과 소녀가극 취미」, 『한국극예술연구』 35, 한국극예술학회, 2012.

강자행진곡〉, 〈종로행진곡〉, 〈엥여라차 행진곡〉, 〈처녀행진곡〉, 〈착각
錯覺행진곡〉 등이 있다. 레뷰가 화려한 스펙터클과 소녀들의 육체 전시
를 통해 '세계' 취미를 자극했다면, 이 행진곡류는 낙관성에 기초한 교
훈적 목적을 분명히 하는 것으로 보였다. 가령, 현재 대본이 남아 있는
〈엥여라차 행진곡〉(임서방 작, 1931)[34]의 경우, 빈한한 처지이지만 서로
간의 우정이 극진한 인물들을 등장시키고 노동에 대한 이들의 자부심
이 얼마나 대단한 것인가를 제시한다. 심지어 주머니에 돈이 없어도 허
세는 하늘을 찌른다. 동일한 소재를 다루는 동시대의 사회극과는 판이
한 양상이다. 이들이 예찬하는 노동의 신성함은 부르주아적인 추상성
안에 갇혀 있고, 정작 이들 노동계급의 현실은 삭제되어 있다. 즉 이 연
극에는 사회극이 묘사했던 '현실', 즉 하층계급의 극심한 궁핍과 그에
대한 상황인식이 없다.[35] 아마도 여타의 '행진곡'도 이와 크게 다르지
않았을 것 같다. 그 갈등의 정도가 소소하든 심각하든, 그 해결은 매우
쉽고 경쾌하게!

이처럼 1930년을 전후로 하여 인기를 얻은 레뷰와 '행진곡'류 공연
에는 공통으로 식민지의 비감이나 분노가 없다. 관객-대중은 외화를
관람했을 때와 마찬가지로 이런 공연을 통해 극장 '밖' 현실과 절연함
으로써 쾌락을 추구할 수 있게 된다. 그런 점에서 레뷰와 '행진곡'은 외
화의 공연예술 버전인 셈이다. 극장은 "이미 주권과 식민성의 문제에서

---

34 〈엥여라차 행진곡〉(전2막)은 1931년 10월 17일부터 '신무대' 제2회 공연작으로, 대
  본은 1935년 2월에 『삼천리』에 게재되었다.

35 예를 들어 '노동의 신성성'을 주제로 한 '동민극단(東民劇團)'의 〈노동은 신성〉의 한
  대목은 이와 같다―"우리 프로대중이 피땀을 흘려가며 추운 날이나 더운 날이나 노동하
  는 것은 너의 부르주아의 배를 채우는 것이 아니냐." 이 때문에 이 연극은 도중에 중지되
  었다. 「동민극단 흥행, 경찰돌연금지」, 『조선일보』, 1927.5.18.

해소된 공간"이 되고, 그처럼 "식민-주권의 문제를 해소하는 힘이야말로 명랑성의 정체"라고 할 수 있다.[36] "가상의 세계를 통해 얻어진 과도한 명랑성, 황홀감"[37]은 이미 시작되고 있었다. 다만, 관객-대중이 그같은 '과도한 명랑성'을 자신의 것으로 만들 수 있었을지는 의문이다. 오히려 그 명랑성에 만족해하며 즐겁게 관람하다가 임석경관을 의식하는 순간, 모종의 불편함을 느끼지는 않았을까. 과도한 명랑성은 '우울'에 대한 방어기제의 증거가 아닐까. 이는 1920년대 조선사회의 역동성과 낙관성을 상실한 유한계급의 나르시시즘으로서, '불온한 군중'이었던 그들이 이제 '증류된 우울의 중간계급'으로 교체되고 있음을 보여주는 장면이다. 때는 난센스의 시대였다.[38] 이 시기의 '명랑성'은 곧 '증류된 우울'의 또 다른 표현일 따름이다.

이러한 문명의 감각과 육체의 쾌락 그리고 그 명랑성은 어디서 유래되었을까. 다시 말해, 조선인극장이 종족적 정체성을 가장 고양된 내용으로 보여주었던 바로 그 시기에, 이 초현실적인 명랑성과 문명에의 매혹이 동시에 부상했다는 것은 과연 무엇을 의미하는가. 그것은 다음의 연쇄적인 요인에서 비롯되었을 것이다. 〈아리랑〉의 성공을 통해 '조선적인 것'의 경제적 가치를 확인한 극장주가 그런 종류의 프로그램을 구상했고, 마침 〈몽파리〉가 흥행에 성공하던 차에 조선의 레뷰를 실현할 인재가 나타났으며, 이 과정을 보면서 '명랑성'을 자신들의 흥행전략으로 삼은 극단의 기민한 움직임이 있었다는 것, 그리고 '증류된 우울'을

---

36 김수림, 앞의 글, 144쪽.

37 김철, 「우울한 형/명랑한 동생—중일전쟁기 '신세대 논쟁'의 재독」, 『상허학보』 25, 상허학회, 2009, 171쪽.

38 이 책의 3부 1장 '사상통제의 압력'에서 언급한 바 있다.

해소해줄 만한 콘텐츠를 기대하던 관객-대중이 있었다는 것.

여기서 좀더 나아가 보자. 레뷰나 '행진곡'이 유행하던 1929년에서 1932년까지의 경기도 각본검열현황을 다시 참조하면,[39] 1929년 당시 치안방해에 해당하는 '사회사상'을 담은 공연은 해마다 늘어가는 추세였고, 검열 당국은 그런 종류의 공연을 일체 불허한다는 방침을 취했다. 검열신청 건수는 점차 증가해 1932년에 이르러서는 1929년 건수의 3배를 상회하는데, 그 가운데 검열에 저촉된 것도 있었으나 대부분 개작하는 범위에서 통과되는 형세로 급전急轉했다. 불온 혐의가 있는 공연은 급격히 자취를 감추었던 반면, 가벼운 오락물이 무대를 완전히 장악해갔다. 상황이 이러하다면, 레뷰와 '행진곡'의 약진은 다음과 같이 이해될 수도 있다. 조선인극장은 조선사회에 대한 윤리적 기획을 경제적 가치로 전환하고자 했으나, 이미 그때는 검열체제의 사상통제가 그 실질적인 효과를 거두기 시작한 시점이어서 그 틈새시장을 파고든 것은 바로 레뷰와 '행진곡'이었다는 것. 그 잠시의 유행은 불온한 종족성의 문화물뿐만 아니라 외속의 종족적 전유를 저지하는 검열체제의 디자인이었다. 이 불공정한 경합의 승자는 검열체제였다. 식민지검열이 "시장의 변동 가능성을 규율하는 핵심적인 국가제도"[40]라는 점을 명백히 드러내는 대목이다.

---

39 이는 3부 1장에서 제시된 〈표 14〉를 참조하라.
40 한기형, 『식민지 문역』, 성균관대 출판부, 2019, 85쪽.

4. 난센스 시대의 풍속 스캔들

1933년 6월 15일, 극단 '신무대' 배우 12명이 종로경찰서에 검속되었다. 이들이 받은 혐의는 14일 밤 단성사에서 올린 연극 한 편이 풍기를 문란케 했다는 것. '신무대'는 그날 하기특별공연을 시작했는데, 인정극 〈황금광소곡〉, 희극 〈쌍부부〉, 애욕극 〈선구자시대〉 등 3편을 준비했다. 〈황금광소곡〉(南風月 작)[41]이 문제였다. 즉각 흥행이 금지되고, 9명의 배우는 최고 벌금 15원에서부터 최하 과료 10원의 즉결처분을 받았다. "야비한 행동" 혹은 "야비한 취미"로 지적된 장면은 이랬다.

> 무대는 캄캄한 한길 저쪽에 창문이 보이고 그 창문을 통하여 실내가 엿보이게 장치되었는데 한길에서 청년과 처녀는 정조 매매의 약속을 하고 함께 방 안으로 들어간다. 그 속에서 두 남녀가 옷을 벗는 광경을 광선으로 효과를 내고는 방안의 불을 끈 다음 어두운 속에서 처녀가 괴상한 소리까지 질렀다는 것이다.[42]

임석경관이 목격했다는 이 장면은 어김없이 성매매 현장이다. 그런데 어떻게 된 일일까? 〈황금광소곡〉 원작의 극중 상황은 이런 것이 아니다. 원작희곡은 이미 1932년 12월 『신동아』에 발표된 것이다.[43] 자본가계급의 추악한 금욕과 성적 부도덕함을 비판한 희곡으로, 당시로

---

41 작자 '남풍월'은 작사가로 더 많이 알려진 김능인(金陵人, 본명 昇應順)의 다른 이름이다.
42 「출연 중의 배우 9명, '풍속괴란'의 벌금, 문제의 각본은 상연을 금지명령」, 『조선일보』, 1933.6.17. 기타 관련 기사는 「신무대원 검거」, 『조선일보』, 1933.6.16; 「신무대 배우에 과료형 처벌」, 『동아일보』, 1933.6.17.
43 그 이듬해 1월 중국 遼寧省 撫順에서 무순동우회 주최로 상연되기도 했다. 「무순 거류동포의 위안 극의 밤」, 『동아일보』, 1933.2.1.

는 매우 이채로운 극작술이라 할 수 있는 '꿈'을 무대화함으로써 그의 죄상과 이에 대한 불안의식을 표현해냈다. 무엇보다, '풍속괴란'과도 관련된 가장 충격적인 설정은 근친상간이다. 자본가 헌중은 모친의 병원비가 필요한 카페 여급 은자의 처녀성을 백 원에 주고 샀는데, 은자가 바로 자신의 이복 여동생이다. 그는 비록 이 사실을 몰랐지만, 그의 육욕은 (꿈에 나타난) 그의 본처가 자신의 딸에게조차 음탕한 충동을 느끼지 않느냐고 비난할 만큼 대단한 것이었다. 결국, 이복 여동생 은자가 그를 권총으로 쏴 죽이고 자신도 자살하는 것으로 끝난다. 풍속괴란으로 지목된 그 장면은 바로 '한길'이 아닌 '헌중의 집'에서 일어나며, 은자가 헌중이 이복오빠라는 사실을 알고 있음에도 돈 때문에 몸을 팔아야 하는 대목이다. 임석경관의 전언을 읽고 떠올린 것과는 판이하다. 다음은 원작의 그 장면이다.

  은자   (기계와 같이 따라 일어나며 울 듯한 목소리로) 아이! 어찌하나?
        어찌하나?

  헌중   공연히 어린애처럼 그러지 말고 어서 침실로 들어가자!
        (헌중) 은자를 끌고 침실로 퇴장. 전등을 끈다. 무대 암흑. 은자의 훌쩍훌쩍 우는 소
  리 들린다. 그리고 다시 정적.

만약 원작 그대로 검열을 신청했다면, 이 각본은 검열에 통과되지 못했을 것이다. 이 내용은 지면에는 실을 수 있어도 공연될 수 없는데, '근친상간'이라는, '풍속을 문란케 하는' 설정과 함께 그 현장을 묘사하기 때문이다. 경기도 경찰부의 발표에 의하면 검열본과 실제 흥행이 달

라 풍속을 괴란했다는 것인데, 이런 이유로 9명이나 되는 배우들이 벌금과 과료 처분을 받은 것은 매우 이례적이다. 알려진 것보다 사안의 상황적 중요성이 있을 수 있다.

짐작건대, 이는 1933년 시점의 경성 시장과 관계되어 있다. 이때의 흥행시장은 오락장이라는 본연의 성격으로 승승장구했다. 1920년대 중후반에 활력을 띠었던 프로-소인극이 합법 공간에서 사라지는 등 불온한 공연은 이미 설 자리가 없어진 상태였다. 1930년을 전후로 한 조선인극장의 다채로운 프로그램은 일종의 경합이기도 했는데, 이 경합의 승자는 당자들이 아닌 검열 당국이었다. 이즈음이 되면, 검열신청 각본 대부분이 허가될 만한 것이었고, 그 내용 또한 난센스로 채워지고 있었다. 게다가 발성영화의 상영은 중요한 전환적 계기였다. "무성영화 상영이 여러 인간적이고 우연적인 계기들이 작용하여 하나의 필름을 복수의 텍스트로 생산하는 실천이었던 반면, 발성영화는 관객과 상영 주체들 간의 커뮤니케이션과 상영공간의 맥락을 약화시켰다."[44] 물론 토키 시스템을 갖추지 못한 대부분 지역에서는 여전히 흥행공간의 맥락에 따라 불온한 변수가 잠재되어 있었지만, 이 시기 경성에서는 향후 모는 극상이 넓아갈 행로를 선취하고 있었다. 극장은 안전지대였고, '신무대'도 그저 상업극을 해오던 '안전한' 단체였다.

검열관이 직무 태만할 만한 상황이었으나 '신무대'가 검열용 각본을 별도로 준비했다면, 여기에는 다소의 모험을 해볼 만하다는 상황 판단이 있었음을 의미한다. 아마도 근친상간의 설정은 삭제해야 했을 것이

---

44 이화진, 「식민지 조선의 극장과 '소리'의 문화정치」, 연세대 박사논문, 2011, 72쪽.

고, 그렇게 하여 검열에 통과되면 원작을 '복원'하고 좀더 표현의 수위를 높이거나, 아니면 근친상간 설정은 포기하되 표현의 수위를 높여도 될 것이라는 상황 판단, 더 나아가 설혹 불미스러운 일이 일어난다고 해도 노이즈 마케팅 효과를 얻을 수도 있다고 생각했는지도 모른다. 이러한 시도는 당시 신문들이 종종 보도하고 있었듯이 에로영화의 쇄도가 그 참조되었을 수도 있다.

여기서, 그때까지 '성적인 것'과 관계된 풍속괴란 사건이 '극장 안'에서는 거의 일어나지 않은 일이었음을 떠올려보자. 치안 문제와 달리, 풍속의 영역은 취체의 주체와 대상 간에 공유할 수 있는 합의의 유연성이 있었고, 문제가 발생해도 사전검열에서 이를 충분히 제어할 수 있었다. 풍속검열의 비중이 높았던 외화의 경우, 외속의 표현들 — 이를테면 포옹과 키스와 같은 애정표현 — 은 필름의 절제를 통해서 관리될 수 있었다.[45] 물론 〈황금광소곡〉과 같은 공연물은 마음만 먹으면 언제든지 돌발적인 상황을 연출해낼 수 있었지만, 배우들도 불편했을 그런 표현을 무리수까지 두면서 할 필요는 없었다. 그런데 바로 그러한 일이 일어난 것이다. 비록 그 이후에도 〈황금광소곡〉과 같은 사례를 발견하기 어렵고 대체로 '치안'이 큰 비중을 차지했지만, 뭔가 석연치 않은 이 스캔들은 통계로 잡히지 않는 어떤 변화를 예고한다고 할 수 있다.[46] 이 스캔들은 그런 점에서 흥행시장에 대한 관리

---

45 1926.8.1~1936.3.31. 이 시기에 절제처분을 받은 것의 70%가 외화의 풍속방해 사례였다. 이화진, 「식민지기 영화 검열의 전개와 지향」, 『한국문화연구』 35, 동국대 한국문학연구소, 2008, 433쪽.

46 권명아는 『조선총독부 금지 단행본 목록』을 근거로 1928~1941년 동안 행정처분된 간행물 권수에서 풍속괴란에 관한 것이 10%에 불과하지만, 통계만으로 정확한 판단을 내리기 어렵다고 주장한 바 있다. 영업에 대한 취체나 일제단속 등 풍속통제와 병행되어 이뤄지는 특성상, 그 추세를 함께 고찰해야 한다고 말한다. 권명아, 「풍속 통제와

체계가 재조정되고 있음을 시사한다.

생각해보면, 검열자의 '표적'과 피검열자의 '욕망'은 거울관계일 수 있다. 통제와 억압의 강도가 클수록 그 표적에 대한 피검열자의 욕망은 커지게 마련이다. 검열 당국이 사상통제에 역점을 둘수록, 피검열자는 사상의 자유를 더 강하게 욕망할 수밖에 없다. 그러나 이 관계는 반대의 경로도 따른다. 피검열자의 욕망은 검열자의 표적을 결정하기도 한다. 1910년대 무단정치의 비효율성을 인식한 조선총독부가 문화정치로 선회한 것도 이 욕망을 파악하고 이에 대한 통제를 수행하기 위함이었다.[47] 이 관점에서 달리 말하면 검열 당국이 사상통제에 역점을 둔다는 것은 제국/식민지의 관계가 안정적인 궤도에 오르지 않았음을 의미한다. 흥행의 영역에서 그것은 1930년대 초반까지였으며, 1930년을 전후로 한 흥행시장의 변동은 검열체제와의 마지막 경합이었다. 레뷰와 '행진곡'의 소임은 바로 그 경합의 대리전을 치르는 데 있었던 셈이다. 이후로 공안방해로 저촉되는 검열사례가 현저히 줄어든 것은, 곧 검열 당국이 식민통치에 대한 자신감을 확보했다는 것을 의미한다. 그리하여 피검열자의 욕망을 자극하는 검열자의 표적은 바뀔 수 있었던 것이고, 그것은 바로 '풍속'이었다.

풍속의 경우 일반적으로 "새로운 문화유형 및 습속과 오래된 문화 및 습속과의 충돌·갈등·경쟁 관계와 관련"[48]되어 있어서, 이를 둘러

일상에 대한 국가 관리」, 『민족문학사연구』 33, 민족문학사학회, 2007, 385~388쪽.
47 박헌호는 식민권력이 언론매체의 발간을 허용한 중요한 이유로 식민통치의 효율성을 꼽았는데, 민간지는 "수면 아래 있어 파악할 수 없었던 민심과 지식인의 동향을 수면 위"로 끌어올리는 데 효과적이었기 때문이다. 그런 후에서야 사상통제가 가능했기 때문이다. 박헌호, 「'문화정치'기 신문의 위상과 反-검열의 내적 논리」, 『대동문화연구』 50, 성균관대 대동문화연구원, 2005, 205~212쪽.

싼 경합과 갈등은 각각의 이념과 이해관계에 따라 달라질 수밖에 없는 복잡성을 띤다. 그렇기에 검열 당국의 풍속통제는 더 용이한 면이 없지 않았다. 특히 흥행은 공중을 대상으로 한 상업적 기대가 높은 영역이어서, 역사적으로 누적되어온 공통의 감각을 좀처럼 위반하지 않았다. 그러나 극장에서 더는 불온한 얼굴을 드러낼 수 없도록 한, 그리하여 레뷰나 '행진곡'을 생산했던 검열체제는, 그 성공뿐만 아니라 그 반작용과도 맞닥뜨려야 했다. 검열이 흥행시장을 규율하는 제도의 핵심이지만, 시장 경영은 그 주도 세력에 위임한 상황이었고 조선인극장의 존재도 그래서 가능했다. 시장 논리에 따른 관객-대중의 정치적 선택임이 분명한, 일본제국에 대한 문화적 부인이라 할 수 있는 외화시장은, 다른 문화물 생산의 가능성이 봉쇄된 채 더욱 커질 수밖에 없었다.

이 결과를 조선총독부가 원한 것은 아니었다. 외화의 소비는 조선인을 일본에 동화하는 데 걸림돌이 되었고, 마침 1931년에 만주사변을 일으킨 상황에서 조선은 전시체제에 효과적으로 동원될 수 있도록 재편되어야 했다. 게다가 국제연맹이 만주침공을 공식적으로 비난하자, 1933년 3월 일본은 연맹을 탈퇴하고 국제적으로 조성된 반일무드에 대응해야 했다.[49] 이러한 맥락에서 외화를 통제하는 동시에 일본영화의 영향력을 강화하는 정책이 요구되었고, 이는 조선총독부가 시장의 구조에 좀더 직접적으로 개입하는 것으로 드러났다. 이 결과가 바로 「활동사진영화취체규칙」(1934)의 시행이다. 당국이 발표한 외화통제방침은 외화와 일본영화의

---

48 권명아, 앞의 글, 375쪽.
49 유선영, 「황색식민지의 서양영화 관람과 소비의 정치, 1934~1942」, 『언론과 사회』 13-2, 사단법인 언론과사회, 2005, 8쪽.

비율을 1934년 9월부터 1935년 1월까지는 3 : 1, 1936년에는 2 : 1, 1937년에는 1 : 1로 조정해가는 것이 골자였다. 외화통제방침은 일본의 흥행자본이 본격적으로 유입되어 흥행시장에 지각변동을 일으키는 신호였다.

〈황금광소곡〉 풍속괴란 사건은 바로 그 도정에서 벌어진 일이다. 이 사건은 두 가지의 상황적 의미를 지닌다. 하나는 '성'에 대한 그와 같은 대담한 표현이 치안검열의 비중이 감소하는 상황에서 비로소 이뤄졌다는 것이며, 다른 하나는 바로 이때가 외화통제의 필요성이 대두되는 시점이었다는 사실이다. 이는 통계수치로만 환산되지 않는 변화, 즉 풍속검열이 새삼 중요하게 떠오른 표지로 이해될 수 있다. 〈황금광소곡〉이라는 무대 그리고 이에 대한 검열 당국의 취체는, 1930년대 초중반 흥행시장의 동태와 당국의 정책적 변화를 보여주는 우연적 연쇄이다. 흥행시장에서 외화 비중이 절대적이었던 만큼, 검열 당국의 의중은 외화통제에 있었음이 분명하지만, 이 연극이 취체 대상으로 '걸려든' 것은 과히 나쁘지 않았을 것이다. 필름검열 시작 이래로, 외화의 풍속괴란은 관객에게 공개되기 이전에 이미 절제 처분으로 '끝낼' 수 있기에 일벌백계의 표적으로는 적절치 않았지만, 연극의 풍속괴란은 '사전검열에도 불구하고 현장에서 발생할 수 있다'는 알리바이를 제공했기 때문이다. 이렇게 하여 외화통제의 명분을 전시하고, 계속해서 '검열망에 걸린 영화의 풍속괴란'[50]을 유포함으로써 「활동사진영화취체규칙」의 공포를 예비한 것이다. 이제 검열체제는 흥행시장을 재구조화함으로써 더욱 효과적으로 관리할 수 있는 단계로 들어선 것이다.

---

50 「검열망에 걸린 영화 풍속괴란이 점증」, 『동아일보』, 1934.5.16.

5. 금지된 아카이브의 유령들

▼독자　아리랑 아리랑 아라리요 아리랑고개로 넘어간다 하는 아리랑고
　　　개가 무엇이며 어디 있습니까? (江界 一讀者)

▽기자　아리랑고개란 아리랑고개겠지요. 고개 이름 아니오? 五萬分 地圖
　　　에도 없는 고개니 어디 있는지 알 수 없습니다. (忙中閑)

　　　　　　　　　　　　　　　　　—「응접실」, 『동아일보』, 1936.4.23

　조선총독부의 '문화정치'는 피식민 주민의 억압된 욕망을 수면 위로
끌어올려 사상통제를 위한 데이터와 체계를 구축했고, 그 용의주도한 전
략은 대부분 성공한 것으로 보였다. 검열의 표적을 정책적 필요에 따라
탄력적으로 운용했으며, '숨은 손'을 통해 관객-대중의 소비 패턴을 정향
화했다. 텍스트를 초과하는 불온한 잉여의 기류가 종족공간에서 생성된
다고 해도, 이를 치안 유지를 위해 허용된 종족적 게토에서 일어날 수 있는
약간의 '소란' 정도로 간주하는 듯했다. 불온한 기류가 증폭된 한때가 없
지는 않았으나, 흥행시장의 주류는 영화였으며, 조선인극장에서 그것은
바로 외화였다. 외화가 피식민자의 현실을 환기한 적이 있다고 해도, 외화
에 담긴 풍속의 소비는 대체로 관객의 사사로운 즉자적인 욕망과 종족적
윤리 사이에서 분열적으로 이뤄지고 있었다. 1929년부터 몇 년간 집중적
으로 유행한 레뷰와 '행진곡'은 외화의 공연예술 버전이라 할 만한데, 그
잠시의 유행은 불온한 종족성의 문화물뿐만 아니라 외속의 종족적 전유
를 저지하는 검열체제의 디자인이었다. 이 불공정한 경합의 승자는 검열
체제였다. 이제 검열의 표적은 치안에서 풍속으로 이동한 듯이 보였는데,

정확히 말하자면 이는 흥행시장에 대한 국가의 직접적인 개입을 구조적인 차원에서 재조정하는 단계에 들어선 것임을 의미한다. 〈황금광소곡〉의 풍속괴란 스캔들은 말하자면 그 전조였던 셈이다.

흥행시장은 시간이 가면 갈수록 활기를 띠어갔다. 중일전쟁이 발발한 이후에도 관객의 증가 추세는 꺾이지 않았으며, 입장세 부과라는 초유의 상황이 있어도 극장은 변함없는 성장세를 보였다. 그러나 이는 식민권력과 흥행업자의 공조가 흥행시장의 규모를 조율하면서 비롯된 결과였다. 이 과정은 1934년 이후 본격화된 일본 흥행자본의 유입과 메이저 영화사의 진출이 식민지 조선 흥행시장의 판도를 바꾸어가는 과정이기도 했다. 영화가 중심이었으되 제작보다는 상영과 배급이 시장의 핵심을 이루었고, 공연예술은 시장의 변두리나 외곽으로 밀려났으며, 식민지 조선으로 상품을 팔러오는 이들은 있었으나 그 역逆은 성립하지 못하는 시스템으로 구축되어갔다.

이렇게 식민지 조선의 흥행시장이 검열체제에 의해 주조되면서 기형적으로 성장하고 있었지만, 이 관계는 결코 매끄럽게 매조지될 수 있는 것이 아니었다. 게토의 영역에서, 혹은 입에서 입으로 전해지는 구술문화에서, 〈아리랑〉은 식민지의 신화를 만들어내고 있었다. 이를 한기형의 '문역文域'[51]의 용법을 빌어 표현하자면, 〈아리랑〉은 '영역映域'을 넘어서지는 못하지만 수용의 맥락에서는 '영역'을 초과하는 잉여를 만들어내고 있었다. 또한 '조선적인 우울과 분노'로 구성되었을 그 신화는 수많은

---

[51] '문역'이란 각 '법역'에서 허용되는 서술 가능성의 임계를 의미하며, 검열 과정과 그 결과를 구현한 것이라는 점에서 '법역'의 메타표상이다. 이 개념은 한 국가 내부에서 시행되는 법률의 지역 간 차이가 만들어내는 표현력의 상대적 편차를 설명하기 위해 고안된 것이다. 자세한 내용은 한기형, 『식민지 문역』, 성균관대 출판부, 68~81쪽을 참조하라.

'아리랑'을 만들어냈으며, 심지어 카페나 살롱의 이름으로까지 등장하여 그 소구력을 증명해 보였다. 이 신화에는 당시의 산업기반과 구조의 저열함이 자리하고 있었다. 비동일성과 비동시성이라는 조건은 메아리처럼 〈아리랑〉을 울려 퍼지게 하였다. 요컨대 영리한 검열체제와 병약한 흥행시장은 '아리랑'의 신화화라는 뜻밖의 결과를 만들어낸 것이다.

하지만 이 상징투쟁은, 근원적으로는 식민지검열의 법역이 소멸될 시간의 도래, 그리하여 표현의 임계가 사라질 시간의 도래가 계속 '지연'됨으로써 성립될 수 있었다. 흥행시장이 점점 진화하는 듯이 보여도, 그 시장의 소유가 피식민자의 것이 될 수 없었던 것처럼, 관객-대중의 시간도 1926년에 정지되어 있었다. 더욱이 '아리랑'의 효과가 미치지 않은 곳이 없을 만큼 뚜렷했지만, 지도地圖 어느 곳에서도 '아리랑고개'를 찾을 수 없다는 것, 그것은 곧 현실에서는 실체화될 수 없는 유령의 운명을 지니는 것임을 암시한다. 이 유령의 정체는 "'지금 여기'가 아니라 미래의 어느 지점인 '거기'"에 가닿아 있는 근대적인 시간의식에 의해 구성된 것이며, 그리하여 '아리랑고개'는 "부재하는 개인적·집단적 가치를 기억·상상하고 추구하는 시·공간으로 새롭게 발견된 것"으로 존재하게 된 것이다.[52] 따라서 법역 안에서 유통된 〈아리랑〉은, 수용 맥락 안에서만 그 '영역'을 넘어설 뿐 '조선적인 우울과 분노'가 누구/무엇과 관계되는지는 관객-대중 간에도 좀처럼 교환되지 못한다. 바로 그러한 것들 모두가 서로의 정체를 확인할 수 없는 상태에서 금지된 아카이브에 저장되었다. 후일 〈아리랑〉에 대한 기억들, 혹은 리메이크된 영화들이 '복원'

---

52 정우택, 「아리랑 노래의 정전화 연구」, 『대동문화연구』 57, 성균관대 대동문화연구원, 2007, 301~307쪽.

한 것은 금지된 아카이브에 은밀히 보관해두었던 '비공식적인 해석'이라 믿어 의심치 않았던 '진실'이다. 이 진실은 '비공식적인 해석들'의 최대공약수가 될 터이며, 그것은 필연적으로 식민지 경험에서 유래된 것이 분명한 '민족'으로 귀착된다.

그러나 금지된 아카이브에 보관된 또 다른 두 가지, '사상'과 '성性'은 그 사정이 달랐다. 사실, 검열체제의 주된 표적이었던 불온한 사상은 흥행시장에서 중심이 되어 본 적이 없다. 좌파-연극/영화 인사들의 시도가 없지는 않았으나, 합법적이고 공식적인 흥행시장에서 좌파 예술은 존속할 수 없거나 아니면 엘리트의 '결여된' 예술적 실천으로 유인되어야 했다. 오히려 그 불온함의 투명성은 시장 '밖'에서 생성되었으니, 그것은 바로 프로-소인극이었으나 이조차 이내 비합법 영역으로 감추어졌다. 이처럼 검열체제는 흥행시장 '안'에서는 '결여'를 통해서만 존재증명을 할 수 있지만, 그 '밖'에서는 좌파 이념을 투명하게 표현할 수 있다는, 이원화된 경험 인식을 초래했다. 이러한 분열 자체는 좌파 예술의 위상을 결정지었다. 아마도 최대공약수로 '민족'을 택한 우파 예술인에게 있어, 좌파 예술은 '비非-예술'이거나 '반反-예술'이었을 따름이다.

풍속검열에서 중심적 지위를 지니는 '성' 또한 '사상'의 영역과 마찬가지로 절제切除의 대상이었던 만큼 흥행시장에서 그 모습을 드러낼 수 없었다. 공중에게 제공되는 흥행물의 특성상 성적인 표현은 그야말로 풍속을 문란케 하는 검열의 주요 표적이었기 때문이지만, 관객-대중 자신들도 사사로운 흥미가 없지는 않아도 '함께 구경해야 할' 대상으로 삼지는 않았다. 이수입 출판물에서 풍속괴란 처분이 현저한 것은, 성에 대한 표현 욕구가 일정한 수준에서 발생했음을 보여주지만 동시에 그 욕구란 어디까지나 은밀한 영역에서 이뤄져야 했음을 의미한다. 따라서 '성적인 것'은 공공公共의 선善을 명분으로 택한 이들 모두로부터 억압되어야 했다. 따라서 검열 당국은 풍속검열에 관한 한 훨씬 더 분명한 명분을 갖고 있었으며, '성'은 사상보다 더 오랫동안 금지된 아카이브에 갇혀 있어야 했다.

요컨대, 흥행시장의 병리적인 구조는 시장 '안'의 현상만을 가지고 온전히 파악될 수 없다. 그 병리성은 기본적으로 검열체제와 그 상위에 있는 정책적 입장 속에서 조성된 것이고, 바로 그 과정이 합법적인 영역에서 추방되었으나 금지된 아카이브에 보관되어 수시로 출몰하는 유령을 만들어냈기 때문이다. 물론 그 각각의 지위는 달랐다. 수용 맥락에서 '영역映域'을 초과함으로써 유령이 된 '아리랑'은, 법역 안에 놓여 있었기에 그 대중적인 반향이 크고 견고할 수밖에 없었다. '비공식적 해석'의 최대공약수가 '민족' 혹은 '저항'으로 수렴될 수 있었던 것이 바로 그 증거로서, 텍스트가 환기하는 민족의 종차 즉 계급관계는 조선/일본이라는 종족 간 계급으로 성급하게 해소되었다. 반면, 좌파 이념은 처음부터 시장 '밖'이나 비합법 공간에 존재해야 했던 조건에서 '비-예술'이거나 '반-예술'이라는 프레임으로부터 결코 자유로울 수 없는 운명을 지니게 되었으며, '성적인 것'은 인간의 저속한 흥미를 이용한 상업적 전략의 표상으로 제한됨으로써 이것이 잠재하고 있는 다른 가능성이 억압되어야 했다. 이 양상을 종합하면, 검열체제가 '사상'이나 '성'보다는 '종족적인 것'에 관해 좀더 관용적이거나 탄력적이었음이 드러난다. 식민지 경영 차원에서 조선인극장의 유효성을 인정한 데에서도 확인되듯이, '조선적인 것'의 출구는 전략적 차원에서 필요했기 때문이다.

마지막으로, 그 병리성은 꽤 오랫동안 지속했으며 그 발병發病이 식민지 시대가 끝나면서 시작했다는 점을 말해두고 싶다. 이 글을 쓰는 동안, 불가피하게 해방 직후 미군정기와 1980년대 후반에서 1990년대 초반의 상황을 떠올려야만 했는데, 각각의 시기가 바로 금지된 아카이브의 빗장이 활짝 열렸던 시기였기 때문이다. 금지된 아카이브의 목록이 다소 달랐지만, 한 가지 분명한 것은 식민의 경험으로부터 유전된 병리적 구조가 계속해서 변이되거나 버전-업$^{version-up}$되면서 매우 끈질기게 오랫동안 지속했다는 점이다. 그러나 동시에 그 불균형과 비대칭성, 혹은 불안정성은 흥행의 역사를 역동적인 것으로 만들었다는 점에서, 흥미롭기도 하다. '발병'이란 질병의 원인이 드러나는 순간이기도 하지만, 자기 치유의 에너지가 활동하는 순간이기도 하다는 점에서 그 역동성을 다시 바라볼 필요가 있을 것이다.

제5장
국민연극의 단층

―――――――

이제 마지막 단계가 남아 있다. 공연예술의 식민지검열은 전시통제를 거치면서 또 하나의 변곡점을 그린다. 다른 예술 분야도 마찬가지겠지만 식민지 시기 연극에서 '일본'을 말한다는 것은 쉬운 일이 아니다. 그것은 전체에 관여하는 불가분의 권력이면서, 좀처럼 뚜렷이 묘사되지는 않는 흔적으로 그 존재를 드러내는 부재의 기호이기 때문이다. 다소 모호해도 권력의 편재성을 나타내는 '식민권력'이란 용어를 사용하는 나름의 이유일 것이다. 그렇기에 식민권력의 규정력은 일반적으로 모든 논의의 출발점인 동시에 귀결점이 되는 자명한 대전제가 된다. 아마도 그 단적인 예로 국민연극을 떠올릴 수 있겠지만, 결정적인 차이가 있으니 전시기의 연극에서 '일본'은 이제 부재의 기호가 아니라 명백히 가시화된 권력이 되기 때문이다. 이전에는 비가시화된 언어의 틈새에서 모종의 상상력과 비공식적 해석을 증폭시킬 수 있었다면, 전시기에는 그럴 만한 틈이나 외부가 없는 듯했다.

후일 연극인들이 1940년대 전반기가 암흑기일 따름이었지만 그나마 '기술'을 얻을 수 있었다고, 약간의 자부심과 함께 자위적으로 회고한 것도 그런 차원에서 이해될 수 있다. 이런 사정은 후대 연구에서도 반복되었다.[1] 국민연극은 이전 시기와 확연히 달라진 정책하에서 조성된 것이고,[2] 국민연극을 '정치의 시화詩化'로 표현한 유치진은 그 정책을 정확하게 이해하고 있었다.[3] 국민연극이 일본제국주의의 정책적 입장에 얼마나 상응하는지 연구 초기부터 주력해 온 데에는 나름의 이유가 있었다.

과연 그럴까. 국민연극의 동일성이 의문시되기 시작했다. 국민연극(론)의 대두가 일제의 일방적인 강제에 의해서가 아니라 신극인 내부에서 먼저 촉발되었다는 연구는 국민연극을 다시 논할 수 있는 출발점이 되었다.[4] 이에 따라 일제 말기의 연극은 연극사적 지속성이라는 차원에서 적극적으로 운위되었고, 특히 포스트식민주의 시각이 확보되면서 텍스트가 생산해낸 식민담론의 효과와 그 양가성에 무게를 실은 논의가 제출되었다.[5] 무엇보다도 주목할 만한 성과는 ─ 단일체로 상상되어온 ─

1 이미원은 그간 연구사에서 누락된 여러 편의 친일극을 소개하면서, 국민연극이 치욕의 역사임은 분명하지만 교량적 역할, 기획력, 장막극의 활성화, 극작술의 발전, 구성기개이 흥미를 유지한 목적극이었다는 점 등을 그 부차적인 의의로 거론했다. 이미원, 『한국근대극연구』, 현대미학사, 1994, 370~372쪽.
2 박영정, 「일제하 연극통제정책과 친일연극인」, 『역사비평』, 역사문제연구소, 1993; 김재석, 「국민연극 시기 '조선연극문화협회' 연구」, 『어문논총』 40, 한국문학언어학회, 2004 참조.
3 유치진, 「연극시평─원칙적인 것과 구체적인 것」, 『조광』, 1941.6.
4 김재석, 「국민연극론의 성격에 대한 소고」, 『문학과 언어』 22, 경북대 문학과 언어연구회, 1990; 양승국, 「1940년대 국민연극론 연구」, 『한국극예술연구』 6, 한국극예술학회, 1996; 박영정, 「일제말 '국민연극'의 형성 과정 연구」, 『건국어문학』 23 · 24 합집, 1999.
5 박노현, 「조선의 지속을 상상하는 연극적 리소르지멘토」, 『한국극예술연구』 21, 한국극예술학회, 2005; 이상우, 「표상으로서의 망국사 이야기」, 『한국극예술연구』 25, 한국극예술학회, 2007; 이상우, 「심상지리로서의 대동아(大東亞)」, 『한국극예술연구』 27, 한국극예술학회, 2008; 전지니, 「국민연극의 이중성 연구─체제 동조와 비판을 중심으로」, 이화여대 석사논문, 2008.

국민연극의 스펙트럼이 펼쳐지기 시작했다는 점이며,[6] 그 가운데 양승국의 연구는 국민연극 연구의 새로운 전환점을 마련했다.[7] 이 연구의 가장 큰 성과는, 국민연극이 1940년대 전반기의 알파와 오메가가 아니라 '일부'일 뿐이며 '실패한 기획'임을 논증함으로써 그 위상을 객관화했다는 데 있다. 그에 의하면, 실제로 다수의 극작가에게 국민연극은 "대중극 창작의 자격 유지를 위한 방편적 행위"였으며, 실제로 국민연극의 이념에 부합하는 단계에 이르지 못했다. 이는 1940년대 전반기를 이른바 '암흑기'로 일축해 온 역사에 대한 다시 읽기이며,[8] 나 역시 그에 전적으로 동감한다.

국민연극이라는 지도이념은 그것이 전일적인 규범을 요구했더라도 그에 상응하는 결과를 낳았다고 확언할 수 없다.[9] 국민연극에 대해 단일한 상(像)을 가정하는 것은, 그 '이론'을 주창한 담론의 자장에서 텍스트 간의 차이를 해소하거나 극예술연구회 계보의 연극사 인식[10]을 재연

6　김재석에 의하면, 유치진은 "일본의 정책을 확고하게 따르는 적극적이고 낙관적인 주동인물을 통해", 함세덕은 "피해자형 주동인물의 변화를 통해" 계몽·선전을 하고 있다는 점에서 차이를 보이며, 이는 함세덕이 "친일에 대한 의지로 가득 찬 주동인물을 제대로 형상화해내지 못할 만큼 친일에 대한 자기 확신이 없었던 것"으로 이해된다. 뿐만 아니라 〈마을은 쾌청〉이 친일극의 외양을 갖추고 있으나 계몽·선전극으로서 공연의 의미가 축소된 점에 주목하면서, 이 희곡이 "친일극에 대한 의도적 거부"로 독해될 수 있으며 〈황해〉의 세계를 떠나고자 하는 함세덕의 내면이었다고 제시한다. 김재석, 「함세덕 친일극의 성격과 작가적 의미」, 『어문논총』 37, 경북어문학회, 2002, 92~96쪽.

7　양승국, 「일제 말기 국민연극의 존재형식과 공연구조」, 『한국현대문학연구』 23, 한국현대문학회, 2007.

8　양승국은 다음의 논문들로 논의를 심화시켰다. 「일제 말기 국민연극의 구조와 미학의 층위」, 『예술논문집』 46, 대한민국예술원, 2007; 「일제 말기 국민연극에 담긴 순응과 저항의 이중성─임선규의 〈빙화〉를 중심으로」, 『공연문화연구』 16, 한국공연문화학회, 2008.

9　국민연극 수립의 여의치 않음은 이 책의 1부 4장 '전시의 동원 시스템'에서 논한 바 있다.

10　이에 대해서는 몇 편의 논문을 통해 의견을 밝힌 바 있다. 「해방기 우파 연극의 헤게모니 획득 과정 연구」, 『한국극예술연구』 21, 한국극예술학회, 2005; 「극예술연구회의 성

하는 것일 따름이다. 그런 선입견을 접고 텍스트를 다시 들여다보면, '국민연극의 도래'라는 지각변동이 어떤 단층을 만들어냈는지 발견할 수 있다. 여기에 임선규와 박영호라는, 당대에 관객-대중을 휘어잡았던 두 작가의 국민연극을 들여다보려 한다.

1. 임선규의 '역사'

1) 숨은 전략

임선규林仙圭(1912~?)의 국민연극은 그 단층을 가장 분명히 드러낸다. 선행연구가 그의 희곡에서 '순응과 저항의 이중성' 혹은 '확신과 회의의 이중구조'를 읽어냈듯이,[11] 임선규의 텍스트에는 여타 작가에서는 좀처럼 발견되지 않는 불온함이 파편적으로 발견된다. 양승국은 〈빙화〉에서 대중성과 저항성의 이원구조가 "작가의 치밀한 계산에서 비롯된 극작술인지, 아니면 대중성을 강조하다가 무의식적으로 끼어든 우연의 산물인지 알 수 없다"[12]며 다소 조심스러운 해석을 내렸지만, 〈빙화〉를 비롯해 이 시기의 임선규 연극에는 확실히 '전략'을 논할 만한 문제성이 발견된다.[13] 포스트식민주의 영향 아래 진행된 연구는 대체로

립」,『한국극예술연구』25, 한국극예술학회, 2007.4; 「식민지시대 연극의 검열과 통속의 정치」,『대동문화연구』59, 성균관대 대동문화연구원, 2007, 477~478쪽.

11 양승국, 「일제 말기 국민연극에 담긴 순응과 저항의 이중성 – 임선규의 〈빙화〉를 중심으로」,『공연문화연구』16, 한국공연문화학회, 2008; 전지니, 앞의 글.

12 양승국, 위의 글, 202쪽.

13 김옥란도 임선규의 문제성을 주시했지만, 그것은 일제 말기 민족주의자의 전향 과정을 일상적・사적 차원에서 형상화했다는 것이어서, 결국 국민연극에 대한 고전적인 시각과

그 문제성을 식민담론의 양가성이라는 틀 안에 가둬 왔다. 그러나 매우 치밀하게 준비된 책략이라고까지는 말할 수 없지만, 그의 연극에는 국민연극의 단층을 가장 급진적으로 보여줄 만한 극작술이 발견된다. 모종의 '의도'가 숨겨진 전략이라고 해야 할까.

다른 문제도 있다. 식민권력의 규범이 최대한도로 확장된 그 시기에, 단층의 가능성이 '임선규'라는 작가에게서 발견된다는 것은 다소 의아한 일이다. 임선규는 강경상업학교(1927~1931)를 졸업한 직후 '조선연극사朝鮮硏劇舍'로 연극을 시작한 이래 '연극시장'·동양극장·'아랑'을 대표하는 대중극 작가였다.[14] 그런 그에게, '불온한 전략'은 어울리지 않는 옷을 입히는 것으로까지 보인다. 대중극 작가가 신극인보다 국민연극 이념에 더 적극적이었다는 관점을 참고하면,[15] 더 그렇게 보일 법하다. 따라서 그 전략의 동인을 밝히는 것 또한 국민연극의 단층을 규명하는 중요한 경로가 될 것이다.

이 논의는 간단히 말해서 두 가지의 질문에 기초하고 있다. 첫째 임선규의 전략은 어떤 것인가, 둘째 그 전략의 동인은 무엇인가. 아마도 그 해법은 서로 교차하는 시간성, 즉 현재(1940년대 전반기)에 결부해 있는 전사前史의 수행성을 염두에 둘 때 마련될 수 있을 것이다. 시간은 그저 흘러가는 것이 아니라, 인식과 감정의 구조에 충격을 가하며 그로부터 일정한 상상력과 정치적 선택을 만들어내는 운동이다. 비록 일제 말기

다르지 않은 셈이다. 김옥란, 「임선규 국민연극의 문제성―「빙화」와 「새벽길」을 중심으로」, 『민족문학사연구』 37, 민족문학사연구소, 2008. 이 점은 전지니의 앞의 글도 마찬가지다.
14 임선규의 이력은 이승희, 「임선규」, 강옥희·이순진·이승희·이영미 편, 『식민지시대 대중예술인 사전』, 소도, 2006, 297~300쪽 참조.
15 김옥란, 「국민연극의 욕망과 정치학」, 『한국극예술연구』 25, 한국극예술학회, 2007.

가 사적 영역을 공동화空洞化하는 국가주의가 지배적이었다고 해도, 제한적이나마 활력을 보여준 1920~1930년대의 경험은 어떤 형태로든 보존되며 때로는 가치 있는 수행성으로 전화轉化하기도 한다. 1940년대 임선규 연극의 가치는 바로 그 전사와 관계있음이 틀림없다. 물론 이 논의는 얼마간 제한적일 수밖에 없다. 지금까지 알려진 것만 해도 식민지 시기의 극작 편수는 90여 편에 이르지만, 현전하는 것은 〈사랑에 속고 돈에 울고〉(1936), 〈동학당〉(1941), 〈빙화〉(1942), 〈새벽길〉(1945)[16] 정도이다.[17] 그럼에도 불구하고 텍스트 간의 연속성과 의미 관계는 충분히 '임선규의 전략'을 논할 만하며, 논의 과정에서 그 전사와 맞먹는 또 하나의 역사적 계기를 만날 수 있을 것이다.

2) 과시적 전시展示 – 국민연극 '됨'의 신원증명

국민연극연구소 소장 함대훈은 국민연극이란 "건전한 국민정신 또는 국민도덕이 정당화하게 된 연극"이며, 이 시대 최고의 도덕이란 "자유주의, 개인주의, 사회주의를 지양한 전체주의의 국민도덕"이라고 규정한다.[18] 그 구체적인 주제는 내선일체, 증산, 공출, 군입대 지원, 일본

---

16 참조한 텍스트는 다음과 같다. 〈사랑에 속고 돈에 울고〉, 『한국연극』, 1988.9; 〈동학당〉, 〈빙화〉, 〈새벽길〉, 이재명 외편, 『해방전(1940~1945) 공연희곡집』 3, 평민사, 2004. 이하 작품의 인용은 쪽수만 밝힌다.

17 이 책을 준비하던 2020년, 한국예술디지털아카이브(DA-Arts)에 임선규의 희곡 〈미사의 종〉, 〈사랑의 성〉, 〈바람부는 시절〉 등 세 편이 새롭게 발굴된 것을 확인했다. 〈바람부는 시절〉(또는 〈바람부는 계절〉)은 잘 알려진 작품이긴 하나, 앞의 두 작품은 당대 문헌에서도 찾지 못해 추후 확인이 필요해 보인다. 이 책에서는 이 세 편을 논의에 포함하지 않았는데, 임선규의 '전략'에 대한 논의를 수정할 결정적인 문제가 발견되지 않았기 때문이다.

18 함대훈, 「국민연극의 현단계」, 『조광』, 1941.5.

어 배우기, 반反서양, 만주개척 등으로 압축되었다. 임선규의 〈빙화〉,[19] 〈새벽길〉[20] 역시 이 범주 안에 있다. 공산주의와 미영 제국주의에 대한 적개심을 앙양하고 조선인의 황민화를 꾀한다는, 이 연극들의 작의作意 를 소개하면 다음과 같다.

〈빙화〉……이 작품은 1937년 9월 소련이 결정한, 연해주 일대에 살고 있는 20만 조선인 강제이주 사건을 제재로 하여 반도인의 황민화 문제와 공산주의에 대한 적개심 문제를 구현하고자 한 것입니다. (…중략…) 나는 史實을 충실하게 따라가면서 조국을 버리고 국가 관념을 가지지 못한 자가 적화주의 때문에 얼마나 참혹한 운명에 빠져들었는지를 보여주려고 했습니다. 그렇게 함으로써 동양의 새로운 운명을 제시하고, 당연히 반도인이 일본인으로서의 긍지를 가지고 살아가야 한다는 사실도 보여주고 싶었습니다.

—「작의」, 62쪽

〈새벽길〉……적개심 앙양. 惡 米英은 조선을 침략하는 데 무기를 사용하지 않았다. 학교, 교회, 병원, 광산 개발 등 여러 문화 기관을 세워, 그것을 이용하여 고도의 음모를 꾀하여 마술적 침략의 손을 뻗쳤던 것이다. 자유와 인류, 평등, 박애를 외치는 미국인 광산가, 선교사, 의사로 한 덩어리가 된, 악랄하고 교묘한 음모에 패망하여 비참한 운명에 빠져들어 간 일군의 사람들을 그려 적개심 앙양에 이바지하려고 한 것이다.

—「작의」, 181쪽

---

19 〈빙화〉, 제1회 연극경연대회 참가(초연) / '고협' / 전창근 연출 / 1942.10.31~11.2 / 부민관.
20 〈새벽길〉, '조선연극사(朝鮮演劇舍)'(창립공연) / 나웅 연출 / 1945.2.12~ / 제일극장.

아마도 검열을 위해 작성되었을 「작의」는 이 연극들의 신원증명에 해당하는 통과의례이겠지만, 주제를 이보다 더 분명히 표현할 수는 없다. 작의는 텍스트의 얼개를 구성하는 강력한 기제로 작용하며, 텍스트에는 이를 입증해 보일 만한 것이 적절히 배치되어 있다. 이러한 자기증명은 어려운 일이 아니다. 일정한 공정 과정에 대량생산되는 상품과 마찬가지로, 국민연극은 서로 닮아있으며 내러티브의 운명도 결정되어 있다. 일반적으로 선악의 이항대립 구조를 취한다. 한편으로는 적개심의 대상이 되는 인물군의 부도덕성과 위선을, 다른 한편으로는 일본제국주의의 메가폰 역할을 하는 인물군의 도덕성을 표현한다. 그리고 전자에 의해 고통받는 인물군이 마침내 후자의 정당성을 승인하는 과정을 플롯으로 엮는다. 이는 곧 '비국민'이 '국민(황민)'이 되는 과정에 대한 묘사이기도 하다. 이는 멜로드라마 구조와 매우 유사하다. 대동아공영의 실현이라는 '결코 훼손될 수 없는' 도덕적 명분이 절대선絶對善이 되어 텍스트를 구조화하는 기본원리가 되기 때문이다.

이때 다음과 같은 질문을 던져본다. 과연, 이 공식성은 누구를 향하는가. 관객을 향해 있는 연극의 묘사방법의 특성상, 그 공식성의 효과는 당연히 관객을 향한다고 말해도 좋은가. 만약 연극사에서 공식성이 운위되는 프로연극(혹은 사회극류)이나 멜로드라마라면, 그 대상이란 '관객'이 맞다. 프로연극은 계급적 자각을 통한 실천에로의 견인을 위해 관객에게 일정한 계몽의 법칙을 제공하고, 멜로드라마는 관객의 욕망을 집합적으로 표현하면서 이것의 배설을 위해 도식적인 처방전을 제공하기 때문이다. 그러나 국민연극의 경우는 관객을 향하지 않는다. 「작의」가 관객이 아닌 검열 당국을 향해 발화하는 것과 마찬가지로, 텍스트의 공식성 또한 국민연극 '됨'을 과시하기 위한 하나의 의례로서 당국을 향해 있다.

이와 관련해 〈빙화〉와 〈새벽길〉의 차이를 읽어볼 수도 있다. 〈빙화〉는 국민연극의 스테레오타입에 해당하는 방상칠과 무라카미村上 선장을 통해서 이 연극의 주제를 분명하게 제시한다. 방상칠은 소련의 위선과 허위를 강하게 비판할 뿐만 아니라 장렬한 죽음으로써 도덕적 입지를 높이며, 무라카미 선장은 자신에게 냉담했던 박영철의 목숨을 구해주고 그를 조선으로 데려가는 은인 역할을 함으로써 이 연극의 작의를 분명히 한다. 반면, 〈새벽길〉에는 무라카미 선장과 같은 '일본인 은인'은 등장하지 않으며, 송영철이 미 제국주의의 피해자로 귀환하여 자신의 소회를 전달하는 정도에서 호흡을 멈춘다.

이 차이가 사소하게 보일지 모른다. 그러나 〈빙화〉가 연극경연대회 참가작이고 〈새벽길〉이 일반 공연이었음을 참조하면,[21] 이 차이는 공연 성격에 따른 극적 전략의 차이로 이해할 수 있다. 연극경연대회라는 일종의 의식에 참여할 경우, 국민연극으로서의 충성을 입증해 보일 만한 과시적 성격은 더욱 현저해질 것이기 때문이다. 이때 이 의무방어전을 위해 '일본제국'을 대표하는 표상으로서 일본인 인물이 등장하는 것은 가장 확실한 선택이 될 수 있고, 공연 미디어의 특성상 조선어가 허용된 상황에서 이 인물의 등장은 일본어를 삽입하는 좋은 기회가 된다. 반면, 1945년 패색이 짙어가는 전쟁 막바지에, 일반 공연이었던 〈새벽

---

21 『해방전 공연희곡집』 3은 〈새벽길〉이 제3회 연극경연대회 참가작이라고 소개했으나, 이때 참가작은 〈상아탑〉이다. 그리고 〈새벽길〉이 '대동아전쟁' 2주년을 기념하기 위해 집필되었다고는 하나, 공연은 전쟁 막바지인 1945년에 가서야 올려졌다.

길〉은 그렇게까지 할 필요가 없었으리라 짐작해도 좋을 것이다.

이에 비해 〈동학당〉[22]은 〈빙화〉와 〈새벽길〉과는 달리 딱히 국민연극이라 칭하기는 어렵지만, 국민연극의 '됨'이 어떻게 가능한지를 보여준다는 점에서 흥미롭다. 지금 현전하는 것은 1947년 '낙랑극회' 공연 대본이며, 함세덕의 손질을 거친 것이다.[23] 이 대본의 소장자 고설봉의 증언에 의하면, 제2막에서 문수영이 서울에서 일본인들과 어울린 장면이 있었는데, 1947년 공연 시 임선규가 자신의 작품을 손질하려 하지 않자 함세덕이 이를 대신한 것이라 한다.[24]

당시 '전체주의의 국민도덕'을 앙양하는 주제가 아니라면, 허용된 소재의 반경은 좁았다. 역사물의 경우, 과오를 지적하는 것이라야 했다. 그러나 이것은 어디까지나 '국민연극'이 갖춰야 하는 요건이었을 따름이다. 양승국이 지적했듯이, "대부분의 극작가들의 활동무대는 대중극 현장"이었으며, 이들은 "대중극 공연을 통해서 열심히 돈벌이에 나서면서 '적당히' 국민연극에 종사해도" 됐다.[25] 말하자면, 〈동학당〉은 '본업'에 해당하는 연극이었으며 연극경연대회가 개최되기 이전인 1941년 공연이었다. 그러나 이 연극은 〈춘향전〉, 〈장화홍련전〉과 같은 풍류외는 다르게 정치적 소재를 다루는 만큼, 검열 당국 입장에서는 일정한 간섭이 필요했다. 소재가 민감하기는 하지만, 동학은 반봉건 정치개혁으로서 조선 정부의 부패와 무능을 보여주는 사건이었기에 허용될 여지가 없지는

---

22 〈동학당〉, 극단 '아랑'(초연) / 1941.5.2~4 / 부민관.
23 『해방전 공연희곡집』 3, 31쪽.
24 이재명이 〈동학당〉을 발굴하여 처음 지면에 소개한 『현대문학』(1993.12)에는, 함세덕이 손질한 부분의 쪽수가 별도로 표시되어 있다.
25 양승국, 「일제 말기 국민연극의 존재형식과 공연구조」, 『한국현대문학연구』 23, 한국현대문학회, 2007, 377・386쪽.

않았다.[26] 단, 매우 어색한 조합이었음이 틀림없지만, '일본'을 호의적으로 그리는 조건이 제시된 것이다. 특정 주제의 선택은 그에 상응하는 내러티브를 결정짓기도 하지만, 이러한 공식성에 힘을 실어주는 가장 일반적인 방편은 일제의 메가폰적인 인물을 배치하는 것이기 때문이다.[27]

그런데 지금으로서는 내용상의 변개가 제2막에서만 이뤄진 것으로 알려져 있으나, 일부분 변개의 혐의가 짙은 대목들이 있다. 그중 마지막 장면이 주목된다. 문수만은 자신의 형(수영)으로부터 배신의 대가로 총상을 입고, 김성현으로부터도 내쳐진 상황이다.

> 수만　모-다 가주시오. 모-다 가주시오. 아가씨, 어서 가 주시오. 이제
> 　　　나는 살구 싶어졌습니다. 어서 가 주시오.
>
> 　　　　　　　　　(…중략…)
>
> 박달을 선두로 해서 동학도인들이 포승줄에 묶여 등장하오. 앞뒤는 총을 든
> 일본무장군이 끌고 가오. 끌려가면서 일동이 "시천주조화정 영세불망만사지"
> 를 우렁차게 부르며 고개를 넘어가오.
>
> 수만　(비틀비틀 일어서며) 형님! 나는 인제야 깨달았소. 방방곡곡에 흩
> 　　　어져 있는 김성현 무리를 없애버려야겠소. 그래서 우리 앞에 새 세

26　〈동학당〉의 검열 과정에 관한 뒷이야기에 따르면, 일본인 검열관과 친한 이운방의 덕택으로 검열관이 술이 덜 깬 상태에서 검열통과가 이뤄질 수 있었다고 한다.(이재명, 「임선규 작 〈동학당〉에 대하여」, 『현대문학』, 1993.12, 119~120쪽)

27　이질적으로 보이는 두 가지의 플롯을 접합시키는 방법도 있다. 김성희가 박영호의 〈등잔불〉의 결말부에 대하여, "이 장면의 삽입만 없었더라면 〈등잔불〉은 경향문학의 범주에 드는 리얼리즘극"이라고 지적한 바 있다.(김성희, 「국민연극에 관한 연구」, 『한국연극학』, 한국연극학회, 새문사, 1985, 221쪽) 이 지적의 중요성은 결국 "일제의 국책인 협화정신을 부르짖는 목적의식"으로의 귀결이 아니라 이질적으로 보이는 주제적 지향의 기계적인 결합일 것이다.

상이 와야 한다. 새 세상이 와야 한다. 새 세상이 와야 한다. (우뚝
선 채)

막

—〈동학당〉제4막(60쪽)

박달을 비롯해 동학군들을 끌어가는 이들이 일본군으로 설정되어
있고, 공연 대본에는 수정되었다는 별도의 설명이 없다. 이는 한 가지
궁금증을 자아낸다. 〈동학당〉의 핵심주제는 문수만이 "동학당이 일어
난 소이를 충분히"(50쪽) 알아가는 과정에 있으며, 이는 문수만의 마지
막 대사에 응축되어 있다. 그렇다면, 동학도들을 포박해가는 일본군의
존재는 이 연극의 도덕성과 충돌하는 것일 수밖에 없다. 관객 측에서
그 일본군의 등장은 결코 호의적일 수 없기에, 검열 당국에서 과연 이
를 허용했겠는가가 문제로 남는다. 여기에서 두 가지 해석이 가능하다.
제2막, 문수영이 일본인과 교유하는 장면에서 일본군의 등장에 그 어
떤 내적 필연성을 제공했을 가능성이며, 그 과정에서 일본의 공권력이
과시될 수 있었다는 점이다. 만약 지금 현전하는 이 대목이 변개된 것
이라면, 1941년본에는 동학도들을 잡아가는 이들이 일본군이 아니라
관군이어야 하거나, 아니면 수만의 마지막 대사가 없어야 한다. 그렇게
해야만 조선시대 양반 관료의 부패와 부도덕성을 부각하거나, 혹은 '실
패한 혁명'에 대한 비애감으로 조감될 것이기 때문이다.
　국민연극의 의례적인 성격은 보편적인 현상으로 이해할 필요가 있
다. 물론 이 성격을 단지 위장이라고 말하는 것은 아니다. 선택지가 별
로 없었던 상황에서 임선규뿐만 아니라 이 시대의 극작가들은 "때로는

합리화가 필요했으며 스스로가 그것을 진실이라 믿어야만 했고, 일본의 제국주의적 논리에 동조하지 않으면서도 그 논리의 구조를 물려받기도"[28] 했다. 여기에는 동아시아에서 공통적이었던 공사公私 개념의 혼재성 그리고 근대화 과정에서 반서양 인종 담론을 폭넓게 받아들일 수밖에 없는 역사적 상황이 가로놓여 있었다.[29] 극단은 '연극경연대회용'이거나 이에 준하는 경우 국민연극 정체성을 과시할 필요가 있었지만, 그 외에는 대중극 공연에 주력했고 〈동학당〉처럼 '어색한 조합'으로 약간의 치레만 했을 가능성이 있다.[30]

여하튼 공연의 효과가 이에 상응했다고 가정하기는 쉽지 않다. 국민연극의 과시적인 전시는 공권력이 야기한 관념의 성격을 유지하는 한 어디까지나 제한적으로 이해할 필요가 있다. '적국'에 대한 비판을 일본 제국주의에 대한 비판으로 전유했을 가능성도 같은 맥락에 있다. 중요한 것은 '건전한' 연극임을 입증해 보이고자 하는 의례적인 성격이 모든 텍스트에서 동일한 정치적 함의를 갖지 않는다는 사실이다. 엄밀히 말해서 그것을 하나의 '전략'이라고 말할 수 있으려면, 과시적 전시로 환원될 수 없는 명백한 증거를 제시해야 한다. 임선규의 연극은 바로 그것을 가지고 있다.

---

28 이승희, 『한국사실주의희곡, 그 욕망의 식민성』, 소명출판, 2004, 284쪽.
29 위의 책, 279~302쪽 참조.
30 '아랑'의 연극경연대회를 전후로 한 공연 활동까지를 포괄한 김남석의 연구도 그에 대한 방증이 될 수 있다. 김남석, 「극단 아랑의 공연사 연구―국민연극경연대회 참여시기를 중심으로」, 『어문논집』 56, 민족어문학회, 2007 참조.

3) 근대사의 흔적, 불온한 침묵―저항서사의 도덕적 기축

역사 소재 국민연극이 주로 내선일체의 역사화에 주력한 것과는 달리, 임선규는―내용이 알려진 몇 편을 포함하여 창작목록을 참조할 때―이 주제에 관심을 표한 것 같지는 않다. 다른 어떤 주제보다도 명분이 뚜렷하지 않은 주제에 대한, 작가의 의도적인 회피는 아니었을까. 물론 회피만 한 것은 아닌 듯하다. 그의 관심은 근대사에 집중되어 있다. 〈사랑에 속고 돈에 울고〉를 제외한 세 편에는 근대사의 중요한 계기들이 개재되어 있다. 〈동학당〉은 작가의 고향인 충남 연산을 배경으로 동학농민혁명의 현장을 그리며, 〈빙화〉는 1935년부터 중일전쟁이 일어난 1937년까지를 다루면서 동학·청일전쟁·러일전쟁 등을 인용하고, 〈새벽길〉은 1919년 봄과 1941년 태평양전쟁이 임박해오는 시점을 다룬다. 이 밖에 송영과 공동창작한 〈김옥균〉(1940)이 있다.

김옥란은 임선규가 1890년대 이래 중요한 역사적 계기들을 작품 안에 끌어들여 자신의 민족주의적 시각을 표현하지만, 중요한 각각의 지점이 바로 사상전향의 국면임을 환기한다.[31] 특히 〈빙화〉에서 이런 해석은 공감할 만한 것이다. 회의적인 지식인의 방황과 '국민'으로서의 귀환이라는 내러티브는 「작의」에서 제시된 주제와 상응한다. 그러나 앞서 주장했듯이 국민연극 '됨'을 과시하는 내러티브와 인물의 배치는 비중을 낮추어서 독해할 필요가 있다. 만약 그 과시적 전시의 '외부'에 아무것도 없다면 문제없겠지만, 임선규 연극에는 그 공식성을 초과하는 문맥이 다소간 불온하게 산포돼 있다. 그가 역사를 소환하는 전략은 바로

---

31 김옥란, 「임선규 국민연극의 문제성―「빙화」와 「새벽길」을 중심으로」, 『민족문학사연구』 37, 민족문학사연구소, 2008.

흩어져 있는 그 소소한 것들의 관계에서 조망할 필요가 있다. 이때 주목할 것은 텍스트에서 진행되는 '의도된 침묵'이다.

〈동학당〉은 동학도 문수영과 일본인의 교유 장면만을 제외한다면, 분명 동학의 역사적 가치를 역설하는 연극일 수밖에 없다. '아랑'의 최고 흥행작 중 하나로서, 공연 1주일 만에 4만 7천 명의 관객을 동원했으며 어떤 경우는 1일 4회 공연으로 1만 7백 명을 동원했다고도 한다.[32] '아랑'의 단원이었던 고설봉은 호남지역을 순회하던 순간을 특별히 기억했는데, "서울에서 〈동학당〉이 온다는 소문을 듣고 인근 각처에서 올라온 촌인들이 인근 각처의 숙소를 점해버린 탓"에 배우들이 숙소를 잡지 못해 곤란을 겪은 것이다.[33] 그만큼 동학은 집단으로 기억되는 역사였다. 이는 임선규에게도 마찬가지이지 않았을까. 자신의 고향 연산을 배경으로,[34] 1940년대 초반 시점에서 이를 발표한 것은 오랫동안의 구상이 없었으면 가능하지 않았을 일이다. 이는 〈빙화〉에서 다시 인용됨으로써 동학에 관한 관심이 우연이 아니었음을 보여준다. 강제 이주가 임박한 상황에서(제3막 제3경) 조 씨와 보금이 물 한 그릇을 떠놓고 "시천주조화정侍天主造化定 영세불망만사지永世不忘萬事知" 주문을 외우는 장면의 지속은, 작가가 삽입하고 싶었던 메시지인 셈이다.

〈새벽길〉은 "대정 8년 봄" 학동들이 부르는 〈학도가〉로 시작된다. 정황을 참조할 때 5월 전후 즈음이다.[35] 경성에서 전문학교에 다니던

---

32 유민영, 『우리시대의 연극운동사』, 단국대 출판부, 1989, 188~189쪽 참조.

33 고설봉 증언, 장원재 정리, 『증언연극사』, 도서출판 진양, 1990, 129쪽.

34 지리적 특성상 '경계적인 위치'에 있었던 연산에 주목하고 당시 동학군이 우금치에서 패하여 논산, 금구, 태안으로 이동했던 사실과 〈동학당〉의 관계는 김호연이 언급한 바 있다. 김호연, 「임선규의 〈동학당〉 연구」, 『어문연구』 101, 한국어문교육연구회, 1999, 125~126쪽 참조.

세 청년의 대화에는 제1차 세계대전이 끝난 후 미국을 동경하는 이들의 생각만이 제시되어 있을 뿐이다. 사실, 대본상의 "대정 8년 봄"을 알지 못한 관객이라면, 연극의 작중 시기가 1919년 봄이라고 짐작하기 어렵다. 이후 제3막에 가서야 송영철의 회고로 그 시점이 분명해진다.

> **영철** (…상략…) 대정 8년[36]이라고 하면 그 무시무시한 구라파 전쟁도 이미 1년 전에 끝이 나고 세계의 구석구석까지 평화의 종이 울리어 평화를 구가하는 소리는 하늘에 사모쳤던 때요. 제마다 자유평등을 부르짖고 인류애를 소리 높여 외치고 신세계의 문화 창설이라는 깃발을 내흔들며 동서양이 한바탕 풍성풍성 하던 때요. 파리국제회의를 손 안에 넣어 처음부터 끝까지 세계의 여론을 좌우하던 우일슨 대통령의 나라 미국의 인기는 우리들 조선 젊은이에도 굉장해서 인기라느니보다 오히려 신앙에 가까운 것이었소. 아―우리는 취했었소. (…하략…)
>
> ―〈새벽길〉 제3막(243쪽)

당연한 결과지만 〈새벽길〉에는 3·1운동, 민족자결주의에 대한 언급이 없다. 특히 제1막의 작중 시점이 1919년 봄, 그러니까 3·1운동이 계속해서 전국적으로 점화되던 시기임을 고려하면 청년들의 담화 장면은 코미디에 가깝다. 그리하여 "대정 8년 봄"이라는 시간의 배치는

---

35 제2막 개막지시문이 전막으로부터 4~5개월 후 "가을 농촌 풍경"으로 되어 있다.

36 『해방전 공연희곡집 3』에는 '대정 9년'이라고 나와 있는데, 원문이 오식이었거나 이 작품집을 편집하는 과정에서 오타가 일어난 것으로 보여 '8년'으로 수정하여 인용했다.

전적으로 미국에 대한 동경과 환멸을 환기하기 위해 동원된 것처럼 보인다. 그러나 과연 그것이 진의였을까. 만약 그랬더라면, 반서양 담론을 다룬 많은 연극이 그랬던 것처럼 굳이 그 시점을 선택할 필요가 없다. 작가는 세계대전 이후 청년들의 고양된 기운 그리고 '윌슨'과 '파리강화회의'의 언급을 통해서 3·1운동이라는 역사적 기억을 새겨넣고자 했던 것이 아닐까. 재연再演은 물론 언급조차 될 수 없지만, 이 '흔적'은 미 제국주의에 대한 '적개심 앙양'이라는 주제를 빙자하여 또 다른 작의를 텍스트에 얹고 있는 전략이라 할 만하다. '1919년 봄'이라는 역사의 흔적이 〈새벽길〉의 '대의'를 위태롭게 할 만한 것은 아니지만, 그냥 스칠 만한 것도 아니다.

이는 〈빙화〉에서 훨씬 복잡하고 심층적인 것으로 드러난다. 이렇게 느껴지는 가장 중요한 이유는 주인공 박영철의 동기화되지 않은 극 행동 때문이다. 그의 행동은 무언가 감춘다는 인상을 던지는데, 이는 연극이 진행되는 내내 유지되고 그것이 무엇일지 궁금증을 자아낸다.

우선, "매우 추상적이고 낭만적"[37]으로 비추어지는 박영철의 이주移住 동기부터 시작해보자. 표면적으로 경성을 떠난 동기는 자신이 재직한 한남고보에서 겪은 교육현실에 대해 깊은 회의 때문이다. "학교 경영자가 금융대금업자가 되고 장사꾼이 되어 버린 데서 교육기관은 부패하고 아첨을 받게 되고 자기 자제들에게 특전을 요구하게" 현실이며, 이는 학교의 "지식장사"로 요약된다.(86쪽) 더욱이 최근 그가 한남고보를 소재로 한 단편소설 「탈출기」가 교장과 동료 교사들의 심기를 건드린

---

37 양승국, 「일제 말기 국민연극에 담긴 순응과 저항의 이중성─임선규의 〈빙화〉를 중심으로」, 『공연문화연구』 16, 한국공연문화학회, 2008, 186쪽.

것이다. 여기서, 교육현장에서의 실망감이 어찌하여 그가 경성을 떠날 정도로 깊은 회의에 이르게 했는지 숙고해볼 일이다. 외견상 그의 떠남은 깊은 회의에 빠진 도피로 보일 뿐이다. 정황상, 그토록 깊은 회의는 교육에 모든 것을 걸어버린 존재의 절박함, 즉 더 이상 '신념'과 '목표'가 유지될 수 없는 현실의 확인에서 비롯된 것이다. 그런데도 박영철은 떠나야 하는 근본적인 이유를 함구한다. 아니, 더 정확히 말하면 그 함구는 임선규의 것이다. 이것이 단순히 극작술의 결함이 아닌 것은, 작가가 '또 다른 정황'을 텍스트에 흘려 놓고 있기 때문이다. 그것은 박영철의 모친 허 씨의 등장으로 알려진다. 허 씨는 아들이 엿새 동안 집에는 오질 않고 있는데 경찰이 수시로 아들을 찾고 있어서 불안을 느끼는 중이다. 허 씨가 아들의 부탁으로 여행 준비를 위해 교장의 집을 떠난 직후, '아주 잠깐' 백 선생과 박영철이 나눈 대화는 다음과 같다.

백 선생   어머니에게만은 성을 내지 말게, 그 불쌍한 어머니. 그런데 경찰
          서에서 왜 찾나?
박영철   별일 없세요. 제 동무가 있는 クリメガフアン[구리메가후앙]이라
          는 극단이 南鮮에서 무슨 일 때문에 당국에 전부 인치가 됐대요.
          그 극단에 내가 쓴 희곡이 하나 있습니다. 그 관계겠지요.
백 선생   별일 없나.
박영철   없습니다. 아무 관계없어요.

— 〈빙화〉, 제1막(89~90쪽)

그런 후 곧장 어머니에 관한 화제로 넘어간다. 영철이 별로 대수롭지

않다는 듯이 흘리는 이 대화는 너무 짧아서 그냥 지나치기 쉽다. 그러나 그는 경찰이 자신을 찾는다는 것을 알았고, 엿새 동안 집을 비운 것도 바로 그 때문이다. 더욱이 이 대화가 심상치 않음은 박영철이 언급한 사건의 개요가 1934년 전주에서 시작된 '신건설사' 사건을 연상시키기 때문이다. 이 정황을 고려하면, 경성을 떠나는 표면적인 이유는 한남고보에서 촉발된 전면적인 회의 때문이지만, 그 직접적인 계기는 사실 검거 선풍을 피하기 위한 것이다. 그래서 박영철의 떠남은 '탈출'이다. 그의 단편 「탈출기」가 최서해의 소설과 동명이라는 것은 우연이 아니다.

다음은, 박영철이 소비에트에 정착하여 '특별조선인 76연대'에 입대한 동기다. 경성을 떠난 후 박영철과 그의 연인 백순영은 블라디보스토크에서 붙들려 있다가 탈출하고 강 포수의 도움으로 워로시프스크 선술집에 정착하는데, 여기서 제2막이 시작된다. 작중 시점은 '메이데이' 기념일이다.[38] 소비에트라는 작중 공간 덕분이지만, 불온의 상징이기도 했던 '메이데이'가 축제 분위기에서 환기된다는 점은 무척 인상적이다. 이때 중요한 정보가 알려진다. 박영철이 국경경비대인 76연대에 —강 포수의 표현을 빌자면 —"굳이" 들어가기로 마음먹은 사실이다. 일자리가 필요하기도 했지만, 그것이 전부는 아니다. 중학생 시절 '군인' 되기를 소원했고 그게 못 되면 '마적'이라도 되고 싶었다(116쪽)는 맥락에서 관통하는 것은 박영철의 '무장武裝'에의 욕망이다. 이 욕망이 '무장해제'된 식민지인의 남성적 판타지임은 짐작되지만, 여기에서도 그가 왜 '군인'이나 '마적'이 되고 싶었는지는 설명되지 않는다. 더욱이 76

---

38 〈새벽길〉과는 달리, 제2막부터 환등으로 작중 시공간을 알려주면서 장면을 시작한다.

연대에서 막 도망을 나온 방상칠이 76연대의 만행을 들어 소비에트를 격렬히 비난하는데도 불구하고, "(기차 창으로 바깥을 내다보고) 그게 세상인 줄 알아서는 안 됩니다"(119쪽)라고 짧게 응수할 뿐이다. 강 포수가 어머니 계신 고향으로 가길 권했을 때는, "그렇지만 난 가야 해……"(123쪽)라고 말함으로써 자신의 의사를 고수한다.

이처럼 조선을 떠나야 했고, 주위의 만류에도 76연대에 가야만 했던 이유는 모호하게 처리된다. 여기에는 박영철의 불온한 동기들이 다소 어색하게 은폐되어 있다. 즉 침묵과 함께 진행된 극 행동은 그의 지향이 불온한 것 혹은 사회주의와 결부되어 있음을 시사한다. 그러나 그 불온함은 소련의 강제이주 소식을 계기로 결정적인 위기를 맞이한다. 소련당국이 76연대 소속 대원을 중앙아시아로 강제이주시키기 위해 수감하고, 박영철은 그에 저항하여 탈출한다. 사정이 이렇다면 응당 이후의 전개는 박영철이 소련에 대한 회의와 적개심을 가지고 '국민'으로 전환되는 것이 순서이다. 그러나 1년 여 흐른 1937년 9월 시점에서 시작된 제3막에서, 어찌 된 영문인지 박영철은 포로를 감시하는 소련 민경民警이 되어 등장한다. 무라카미 선장에 의하면 박영철은 공산당원(제4막, 172쪽)이다. 박영철은 3년 동안 중요한 기로에서 세 번이나 좀처럼 이해되지 않는 선택을 한 셈이다. 만약 '비국민'에서 '국민'으로의 전환을 확실히 보여주기 위함이었다면, 박영철이 사회주의자임을 '공개'하면서 그의 '비국민' 됨을 더욱 적극적으로 표현할 수도 있었을 것이다. 그렇게 되면, 결말부 그의 회심은 더욱 극적으로 보일 수 있다. 그러나 임선규는 그렇게 하지 않았다.

1937년 시점에서 달라진 것이 있다면, 박영철은 자신 스스로 "이상

의 파산자"(155쪽)라고 하면서 자조적인 태도를 보인다는 점이다. 이것
이 바로 '전향'으로 가는 실마리로 이해될 수도 있지만, 그는 여전히 냉
소적이며 회의적이다. 다시 조우한 방상칠에게서 이 연극의 메시지가
발화되지만, 박영철은 대동아공영 이념에 회의하는 심문자의 형상이다.

상칠   (…상략…) 일본은 동양의 선각자입니다. 명치 때 일청전쟁은 조
선이 약하기 때문에 일어난 전쟁입니다. 일본의 이웃 나라 조선이
중국에 뒤흔들리니까 일본은 그 화가 자기 나라에 미칠까 봐서 전
쟁을 하게 된 것입니다. 일로전쟁은 로서아가 만주, 조선을 휩쓸
고 일본에까지 나려올 형세를 뵈기 때문에 일어난 전쟁입니다. 이
번 일지전쟁은 중국이 구라파 사람에게 뒤흔들리고 따라서 그 세
력이 중국을 토대로 해서 일본에까지 미칠까 봐서 일본은 하는 수
없이 일어선 것이 아니면 안 됩니다. 일본이 안전하려면, 동양이
안전해야 하니까요. 그러니까 일본은 동양을 위해야 하고 애껴야
하고 길러야 합니다.

박영철   그러면 일본은 왜 구라파 각국에 선전포고를 안 하고 왜 동양사람
을 죽입니까.

　　　　　　　　　　　　　　　　　　　　　　　— 〈빙화〉 제3막(140~141쪽)

　방상칠이 일본을 "동양의 선각자"라고 치켜세우지만, 이 대목은 결
국 '일청전쟁', '일로전쟁', '일지전쟁'이 일본의 이익을 위한 것이었음
을 고백하는 것이나 다름없다. 그리고 이에 박영철은 질문을 던짐으로
써 그 전쟁들에 대한 회의를 드러낸다. 그리고 중일전쟁에 대해 "어느

편이 이겼으면 좋겠습니까"라는 방상칠의 질문에 "네?" 하면서 말머리를 다른 곳으로 돌리며(138쪽), "당신들도 일본인이 아닙니까"라는 무라카미 선장의 물음에 "日本人の わしが?(일본인이라고 내가?)"라고 반문할 뿐이다.(144쪽) 자신의 정치적 입장을 공개해야 하는 압력에도 불구하고 침묵을 지키고 있는 이 대목들은, 곧 '황민화(국민화)'를 거부하는 무언의 항변이자 임선규의 내면이다. 「작의」에 명시된 주제의 전달은 박영철에 의해서는 수행되지 않는다.[39] 〈빙화〉는 국민연극으로서의 자격을 위태롭게 하는 불온함을 안고 있었다.[40]

이렇게 보면, 〈빙화〉의 불온함은 기본적으로 사회주의와 연관된 박영철의 행보와 관련되어 있다. 이는 해방 이후 임선규의 정치적 행보— 좌파에의 가담과 월북—를 설명해주는 실마리로도 보인다. 그러나 이때의 사회주의란 정확하게 말해서 '목표'가 아니라 '필요'다. 과시적 전시의 행간에 은폐할 저항서사를 구성하는 도덕적 기축의 필요! 바로 거기에 '공산주의에 대한 적개심'이라는 정치적 명령을 위반하는 기제로서 사회주의가 동원된 것이다. 물론 이 동원은 정치적인 선택이다. 〈동학당〉의 동학농민혁명, 〈새벽길〉의 3·1운동, 그리고 〈빙화〉의 사회주의로 이어지는 근대사의 흔적은, 임선규가 역사를 인식하는 도덕적 기축이었다.

이는 강 포수의 가족사라는 서브플롯과 함께 읽을 때 더 분명해진다.

---

39 이 점은 양승국이 이미 지적했다. "연해주를 떠나는 것도 일본인의 주장에 동조해서가 아니라, 아내 순영의 의지에 따라 자식을 살리고 고향의 어머니를 만나기 위해서"이다. 양승국, 「일제 말기 국민연극에 담긴 순응과 저항의 이중성-임선규의 〈빙화〉를 중심으로」, 『공연문화연구』16, 한국공연문화학회, 2008, 193쪽.
40 김건은 "의도가 좋음에도 불구하고 이번 제전의 의의를 疏遠히 한 것은 작가로서의 약점인 것 같다"고 비판했다. 김건, 「제1회 연극경연대회 인상기」, 『조광』, 1942.12.

강 포수는 독립운동을 하다가 죽임을 당한 부친의 뜻을 이어받아 한때
는 "큰 사람이 되지 않으면 안 된다구 주먹을 쥐"(121쪽)었던 인물이다.
그러나 장작림의 병정 노릇, 마적 노릇을 거쳐 지금은 그저 애꾸눈 포
수가 되어 있을 따름이다. 오랜 세월 떠돌다가 연해주로 돌아오니, 아
내는 아라사인에게 능욕을 당하고 죽은 지 오래되고, 60이 넘은 노모
(조 씨)와 18세 된 딸(보금)이 여전히 강 포수를 기다리고 있다. 그러나
그는 끝내 자신이 당신의 자식임을 말하지 못한다.

> 강포수   (…상략…) 어머니는 훈장을 차고 말을 타구 몇 천 명 부하를 거
> 느리고 일국의 장후(將候)가 되어 돌아오는 아들만을 기대리고
> 있었소. 날 아들이라구 몰라보는 어머니 앞에서 난 당신의 아들이
> 라는 말을 할 수 없었구려. 내 딸을 보고 딸이라구 할 수가 없었구
> 려. 어머닌 비록 고생을 할 망정 커다란 희망에서 살 수 있었소.
> 그러니, 병신 애꾸 내가 나서서 그 어머니의 그 아름다운 꿈을 깨
> 뜨리는 건 참혹한 일이 아니겠소……. (…하략…)
>
> ─〈빙화〉 제2막(122쪽)

독립운동가의 피를 이어받아 한때 큰 포부를 가졌으나 지금은 초라
하게 변해버린 강 포수, 그런 그가 어머니와 딸을 만났어도 이들에게
자신이 누구인지 밝히지 않는 것은 희망을 남겨두기 위해서다. 그리고
박영철을 비롯하여 어머니와 딸을 조선으로 보내려 하면서도, 자신은
끝내 조선으로 귀환하지 않은 것은 '국민화'에 대한 명백한 거부이다.
여기서 임선규의 전략은 분명해진다. 이 연극에서 주시의 대상인 박영

철은 어찌했든 국민화 내러티브에 '승선'을 해야 했지만, 강 포수의 '잔류'를 통해 전향 거부 의사를 암시적으로 드러낸 것이다. 즉 강 포수는 박영철의 내면인 동시에 〈빙화〉의 내면이다. 정치적 주제를 압도할 만큼 일정한 정조를 자아내는 〈빙화〉에서, 그의 퉁소연주와 고향에 대한 향수가 구심점이 된 것도 우연이 아니다.

4) 주정主情의 세계─공동체의 기억

양승국은 〈빙화〉가 조선적 정체성 또는 조선정서를 환기함으로써 강한 민족적 동류의식을 불러일으키는 힘을 가졌으며, 이것이 바로 관객-대중이 이 연극에 열광한 이유였을 것이라고 보았다.[41] 확실히 〈빙화〉에는 문화적 공동체의 기억을 불러내어 감정의 파고를 높이 일으키는 장면이 많다. 특히 '소리'의 운용은 놀라울 정도이다.[42] 무엇보다도 무대 위에 단속적으로 울려 퍼지는 강 포수의 퉁소 소리는, 연극의 심리적 리듬감을 만들어내면서 이 연극 전체의 정조를 조율한다. 특히 극적 긴장감을 자아내는 침묵의 순간, 혹은 감정이 격해지는 순간, 강 포수는 어김없이 퉁소를 불고 그 장면이 어떤 것이든 비애감으로 무대를 휘감는다. 방 첨지의 자장가 역시 평범한 내용에도 불구하고 그들이 격

---

41 만주 이민자들에 대한 방상칠의 묘사, 약장수에 의해 조성된 '조선인 디아스포라의 비극성', 특히 눈물을 자아내는 〈난봉가〉 장면, 모자이합형이라는 신파적 정서 등을 그 논거로 제시한다. 양승국, 「일제 말기 국민연극에 담긴 순응과 저항의 이중성─임선규의 〈빙화〉를 중심으로」, 193~197쪽.

42 〈새벽길〉도 음악에 세심한 고려를 하고 있으나, 〈빙화〉에서만큼은 아니다. 제1막에서는 1919년 봄의 활기찬 기운을 묘사하기 위해 〈학도가〉와 "나태를 敬言"하기 위한 〈희망가〉를 사용했지만, 그 이후의 노래들은 주로 그와는 상반되는 현실과 감정을 표현하기 위해 사용했다.

랑의 디아스포라이기에 무겁게만 들린다—"아가아가 우리아가/금자
동이 은자동이/수명장수 부귀동이/은을 주면 너를 살까/금을 주면 너
를 살까/나라에는 충신동이/부모에는 효자동이/태산같이 굳세거라/
하해같이 깊고 깊어/유명천지 하여 보자"(125쪽)

뿐만이 아니다. 제3막에서 공동체적 감각을 복기해주는 매우 역동적
인 노래들, 그러나 무대의 현실은 강제이주라는 극한 상황에서 이뤄지
는 것이기에 "디아스포라의 비극성"[43]은 더욱 고조된다. 이 분위기를
주도하는 인물은 약상인藥商人이다.

> 약상인   (…상략…) (변사조로) "희망과 이상으로 부풀어 오르는 가슴을
> 안고 넘어가든 아리랑고개. 그러하나 오늘에 10년 후 이 고개를
> 다시 넘어가는 영진의 가슴에는 차디찬 눈물뿐이었다. 아— 변하
> 였도다. 푸른 산도 옛 산이요, 흐르는 물도 내가 놀던 물이었지만
> 그리운 누이나 아버지 어머니는 어데를 가시었고 정든 동무는 어
> 느 곳으로 갔더란 말이냐. 아리랑 아리랑 아라리요. 아리랑 고개로
> 넘어간다. 청천 하늘엔 별도 많고 요 내 살림살이는 수심도 많다.
>   —〈빙화〉 제3막(157쪽)

약상인은 과거 변사의 이력을 살려 영화 〈아리랑〉의 한 대목을 읊는다.
1926년 단성사에서 '신파 활극'으로 처음 공개된 〈아리랑〉이 십수 년이
지난 이곳 이국에서 디아스포라의 비애를 자아내는 공동의 기억으로 소

---

43   양승국, 「일제 말기 국민연극에 담긴 순응과 저항의 이중성—임선규의 〈빙화〉를 중심
     으로」, 『공연문화연구』 16, 한국공연문화학회, 2008, 195쪽.

환된 것이다. 그리고 그는 수풍금(아코디언)을 들고나와 조선의 노래들을 '마음껏' 부른다. 〈황해도 난봉가〉를 부르는 장면에 이르러서 "울적한 마음을 소리나 질러 풀어보려는 듯이, 그들은 발악하듯이 노래하고, 가로세로 뛴다. 어떤 노인은 그 꼴을 차마 보지 못하겠다는 듯이 돌아서 땅을 치고 운다."(157쪽) 무대 광경이 생생하게 떠오르는 이 지시문은 너무나도 과감해서 놀라울 정도이다. 인물들이 왜 그런 격한 상황에 있는지 노래와 몸짓만으로도 완벽하게 전달한다. 바로 다음, 이 이주에 속지 말라고 선동하는 한 청년이 경관의 총에 맞아 죽자 그를 위해 만가輓歌를 부르고(158쪽), 제3막 마지막에서 〈황해도 난봉가〉의 재연이라 할 만한 〈쾌지나칭칭나네〉(163~164쪽)가 울려 퍼지면서 격정이 절정에 달한다.

박영철, 여러 사람에게 섞이어 미친 듯이 노래 따라하며 춤을 추며 휩쓸린다.

보금, 따라간다.

姜은 언덕에 올라가서 바다를 본다.

군중, 한바탕 돌아서 나간다.

보금, 朴을 잡아끌면 朴 더욱 미칠 듯이 춤추며 노래하며 뛰다가 마루에 털썩 주저앉아 고개를 땅에 박고 괴로워한다.

효과.

집합하라는 사이렌 약30초.

일동, 멍하니 섰다.

박영철   (비틀비틀 나려가며) 모-다 떠난다. 모-다 떠난다.

막.

— 〈빙화〉 제3막(164쪽)

〈빙화〉의 제3막은 '작의'와 '실제'의 간격을 선명히 보여준다. 임선규는 「작의」에서 '향수'를 경계하는 의도가 있다고 했지만, 실제의 무대는 오히려 '향수'를 최고조로 고양한다. 항구도시를 작중 공간으로 한 제3막에는 항구의 음향은 물론이고 사이렌 소리, 군대의 행진 나팔 소리, 기마병들이 뛰어가는 소리, 멀리서 들리는 총소리 등 소란스러운 소리가 무대를 에워싸고, 무대의 중심에는 강 포수의 퉁소 소리와 약상인의 주도하에 이뤄지는 노래들이 어우러져 강제이주를 앞둔 인물들의 불안한 심리를 표현한다.[44] 그리하여 무대는 격정에 가까운 짙은 페이소스를 만들어낸다. 방상칠과 무라카미 선장의 등장에도 불구하고, 무대는 그 소란스러움 속에서 낮게 흐르는 디아스포라의 비애감으로 가득하다. '감히' 이런 분위기를 조성할 수 있었던 것은, 작중 공간이 바로 연해주이기 때문이다. 말하자면, 이 연극은 소비에트를 비판하고 '향수'를 경계한다는 작의를 빙자하여, 한편으로는 근대사의 흔적으로 역사 인식을 드러내고, 다른 한편으로는 문화적 공동체의 감각을 기억해내면서 망국의 애통함을 표현한다. 그렇게 함으로써 국민화 내러티브를 사실상 연극 외부로 추방하는 것이다.

이 지점에서, 부재하는 조국의 표상으로서 현존하는 '어머니'를 인상적으로 받아들일 필요가 있다. 아들을 떠나보내던 허 씨(박영철 모), 그리고 아들을 기다리던 조 씨(강포수 모)의 마음이 완벽하게 겹쳐지는 곳, 그곳이 바로 박영철과 강 포수가 세상을 견디는 힘이며 희망의 씨

---

44 순영의 집을 작중 공간으로 하는 제4막에 가서는 불안감과 긴장감의 분위기가 한층 고조되는데, 작중 상황 동안 계속해서 아수라장을 연상시키는 소리가 뒤엉켜 들리고, 상황의 급박함을 재촉하는 전화벨 소리와 뱃고동 소리가 극의 리듬을 조율한다.

앗이다.

①

허 씨 걱정이 무슨 걱정이야. 네가 하는 일이면 다 옳은 일일 걸. 내가
왜 걱정한단 말이야. 너는 나쁜 일은 못해, 태성이. 본래 그런데 내가
안다. 내 뱃속으로 난 내 자식 맘을 모를라구? 그러니까 네가 어데를
가든지 난 조곰도 걱정허지 안 해. 그저 몸이야. 몸 걱정이야.

—〈빙화〉 제1막(101쪽)

②

조 씨 우리 아들이 나쁘다구. 모르는 소리. 세상에는 오구퍼도 못 올 수
가 있읍넨다. 큰일을 하는 남자에게는 다― 여러 가지 사정이라는
게 있을 게 아니요. 그 애는 결단코, 나쁜 일을 할 사람이 아니야.
본래 태성이 나쁜 일은 못해. 내가 알아. 제 뱃속에서 난 제 자식
의 맘을 모를라구. 그 애는 그런 살이 아니야……여기서 난 죽을
때까지 기대리오. 그야 죽을 때까지도 안 올지도 모르지…… 그
렇지만 기대려야지…… 만일 내가 오늘 떠나버린 다음에 내일이
래도 그 애가 찾아오고 보면 어떻게 되지…… 그 애가 그때 얼마
나 서러워할 꺼냐 말요.

—〈빙화〉 제3막(163쪽)

〈새벽길〉에서도 마찬가지다. 헨리가 조선을 떠나지 않아야 하는 이
유는 바로 이곳에 어머니가 있기 때문이다. 이러한 '어머니'의 부상은

한편으로는 1930년대 중반 이후 모성의 신성화를 수반했던 보수화 과정과 무관하지 않다. 부권의 약화와 민족적 위기의 동일화는 '순결한 어머니'를 필요로 했던바, 정조의 요구는 부권의 효력이 유효함을 웅변하는 안간힘이자 민족의 정체성을 혈통적 순수성에 찾고자 하는 최후의 방책이었다. 어머니는 자연에 가까우면서도 '무시간적인 영원성'의 상징으로 호출된 것이다.[45] 허 씨와 조 씨도 바로 그런 존재다. 강 포수의 아내가 아라사인에게 능욕을 당하고 죽음에 이른 것은 정조를 훼손당했기 때문이다.

그러나 임선규의 연극은 바로 거기까지만 당대의 일반적인 경향과 궤를 같이한다. 〈빙화〉와 〈새벽길〉에는 허 씨와 조 씨 그리고 강 포수의 아내와는 '세대'를 달리하는 '또 다른 어머니', 백순영과 마리야가 존재한다. 그들은 결코 '순결한 어머니'가 아닐뿐더러 인종 문제가 연루된 '혼혈'을 경험하는 인물들이다. 그 때문에 이들은 극심한 고통을 겪어야만 한다. 그러나 재래의 연극이 정조를 훼손한 대가로 이들을 부인했던 것과는 달리, 임선규는 "거룩하고 슬픈 유산"(〈새벽길〉, 259쪽)으로서의 그들을 품는 길을 선택한다. 그리하여 〈빙화〉의 백순영은 박영철에게 당당하게 그 책임을 묻는다.

> **박영철** 뻔뻔하게 그렇고도 살아 있구나, 응. (달려들어) 여자라는 것은
>
> 지켜야 한다. 지키지 못했을 땐 죽어야 한다. 사정이 뭐냐. 살인,
>
> 강도에게도 사정은 있고 이유는 있다.

---

45 이승희, 「한국 사실주의 희곡에 나타난 성의 정치학—1910~1945」, 『한국극예술연구』 27, 한국극예술학회, 2003, 172~181쪽.

순영   날 비난할 권리는 당신에겐 없습니다. 권리는 의무를 시행한 사람
          에게만 있습니다. 당신은 뭘 했소. 안해를 보호하는 것은 남편의
          의무입니다. 당신이 날 보호하셨습니까. 난 당신은 날 이리 승냥
          이떼 앞에다 내다버리고 도망을 갔습니다. 난 이리 승냥이 떼에게
          물리고 갈가리 찢겼습니다. 왜 그렇게 찢겼느냐구 비난하십니까.

—⟨빙화⟩ 제4막(171쪽)

그렇기는 해도 이방인의 아이를 가진 백순영은 조선으로 돌아오지
못한다. 그러나 ⟨새벽길⟩에 와서는 달라진다. 혼혈아를 낳아 양육해 온
마리야의 등장은, 말하자면 백순영의 귀환이다. ⟨빙화⟩에서는 불가능
한 것이 ⟨새벽길⟩에 이르러서는 가능하다는 것, 이는 의미심장한 변화
다. 더욱이 혼혈아 헨리의 존재는 서양의 부도덕성을 표현하면서 그런
존재를 끌어안는 일본 정신의 위대함을 역설하는 것으로 보이기도 하
지만, 다른 한편으로 일본의 순혈주의를 위협하는 잠재적 불안 요소이
다. 헨리는 "제국 내부로 완전히 편입될 수 없는 혼종적 존재"[46]인 까닭
이다. 임선규는 백순영을 통해서 박영철을 공박했던 것처럼, 마리야의
입을 빌어 '혼혈'의 열등함을 거부한다. 이는 "거룩하고 슬픈 유산"을
온전히 받아들이겠다는 선언이다.

마리야   네가 왜 병신이란 말이냐. 넌 세상을 원망하고 네 자신을 비관하
           고 병신이라고 자탄하지만 널 병신을 맨든 것은 세상 사람이 아니

---

46 전지니, 「국민연극의 이중성 연구―체제 동조와 비판을 중심으로」, 이화여대 석사논문,
2008, 41쪽.

라 네 그 비굴한 마음이다. (…중략…) 네가 생긴 외양이 이상하
다구 세상 사람이 비웃는다구 네가 부끄러워하고 마음을 굽히고
할 까닭이 뭐냐 말이다. 널 이상하게 보고 비웃는 사람들에게 왜
시원이 대답을 못 해줘. 나도 너희와 같이 이 땅 사람이다. 서양놈
에게 속고 짓밟힌 불쌍한 조선인 여인의 피를 받은 당당한 이 땅
의 아들이다. 왜 이렇게 말을 못 해. (…하략…)

— 〈새벽길〉 제4막(256쪽)

　이 연극들은 변함없는 신뢰와 사랑으로 언제나 그 자리에 있는 어머
니의 존재를 강렬히 희구한다. 비록 정조를 훼손당했을지라도 굳건히
그 자리를 지켜달라고 당부한다. '어머니'는 다름 아닌 망국의 상황에
서 '민족'이라는 공동체의 기억을 불러일으키는 상징적 중심이기 때문
이다. 이로써, 문화적 공동체의 기억은 '어머니'를 종착지로 하여 완성
된다. 불온한 침묵의 효과와는 다른 차원에서, 감정의 심연을 파고드는
주정主情의 세계가 구축된다.

　이 전략은, 임선규가 기본적으로 이성보다는 감정을 더 신뢰하는 데
서 나온다. 〈동학당〉의 문수영과 문수만 형제가 벌인 '법과 정'의 논쟁
에서, "법 이상은 없다"고 하는 형에게 문수만은 다음과 같이 말한다—
"있습니다. 형님은 불쌍한 사람을 구하는 법을 주장하시죠. 나는 불쌍
한 사람들을 근절시켜야 한다구 생각합니다. 법 이상의 것이 있습니다.
사람의 정과 법을 조화시키는 것입니다."(47쪽) 〈빙화〉 제3막, "이상의
파산자"로 자조하는 박영철 역시 다음과 같이 말한다—"세상을 움직
이는 것은 이성이 아니라 감정일세. 쏘벨을 세운 것은 맑쿠스도 레닌도

아니고 무지한 농민대중일세. 인테리는 아무것도 못 하네. 나 같은 지식인은 아무것도 못 해."(154쪽)

다시 말해서 임선규가 근대사의 흔적으로 텍스트에 환기한 동학농민혁명, 3·1운동, 사회주의의 높은 파고도 말하자면 결국 '情정'이 만들어낸 것이다. 따라서 주정의 세계를 구축하는 이 전략은, 공동체의 기억을 소환하여 조선적 정체성을 표현하는 것일 뿐만이 아니라 그의 역사 인식을 구성하는 신념이기도 하다. 임선규에게 '정'은 이성의 해법만으로는 찾을 수 없는 곤경을 돌파하거나 견딜 수 있는 상상력이기 때문이다.

이렇게 보자면, '정'의 우위는 곧 임선규 연극의 정신적 원리이자 형식인 셈이다. 이 전략의 중요성은 그 대상이 관객을 향해 있다는 데 있다. 관객에게 국민연극의 의례는 상투적이었을 것이며, 조각난 채로 산포된 불온한 기표들은 매우 세심한 관객이 아니라면 눈치채기 어렵다. 그러나 이 주정의 세계는 관객의 갈채를 받았거나 매우 인상적이었음이 틀림없다.[47]

당시 임선규 연극이 이채로운 점이 있다면, 그것은 1930년대 초반부터 멜로드라마에 주력해 온 작가의 이력과 직접적인 관계가 있을 것이다. 물론 임선규에 관한 초기 연구에서부터 국민연극과 신파(혹은 멜로드라마)의 관계를 주목해왔다. 후자가 국민연극론에서 당시 대중적인 공감

---

47 양승국은 김건의 연극평(「제1회 연극경연대회인상기」, 『조광』, 1942.12)을 인용하면서 〈빙화〉의 인기를 언급한 바 있다. 양승국, 「일제 말기 국민연극에 담긴 순응과 저항의 이중성 – 임선규의 〈빙화〉를 중심으로」, 『공연문화연구』16, 한국공연문화학회, 2008, 181쪽 참조. 또한 장혜전은 〈빙화〉가 보편적 감성 채널을 효과적으로 극화했다고 제시한 바 있다. 장혜전, 「〈빙화〉의 희곡사적 의미」, 『한국연극학』27, 한국연극학회, 2005, 196~203쪽 참조.

을 획득하기 위한 방책으로 요청된 바도 있고, 실제로 관념의 과잉을 적절히 통어하는 방편으로 극작가들이 전략적으로 이용하기도 했다. 뿐만이 아니라 선악의 이항대립 구조를 기초로 하는 국민연극의 내러티브는 멜로드라마의 그것과 매우 친족적이어서, 오랫동안 멜로드라마를 써온 임선규에게 그것이 별로 어려운 일은 아니었을 것이다. 그러나 지금 여기서 말하고자 하는 그의 이력이란 그런 기술적 차원이 아니라 극작의 근본 동력이며, 더 나아가 그 전사前史가 국민연극을 집필해야 하는 역사적 계기를 만나면서 띠게 된 수행성의 문제다. 이는 지금까지 논의해 온 임선규의 전략이 어떻게 해서 가능했는가에 대한 설명이 될 것이다.

5) 단층의 패러독스

임선규의 전략은 세 가지 수준을 갖는다. 한편에서는 국민연극임을 과시하지만, 다른 한편에서는 국민연극이라는 정체성에 균열을 가하는 불온한 침묵의 역사 인식을 보여주고, 또 다른 한편에서는 다분히 주정적인 세계를 창조한다. 여기서 특기할 만한 것은 각각이 서로 다른 대상을 향한다는 사실이다. 첫 번째가 검열 당국을 향하고 있다면, 두 번째는 작가 자신의 내면 고백이면서도 은밀하게 관객을 바라보고 있고, 세 번째는 명백히 관객을 향한다. 정도 차이는 있지만, 〈빙화〉가 가장 뚜렷하면서도 성공적인 조합을 보여준다. 대상에 따른 이와 같은 극적 전략의 차이에서, 두 번째와 세 번째는 긴밀히 결부되어 있다. 그것은 '법法' 혹은 '이성'에 대한 '정情'의 우위, 아니면 적어도 양자의 조화가 결국 역사를 추동하는 힘이라는 인식에 기초하고 있다. 양자의 관계는 우연적이라기보다 1930년대와의 연속성과 불연속성이 만들어낸 단층에서 비롯된 것이다. 그 증좌는 불온한 침묵이 드러내 보인 역사인식이 결국 주정의 세계를 구축하는 전략에 관계된다는 점이다.

〈동학당〉의 첫 장면은 김성현·김 참찬參贊·윤사준이 모여 있는 사랑방. 군수 윤사준은 최근의 송사 하나를 재연하듯 이야기한다. 이야기인즉, 김 감역監役이 중인 신분의 아낙네를 성추행하자 그 아낙네가 그를 호되게 무안을 주었는데, 그가 자식들과 종들을 시켜서 아낙네 집 식구를 때리고 집에 불까지 지른 것. 이 얘기를 들은 윤사준이 아낙네 부부에게 곤장을 때리고 감옥에 가두는 처벌을 내렸다는 이야기다. 이 장면에서 윤사준의 입을 통해 전달되는 그 아낙네의 주장이 흥미롭다.

> 윤사준   도시 그 일이 남의 일 같지가 않습데다그려. 아 그러드니 조금 있다 그 녀석이 모기 소리 만한 목소리를 뽑아서 겨우 허는 말이, "네 그저 쥑여 줍시사. 그때에 미련한 속에 그저 분한 생각만 나서 그저 양반 상남 헤아릴 겨를도 없이 그저! 네네 죽여주십사." 그저 이따위 소리로 쥑여 달라구만 한단 말이요. 듣다듣다 하두 갑갑했는지 옆에 꿇어앉았던 그 계집이, 당돌하게 하는 말버릇 좀 보시⋯⋯.
>
> 김 참찬   아니 뭐라구.
>
> 윤사준   양반댁에게만 절개가 있습니까. 중인네들도 개나 돼지는 아니올시다.
>
> 김성현·김 참찬   뭐, 절개? 기가 막혀서⋯⋯.
>
> —〈동학당〉 제1막(10~11쪽)

이 첫 장면의 배치는 중요하다. 신분 혹은 계급 여하를 막론하고 '절개'를 가진다는 이 아낙네의 당찬 주장은, 곧 문수만과 김윤주의 계급을 초월한 사랑이 정당하다는, 그럼으로써 동학혁명의 정당성을 전달하는 주제의식의 전초전이기 때문이다. 그런데 그 아낙네의 '절개론'은 임선규의 전작 〈사랑에 속고 돈에 울고〉 제1막에 나오는 한 장면을 연상시킨다. 실제로 다음 장면(제1막 제2장) 첫머리에서 〈열녀춘향수절가〉가 문수만에 의해 인용될 뿐만 아니라, 문수만과 김상수에 의해서 한 대목이 재연되기도 한다. 다음은 〈사랑에 속고 돈에 울고〉에서 혜숙의 '춘희론'과 홍도의 '춘향론'이 대결하는 대목이다.

혜숙　　아르맨은 아무리 말크랜을 사랑했다 할지라도 그 사랑은 절대로
　　　　성립이 되지 않았을뿐더러 결국에는 아르맨은 죽음의 눈물밖에
　　　　돌아오는 것이 없지를 않았어요. 자기의 환경을 모르는 사랑에는
　　　　결국 눈물밖에 돌아오지 않는다는 것을 어째 당신은 모르나요?
홍도　　체ㅡ. (코웃음) 가장 당신은 유식하다고 하는 당신이면서 외국의
　　　　「춘희」란 소설만 봤지 어째 우리 동방예의지국의 열녀 춘향이는
　　　　모르시나요?

　　　　　　　　　　　　　　　ㅡ〈사랑에 속고 돈에 울고〉 제1막(126쪽)

　나머지 두 편에서도 그 흔적을 찾을 수 있다. 〈빙화〉 제2막에서, 홀로 아기를 키우는 백순영에게 인근 조선인 농장주 장만수가 수작을 부리는 대목이다ㅡ"(잡고) 아라사 땅에는 춘향이가 없어……"(107쪽) 〈새벽길〉에는 직접 '춘향'이 인용되지는 않으나 그 존재가 충분히 의식되는 가운데 그 대타적인 자리에 있는 〈장한몽〉의 순애와 수일을 인용함으로써 문제의식의 연속성을 보여준다. 제2막, 영진은 유학을 떠난

지 4, 5개월이 지났고 송 진사 집안이 급격히 기우는 가운데, 마리야를 향한 모리슨의 유혹이 다가오고 있는 시점이다. 제2막이 시작되자마자 동리 아이들이 부르는 〈장한몽〉 노래에 이어 한 아이가 소리 높여 말한다—"순애야. 이래배도 이수일이는 20ⁿ세기 당당한 일개 남아다. 사랑하는 안해를 돈을 삼아서 외국 유학하려는 개잡놈 아니다."(211쪽) 이는 마리야가 절개를 팔아야 하는 상황이 도래하고 있음을 알리는 복선이다. 일은 결과적으로 그렇게 진행되었다. 이렇듯 1940년대 세 편의 연극에는 '춘향'의 흔적이 발견된다. 〈동학당〉이 고전적인 방식으로 이를 주제로 삼았다면, 〈빙화〉와 〈새벽길〉은 제국주의로부터 정조를 유린당하는 민족에게서 춘향이를 보았던 셈이다.

임선규에게 〈춘향전〉의 주제는 오래전부터 의식되어 왔음이 분명하다. 그리고 그 방향은 인물 간의 계급관계에서 빚어지는 드라마를 향해 있다. 물론 이 드라마는 전혀 사회주의적이지 않으며, 어디까지나 멜로드라마적 상상력에 입각해 있다. 부재하는 것을 현실화하려는 욕망을 품으면서도, 현존하는 질서를 위반하거나 불안하게 하는 욕망에 대해서는 처벌하거나 교정을 가한다. 이는 임선규의 대표작 〈사랑에 속고 돈에 울고〉에 잘 나타나 있다. 그러나 이 이율배반성은 완전한 봉합을 지연시키면서 판타지를 남긴다. 이를테면 홍도가 끝내 살인을 저지르는 파국에 이르렀음에도, 음모자들의 흉계가 아니었다면 그는 안전할 수 있었을 것이라는 안타까움이 그러하며, 광호 모친이 홍도와 같은 기생 출신임에도 대갓집 마님으로 안착한 사실이 하나의 전례로 기억된다는 점이 그러하다. 즉 홍도의 현실적인 좌절에도 불구하고, 금지된 소망은 완전히 폐기되지 않는다. 환경결정론을 거부했던 홍도의 '춘향론'은 여전히 유효한 셈이다. 이것이 바로 임선규의 근원적인 상상력이 아니었을까. 그리고 이 낭만적인 인식론은 1940년대에 접어들어서도 여전히 유효해 보인다. 〈바람부는 시절〉과 같이 그는 국민연극을 쓰던 그 시절에도 여전히 그러한 주제를 즐겨 다루고 있었다.

그렇다면 전시체제기에 임선규가 보여준 '전략'은 과연 어디에서 비롯했을까. 임선규 자신의 전사와도 단층을 이루고 여타 국민연극과도 단층을 이루는 이 결과를 어떻게 이해해야 할까. 이런 가정법으로 생각해봄 직하다. '국민연극'을 집필해야 하는 상황과 마주치지 않았다면, 가능하지 않았을 결과라는! 곧 국민연극의 도래라는 사건이 일어남으로써, 임선규가 비로소 '역사'와 조우遭遇할 수 있었다는 패러독스다. 전시체제의 동원정치 아래 '건전한 사상'을 생산해야 하는 상황은, 임선규 개인으로서는 극작에서 거의 다뤄본 적이 없는 거대담론을 주제화해야 하는 과제를 의미한다.[48] 이런 점에서 본다면 오히려 좌파 이력의 작가나 극연 계열의 작가가 더 편한 상황이었을 것이다. 중요한 것은, 그렇게 강제된 상황이지만 이러한 역사적 계기로 그의 멜로드라마적 상상력이 역사의식과 접속하기 시작했다는 점이다.

〈동학당〉이 임선규의 다른 멜로드라마와 구별되는 것도 바로 그 때문이다. 가령, 〈사랑에 속고 돈에 울고〉에서 기생의 존재가 성적·계급적·민족적 억압의 응축으로 이루어진 하나의 표상으로 읽힌다고 해

---

48 고설봉의 회고에 의하면, 〈수풍령(愁風嶺)〉(1936)이 민족주의 작품이라 하여 임석경관으로부터 공연이 중지되고 임선규는 피검되었으며 논산의 가택까지 수색당한 일이 있었다고 한다. 이 일로 한동안 그는 요시찰인물로서 주시의 대상이었다고 한다. 그렇다고 하더라도 그의 연극은 대체로 검열 당국에 거슬리지 않으면서 관객으로부터는 갈채를 받는 대중극 작가였다. 〈수풍령〉 사건에 대해서는 고설봉 증언, 장원재 정리, 앞의책, 128쪽 참조.

도, 그것은 어디까지나 식민지적 근대의 억압적 현실에 대한 불만을 기생의 사랑과 결혼으로 전치한 멜로드라마의 영역에 놓인다. 그러나 〈동학당〉은 이 문제를 '동학'이라는 도도한 역사와 결합함으로써 계급 구조의 공적인 성격을 분명히 '공개'한다.

일반적으로 임선규의 연극이 — 가령 동학을 소재로 했음에도 불구하고 — 멜로드라마 성격 때문에 비판을 받는 편이지만, 사실은 바로 그곳에 연극사적 가치가 있다. 만약 임선규가 자신의 멜로드라마적 상상력을 포기했다면, 국민연극 이념의 주문에 따른 공식성만 남고 아마도 두 가지를 잃었을 것이다. 첫째는 통속적이라고 비난받는 멜로드라마적 세계가 어떻게 공적인 영역과 관계되는지 증명할 수 없었을 것이다. 가령, 〈동학당〉에서 문수만과 김윤주의 사랑은 진부한 주제의 반복이 아니라 현실의 계급적 질서를 구상화할 수 있는 가장 좋은 재료였으며, 이 질서의 모순이 '동학'으로 격화된 역사와 필연적인 관계에 있음을 입증한 것이다. 둘째는 국민연극의 공식성을 유지하면서도 그 이념을 수락하지 않으려는 저항서사를 단편적으로나마 표현할 수 없었을 것이다. 특히 〈빙화〉와 〈새벽길〉이 보여주는 그 불온한 흔적은 '국민화' 내러티브를 위태롭게 하고 있었다.

임선규의 이러한 상상력은 일제 말기 그 시절을 견디는 하나의 도덕이었던 것으로 보인다. 그는 '정情'의 시선을 통해서 어떤 희미한 꿈을 꾸었는지도 모른다. 〈빙화〉에서 박영철의 첫 등장은 눈 내리는 밤, 머리에 눈이 수북이 쌓인 모습이다. 아마도 작가는 그의 머리에 핀 '빙화氷花'가 처연하지만 아름답기를 간절히 원했는지도 모른다. 그리고 거기에서 '새벽'을 보았을지도 모른다. 해방기에 〈동학당〉의 공연 제목이

〈여명黎明〉이었던 것은, 이 연극들이 어떤 의미 사슬을 형성하고 있었던 것은 아닐지 상상하도록 만든다. '현실'을 초과하여 부재하는 것을 현실화하고자 했던 멜로드라마적 상상력은, 장기화하는 피식민하에서 역설적이게도 '역사'와 새롭게 조우한 것이다.

2. 박영호의 '밑바닥'

1) 전시기의 감상주의

1945년 해방되기 불과 몇 달 전, 무라야마 토모요시村山知義는 조선연극에 감상적인 것이 '너무' 많다는 사실에 놀라워했다. 감정의 발로가 자연스럽지 않고 그 정도가 과하여 이성을 잃은 상태라며 이는 억지로 관객의 감동을 일으키려는 의도의 소산이라고 판단했다.[49] 조선연극은 어느 곳이든 초만원의 성황을 이루고 3시간이 넘는 장막극에도 강한 흡인력을 보였다. 그의 기록대로라면 "신파조의 눈물" 때문에 국책을 목표로 하는 많은 연극이 "민중의 계몽선전을 잊어버리고 있"는 형국,[50] 이것이 바로 전시체제기 조선연극을 지배하는 감상주의였다. 외부자의 시선은 자신이 경험하고 지향하는 연극이 비교의 축이 되기 때문에, 그 판단을 상대화할 필요가 있고 더욱이 조선어 해득력이 없는 자의 것이기에 그 한계 또한 분명하다. 그렇다고 해도 그가 한편으로는 거칠게

---

49 村山知義, 「관극소감(1)」, 『매일신보』, 1945.4.26; 村山知義, 「희곡계의 현상(2)」, 『매일신보』, 1945.5.19.
50 村山知義, 「관극소감(1)」, 『매일신보』, 1945.4.26.

번역된 일본어 대본을 통해 서사가 주조해내는 감정 상태를 읽어내고, 다른 한편으로는 서사를 초과하는 무대상의 수행에서 감정 과잉을 직관적으로 느꼈을 것이라는 점에는, 동의할 수 있을 듯하다.

조선연극의 감상주의는 신극주의자가 줄곧 지적해 온 적폐였으나 쉽게 사라지기는커녕 관객-대중에게 호소력이 높았으며, 전시기에 이르러서는 그러한 속성이 종종 전략적 차원에서 요구되기조차 했다. 실제로 그 시기에 양적 다수를 차지했던 공연 레퍼토리는 전시 이전에 이미 개화하여 이때 만개한 전시오락의 중심이었으며,[51] 감상주의는 레퍼토리에 편재된 지배적인 양상으로 보였다. 이 상황이 함축하는 바는 분명하다. 언제부턴가 감상주의가 조선연극의 주요 특질이 되었고, 전시戰時라는 비상시에도 그 경향이 더욱 강화되었다는 점이다. 한편으로 전시 이전의 — 혹은 그와 동종의 — 레퍼토리가 꾸준히 공연된 점을 고려하면, 전시체제로의 돌입이 그 이전과 이후를 단절시킨 것만은 아니었으며 전시오락의 필요에 따라 감상주의 배양 조건은 오히려 더 좋았음을 시사한다. 하지만 다른 한편에서 생각하자면 이런 지속만으로 동일성이 보장된다고 가정할 수 없는데, 레퍼토리의 수행적 상황이 명백히 달라진 만큼 그 성격을 달리 읽어야 하기 때문이다.

물론 감정의 문화란 "일단 예술적인 객관화의 길을 발견하게 되면 곧 그 원천으로부터 어느 정도 독립하여 그것 나름대로의 길을 가게 마

---

51 '전시오락'이 정책적으로 디자인된 것임은 주지의 사실이다. 우생학적 신체 조형술을 통해 본 오락정책에 관해서는 김예림의 「전시기 오락정책과 '문화'로서의 우생학」(『역사비평』 73, 역사문제연구소, 2005.11)을 참고할 수 있겠고, 전시기에 공연예술의 새로운 강자로 부상한 악극과 어트랙션에 관해서는 이화진의 「전쟁과 연예─전시체제기 경성에서 악극과 어트랙션의 유행」(『한국학연구』 36, 인하대 한국학연구소, 2015)에서 많은 시사를 받을 수 있을 것이다.

련"[52]이기에, 전시체제기 감상주의의 경향을 그리 놀랍지 않게, 그저 당연하게 받아들일 수도 있다. 감상주의가 흥행시장에서 경쟁력이 있다고 판단되었을 때부터 그 문법개발은 시작되었고 전시라는 특수特需가 감상주의를 더욱 증폭시킨 것으로 해석될 수도 있다. 그러나 이 정황에 대한 이해는 단지 '현상'을 설명해주고 있을 뿐이다. 하나의 뚜렷한 경향으로서 특정한 감정에의 기대 혹은 감상성의 선호가 매우 배타적으로 드러난다면, 거기에는 그럴 만한 이유가 있는 법이다.

지금까지 조선연극의 감상주의는 대체로 관객-대중의 취향으로 설명되어왔다. 극단의 영세성은 불가피하게 관객-대중의 기대심리에 적극적으로 의존하지 않을 수 없었고, 제작비라도 회수하기 위해 지방 순회를 다녀야 했던 극단의 생존방식은 중앙과 지방의 취향을 동일화하는 계기적 조건이었다. 또한 '사유방식'과 '삶의 태도'와 같이 구체적이고도 직접적인 원인이 될 만한 공동체의 유전적 가능성이 식민지적 근대화 과정과 결부되어 있음도 충분히 고려할 만한 조건일 것이다. 다만, 경계할 것은 관객-대중을 정태적인 존재로 탈역사화하는 것이다. 그런 관점에 입각하면, 감상주의는 예술가로서의 자율성을 상실하고 '감상성을 선호하는 관객-대중'에게 투항한 결과가 되거나, 기질적인 소인에서 비롯된 필연적 결과가 될 뿐이다. 더 나아가 어찌하여 관객-대중이 감상적인 것을 선호하는지에 대한 요령 있는 설명을 기대하기 어려우며, 대중극과 신극 혹은 연극 양식 간의 차별성이 의문시되었던 조선연극의 상황,[53] 심지어 각본상 명백한 차이가 있다고 해도 그 실연

---

52 아르놀트 하우저, 염무웅·반성완 역, 『문학과 예술의 사회사』 3, 창작과비평사, 1999, 86쪽.
53 일제 말 시점에서도 "엄연히 보아 조선극계는 하나의 낭만극도, 하나의 사실극도 스타일을

實演의 결과가 그 차이를 지우기 일쑤였다는 것도 이해하기 어렵다. 이는 관객-대중의 영역을 벗어나는 문제다. 작가나 연출가 그리고 배우의 연기도 그저 숙련성의 문제로 치환될 수 없다.

관객-대중의 기대심리는 관객-대중을 통해서가 아니라 이들이 선호하는 텍스트를 통해서 구성해야 하며, 감상주의는 텍스트에 표현된 감정의 해석에서 시작되어야 한다. 어떤 경우에도 감정은 그저 맹목적인 것이 아니라, '나'에게 무엇이 중요한지에 대한 가치판단을 포함한다. 감정을 철학적 대상으로 삼아 이 시대의 민주주의와 정치를 위한 실천철학으로 해석해낸 마사 누스바움에 의하면, "감정은 실제로는 내가 무엇인가를 필요로 하며 자족성을 결여하고 있는 사실에 대한 인정이다."[54] 그래서 감정은 '성숙한 상호 의존'[55]의 가능성을 보여주는 윤리적 태도이며, 그 가운데 연민은 '유사-윤리적 성취'[56]로서 우리의 윤리적 의식을 확대하는 매우 귀중한 방식이다.

이 관점에서 생각해보면, 감상주의는 그것의 윤리적 가치를 역설하는 준거일 것이며, 이 가치는 감상주의가 조선연극의 주요 특질이 되어

졸업해내지 못했고, 고협은 물론이요, 극연도, 토월회도, 낭만좌도 모두 식성 좋은 양이었다." 박영호, 「극단 '스타일' 문제―중앙극단을 중심하야」, 『매일신보』, 1941.7.5.

54 마사 누스바움, 조형준 역, 『감정의 격동―1. 인정과 욕망』, 새물결, 2015, 63쪽.

55 '성숙한 상호 의존'은 어린이의 '유아적 의존'과 대비되는 페어버언(Fairbairn)의 개념으로 다음과 같이 요약될 수 있다. "아이는 자신이 사랑하고 계속 필요하게 될 사람은 자신의 의지의 단순한 도구가 아니라 별개의 존재임을 받아들일 수 있게 된다. 아이는 모종의 방식으로 그(들)에게 의존하는 것을 허용하며 전지전능함을 주장하지 않는다. 역으로 그(들)의 모종의 방식으로 자신에게 의존하는 것을 허용한다. 그리고 모종의 방식으로 헌신적으로 그(들)에게 책임을 다한다." 마사 누스바움, 조형준 역, 앞의 책, 408쪽.

56 마사 누스바움, 『감정의 격동―2. 연민』, 조형준 역, 새물결, 2015, 613쪽. '연민'은 'compassion'의 역어인데, sympathy, empathy, pity 등 용어에 관한 마사 누스바움의 주석은 552~556쪽을 참조하라.

간 심층을 이룬다. 구체적으로는 3·1운동으로 촉발된 탈식민화에 대한 기대와 좌절을 연쇄적으로 체감했던 시대에 감상주의는 비로소 그 모습을 드러냈다. 이는 곧 검열체제에 의해 억압된 이성의 언어를 '감정'으로 코드 전환해야 했던 사정과 깊은 관계가 있다.[57] 조선연극은 감정적 요소를 극대화하여 시각적 쾌락이 제공하지 못하는 것, 검열체제로 봉쇄되어 말할 수 없는 것을 매우 극적으로 전달함으로써 관객-대중과 적극적으로 소통하고 있었다. 관객-대중 안에 이미 깃들어 있던 정서가 무대를 매개로 하여 감정으로 활성화된 것이다.[58] 이 전환은 '과잉'이라는 형식을 통해 외부로부터 받는 온갖 압력에 대한 저항이자 자기보존을 위한 방어기제의 결과다.[59] 감정의 과잉으로 리얼리티를 획득하는 상태, 그것이 바로 조선연극의 감상주의가 놓인 자리였다. 그리하여 이 순간은 때때로 서사의 흐름이 중단된 듯한 착각을 주기도 하는데, 시간의 어떤 마디를 길게 늘여 감정을 진하게 표현하는 순간은, 서사가 해낼 수 없거나 아니면 그 서사를 부인할 수도 있는, 정지된 시간

---

57 이 주장은 신파가 미적 특질로 응결되는, 그리하여 감정 과잉 현상이 보편적으로 나타난 역사적 유래를 논의한 연구에 근거를 둔 것이다. 이 책의 3부 3장 '사실주의 연극의 성립'에서도 이를 다루었다.

58 권수현, 「감정과 정서」, 『철학연구』 123, 대한철학회, 2012 참조. 이 논문은 '생물학적 사실'과 '사회적 구성물'의 혼성이론으로서의 '구성적 센티멘탈리즘'에 주목한 프린즈(Jesse J. Prinz)의 논의를 대상으로 그 이론적 가능성을 탐색한 것으로, 감정과 정서의 관계를 조망하는 데 여러 생각할 문제를 제공한다. 구성적 센티멘탈리즘에 의하면, 정서는 감정을 불러일으키는 도덕개념의 기초로, 정서가 감정적 반응으로 발현되는 과정이란 장기기억에 저장된 정보를 근거로 하여 단기기억에 입력되는 내용을 해석하는 과정으로 요약된다.

59 이는 18세기 영국 감상주의극의 대중적 호소력에 대한 오스카 브로켓의 해석에서 시사를 받았다. 그의 견해를 요약하자면, 당시의 감정표현이란 외부로부터 받는 온갖 압력에 대한 저항이자 건강한 마음을 유지하는 수단이었다는 점이다. 오스카 브로켓, 김윤철 역, 『연극개론』, 한신문화사, 1989, 286쪽.

의 판타지가 된다. 따라서 감상주의를 자아내는 맥락이 언제나 연극의 주제를 압축한다고 말할 수는 없지만, 이때의 감정은 연극의 또 다른 메시지다.

이제 다시 전시기로 돌아와 이런 질문을 던져볼 수 있다. 연극이 전시의 오락이 되고 프로파간다 예술로 전위轉位되던 시대, 강력한 목적론적 서사에 기반하여 언어의 과잉이 강제되던 시대, 과연 국민연극의 감상주의는 어떠했을 것인가. 이 질문이 향하는 것은 영리한 검열체제와 병약한 흥행시장에서 감정 과잉으로써 일정한 윤리적 태도를 드러냈던 감상주의의 행방이다.

아마 국민연극에서는 통상 우리가 떠올릴 수 있는 감상주의의 면모를 발견하기 쉽지 않을 것이다. 국민연극은 진보의 이념이 제국주의 혹은 식민주의와 결합한 사실주의 서사를 강력하게 요청했고, 감상주의가 허용된다면 이는 그러한 목적론적 서사를 감정적으로 소구하기 위한 전략적 차원일 것이며, 이때의 감상주의란 사실상 전시 이전과 이후를 연속적인 것으로 만들어주는 감상주의의 층위와는 사뭇 다른 것일 수밖에 없기 때문이다. 그러나 다른 가능성을 가정해 보고자 한다. 임선규의 '숨은 그림'이 보여주듯이, 전시체제로의 전환은 전사前史의 수행적 가치가 특정한 단층을 만들어내는 계기이기도 했으며, 이때 '감정'은 국민연극의 이데올로기와 불화不和하는 극작술의 동력이 되었기 때문이다.

따라서 국민연극에서 감상주의를 읽어내기 위해서는 그 서사의 전략을 이용할 필요가 있다. 일반적으로 국책선國策線에 부합하는 주제를 효과적으로 강조하기 위해서는 갈등하는 축을 둘러싸고 적어도 2개 이상의 힘들이 겨뤄져야 한다. A를 주장하기 위해 이와 갈등하는 B 혹은

C를 노출하는 것, 이를테면 '국민'을 묘사하기 위해 '비국민'이 필요한 전략이다. 이때 주목할 것은 이 과정에서 뜻하지 않게 B(혹은 C)가 '국민'의 세계로 회수되지 않아 '비국민'을 보존하는 역설적인 결과다. 여기서 해석이 필요한 곳은 B에 대한 텍스트의 감정이다. 그 여하에 따라 이 시기의 목적론적 서사를 거스를 수도 있으며, 이때 서사로는 해낼 수 없었으나 감정의 윤리적 태도를 드러냄으로써 또 다른 메시지를 드러낼 수 있을 것이기 때문이다.

이런 맥락에서 박영호朴英鎬(1911~1952)는― 임선규와 유사하면서도 또 다른― 매우 흥미로운 극작가이다. 감상주의가 조선연극에 편재된 현상이라고 할 때 이 근본적 동력이 관객-대중에게서 나온다면, 대중극에 관여한 작가의 연극은 적어도 신극 작가의 경우에서보다 '비국민'에 대한 특별한 감정이 의식적이든 무의식적이든 노출될 가능성이 있다. 대중적 친화력에 관한 한 박영호는 수위를 다투었던 대중예술인으로서, 경성에 올라온 이후 대중극단의 극작가이자 대중가요의 작사가로서 명성을 떨쳤을 만큼 대중문화 한복판에 있었다. 뿐만이 아니라 그의 이력을 더 이채롭게 만드는 것은, 그가 한때 프로연극에 경사된 적이 있으며[60] 전시체제기에는 좌파 이력의 연출가와 주로 작업했다는 점이다.[61] 이러한 내력은 감정의 윤리적 태도가 그에게는 중요했을 수도 있겠다는 생각이 들도록 한다.

국민연극에서 감정의 운명은 어쩌면 그 윤리적 가치를 내려놓거나 대폭 수정될지 모르는 상황이었다. 조선연극의 감상주의에서 특별한

---

60 이승희, 「박영호의 연극, 대중극의 젠더」, 『민족문학사연구』 55, 민족문학사학회, 2014.
61 이서향, 안영일, 박춘명, 김욱 등 좌파 이력의 연출가와의 작업이 압도적인 비중을 차지한다.

위치에 있던 연민의 감정은 더 그러하다. 선전 체제 시대의 국민연극에서 주동인물을 연민의 감정으로 묘사하는 것은 거의 불가능하기 때문이다. 그러나 동시에 외부 압력에 대해 저항하고 자기보존을 위한 방어기제는 여전히 필요한 상황이었다. 무라야마 토모요시가 목격한 조선 연극의 감상주의가 바로 그 증좌가 아닐까. 아마도 관객-대중 대부분은 감상주의의 불온함을 의식하지 못한 채 그냥 흘려보냈을 수도 있지만, 감상주의 경향은 소비심리로 표현된 식민지 군중의 자기방어이자 도덕성의 입증이었음이 틀림없다. 그리고 박영호의 연극은 또 다른 방식으로 그 메시지를 드러내고 있었다.

2) 비非국민을 위한 연민의 드라마

〈산돼지〉는 제1회 국민연극경연대회 개막작으로 이서향 연출, 극단 '성군'에 의해 초연되었다.(1942.9.18~20) 함대훈이 이 연극의 주제를 "광산의 과학적 탐구의 승리"[62]라고 요약했듯이, 이 연극은 광산전문학교를 졸업한 엘리트 지식인(고수머리 홍)이 과학적 지식과 신념으로 광산 현장을 지키고 증산에 힘쓴다는 내용이다. 그러나 〈산돼지〉의 무게를 어떻게 "광산의 과학적 탐구의 승리"라고 거침없이 말할 수 있었을지 의문이다. 이 연극의 서사 진행은 그 궁극적인 도달점이 그것이 아니라고 말하고 있기 때문이다. "조화로운 공동체"를 희망하며 "근대적 엘리트들이 봉건적인 사고에 사로잡힌 구시대 인물들에게 관용을 보이고 포용력을 발휘해야" 한다는 정도의 접근만이 가능한데 말이다.[63] 작가 자신이

---

62 함대훈, 「연극경연의 성과(2)」, 『매일신보』, 1942.12.7.
63 이재명, 「박영호 작 〈산돼지〉 연구」, 『한국극예술연구』 16, 한국극예술학회, 2002, 418쪽.

밝힌, 고수머리 홍에게 보내는 서간문 형식의 「작의」는 이 점을 분명히 하고 있다.

고수머리 홍 군.

군은 확실히 시대를 안다. 강한 신념과 정확한 지성과 열렬(熱熱)한 정복욕을 가진 기술적 인테리인 것을 안다. 원견법(遠見法)이니 중야망기법(中夜望氣法)이니 하는 낡은 산상학(山相學)을 미신이라고 반박한 것도 안다. 자기법(磁器法), 중력법(重力法), 전기법, 탄성파법(彈性波法)—이와 같은 물리탐광(物理探鑛)의 지론도 안다. 군의 연인 최길애가 힘줄 핏줄이 드러나 생활 현장을 떠나서 암시된 문화생활의 길을 걷자고 했을 때 단연 거절한 것도 안다. 군은 모든 그릇된 서적 속에서 진실만을 고르는 것처럼 감석(坩石)을 분석하고 金의 씨알을 제련해 가는 동안에 인생을 분석하고 진실을 제련한다는 말도 안다. 동철(銅鐵)이 녹아가는 과정에서 현대인의 생활은 나고 죽고 나고 죽고 한다는 말도 안다.

그러나

홍 군, 나는 감히 질문한다. 가장 불우한 조건에서 생겨난 욕심이 선(善)과 연락될 수 있는 점을 아는가? 즉 장덕대의 불우한 욕심이 비극을 만들어가는 과정을 군은 한 번이나 친절한 눈으로 주목해본 일이 있는가?

군이 만약 그런 인간적인 성의와 애정을 가졌을 것 같으면 내 어찌 이 장덕대의 비극을 쓸 자유가 있었으랴.[64]

---

64 박영호, 「〈산돼지〉—作意」, 『해방전(1940~1945) 공연희곡집①』, 평민사, 2004, 62쪽.

박영호가 말하는 "선^善"이란 "친절한 눈빛", "인간적인 성의와 애정"이며, 이런 마음을 가졌다면 "장덕대의 불우한 욕심이 비극을 만들어가는" 것을 막을 수도 있었다는 메시지다. 즉 이 연극은 연민의 감정이 타인의 삶의 가치에 주의를 기울일 때 장덕대의 비극과 같은 파국을 막을 수 있으며, 그 비극이 자신 혹은 내가 사랑하는 사람들의 미래일 수도 있음을 암시한다. 이 「작의」는 임선규의 것에서 본 '과시적 전시'와는 사뭇 다르다. 〈산돼지〉는 그 자체로 연민에 관한 드라마이다. 따라서 이 연극의 관건은 장덕대에 대하여 연민의 감정을 가지는 과정이 관객-대중에게까지 공감을 불러일으킬 수 있는가에 있다.

연민의 감정을 지녀야 할 인물로 우선 지목된 이는 형제광산 기사 고수머리 홍이다. 물론 관객-대중은 작가의 작의를 모른 채 연극과 마주한다. 그는 가족이나 연인 때문에 직역봉공의 현장을 이탈하지 않으며, 과학적 합리성을 신뢰하는 동시에 확고한 신념까지 소유하고 있다. 약간의 음모 때문에 그러한 덕목이 훼손될 위기가 있었으나 이 또한 가뿐히 해결해내는, 그야말로 국민연극이 추구하는 이상적인 인물이다. 더욱이 노동자와 자본가가 하나가 되어 공동으로 광산을 운영한다는, 그의 이상은 일견 사회주의 사상에 가까운 것처럼 보이지만 서사의 맥락에서 이는 전체주의적 모델에 가깝다.

고수머리 홍에 대한 관객-대중의 감정이 특별했을 거라고 짐작되지는 않는다. 엘리트 지식인의 하방과 헌신은 그 자체로 우아해 보이지만, 공감의 조건으로서는 좋은 편이라 할 수 없다. 들병이 은이와 형제광산 광주의 딸 길애의 연모가 고수머리 홍을 매우 호의적인 인물로 만들고 있지만, 대부분의 다른 인물에게 그의 신념은 '고수머리 홍'이라

칭할 만큼 고집스러운 것이다. 그에게 악의적인 감정을 가진 동일광산주 홍동일에게는 "자영광自營鑛이니 동업광同業鑛이니 노자일체勞資一休니 허구 떠들어도, 결국 고수머리 홍가는 최광주의 장래 사윗감"(85쪽)[65]일 뿐이다. 더욱이 "황금동원"[66]을 선전하는 대목에서는 마음을 거두고 그저 무심하게 바라보았을지 모른다.

지적 능력과 인품이 훌륭하나 고수머리 홍을 '건전한 사이보그'로 만들어버리는 것은 다름 아닌, 주동인물도 아니면서 연극 제목의 당사자이기도 한 장덕대다. 그는 고수머리 홍이 중심이 되는 주제를 줌아웃하면서 이 연극에 다른 빛깔의 무늬를 새겨 넣는다. 처음에는 고수머리 홍의 과학적 신념과 형제광산의 미래를 위해서 청산되어야 할 과거의 인물이자 고수머리 홍과 형제광산을 위태롭게 하는 데 가담한, 그저 그런 인물이다. 더욱이 그는 술에 취하면 장판줄을 기가 막히게 타다가도 심사가 뒤틀리면 애꿎은 찬집에게 폭력을 행사하는 못난 인간이다. 그리고 가난하다. 그러나 작가는 몇 가지의 장치를 통해서 장덕대에게 예사롭지 않은 의미를 점층적으로 부여한다. 그 첫 번째는 제1막의 마지막, 장덕대가 동일광산주의 회유에 넘어가 이들과 어울려 장판줄을 타다가 고수머리 홍과 갈등하는 장면이다.

고수머리 홍　뉘 밥 먹구 뉘 줄을 타주는 거야. 역기 돼지 같은 것. (삽을

65　박영호, 『해방전(1940~1945) 공연희곡집①』, 평민사, 2004. 박영호의 희곡은 이 책을 참고했으며, 이하 인용 시 쪽수만 표기하기로 한다.

66　"고수머리 홍 : 황금동원이란 무엇이오? 금은 중앙은행 금고 속으로 들어가게 마련이오. 금비녀 한 개, 금가락지 한 개, 금단추 한 개, 대포알이 되고, 비행기 날개가 되는 쾌감을 압시다."(91쪽)

	들어 장을 치려 한다)
일동	으악.
찬집	기사 어른. (매달린다)
장덕대	홍가야, 고수머리 홍가야. 그 삽으로 날 쳐라. 난 돼지다, 돼지
	야. (엎드려 운다)

뻐꾹새 소리. 막.

—〈산돼지〉 제1막(88쪽)

장덕대가 고수머리 홍의 분노에 돌연 자신을 '돼지'라고 자학하면서 울부짖는 장면이다. 동일광산주와 거래를 약속하고 장판줄을 타며 즐기던 중이었기에, 그의 돌발적인 행동은 어떤 의구심을 갖게 한다. 그의 행동을 이해할 만한 더 이상의 정보는 제공되지 않는다. 그러나 이 장면이 제1막의 마지막을 이룸으로써 섬세한 공감 능력을 지닌 어떤 관객은 이를 이해했을지 모른다. 이 울부짖음은 자신의 행동에 수치심을 느끼는 자의 것이다. 아마도 고수머리 홍은 이를 이해하지 못했을 것이다. 그랬더라면 장덕대의 비극은 막을 수 있었을 테니까.

이 연극의 진정한 드라마가 비로소 다시 시작되는 때는 제3막 말미에서 장덕대가 표품標品을 바꿔치기한 것이 들통났을 때다. 이럴 경우, 일반적으로 부정행위를 저지른 인물은 모든 것을 잃고 몰락하거나 참회를 통해 새로운 인간으로 거듭나기 마련이다. 보는 시각에 따라서는 장덕대가 자살하는 이 연극의 마지막을 그러한 주제의 구현이라고 해석할 수도 있다. 그러나 이런 해석이 놓치는 것은 장덕대에 대한 이 연극의 감정이 달라지고 있다는 점이다. 장덕대만 남은 무대는 그의 비극이 진짜로 시작되었음을 다음과 같이 예고한다──"장덕대 어둠 속에 유령처럼 섰다. 창마다 불이 꺼진다. 달이 구름 속에 든다. 라이트 張의 얼굴을 따라간다."(116쪽)

이때부터 장덕대에 대한 연민이 조성된다. 물론 이 감정을 가진 유일한 인물은 찬집뿐이며 다른 작중 인물은 여전히 아무런 변화를 보이지 않는다. 다리를 절뚝거리는 그에게 '병신'이라는 멸시(고수머리 홍, 양주집)가 가해지는 것도 이때부터다. 이 멸시를 지켜보는 찬집 그리고 이 모든 장면을 바라보는 관객─대중은 미묘한 감정이 일어나도록 인도된다. 연극이 장덕대를 연민의 관점에서 바라보도록 하고 있다면, 여기에는 장덕대를 가장 잘 이해하는 찬집의 역할이 작지 않다. 가슴에 품고 있던 감석碑石을 가지고 반쯤 넋이 나간 채 인지 값을 구걸하는 장덕대, 이런 그를 찬집은 측은히 바라보며 눈물을 흘린다. 장덕대의 부정행위가 탄로되기 직전, 그를 떠나지 못하는 이유가 불쌍해서였다는 찬집의 말이 떠오른다.

> 찬집 불쌍해서 살어. 불쌍해서 살아주는 거야. 양반 끄트머리…… 찾어 주는 친구두 없구 그림자두 없는 불쌍한 늙은이야. 세상에서 내가 그이를 젤 잘 알아. 술이 취하면 찬집…… 술이 깨면 마누라…… 때리구 물구 차구 해두 나는 그이를 버릴 수가 없어. 마냥 취했다가 깰 무렵이면 수족이 비틀리고 오한이 나구 머리가 쑤시구…… 그때 마누라 마누라 어디 갔소? 이렇게 부를 걸 생각하면, 보통일 들고 문턱을 넘을 수가 없어. (눈물을 씻는다)
>
> ─〈산돼지〉 제3막(108쪽)

제4막은 금맥을 찾은 형제광산이 산제山祭를 드리는 것으로 시작하여 축제 분위기에 들떠 있는 모습으로 가득하다. 사람들은 장덕대의 부재를 느끼고 "한 잔"도 먹지 못하고 "동일광산두 틀리구 형제광산두 틀"려버린 장덕대를 딱하다고도 생각한다.(123쪽) 사태가 급변한 것은 장덕대가 갱구에서 다이너마이트를 발파하여 자살을 기도하면서다. 고수머리 홍이 그를 구해내 오지만, 그는 이미 가망이 없는 상태이다.

찬집　　장덕댄 근본 나쁜 사람이 아냐. 장덕댄 내가 잘 알어. 느이들이 부동을 해서 못난일 맨들구, 멍텅구리 맨들구, 이간꾼을 맨들었어. 몇 번이나 몇 번이나 네 변두리를 빙빙 돌구, 공부만 내세구 한 번이나 따뜻한 맘으로 붙여준 일이 있어? 없지? 없었지? 아이구, 여보. (운다)

(…중략…)

장덕대　　(손을 어루만지며) 이 손…… 이…… 이 손이 내 손을 힘있게 붙잡어주길 은근히 바라든 손이었소.

고수머리 홍　　장덕대.

찬집　　여보. (운다)

장덕대　　홍…… 홍기사. 청이 한 가지 있소. 저 제상 우에 놓인 돼지를 버리고, 그 대신 내…… 내 네 발을 꽁꽁 묶어서 제상 우에 걸…… 걸어주시오.

고수머리 홍　　장…… 장덕대.

장덕대　　나…… 나는 산돼지요.

고수머리 홍　　장덕대.

찬집　　여보 (쓸어안고 운다)

뻐꾹새 소리. 강한 바람소리. 막.

— 〈산돼지〉 제4막(128~129쪽)

　이 연극의 마지막 선택은 장덕대의 자살이다. 찬집을 제외한 작중 인물 모두가 의외의 충격적인 사건으로 받아들였을 이 죽음은 관객-대중에게도 마찬가지였을 것이다. 죄과에 대한 처벌로 보기에는 그의 잘못이 생명과 맞바꿀 만한 것이라 할 수 없고, 스스로 '산돼지'로 칭하며 제상에 올리라는 그의 유언이 너무 과하다고 인지했을 것이기 때문이다. 장덕대의 자살은 일종의 과잉이며 비약이다. 그러나 이러한 설정이 아니라면 "친절한 눈빛"과 "인간적인 성의와 애정"의 필요라는 이 연극의 이상에 도달하지 못했음이 분명하다. 이 연극의 최종적인 감정을 장덕대의 죽음과 연관시키고, 이로부터 고수머리 홍을 중심으로 하여 전개해 온 "광산의 과학적 탐구의 승리"를 후경화하면서, 죽음의 메시지를 숙고하도록 만들기 때문이다.

　누군가의 자살은 주변 사람에게는 느닷없이 찾아온 사건처럼 여겨지곤 한다. 평정의 상태에 있는 이들에게 자살이란 선택해서는 안 되는 어리석은 행동이고 이를 목격했을 때 그 인과적 결과를 충분히 이해할 수도 없다. 즉 자살은 — 마치 이 연극의 마지막 장면이 매우 과잉되어 있고 비약이 심하다고 느끼는 것처럼 — 비논리적이고 비합리적으로 비추어질 수밖에 없다. 고수머리 홍을 비롯해 다른 인물에게도 그랬을 것이다. 작가의 메시지를 전달하는 찬집의 절규와 원망을 듣고서야 장덕대가 겪었을 심리적 고통을 조금이나마 이해하게 된다. 자살할 정도의 고통이라면, 충분히 알 수는 없어도 그 고통의 정도가 매우 심각했다는 것을 말이다. 장덕대가 고수머리 홍의 손을 어루만지며 "이 손이 내 손을 힘있게 붙잡어 주길 은근히 바라든 손이었소"라고 말할 때, 그에게 장덕대는 이제 "이따위 지지리 병신"(116쪽)이 될 수 없게 된다. 오히려 그의 죽음이 자신의 탓이기도 하다는, 죄의식이 싹틀지도 모른다.

드라마에서 죽음이라는 장치는 남겨진 자, 바라보는 자에게 매우 극적으로 인식론적 전회가 가능하도록 만드는 감정적 도구이다. 장덕대처럼 자신의 잘못으로 곤경에 처했다고 해도, 죽음 특히 자살은 그 과오에 대한 관용과 그 고통에 대한 연민을 품도록 하는 힘이 있다. 문제는 연민의 대상이 겪은 고통이 부당하다고 인지해야만 그 연민은 오랫동안 지속할 수 있다. 예를 들어 홍도가 혜숙을 살해했어도 그에게 살인자라는 비난보다는 억울한 누명의 희생자로 여겨 연민의 감정을 가질 수 있는 것은, 홍도의 고통이 매우 부당하다고 생각했기 때문이다. 그렇다면 장덕대의 고통은 어떠한가.

장덕대의 이름은 장동수, 그는 금위영禁衛營 상시上試 이품 문관의 외손주였지만 모든 것을 내버리고 찬집만 데리고 나와, 입맛과 멋밖에 모르는 금점꾼이 된 인물이다. 재래의 탐광법探鑛法으로 인정을 받은 덕택에 덕대德大의 위치에 오르기도 했지만, 이제는 미신에 지나지 않는 비과학적 탐광법이라 하여 무시당하고 "그림자두 없는 불쌍한 늙은이"(108쪽)가 되었다. 물론 그의 입지가 좁아진 것은 고수머리 홍으로 대표되는 과학적 탐광법의 기세 때문이다. 이대로라면, 장덕대의 미래는 그야말로 오갈 데 없는 막다른 골목에 다다를 터이다. 금점꾼으로서의 미덕이라고 여겨왔던 자신의 탐광법은 이제 쓸모없게 되고, "마치 부채를 펴들고 줄 우에 올라선 광대"(84쪽)와 같은 기분 역시 누릴 수 없게 될 것이며, 고작 기껍지 않은 존재들의 눈요깃감으로 장판줄을 타야 하는 신세 ─ 자신을 "돼지"라 비하하며 울부짖던 바로 그 장면 ─ 는 장덕대로 하여금 참혹한 마음이 일게 했을 것이다. 이 모든 변화는 장덕대에게 금점꾼으로서의 생명이 끝났다는 것을 의미하며, 금점꾼이 아닌 장덕대는 '없는 존재'이기 때문이다. 동일광산주의 회유에 표품을 바꿔치기한 행동은 바로 작가가 "불우한 욕심"이라고 부른 것이다.

장덕대의 내력과 그가 가장 소중하게 생각하는 것에 대한 사려 깊은 관심이 아니라면, 그의 외로움과 고통 그리고 자살을 이해하기 어려울 것이다. 객석에 있는 '수많은 고수머리 홍'이 "친절한 눈빛"과 "인간적인 성의와 애정"으로 장덕대의 삶의 가치에 주의를 기울이고 연민을 가졌을지는 확인할 수 없다. 그러나 장덕대는 관객─대중이 자신이 깨닫는 것보다는 훨씬 더 깊은 관심을 가진 대상일 수도 있다.

〈산돼지〉의 핵심쟁점은 아직 남아 있다. 국민연극으로 공연된 이 연극이 어찌하여 고수머리 홍의 건전함이 아닌 장덕대의 불우함에 무게를 두는지, 왜 이 시점에서 연민의 가치를 역설하는지에 관한 것이다. 이는 장덕대에 대한 연민을 어떻게 해석할 것인가에 달려 있다. 장덕대의 불우함은 ─ 고수머리 홍과 달리 ─ 과학·기술·국가주의의 결합으로 구성된 '일본적 근대'[67]에 편입하지 못/안 한 데에 그 원인이 있다. 그렇다면 이런 그에게 연민을 갖는다는 것은 상반된 두 가지 해석이 가능하다. 하나는 일본적 근대에 편입하지 못/안 했을지라도 그가

---

[67] 송두율은 '근(현)대'를 일본적 구성과 미국적 구성으로 구분하는데, 전자는 과학과 기술 그리고 국가주의가 결합한 것으로, 후자는 과학과 기술 그리고 개인주의가 결합한 것으로 파악한다. 송두율, 「우리에게 근(현)대는 무엇을 의미하는가」, 『현대사상』, 1997.여름, 104~109쪽.

고통받아야 할 이유가 없다는 저항감의 표현이거나, 다른 하나는 그와 같은 존재가 일본적 근대에 성공적으로 편입하도록 도와줘야 한다는 제국의 논리이거나 할 것이다. 나는 전자의 해석이 훨씬 그럴듯하다고 생각한다. 후자일 경우, 서사 전략은 완전히 실패한 것이 될 수밖에 없다. 후자를 의도한 것이라면 두 가지가 충족되어야 한다. 첫째 고수머리 홍의 중심성이 감정의 리얼리티를 통해 드러나야 하며, 둘째 이 연극의 종착지가—장덕대의 죽음이 아닌—고수머리 홍의 진정한 연민이 장덕대를 '국민'으로 인도하는 것이 되어야 한다.[68] 그러나 어느 하나도 충족하고 있지 못하다. 그런 점에서 제1막의 '돼지'가 이 연극의 마지막에서 '산돼지'로 바뀐 것은, 일본적 근대에로의 편입을 보류하거나 거부하는 하나의 역설이 된다.

전시 체제기에도 밑바닥 인생, 특히 '우미관 근처'를 배경으로 하층 계급의 삶에 관심을 가져온[69] 박영호에게 〈산돼지〉는 자연스러운 행보였는지 모른다. 이는 제1회 연극경연대회까지는 국민연극에 관한 연극인의 자율성과 유연성이 얼마간 보장되고 있었던 덕분이다.[70] 그러나 이 연극의 재공연 기록은 얼마 되지 않는다(2회 정도). 고수머리 홍보다 장덕대에게 마음을 둔 이 희곡이 시국적인 견지에서 재공연 가치가 있

---

68 최소한 〈별의 합창〉에서 地獄成木 李가 시라이[白井登]에 의해 변화되는 정도의 전략이 필요함을 의미한다. 물론 〈별의 합창〉은 좀더 다른 측면에서 '연민'의 문제를 다뤄야 할 지점이 없지 않다.

69 〈등잔불〉은 잘 알려진 바와 같으며, 〈우미관 근처〉, 〈동라〉, 〈가족〉 등이 '우미관 근처'를 배경으로 한 것들이다. 그러나 이 세 편은 대본이 남아 있지 않다.

70 제1회 대회가 '국민연극'에 관해 가장 진지한 집중력을 보인 시기였고 그 직후부터는 식민권력과 연극계의 동상이몽은 확실히 깨졌다. 이에 관해서는 이 책의 1부 4장 '전시의 동원 시스템'에서 논한 바 있다.

다고 보기는 어려울 것이다. 게다가 연민의 감정을 호소하는 이 연극의
윤리적 태도를 관객-대중이 불편해했을지도 모른다.

확실히 〈산돼지〉는 정치적인 목적극으로서나 대중극으로서나 갖추
어야 할 미덕이 별로 없다. 바로 그 점이 내가 〈산돼지〉를 눈여겨본 이
유이기도 하다. 장덕대의 비극으로 초대하는 이 연극은, 일본적 근대에
편입하지 못하고 '국민'도 되지 못한 존재를 향해 연민을 드러냄으로써
"광산의 과학적 탐구의 승리"라는 목적론적 서사를 내파內波하기 때문
이다. 이 연민의 정치적 수행성은 박영호가 의도하지 않았으면 얻어지
지 못했을 결과이다. 장덕대에 대한 연민은 〈산돼지〉라는 국민연극의
서사에 새겨진 또 다른 메시지다. 타인 삶의 가치에 주의를 기울이는
것이 곧 자신의 심연을 들여다보는 일이 되며 비록 자족성을 결연한 어
떤 취약성을 발견한다고 해도 이를 수치스럽게 생각하지 않고 용서하
게 되리라는 점에서, 이 감정은 도덕적 건강함을 유지할 수 있도록 안
내한다. 따라서 이 감정은 "관용"이나 "포용력"[71]과는 다르다. 연민은
대상뿐만 아니라 주체의 내부를 들여다볼 수 있는 능력이지만, 관용이
나 포용력은 전적으로 대상보다 우월한 위치에서 자신의 도덕적 완벽
함을 유지하기 위한 태도이기 때문이다.

3) 전시의 여성수난서사

〈물새〉는 제2회 연극경연대회 참가작으로 안영일 연출, 극단 '아랑'에
의해 초연되었으며(1943.12.11~13), 조선어극 부문에서 단체상이 없는

---

71 이재명, 「박영호 작 〈산돼지〉 연구」, 『한국극예술연구』 16, 한국극예술학회, 2002, 418쪽.

가운데 연출상과 연기상(황철, 박영신, 임효은) 그리고 장치상(김일영)을 수상했다.[72] 이 시기, 이미 국민연극은 연극계의 핵심과제가 아니었다. "일껀 경연대회에서 쌓아 올렸던 이념의 탑이 동요되고 끊어져 가고 있"었던 데다가, 극작가들은 "창작 방향에 대한 심각한 회의"를 느끼고 있었고, 사실상 "시국이 요망하는 작품의 적극성"만이 강제되던 시기였다.[73]

〈물새〉에도 그러한 사정이 반영되어 〈산돼지〉에 비하면 시국의식이 농후하게 들어가 있다. 어촌을 배경으로 하면 으레 자연에 대해 절대적으로 무력한 어민의 운명을 부각하고, 바다를 숙명으로 받아들이는 힘과 떠나려는 힘 간의 갈등을 표현해냈다. 이 연극에도 '다이쇼시기'에 유행하던 전통적 어업방식을 고수하며 바다를 숙명으로 받아들이는 이들(강영자, 용천)과 바다의 위협에서 벗어나려는 이들(정 씨, 용운) 간의 갈등이 중심축을 이루고는 있다. 물론 한 가족 안에서 벌어지는 이러한 힘겨운 당기기와 밀기에는 새로운 변수, 즉 이러한 갈등의 해결책으로서 해군 지원병제도의 명분을 선전하는 동원정치의 힘이 추가된다.

그런데도 이 연극에는 〈산돼지〉와 마찬가지로 국민연극의 과시적전시를 무력하게 만드는 또 다른 주제가 곁들여져 있다. 그 징후는 작가의 「작의」에도 드러나 있다.

이번 대동아전쟁에 혁혁한 전과로 황군이 서남태평양상에서의 적 미영의 근거지를 탈환한 것도 해양 일본의 세계적 비약의 열쇠이다. "바다의 일본"의 기초가 되는 것은 어디까지나 "바다의 일본인"이며, 인간과 바다의 숙명적 투

---

72 「국어극 단체상, 1석에 '고협'」, 『매일신보』, 1944.1.30.
73 오정민, 「〈에밀레종〉을 보고」, 『조광』 92, 1943.6.

쟁에 지성(至誠)을 다하는 일본인의 전통이다. 이것이 해군력이 되고 해운력이 되며 수산력이 되고 무역력이 되는 것이다. (…중략…)

나는 올여름에 조선 동쪽의 영오만에 있는 호랑이섬에 도착하여 이들 지성스런 사람들을 보았다. 평생 '잊을 수 없는 사람들'의 아주 성실한 모습을 보았다. 그들의 필사적인 바다에 대한 동경은 어떠한 비극도 아랑곳하지 않았다. 단지 바다에 대한 추구이며 지성(至誠)이었다.

나는 이 희곡의 작의를 "바다에 대한 커다란 지성"[74]의 밑바닥에 닿게 하고자 한다.[75]

"인간과 바다의 숙명적 투쟁에 지성至誠을 다하는 일본인의 전통"이 "해양 일본의 세계적 비약"을 이루었다는 진술은, 전시에 당면한 이때 그 지성을 다할 것을 촉구하는 이 연극의 과시적 주제가 된다. 문제는 다음이다. 작가가 호랑이섬에서 만난 "지성스런 사람들"에게 감동한 바가 "필사적인 바다에 대한 동경", "단지 바다에 대한 추구이며 지성至誠"이었다는 진술은 문맥에 감추어진 또 다른 이야기를 포함한다. 호랑이섬에서 만난 "지성스런 사람들"이 이민족의 전쟁에 동원되는 일에 지성을 다했으리라고는 상상되지는 않는다. 이러한 상상적 읽기가 가능하다면, 작가는 시국에 부합하는 주제의 연결고리를 찾아내는 한편 그 "지성스런 사람들"로부터 말하고 싶었던 또 다른 이야기를 발견했는지도 모른다. 다시 말해 극작을 위한 현장 취재가 작가로 하여금 진실을 표현하게 한다고 가정할 수도 있지 않을까. 아마도 장덕대의 비극을 쓸

---

74 "大いなる海への至誠"
75 박영호, 「〈물새〉—作意」, 『해방전(1940~1945) 공연희곡집①』, 평민사, 2004, 132~133쪽.

수 있었던 것도 그 덕분이었을 것이다.

이때의 또 다른 진실은 결코 전시체제의 로고스로는 전달될 수 없다. 바다에 대한 두 힘 간의 알력은, 선진적인 어업방식에 대한 지지와 함께 전쟁에 복무하는 어민의 의무라는 정언명령에 따라 통제되기 때문이다. 이 연극의 궁극적인 귀착점이 바로 한선韓船이 아닌 나가사키식 어선으로 방향전환을 하는 강영자의 회심 그리고 해군지원병으로 전의를 다지는 용운과 칠성의 맹세가 되는 것은 필연적 코스다. 따라서 재래의 어업방식을 고수하고 두 아들을 바다에 잃었으며 경제적 곤란을 겪고 있음에도 불구하고 강영자는 〈산돼지〉의 장덕대가 될 수 없다. 그의 막내아들 용운 역시 뱃사람의 운명을 거역하고자 했으나 이를 도우려는 모친 정 씨의 기대를 산산조각 내고 결국 개심改心의 증거로 해군에 지원하게 되니 이 또한 관객-대중의 마음을 얻기가 난망한 상태이다. 이들 모두는 고통당하는 자로서의 위치보다는 전시통제의 로고스를 구현하기 위해 선택된, 고전적 갈등의 축을 대표한다. 그러니 또 다른 진실은 전시통제의 로고스 바깥에 머물러 있는 감정의 세계이며, 그 몫은 여성 인물의 것이다.

연민의 대상이 여성 인물이라는 점은 그 자체로 이채롭진 않다. 재화의 분배와 관련된 경제적 곤경 그리고 그 최악의 조건에서 여성 인물이 자신의 의사와는 무관하게 재화로 취급되는 상황은, 그들의 고통이 부당하다는 윤리적 감정을 불러일으킨다. 그런데 검열체제의 감정통제가 연민의 감정을 하층계급 여성 인물에 대한 것으로 축소하고 이 상태를 초래한 상황에 대한 분노의 감정을 삭제해간 과정이, 바로 직전의 상황이었다. 즉 1930년대 중반 이후 감상주의, 더 나아가 대중극 혹은 '신파'는 젠더화되었고, 박영호 자신도 그 같은 행보를 걸은 작가였다. 여성수난서사는 박영호가 다루길 꺼리던 종류였고, 이즈음 '식민지 조선의 현대'를 배경으로 삼아 모종의 비전이나 사회성을 드러냄으로써 자신의 작업을 신극 계보로 이전하고 있었다.[76]

그런 그가 〈물새〉에서 여성 인물을 응시하고 이로부터 감정의 메시지를 전달한다는 것은 다소 의아해 보이기도 한다. 물론 박영호는 필요 이상으로 여성 인물을 궁지로 몰아가 극한의 감정을 불러일으키는 감상성과는 일정한 거리를 둔다. 여느 여성수난서사 같으면 그러고도 남을 이야기가 짙은 감상주의로 넘어가기 전에 호흡을 멈춘다. 이는 지금까지의 극작 스타일을 관통하는 것이면서, 이 연극의 로고스에 딸린 부록附錄과도 같은 것이기 때문이다. 여성 인물 각각이 빚어내는 감정은 동심원을 이루면서 바깥에서 중심으로 이동할수록 감정의 밀도는 짙어지며, 이 감정의 세계는 이 연극의 주제와는 별개로 존재하면서 로고스의 세계를 의문시한다.

가장 바깥에 존재하는 인물은 소수례다. 이곳이 고향이지만 바다라면 치를 떤다. 바다 때문에 아버지와 오빠를 잃어 소학교도 못 마치고, 어머니는 술장사, 자신은 여급이 된 내력을 가지고 있다. 그 생각만 하면 그는 아직도 눈물이 날 것만 같다. 그러나 여급이 천하다고 해도 뱃사공보다는 낫다고 생각하며 강영자의 딸 쌍가매에게 함께 일하러 가자고 권한다. 그의 초연한 듯한 냉소적 시각은 그의 고통이 과거의 것이었을 뿐 현재는 돈을 버는 데 몰두하고 있음을 전달한다. 따라서 소수례

---

76 이승희, 「박영호의 연극, 대중극의 젠더」, 『민족문학사연구』 55, 민족문학사학회, 2014, 343~349쪽.

는 제1막에 등장하여 제3막 쌍가매의 위기를 보여주기 직전—서울에 오고 싶으면 언제든 오라고 하며—서울로 돌아갈 때까지 바닷가 하층 계급 여성이 처할 수 있는 일반적인 행로를 보여주는 배경 그림이 된다.

다음은 쌍가매. 뱃사람이 되기 싫어 소수례를 따라 서울로 가려는 용운을 만류하자, 용운이 쌍가매에게 다음과 같이 경고한다—"두구 보렴. 이 집 부모들이 자식 생각하는 줄 알어? 배 밑천에 안 들어가면 당나귀 밑천에 들어갔지 별 수 있어?"(164쪽) 용운의 이 경고는 현실이 되어 쌍가매에게 위기가 닥친다. 먼저 당나귀 밑천 : 어머니 정 씨가 용운을 집에 잡아둘 요량으로 당나귀를 장만하기 위해 모자란 돈 3백 환을 대금업자에게 빌리고 그 대가로 쌍가매를 새부잣집에 넘기려는 것. 그리고 배 밑천 : 아버지 강영자는 쌍가매를—"육십이나 된 놈이 자식 없다는 핑계로 불쌍한 뱃군들의 딸자식을 열 첩 스무 첩 하는 색골"(172쪽) 놈—새부잣집에 주려 한다며 정 씨에게 대노하지만, 그 역시 브로커 김과 암거래하는 조건으로 쌍가매를 수출업자에 내어줄 궁리를 했던 것. 어머니는 아들을 위해, 아버지는 배를 띄우기 위해 딸을 팔려는 것이다. 이를 짐작한 쌍가매는 그제야 용운의 경고가 맞았음에 질망힌다. 그가 마지막 걸 수 있는 희망은 칠성이다. 자신을 어디로든 데려가 달라고 간절하게 부탁한다. 소수례가 여급이 되기 전, 용운에게 했을 바로 그 부탁이다. 그러나 다시 절망한다.

> **쌍가마**　칠성이, 내가 왜 당나귀 밑천이 된대? 내가 왜 그물 밑천이 되구 배 밑천이 된대? 나두 내 맘대루 살 테야. 칠성이 어디든지 가 줘. 북간도든지 만주든지 달아나 줘.

칠성	안 돼.
쌍가마	왜 안 돼? 왜 안 되는 거야?
칠성	난 내 몸이 내 맘대루 휠 몸이 아냐. 나 한 사람에 행복, 나 한 몸에 편안을 위해서 쌍가매와 도망갈 몸이 못 됐어.
쌍가마	그럼 봄에 한 얘긴 모두 거짓말야?
칠성	거짓말이 되어두 할 수 없어.
쌍가마	어쩌면……. (운다)
칠성	쌍가매, 이 신문을 보라구. (주머니에서 신문을 꺼낸다) 학생들이 책을 집어 던지고 총을 메고 배랑을 지고 쌈터로 가는 걸 보라구. 나도 병정이 되겠소, 내 자식도 뽑아주시오. 혈서로서 자리를 다투는 학생들을 못 봐? 청소년들을 못 봐? 지금은 전선두 총후두 없어. 학교두 일터두 이 대동아전쟁을 이기구 볼 판야. 일억 백성이 불덩어리가 되어 미영놈들을 한주먹에 때려 누이는 거야. 우리 손으로 일곱 바다를 차지해 볼 판야.
쌍가마	형……. (울며 內退)

—〈물새〉 제3막(185~186쪽)

과거에 용운이 그랬듯이, 칠성에게도 자신의 연인을 향한 연민의 감정은 없어 보인다. 그는 단지 해군지원병으로서 자신의 할아버지 원수도 갚고 일본제국을 위해 헌신하겠다는 말뿐이다. 쌍가매의 절망은 이 위기에서 자신이 할 수 있는 것이 아무것도 없고 기댈 곳도 없다는 데서 비롯한다. 제3막을 지배하는 것은 바로 쌍가매에 대한 연민이 낮게 깔리고 그의 운명이 어떻게 될지를 지켜보는 초조함이다. 그러나 쌍가매의 위기는 오래가지 않는다. 먼저, 정 씨가 생선 행상으로 모은 5백 환을 용운이 가지고 달아나버려 정 씨의 계획이 수포가 되고(제3막 마지막), 한 달여 후 강영자네 한선이 돌아오지 않자 수출업자가 경제적 손실에만 분개하고 쌍가매 건은 아랑곳하지 않음으로써 없던 일이 되었기 때문이다.(제4막) 즉 당나귀 밑천, 배 밑천이 될 뻔한 상황이 급변함에 따라 위기를 모면한다.

다음은 며느리. 석 달 전 바다에서 실종된 둘째 아들 용선의 아내다. 자신의 집에서 데릴사위로 십여 년간 일해준 용선과 결혼했지만 3년도 못 되어 과부가 되었고, 아이 하나를 키우고 있다. 친정어머니 조 씨는 딸을 청상과부로 놔둘 수 없다면서 박 면장네 둘째 아들 답전면 영수원領收員을 하는 이가 처녀 때 딸을 탐냈는데 과부가 된 소식을 듣고 딸을 달라고 청했다며 딸을 개가시키려 한다. 그럴 때마다 며느리는 버텨보지만, 결국 조 씨에 이끌려 아이를 데리고 집을 떠난다.(제2막) 그래도 가난한 시댁에 머무느니 개가를 해서 다행이라는 생각으로 며느리를 거의 잊고 있을 무렵, 제4막에서 며느리는 술집 작부가 되어 등장한다. 모든 게 거짓말이었다. "기상어멈처럼 네 덕에 후분을 볼랴는 줄 아니?"(143쪽)라고 말하며 딸을 설득했던 조 씨는 기생 어미보다 못한 존재임이 드러난다. 며느리는 쌍가매에게 아이만 맡기고 쫓기듯 떠난다. 며느리의 고통은 개막 이전 바다에 남편을 잃은 사건에서 시작했지만, 그것이 치유될 사이도 없이 더 극단적인 고통이 가중되어, 그가 무대에서 사라졌어도 긴 여운을 남긴다.

마지막으로 정 씨. 그가 불러일으키는 감정은 단일하지 않다. 두 아들을 바다에 잃은 고통이 절절하고 남은 아들 하나는 어떻게든 뱃사람을 만들지 않으려고 안간힘을 쓰지만, 정작 정 씨 자신이 5원에 팔려 왔으면서도 아들을 위해 딸을 팔려 하기 때문이다. 용운이가 5백 환을 들고 도망갔을 때 그가 받은 충격은 이루 말할 수 없는 것이었겠지만, 쌍가매에게는 더할 나위 없는 행운이 되는 모순된 상황, 관객에 따라 정 씨에 대한 감정이입의 정도가 달랐을 법하다. 그러나 제4막이 시작한 직후 정 씨는 실성한 모습―머리와 옷매무새가 흐트러지고 지친 기색이 역력한 얼굴―으로 무대에 들어선다. 그의 광증은 용운이 집을 나간 충격에 이어, 혹여 출어한 배가 돌아오지 않아 이번에도 파선된 것은 아닐지 하여 심신이 약해진 결과이다. 그러나 용운이 초라한 모습으로 집으로 돌아오자 정 씨의 상태는 반전된다. 그의 광증은 온데간데없이 용운의 해군지원으로 노여움을 풀고, 며느리가 놔두고 간 손주를 데리고 한세상 보내겠다고 마음의 평정을 되찾는다. 용운을 뱃사람으로 만들지 않으려 한 이유가 그를 바다에 잃지 않으려던 것이었는데 해군지원 역시 용납하지 못할 일이건만, 이를 무심하게 받아들이는 정 씨의 태도는 다소 의아해 보일 수밖에 없다. "차라리 이 바닥에서 명색 없이 물귀신이 되느니, 병정으루 죽는 게 낫"(176쪽)다고도 생각하면서도, 정작 아들이 전쟁에 나가는 것은 반대했던 그가 아니었던가.

이 연극의 마지막을 장식하는 대조적인 감정의 기류는 그런 점에서 의미심장하게 받아들일 필요가 있다. 기다리던 강영자네 배가 돌아오고 모든 일이 순조롭게 풀린 상황에서, 용운과 칠성이 출정 의지를 힘차게 밝히는 순간, 무대 안쪽에서 정 씨의 자장가가 가늘게 들린다. 무대 위 모든 인물이 그쪽을 바라본다. 그러나 곧 물새 소리와 함께 고등어 떼의 출몰을 알리는 소리가 들리자, 다시 무대는 활기차게 움직이며 막을 내린다. 지나치게 평정심을 유지하는 정 씨의 태도와 나머지 인물의 축제 분위기가 대조를 이루고, 모든 인물이 무대 안쪽의 단 한 사람의 자장가에 시선을 돌리는 장면은 이 연극의 또 다른 메시지가 바로 정 씨 측에 있음을 암시한다. 그리고 그 자장가는 바로 좀 전에 등장했던 며느리의 잔영殘影과 함께 감정의 연쇄를 일으킨다.

〈물새〉는 분명 후방의 전쟁지원과 해군 지원병제도의 선전이라는 주제로 구성되어 있지만, 여기에 곁들여진 여성들의 이야기 그리고 이로부터 빚어지는 감정의 동심원은 이 연극의 주제를 의문시하는 숨은 메시지다.

소수례로부터 정 씨에 이르기까지 이 연극의 여성 인물은 시제時制의 차이, 정도의 차이가 있을지언정 하층계급의 여성이 놓일 수 있는 가장 일반적인 방식의 고통을 드러낸다. 소수례의 불행은 마치 한 개인의 과거이지만, 쌍가매에게는 언제 닥쳐올지 모를 현재의 불행임이 환기되고, 쌍가매의 위기가 다행히 봉합되지만, 며느리에게는 새로운 불행으로 닥쳤으며, 정 씨는 마지막 남은 아들을 언제고 또다시 잃을 수 있으니, 이 동심원을 이루는 고통은 전시戰時의 시간과 무관하게 시속하는 하층계급 여성의 것임을 드러낸다. 이들의 불행을 유발할 인자는 많아도 이들의 이런 상태를 막아줄 만한 그 누구도, 그 무엇도 없다. 당나귀 밑천, 배 밑천이 되지 않기 위해 자신을 데리고 멀리 도망 가달라고 하는 쌍가매에게, 그 어떤 걱정과 분노 없이, 1초의 망설임도 없이 이념 과잉의 언어를 내뱉는 칠성이가 놀라울 정도이다.

오히려 이 여성들 간의 감정적 연대를 표현하는 것이 이 연극의 미덕이다. 이 중심에는 며느리에 대한 연민이 있다. 과거로부터 계속되는 그의 불행에

대하여, 시어머니와 시누이는 물론 서울에서 막 내려온 소수례도 그러하다
―"언니 어떻게 살겠수? 아이, 애기꺼정 (애길 본다) 가엾어라."(149쪽) 이
말을 들은 며느리는 "(울음이 북받쳐서 안으로 들어간다)."(149쪽) 며느리는 울면
서 떠나고, 그를 보낸 후 정 씨도 울음이 터진다. 다른 인물에게는 없는
이들의 감정적 연대는 서로에 대한 깊은 이해와 우의를 갖지 않으면 불가능
한 것이다. 비록 이 연극에서 이 연대는 찰나적이지만, 작가가 의도했든
그렇지 않든 이로부터 그 가치를 깨닫는 것은 그리 어려운 일이 아니다.

　　그러나 이 여성들의 존재 상황이 전시 이전부터 계속된 것이라고 해
도, 연극의 시간이 전시라는 사실을 염두에 두면 별도의 해석이 필요하
다. 이 여성들의 존재 상황은 사실상 남성적 지배의 극단極端이라고 할
수 있는 전쟁 시기이기 때문이다.

　　이 연극이 여느 여성수난서사보다는 밋밋하지만, 만약 이 연극에서
그 유사성을 찾아내고 감정의 동심원을 읽어냄으로써 연민을 가질 수
있다면, 관객-대중은 이미 남성적 지배에 대한 부인을 시작했거나 적
어도 의문시한다고 가정할 수 있다. 예술이 우리에게 선사하는 위대함
중의 하나가 바로 타인의 곤경을 자신의 곤경으로 공감하는 연민을 갖
게 한다는 점이며, 이 감정은 '나쁘다'고 여긴 것에 대한 실천적인 관심
을 가지도록 하기 때문이다. 물론 연민의 감정을 갖는 데 실패할 수도
있다. 이 여성들과는 다른 환경의 계급이나 젠더 위치에 있다면 그럴
수 있다. 그러나 이 실패는 이 여성들의 고통과 불행이 '나쁘다'는 것을
깨닫지 못하는 폭력적이고 잔인한 현실의 지속을 의미한다. 이들의 고
통과 불행을 무감하게 받아들이거나 당연하게 생각하는 경우, 사회
적·국가적 기여라는 '대의'에서 이들을 인종주의적으로 '취급'하는

폭력적인 사회를 '정상'으로 간주할 것이기 때문이다. 더욱이 남성적 지배임을 남김없이 표출하는 전시기, 성性동원의 일차적 대상은 바로 현실의 '쌍가매'가 될 것이기 때문이다. 그런 점에서 이 여성들에게 총후 부인을 흉내 내지 않도록 했다는 것만으로도 충분히 이채롭다. 사실, 「작의」에서 내가 관심을 가진 부분은 마지막 문장의 "밑바닥"이라는 표현이다.

나는 이 희곡의 작의를 "바다에 대한 커다란 지성"의 **밑바닥**에 닿게 하고자 한다.

"지성至誠"의 진면목을 밝히겠다는 뜻일 수도 있겠고, 아니면 정반대의 의미에서 "지성"에 가려진 문자 그대로의 "밑바닥"을 보이겠다는 뜻일 수도 있겠다. 연극을 일종의 감정적 구성물로 이해하면서 이 여성들의 이야기가 '바다에 대한 동경과 지성'의 이면사裏面史라고 말할 수 있다면, 후자로 해석되기에 충분하지 않을까. 여성 인물에게 총후 부인의 역할을 부여하는 대신, 〈물새〉는 이 여성들의 존재 상황이 매우 위험하다는 것을 암시함으로써 이 폭력적인 의사擬似국가에 대한 부인을 함축한다. 뱃사람이냐 지원병이냐, 라는 폐쇄적 선택지에서 정 씨가 어쩔 수 없이 지원병에 손을 들어주었지만, 작가는 정 씨의 너무나도 침착한 태도와 자장가를 통한 시선의 통제를 표현함으로써 제국주의와의 비동일시를 암시하고 싶었는지 모른다.

4) 공감의 윤리

관객-대중이 특정한 감정에 대한 향유를 멈추지 않는다면, 여기에는 일정한 가치판단을 포함한 심리적 현실성이 있다는 것을 의미한다. 이것이 바로 비록 매우 과잉되어 있을지라도 거기에서 발하는 감정의 메시지에 경청해야 하는 이유다. 이런 의미에서 연민이 조선연극의 감상주의에서 가장 중심적인 지위를 갖는 점은 유의해야 할 대목이다. 다른 사람이 부당하게 불행을 겪고 있다는 인식에서 비롯하는 감정이 연민이라고 할 때, 조선연극에서 이 감정이 중요해진 맥락은 하층계급의 발견과 직접적인 관계가 있다. 하층계급의 인물이 처한 고통과 불행은, 그들의 부도덕함이나 게으름 혹은 그릇된 욕망에서 오는 것이 아니라, 재화의 불평등한 분배로 인한 경제적 곤경 그 자체이거나 그 부당함을 거부함으로써 당하게 되는 정치적 곤경이기 때문이다. 자신이 당사자임에도 불구하고 그 연루된 문제를 스스로 해결할 수 없는 상황, 이는 그것이 주로 개인이 할 수 없는 공적세계의 문제이거나 개인'들'의 연대 또한 불가능한 정치적 상황, 또한 애초부터 그러한 능력이 성장시킬 기회를 박탈당한 사회 그 자체를 표상한다.

그리하여 연민은 종종 분노의 감정을 수반한다. 분노는 '나'에게 또는 '나'와 가까운 어떤 것이나 어떤 사람에게 심각한 손해를 끼친다고 믿어지는 상황으로부터 초래되는 만큼,[77] 연민은 언제든 분노로 전화될 가능성이 있다. 이때 분노의 대상은 주로 검열체제가 보호하는 대상이기 때문에 대부분 모호하거나 은폐되기 일쑤이며, 아무런 사회적·정

---

[77] 마사 누스바움, 조형준 역, 앞의 책, 73~74쪽.

치적 의미를 띠지 않는 악한으로 표현된다고 해도 그런 존재는 늘 공적 세계의 문제와 연루된 무언가를 함축한다.

문제는 전시체제로 전환되면서 감정통제의 방향이 다시 한번 바뀐다는 점이다. 조선사회가 선전 체제로 재편됨으로써 연극은 전시의 오락이 되고 프로파간다 예술로 전위된다. 이제 조선연극의 감상주의는 또 다른 국면에 들어선다. 특히 제국주의의 목적론적 서사에 의존해야 했던 국민연극의 경우는 전시 이전과의 불연속성을 뚜렷이 할 수밖에 없는 운명이었다. 그렇다면 과연 그 감상주의는 어떻게 되었을까. 여전히 감정 과잉의 연극, 통속적이고 감상적인 연극이 넘쳐흘렀다고 하는데, 국민연극에서 그 흔적을 발견할 수 있기는 한 것인가. 로고스의 언어로 전달되는 주제의 이면에서, 감정의 메시지가 전달되지 않았을까. 박영호의 연극은 사실 그런 기대가 타당한 것임을 드러내 보인다.

그런 점에서 〈산돼지〉는 매우 이채로운 텍스트임이 틀림없다. 장덕대의 비극을 통해 타인의 삶의 가치에 주의를 기울이는 것이 얼마나 중요한가를 역설하는, 연민에 관한 드라마다. 우리가 보기에 장덕대의 자살은 일종의 과잉이고 비약이지만, 이 설성이 아니라면 "친절한 눈빛"과 "인간적인 성의와 애정"의 필요라는 이 연극의 이상에 도달하지 못했음이 분명하다. 이 연극의 최종적인 감정을 장덕대의 죽음과 연관시키고, 이로부터 고수머리 홍을 중심으로 하여 전개해 온 "광산의 과학적 탐구의 승리"를 후경화하면서 죽음의 메시지를 숙고하도록 만들기 때문이다. 〈산돼지〉가 국민연극이면서도 고수머리 홍보다는 장덕대에 무게를 두고 연민의 가치를 역설한 것은, 일본적 근대에 편입하지 못/안 했을지라도 그가 고통을 받아야 할 이유가 없다는 저항감의 표현이다.

〈물새〉도 국민연극이 응당 갖추어야 할 후방의 전쟁지원과 해군 지원병제도의 선전이라는 주제로 구성되었지만, 이러한 전시체제의 로고스 바깥에 머물러 있는 여성들의 이야기 그리고 이로부터 빚어지는 감정의 동심원을 통해서 하층계급 여성이 놓일 수 있는 가장 일반적인 방식의 고통을 드러낸다. 이를 여성수난서사의 무의식적 유산이라고 해야 할까. 그럴지도 모른다. 이는 전시에도 변함없는 이들의 고통을 표현한 것일 수도 있다. 그러나 이 연극의 시간이 남성적 지배의 극단極端이라 할 수 있는 전쟁기라는 점에서 이들의 수난서사는 다소 특별하게 읽어야 한다. 사회적·국가적 기여라는 '대의'에서 이들의 위치는 장덕대보다 낫다고 말하기 어렵다. 장덕대는 '비국민'이 될 수 있어도, 그의 폭력에 노출된 찬집은 '비국민'에서도 열외인 듯한 존재이며, 〈물새〉의 여성들이 그러하다. 전시기에 여성수난서사를 텍스트 한구석에 놓아둔 것은, 다소 뜬금없는 것만큼이나 의미심장하다. 이들을 인종주의적으로 취급하는 폭력(의 가능성)을 경계하고 있기 때문이다. 만약 그것이 현실이 되면 이는 아마도 성性 동원이 될 것이며, 그 일차적 대상은 아마도 현실의 '쌍가매'가 될 것이다. 이렇게 보자면 〈물새〉의 진짜 '작의'는 하층계급 여성의 고통과 불행이 새로운 국면, 즉 일본제국주의와 직접 연루된 국면에 처해 있음을 말하고 싶었는지 모른다.

이 정도라면 박영호의 극작 전략을 말할 수 있다. 표면상 정치적 현실주의를 따르고 국민연극의 통상적인 주제를 역설하지만, 이면에서는 주제의 중심에서 벗어난 존재의 심연과 사연을 통해서 표면의 주제를 회의한다. 이런 해석의 정당성은 수난의 당사자들이 밑바닥에서 벗어나지 못한 채 죽음에 이르거나 매우 불우한데 이에 대한 연극의 감정이 가볍지 않다는 데 있다. 전시기의 명랑함이 고조되는 순간에, 이들은 그곳에 없거나 멀리 떨어져 있다.

전시기 박영호의 연극이 대체로 그런 패턴이었다고 단정할 수는 없다. 다만, 박영호는 관객-대중보다 결코 처지가 좋다고 할 수 없는 밑바닥 세계를 병풍처럼 펼쳐 놓는 데 능했으며, 밑바닥 세계의 인물에게 강한 연민을 가지면서도 좀처럼 짙은 감정을 드러내지 않았다. 전도가 촉망되지만 "산만하고 박력이 부족한 느낌"이 든다는 무라야마 토모요시의 평가[78]는 조선의 비평가들이 그를 논했던 것과도 통하지만, 지적된 그의 약점은 거꾸로 말하면 시장市場 안의 사연과 풍경을 일일이 가슴에 담아두어 한 장의 사진으로 인화할 수 없는 딜레마 같은 것이다. 소실점을 향한 원근법과는 정반대로 원심적인 구성을 취해 산만하기까지 한 극작술은, 박영호가 세계를 인식하는 방법이다. 여기에서 살펴본 〈산돼지〉와 〈물새〉는 비교적 정연한 구성에 명확한 주제의식을 드러내지만, 그런 가운데도 그 주제로 환원되지 않는 감정의 세계, 때로는 불온할 수도 있는 감정의 세계가 중요하게 다뤄지고 있다.

이 논의의 결과는 얼마간 식민지 시기의 감상주의와 국민연극에 대한 복권을 시도한 것이기도 하다. 조선연극의 감상주의의 역사적 맥락을 참조하고 감정이 특정한 윤리적 태도와 가치판단을 드러낸 것임을 전제하자, 박영호의 국민연극에서 감상주의의 미덕을 발견함으로써 새로운 해석이 가능해졌기 때문이다. 이는 극작가 이강백의 말을 빌리면 "나와 너와 타인들을 연결해주는", 많은 사람에게 공감을 얻을 수 있는

---

78 村山知義, 「관극소감(3)」, 『매일신보』, 1945.4.28.

"이미 뚫려 있는 통로"[79]를 찾아내는 일이다. 〈산돼지〉와 〈물새〉는 연극경연대회 참가작으로서 국민연극의 '품위'를 지켜야 하는 당위를 분명히 드러내지만, 그래야만 하는 정치적 현실주의를 후경화하거나 경고하는 감정의 세계를 담아낸다. 이는 대중과 눈높이를 맞추어 온 박영호의 밑바닥 감성 덕분이다. 두 연극에서 그것은 공통으로 연민의 감정으로 드러나며, 우리가 예의 상상하는 과잉 범벅이 된 그런 종류가 아니라, 국민연극의 명분 내에서 표현될 수 있는 임계 내의 것이다. 공감의 윤리적 가치를 보존하는 것, 그것이 바로 박영호가 표현해낼 수 있는 최대치였다.

> '애런의 바다'가 꽁꽁 어는 것은
> 결국 '지적인' ― 따라서 도덕적인 ― '치욕'의 전조이다.
>
> ― Martha C. Nussbaum

---

79 좌담(김윤철 · 이강백 · 이영미 · 정우숙 · 김방옥), 「한국연극의 감상성과 비합리성, 어떻게 볼 것인가」, 『연극평론』 28, 2003, 12~14쪽 이강백 작가의 말.

표 목록

도판 목록

참고문헌

단행본

강만길·성대경 편, 『한국사회주의운동인명사전』, 창작과비평사, 1996.
강옥희·이순진·이승희·이영미 편, 『식민지 시대 대중예술인 사전』, 소도, 2006.
고설봉, 『증언연극사』, 진양, 1990.
______, 『빙하시대의 연극마당 배우세상』, 이가책, 1996.
권보드래, 『1910년대, 풍문의 시대를 읽다』, 동국대 출판부, 2008.
김경일, 『일제하 노동운동사』, 창작과비평사, 1992.
김남석, 『조선의 대중극단들』, 푸른사상, 2010.
김백영, 『지배와 공간—식민지도시 경성과 제국 일본』, 문학과지성사, 2009.
김종진, 『중국 근대연극 발생사』, 연극과인간, 2006.
김현주, 『이광수와 문화의 기획』, 태학사, 2005.
박성진, 『사회진화론과 식민지 사회사상』, 선인, 2003.
박승희, 『춘강 박승희 문집』, 서문출판사, 1987.
박영정, 『한국 근대연극과 재일본 조선인연극운동』, 연극과인간, 2007.
반재식, 『만담백년사』, 백중당, 2000.
백현미, 『한국창극사 연구』, 태학사, 1997.
신명직, 『모던쌧이, 경성을 거닐다』, 현실문화연구, 2003.
신선희, 『한국 고대극장의 역사』, 열화당, 2006.
안광희, 『한국 프롤레타리아 연극운동의 변천과정』, 역락, 2001.
양승국, 『한국 근대연극 비평사 연구』, 태학사, 1996.
우수진, 『한국 근대연극의 형성』, 푸른사상, 2011.
유민영, 『우리 시대의 연극운동사』, 단국대 출판부, 1989.
______, 『한국 근대연극사』, 단국대 출판부, 1996.
______, 『한국 근대극장 변천사』, 태학사, 1998.
유보상·유시평, 『[illegible]—대의』, 송죽문화사, 1975.
유지광, 『대명』, 동서문화원, 1974.
윤영옥, 『한국신문만화사—1909~1995』(증보판), 열화당, 1995.
이강훈, 『항일독립운동사』, 정음사, 1974.
이균영, 『신간회 연구』, 역사비평사, 1993.
이미원, 『한국 근대극 연구』, 현대미학사, 1994.
이승희, 『한국 사실주의 희곡, 그 욕망의 식민성』, 소명출판, 2004.
이영일, 『한국영화전사』(개정증보판), 소도, 2004.
이원경, 『공수래공수거』, 늘봄, 2005.
임경석, 『한국 사회주의의 기원』, 역사비평사, 2003.
장동천, 『영화와 현대중국』, 고려대 출판부, 2008.
전복희, 『사회진화론과 국가사상』, 한울아카데미, 1996.
전상숙, 『일제시기 한국사회주의 지식인 연구』, 지식산업사, 2004.
조기준, 『한국기업가사』, 박영사, 1983.

조성권, 『한국조직범죄사』, 한성대 출판부, 2006.

조희문, 『나운규』, 한길사, 1997.

지수걸, 『일제하 농민조합운동 연구』, 역사비평사, 1993.

최수일, 『개벽 연구』, 소명출판, 2008.

최열, 『한국만화의 역사』, 열화당, 1995.

한국영상자료원 편, 『식민지 시대의 영화검열−1910∼1934』, 현실문화연구, 2009.

_____, 『한국영화를 말한다−1950년대 한국영화』, 이채, 2004.

한국예술연구소 편, 『이영일의 한국영화사를 위한 증언록−성동호·이규환·최금동 편』, 소도, 2003.

_____, 『이영일의 한국영화사를 위한 증언록−유장산·이경순·이필우·이창근 편』, 소도, 2003.

한기형, 『식민지 문역』, 성균관대 출판부, 2019.

리차드 H. 미첼, 김윤식 역, 『일제의 사상통제』, 일지사, 1982.

마사 누스바움, 조형준 역, 『감정의 격동』, 새물결, 2015.

마샬 맥루한, 김성기·이한우 역, 『미디어의 이해』, 민음사, 2002.

미리엄 실버버그, 강진석·강현정·서미석 역, 『에로틱 그로테스크 넌센스』, 현실문화, 2014.

미야자키 마나부, 강 우원용 역, 『야쿠자, 음지의 권력자들』, 이다미디어, 2008.

사카이 다카시, 김은주 역, 『폭력의 철학−지배와 저항의 논리』, 산눈, 2007.

스칼라피노·이정식, 한홍구 역, 『한국공산주의운동사』 1, 돌베개, 1986.

아르놀트 하우저, 염무웅·반성완 역, 『문학과 예술의 사회사』 3, 창작과비평사, 1999.

아르놀트 하우저, 염무웅·반성완 역, 『문학과 예술의 사회사』 4, 창작과비평사, 1999.

오스카 브로켓, 김윤철 역, 『연극개론』, 한신문화사, 1989.

코모리 요이치, 정선태 역, 『일본어의 근대』, 소명출판, 2003.

E. P. 톰슨, 나종일 외역, 『영국노동계급의 형성』, 창작과비평사, 2000.

논문

강등학, 「형성기 대중가요의 전개와 아리랑의 존재 양상」, 『한국음악사학보』 32, 한국음악사학회, 2004.

강영희·이영미, 「식민지시대 프로연극의 전개와 역사적 의의」, 역사문제연구소 문학사연구모임 편, 『카프문학운동연구』, 역사비평사, 1989.

강태웅, 「만주국 극영화의 제상(諸相)」, 『한국문학연구』 33, 동국대 한국문학연구소, 2007.

권도희, 「20세기 기생의 음악사회적 연구」, 『한국음악연구』 29, 한국국악학회, 2001.

권명아, 「풍속 통제와 일상에 대한 국가 관리−풍속 통제와 검열의 관계를 중심으로」, 『민족문학사연구』 33, 민족문학사학회, 2007.

권수현, 「감정과 정서」, 『철학연구』 123, 대한철학회, 2012.

김경희, 「신불출의 문예활동과 그 의미」, 『국문학연구』 12, 국문학회, 2004.

김남석, 「극단 아랑의 공연사 연구−국민연극경연대회 참여시기를 중심으로」, 『어문논집』 56, 민족어문학회, 2007.

_____, 「극단 예원좌의 '막간' 연구」, 『어문논집』 58, 민족어문학회, 2008.

김려실, 「상상된 민족영화 〈아리랑〉」, 『사이』 창간호, 국제한국문학문화학회, 2006.

_____, 「조선영화의 만주유입─『만선일보』의 순회영사를 중심으로」, 『한국문학연구』 32, 동국대 한국문학연구소, 2007.

김만수, 「일제강점기 유성기음반에 수록된 만담·넌센스·스케치 연구」, 최동현·김만수 편저, 『일제강점기 유성기음반 속의 대중희극』, 태학사, 1997.

김문종, 「일제하 사회주의 잡지의 현실인식에 관한 연구」, 고려대 박사논문, 2006.

김방옥, 「한국사실주의 희곡 연구」, 이화여대 박사논문, 1987.

김성희, 「국민연극에 관한 연구」, 『한국연극학』, 한국연극학회, 새문사, 1985.

김수림, 「제국과 유럽 : 삶의 장소, 초극의 장소─식민지 말기 공영권·생존권과 그 배치, 그 기율, 그리고 조선문학」, 『상허학보』 23, 상허학회, 2008.

김영미, 「항일운동 시기 중국인의 눈에 비친 '조선의 어머니' 형상」, 『세계문학비교연구』 16, 세계문학비교학회, 2006.

김영찬, 「나운규 〈아리랑〉의 영화적 근대성」, 『한국문학이론과 비평』 30, 한국문학이론과 비평학회, 2006.

김영희, 「일제시대 기생조합의 춤에 대한 연구─1910년대를 중심으로」, 『무용예술학연구』 3, 한국무용예술학회, 1999.

김예림, 「전시기 오락정책과 '문화'로서의 우생학」, 『역사비평』 73, 역사문제연구소, 2005.

김옥란, 「국민연극의 욕망과 정치학」, 『한국극예술연구』 25, 한국극예술학회, 2007.

_____, 「임선규 국민연극의 문제성─「빙화」와 「새벽길」을 중심으로」, 『민족문학사연구』 37, 민족문학사학회, 2008.

김윤철·이강백·이영미·정우숙·김방옥(좌담), 「한국연극의 감상성과 비합리성, 어떻게 볼 것인가」, 『연극평론』 28, 2003.

김재석, 「국민연극론의 성격에 대한 소고」, 『문학과 언어』 22, 경북대 문학과 언어연구회, 1990.

_____, 「1920~30년대 사회극 연구」, 경북대 박사논문, 1992.

_____, 「1930년대 유성기음반의 촌극 연구」, 『한국극예술연구』 2, 한국극예술학회, 1992.

_____, 「한일 신파극의 형성과 특성에 대한 비교연극학적 연구」, 『어문학』 67, 한국어문학회, 1999.

_____, 「밤세대 친일극의 성격과 작가적 의미」, 『어문논총』 37, 경북어문학회, 2002.

_____, 「근대극 전환기 한일 신파극의 근대성에 대한 비교연극학적 연구」, 『한국극예술연구』 17, 한국극예술학회, 2003.

_____, 「국민연극 시기 '조선연극문화협회' 연구」, 『어문논총』 40, 한국문학언어학회, 2004.

_____, 「한국 신파극의 형성과 川上音二郎의 관계 연구」, 『어문학』 88, 한국어문학회, 2005.

_____, 「1910년대 한국 신파연극계의 위기의식과 연쇄극의 등장」, 『어문학』 102, 한국어문학회, 2008.

김재욱, 「한국·한국인 관련 중국현대문학 작품에 대한 역사시기별 개괄」, 『중국어문학지』 22, 중국어문학회, 2006.

_____, 「한국인 관련 화극 극본의 발굴과 정리─2010년을 기준으로」, 『중국어문학지』 35, 중국어문학회, 2011.

김창록, 「1900년대 초 한일 간 조약들의 '불법성'」, 『법과 사회』 20, 법과사회이론학회, 2001.

_____, 「제령에 관한 연구」, 『법사학연구』 26, 한국법사학회, 2002.

김철, 「우울한 형/명랑한 동생─중일전쟁기 '신세대 논쟁'의 재독」, 『상허학보』 25, 상허학회, 2009.

김현주, 「'노동(자)', 그 해석과 배치의 역사」, 『상허학보』 22, 상허학회, 2008.

_____, 「1910년대 초 『매일신보』의 사회담론과 공공성」, 『현대문학의 연구』 39, 한국문학연구학회, 2009.

_____, 「식민지에서 '사회'와 '사회적' 공공성의 궤적－1910년대 『매일신보』에서 이광수의 사회담론의 의미」, 『한국문학연구』 38, 동국대 한국문학연구소, 2010.

김호연, 「임선규의 〈동학당〉 연구」, 『어문연구』 101, 한국어문교육연구회, 1999.

문경연, 「1940년대 국민연극과 친일협력의 논리－유치진을 중심으로」, 『드라마연구』 29, 한국드라마학회, 2008.

_____, 「한국 근대 초기 공연문화의 취미담론 연구」, 경희대 박사논문, 2008.

_____, 「한국 근대연극 형성과정의 풍속통제와 오락담론 고찰－근대 초기 공공오락기관으로서의 '극장'을 중심으로」, 『국어국문학』 151, 국어국문학회, 2009.

문성재, 「안중근 열사를 제재로 한 중국연극－南大本 『亡國恨傳奇』을 중심으로」, 『중국희곡』 9-1, 한국중국희곡학회, 2004.

미야지마 히로시, 「민족주의와 문명주의」, 박헌호·류준필 편, 『1919년 3월 1일에 묻다』, 성균관대 출판부, 2009.

박노현, 「조선의 지속을 상상하는 연극적 리소르지멘토」, 『한국극예술연구』 21, 한국극예술학회, 2005.

박선희, 「경성 상업공간의 식민지 근대성－상업회사를 중심으로」, 『대한지리학회지』, 대한지리학회, 2006.

박영정, 「일제하 연극통제정책과 친일연극인」, 『역사비평』, 역사문제연구소, 1993. 겨울.

_____, 「연극운동 사건에 대한 재검토」, 『민족극과 예술운동』 10, 민족극연구회, 1994. 여름.

_____, 「1938년의 입장세법」, 『문화예술』, 한국문화예술진흥원, 1997.

_____, 「일제말 '국민연극'의 형성과정 연구」, 『건국어문학』 23·24합집, 1999.

_____, 「법으로 본 일제강점기 연극영화 통제정책」, 『문화정책논총』 16, 한국문화관광정책연구원, 2004.

_____, 「만담 장르의 형성과정과 신불출」, 『웃음문화』 4, 한국웃음문화학회, 2007.

_____, 「신불출－세상을 어루만지는 '말의 예술'」, 한국연극협회 편, 『한국현대연극 100년－인물연극사』, 연극과인간, 2009.

박자영, 「좌익영화의 멜로드라마 정치」, 『중국현대문학』 33, 한국중국현대문학학회, 2005.

박종린, 「일제하 사회주의사상의 수용에 관한 연구」, 연세대 박사논문, 2007.

박창준·한동수·임종엽, 「중국 전통공연시설의 역사변천과 건축특성에 관한 연구－중국 극장 '戲臺'를 중심으로」, 『대한건축학회논문집』 20-1, 대한건축학회, 2004.

박한용, 「1930년대 전반기 민족협동전선론과 '학생반제운동'」, 한국역사연구회 근현대청년운동사연구반 편, 『한국근현대 청년운동사』, 풀빛, 1995.

박헌호, 「'문화정치'기 신문의 위상과 反-검열의 내적 논리」, 『대동문화연구』 50, 성균관대 대동문화연구원, 2005.

_____, 「1920년대 전반기 『매일신보』의 반-사회주의 담론 연구」, 『한국문학연구』 29, 동국대 한국문학연구소, 2005.

_____, 「'계급' 개념의 근대 지식적 역학」, 『상허학보』 22, 상허학회, 2008.

박혜영, 「해제－1926년 '활동사진필름검열규칙' ~1934년 '활동사진영화취체규칙'을 중심으로」, 한국영상자료원 편, 『식민지 시대의 영화검열-1910~1934』, 현실문화연구, 2009.

배선애, 「대구경북지역의 문화 환경과 조선인 극장의 로컬리티-대구 만경관을 중심으로」, 『대동문화연구』 72, 성균관대 대동문화연구원, 2010.

백현미, 「어트렉션의 몽타주와 모더니티-1920년대 경성의 레뷰와 가극을 중심으로」, 『한국극예술연구』 32, 한국극예술학회, 2010.

_____, 「소녀 연예인과 소녀가극 취미」, 『한국극예술연구』 35, 한국극예술학회, 2012.

사진실, 「조선 후기 재담의 공연 양상과 희곡적 특성」, 『한국서사문학사의 연구』, 중앙문화사, 1995.

_____, 「배우의 전통과 재담의 전승-박춘재의 재담을 중심으로」, 『한국음반학』 10, 한국고음반연구회, 2000.

손상익, 「한국 신문시사만화사 연구」, 중앙대 박사논문, 2005.

송두율, 「우리에게 근(현)대는 무엇을 의미하는가」, 『현대사상』, 1997.여름.

水野直樹, 이영록 역, 「조선에 있어서 치안유지법 체제의 식민지적 성격」, 『법사학연구』 26, 한국법사학회, 2002.

안건호, 「1920년대 전반기 조선청년회연합회에 관한 연구」, 숭실대 석사논문, 1993.

안상복, 「1821~1908 중국 도농(都農)지역 연희활동의 대조적 고찰」, 『동아시아 문화연구』 48, 한양대 동아시아문화연구소, 2010.

양승국, 「1940년대 국민연극론 연구」, 『한국극예술연구』 6, 한국극예술학회, 1996.

_____, 「1910년대 신파극과 전통 연희의 관련 양상」, 『한국극예술연구』 9, 한국극예술학회, 1999.

_____, 「일제 말기 국민연극의 구조와 미학의 층위」, 『예술논문집』 46, 대한민국예술원, 2007.

_____, 「일제 말기 국민연극의 존재 형식과 공연 구조」, 『한국현대문학연구』 23, 한국현대문학회, 2007.

_____, 「일제 말기 국민연극에 담긴 순응과 저항의 이중성-임선규의 〈빙화〉를 중심으로」, 『공연문화연구』 16, 한국공연문화학회, 2008.

엄현섭, 「신불출 대중문예론 연구」, 『비교한국학』 17-3, 국제비교한국학회, 2009.

오현화, 「〈藝壇일백인〉을 통해 본 1910년대 기생집단의 성격」, 『어문논집』 49, 민족어문학회, 2004.

우수진, 「근대 연극과 센티멘털리티의 형성」, 연세대 박사논문, 2006.

_____, 「언럭깅 꽁슥게깡뤈과 경찰 통제의 극장화-한일합병 전후를 중심으로」, 『한국극예술연구』 32, 한국극예술학회, 2010.

유선영, 「극장구경과 활동사진 보기-충격의 근대 그리고 즐거움의 훈육」, 『역사비평』 64, 역사문제연구소, 2003.가을.

_____, 「황색 식민지의 서양영화 관람과 소비실천, 1934~1942」, 『언론과 사회』 13-2, 사단법인 언론과사회, 2005.

유재천, 「일제하 한국신문의 공산주의 수용에 관한 연구 1」, 『동아연구』 7, 서강대 동아연구소, 1986.

_____, 「일제하 한국신문의 공산주의 수용에 관한 연구 2」, 『동아연구』 9, 서강대 동아연구소, 1986.

_____, 「일제하 한국신문의 공산주의 수용에 관한 연구 3」, 『동아연구』 18, 서강대 동아연구소, 1989.

유현, 「1920년대 노동운동의 발전과 원산총파업」, 『사회와 역사』 19, 한국사회사학회, 1990.

윤상길, 「'식민지 공공영역'으로서의 1910년대 『매일신보』」, 『한국언론학보』 55-2, 한국언론학회, 2011.

윤일·남송우·손동주·서은선, 「근대 일본과 한국의 사회진화론과 아나키즘 연구」, 『동북아 문화연구』14, 동북아시아문화학회, 2008.

이계형, 「1920년대 함흥지역 학생운동의 전개와 성격」, 『한국근현대사연구』20, 한국근현대사학회, 2002.봄.

이광린, 「구한말 진화론의 수용과 영향」, 『한국학보』3, 1977.

이구열, 「신문에 항일·구국 시사만화를 그린 이도영」, 『미술세계』231, 2004.2.

이덕기, 「일제하 전시체제기 이동연극 연구-이동연극 제1대와 극단 현대극장을 중심으로」, 『한국극예술연구』30, 한국극예술학회, 2009.

_____, 「일제 말 극단 현대극장의 국민연극 실천과 신극의 딜레마」, 『어문학』107, 한국어문학회, 2010.

이민영, 「프로연극운동의 또 다른 지층-민병휘와 개성 대중극장」, 『상허학보』42, 상허학회, 2014.

_____, 「프로연극운동의 방향전환, 극단 신건설」, 『민족문학사연구』59, 민족문학사학회, 2015.

이상우, 「근대계몽기의 연극개량론과 서사문학에 나타난 국민국가 인식」, 『어문논집』54, 민족어문학회, 2006.

_____, 「표상으로서의 망국사 이야기」, 『한국극예술연구』25, 한국극예술학회, 2007.

_____, 「심상지리로서의 대동아(大東亞)」, 『한국극예술연구』27, 한국극예술학회, 2008.

이석만, 「1930년대 프로극단의 공연작품 분석」, 『한국극예술연구』1, 한국극예술학회, 1991.

이순진, 「식민지 시대 영화검열의 쟁점들」, 한국영상자료원 편, 『식민지 시대의 영화검열-1910~1934』, 현실문화연구, 2009.

_____, 「조선 무성영화의 활극성과 공연성에 대한 연구」, 중앙대 첨단영상대학원 박사논문, 2009.

_____, 「1930년대 조선 영화문화의 변동과 조선인 영화상설관의 소멸-단성사의 몰락 과정을 중심으로」, 『대동문화연구』72, 성균관대 대동문화연구원, 2010.

이승희, 「해방기 소인극운동 연구」, 『한국극예술연구』6, 한국극예술학회, 1996.

_____, 「초기 근대희곡의 근대적 주체 구성에 대한 연구」, 『한국극예술연구』12, 한국극예술학회, 2000.

_____, 「멜로드라마의 근대적 상상력」, 『한국극예술연구』15, 한국극예술학회, 2002.

_____, 「여성수난 서사와 가부장제 이데올로기」, 『상허학보』10, 상허학회, 2003.

_____, 「한국 사실주의 희곡에 나타난 성의 정치학-1910~1945」, 『한국극예술연구』17, 한국극예술학회, 2003.

_____, 「입센의 번역과 성 정치학」, 『여성문학연구』12, 한국여성문학학회, 2004.

_____, 「기표로서의 신파, 그 역사성의 지형」, 『한국극예술연구』23, 한국극예술학회, 2006.

_____, 「극예술연구회의 성립-해외문학파의 욕망과 문화정치」, 『한국극예술연구』25, 한국극예술학회, 2007.

_____, 「식민지시대 연극의 검열과 통속의 정치」, 『대동문화연구』59, 성균관대 대동문화연구원, 2007.

_____, 「흥행 장의 정치경제학과 폭력의 구조, 1945~1961」, 『대동문화연구』74, 성균관대 대동문화연구원, 2011.

_____, 「계몽의 감옥과 근대적 통속의 시간-춘원문학에 대한 흥행시장의 전유」, 『상허학보』37, 상허학회, 2013.

_____, 「연극/인의 월북-전시체제의 잉여, 냉전의 체제화」, 『대동문화연구』88, 성균관대 대동문화연구원, 2014.

이승희, 「박영호의 연극, 대중극의 젠더」, 『민족문학사연구』 55, 민족문학사학회, 2014.

_____, 「『공연법』에 이르는 길―식민지검열에서 냉전검열로의 전환, 1945~1961」, 『민족문학사연구』 58, 민족문학사학회, 2015.

_____, 「'예륜'의 역사적 추이와 제도적 임계」, 『민족문학사연구』 63, 민족문학사학회, 2017.

_____, 「'신파'와 '막장'의 시간성」, 『민족문학사연구』 67, 민족문학사학회, 2018.

이웅수, 「가와카미(川上) 신파극의 성립과 한국」, 『일본학보』 39, 한국일본학회, 1997.

이장렬, 「연극영화인 강호의 삶과 문예정치활동 연구」, 『동북아연구』 11, 경남대 극동문제연구소, 2006.

이재명, 「박영호 작 〈산돼지〉 연구」, 『한국극예술연구』 16, 한국극예술학회, 2002.

이정하, 「나운규의 〈아리랑〉(1926)의 재구성」, 『영화연구』 26, 한국영화학회, 2005.

이종민, 「1910년대 경성 주민들의 '죄'와 '벌'―경범죄통제를 중심으로」, 『서울학연구』 17-1, 서울시립대 서울학연구소, 2001.

이종범, 「1920, 30년대 진도지방의 농촌사정과 농민조합운동」, 『역사학보』 109, 역사학회, 1986.

이주영, 「광무대 연구―제국의 시선으로부터 비껴간 근대 극장」, 『한국연극학』 48, 한국연극학회, 2012.

이준식, 「1930년대 초 함경도지방의 무장농민투쟁」, 『역사비평』 6, 역사문제연구소, 1989.봄.

_____, 「일본제국주의와 동아시아 영화네트워크―만주영화협회를 중심으로」, 『동북아역사논총』 18, 동북아역사재단, 2007.

_____, 「일제의 영화통제저책과 만주영화협회―순회영사를 중심으로」, 『동방학지』 143, 연세대 국학연구원, 2008.

이준희, 「일제시대 음반검열 연구」, 『한국문화』 39, 서울대 규장각 한국학연구원, 2007.6.

이혜령, 「식민지 군중과 개인―염상섭의 『광분』을 통해서 본 시론」, 『대동문화연구』 69, 성균관대 대동문화연구원, 2010.

이호걸, 「1920~30년대 조선에서의 영화배급」, 『영화연구』 41, 한국영화학회, 2009.

_____, 「식민지 조선의 문화사업, 극장업」, 『대동문화연구』 69, 성균관대 대동문화연구원, 2010.

_____, 「식민지 조선의 외국영화」, 『대동문화연구』 72, 성균관대 대동문화연구원, 2010.

이화진, 「식민지기 영화섬열의 진개와 지항」, 『한국문학연구』 35, 동국대 한국문학연구소, 2008.

_____, 「전시기 오락 담론과 이동연극」, 『상허학보』 23, 상허학회, 2008.

_____, 「식민지 조선의 극장과 '소리'의 문화정치」, 연세대 박사논문, 2011.

_____, 「일제 말기 이동극단 활동의 전개 양상과 그 한계」, 『한국학연구』 30, 인하대 한국학연구소, 2013.

_____, 「전쟁과 연예―전시체제기 경성에서 악극과 어트랙션의 유행」, 『한국학연구』 36, 인하대 한국학연구소, 2015.

임태훈, 「'음경'의 발견과 소설적 대응―이효석과 박태원을 중심으로」, 성균관대 석사논문, 2008.

_____, 「〈익살마진 대머리〉라는 문화적 사건―신불출의 첫 번째 만담 레코드에 관하여」, 2009년 한국수사학회 동계정기학술대회 자료집, 2009.12.5.

임형택, 「1919년 동아시아, 3·1운동과 5·4운동」, 박헌호·류준필 편, 『1919년 3월 1일에 묻다』, 성균관대 출판부, 2009.

장동천, 「대만의 영화수용과 초기 역사」, 고려대 민족문화연구원 HK한국문화연구단 기획연구팀 '근대 극장의 문화정치학과 동아시아' 세미나, 2011.12.10.

_____, 「1930년대 상하이극장의 민족지형」, 『중국학논총』 39, 고려대 중국학연구소, 2013.

장승태, 「20세기 전반 대한민보와 동아일보의 시사만화 연구」, 전남대 석사논문, 2002.

장혜전, 「〈빙화〉의 희곡사적 의미」, 『한국연극학』 27, 한국연극학회, 2005.

전지니, 「국민연극의 이중성 연구―체제 동조와 비판을 중심으로」, 이화여대 석사논문, 2008.

정근식, 「일제하 검열기구와 검열관의 변동」, 『대동문화연구』 51, 성균관대 대동문화연구원, 2005.

_____, 「식민지 위생경찰의 형성과 변화, 그리고 유산―식민지 통치성의 시각에서」, 『사회와 역사』 90, 한국사회사학회, 2011.

_____, 「식민지 전시체제하에서의 검열과 선전, 그리고 동원」, 『상허학보』 38, 상허학회, 2013.

정근식·최경희, 「도서과의 설치와 일제 식민지출판경찰의 체계화, 1926~1929」, 『한국문화연구』 30, 동국대 한국문학연구소, 2006.

정덕주, 「일제강점기 세제의 전개과정에 관한 연구」, 『세무학연구』 23-4, 한국세무학회, 2006.

정용석, 「일제의 식민지 조선 경영의 본원적 목적과 재정적 방식, 1910~1936」, 『사회과학논집』 16, 동아대 사회과학연구소, 1999.

정우택, 「아리랑 노래의 정전화 연구」, 『대동문화연구』 57, 성균관대 대동문화연구원, 2007.

정충권, 「1900~1910년대 극장무대 전통공연물의 공연 양상 연구」, 『판소리연구』 16, 판소리학회, 2003.

정태헌, 「일제하 자금유출 구조와 조세정책」, 『역사와 현실』 18, 한국역사연구회, 1995.

_____, 「한국의 근대 조세 100년사와 국가, 민주화, 조세공평의 과제」, 『역사비평』 94, 역사문제연구소, 2011.

정현민, 「1920~1930년대 총독부의 미술검열」, 검열연구회 편, 『식민지검열, 제도·텍스트·실천』, 소명출판, 2011.

정호순, 「연극대중화론과 소인극운동」, 『한국극예술연구』 2, 한국극예술학회, 1992.

정희정, 「한국 근대 초기 시사만화 연구―1909~1920」, 『한국근대미술사학』 10, 한국근대미술사학회, 2002.

조정봉, 「일제하 야학의 교육적 실천」, 경북대 박사논문, 2000.

주창규, 「무성영화 〈아리랑〉의 탈식민성에 대한 접근」, 『정신문화연구』 30-1, 한국학중앙연구원, 2007.봄.

천정환, 「식민지 조선인의 웃음―『삼천리』 소재 소화와 신불출 만담의 경우」, 『역사와 문화』 18, 문화사학회, 2009.

최수일, 「1920년대 문학과 『개벽』의 위상」, 성균관대 박사논문, 2001.

_____, 「『개벽』 유통망의 현황과 담당층」, 『대동문화연구』 49, 대동문화연구원, 2005.

최열, 「1920년대 민족만화운동―김동성과 안석주를 중심으로」, 『역사비평』, 역사문제연구소, 1988.봄.

하세봉, 「식민지권력의 두 가지 얼굴―조선박람회(1929년)와 대만박람회(1935년)의 비교」, 『역사와 경제』 51, 부산경남사학회, 2004.

한기형, 「문화정치기 검열체제와 식민지 미디어」, 『대동문화연구』 51, 성균관대 대동문화연구원, 2005.

_____, 「『개벽』의 종교적 이상주의와 근대문학의 사상화」, 『상허학보』 17, 상허학회, 2006.

한상언, 「1910년대 경성의 일본영화인 연구」, 『영화연구』 40, 한국영화학회, 2009.

_____, 「조선군 보도부의 영화활동 연구」, 『영화연구』 41, 한국영화학회, 2009.

한상언, 「「활동사진필름검열규칙」의 검열 수수료 문제와 조선영화산업의 변화」, 『현대영화연구』 12, 한양대 현대영화연구소, 2011.

함충범, 「1944년 식민지 조선영화계의 정책적 특수성에 관한 연구」, 『동북아연구』 30-2, 조선대 동북아연구소, 2015.

홍민, 「북한체제의 '도덕경제'적 성격과 변화 동학」, 『진보평론』 24, 2005.여름.

홍선영, 「'통속'에 관한 異說―메이지 대중문화와 신파의 위상」, 『일본문화연구』 29, 동아시아일본 학회, 2009.

홍영두, 「마르크스주의 철학사상 원전 번역사와 우리의 근대성」, 『시대와 철학』 14, 한국철학사상연 구회, 2003.

황병주, 「식민지 시기 '공' 개념의 확산과 재구성」, 『사회와 역사』 73, 한국사회사학회, 2007.

황재문, 「안중근의 문학적 형상화 양상 연구―주체-타자 관계에 대한 분석을 중심으로」, 『국문학연 구』 15, 국문학회, 2007.

Thompson, E.P., "The Moral Economy of the English Crowd in the Eighteenth Century", *Past and Present*, no. 50, 1971.

Yecies, Brian, 「식민지 조선에서 좋은 사업이었던 영화검열―할리우드 제1차 황금기(1926~1936) 의 부당이득 취하기」, 『한국문학연구』 30, 동국대 한국문학연구소, 2006.

 '동아시아 심포지아'와 '동아시아 메모리아'는 한국연구원과 성균관대학교 비교문화연구소가 공동으로 기획하여 출간하는 총서다. 향연을 뜻하는 라틴어에서 딴 심포지아는 플라톤의 『심포지온』에서 비롯되었으며, 오늘날 학술토론회를 뜻하는 심포지엄의 어원이자 복수형이기도 하다. 메모리아는 과거의 것을 기억하고 기념하기 위해 현재의 기록으로 남겨 미래에 물려주어야 할 값진 자원을 의미한다. 한국연구원과 성균관대학교 비교문화연구소는 지금까지 축적된 한국학의 역량을 바탕으로 새로운 동아시아 인문학의 제창에 뜻을 함께하며, 참신하고 도전적인 문제의식으로 학계를 선도하고 있는 신예 연구자의 저술을 적극적으로 지원하기 위해 학술 총서 '동아시아 심포지아'와 자료 총서 '동아시아 메모리아'를 펴낸다.

 한국연구원은 학술의 불모 상태나 다름없는 1950년대에 최초의 한국학 도서관이자 인문사회 연구 기관으로 출범하여 기초 학문의 토대를 닦는 데 기여해 왔다. 급속도로 달라지고 있는 학술 환경 속에서 신진 학자와 미래 세대에 대한 후원에 공을 들이고 있는 한국연구원은 한국학의 질적인 쇄신과 도약을 향한 교두보로 성장했다. 성균관대학교 비교문화연구소는 2000년대 들어 인문학 연구의 일국적 경계와 폐쇄적인 분과 체제를 극복하기 위해 분투해 왔다. 제도화된 시각과 방법론의 틀을 벗어나기 위해서는 서로 다른 영역이 끊임없이 대화하고 소통하면서 실천적인 동력을 찾아내야 한다는 것이 성균관대학교 비교문화연구소가 지닌 문제의식이자 지향점이다. 대학의 안과 밖에서 선구적인 학술 풍토를 개척해 온 두 기관이 힘을 모음으로써 새로운 학문적 지평을 여는 뜻깊은 계기가 마련되리라 믿는다.

최근 들어 한국학을 비롯한 인문학 전반에 심각한 위기의식이 엄습했지만 마땅한 타개책을 찾지 못하고 있다. 한편으로는 낡은 대학 제도가 의욕과 재량이 넘치는 후속 세대를 감당하지 못한 채 활력을 고갈시킨 데에서 비롯되었고, 또 다른 한편으로는 시대의 변화를 선도하는 학문 정신과 기틀을 모색하지 못했기 때문이라는 것이 우리의 진단이자 자기반성이다. 의자 빼앗기나 다름없는 경쟁 체제, 정부 주도의 학술 지원 사업, 계량화된 관리와 통제 시스템이 학문 생태계를 피폐화시킨 주범임이 분명하지만 무엇보다 학계가 투철한 사명감으로 대응하지 못했을 뿐 아니라 오히려 자발적으로 길들여져 온 것이 엄연한 현실이다.

지금 우리에게 절실한 과제는 새로운 학문적 상상력과 성찰을 통해 자유롭고 혁신적인 학술 모델을 창출해내는 일이다. 이를 위해서는 다음 시대의 학문을 고민하는 젊은 연구자에게 지원을 망설이지 않아야 하며, 한국학의 내포와 외연을 과감하게 넓혀 동아시아 인문학의 네트워크 속으로 뛰어들기를 두려워하지 말아야 한다. 그 첫걸음을 '동아시아 심포지아'와 '동아시아 메모리아'가 기꺼이 떠맡고자 한다. 우리가 함께 내놓는 학문적 실험에 아낌없는 지지와 성원, 그리고 따끔한 비판과 충고를 기다린다.

한국연구원 · 성균관대학교 비교문화연구소
동아시아 총서 기획위원회